KURT LANGE UND MAX HIRMER

ÄGYPTEN

ARCHITEKTUR PLASTIK MALEREI IN DREI JAHRTAUSENDEN

MIT BEITRÄGEN VON
EBERHARD OTTO UND CHRISTIANE DESROCHES-NOBLECOURT
AUFNAHMEN VON MAX HIRMER

HIRMER VERLAG · MÜNCHEN
R. PIPER & CO. VERLAG · MÜNCHEN–ZÜRICH

ISBN 3-492-02390-8
SONDERAUSGABE 1978

Farb- und Schwarzweißlithos: Chemigraphia Gebr. Czech, München
Satz und Druck: Kastner & Callwey, München · Bindearbeiten: Grimm & Bleicher, München
Papier: MEDIAPRINT® matt – 120 g/m² – ein FELDMÜHLE-Produkt, geliefert durch Feinpapiergroßhandlung Hartmann & Mittler GmbH, München
Umschlagentwurf: Hanns Polanetz, München
Printed in Germany

VORWORT

Die große Faszination, die Landschaft und Kultur Ägyptens von jeher ausgeübt haben, zieht gerade heute immer mehr Menschen in ihren Bann. Durch das Entgegenkommen des ägyptischen Staates, Kunstwerke von höchstem Rang ausländischen Museen als Leihgabe zur Verfügung zu stellen und der Obhut ihrer Leiter anzuvertrauen, ist die Kunst des Pharaonenreiches vielen Tausenden zu Gesicht gekommen, denen eine Reise in das Land am Nil bisher nicht möglich war. Die Begeisterung für die alte Kultur Ägyptens, die durch die unmittelbare Berührung mit den unvergleichlichen Kunstschätzen ausgelöst wurde, ist offensichtlich und zeugt von der lebendigen Ausstrahlung, die diese Schöpfungen noch – oder gerade eben heute, zwei bis fünf Jahrtausende nach ihrer Entstehung – besitzen: Lange Menschenschlangen sammelten sich vor den Eingängen der Ausstellungen und drängten sich, sobald ihnen der Zugang in die Ausstellungsräume freigegeben war, voll staunender Bewunderung vor den alten Kunstdenkmälern, erfüllt von dem Bewußtsein, ewig-gültigen Werten menschlichen Geistes gegenüberzustehen.

Das Werk ÄGYPTEN, Architektur, Plastik, Malerei in drei Jahrtausenden ist in seiner 1. Auflage 1955 im Hirmer Verlag erschienen, 1967 wesentlich erweitert und vertieft worden und liegt inzwischen in mehr als hunderttausend Exemplaren und in sechs Weltsprachen übertragen vor.

Um einer möglichst großen Zahl begeisterter und von der Größe der ägyptischen Kunstschöpfungen erfüllter Menschen den Zugang zur Kunst, Kultur und Geschichte des Pharaonenreiches aufzuschließen, haben sich die Verlage Hirmer und Piper nunmehr zusammengetan zur Verwirklichung der vorliegenden Sonderausgabe. Möge diese ihr Ziel erreichen: vielen Tausenden eine Kultur und Kunst nahe zu bringen, deren Leistung einmalig ist innerhalb der Geschichte der Menschheit.

All den maßgebenden Herren des Ägyptischen Antikendienstes sei erneut Dank gesagt für die freundschaftliche Hilfe, mit der sie uns bei den Aufnahmen seit 1954 begegnet sind, ebenso dem Chef der Französischen Archäologischen Forschung in Saqqara, Dr. Jean Philippe Lauer, nicht zuletzt dem mir und meiner Familie freundschaftlich verbundenen Dr. Labib Habaschy, Kairo.

Denen, die mit mir zusammen die Aufnahmen durchgeführt haben, Frau Julia Petzi-Asen, meinem Sohne Albert und meiner Tochter Irmgard danke ich erneut für ihre ausgezeichnete fototechnische Leistung und künstlerisch einfühlsame Mitarbeit. Nur im Bunde mit Gleichgesinnten ließen sich die oft sehr schwierigen Aufnahmen durchführen.

München, Sommer 1978 — Max Hirmer

AUS DEM VORWORT ZUR 4.–6. AUFLAGE

Anhand vieler Neuaufnahmen von Hauptwerken der Baukunst, der Plastik, der Malerei und der Goldschmiedekunst konnte die Zahl der abgebildeten Standardwerke der ägyptischen Kunst sehr beträchtlich erweitert und damit der Überblick über das dreitausend Jahre währende Kunstschaffen des alten Ägypten um vieles bereichert und intensiviert werden. Durch die Mehrung der Farbtafeln auf das Dreifache gegenüber den vorausgehenden drei Auflagen ist nunmehr ein wahrhaft umfassender Eindruck von Art und Bedeutung der Farbe im Bereich der einzelnen ägyptischen Künste gegeben.

Vollends umgearbeitet und sehr wesentlich erweitert ist der Textteil des Werkes. In dem Speziellen Teil, der im ganzen unter der Obhut des Heidelberger Ordinarius für Ägyptologie, Prof. Dr. Eberhard Otto, steht, bringt dieser Forscher zunächst den wichtigen Beitrag über die Götter und Tempel Alt-Ägyptens. Von berufenster Seite ist hier das Wesentliche über die vielzählige und in vielen Gestalten erscheinende Götterwelt Alt-Ägyptens und deren Kulte gesagt und damit ein klares Bild von den Grundlagen der ägyptischen Religion als solcher entworfen. Im folgenden beschreibenden Teil der Kunstdenkmäler ist innerhalb der einzelnen die aufeinanderfolgenden Epochen erläuternden Abschnitte auch der Geschichte, die zusammen mit dem Religiösen ja die Grundlage ebenso für die Entstehung wie für das Verständnis alles Kunstschaffens bedeutet, ein breiter Raum gegeben. Insbesondere die Zeit des Weltreiches ist von der historischen und sozialpolitischen wie der kulturhistorischen Seite her beleuchtet. Alle diese Teile sind von mir in engem Kontakt mit Prof. Dr. Eberhard Otto und in Anlehnung an seine Werke »Ägypten, der Weg des Pharaonenreiches« und »Osiris und Amun«, nicht zuletzt auch in einem steten Gedankenaustausch mit dem verehrten Gelehrten geschrieben. Hauptwerke der Literatur, wie die Texte der Stele des Thutmosis III. und des Sonnengesanges Echnatons, des Preises im Kadesch-Lied für Ramses II. und sein Heldentum und des anmutigen Berichtes über den Zug der bräutlichen Hethiter-Prinzessin nach Ägypten auf der sog. Hochzeitsstele, geben zusammen mit kleineren poetischen Grabtexten und Liedern Einblick in das Denken der Zeit.

Die Interpretation der einzelnen abgebildeten Kunstdenkmäler geht, was Plastik und Malerei betrifft, noch in einigem auf die in den ersten drei Auflagen gegebene Bearbeitung durch Kurt Lange † zurück. Im ganzen ist die Darstellung in der vorliegenden Auflage um vieles erweitert und kunsthistorisch vertieft, wobei die Bearbeitung der Texte zu den neu eingeschobenen Kunstwerken größtenteils Prof. Dr. Eberhard Otto übernommen hat. Nicht zuletzt ist manchen in den vorausgehenden Auflagen zu knapp behandelten Zeitphasen ein beträchtlich weiterer Raum gegeben, so der 12. Dynastie des Mittleren Reiches, dann der Glanzzeit künstlerischer Schöpfung in der Zeit des Amenophis III., den man oft mit Lorenzo il Magnifico verglichen hat, weiterhin der Zeit Echnatons und Tutanchamuns. Dazu tritt eine wesentlich umfassendere Analyse der Tempel der Ramessidenzeit, jener Kolossal-Bauten, denen der Reisende auf seinem Weg durch Oberägypten staunend gegenübersteht. Endlich ist der ptolemäischen Tempelwelt, der letzten großen künstlerischen Leistung der Antike auf ägyptischem Boden, eine intensivere und weitergespannte Darstellung eingeräumt. Daß gerade, was die kunsthistorische Betrachtung der Skulpturen und der Malerei betrifft, dem Werk von Walter Wolf »Die Kunst Ägyptens« manche Gedanken entnommen sind, möge erlaubt sein, wie ja eben dieses wichtige Werk mir auf meinen Wegen durch Ägypten und bei meinen Studien der ägyptischen Kunst ein steter und hochgeschätzter Begleiter war.

Wenn das Buch mit einem eigenen Kapitel über Nubien schließt, so ist dies in einer Zeit, in der die gefährdeten und nun doch geretteten Tempel Nubiens in aller Mund sind, selbstverständlich. Es ist eine Auszeichnung, daß Madame Prof. Christiane Desroches-Noblecourt, Conservateur en chef des Musées Nationaux au Département des Antiquités Egyptiennes, Paris, die in ständiger Zusammenarbeit mit dem Ägyptischen Antikendienst die Tempelwelt Nubiens betreut und mit ihr aufs engste vertraut ist, den Text für dieses Kapitel übernommen hat.

München, Herbst 1967 — MAX HIRMER

Zwischen Urfurcht und Alterserkenntnis erfüllt sich das Dasein des einzelnen und ebenso auch der Lebenslauf der Menschheitskulturen. Viele unter den Völkern scheinen berufen, aber nur wenige sind auserwählt, mit ihrer Lebensleistung beispielgebend oder gar bestimmend auf ganze Erdgebiete und Zeitalter zu wirken.

Die Zahl jener Hochkulturen, welche nach früher Abstreifung alles Barbarischen als Ordnungssystem einen Stil herauszubilden vermochten, der mit den reichsten und reinsten Möglichkeiten des Menschlichen zusammenfällt, ist geringer, als man gemeinhin annimmt. Es sind dies in der Regel potamische Kulturen, erzogen durch periodisch schwellende Ströme, an deren Ufern sie sich siedelnd und ackerbautreibend entfalteten. Am ehrwürdigsten erscheinen uns diejenigen unter ihnen, die ohne Abhängigkeit von den Errungenschaften etwa vorangegangener anderer Völker aus eigener Gabenfülle heraus zur Selbstverwirklichung gelangten, eine Schrift herausbildeten, sich ohne Anlehnung und erkennbaren Beistand auf die Höhe der Gesittung schwangen und damit Fundamente für weltweite Entwicklung legten. So sehen wir die sumerische, die chinesische, die ägyptische Kultur: Urquellen humaner Entfaltung, die ihren Ausgang in den primitiven Ordnungen des Frühmenschlichen nahmen und nach gewaltiger Erfüllung der ihnen gesetzten Möglichkeiten ausmündeten in die Ökumene des Geistigen, das uns fortbestimmt.

In einem von der Entfernung vereinfachten Riesenschauspiele bietet die altägyptische Kultur übersichtlich wie kaum eine andere den Anblick eines solchen urschöpferischen Völkerlebens mit allen Höhen und Niederungen, die zu seinem Schicksalswege gehören.

Es mag in der einzigartigen Konsequenz und Geschlossenheit des ägyptischen Stils begründet liegen, daß die Stellungnahme der Nachwelt gegenüber dem alten Ägypten beständig zwischen Überschätzung und Unterschätzung schwankt. Das geht so bis in unsere Tage hinein, und es ist bezeichnend, daß auch der Fachgelehrte sich hier von wertenden Gefühlsregungen nicht immer freizuhalten vermag.

Der Empfängliche kann sich dazu versteigen, in Ägyptens Leistung – nach Heinrich Schäfers Worten – »das schon einmal erreichte, leider wieder entglittene Hochziel« zu sehen. Bei vielen anderen indessen überwiegt der Eindruck eines angesichts mancher Vollendung doppelt auffälligen, ja geradezu unbegreiflichen Unvermögens, sich aus archaischen Fesseln zu lösen und zu freier, fortschrittbeflissener Gestaltung auf allen Feldern vorzudringen. Der eine sieht an den Ufern des Nilstromes alle Phasen menschheitlicher Entwicklung schon einmal durchlebt und damit als grandioses, lehrreiches Exempel vorweggenommen. Der andere sieht statt dessen ein selbstzufriedenes Beharren auf dem Unzulänglichen in Glaubenshaltung, Kunstübung, Denkerziehung und Machtpraxis – und noch in der unbestreitbar gewaltigen Staatsverwirklichung eitel Despotie und Priesterdiktatur. Er pflichtet dem Satze bei, daß die Ägypter ihre großen Geistesschätze nicht zu nutzen gewußt haben. Wie einfühlsam hat bereits Hegel in seiner Philosophie der Geschichte ägyptisches Wesen und Wollen zu verdeutlichen gewußt – und wie sonderbar voreingenommen und im Grunde absprechend andererseits ist der sonst so vorsichtig spürende Jacob Burckhardt gerade an der ägyptischen Welt vorbeigegangen.

Diese ungeheuer geschlossene, eigenartige und unübertragbare Hochkultur gestattet eben nur ein »für mich« oder »gegen mich«, ein Entweder-Oder in der Stellungnahme von außen. Auf ein maßvolles Werten ihrer Beschaffenheit – ohne phantastisches Spintisieren oder Schwärmen, aber auch ohne das Vorwalten gefühlsbedingter innerer Widerstände – trifft man nicht eben häufig. Das liegt wohl daran, daß dem Ägyptischen für unser Empfinden das Mittlere, Zugängliche, Mit-sich-reden-Lassende, fehlt. Die Strenge seiner Haltung ladet nicht ein. Es duldet keine Kompromisse. Man muß sich seiner Sphäre wohl oder übel anverwandeln, etwas wie ägyptisches Fühlen in sich zu erregen suchen, wenn man nicht in schiefen Urteilen befangen bleiben will. Man muß aus dem von den Griechen ein für allemal eröffneten Raum gleichsam zur magisch bestimmten und beruhigten Ordnung auf der Fläche zurückzutasten wissen und jene sinnfällige, ideale Bildwirklichkeit noch einmal wahrhaben wollen, mit der eine in aller Differenziertheit noch kindhafte Menschheit das Unbegreifliche und Wandelbare bewältigt hat. Wer dazu nicht bereit ist, der verfehlt die ägyptische Substanz. Er wird sich dabei noch immer vom Reiz manchen Werkes ästhetisch angesprochen fühlen, aber er soll sich keiner Täuschung darüber hingeben, daß sich der Kern seinem Verständnis so nicht erschließen kann. Das Ägyptische hat, wohin man es auch stellen mag, sein eigenes Klima um sich. Es ist sich selbst genug, läßt sich nicht gebrauchen, blickt unbeteiligt über jedes Gegenüber hinweg. Es gibt nicht viele Äußerungen, die sich neben den seinen auf die Dauer zu behaupten vermögen.

Seit französische Schanzarbeiten an der Küste des Nildeltas im Jahre 1799 zufällig den »Stein von Rosette« und damit einen wichtigen Schlüssel zur Entzifferung der altägyptischen Schrift an das Tageslicht förderten, hat die Spatenforschung ein geradezu überwältigend reiches und vielseitiges Fundmaterial vor uns ausgebreitet. Es läßt die alten Ägypter als das bildkräftigste, bildbestimmteste Volk der Erde erscheinen. Obwohl schon im Altertum zahlreiche ägyptische Monumente nach Rom, Byzanz und vielen anderen Stätten entführt worden sind, obwohl die meisten Museen der Kulturwelt und zahllose Privatsammlungen in aller Herren Länder sich an dem pharaonenzeitlichen Erbschatz bereichert haben, ist die Menge der im Ursprungslande verbliebenen großen und kleinen Denkmäler ganz unabsehbar. Die Geisteswissenschaften sind eben im Begriff, die Arbeitsergebnisse der Archäologen und der mit in erster Linie um Kenntniserweiterung bemühten Philologen sichtend und folgernd zu weiteren, tiefergreifenden Aufschlüssen zu verwerten, und auch die Stilkritik beginnt allmählich ihren Kinderschuhen zu entwachsen. Schärfer als je grenzen sich die Meinungen ab. Deutlicher als je zuvor lassen jüngere und jüngste Untersuchungen die spezifisch ägyptische Wesensstruktur zutage treten.

Hat die Wertung mit der Erweiterung der Einsichten sich gefestigt oder nur verschoben?

Sehen wir die Pharaonenzeit und ihre immer augenfälliger gewordenen Wandlungen in neuem Lichte, – in einem anderen Lichte als dem, in dem sie vor hundert, vor fünfzig Jahren den großen Bahnbrechern unter den Ägyptologen erschien? Und wenn dies der Fall sein sollte – sind nicht am Ende wir selber es, die unser Wesen und Wollen zeitbedingt in das letztlich unergründliche alte Ägypten hineinsehen? Ist die Natur eines urschöpferischen alten Volkstums mit einer uns fremden, auf einer anderen Zustandsform des Menschlichen beruhenden und von einer andersartigen Umwelt genährten Denkerziehung dem forschenden Verstande von heute im Kern überhaupt zugänglich? Greifen wir in dem Bestreben, zu erkennen, zu deuten und uns letzten Sinnes bestätigt zu fühlen, nicht unvermeidlich nach unserem eigenen Spiegelbilde?

Solche Fragen wird sich jeder um Kenntnis Bemühte vorlegen, bevor er sich den Quellen zuwendet.

Sie verschenken sich noch immer, diese Quellen.

Was lehrt die Anschauung?

Es ist ebenso anregend wie aufschlußreich, an Hand der mannigfachen Beigaben aus Gräbern der vorgeschichtlichen Friedhöfe Ägyptens zu verfolgen, wie das eigentliche Ägyptische an der Bildsprache sich zuerst tastend, dann in stufenweiser zielstrebiger Entfaltung immer eindeutiger herausbildet.

Bekanntlich sind die ursprünglich-naiven Formäußerungen aller Völker einander so ähnlich, daß es bei Verlust der Herkunftsangabe vielfach auch dem Fachmann nicht möglich ist, sie sicher nach Gegenden zu scheiden. Ägypten macht darin so wenig eine Ausnahme wie das älteste Griechenland. Ja gerade die besonders kunstbegabten Völker lassen sonderbarerweise in ihren Kindheitstagen am wenigsten ihre spätere Bestimmung erkennen.

Was im Niltale an Menschenfigürchen vordynastischer Zeit ans Licht gekommen ist, gibt sich auffällig unterschiedlich: zum einen Teil primitiv-läßlich, zum andern straff, hier naturalistisch schildernd, dort geometrisierend geschlossen in eine formale Eigenwelt übertragen. Aber man sieht sich nur ausnahmsweise an kennzeichnend Ägyptisches erinnert. Am willkürlichsten bestimmen Laune und Zufall naturgemäß bei den ältesten plastischen Versuchen in Nilschlamm und Ton. Das Motiv ist mit drastischem Zugriff und manchmal recht wirkungsvoll gepackt, aber im Aufbau doch noch weitab von Regel und Gesetz. Ist Stein als Werkstoff gewählt, dann freilich sieht es nicht selten so aus, als drängten seine Eigenschaften die Hand in bestimmtere Richtung: Menschenbild und Tierbild geben sich entschiedener. So nehmen schon neolithische Figuren jagdbarer Tiere aus Feuerstein und weiterhin flache Reibtafeln aus hartem graugrünen Schiefer in Tiergestalt eine Sonderstellung ein. Hier beginnt der Umriß mit großer Einprägsamkeit zu sprechen.

Diese sogenannten Schminkpaletten geben ein wunderbar lückenloses Bild vom Einsetzen und Fortschreiten der Ordnungsprinzipien im frühägyptischen Bildschaffen. Die Besitzer der verschiedengestaltigen, zur Aufnahme einer Schnur meist durchbohrten Platten haben sich auf ihnen Malachit und andere Stoffe zu Schminkfarbe angerieben. Gegen Ausgang der Vorzeit füllen sich die Platten bedeutsam mit halbplastischem Binnenschmuck. Größe und Verzierung der prächtigsten Vertreter dieser Klasse schließen profanen alltäglichen Gebrauch aus. Lediglich eine Reibpfanne inmitten der figurenbedeckten Fläche erinnert an die ursprüngliche Bestimmung; sie zeigt bezeichnenderweise kaum je Benutzungsspuren. Vermutlich handelt es sich um Weihgaben mächtiger Häuptlinge an die Lokalgottheiten. Sie mögen im Kultus eine Rolle gespielt haben. Zuletzt wachsen sie zu Siegesdenkmälern von offiziellem Charakter heran.

Es ist alles an ihnen abzulesen, was den Weg aus der Barbarei in die Gesittung kennzeichnet: die Preisgabe des Wüsten, die Überwindung der Scheu vor Leerheiten im Bildraume, die Entwicklung von der beziehungslos über die Fläche ausgestreuten Bilderfülle zur Zonengliederung und sinngerechten Verteilung, das Auftreten der sichernden Standfläche, die Prägung des fortab gültigen religiösen und staatlichen Sinnbildes, die Heraushebung und Betonung eines bestimmten, bleibender Erinnerung werten Vorganges. Wir erleben die auffällige rasche, vielleicht bei vorübergehend engerer Berührung vom sumerischen Beispiele entscheidend angeregte, aber im Kerne durchaus selbständige Herausbildung der Schrift aus der spezifisch ägyptischen Vorbilderwelt. Aus der gesucht gräßlichen Schilderung auf der sogenannten Schlachtfeldpalette, die neben anderem einen Mähnenlöwen – mit dem wohl der Sieger selbst gemeint ist – und viele Raubvögel im Begriff zeigt, sich über die nackten Leiber Erschlagener herzumachen, wird die Darstellung bestimmter historischer Ereignisse auf den Weihtafeln der Könige Skorpion und Narmer. Verkörperungen der Königsmacht zerhacken die Ziegelmauern eroberter, namentlich bezeichneter Orte. Das schon als Sinnbild verstandene Niederschlagen des beim Schopfe gepackten überwundenen Gegners, die Besichtigung der gefesselt gerichteten feindlichen Anführer, denen die Köpfe zwischen die Füße gelegt worden sind, wird zum Staatsakt, den der Herr der beiden Kronen unbeschuht auf feierliche Weise vollzieht. Ihm voran werden auf dem Triumphgange Standarten getragen, seine Gewalt bestätigende und seinen Schutz verbürgende Symbole göttlicher Mächte, die möglicherweise zugleich schon als Gauzeichen auf die politische Landeseinteilung Bezug haben. Das Gerät wird zum Geschichtsdenkmal.

Mit diesem Entwicklungsgange fällt auf allen Gebieten die Preisgabe des Vagen, Unverbindlichen, der spielerischen Improvisation zusammen. Tektonik setzt sich durch, wo vordem Läßlichkeit waltete. Eine entschlossene Auslese begrenzt die Typenreihen bis zum Gebrauchsgefäß herab. Die Zeit der Vorliebe für allerlei buntes Hartgestein ist zu Ende: der Geschmack beschränkt sich auf wenige edle Steinsorten. Das Relief wird flacher und gewinnt dafür an Entschiedenheit. Was beim Menschen- und Tierbilde bislang noch ein wenig lahm wirkte, strafft sich. Im zähen, eifervollen Ringen weniger Generationen wird jene aus der Naturbetrachtung erwachsene und doch zugleich *neben* der Natur entwickelte ideale Bildwirklichkeit gewonnen und gesichert, die in der hohen Konsequenz ihres eigengesetzlichen Aufbaues zu den Hauptleistungen Ägyptens zählt. An der immer gültigeren

Ausklärung und Zusammenfassung der Merkbilder festigt sich der Stil, der entschlossenste, langlebigste, den wir kennen. All das gehört zum denkwürdigen Werke der ersten beiden Dynastien etwa zwischen 3000 und 2800 vor Christus.

Wir nehmen so leicht Stilentfaltung als natürlichen, zwangsläufig sich vollziehenden Vorgang, – sozusagen als unwillkürlichen Wesensausfluß eines dafür disponierten Volkstums. Sie ist in Wirklichkeit nichts weniger als das, ist Willensakt und Spannungsergebnis, ist Bewußtseinsleistung von kräfteverzehrender, nicht lange aufrechtzuerhaltender Intensität. Sie ist nicht zuletzt auch Entschluß zum Verzicht. Wie kurzlebig, wie gefährdet ist alles typenprägende Schöpfertum, betätigt in hingebendem Kampfe gegen das immer wieder hereinbrechende träge Ungefähr. Welcher jugendstarken Unbedingtheit hat es damals bedurft, allein bildnerisch jene autonome Ausdruckswelt zu erstellen, die dann durch dreieinhalb Jahrtausende hin das tragende Formgerüst für alle Äußerungen ägyptischer Volksnatur abgeben sollte!

Mit der Herausbildung einer eigenen »wesenhaften Wirklichkeit« in Zeichnung und Relief geht eine solche der Architektur überein.

Vom Lehmbatzen als Baustoff führt die Entwicklung über den rechteckigen sonnentrockenen Nilschlammziegel zur Steinquader und damit zur Ewigkeitsleistung des künstlerisch durchdachten monumentalen Steinbaues. Er hat den Grundriß zur Voraussetzung und damit eine geistige Ordnungstat ersten Ranges. An Namen und Werk jenes Mannes, der auf Geheiß seines Königs die neugewonnenen Mittel zur Errichtung des ersten ausgedehnten, zugleich kunstgeadelten Steinbautenkomplexes, von dem wir wissen, anwandte, knüpft sich die Verehrung aller nachfolgenden Geschlechter, und selbst die Griechen haben einen Gott in ihm gesehen. Noch heute kann man auf der sandigen Hochfläche des Wüstenfriedhofes von Memphis, nahe dem Dorfe Saqqara, die weißschimmernden Gebäudereste jenes Bezirkes betrachten, den Imhotep seinem großen Pharao Neter-chet, der jetzt unter dem Namen Djoser bekannt ist, als ewige Residenz für das Fortleben erbaut hat: Stufengrabmal und Kulttempel, Königszelt, Regierungshäuser, Kapellen der Landesgötter und Magazine, das Ganze in weitem Rechteck von jener hohen Mauer mit ihren Vor- und Rücksprüngen umfaßt, die – überragt von dem sechzig Meter hohen, in viermal geänderter Planung vollendeten Stufenbau in ihrer Mitte – auf die Menschen jener Zeit eine ungeheure Wirkung ausgeübt haben muß.

Die methodische Freilegung dieses Bezirkes hat eine der größten kunstgeschichtlichen Überraschungen unseres Jahrhunderts erbracht: schon hier im Morgenlichte der Architekturentfaltung die kannelierte Säule, die freilich – wie die gleichzeitig auftretende Bündelsäule und die Vorstufe der Papyrossäule – noch nicht freitragend gebildet ist, sondern sich mit einem Teil der angrenzenden Wand verbindet. Sie hat keinen eigentlichen Sockel und gleicht einer Pflanze mit geriffeltem Stiel und oben kapitellartig herabhängenden kleinen Blättern. Die Steinmetzarbeit ist ebenso makellos wie die des Maurers, der die Quadern und Trommelstücke aus edlem feinkörnigen Kalkstein versetzte. Ein beglückender Hauch von Frühe und Reinheit geht von diesen Werkstücken aus. Handelt es sich auch vorwiegend um Übertragung der bisher verwendeten Natur- und Gebrauchsformen aus anderen Stoffen – Holz in Gestalt ganzer Stämme, Balken und Pfosten, Rohr und lehmverputztes Flechtwerk – in Stein, der Sinn ist doch schon für dessen eigene Sprache geschärft, und der ursprünglichen Schönheit der Bauglieder ist eine Stilbetontheit eigen, die sie bereits aus der Sphäre des Imitativen heraushebt. Damals hat im Dienste einer gewaltigen kultischen Idee gültige Form angenommen, was seitdem aus der Architektur nicht mehr wegzudenken ist: Säule und Pfeiler, Basis und Kapitell, Rundstab und Hohlkehle, Treppe, Wandnische und Risalit. Zugleich tritt jene als Fries fortlaufende ornamentale Fassadenzier auf, die als bedeutungsvoll schmückender Wandabschluß fortab zum bleibenden Bestande der ägyptischen Kunst gehört.

In einer dem Stufengrabmal nördlich vorgebauten Kammer hat sich als älteste lebensgroße Statue eines Königs, die wir haben, das Sitzbild des Neter-chet/Djoser gefunden, aus längst ihrer funkelnden Einlagen beraubten Augen durch zwei Gucklöcher auf den Baubereich hinaussehend, der für seinen Totendienst bestimmt war. Das

Ebenbild hatte dort seinen Platz als Unterpfand der individuellen Fortdauer, – ein Dauerleib, der – stellvertretend und doch zugleich von den wirklichen Wesenskräften des Toten erfüllt – seiner fortbeständigen Lebensmacht (dem Ka) die erforderliche körperliche Heimstatt bot, wenn es ihr beliebte, sich in ihrem hiesigen Wirkensbereiche aufzuhalten und Opfergaben entgegenzunehmen. Es scheint so, als sei aus dieser Vorstellung des Totenglaubens das Bildnis erwachsen, für das Ägypten ein eigenes Organ bessesen hat. Allerdings lassen vereinzelte, in Tempeln Oberägyptens zutage gekommene Königsstatuetten der ersten beiden Dynastien noch an eine zweite Wurzel denken.

Fortab begegnet die stets namentlich bezeichnete Bildnisstatue sowohl im königlichen Totentempel als auch im Graboberbau des hochgestellten Privatmannes, wo sie einen eigenen unzugänglichen Raum inne hat und in der Regel durch einen Wandschlitz den gespendeten Gaben entgegenblickt, den Weihrauchduft einatmet und den rituellen Sprüchen lauscht, die dem Wohlergehen des Grabinhabers gelten. Mann und Frau erfahren gleicherweise Verewigung im Bildwerk, nicht selten mit den Kindern zur Familiengruppe vereinigt. Dazu treten in der Folge Figuren des Gesindes, kleinere, minder regelstreng gestaltete Darstellungen getreidemahlender Mägde und bierbereitender oder krugverpichender Knechte im Begriffe, den Herrn zu versorgen. Am Ausgang der dritten und im Verlaufe der vierten Dynastie ist jedes Rundbild einflußreicher Mitglieder des Königshauses bis in die sogenannten Sonderköpfe hinein so eigentümlich und unverkennbar in der individuellen Ausprägung, daß man den Dargestellten nicht wieder vergißt. Schon das beantwortet bis zu einem gewissen Grad die noch immer lebhaft umstrittene Frage, ob wir es hier mit wesentlich typischen, scheinindividuellen oder weitgehend modelltreuen Bildwerken zu tun haben. Bei aller Großzügigkeit in der Vereinfachung fällt gerade an dieser Entwicklungsschwelle immer wieder das persönliche Gepräge der einzelnen Physiognomie und darüber hinaus nicht selten auch des Körperbaues auf. Seit dem Funde der erstaunlichen Büste des Fürsten Anchhaf sollte vollends kein Zweifel mehr daran möglich sein, daß zumindest in Einzelfällen Bildnisähnlichkeit bewußt angestrebt worden ist. Es ist in diesem Zusammenhange der Erwähnung wert, daß sich an der Pyramide des Königs Teti bei Saqqara im Schutt 60 cm über dem alten Fußboden die vom Gesicht einer noch jungen Frau genommene, zweifelsfrei altägyptische Form zu einer Totenmaske gefunden hat. Man muß schon recht kunststumpf und theorieverstrickt sein, um nicht wahrhaben zu wollen, daß dem dauerverbürgenden persönlichen Namen auf dem Sockel oder der Rückwand der Skulptur sehr wohl auch ein gewisses persönliches Gepräge der Züge, ja des Gesamtaussehens entsprechen kann, ohne daß damit jene Grenzen durchbrochen werden, welche allem frühzeitlich-gebundenen Bildschaffen gezogen sind. Wie anders wäre sonst die sprechende Unterschiedlichkeit jener vielen berühmten Bildnisstatuen des Alten Reiches zu erklären, die dem dafür Empfänglichen sogleich mit Namen vertraut werden und bleiben? Ob man sie als zugänglich empfindet oder nicht, – mit einem Rahotep und einer Nofret, einem Hemiun, Ti, Ranofer und dem sogenannten »Dorfschulzen« Kaaper schließt man über den Rang der Arbeit hinaus unweigerlich eine Art persönlicher Bekanntschaft. Es ist bei aller Hoheit etwas von privatem Fluidum um sie und man fragt sich im stillen nach ihren Lebensumständen, ihren Gewohnheiten und Betätigungen. Bei Bildnisstatuen aus dem benachbarten vorderasiatischen Bereiche ist das nur ganz ausnahmsweise der Fall.

Zur Funktion der Statue, die in ihrer Kammer inmitten des Graboberbaues die Kräfte speichert, welche sie umsorgen, tritt die andere jener Reliefdarstellungen, welche die Wände der Opferkapelle und anderer Räume der Totenwohnung wie eine an Motiven schier unerschöpfliche flachplastische Tapete überziehen. Sie und die Rundbilder bedingen einander, – ein Sinnzusammenhang, den das Museum nur ausnahmsweise und auch dann unvollkommen deutlich machen kann. Wir nehmen dieses Zauberbilderbuch mit seinen vielen sauberen Bildzeichenbeischriften als entzückendes, unterhaltsames und lehrreiches Panorama des Lebens in einem alten, ländlich patriarchalisch verwalteten Reiche – und wer will das dem von Sonderkenntnissen unbeschwerten Betrachter verwehren? In Wirklichkeit hängt jede Darstellung in diesen figurenüberreichen Zyklen, welche Ludwig Curtius mit Recht eine der größten Objektivierungen des Menschendaseins genannt hat, mit dem Totenopfer zusammen, dem diese Räume dienen. Der Existenzbedarf der Verewigten wird auf solche Weise magisch sichergestellt. Sollten jemals die Gabenspenden ausbleiben, dann vermag der zauberspruchkundige Tote dinghaft und nutzbar zu machen, was er irgend benötigt. Er hat für jeden Fall alles bei sich. Nicht allein für Speise, Trank, Kleidung und Körperpflege, auch für Jagdfreuden und gesellige Entspannung ist gesorgt, und es erhöht den Rang dieser ebenso durchdachten wie unbefangenen Bildschilderungen, daß in ihnen auch für das Erheiternde und liebenswert Unnütze Raum ist. In aller Ausbreitung bestimmt die – mit leichten Abwandlungen wiederkehrenden – Motive eine hohe Ordnung bis in die Verteilung der einzelnen Zonen und Massen hinein. Wie in dem schon unter den ersten Dynastien nachweisbaren Brauche, den Leichnam durch Anwendung mannigfacher Mittel dauerhaft zu machen, spricht sich in diesem Versorgungswerke jene entschlossene, bis zum Absurden konsequente Bejahung und Konservierung der persönlichen Existenz aus, welche Ägyptens Glauben in diametralen Gegensatz zur Verneinung des Selbst in der Lehre des Buddha stellt.

Inzwischen hat das Schriftzeichen längst seine gültige, an Wahrheit und Deutlichkeit nicht mehr zu übertreffende Ausprägung erfahren. Man muß die ältesten Ansätze auf Krugverschlüssen, Rollsiegeln, Elfenbeinplättchen und Grabsteinen der ersten Dynastie in Vergleich bringen, um ganz würdigen zu können, was hier geleistet ist. Was sich zuerst noch umrißflau und ohne rechte Haltung gab, ist nun in adliger Straffheit aufgerichtet, mit nüchterner Sparsamkeit in Anwendung der Mittel höchste Prägnanz der Aussage verbindend. Wie ungelenk und behelfsmäßig wirken neben der strengen Kalligraphie dieser redenden Bildzeichen jene Bildchen, welche die Grundlage für die sumerisch-akkadische Schrift und damit für die Keilschriftsysteme Vorderasiens abgaben.

Dem Kennbilde, das allein oder in Zusammenhang mit anderen für Konsonant, Silbe, Wort und Wortbedeutung (Deutzeichen) steht und das auf den Denkmälern durch die Jahrtausende hin seine volle Schönheit bewahrt, während es sich im alltäglichen Schriftgebrauche mehr und mehr ins Kursive verschleift, gesellt sich das bedeutsame Symbol schlechthin als Beschwörung und Bewältigung des Unberechenbaren. Es ist gleichfalls zu vollendeter Einprägsamkeit ausgereift und hat seine magische Kraft bis zum Anbruch des Christentums nicht eingebüßt. Ja, noch unser Auge kann sich dem Zauber seiner suggestiven Sinnfälligkeit nicht entziehen. Nicht unzutreffend ist die ägyptische Skulptur als dreidimensionale Hieroglyphe definiert worden. Von der Anbringung des konventionsgemäßen Bildes auf der Seitenfläche des vierkantigen Werkstückes nimmt sie ihren Ausgang in die räumliche Tiefe hinein, die keineswegs in dem Maße wie bei der griechischen Statue zur Qualität wird. Es ist nicht möglich, die Natur ägyptischer Plastik ganz zu verstehen ohne Erkenntnis dieser Tatsache – der Tatsache, daß jedes ägyptische Bildwerk letztlich niedergeschriebene Vollendung ist und über sich hinaus in geistbezogenen höheren Zusammenhang weist, es möge noch so sehr Plastik, noch so sehr Körper geworden scheinen. Sie hat so gut wie nie sich selbst zum Zweck. Deshalb wird eine bloß ästhetische Würdigung sie letztlich immer verfehlen.

Von der allzulange behaupteten Unveränderlichkeit der ägyptischen Zustandsform und Kunstweise wird heute kein Einsichtiger mehr reden. Die These von der alle Wandlung ausschließenden archaischen Gebundenheit ist längst ebenso nachdrücklich widerlegt wie die von der allen Fortschritt unterbindenden Priesterdiktatur und die andere vom ägyptischen Unvermögen, sich zu klärendem Denken aufzuschwingen und den »mitgeschleppten Ballast überwundener Gesittungsstufen« abzutun. Unsere Kenntnis und unser Einfühlungsvermögen hat sich in den letzten Jahrzehnten beständig vertieft. Wer sähe nicht ein, daß auf eben dem Festhalten am Brauchbewährten und als gültig Anerkannten, das frühere Beurteiler den alten Ägyptern als Wunderlichkeit verdacht haben, die imponierende, krisenüberwindende Kontinuität ägyptischer Kultur beruht? Wir wissen aber auch zugleich, daß jener beständige Zustandswandel, der alles Leben und so auch das Völkerleben kennzeichnet und der hier letztlich Menschheitsgeschichte bedeutet, im alten Ägypten zeitweilig mit geradezu grundstürzender Geschwindigkeit vor sich gegangen ist, und daß sich dieses dann und wann stürmische, für die Menschheit folgenträchtige Geschehen in der ägyptischen Bilderwelt auf das deutlichste abspiegelt. Das trifft vor allem für den Ursprung und Ausgang des Alten Reiches und für das Mittlere Reich zu, dessen geistesgeschichtliche Situation nicht wichtig genug genommen werden kann. Aber auch im Neuen Reiche, in der Weltmachtzeit, herrscht beständiger Wandel: wie verändert sich unter der achtzehnten Dynastie von Phase zu Phase die gesellschaftliche Struktur, und wie sehr unterscheidet sich wiederum der Ägypter der neunzehnten und zwanzigsten Dynastie von dem der achtzehnten!

Da ist als erstes gewaltiges Gemeinschaftswerk der nationalen Kräfte das ganze gestaltete Alte Reich (rund 2778–2263 v. Chr.) um Memphis herum mit seiner straffen gesellschaftlichen Ordnung und seiner erstaunlichen Planwirtschaft, die das Ungeheure möglich macht und den einzelnen doch nicht aus der wurzelkräftigen Verbundenheit mit der Scholle löst.

Unter Snofru, dessen überragende Gestalt neue Grabungen bei Dahschur deutlicher in das Licht der Geschichte treten lassen, und den folgenden Herrschern der vierten Dynastie, von deren Wesen, Wollen und Handeln wir leider allzuwenig wissen, wachsen die echten regelstrengen Pyramiden auf. Da sich weder für das damalige Vorhandensein großer Mengen von Kriegsgefangenen noch für das Bestehen einer Art Sklaverei irgendwelche Anzeichen ergeben haben, die Quellen vielmehr das Vorwalten einer patriarchalischen Rechtlichkeit erkennen lassen, bleibt nur die Annahme übrig, daß ein jugendstarkes und frommes Volk mit dem Bau der Pyramiden in harter, begeisterter Arbeit zugleich mit seinen Gottherrschern sich selbst erhöht hat. Auch der an technische Wunderleistungen gewöhnte moderne Mensch kann sie nicht ohne Erschütterung betrachten: Königsgrabmäler von beispiellosem Ausmaß, deren zeitlos gültige Gestalt zu der des Kultsteines Benben in der benachbarten Sonnenstadt Iun-Heliopolis und damit zum Sonnengotte selber in Beziehung stehen muß, wie das auch die neben den Pyramiden im Felsgrunde freigelegten Sonnenschiffe erweisen. Der Gedanke des monumentalen Sonnenthrones fällt mit dem des sichtbeherrschenden Königsgrabes zusammen. Verewigt geht der Pharao mit seinem Vater, dem Sonnengotte, immer aufs neue die mystische Verbindung ein, wenn dieser auf den schimmernd geglätteten Riesendreiecken erscheint und auf ihnen während der alltäglichen Himmelsreise ausruht wie einstmals bei seinem ersten Auftauchen auf dem geheimnisvollen Steinmale zu Heliopolis.

Wie der Wüstensockel in der Königspyramide gipfelt, so gipfelt die Lebensgemeinschaft im Pharao, der allem Menschendasein Sinn und Aufgabe zuteilt. Wie Familie, Hofstaat und Beamtenschaft sich um ihn gruppieren, so gruppieren sich ihre Grabbauten um sein Riesenmal: ein steinernes Abbild des Staatsgefüges noch für den heutigen Betrachter. So unbegrenzt und allgegenwärtig ist die Mächtigkeit des im Fleische wandelnden »Großen Gottes« dem Ägypter jener Zeit erschienen, daß seine Person zu Lebzeiten keine Priester besaß und daß es in den Grabkammern keiner Gottesdarstellung bedurfte. Die unachtsame Berührung mit seinen Würdenzeichen schon vermag zu töten wie der Blitzschlag, wenn der König den Unvorsichtigen nicht mit einem Heilswunsche entsühnt. Wie beim Auftauchen der Götterbilder an den Festtagen ertönt bei seinem Erscheinen warnend der Ruf: »Erde, sei auf der Hut! Es kommt der Gott«! Daß man bei alledem im Pharao keineswegs einen unberechenbar tyrannischen Despoten scheute, wie verständnislose Geschlechter zwei Jahrtausende später wißbegierigen Reisenden zu berichten wußten, lehrt schon der Sinngehalt der Eigennamen der Pyramidenzeit, die dem Staatsoberhaupte alle gütigen Eigenschaften der Götter beilegen: »Cheops hat sich gnädig erwiesen«, »Userkaf ist freundlich«, »Pepi ist es, der Frieden gibt«, »Es lebt für uns Meri-Re«, »Gut ist die Liebe des Königs«. Von der Größe der Vorstellung, die das Volk vom Herrscheramte hatte, kündet noch immer das Felsbild der Sphinx auf dem Reichsfriedhofe bei Gise: der gelagerte ungeheure Löwe mit dem haubenbekleideten, nach Sonnenaufgang blickenden Königshaupte, – noch in Verstümmelung und Verfall das gewaltigste Bildwerk der Menschheit.

Dieser frühmenschliche Ordnungsstaat und das Gottkönigtum, auf dessen Machtvollkommenheit sein Bestand ruhte, hat im Wechsel der Dynastien und Regenten manche Krise, manche innere Spannung überdauert, bis es nach fünfhundertjähriger Bewährung in seinem Gefüge bröckelte und bis er unter der allzulangen Regierung eines schwachen Herrschers sich schließlich überlebte.

Es scheint so, als sei schon mit dem Ausgang der fünften und dem Aufkommen der sechsten Dynastie der Durchbruch des individuellen Anspruchs in eine das Dasein zu spürbar einschnürende Konvention erfolgt.

An scharfprofilierten Königspersönlichkeiten hat es auch vordem nicht gefehlt: Gestalten wie Neter-chet/Djoser und Snofru haben alle Kennzeichen ausgeprägter Individualität. Es hieße, sich das Problem zu leicht machen, wenn man die bis dahin vorwaltende Form des Gemeinschaftslebens als eine Art insektenhaftes, triebgelenktes Kollektivdasein nehmen wollte. Aber das selbstherrliche Einzelwesen beginnt und unzweifelhaft mit deutlich sozialen Vorzeichen in Schichten hervorzutreten, die sich vorher nicht eigentlich zum Worte meldeten. Wir sehen die Königspyramiden kleiner und in der Bauweise unsolider werden, während die Grabbauten einflußreicher Hofleute und Grundherren sich in Maßen und Raumzahl immer beträchtlicher ausdehnen. Während anfangs die Königsplastik an Rang mit Abstand führt, tritt sie in der Folge gegenüber dem Privatbildnis merklich zurück. Noch manches andere Anzeichen spricht dafür, daß die Stadtfürsten und Lehnsleute ihre Sache immer selbstbewußter und eigenwilliger gegen den Anspruch der Krone betreiben. Dazu drängen neue oppositionelle Kräfte von unten herauf. Die mehr und mehr zu geschichtlichem Bewußtsein erwachende Provinz meldet ihre Forderungen an. Schließlich erschüttert die so lange bewahrte Ordnung eine soziale Katastrophe, in der weite Volksschichten die Last der offenbar als unerträglich empfundenen Verpflichtungen abwerfen, ihren Anspruch auf Wohlergehen und Besitz gewaltsam durchsetzen und damit einen Umsturz bewirken, der Land und Brauch gleichermaßen schutzlos macht und das Unterste nach oben kehrt. Die Wut der Menge hat damals weder vor den Denkmälern der Könige noch vor den Archivbeständen der Regierungssitze haltgemacht, ja nicht einmal die geheiligten Gräber blieben verschont. Aus dem Friedhof der großen Herren geraubte Quadern mußten nun in behelfsmäßiger Verwendung zur Bestattung kleiner Leute dienen.

Ein Kosmos zerbarst damit.

Es kann als sicher gelten, daß es nicht Einwirkungen von außen her gewesen sind, welche diese totale Krise ausgelöst haben. Nach allem, was wir wissen, ist das Nilreich vor ihrem vollen Ausbruch weder mit eigenen besonders umfangreichen oder weitspannenden kriegerischen Unternehmungen hervorgetreten, noch einem empfindlichen Angriffe auswärtiger Feinde ausgesetzt gewesen. Auch von einer despotischen Überbeanspruchung der Volkskräfte, etwa durch gewaltige Bauleistungen, kann nicht die Rede sein: die Zeit der Riesenpyramiden war längst vorüber. Zudem wird immer klarer, »daß letztlich diese Arbeitsleistung keine Versklavung des Volkes bedeutete, sondern daß ein ebenso großartiges System der staatlich organisierten und religiös fundierten Fürsorge dahinter stand. Es hat offenbar eine Art staatlicher Arbeitsverpflichtung bestanden, die vor allem die während der Überschwemmungsmonate brachliegenden Arbeitskräfte zu Bauvorhaben heranzog, zu einer Jahreszeit also, wo zugleich der Transport des Baumaterials, der in Ägypten immer zu Schiff erfolgte, am bequemsten durchzuführen war. Die Arbeitsleistung zu dieser Jahreszeit aber bedeutete, da sie gegen Entgelt erfolgte (Abrechnungen darüber sind erhalten), die wirtschaftliche Sicherstellung eines zahlenmäßig großen Teils der Bevölkerung« (E. Otto).

So ist es wohl das beständig wachsende Mißverhältnis zwischen dem von staatlichen Leistungen und Besteuerung ausgenommenen Besitz der Pyramidenstädte, Göttertempel und privaten Totenstiftungen einerseits und den entsprechend sich mehrenden Lasten der übrigen Bevölkerung sowie der vom Staate unmittelbar verwalteten Ländereien andererseits gewesen, das schließlich zu Verarmung, Hunger und schweren sozialen Spannungen geführt hat. Die vom Glauben den Göttern und Abgeschiedenen als natürlich und angemessen zugestandenen Forderungen wurden in der Aufsummierung praktisch übermächtig und stellten die Existenz breiter Schichten der Lebenden in Frage. Jede Erschütterung der Ordnung hinwiederum mußte die Versorgung der jetzt zu volkreichen Städten angewachsenen Hauptorte aufs schwerste gefährden. So wird man sagen dürfen, daß der Gang der Dinge in der ägyptischen Struktur unvermeidbar vorgezeichnet gewesen ist und sich mit einer Art schicksalhafter Notwendigkeit vollzogen hat.

Uns ist mit den »Mahnworten des Ipu-wer« eine eingehende Schilderung der damals eingerissenen Zustände geblieben, die man nicht ohne Bewegung lesen kann und der die ägyptologische Fachwelt mit Recht neuerdings ein besonderes Interesse zuwendet. Lebensform und Kunstübung sinken nicht nur in der Provinz, sondern auch im alten Residenzbereiche für ein Jahrhundert und mehr auf die Stufe des Primitiven, ja Hilflosen, zurück, und die entfesselten Triebe triumphieren, während sich an den Höfen einzelner Gaufürsten zu neuer Existenzgestaltung zusammenfinden mochte, was die radikale Umschichtung an Vertretern alter Tradition übrig ließ.

Der ganze Vorgang ist geistesgeschichtlich überaus denkwürdig. In ihm einen lediglich ägyptischen Umbruch zu sehen, hieße seine Bedeutung nicht voll einschätzen. Er war ein Umbruch in der Entwicklungsgeschichte der Menschheit.

Man erfuhr, daß vernichtbar sei, was seit je von unantastbar gültiger, vollkommener Dauer schien. Ungestraft – man sah es – durften Königsbilder in Splitter geschlagen, Bestattungen entwürdigt, ehrwürdigste Urkunden der Vorzeit vernichtet werden.

Eine vordem in Bindungen mehr oder minder geborgene Menschheit verlor damit Unschuld und Sicherheit, jene Sicherheit, die auf dem gedankenlosen Vertrauen in die Gültigkeit des Überkommenen beruht. Nachdem der materielle Drang gestillt war, kam der Zweifel und die Frage. Könige und Götter waren also zerstörbar. Das bislang Unverrückbarscheinende, das Angemessene, Geziemende, ließ sich ins Gegenteil verkehren . . .

Und nun begann man allmählich bewußt den Verlust eines natürlichen Sinnzusammenhanges zu ermessen, den man zuvor unbewußt besessen hatte. Von nun an ertönt durch die Zeiten hin, mehr oder minder deutlich, aber nie ganz verstummend, die Klage darüber, daß alle Sicherungen gegen Vergänglichkeit und Vergessenwerden fragwürdig sind. In Festfreude und Frohsinn kann sie plötzlich wie ein dunkler Akkord aufklingen; das geheime Bewußtsein von der Vergeblichkeit allen Mühens um Verewigung im Diesseits gehört fortan zur ägyptischen Geisteshaltung. Altägyptens Volksseele hat den entscheidenden Umsturz niemals ganz verwunden. Sein umformendes Erlebnis klingt noch beredt genug in jenen Harfnerliedern an, die in den thebanischen Gräbern der Weltmachtzeit aufgezeichnet stehen:

»Ich habe alles gehört, was den Vorfahren geschehen ist . . .

. . . .

Ihre Häuser sind zerfallen.
Ihre Plätze sind nicht mehr.
Sie sind wie etwas, was nie entstanden ist
seit der Zeit des Gottes.

. . . .

Gedenke nicht jenes Tages des „Komm“!,
bis du zum Westen ziehst als ein Gelobter:
Sieh, was die Priester im Pantherfell auf den Boden schütten,
was sie auf die Opfertische tun, – wofür ist es?

Feiere einen schönen Tag in der richtigen Art!
Vermehre das Gute durch deine Umsicht!
Sieh: das Geschick vermehrt nicht seine Tage,
die Zeit kommt zu ihrer Stunde, nicht wird zugegeben . . .

Niemand, der fortging, kam wieder.«

Wie dies Bewußtsein im Spätzeitbrauche Form annahm, berichtet anschaulich der Grieche Herodotos: »Bei den Gastmählern ihrer Reichen trägt ein Mann, wenn sie abgegessen haben, in einem Sarg ein hölzernes Totenbild herum, das ist sehr natürlich gemalt und gearbeitet und ist gewöhnlich ein oder auch zwei Ellen groß. Er zeigt es jedem Gaste und sagt: betrachte diesen und dann trink und sei fröhlich, denn wenn du tot bist, so wirst du sein gleich wie dieser! Also tun sie bei ihren Gastgelagen.«

Mit dem Verluste der Instinktgewißheit, daß Götter und Könige, deren Umrisse für den Frühmenschen ja magisch verschwimmen, zwangsläufig und unantastbar seien, beginnt die Selbstverantwortung des auf sich gestellten Einzelwesens. Aus dieser Situation erwächst das Mittlere Reich. Von dieser Skepsis spricht die Dinglichkeit seiner Grabbeigaben und die schmerzliche Frage seiner Klagetexte. Persönliche Einsamkeit – etwas neu Erfahrenes – schweigt sich im Ernste der Bildnisplastik aus. Es ist bezeichnend, daß es noch lange Zeit dauert, bis die gewonnene Erfahrung im Antlitz der Königsstatuen reife Form gewinnt. Während die Überzeugungskraft der Bildnisse des Alten Reiches auf ihrer überlegenen Naivität beruhte, prägt die Züge jetzt ein verinnerlichtes, sehr differenziertes Bewußtsein.

Kräftige Lokalkönige versuchen dem ungesicherten Zustand des Landes durch Erweiterung und Festigung ihrer Macht zu steuern. Der sich allmählich wieder durchsetzende staatliche Instinkt drängt zur Zentralisierung. Die örtlich herrschenden Adelsfamilien verteidigen demgegenüber ihre Sonderrechte, die vielfach altverbrieft sind und deren Gebrauch den Bevölkerungen nicht nur in Notzeiten zum Wohle gereichte.

Das Königtum setzt sich von Theben her durch. Die bisher unbedeutende Provinzstadt wird, als Heimat und Residenz der neuen Dynastie, zur Hauptstadt des Landes. Das starke und einsichtige Regiment der Fürsten von Herakleopolis erliegt nach harter Auseinandersetzung dem kämpferischen Ungestüm: Mentuhotep Nebhepet-Re, dessen schwergliedrige Sitzbilder aus dem Bereich des Grabtempels der Familie im westlichen Theben von rücksichtslos angewandter Energie sprechen, hat wie einstmals Menes beide Länder wieder fest in der Hand. Hundertfünfzig Jahre später wird der große Sesostris Chakau-Re der Gaufürsten vollends Herr und weiß sie unter die Obergewalt der Krone zu bringen. Mit ihm endet ihr Brauch, sich daheim stattliche und zugleich wohnliche Felsgräber im Abhange des hohen Randwüstensockels entlang dem Nil anzulegen.

Der neugewonnene Staat hat wieder ein mächtiges und tapferes Königtum. Es faßt die Gebiete, in die Ägypten bei jeder schweren politischen Krise unvermeidlich zerfällt, zusammen und organisiert die Kräfte des Niltales für alle gemeinsamen Aufgaben zielbewußt und einheitlich, vor allem für die Abwehr gegen fremde Bedränger. Etwas wie ein Berufssoldatentum, ein auf die ständige Bereitschaft der Gaumilizen gestütztes Königsheer, beginnt sich abzuzeichnen. Die materielle Kultur blüht auf, edel und reich.

Aber dieses Königtum ist ein anderes als das des Alten Reiches, dem Land und Volk als unbestrittenes, unbedenklich gebrauchtes Eigentum zu Füßen lagen.

Es ist nun ein Königtum aus eigener Kraft – und es weiß sich gefährdet und vergänglich. Es schöpft seine Stärke nicht mehr aus der Harmonie, sondern aus den Spannungen des Staates, dessen Zusammenhalt jetzt die Landesgötter an den Thronseiten der Königsbilder zu versinnbildlichen haben. Seine Lenker müssen beständig gewärtig sein, Widersachern zu erliegen. Wir wissen, daß Amenemhet I., der Begründer der ruhmvollen zwölften Dynastie, einer Palastverschwörung zum Opfer gefallen ist. In einer ihm in den Mund gelegten Königslehre hat sein Sohn und Nachfolger, der erste Sesostris, die düstere Erfahrung jener Tage zusammengefaßt: »Vertraue keinem Bruder, kenne keinen Freund, mache dir keinen Vertrauten; das alles gerät nicht. Schläfst du, so behüte dir selbst dein Herz, denn am Tage des Unglücks hat niemand treue Gefolgschaft . . .«

Nicht zufällig ernennen fast sämtliche Pharaonen dieser Dynastie ihre Söhne und Thronfolger frühzeitig zu Mitregenten. Das Unterpfand ihrer Sicherheit ist allein das Beispiel, mit dem sie vorangehen: die ernste Pflichterfüllung und Selbstverantwortung, die sie ihrem Volke vorleben. Daß der tatkräftige dritte Sesostris und sein Sohn, der dritte Amenemhet, es sich nicht leicht gemacht haben, dokumentieren ihre ergreifenden Bildnisse auch dann, wenn in ihrer Formbehandlung und in ihrem leiderprobten, illusionslosen Ausdruck der damalige Zustand der Volksseele stärker zu Worte kommen sollte als das wirkliche Aussehen der Regenten. Die sorgfältige Berücksichtigung des anatomischen Aufbaues verleiht den Statuengesichtern der beiden Könige etwas packend Persönliches, zugleich menschliche Anteilnahme Weckendes, wie es so in der ägyptischen Kunst nur ganz ausnahmsweise begegnet.

Das Mittlere Reich (rund 2060 bis um 1680 v. Chr.) – als zweite Blütezeit tief und gewaltig in vielen seiner Schöpfungen – ist schließlich einer Auflösung verfallen, die noch der geschichtlichen Erklärung bedarf. Der Niedergang hat sich über ein halbes Jahrhundert hingezogen, in dem noch kein Ansturm von außen die Fundamente erschütterte.

Woran erlahmte seine Kraft? Ist es an der Erlauchtheit seiner Einsichten, an Differenzierung und Resignation zugrunde gegangen? Hatte sein hochbefähigtes Herrschergeschlecht sich physisch müde gelebt? Die Legitimität seiner Instinkte und Werke hat seinen Wesensäußerungen – nicht zuletzt seinem Schrifttum, dessen Form und Gehalt noch uns bewegt – bei den Nachfahren den Ruf klassischer Gültigkeit eingetragen. Ehrfürchtig knüpft die Bildniskunst der beginnenden Spätzeit da und dort an seine Leistung an, sich sättigend an den mächtigen plastischen Impulsen der Vorbilder, über die es bei aller formalen Zucht vielfach wie ausweglose Schwermut gebreitet liegt.

Zuletzt – wie könnte es bei solchem Zustande anders sein – werfen sich allenthalben robuste Draufgänger zu Machthabern auf, Freibeuter und Generale und auch einzelne wirkliche, geborene Herrschernaturen darunter, ohne daß uns mehr von alledem geblieben wäre als lange Reihen von Namen, verstümmelte Kolosse und eine dunkle Vorstellung von wechselnden, überwiegend wohl barbarischen Zuständen.

Dann bricht nach vorangegangener allmählicher Unterwanderung des Deltagebietes durch einzelne Stammesverbände und Sippen eine Fremdvölkerwelle aus Asien herein: zunächst zerstörungswütige, unter dem Druck einer weiträumigen Völkerverschiebung im Norden bunt zusammengewürfelte Scharen, von deren Art und Absicht kein eigenwüchsiges monumentales Denkmal, keine anschauliche Darstellung kündet. Ihre Könige, von denen einzelne semitische Namen tragen, üben von der Ostdeltafeste Auaris her die Kontrolle über das Niltal aus, den Ägyptern für mindestens ein Jahrhundert das Joch der Fremdherrschaft auferlegend. Dieser historisch noch recht dunkle Zeitraum bedeutet eine entscheidende Wende für den Verlauf der ägyptischen Kultur. Es scheint so, als sei schon beim Zusammenbruch des Alten Reiches eine Fremdlingsflut in das Niltal gedrungen, aber sie hat keinerlei für uns faßbare Spuren hinterlassen. Die Vorherrschaft der sogenannten Hyksos hingegen hat sich auf die ägyptische Volksnatur und das Brauchtum in mancher Beziehung umformend ausgewirkt, so dürftig die materielle Hinterlassenschaft der gewalttätigen Eindringlinge sich bisher auch ausnimmt. Von besonderer Bedeutung ist, daß ihr Auftreten das ägyptische Gesichtsfeld zur Weltschau weitete; erst jetzt bahnt sich im eigentlichen Wortsinne eine ägyptische Außenpolitik an. Es sieht wie eine Symbolhandlung dieser unfreiwilligen Welteröffnung aus, daß sie die Unterworfenen mit Pferd und Wagen bekannt machen und ihnen damit bisher ungeahnte Möglichkeiten für eine künftige erfolgreiche Kampfesweise eröffnen.

Mit der Vertreibung der asiatischen Bedrücker und ihrer anschließenden Verfolgung nach Palästina durch ein thebanisches Kleinkönigsgeschlecht, das als siebzehnte Dynastie gezählt wird, beginnt das Neue Reich (rund 1580–1085 v. Chr.) sich abzuzeichnen, – die Weltmachtzeit, welche den ägyptischen Gaben und Fertigkeiten die reichste Gelegenheit zur Betätigung bieten sollte.

Die Kräfte wenden sich jetzt nach außen und es zeigt sich, daß sie nicht nur ungebrochen, sondern wie nach einer Aufstauung gewaltiger sind denn je.

Freilich: kulturelle Grundwerte werden nicht neu hervorgebracht, und kein Königsbild, keine Sphinx der Weltmachtzeit kann sich an Gehalt der inneren und äußeren Form mit denen der vergangenen großen Epochen messen. Tätigkeit rückt an die Stelle von Schöpfertum. Aber diese Tätigkeit ist von einer solchen Intensität und einem solchen Umfang, daß hier Quantität geradezu als Qualität in die Erscheinung tritt.

Auf allen Feldern wird zeitweilig das äußerste geleistet, vor allem in der Untertänigmachung und Verwaltung der palästinensischen und syrischen Stadtfürstentümer und in der endgültigen Durchkolonisierung Nubiens, das sich in der Hyksoszeit unter einheimischen Fürsten selbständig gemacht zu haben scheint. Ägypten ist nun – was seiner Natur im Grunde gar nicht zu Gesichte steht und was auch nur mit höchster Anspannung Generation für Generation einige Jahrhunderte hindurch behauptet werden kann – Imperium, und sein thebanischer Stadtgott ist zum Reichsgotte geworden, dessen Glanz den der anderen Götter überstrahlt und selbst den Sonnengott Re in seine Majestät einbezieht. In das von Hause friedfertige Bauernvolk, in dem seit alters der gewissenhafte Beamte gilt und der gelehrte Schriftkundige als Weiser allgemeiner Verehrung teilhaftig ist, fährt soldatischer Ehrgeiz, und der Offizier schmückt sich auf Heimaturlaub beim Familienfest stolz mit dem »Golde der Belobigung«, das der König gibt. Theben, die oberägyptische Landschaft, in deren Bereich zweimal die Impulse zur Neubegründung des Einheitsstaates erwachten, wird nun zur Metropole

»... wo reich sind die Häuser an Schätzen,
hundert hat sie der Tor' und es ziehn zweihundert aus jedem
rüstige Männer zum Streit mit Rossen daher und Geschirren.«
(Ilias IX, 381–384)

Das weite Rund ihrer fruchtgesegneten Landschaft füllt sich nun bis zum Wüstensaume mit Riesentempeln und Palästen, mit immer stattlicheren Wohn- und Werkbezirken. Im Inneren der Kalkhügel, die den westlichen Gebirgszügen vorgelagert sind, entstehen an den Wänden der wohnlichen Grabkammern jene Bilderzyklen, welche das bunte brausende Leben der Zeit bis in die Einzelheiten der Trachten und Bräuche hinein auf das anschaulichste schildern: Amtstätigkeit und Berufsausübung, Erntebeaufsichtigung und Jagdvergnügen, bezeichnende Gestalten aller Art aus der Nähe und aus der Fremde, saure Wochen, frohe Feste und am Ende der Lebenslaufbahn die feierliche Nilfahrt nach Abydos, den Trauerzug »zum Westen« und die Riten der Totenpriester vor der aufgerichteten, festlich mit Myrrhe gesalbten Mumie an der Grabestür.

Man hat die kriegerischen, geschäftigen und üppigen Jahrhunderte der Thutmosis und Amenophis als *die* Blütezeit des Pharaonenreiches bezeichnet, und in der Tat haben sie in König Thutmosis III. ein universales Staatsindividuum vom Stile Caesars – einen Feldherrn, Organisator und Regenten ersten Ranges – und in dem prachtliebenden dritten Amenophis einen fürstlichen Wohlstandsverwalter von respektablem Formate hervorgebracht. Aber was ist es, das einen bei aller Würdigung der Maßfülle, Großartigkeit und Erfindungskraft innerlich letztlich unbefriedigt von Bauwerk zu Bauwerk, von Standbild zu Standbild treibt, wenn man zuvor in gehöriger Versenkung die Schöpfungen der Pyramidenzeit auf sich wirken ließ? Was läßt den Betrachter zuletzt mit einer Art von Heimweh an das goldene Wüstenschweigen der Pyramidenbezirke und Gräberhügel des Alten Reiches bei Saqqara zurückdenken? Wo sich früher naives Welt- und Jenseitsvertrauen, zugängliches Selbstgefühl und gemeinmenschliches Entzücken am goldenen Überfluß der Schöpfung ausprägten, herrscht jetzt eine Gesellschaftskultur der Verschweigung. Man bildet nach wie vor ab, wie es die magische Versorgung der Toten in ihren »ewigen Wohnungen« erfordert, aber man teilt sich nicht mit, soweit es sich um das private Fühlen und Denken handelt. Die Konvention ist gleichsam nach innen gedrungen. Verbindlich, ja liebenswürdig geben sich die auch bei gewiß tatkräftigen Männern – Offizieren und Beamten aus der engeren Umgebung des Pharao – auffällig femininen Steingesichter der Statuen, aber sie bleiben undurchsichtig. Es dringt in sie allmählich jenes levantinisch-Orientalische ein, das in den älteren Menschenbildern kaum irgendwo begegnet. Die Bauglieder sind imposant und auf ihre Weise edel, aber ihre Formensprache ist bereits zu überlegen gemeistert, um innerlich recht zu beteiligen, und es kann geschehen, daß man bei ihrem stolzen Anblick ein geheimes Verlangen nach Begegnung mit dem keuschen, rührenden Adel der Frühe empfindet. Würde und Maß grenzen hier an Überfeinerung, dort an Üppigkeit, und das Monumentale kann schon mit einem Anflug von Protzentum auftreten. Innerhalb der Fülle kunstgewerblicher Meisterleistungen ist jetzt entzückend, bisweilen schon amüsant, was früher von verhaltener Sinnfälligkeit und spröder Vornehmheit war. So imponierend Materialreiz und Kunstfertigkeit beim Grabschatze König Tutanchamuns auch zum Betrachter sprechen: keines seiner vielen Kleinode aber kann es an intimem

Zauber mit jenen zierlichen Schmuckstücken aufnehmen, welche den Prinzessinnen der zwölften Dynastie in die letzte Wohnung mitgegeben worden sind.

Was an den Kolossen und Großbauten vordem der Befestigung des Staatsbewußtseins zu dienen hatte, muß mehr und mehr zur Machtveranschaulichung herhalten. Der Rückschlag unter dem eigenwilligen und einseitigen Glaubenseiferer Echnaton hält diesen Gang der Dinge nicht lange auf. Sein mit dem religiösen Reformprogramm Hand in Hand gehendes autoritäres Kunstexperiment verbindet mit Vorzügen, welche unter den Meißeln empfindsamer Meister Werke von sublimem Reize entstehen lassen, manches Kennzeichen der Dekadenz. Und das trifft auch auf andere vom Hofe her beispielgebend beeinflußte Bereiche zu. Im Bezirke altorientalischer Geistesgeschichte gibt es nicht viele Gestalten von gleichem Interesse, zu deren Gunsten und Ungunsten sich gewissermaßen in einem Atemzuge ähnlich viel anführen ließe. Es ist doch wohl so, daß Willkür und Differenzierung damals die durch auswärtige Einflüsse ohnehin sich verändernde ägyptische Struktur zu gefährden drohten, und die Reaktion gegen die offenbare Entartung bedeutet – wenn man so will – eine dritte Reichsrettung. Dabei soll indessen nicht übersehen werden, daß in den Amarnajahren Lebensgefühle und Glaubenskeime zur Entfaltung kamen, die in der Folgezeit bedeutsam ausreiften und deren Erträgnisse aus der Entwicklungsgeschichte ägyptischen Geistes nicht wegzudenken sind. Es war an der Zeit, daß sich einmal wieder andere Ideale geltend machten als Konservierung des Brauchbewährten, Mehrung der Habe und ein genußreiches Leben. Und darf etwa die Tatsache bagatellisiert werden, daß manche Bildwerke von Amarna auf das Kunstempfinden unserer Zeit eine tiefe, nachhaltige Wirkung ausgeübt haben?

Echnatons Glaubenswerk hat das Volk nicht für sich gewinnen können. Zu absolutistisch trat in ihm der Anspruch des den meisten Erfordernissen seines Amtes nicht gewachsenen, im Grunde recht unpopulären königlichen Ich hervor. Die von Echnaton inspirierte Kunstweise jedoch geht in den Jahren Tutanchamuns und Haremhabs mit der alten thebanischen und memphitischen Konvention manche wundervolle Verbindung ein; ihr Fortwirken ist in Rundbild und Relief noch lange zu spüren.

Dann folgt der noble, ein wenig ertüftelte, aber mit großer Feinheit vorgetragene Klassizismus des ersten Sethos, der als Kriegsfürst energisch zu retten suchte, was Ägypten an Einfluß vor allem im Norden unter der Amarna-Mißwirtschaft fast ganz verlorengegangen war. Er hat es offenbar verstanden, für die Leitung seiner Kunstwerkstätten Meister von besonderen Fähigkeiten zu finden: sein räumereiches, tief in das Herz des thebanischen Westgebirges getriebenes Grab übertrifft in Anlage und Ausstattung alle anderen Herrschergrüfte im Tale der Königsgräber, und die Schönheit des figürlichen Wandschmuckes jenes Tempels, den er in Abydos errichten ließ, wird jedem Betrachter unauslöschlich in der Erinnerung haften.

Mit der langen Regierung seines berühmten Sohnes Ramses II. rückt Ägypten darauf in jenes problematische Zeitalter ein, dem jede Hochkultur unvermeidlich anheimfällt: das Zeitalter jener Vielgeschäftigkeit, in dem aufgeregte Lebendigkeit an die Stelle stiller schöpferischer Leidenschaft tritt, in dem andererseits aber auch Welteinsicht und undogmatische persönliche Frömmigkeit deutlicher werden. Es liegt wie Abendglanz auf den weltgeschichtlich nicht gerade überragend großen, aber doch auf eigene Weise respektablen Repräsentanten solcher Spätepochen: einem Ramses, einem Assurbanipal, einem Nebukadnezar, ja noch einem Hadrian.

Jetzt übersteigert sich die Vorliebe für das Kolossale und Imponierende. Es ist, als werde das gesamte Niltal zu einer einzigen riesigen Steinmetzwerkstatt, die der monarchischen Selbstgefälligkeit monumentalen Ausdruck zu verleihen hat.

Man möchte bei der Massenhaftigkeit der Bau- und Bildleistung von einer ins Titanisch-Absurde getriebenen Demonstrationsmanie sprechen. Noch entstehen kostbare Einzelwerke. Aber allgemein gesehen sinkt, was der Verherrlichung des Guten Gottes, der Mitgötter und Zeiterfolge dient, ins Effektbetonte, Disproportionierte, Plumpe oder Fahrige ab. Gewiß ist damals weit mehr Stein bearbeitet worden als unter irgendeinem der Pyramidenkönige, und der Reisende von heute hat es schwer, inmitten der überall sich hervordrängenden Werke des großen

Ramses die feineren Zeugnisse kultursicherer Zeiten herauszufinden. Daß sich im Verlaufe der sechsundsechzig Regierungsjahre dieses Pharao in Lebensäußerung und Sitte bis zur Alltagsphrase und zum Tanzschritte herab bereits eine starke Überfremdung geltend macht, kann bei der geschichtlichen Situation nicht wundernehmen. Zersetzende Elemente drängen sich allenthalben in das ägyptische Wesen. Skepsis und Satire wuchern alsbald bis zur offenen Verspottung würdiger Dinge.

Mit der Einbeziehung Ägyptens in das Spannungsfeld überstaatlicher politischer Kräfte hat sich eben vieles verändert. Aus dem Sohne des Re ist ein königlicher Weltmann geworden, fremde Prinzessinnen bevölkern seinen Harem, und als Einwanderer, Freundschaftsgabe verbündeter Herrscher oder im Triumph mitgeschleppte Feldzugsbeute, gelangen unablässig fremde Volksgruppen in das Niltal. Seit langem steht der Pharaonenhof mit den Königen und Stadtregenten der vorderasiatischen Reiche in regem diplomatischem Verkehr, an dem auch die Königinnen teilnehmen. Die Regierungssitze sind jetzt aus zwingenden weltpolitischen Gründen in das Deltagebiet verlegt, wenn auch Theben der alte Glanz bleibt und die neuen Bauten an Ausmaß alles bisher Geleistete in den Schatten stellen. Man muß im Umkreise von Luxor die gewaltigen Zeugnisse des Selbstgefühls jener Zeit mit eigenen Augen gesehen haben, um voll ermessen zu können, was jene Geschlechter sich zugetraut und was sie in titanischer Arbeit auch bewältigt haben. Das Riesenmaß der Bauglieder und Bildwerke übertrifft alle noch so hochgespannte Erwartung: auf jedem der Papyroskapitelle des Mittelschiffes der großen Säulenhalle von Karnak könnten – wie man errechnet hat – hundert Menschen stehend Platz finden, und die den Bautenkomplex des Amunheiligtums umschließende Mauer würde zehn abendländische Dome ohne Schwierigkeit zu fassen vermögen.

Ramses III., mit dem Altägyptens zwanzigste Dynastie beginnt, hat in Regierungspraxis und Bauweise seinem Namensvorgänger respektabel nachgestrebt, aber bei aller Mitteilsamkeit der Reliefdarstellungen, die manche aufschlußreiche Schilderung fremden Volkstums und historischer Vorgänge bieten, schleichen sich Härte und Vergröberung unaufhaltsam in den Bildschmuck seiner Tempelwände. Das Proportionsgefühl wird unsicher, die Leistung auffällig ungleich. Man hat den Eindruck einer gewissen Erschöpfung der Volkskräfte: kein Wunder nach der ungeheuren Anspannung. Seit Ausgang der achtzehnten Dynastie müssen die Pharaonen zur jederzeitigen Verteidigung der nördlichen Grenzen bereit sein und sie nehmen als Hilfstruppen in Sold, was sich an Reisläufern bietet. Lange klammert sich die Gesittung in Lebens- und Kunstäußerung an das Beispiel der Zeit des großen Ramses Miamun: selbst im Gesichtstyp der Privatbildnisse wirkt sein Aussehen fort und es war – wie später bei Julius Caesar, der seinen Namen als höchsten aller Machttitel den Großen unserer Welt vererbte – auf viele Generationen hin nicht denkbar, die Pharaonenwürde zu bekleiden, ohne zugleich ein Ramses zu sein.

Wandel brachten darin nach mancher inneren Umwälzung erst die Fremdherrschaften, die im ersten vorchristlichen Jahrtausend abwechselten: Libyer und Äthiopen, Assyrer und Perser, Griechen und Römer. Was da indessen manchmal wie Blutauffrischung in Wesenshaltung und Lebensäußerung aussieht, ist vielfach Rückgriff auf die Leistung längst vergangener schöpferischer Tage. Natürlich wandelten Daseinszustand und Weltanschauung sich unablässig weiter, dazu beeinflußte fremde Art zeitweilig deutlich die Geschmacksrichtung. Auch an echten Ansätzen zu neuem künstlerischen Ausdruck hat es keineswegs gefehlt. Man hat es sich bis vor kurzem mit der Beurteilung und Bewertung der ägyptischen Spätzeitphänomene zweifellos viel zu leicht gemacht, handelt es sich doch um ein volles Jahrtausend intensivster geschichtlicher und kultureller Wechselwirkung! War auch das ägyptische Greisenalter nicht mehr recht fähig, solchen Ansätzen ausreichende Entwicklungskräfte zuzuführen, so verhielt es sich doch keineswegs so hoffärtig-senil und unzugänglich, wie man dies gemeinhin noch immer annimmt. Zwar legte es sich im Menschenbilde schließlich auf einen gefällig konventionellen Typus fest, der tieferer Befragung nicht viel zu antworten weiß, aber dieser Typus hat bei aller Formentleerung noch Gehalt genug bewiesen, die Herausbildung der großplastischen griechischen Jünglingsfigur anzuregen, der eine so beispiellose künstlerische Entwicklung beschieden sein sollte. Im übrigen wäre es auch hier verfehlt, zu verallgemeinern. So macht sich bei den mit enganliegendem Gewande wie nackt gebildeten Statuenleibern äthiopischer und nachfolgender Zeit ein Körpergefühl geltend, das Üppigkeit als Wirkmittel geradezu bevorzugt. Die Aktbehandlung drängt wie nie zuvor ins Sinnlich-Plastische, längst ehe das unwiderstehliche reifgriechische Beispiel vor ägyptische Augen rückt – und als es schließlich seine Werbekraft entfaltete, da hat Ägypten sich ihr keineswegs starrsinnig entzogen. Zwischenhin ist es besonders beim Bildnis immer wieder zu plastisch und individuell packenden Einzellösungen gekommen, die beweisen, daß der uralte Sinn für die geschlossene, ausdrucksmächtige Form nicht erloschen war. Neben den glatten, kalt und unbeteiligt lächelnden, wenn auch technisch in der Regel bravourös bewältigten Steingesichtern der Spätzeitkönige stehen Meisterwerke wie der zwingend erfaßte Mentemhet in Kairo und der unvergleichlich durchgestaltete »Grüne Kopf« der Berliner Sammlung, die sich auf ihre Weise neben den besten Schöpfungen älterer Zeit behaupten. Besonders den späten memphitischen Meisterbildnissen ist eine Art von Urbanität eigen, der gegenüber manche gerühmte europäische Leistung Provinzcharakter enthüllt. Auf das spätrepublikanische Bildnis Roms ist solche Tradition ganz offenbar nicht ohne Wirkung geblieben.

Daß nicht nur unter der fähigen und gewandten 26. Dynastie, sondern selbst noch unter den letzten nationalägyptischen Fürsten der 30. Dynastie eine unverächtliche Nachblüte auch der Künste einsetzen konnte, beruht nicht zuletzt auf Ägyptens zähem Festhalten am schriftbildbedingten Symbol und Typus, – dem Festhalten an einem einmal fixierten Ordnungssystem, das dem Staatswesen, dem Glaubensdienste und der Gesellschaft bis zuletzt zugute kam. Figürliche Schriftzeichen schon ptolemäischer Zeit, kunstreich aus bunter Fayence und Glas gefertigt und als redende Zier in das Holz repräsentativer Särge eingebettet, stehen an Strenge und Schönheit des Stils wie des Handwerks gegen solche aus jugendkräftigen Tagen um nichts zurück. In Tierbildern – vor allem gelagerten Löwen – von noch immer packender Ausdruckskraft greift ein spätes Geschlecht, das längst nicht mehr wirksamer nationaler Verteidigung fähig ist und sich daran gewöhnen mußte, Objekt fremder Interessen zu sein, bewußt und kühn auf Beispiele aus dem Neuen Reiche zurück. Es ist etwas Wunderbares um die Beständigkeit der ägyptischen Bildsichtigkeit über die Jahrtausende hin. Hinzu treten ein Materialsinn und eine gewerbliche Handfertigkeit sondergleichen, die Ägypten auch im Altersverfall immer wieder zu überzeugender Leistung befähigt haben.

Muß diese erstaunliche Produktivität nicht als die natürliche Folge eines wohlangewandten Völkerlebens erscheinen?

Dieser ungeheure Lebenslauf mit seiner mannigfachen Kontinuität, seinem beständigen Wechsel innerhalb des Beharrens, seinen bezeichnenden Erfüllungen und Versagungen bietet um so leichter Möglichkeit zu Vergleichen mit anderen Kulturen und zur Gewinnung fruchtbarer menschheitskundlicher Einsichten, als seine Äußerungen uns in vielem auffällig unmittelbar, ja geradezu verwandt ansprechen. Bei aller Fremdartigkeit im einzelnen wird die altägyptische Sphäre dem heutigen Abendländer nicht allein rasch vertraut, sondern sogar lieb, wenn er sich einmal entschlossen hat, sich in sie zu vertiefen. Weit schneller als etwa zur altvorderasiatischen, indischen, fernöstlichen oder gar altamerikanischen Sphäre öffnet sich der Zugang, so deutlich diese auch mit der Zeit in unseren Gesichtskreis gerückt sind. Ja, der Reiz, den Altägyptisches auf viele unter uns ausübt, birgt die Gefahr, sich in ästhetischer Befriedigung oder bedenkenloser Angleichung der fremden an die eigene Weise über deren Besonderheit hinwegzutäuschen, – eine Besonderheit, die gründliche Studien immer schärfer hervortreten lassen.

Wie erklärt sich dieses leichte »Zuhausewerden« in der ägyptischen, doch so abweichenden Ausdruckswelt?

Ist es der exotische Zauber, das Märchenbilderbuchhafte an all diesen Menschen, Tieren, Pflanzen und Gebrauchsgegenständen sonderbaren und doch irgendwie vertrauten Aussehens, was uns anzieht? Liegt es daran, daß Ägypten jene gemeinmenschliche, ursprüngliche Darstellungsweise, welche auch die Darstellungsweise aller Kinder und aller von Lehre und Vorbildern unbeeinflußten Erwachsenen ist, aufs folgerichtigste ausgebildet und angewandt hat? Der Sonderrang der ägyptischen Architektur und Skulptur beruht vornehmlich gleich dem der herrlich gemeisterten Zeichnung auf einer bei aller Eigenart überzeugenden und befriedigenden *Bewältigung*, auf einem schwer bestimmbar Klassischen in Beschaffenheit und Wirkung, das ich vorschlagsweise *das Protoklassische* nennen möchte, um die einmal eingebürgerten Begriffe nicht zu verwirren. Kein sumerisch-babylonisches Rundbild kann an Abgewogenheit der Maßverhältnisse und an formaler Meisterung mit einem ägyptischen Meisterwerke in Wettbewerb treten, so ausdrucksstark die frommen Schöpfungen jenes erstaunlichen Volkes im einzelnen auch sein mögen. Bei aller den frühmesopotamischen Bildwerken innewohnenden Würde und Gewalt haftet ihnen doch – wie selbst noch den großartigen reifassyrischen Menschenbildern – etwas Ethnographisch-Befremdliches an, das in Distanz hält und das vom ägyptischen Meißel in allen Epochen immer wieder zugunsten gemeingültig-menschlicher Wirkung überwunden wird. Schon das Aktideal ist so, wie es seit alters im Niltale Bildform gewinnt, nirgends in der orientalischen Welt zu finden, hingegen beispielhaft an die Entfaltung des unüberbietbar bestimmenden griechischen geknüpft. In diesem Bildnervolke voll adamitischen Augenglücks waltete ein geheimnisvoller Sinn für jenes Urmaßsystem der Schöpfung, auf dem für uns letztlich alle Überzeugungskraft und Schönheit der Form beruht. Mit sicherem Gefühl stellt Goethe den »schwarz und streng aus altem Basalt« gebildeten Werken der Ägypter die »weiß, reizend aus Marmor« geformten Skulpturen der Griechen als an Rang ebenbürtig gegenüber. Werke wie der vom Gottesfalken begnadete thronende König Chephren, der adlig-frei als Standbild fortdauernde Grundherr Ti oder die Mähnensphinx Amenemhets III. sind an Gewalt innerer wie äußerer Klassik nicht zu überbieten. Die Bewunderung, die ihnen die Welt zollt, bestätigt diesen Rang. Wollte man den Begriff Klassik der eigentlichen Antike vorbehalten, wie sollte man diese überzeugende, in sich vollkommene und gemeingültige Qualität sonst wohl bezeichnen? Darf man auch von einem sozusagen protochristlichen Element der altägyptischen Gesittung sprechen?

Vom Niedergange des Alten Reiches an rückt Osiris immer mächtiger in das religiöse Bewußtsein: der von seinem Bruder Seth heimtückisch getötete, auferstandene und gerechtfertigt fortwaltende mythische Urzeitkönig und Feldfruchtgott, der in Oberägypten zum Herrscher der Unterwelt und Richter der Gestorbenen wurde. Das von jedem Abgeschiedenen vor ihm abzulegende Bekenntnis irdischen Verhaltens ist freilich ein negatives. Es besteht in den aufeinanderfolgenden Versicherungen, eine Reihe sträflicher Verfehlungen *nicht* begangen zu haben und läßt damit den Einfluß magischer Vorstellungen erkennen. Gewiß beginnt die aktive Geisteshaltung Europas in dieser Hinsicht – wenn man so will – erst mit dem positiv-kategorischen »Du sollst nicht . . .« der mosaischen Gebote. Aber hier tritt doch zum ersten Male – und zwar um mehr als ein Jahrtausend eher, als ähnliche Vorstellungen in der Nachbarschaft laut werden – die religiöse Überzeugung auf, daß das Ergehen im Jenseits vom sittlichen Verhalten im Diesseits abhängig sein müsse, das einer Rechtfertigung vor dem Throne Gottes bedürfe. Daß ohne Rücksicht auf die gleichzeitigen mündlichen Beteuerungen beim Eintritt in das Totenreich vor den Augen des göttlichen Richters das Herz gewogen werde, – welches Volk des Altertums hätte solche Vorstellung in Wort und Bild so deutlich ausgesprochen wie die Ägypter? Wie trostlos düster nimmt sich dagegen der altmesopotamische Jenseitsbegriff aus, wie farblos und unbefriedigend wäre der griechische geblieben, wenn nicht die Mysterien einen gewissen Ausgleich geboten hätten.

Ob man von einer echten monotheistischen Tendenz bereits im Glauben der ägyptischen Frühzeit sprechen kann, ist umstritten. Daß sich in den uns zugänglichen Anfängen der ägyptischen Religion ein Allgott heraushebt, dessen Gestalt den weiten Himmelsraum ausfüllt und dessen Augen als Sonne und Mond leuchten, daß dieser Himmelsgott als »Der Große«, der »Herr des Alls« und »Das, was ist«, bezeichnet und verehrt worden ist und daß die Texte ungeachtet der frühen Übervölkerung der Götterwelt sowohl bei den Grabinschriften, als auch bei den Lebensweisheitslehren immer wieder von »dem Gotte« schlechthin sprechen, unterliegt indessen keinem Zweifel. Und wohl jedem, der tieferes religionsgeschichtliches Interesse hegt, ist der solare Monotheismus König Echnatons ein Begriff, – jener als Lehre eindringlich mitgeteilte Glaube an *eine* allumfassende Schöpfer- und Erhaltergottheit, verehrt im Bilde der strahlenden Sonnenscheibe, welche aller Kreatur spendet, was sie benötigt, und bis zum geringsten ihrer Geschöpfe für alle Sorge trägt. Damit freilich erfüllt sich ihr Wirken, ohne daß in dieser Lehre, soweit wir sie kennen, von Sünde oder Buße, Recht und Unrecht die Rede wäre. Aber nicht von ungefähr sieht es so aus, als seien Teile des Sonnenhymnus von Amarna in den 104. Psalm eingegangen, und fest steht, daß mancher menschlich-einsichtige Satz der ägyptischen Lebenslehren im achten oder siebenten vorchristlichen Jahrhundert in die israelitische Spruchweisheit übernommen worden ist. Aus Urzeitvorstellung heraus zur reinsten Gestalt verklärt, ist die mütterliche Isis, welche den mystisch empfangenen Göttersohn auf ihrem Schoße nährt, als Typus über griechische Zwischenstufen ohne Bruch in die byzantinische Madonna übergegangen. Und es ist den urchristlichen Niltalbewohnern nicht schwer gefallen, das Gewand des neuen Glaubens mit altheiligen Sinnzeichen zu schmücken und das Kreuz Christi mit jenem hieroglyphischen Schleifenkreuze Anch in Einklang zu bringen, das da »Leben« bedeutet.

Wer sich von den geltenden Vorurteilen freizuhalten vermochte, der erkennt an Hand der Quellen bald, daß der ägyptischen Menschennatur ein Sinn für das Angemessene und Rechtliche seit alters her eigen ist. Allenthalben prägt sich eine duldsame, dem Gewalttätigen und Drastischen abholde Gesinnung aus, die etwas sympathisch Bürgerliches an sich hat, ein feines Gefühl für geselligen Anstand und die Notwendigkeit, Maß zu halten. Das alles unterscheidet die Niltalbevölkerung mit ihrem von Hause aus keineswegs robusten Körperbau, ihrer bäuerlichen Friedfertigkeit und ihrem unermüdlichen Schreibeifer von manchem der Herrenvölker, die nach ihm in die Geschicke der östlichen Mittelmeerländer eingegriffen haben.

Bezeichnend ist schon der ehrenvolle Platz, den Altägypten von jeher der Frau einräumte. Ihre Stellung ist der der Griechin des Altertums entschieden überlegen gewesen. Ebenbürtig an der Seite des Gatten aufgerichtet – eine Säule des Staates wie er – zeigen sie schon die Bildnisgruppen des Alten Reiches. Ihre familiäre Rangbezeichnung Nebt-hat, »Hausherrin«, spricht uns vertraut an. In den geschichtlichen ägyptischen Rechtsverhältnissen sind noch deutlich mutterrechtliche Tendenzen erkennbar. Für die Legitimität der Thronfolge ist die Königin so entscheidend wie die Abstammung vom Könige. So ist die reinste Legitimität ausschließlich durch die königliche Geschwisterehe gewährleistet, zu der es weit häufiger gekommen sein wird, als die uns gebliebenen historischen Unterlagen erkennen lassen. Anläßlich eines Hochverratsprozesses im Harem sehen wir bereits in der Pyramidenzeit die angeklagte Königin vor einem Gerichtshofe verhört, den der König nur zu diesem Zwecke hatte zusammentreten lassen und unter denen der Oberrichter – als dem Pharao zu nahestehend und deshalb möglicherweise der Beeinflussung verdächtig – sich nicht befand. Mit Recht bemerkt hierzu der große amerikanische Orientalist J. H. Breasted: »Es ist ein merkwürdiges Zeugnis für den hohen Gerechtigkeitssinn des Königs und das überraschende Rechtsbewußtsein der Zeit, daß eine der Verschwörung verdächtige Person im Königsharem nicht ohne viel Aufhebens zum Tode verurteilt wurde. Sofortiges Todesurteil ohne einen Versuch, die Schuld des Angeklagten gesetzlich zu erhärten, würde zu Zeiten, die kaum ein Jahrhundert hinter uns zurückliegen, in demselben Lande als gerechtfertigt erschienen sein.«

Der Wesir Ptahhotep hat bald nach 2500 v. Chr. als eine der von ihm zusammengestellten Lebensregeln verkündet: »Wenn du es zu etwas gebracht hast und einen Hausstand gründest, so liebe deine Frau im Hause, wie es sich gehört. Sorge für ihr leibliches Wohl, bekleide ihren Rücken; Salben zur Körperpflege sind ein Balsam für ihre Glieder. Erfreue ihr Herz, solange du lebst: sie ist ein Feld, das die Bestellung lohnt für den, der sie besitzt.« Ein Ratschlag in der Lebenslehre des weisen Ani lautet: »Kontrolliere nicht eine Frau in ihrem Hause, wenn du weißt, daß sie tüchtig ist. Sage nicht zu ihr: Wo ist das? Bringe es uns!, wenn sie es an die richtige Stelle getan hat. Dein Auge blicke hin, indem du schweigst, damit du ihre guten Taten erkennst!« Dankbarkeit gegen die Mutter – eine ernst empfundene sittliche Verpflichtung – will der folgende Spruch wacher ins Bewußtsein rufen: »Verdoppele das Brot, das du deiner Mutter gibst; trage sie, wie sie dich getragen hat. Sie hatte viel Last mit dir: als du geboren wurdest nach deinen Monaten, quälte sie sich weiter, indem ihre Brust drei Jahre lang in deinem Munde war. Sie hatte keinen Abscheu bei deiner Wartung; sie setzte dich in die Schule, als du die Schriften gelehrt wurdest, und täglich war sie zur Stelle mit Brot und Trank aus ihrem Hause. Wenn du ein Jüngling bist, dir eine Frau nimmst und selbst einem Hauswesen vorstehst, so richte dein Augenmerk darauf, wie deine Mutter dich geboren und weiter in allem dich aufgezogen hat. Möge sie dich nicht tadeln und nicht ihre Hände zu dem Gotte erheben – und möge er nicht ihre Anklage erhören!«

Rechtssinn und Mitgefühl mit den Bedrängten werden in den erhalten gebliebenen autobiographischen Texten immer wieder beteuert. Natürlich ist es in Wirklichkeit nirgendwo und zu keiner Zeit so patriarchalisch-human hergegangen, wie es die Schilderungen uns glauben machen wollen. Auch unter den Pharaonen werden gewiß nur wenige den ethischen Postulaten des Königsdogmas voll entsprochen haben. Aber schon das vorgegebene Verhalten hat als sittliche Zielsetzung Zeugniswert, gibt es doch ein Bild des ethischen Ideals, zu dem Verfasser und Zeit sich bekannt haben.

Die fingierte »Lehre des Königs Amenemhet an seinen Sohn« läßt den durch Mord geendeten Begründer der zwölften Dynastie von sich sagen: »Ich gab dem Bittenden und ernährte die Waise; ich ließ den Besitzlosen zu mir ein wie den, der Ansehen besaß« und gibt mit dieser Versicherung eine Vorstellung vom ägyptischen Regentenideal jener Tage. Der Gaufürst Henku bittet in seiner Grabinschrift die Bevölkerung seines ehemaligen Regierungsbereiches um das Totenopfer, indem er ihr seine Fürsorge in Erinnerung ruft: »O all ihr Leute des Schlangenberggaues und ihr großen Oberhäupter anderer Gaue, die ihr an diesem Grabe vorübergehen werdet: Ich bin Henku, der gut redet; spendet Wasser und reicht Brot, Kuchen und Bier dem bei seinem Herrn geehrten Henku! Denn ich war ein Geehrter, der Liebling euerer Väter, gelobt von euern Müttern, der eure Greise begrub, der euern Geringen die Fesseln löste ... Niemals habe ich die Tochter von einem unter euch geknechtet, so daß sie die Hände gegen mich gewendet hätte ... Ich gab Speise einem jeden Hungrigen des Schlangenberggaues und Kleidung dem Nackten, der dort war. Ich füllte seine Uferländer mit Rindern und seine Weiden mit Kleinvieh. Ich sättigte die Wölfe des Gebirges und die Geier des Himmels mit den Abfällen des Kleinviehes, da ich wollte, daß jeder Mann im Gau unbehelligt bleibe.« Häufig kehren in Gräbern schon der fünften Dynastie Versicherungen folgenden Inhaltes wieder: »Ich maß oberägyptische Gerste aus meinem Gute dem Armen zu, den ich in diesem Gau fand. Und wenn ich in diesem Gau einen Mann fand, gegen den eine Kornschuld einem anderen gegenüber bestand, so erstattete ich sie ihrem Herrn aus meinem Gute. Ich bestattete jeden Mann dieses Gaues, der keinen Sohn besaß, mit Geweben aus meinem Gutsbesitze. Ich rettete den Schwachen vor dem, der stärker war. Ich richtete die beiden Prozeßgegner so, daß sie (beide) zufrieden waren. Ich war der Liebling seines Vaters, gelobt von seiner Mutter, geliebt von seinen Brüdern ...«

Denkwürdig sind auch die auf zwei Texte zurückgehenden, in vier Gräbern der Weltmachtzeit aufgezeichneten, aber gewiß aus dem späten Mittleren Reiche stammenden Anweisungen, mit denen brauchgemäß der König den neueingesetzten Wesir über seine Amtspflichten belehrt. Sie beginnen mit der ernsten Ermahnung: »Sieh sorgsam auf die Amtshalle, wache über alles, was darin geschieht, denn auf ihr beruht die Ordnung des ganzen Landes. Nicht süß, nein, etwas Bitteres ist das Amt des Wesirs, es bedeutet Erz zu sein, das das Gold des Hauses seines Herrn umschließt. Es bedeutet, sich nicht den Fürsten und Behörden zu neigen und keine Anhänger sich unter jeglichen Leuten zu schaffen.« In der Folge heißt es dann unter anderem: »Es ist ein Greuel vor Gott, wenn man Parteilichkeit zeigt. Kommt ein Bittsteller irgendwoher aus dem Lande, so mögest du ja zusehen, daß alles getan wird nach seiner Ordnung, indem man jedermann zu seinem Rechte verhilft. Ein Fürst steht in der Öffentlichkeit. Wasser und Wind berichten über alles, was er tut; niemals bleibt unbekannt, was von ihm getan worden ist. Die beste Schutzwehr für einen Fürsten ist es, der Vorschrift gemäß zu handeln ... Der Bittsteller, der beschieden worden ist, soll nicht sagen: Mir ist nicht zu meinem Rechte verholfen worden! Sieh denjenigen, den du kennst, so an wie den, den du nicht kennst, den, der dem Könige nahesteht wie den, der fernsteht. Ein Fürst, der so handelt, soll fest bleiben hier an diesem Platze. Übergehe keinen Bittsteller, ohne daß du seine Rede anhörst ... Gerate gegen niemanden in Zorn ohne Grund; werde nur zornig um dessentwillen, weswegen man erzürnt sein muß. Zuviel Furcht zu schaffen ist unklug, und die Menschen sagen dann nicht: Das ist ein rechter Mann. Vor allen Menschen ist der Wesir derjenige, der Gerechtigkeit üben soll. Darum zögere nie mit der Gerechtigkeit und denke daran, daß der König den Schüchternen mehr liebt als den Dreisten. Möchtest du doch ja handeln gemäß dieser Weisung, die dir gegeben wird zu deinem Wohle, denn so wird man glücklich.«

In den durch die Jahrhunderte von Mund zu Mund weitergegebenen, aber auch in den Schulen der Jugend durch Abschreiben eingeprägten Lehren hochgestellter, lebenserfahrener Männer finden wir Sätze wie diese:

»Willst du, daß dein Zustand gut sei, daß du dich bewahrst vor allem Bösen, so hüte dich vor der Habgier. Ein Mann besteht, dessen Richtschnur das Recht ist und der den ihm vorgezeichneten Weg geht. Er macht ein Vermögen dabei, aber der Habgierige bleibt ohne Grab. Der Herzensstarke, der seiner Laune nicht nachgibt, wird Herr seiner selbst und ein Herr über die Dinge. Der am Herzen Schwache aber, der seinen Trieben folgt, der schafft sich Haß an Stelle von Beliebtheit. Wenn du den Acker bestellst und er gedeiht und der Gott gibt dir reiche Frucht, so nimm den Mund nicht voll darüber vor deiner Umgebung. Etwas Großes ist es, die Zucht des Schweigens zu üben. Wenn du ein Mann in leitender Stellung bist, so sei geduldig, wenn du die Rede eines Bittstellers hörst. Weise ihn nicht ab, bevor er seinen Leib ausgekehrt hat hinsichtlich dessen, was er dir sagen wollte. Es ist nicht nötig, daß alles, um was er gebeten hat, auch geschieht, aber schon gutes Zuhören glättet das Herz« (Lehre des Ptahhotep, um 2450 v. Chr.). »Tue das Rechte, solange du auf Erden weilst; beruhige den Weinenden, quäle keine Witwe, verdränge keinen Mann von dem Besitze seines Vaters, schädige die Räte nicht in ihrer Stellung. Hüte dich davor, ungerecht zu strafen. Sei nicht böse; freundlich sein ist gut. Mache dir ein dauerndes Denkmal durch deine Beliebtheit. Das gute Verhalten des Rechtschaffenen wird (von der Gottheit) lieber entgegengenommen als das Opferrind dessen, der Unrecht tut« (Lehre des Königs Achthoes II. für seinen Sohn Merika-Re, um 2100 v. Chr.). »Laß nicht einen Zwiespalt sein zwischen deinem Herzen und deiner Zunge. So geschieht es, daß deine Pläne glücklich geraten und daß du gewichtig bist vor der Menge. Und so bleibst du unversehrt in der Hand des Gottes: Gott haßt den, der heuchlerisch redet, und sein großer Abscheu ist der Widerspruchsvolle. Wenn du einen großen Schuldenrückstand bei einem Armen findest, so teile ihn in drei Teile, davon laß zwei fallen, – das wirst du wie die Wege deines Lebens finden. Als Menschenfreund gelobt zu werden ist nützlicher als Reichtum im Vorratshause« (Lehre des Amenemope, etwa um 1100 v. Chr.).

So tönt Altägyptens nüchterne, aber sehr respektable Humanität in wohlbedachten Lehrsprüchen fort durch die Zeiten. Und schon der Verfasser der Königslehre für Merika-Re weiß: »Der Mensch allein bleibt nach dem Sterben übrig und seine Taten werden zuhauf neben ihn gelegt.«

Ist Ägypten mit all dieser zähen und zuchtvollen Arbeit im Dienste der Gesittung als Wiege unserer abendländischen Kultur anzusprechen?

Sein Gesicht ist zum Mittelmeere hin und nicht nach Afrika gewandt. Was Memphis, die uralte Stadt des Schöpfer- und Künstlergottes Ptah, und Iun-Heliopolis dem mittelländischen Bereiche Grundlegendes erdacht und erarbeitet haben, zeichnet sich für uns erst in Umrissen ab.

Tun wir unrecht daran, in unseren Schulen die Entdeckung jenes Geistes, der uns trägt und fortbestimmt, den Griechen vorzubehalten und Altägypten im Unterrichte darüber zu vernachlässigen, wie dies noch allenthalben der Fall ist?

War Ägypten uns eine Mutter?

Verleugnen wir sie?

Die Problematik unserer Erkenntnis und Deutung altägyptischen Wesens beruht letztlich darauf, daß wir moderne Denkmethodik zur Aufschlüsselung der ihm eigentümlichen Anschauungswelt anwenden müssen.

Diese Zwangslage läßt heute überkompliziert erscheinen, was von Hause nächstliegend, ja dem Naturverstande jener Alten unabweislich erschien. Die klügsten Gelehrten müssen sich heutzutage die Köpfe darüber zerbrechen, wie die Vorstellungen natursichtiger, von den ursprünglichsten Lebensregungen bestimmter Frühmenschen beschaffen gewesen sind. Dieses Mißverhältnis hat etwas Groteskes. So erfordert beispielsweise die Ergründung des

Sinngehaltes der sogenannten Pyramidentexte höchsten, fast aussichtslos angewandten Scharfsinn auf einer geistigen Ebene, welche für deren Abfasser überhaupt nicht existiert hat. Andererseits ist all das, worauf der Frühägypter seinen besonderen Scharfsinn verwandte, für uns Heutige von Natur und durch unsere ganze Denkerziehung eigentlich so gut wie gegenstandslos, und es bleibt im Grunde ein Rätsel neben anderen, was uns insbesondere an ägyptischen Bildwerken so stark anzieht. Ist es die wunderbar sinnfällige Naivität, mit der sich bei ihnen ein nie ganz Verlorenes, Gemeinmenschliches, formendeutlich und formenmächtig zum Ausdruck bringt? Es bleibt der Verdacht, daß wir an ihnen am meisten schätzen, was für die alten Ägypter keineswegs die bestimmende Qualität gewesen ist.

Wir müssen also das Fühlen und Denken der einstigen Niltalbewohner mit Mitteln zu erschließen suchen, deren Wirksamkeit auf gänzlich anderen Voraussetzungen basiert. Es bedarf infolgedessen eines enormen, vom Laien kaum zu bewältigenden Aufwandes, es bedarf, abgesehen von aller Kenntnis des schon unübersehbaren einschlägigen Schrifttums, des ganzen Umweges über den modernen, objektiv analysierenden Verstand, um bestenfalls in Umrissen zu erkennen, was sich ursprünglich in der magischen Schau wie ohne Zutun abzeichnete, – und auch da ist das Ergebnis oft noch zweifelhaft genug.

Auf diesen Sachverhalt sind Reiz und Tragik unseres Verhältnisses zu den alten Ägyptern gegründet.

Wir hüten uns heute vernünftigerweise, die Ägypter da, wo wir ihre Gedankengänge und Äußerungen nicht ohne weiteres begreifen, als verworren und zu methodischer Ordnung ihrer Einzelbeobachtungen unfähig zu bezeichnen, wie das bis vor gar nicht langer Zeit auch von berufener Seite noch unbedenklich behauptet werden konnte. Derlei Wertungen eines fortschrittsstolzen Positivismus haben nur mehr ein historisches Interesse. Es gibt unter Eingeweihten kaum noch einen Zweifel daran, daß die alten Ägypter im Denken auf ihre Weise höchst klar und konsequent gewesen sind – jedes ihrer theologischen Systeme, jedes Meisterwerk ihrer zuchtvollen Kunst, die keineswegs von ungefähr dem bloßen Gefühl entquollen ist, sondern zähe Gestaltungskonzentration verlangte, und schließlich auch Handbücher wissenschaftlichen Gepräges, wie der berühmte Edwin-Smith-Papyros, beweisen es –, aber dieses Denken vollzog sich auf anderer, vom schürfenden Verstande her auf allein logischem Wege nicht zu erreichender Ebene und in anderer Weise als das griechisch bestimmte nachhellenisch-europäische. Nach ägyptischer Auffassung war das Herz nicht nur Sitz des Gefühls, sondern – bezeichnenderweise! – auch Sitz des Verstandes. Der Ägypter dachte nicht in Begriffen, sondern in Gestalten und Bildzusammenhängen. Niemals haben im Gegensatz dazu – Max Picard stellt es mit Recht fest – Bilder so wenig Einfluß auf Seele und Geist, auf Gesellschaft, Wirtschaft und Staat ausgeübt wie in unserem Zeitalter.

Man könnte bei den Ägyptern, im Gegensatz zu unserem willensbestimmten, reflektierenden, von einem vegetativen, einem intuitiven Denken sprechen, das seine eigene Folgerichtigkeit hat und dessen Resultate von den auf anderem Denkwege erzielten nicht notwendig abzuweichen brauchen. Da wir es auf Grund seiner uns überkommenen Äußerungen aber nur auf begrifflichem Wege rekonstruieren können, besteht immer die Gefahr, daß wir europäische Denkinhalte in die ägyptische Sphäre hineininterpretieren und den altägyptischen Äußerungen moderne Denkkategorien zugrunde legen. Hier gilt es, wachsam zu sein. Am nächsten wird man dem spezifisch Ägyptischen kommen, wenn man es zunächst als ein zutiefst Fremdes begreifen lernt. Dieses Paradoxon trifft in gewissem Umfange ja auch auf alles Griechische zu.

Denn Ägypten gehört nicht als Wesensbestandteil, sondern als Beispiel zu uns. Es leitet nicht jenen Weltentag der mittelländischen Menschheit ein, der das europäische Denken bringt, es entfaltet, verwirklicht und vollendet sich auf gemeinmenschlich-steinzeitlicher Grundlage in durchaus eigentümlicher Weise.

Man ist versucht, zu sagen, daß ausgesprochen steinzeitliche Merkmale der altägyptischen Geistesstruktur bis zuletzt eigen geblieben sind. Kennzeichnend für Ägyptens geistesgeschichtliche Zwischenstellung ist seine Beziehung zum Tiere, die der Hellene noch staunend respektierte, der Römer nicht mehr verstand (»Nur Götter pflege ich zu verehren, nicht Ochsen«, gab Caesar Octavianus zur Antwort, als er in Ägypten eingeladen wurde, dem geheiligten Apis-Stiere Verehrung zu erweisen). Der Tierschwanz hinten am Gürtel des Vorzeitjägers gehört wie die aufgerichtete Giftschlange über der Stirn durch drei Jahrtausende hin zum Herrscherornate, und noch Alexander und die Caesaren werden als Gebieter Ägyptens mit diesen Kennzeichen der Pharaonenwürde ausgestattet. Tiergestaltige, tierköpfige und aus Körperteilen verschiedener Tiere zu einer uns abstrus vorkommenden Wirkung zusammengesetzte Gottheiten sind bis zuletzt von der ägyptischen Volksseele nicht allein ertragen, sondern vertrauend und verehrend *geglaubt* worden. Wo im Entwicklungsbereiche Europas wäre seit dem Auftreten der Griechen ein Königstitel wie »Starker Stier« denkbar? Es mutet schon wunderlich genug an, daß sie sich lange nach Verbreitung und Wirkung der sophistischen Lehren bereitgefunden haben, das Widderhorn des Amun an der Schläfe des Alexanderbildes auch in ihrem eigenen Weltbereiche zu akzeptieren.

Kennzeichnend ist die rein auf Erfahrung gegründete Art der natursichtigen Erkenntnis Ägyptens, kennzeichnend sein »zusammenzählendes« Bildgestalten, sein instinktives Beharren auf der Fläche, sein Sichverschließen vor Raumrisiko und Perspektive und letztlich – und vor allem anderen – sein Festhalten an der Magie, die über alle Entwicklungsphasen des inneren Lebens hin immer aufs neue das Haupt erhebt. Es ist aufschlußreich, daß Herodot, der griechische Geschichtsschreiber klassischer Zeit, in seinem Ägyptenberichte zwar des Staunens und der Bewunderung voll ist, aber schon in der Einleitung betont, die Niltalbewohner machten es in allem anders als die Hellenen.

Nicht zufällig erscheint das späte Ägypten mit dem Paroxysmus seines Tierkultes, der Sterilität seines Rituals und der Wunderlichkeit seiner mannigfachen Stilauswüchse uns nicht verwandter, sondern fremdartiger als das der früheren Epochen. Hier ist eben kein echtes Kontinuum, kein lebendig und fruchtbar in die Zukunft weisendes Fortstreben, das etwa mit dem frühеuropäischen organisch zusammenginge, sondern Verkalken, Ergreisen und endlich der Alterstod einer menschlichen Zustandsform, die dahingeht, weil die Zeit erfüllt ist.

Daran ändert die Tatsache nichts, daß manch ägyptisches Formengut in den Bestand der europäisch-abendländischen Weltkultur eingegangen ist. Der ägyptische Stil – der an und für sich als eines der respektabelsten Ordnungssysteme der Menschheit betrachtet werden muß – hat sich überall da, wo er von Späteren nachahmend aufgegriffen worden ist, als ganz unübertragbar erwiesen. Über ein bestenfalls amüsantes Mißverstehen ist die Nachwelt bei der künstlerischen Anlehnung an die alte selbstgenugsame Bildweise nie hinausgekommen.

Als *Beispiel* einer stolzen, selbstsicheren, nur den eigenen inneren Gesetzen folgsamen Hochkultur aber hat Ägypten auf jene Völker eine bedeutende Wirkung ausgeübt, die sich in seiner Nachfolge rings um das Mittelmeer entfalten sollten. Seine Würde sprach für sich selbst. Sie haben von ihm starke, formende Impulse empfangen und sich von ihm zu größerer, schaffensfreudigerer Erfüllung des eigenen Auftrags bestimmen lassen. In zahllosen Erfindungen, in der Gestalt fast allen handwerklichen Gebrauchsgerätes und nicht zuletzt auf architektonischem Gebiete sind wir der ägyptischen Tüchtigkeit tief verschuldet. Von Mose bis hin zu Solon, Thales, Platon und Plotin hat Ägyptens Erfahrung und Erkenntnis auf die großen produktiven Geister der mediterranen Sphäre ihre Wirkung ausgeübt. Nicht als nachzuahmendes, verbindliches Muster, sondern als zwingende Verlockung zur *Selbstfindung*. Hier lag vor aller Augen, wie man Dasein gestalten kann.

Ägyptens Eigenschaften, welche die geschichtslose Barbarei zur geschichtlichen Gesittung emporhoben und dem Staatsbau, dem Rechtswesen, dem Glaubensdienste, der ganzen Lebensgemeinschaft eine auch in unseren Augen gültige Form und Weihe gaben, haben Europa nicht begründet, aber heraufführen helfen. Das Gefühl scheuen Respektes, das die Nachwelt dem Beispiel Ägyptens gegenüber immer empfunden hat, darf sich getrost und bewußter als bisher zum Danke steigern. Nicht weil es uns – den fremden Nachfahren – etwas geschenkt hätte. Sondern weil es sich selbst genügt und in unerschütterlichem Festhalten an dem einmal als gültig Erkannten vollendet hat. Damit hat es auch uns verpflichtet.

DIE BILDER

THINITENZEIT

UM 3000 - 2778

1 Löwe. Ende der Vorzeit. Um 3000. – Berlin, Staatliche Museen

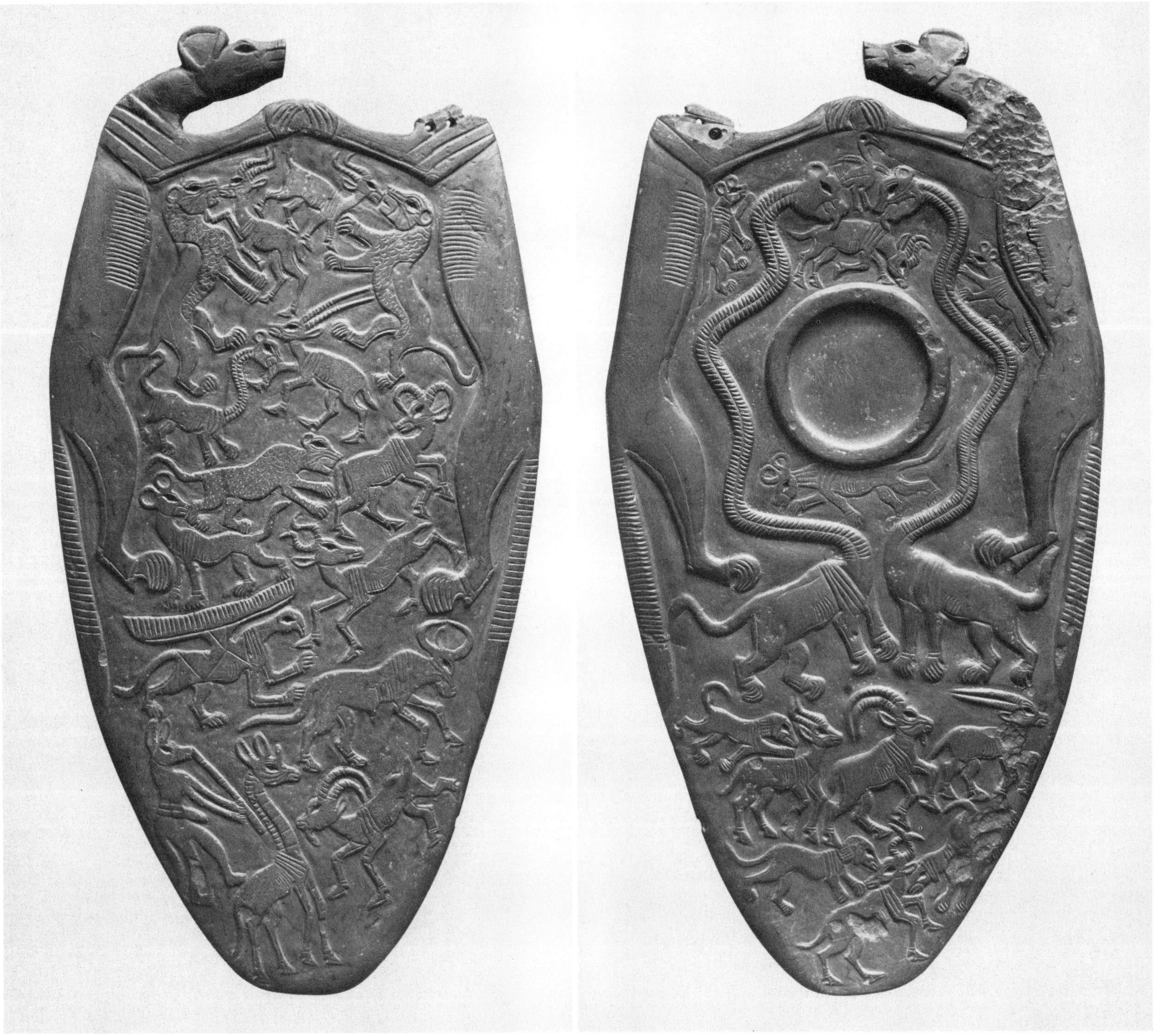

2 Schminktafel mit Steppentieren und Fabelwesen. Schiefer. Höhe etwa 43 cm. Ende der Vorzeit. Um 3000.
Oxford, Ashmolean Museum

3 Oben: Schminktafel mit Giraffen und Palme. Schiefer. Höhe 32 cm. Ende der Vorzeit. Um 3000. – Paris, Louvre
Unten: Sog. Städtepalette. Bruchstück (Höhe etwa 28 cm) einer Siegestafel, wohl des Königs Skorpion. Schiefer. 1. Dynastie. – Kairo, Museum

4 Siegestafel des Königs Narmer. Vorderseite. Der König mit der unterägyptischen Krone besichtigt Gefallene auf dem Schlachtfeld. Schiefer. Höhe 64 cm. 1. Dynastie. – Kairo, Museum 3055

5 Siegestafel des Königs Narmer. Rückseite. Der König mit der oberägyptischen Krone erschlägt einen Feind. Schiefer. Höhe 64 cm. 1. Dynastie. – Kairo, Museum 3055

6 Grabstein des Königs Wadji (Djet) »Schlange«. Kalkstein. Breite 65 cm.
1. Dynastie. – Paris, Louvre

I Steatitscheibe mit farbigem Alabaster als Einlage. Hunde jagen Gazellen. Aus dem Grab des Hemaka in Saqqara. Durchmesser 8,7 cm. 1. Dynastie. – Kairo, Museum 70.104

7 Hetepdief, Priester in Memphis. An seiner Schulter die Namen von drei Königen der 2. Dynastie. Aus Mitrahina. Granit. Höhe 39 cm. Ende der 2. Dynastie. – Kairo, Museum 3072

ALTES REICH

3. DYNASTIE · 2778-2723

8 Stufenpyramide des Königs Djoser und sein Grabbezirk bei Saqqara

9 König Djoser–Grabbezirk bei Saqqara: Umfassungsmauer mit Portal

10 König Djoser–Grabbezirk bei Saqqara: Portikus der Eingangshalle

11 König Djoser–Grabbezirk bei Saqqara: Eingangshalle

12 König Djoser–Grabbezirk bei Saqqara: Papyros-Halbsäulen beim Nord-Palast

13 König Djoser–Grabbezirk bei Saqqara: Der kleine Tempel, dahinter die Stufenpyramide

14 König Djoser–Grabbezirk bei Saqqara: Am Südgrab

15 König Djoser–Grabbezirk bei Saqqara. Wandrelief im Südgrab: König Djoser im Kultlauf

16/17 König Djoser. Aus dem Serdab seiner Stufenpyramide bei Saqqara. Kalkstein. 3. Dynastie. – Kairo, Museum 6008

18 Holzreliefs aus der Grabmastaba des Hesire bei Saqqara. Höhe 1,14 m. 3. Dynastie. – Kairo, Museum 88

19 Hesire am Speisetisch (vgl. Tafel 18 links)

4. DYNASTIE · 2723-2563

20 Blick von der Pyramide des Unas in Saqqara auf das Pyramidenfeld von Dahschur. Hinten Mitte die sog. Knick-Pyramide, rechts die sog. Rote Pyramide. Beide erbaut von König Snofru. Frühe 4. Dynastie

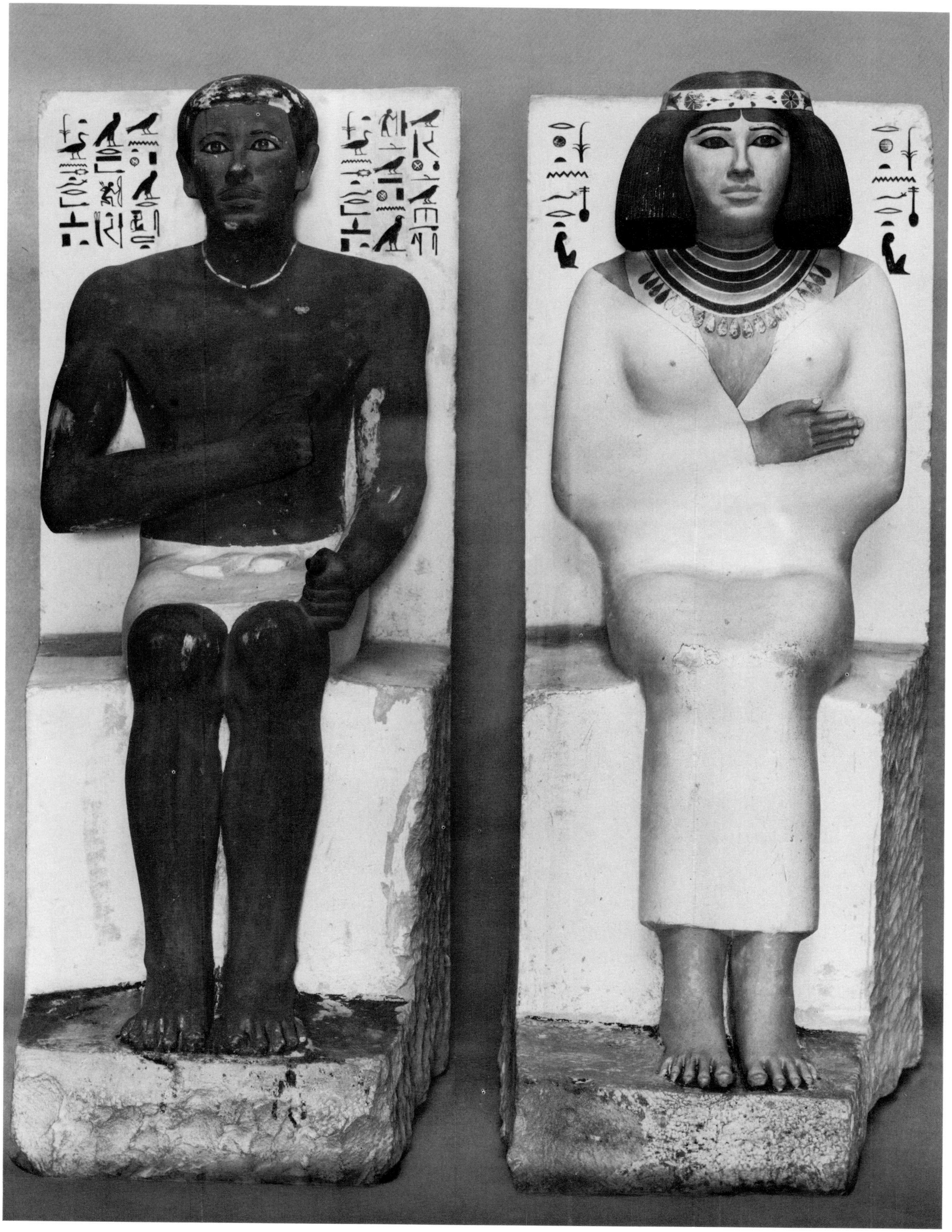

21 Prinz Rahotep und seine Frau Nofret. Aus ihrer Grabmastaba in Medum. Kalkstein. Höhe etwa 1,20 m. Frühe 4. Dynastie. – Kairo, Museum 223

22 Nofret (vgl. Tafel 21 und II)

II Prinz Rahotep und seine Gemahlin Nofret. Aus ihrer Grabmastaba in Medum. Kalkstein. Höhe etwa 1,20 m. Frühe 4. Dynastie. – Kairo, Museum 223

III Die Gänse von Medum. Fragment einer Wandmalerei. Aus der Grabmastaba des Nefermaat in Medum.
Höhe 28 cm, Gesamtlänge 1,72 m. Frühe 4. Dynastie. – Kairo, Museum 136 E

IV König Chephren. Sitzstatue aus dem Taltempel seiner Pyramide zu Gise. Diorit. Höhe 1,68 m.
4. Dynastie. – Kairo, Museum 138

23 König Cheops. Aus Abydos. Elfenbein. Höhe 5 cm. Frühe 4. Dynastie. – Kairo, Museum 4244

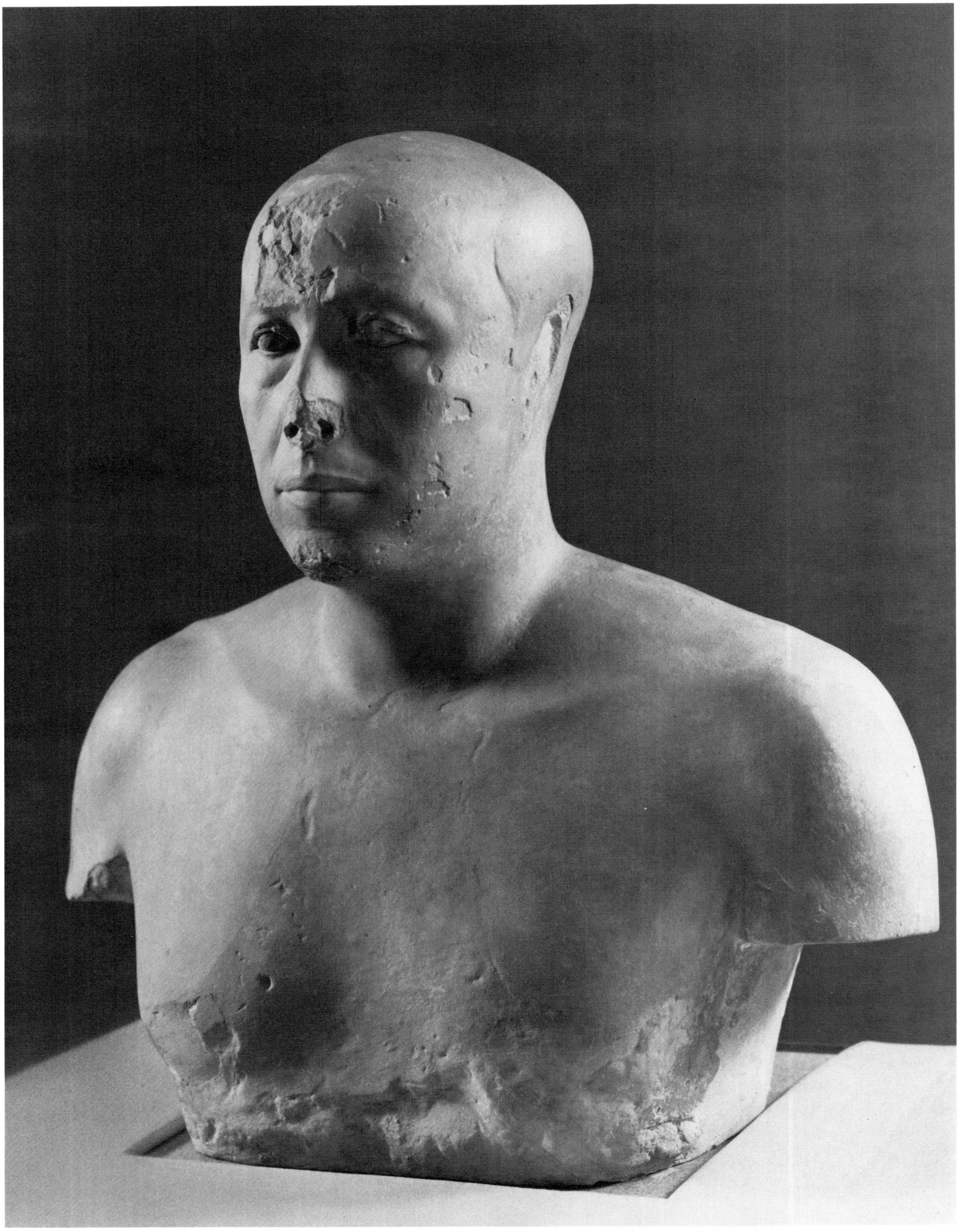

24 Fürst Anchhaf. Aus seiner Grabmastaba bei Gise. Kalkstein. Höhe 58 cm. Frühe 4. Dynastie. – Boston, Museum of Fine Arts

25 Das Pyramidenfeld von Gise von der Straße nach Saqqara. Von rechts nach links die Pyramiden des Cheops, des Chephren und des Mykerinos. 4. Dynastie

26 Die Pyramiden von Gise von Süden. Von links nach rechts die Pyramiden des Mykerinos, des Chephren und des Cheops. Vor der Mykerinos-Pyramide ihre drei Beipyramiden

27 Pyramidenfeld von Gise. Die Große Sphinx

28 Pyramidenfeld von Gise. Die Große Sphinx und der Taltempel des Königs Chephren

29 Südteil des Pyramidenfeldes von Gise. Links der Taltempel des Königs Chephren mit dem Aufweg zum Totentempel seiner Pyramide. Im Vordergrund die Große Sphinx. Mitte hinten die Pyramide des Mykerinos

30 König Chephren. Sitzstatue aus dem Taltempel seiner Pyramide zu Gise. Diorit. Höhe 1,68 m. 4. Dynastie. – Kairo, Museum 138

31 König Chephren (vgl. Tafel 30 und IV)

32 Gise. Im Taltempel des Königs Chephren: Breite Halle und Pfeilersaal

33 Gise. Im Taltempel des Königs Chephren: Pfeilersaal-Mittelschiff

34 Pyramidenfeld von Gise. Chephren-Pyramide, im Vordergrund der Totentempel an der Mykerinos-Pyramide

35 Pyramidenfeld von Gise. Mastabagräber südöstlich der Chephren-Pyramide

36 Bildniskopf aus dem Königsfriedhof von Gise. Kalkstein. 4. Dynastie. – Kairo, Museum 6003

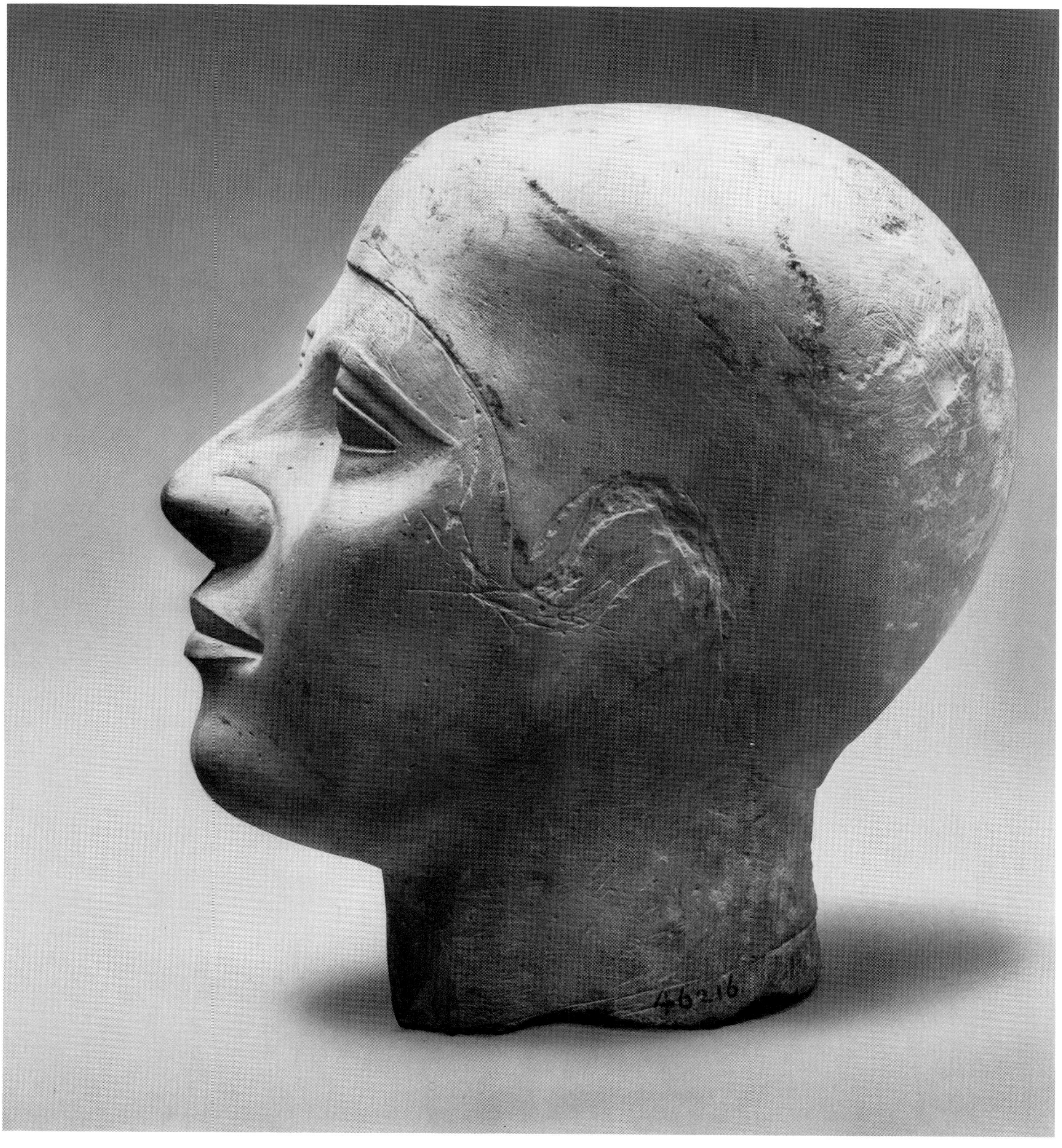

37 Bildniskopf aus dem Königsfriedhof von Gise (vgl. Tafel 36)

38 Bildniskopf aus dem Königsfriedhof von Gise. Kalkstein. 4. Dynastie. – Kairo, Museum 6005

39 König Mykerinos zwischen Hathor und der Gaugottheit von Diospolis Mikra. Schiefer. Höhe 98 cm. 4. Dynastie. Kairo, Museum 180

40 König Mykerinos und Königin Chamerernebti (vgl. Tafel 41)

41 König Mykerinos und Königin Chamerernebti. Schiefer. Höhe 1,42 m. 4. Dynastie. – Boston, Museum of Fine Arts

42 König Mykerinos von einer Alabaster-Sitzstatue. 4. Dynastie. – Kairo, Museum 157

V Sarkophag aus Gise. Kalkstein, bemalt. Schmalseite, als Palastfassade gestaltet. Höhe etwa 1,17 m. 4. Dynastie. – Kairo, Museum 6170

5. DYNASTIE · 2563-2423

43 Sarkophag des Priesters Rawer in Form eines Palastes. Kalkstein, bemalt. 5. Dynastie. – Kairo, Museum 519

44 Links: Papyrosbündelsäule. Granit. Aus dem Totentempel des Königs Ne-user-Re bei Abusir. Rechts: Palmenkapitellsäule. Granit. Aus dem Totentempel des Königs Sahu-Re bei Abusir. Beide 5. Dynastie. – Kairo, Museum 221 bzw. 135

45 Die Pyramiden von Abusir. Von links nach rechts: Die Pyramide des Neferirka-Re, des Ne-user-Re und des Sahu-Re. 5. Dynastie

46 König Userkaf. (Vgl. Tafel 47)

47 König Userkaf. Granit. Höhe 67 cm. Anfang 5. Dynastie. – Kairo, Museum 6051

48 Königskopf mit der unterägyptischen Krone, vermutlich des Userkaf (vgl. Tafel 49). Aus Abusir. Schiefer. Anfang 5. Dynastie. – Kairo, Museum

49 Königskopf mit der unterägyptischen Krone, vermutlich des Userkaf. Aus Abusir. Schiefer. Anfang 5. Dynastie. – Kairo, Museum

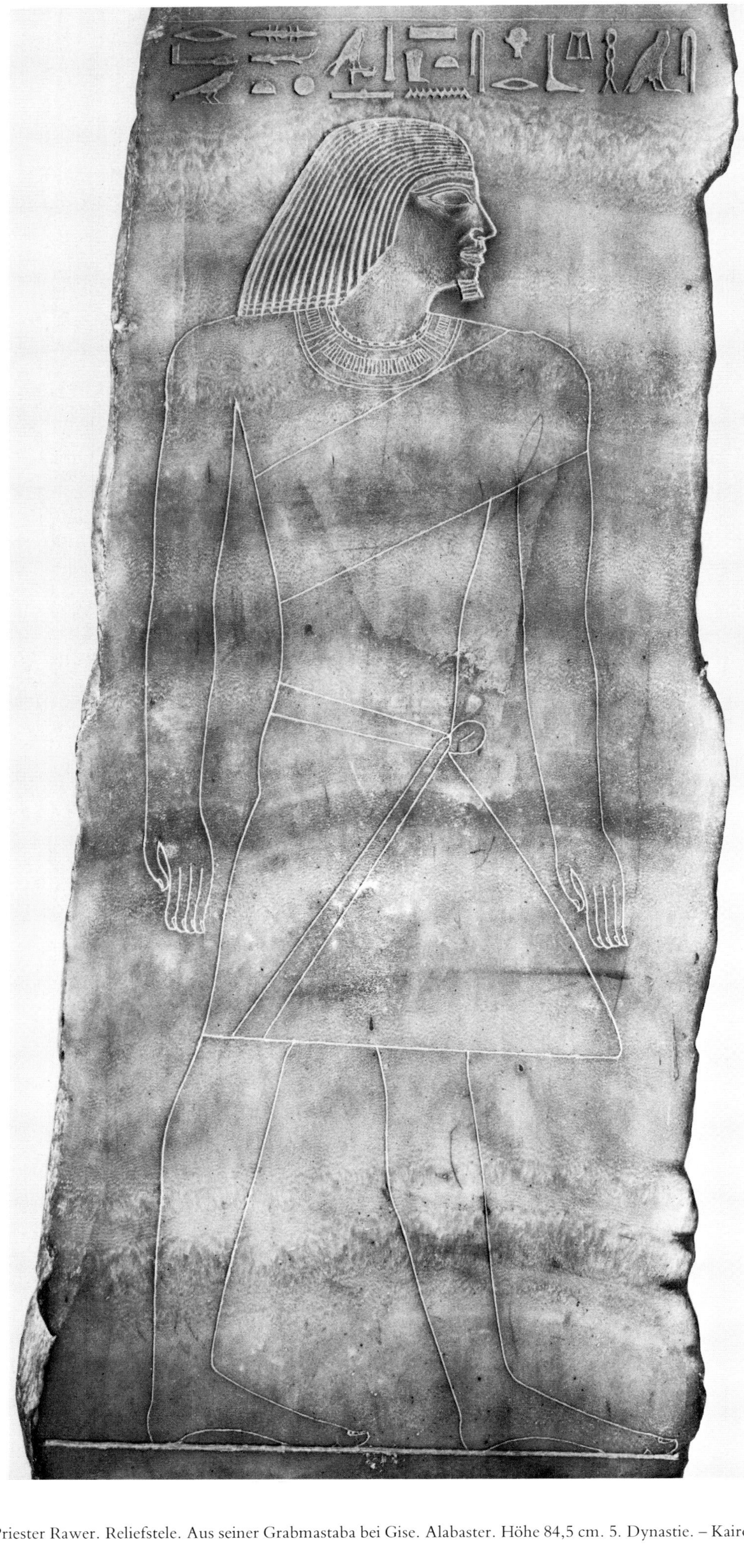

50 Der Priester Rawer. Reliefstele. Aus seiner Grabmastaba bei Gise. Alabaster. Höhe 84,5 cm. 5. Dynastie. – Kairo, Museum 6267

51 Rawer. Aus seinem Grabe bei Gise. Kalkstein. Höhe 25 cm. 5. Dynastie. – Kairo, Museum 6265

52 Ranofer, Oberpriester von Memphis. Bildnis ohne Perücke. Aus seinem Grabe bei Saqqara.
Kalkstein. Höhe 1,85 m. 5. Dynastie. – Kairo, Museum 224

53 Ranofer, Oberpriester von Memphis. Links: Bildnis ohne Perücke (vgl. Tafel 52), rechts: mit Perücke Aus seinem Grabe bei Saqqara. Kalkstein. Höhe 1,85 m bzw. 1,80 m. 5. Dynastie. – Kairo, Museum 224 bzw. 225

54 Ranofer, Oberpriester von Memphis (vgl. Tafel 52)

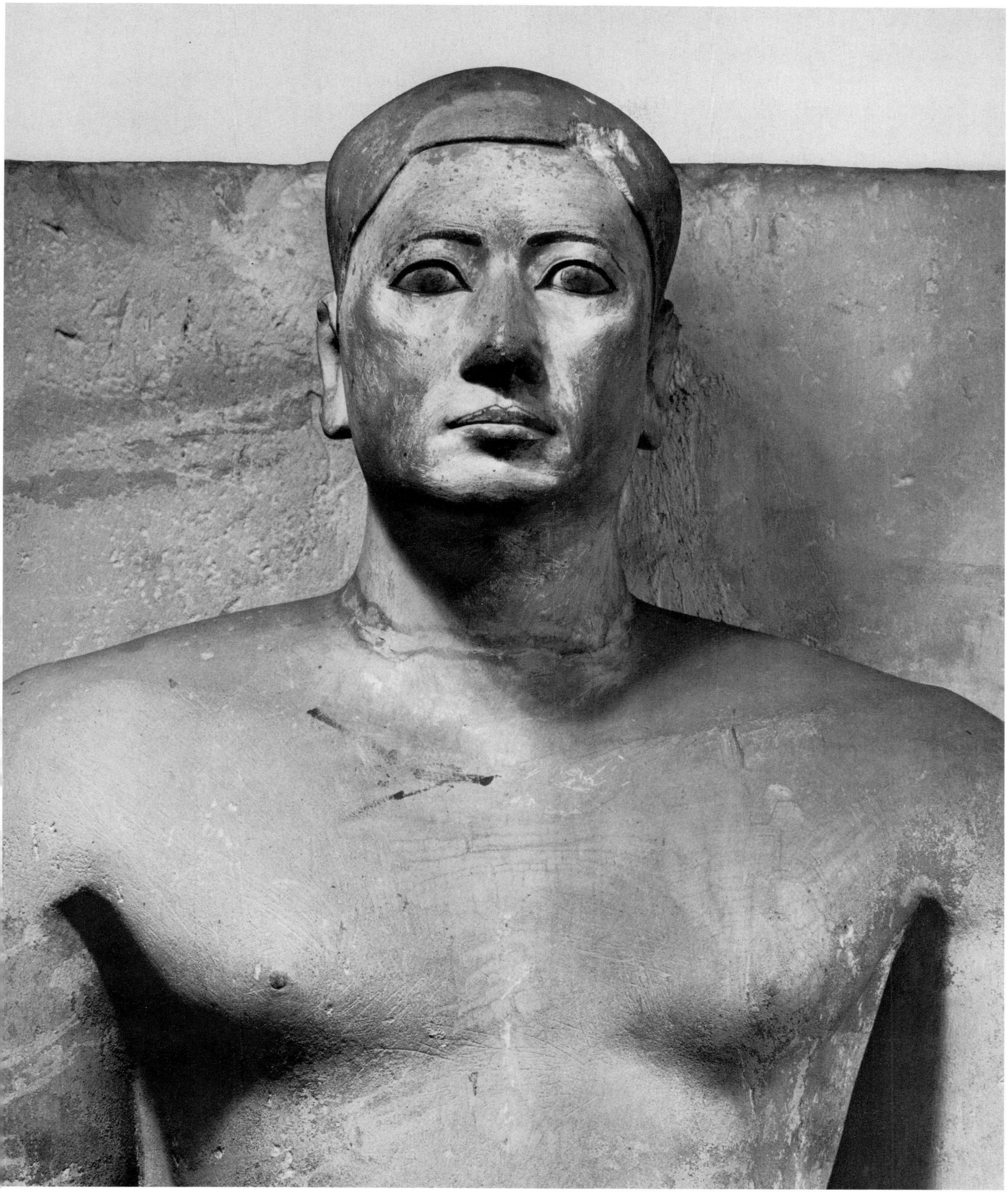

55 Ranofer, Oberpriester von Memphis (vgl. Tafel 53 links)

56 Ranofer, Oberpriester von Memphis, mit Perücke (vgl. Tafel 53 rechts)

57 Ranofer, Oberpriester von Memphis, mit Perücke (vgl. Tafel 53 rechts)

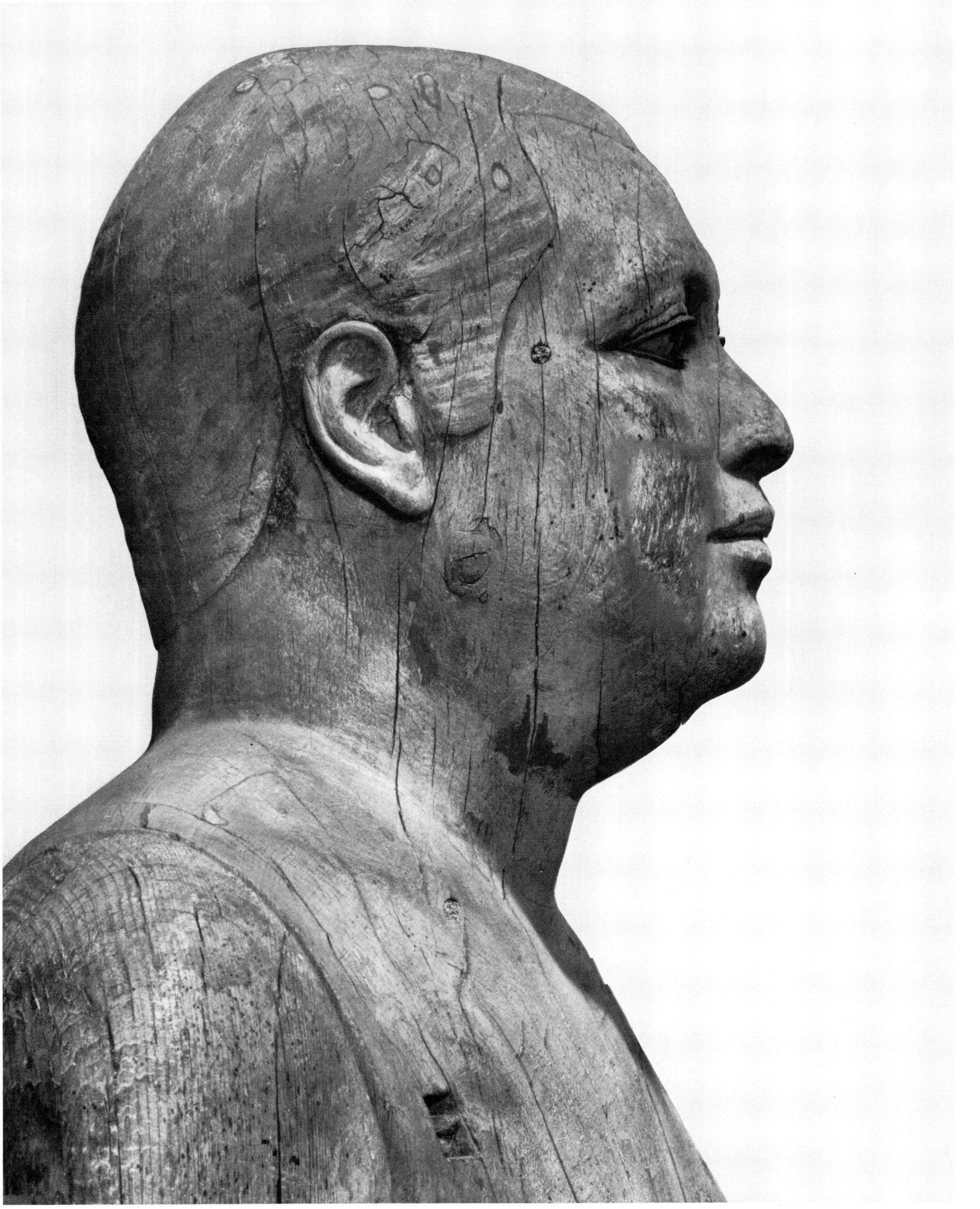

58 Ka-aper (vgl. Tafel 59)

59 Ka-aper, Priester und Hoher Beamter. Aus seiner Grabmastaba bei Saqqara.
Holz. Höhe 1,10 m. 5. Dynastie. – Kairo, Museum 140

60 Schreibender Beamter. Sitzbild. Aus seiner Grabmastaba bei Saqqara. Kalkstein, bemalt. Höhe 53 cm. 5. Dynastie. – Paris, Louvre

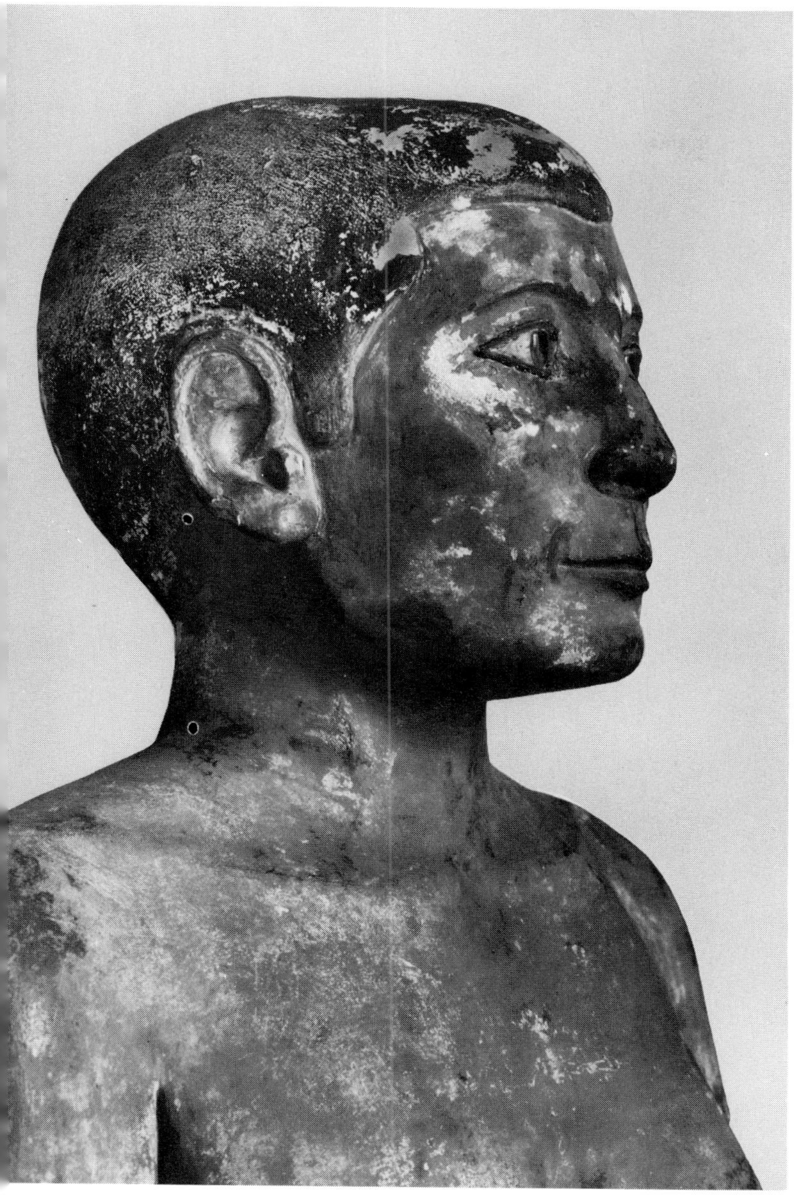

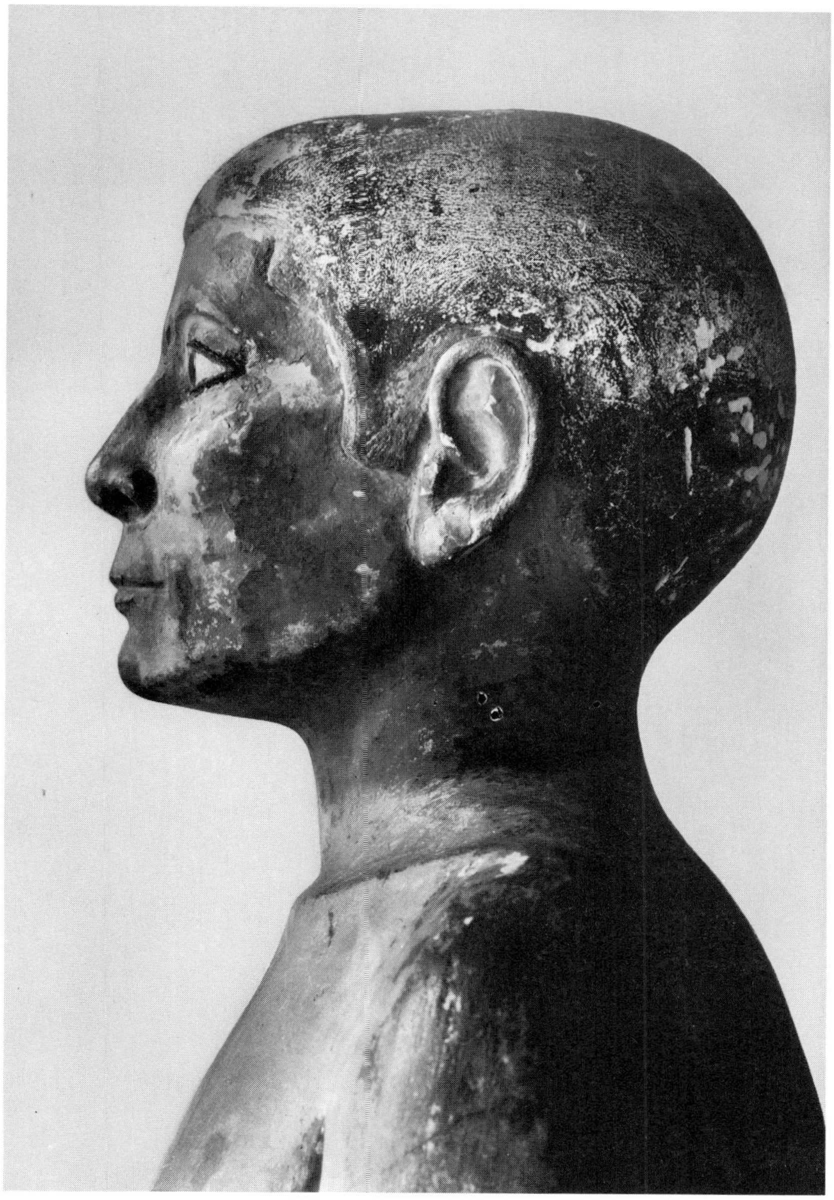

61 Schreibender Beamter (vgl. Tafel 60)

62 Ein Schreiber. Kalkstein, bemalt, Augen eingelegt (vgl. Tafel VI). Aus Saqqara. Höhe 51 cm. 5. Dynastie. – Kairo, Museum 141

VI Ein Schreiber. Kalkstein, bemalt. Augen eingelegt. Aus Saqqara. Höhe 51 cm. 5. Dynastie. – Kairo, Museum 141

VII Magd am Maischbottich. Bemalte Kalksteinstatuette. Aus Saqqara. Höhe 26,7 cm. 5. Dynastie. – Kairo, Museum 66624

63 Kornreibende Magd. Aus Saqqara. Kalkstein, bemalt. Höhe 35,5 cm. 5. Dynastie. – Kairo, Museum 87818

64 Ti (vgl. Tafel 65)

65 Ti, Grundherr und Hofbeamter. Aus seiner Grabmastaba bei Saqqara. Kalkstein, ehedem bemalt. Höhe 2 m. 5. Dynastie. – Kairo, Museum 229

66 In der Grabmastaba des Ti bei Saqqara, Opferraum. Ti auf der Nilpferdjagd. 5. Dynastie

67 In der Grabmastaba des Ti bei Saqqara, Opferraum. Ti und seine Frau Neferhotpes. 5. Dynastie

68 In der Grabmastaba des Ti bei Saqqara, Opferraum. Heimkehr der Herde und Eseltreiben. 5. Dynastie

69 In der Grabmastaba des Ti bei Saqqara. Aus: Heimkehr der Herde (vgl. Tafel 68)

70 In der Grabmastaba des Staatsbeamten Ptahhotep bei Saqqara. Von der Westwand der Opferkammer: Ptahhotep am Speisetisch. 5. Dynastie

71 In der Grabmastaba des Ptahhotep bei Saqqara. Von der Ostwand der Opferkammer. Vorführen von Rindern und Geflügel. 5. Dynastie

72 Oben: In der Grabmastaba des Ptahhotep bei Saqqara. Von der Westwand der Opferkammer. Aus den Blumen zu Füßen des speisenden Toten (vgl. Tafel 70): die beiden ägyptischen Seerosen, links Nymphaea coerulea, darüber Nymphaea Lotos. – Unten: In der Grabmastaba der Prinzessin Idu bei Saqqara. Schlächterszene. 5. Dynastie

VIII In der Grabmastaba des Mehu, des Wesirs unter König Unas, Saqqara. Darbringung der Opfergaben. Höhe der einzelnen Bildstreifen je 34 cm. 5. Dynastie

IX In der Grabmastaba des Mehu, des Wesirs unter König Unas, Saqqara. Akrobatische Tänzerinnen; im untersten Streifen Schlächterszene. Höhe des Bildausschnittes 97 cm. 5. Dynastie

6. DYNASTIE
2423-2263

73 Scheintür aus der Grabmastaba des Ateti bei Saqqara. Kalkstein. 6. Dynastie. – Kairo, Museum 239

74 In der Grabmastaba des Wesirs Mereruka bei Saqqara. Herwatetchet, die Frau des Mereruka. 6. Dynastie

75 In der Grabmastaba des Wesirs Mereruka bei Saqqara. Aus dem Pfeilersaal. Mereruka als Priester. 6. Dynastie

76 In der Grabmastaba des Wesirs Mereruka bei Saqqara. Vorraum. Fahrt im Papyrosdickicht. 6. Dynastie

77 In der Grabmastaba des Wesirs Mereruka bei Saqqara. Vorraum. Harpunierte Flußpferde. 6. Dynastie

78 Nianchre, der oberste der Ärzte. Sitzstatue. Aus Gise. Kalkstein. Höhe 63,5 cm. 6. Dynastie. – Kairo, Museum 6138

79 Urchuu. Kalkstein. Höhe etwa 35 cm. 6. Dynastie. – Kairo, Museum

80 König Phiops I. Von seinem Kupferstandbild (Gesamthöhe 1,77 m). 6. Dynastie. – Kairo, Museum 230

X Der Falke von Hierakonpolis. Gold, Augen aus Obsidian. Höhe 35,3 cm. 6. Dynastie. – Kairo, Museum 4010

MITTLERES REICH

11. DYNASTIE

2133-1992

XI König Mentuhotep Nebhepet-Re (2060–2010).
Sandstein, bemalt. Höhe 1,83 m. 11. Dynastie. – Kairo, Museum 287

81 König Mentuhotep Nebhepet-Re (2060–2010). Sandstein, bemalt. Höhe 1,83 m. 11. Dynastie. – Kairo, Museum 287

82 König Mentuhotep Nebhepet-Re schlägt einen Feind. Von Gebelen bei Theben. Kalkstein. Höhe 27 cm. 11. Dynastie. – Kairo, Museum

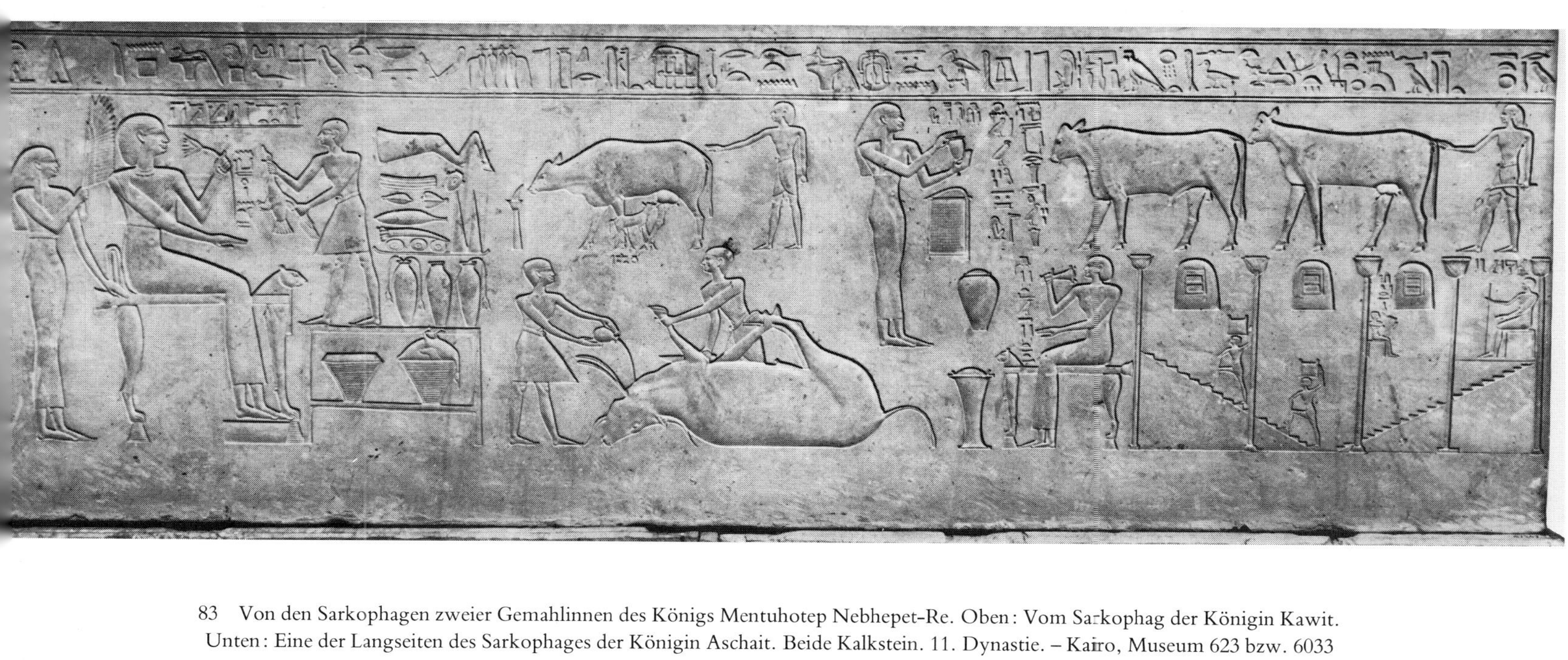

83 Von den Sarkophagen zweier Gemahlinnen des Königs Mentuhotep Nebhepet-Re. Oben: Vom Sarkophag der Königin Kawit. Unten: Eine der Langseiten des Sarkophages der Königin Aschait. Beide Kalkstein. 11. Dynastie. – Kairo, Museum 623 bzw. 6033

84 Beni-Hasan. Gräber von Gaufürsten der Zeit der 11. Dynastie. Oben: Im Grab (Nr. 15) des Fürsten Bakt. Aus der Ostwand: Ringkampf- und Kriegsszenen. Unten: Grab (Nr. 17) des Fürsten Cheti. Blick vom Eingang auf die Westwand

XII Opferträgerin mit einem Korb mit Gefäßen auf dem Kopfe und einer Gans in ihrer Hand. Holzstatuette, bemalt. Aus dem Grab eines Noblen namens Meket-Re, nahe Deir-el-Bahari. Höhe 1,10 m. 11. Dynastie. – Kairo, Museum 6081

85 Forträtkopf einer Unbekannten. Aus Lischt. Holz und andere Werkstoffe. Höhe 8,5 cm. 12. Dynastie.
Kairo, Museum 4232

86/87 König Sesostris I. (1971–1928)
86 Drei der zehn erhaltenen Sitzstatuen aus dem Totentempel der Pyramide des Königs bei Lischt. Kalkstein. Höhe 1,90 m. 12. Dynastie. – Kairo, Museum 301
87 Kopf von einer der Sitzstatuen aus Lischt

88 Horus und Seth. Vom Thron einer der zehn Sitzstatuen des Königs Sesostris I. aus Lischt. Kalkstein. 12. Dynastie. – Kairo, Museum 301

89 Die Landesgötter von Ober- und Unterägypten. Vom Thron einer der zehn Sitzstatuen des Königs Sesostris I. aus Lischt. Kalkstein. 12. Dynastie. – Kairo, Museum 301

90 Heiligtum des Königs Sesostris I. (1971–1928) in Karnak. 12. Dynastie

91 Heiligtum des Königs Sesostris I. (1971–1928) in Karnak. 12. Dynastie

92 Aus dem Heiligtum des Königs Sesostris I. (1971–1928) in Karnak

93 Pfeiler vom Jubiläumsfestbau des Königs Sesostris I. (1971–1928) in Karnak. – Kairo, Museum

94 Oberteil des Pfeilers vom Jubiläumsfestbau des Königs Sesostris I. in Karnak (vgl. Tafel 93 links). – Kairo, Museum

95 Oberteil des Pfeilers vom Jubiläumsfestbau des Königs Sesostris I. in Karnak (vgl. Tafel 93 rechts). – Kairo, Museum

96 König Sesostris I. und der Gott Atum. Vom Pfeiler des Jubiläumsfestbaus des Königs Sesostris I. in Karnak (vgl. Tafel 93 links). – Kairo, Museum

97 König Sesostris I. und der Gott Ptah. Vom Pfeiler des Jubiläumsfestbaus des Königs Sesostris I. in Karnak) (vgl. Tafel 93 rechts).
Kairo, Museum

98 Senui, Gemahlin des Hapdjefai, des Gaufürsten von Siut in Nubien. Granit. Höhe 1,68 m. 12. Dynastie, Zeit des Königs Sesostris I. (1971–1928)
Boston, Museum of Fine Arts

99 Senui, Gemahlin des Hapdjefai, des Gaufürsten von Siut in Nubien (vgl. Tafel 98)

100 Felsengrab des Fürsten Sirenpowet I. bei Assuan. 12. Dynastie, Zeit des Königs Sesostris I. (1971–1928)

XIII Fürst Sirenpowet II., Sohn der Satet-hotep, am Speisetisch. Wandgemälde in seinem Felsengrab bei Assuan.
Zeit des Amenemhet II. (1929–1895). 12. Dynastie

101 Im Felsengrab des Fürsten Sirenpowet II. bei Assuan. 12. Dynastie, Zeit des Königs Amenemhet II. (1929–1895)

102 Nofret. Gemahlin des Königs Sesostris II. (1897–1879). Granit. Höhe 1,65 m. 12. Dynastie.
Kairo, Museum 382

103 Gouverneur Chema. Granit. Höhe 1,15 m. 12. Dynastie. – Assuan, Museum der Insel Elephantine

104 Türbalken eines Jubiläumsfestbaus im Tempelbezirk des Monthu von Medamud bei Karnak: König Sesostris III. (1878–1843) beim Sed-Fest. Linke Reliefhälfte. Kalkstein. – Kairo, Museum

105 Türbalken eines Jubiläumsfestbaus im Tempelbezirk des Monthu von Medamud bei Karnak: König Sesostris III. (1878–1843) beim Sed-Fest. Rechte Reliefhälfte. Kalkstein. – Kairo, Museum

106 König Sesostris III. (1878–1843) im Hebsed-Pavillon (vgl. Tafel 104/105)

XIV Drei Pektorale mit den Namen der Könige Sesostris II. (1897–1879), Sesostris III. (1878–1843) und Amenemhet III. (1842–1797). Gold mit Einlagen von Karneol, Lapislazuli und Türkis. Höhe 5,2 bzw. 6,4 bzw. 7,1 cm. – Kairo, Museum, ohne Nr. bzw. 3970 bzw. 3971

107 König Sesostris III. (1878–1843) in Gebetshaltung. Aus dem Tempel des Mentuhotep Nebhepet-Re in Deir-el-Bahari. Schwarzer Granit. Höhe 1,50 m. – Kairo, Museum 6149

108 König Sesostris III. (1878–1843). Brauner Schiefer. Höhe 9 cm. – Berlin, Staatliche Museen

109 König Sesostris III. (1878–1843). Obsidian. Höhe 10,2 cm. – Washington, National Gallery of Art

110 König Sesostris III. (1878–1843). Aus dem Monthu-Tempel bei Karnak. Granit. Gesamthöhe des Sitzbildes 1,68 m.
Kairo, Museum 6049

111 Sphinx des Königs Sesostris III. Diorit. Höhe 42,5 cm. – New York, Metropolitan Museum of Art

112 Chertihotep, Verwaltungsbeamter unter König Sesostris III. Aus der Gegend von Assiut.
Sandstein. Höhe 75 cm. – Berlin, Staatliche Museen

113 Chertihotep, Verwaltungsbeamter unter König Sesostris III. (vgl. Tafel 112)

114 König Amenemhet III. (1842–1797). Aus dem Totentempel des Königs in Hawara. Kalkstein. Höhe 1,60 m. Kairo, Museum 284

115 König Amenemhet III. (1842–1797) (vgl. Tafel 114)

116 König Amenemhet III. (1842–1797). Aus Bubastis. Granit. Höhe 76 cm. – Kairo, Museum

117 Mähnensphinx des Königs Amenemhet III. (1842–1797). Aus Tanis. Schwarzer Granit. Länge 2,20 m. – Kairo, Museum 507 A

118/119 Mähnensphinx des Königs Amenemhet III. (1842–1797). Aus Tanis. Grauschwarzer Granit. Höhe etwa 1 m. – Kairo, Museum 507 B

120 Ka-Statue des Königs Hor (vgl. Tafel 121)

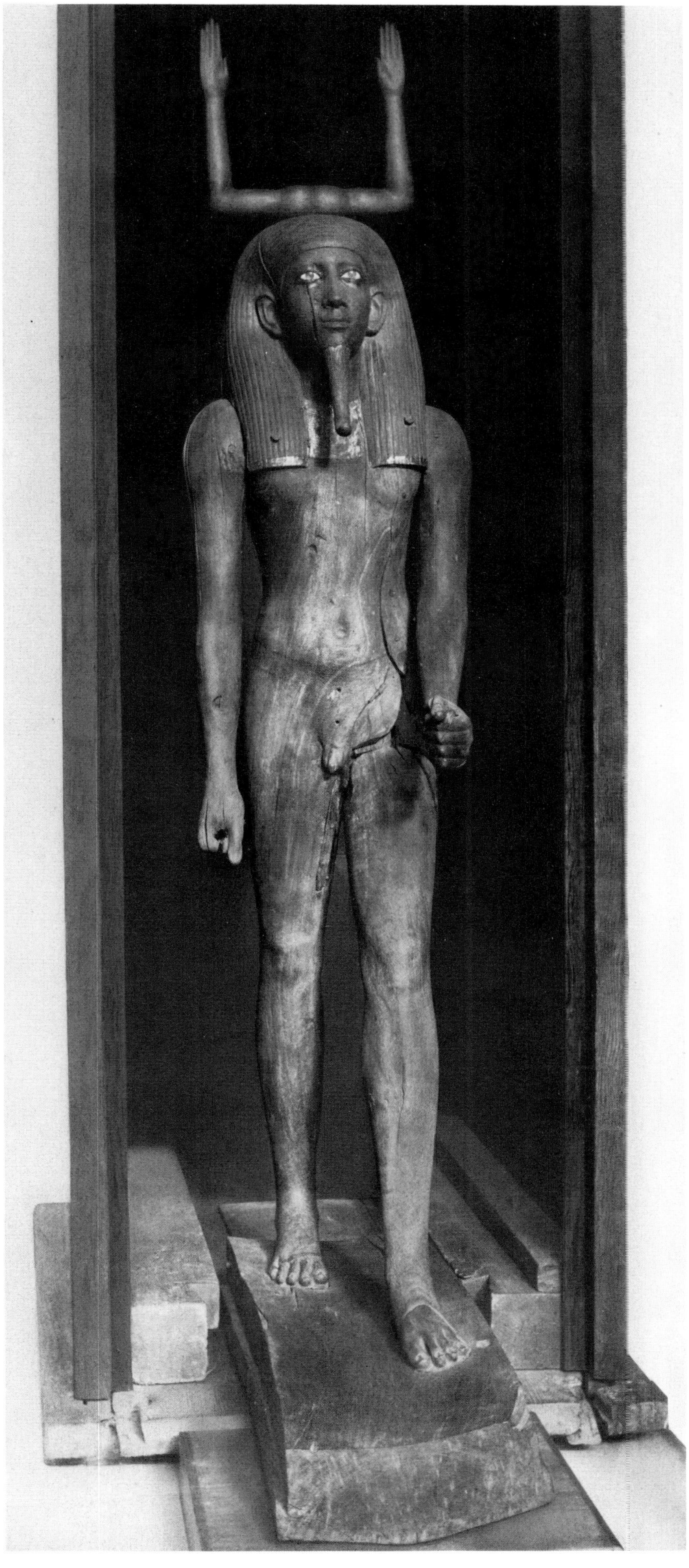

121 Ka-Statue des Königs Hor in ihrem Kapellenschrein. Holz. Zeit des Königs Amenemhet III. (1842–1797). – Kairo, Museum 280

NEUES REICH

18. DYNASTIE · 1552-1306

122 Mitrahina. Alabastersphinx an der Stätte des Ptahtempels von Memphis. Länge 8 m

123 Karnak. Heiligtum für die Barke des Reichsgottes Amun, errichtet von König Amenophis I. (1527–1506)

124 Karnak. Aus dem Heiligtum des Königs Amenophis I. (1527–1506). Der König vor und hinter dem Gotte Amun

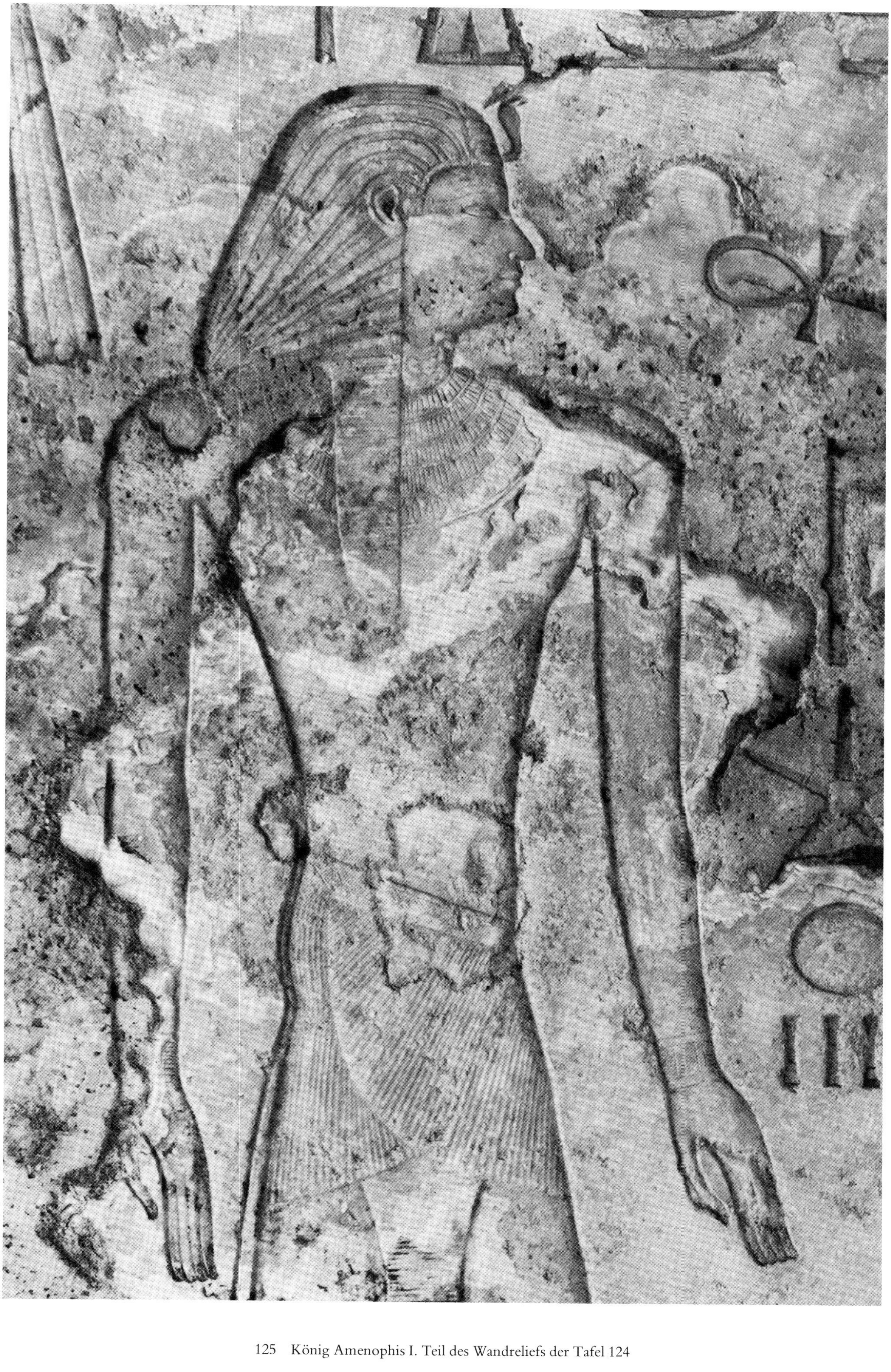

125 König Amenophis I. Teil des Wandreliefs der Tafel 124

126 Karnak. Tempel des Reichsgottes Amun. Rechts der noch aufrechte der zwei von König Thutmosis I. (1506–1494) errichteten Obelisken; links Teile des von ihm gebauten Pylons IV. Dahinter der noch aufrechte der zwei von Königin Hatschepsut (1490–1468) aufgestellten Obelisken

XV Tempel der Königin Hatschepsut (1490–1468) in Theben, Deir-el-Bahari.
Links davon der Totentempel des Königs Mentuhotep Nebhepet-Re (2060–2010). Im Hintergrund das Westgebirge mit El Qorn

XVI Die Göttin Mut in Geiergestalt als Herrin des gestirnten Himmels.
In der Säulenhalle vor der Anubis-Kapelle im Tempel der Königin Hatschepsut in Theben, Deir-el-Bahari

127 Tempel der Königin Hatschepsut (1490–1468) in Theben, Deir-el-Bahari. Vorhalle zur Anubis-Kapelle und Geburtshalle

128 Tempel der Königin Hatschepsut (1490–1468) in Theben, Deir-el-Bahari.
Aus der Geburtshalle: König Thutmosis III. (1490–1436) und der Gott Amun

129 Tempel der Königin Hatschepsut (1490–1468) in Theben, Deir-el-Bahari.
Aus der Geburtshalle: Ahmes, die Gemahlin des Königs Thutmosis I. (1506–1494) und Mutter der Königin Hatschepsut

130 Tempel der Königin Hatschepsut (1490–1468) in Theben, Deir-el-Bahari: Oberer Hof

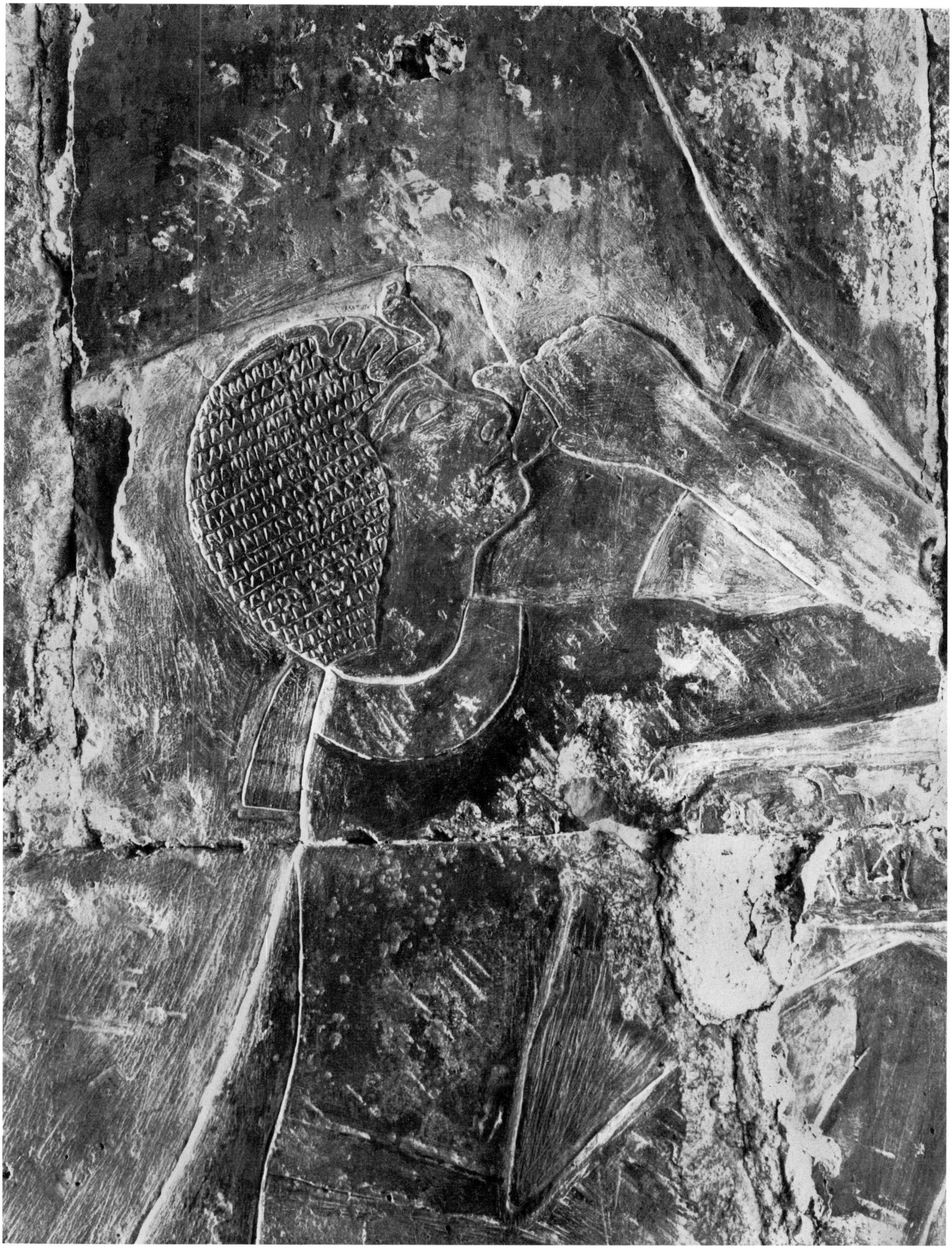

131 Tempel der Königin Hatschepsut (1490–1468) in Theben, Deir-el-Bahari.
Aus der Hathor-Kapelle: Die Königin trinkt am Euter der Hathor-Kuh

132 Sarkophag der Königin Hatschepsut (1490–1468). Roter Quarzit. Die Göttin Isis auf dem Zeichen Gold kniend. – Kairo, Museum 620

133 Königin Hatschepsut (1490–1468). Kalkstein. – New York, Metropolitan Museum of Art

134 Karnak. Tempel des Reichsgottes Amun. Von der Spitze des gestürzten der zwei von Königin Hatschepsut (1490–1468) hinter dem IV. Pylon des Thutmosis I. (1506–1494) errichteten Obelisken. Gott Amun und die Königin

137 Karnak. Tempel des Reichsgottes Amun. Festtempel, errichtet von König Thutmosis III. (1490–1436). Blick in seine drei Schiffe aus Südwesten

138 Karnak. Tempel des Reichsgottes Amun. Südlicher Hof und Annalensaal des Königs Thutmosis III. (1490–1436). Hinter den Papyrosbündelsäulen die zwei Pfeiler mit der Wappenpflanze von Oberägypten, der blauen Wasserrose (rechts), und der von Unterägypten, dem Papyros (links)

139 Karnak. Tempel des Reichsgottes Amun. Kolossalrelief an der Südwand des westlichen Turmes des VII. Pylons.
König Thutmosis III. (1490–1436) schlägt die bezwungenen Asiaten

140/141 König Thutmosis III. (1490–1436). Graugrüner Schiefer. Höhe 2 m. – Kairo, Museum 400

142 König Thutmosis III. (1490–1436) beim Opfer. Marmorartiger weißer Stein. Höhe etwa 35 cm. – Kairo, Museum 428

XVII König Thutmosis III. (1490–1436) räuchernd und librierend, vor dem thronenden Amun.
Rückwand der von Thutmosis III. gestifteten Hathor-Kapelle beim Tempel der Königin Hatschepsut in Theben, Deir-el-Bahari. – Kairo, Museum

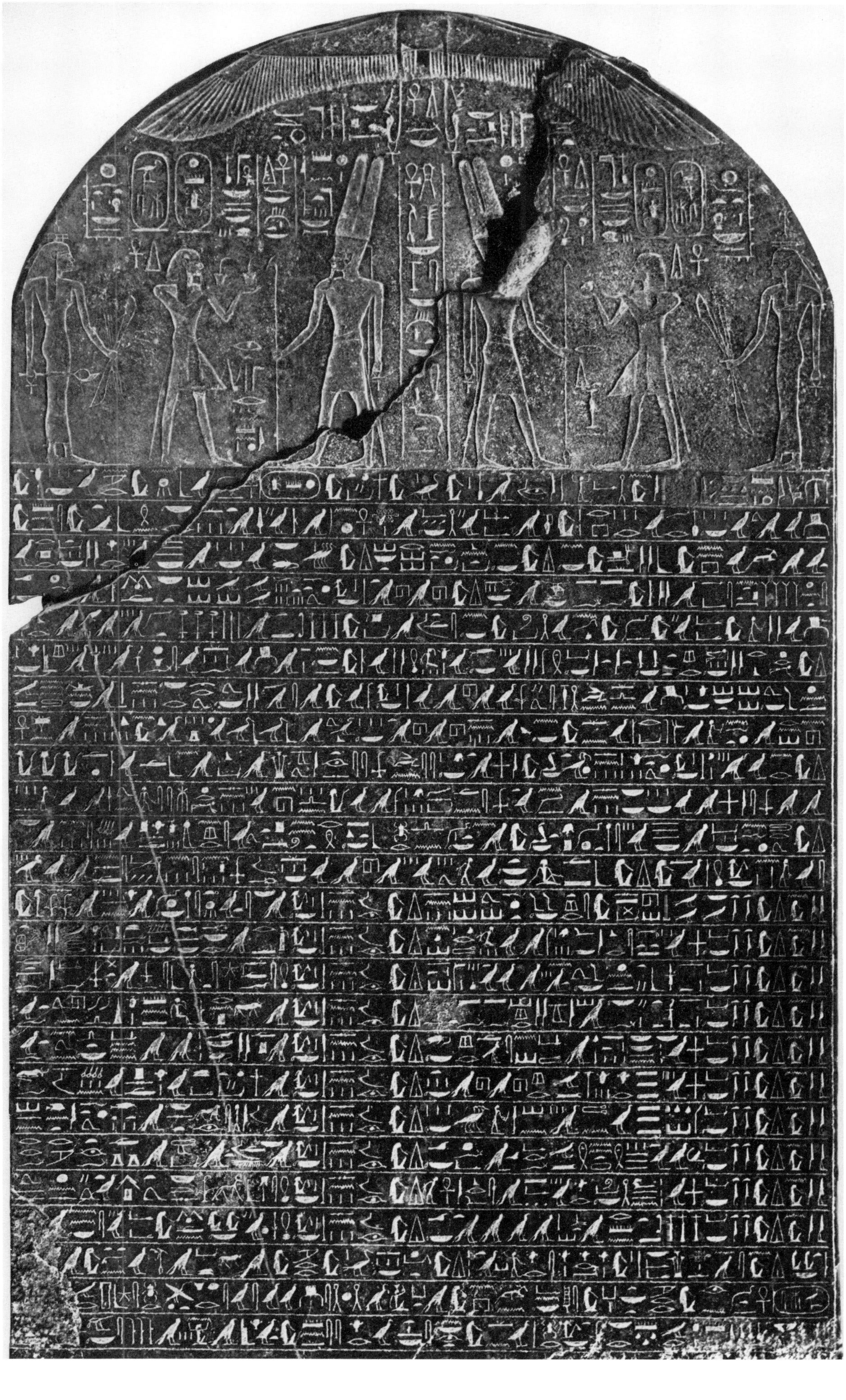

143 Stele des Königs Thutmosis III. (1490–1436) aus Karnak. Amun-Re preist die Siege des Königs. Schwarzer Granit. Höhe 1,62 m. – Kairo, Museum 420

144 Thutmosis III. (1490–1436). Graugrüner Schiefer. Höhe 90 cm. – Kairo, Museum 404

145 König Thutmosis III. (vgl. Tafel 144)

146 Aus dem von König Thutmosis III. gestifteten Hathor-Schrein beim Tempel der Königin Hatschepsut in Theben, Deir-el-Bahari. Die heilige Hathor-Kuh. Vor ihr stehend und an ihrem Euter trinkend König Amenophis II. Sandstein, bemalt. Länge 2,25 m. – Kairo, Museum 445

147 Die heilige Hathor-Kuh (vgl. Tafel 146)

148 Königin Merit-Amun. Äußerer Sarg. Holz. – Kairo, Museum 6150

149 König Amenophis II. (1438/36–1412) beim Opfer. Granit. – Kairo, Museum 448

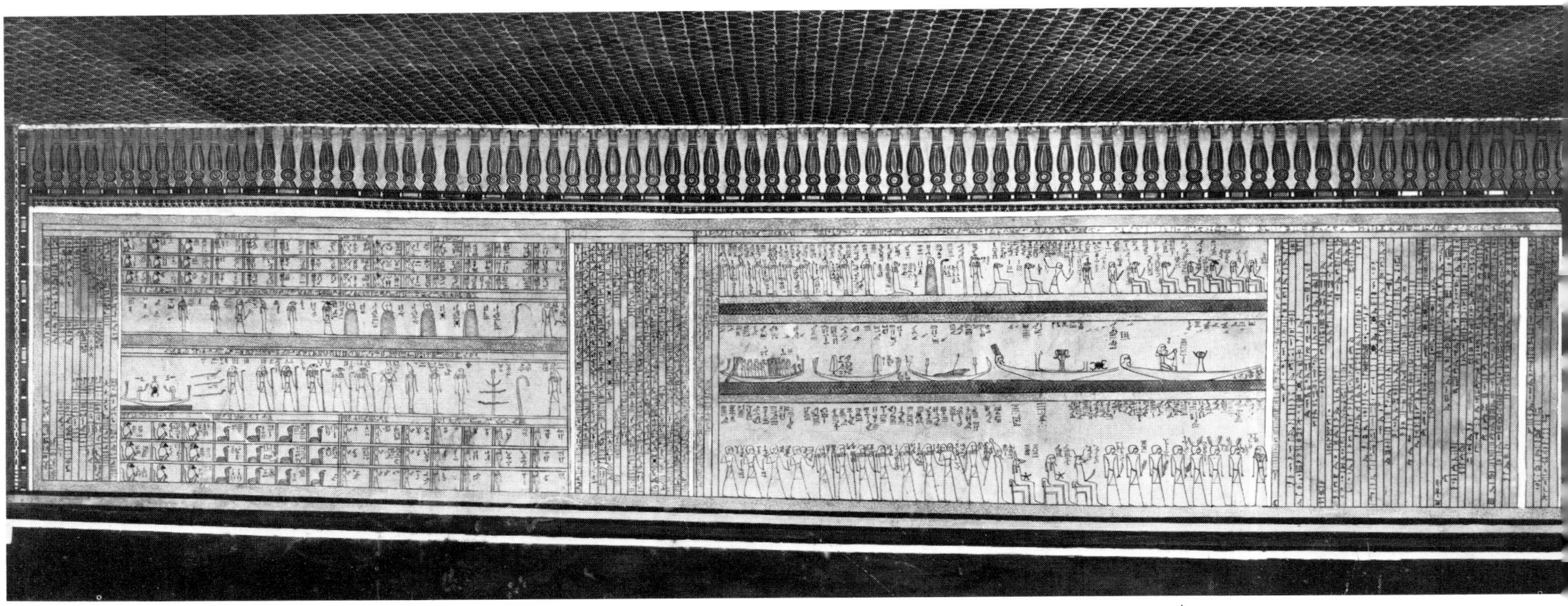

150 Aus der Sargkammer im Grab (Nr. 35) des Königs Amenophis II. (1438/36–1412) im Tal der Königsgräber bei Theben.
Oben: Die Nachtfahrt der Sonne durch die Unterwelt.
Unten: Sarkophag des Königs Amenophis II. Im Mittelfeld die beiden Udjat-Augen, rechts Hapi, links Anubis und Kebech-Senuf

XVIII Die Göttin Isis auf dem Zeichen Gold kniend.
Schmalseite des Sarkophages im Grab (Nr. 35) des Königs Amenophis II. (1438/36–1412) im Tal der Königsgräber bei Theben (vgl. Tafel 150)

XIX Jagd im Papyros-Dickicht. Im Grab (Nr. 69) des Menna,
des Vorstehers der Äcker und Verwalters der Feldmarken unter König Thutmosis III., in Theben

XX Userhet auf der Jagd. Im Grab (Nr. 56) des Userhet, des Sekretärs des Königs Amenophis II., in Theben

XXI Festliche Gesellschaft. Im Grab (Nr. 100) des Rechme-Re, des Wesirs unter den Königen Thutmosis III. und Amenophis II., in Theben

XXII Festliche Gesellschaft. Im Grab (Nr. 52) des Nacht, Amunpriester unter König Amenophis II., in Theben

XXIII/XXIV Im Grab (Nr. 96) des Sennufer, des Bürgermeisters von Theben und Verwalters der Gärten des Amun-Tempels unter König Amenophis II.
XXIII Der Tote am Speisetisch, zu seinen Füßen seine Gemahlin Mereti. Von einem der vier Pfeiler der großen Sargkammer.
XXIV Ein Priester vollzieht an Sennufer und seiner Gemahlin Mereti die kultische Reinigung. Aus der großen Sargkammer

XXV Vorbereitung zum Fest. Aus dem Grab (Nr. 38) des Djeserkareseneb, Kornzähler der königlichen Verwaltung unter Thutmosis IV., in Theben

XXVI Die Töchter des verstorbenen Djeserkareseneb. Aus seinem Grab (Nr. 38) in Theben (vgl. Tafel XXV)

XXVII Festliche Gesellschaft mit Tänzerinnen und Musikanten. Aus einem unbekannten Grab in Theben.
Zeit der Könige Thutmosis IV./Amenophis III. – London, British Museum 37984

151 König Thutmosis IV. (1412–1402) und seine Mutter Teo, Gemahlin des Königs Amenophis II.
Schwarzer Granit. Höhe 1,10 m. – Kairo, Museum 503

152 Königin Teo, Mutter des Königs Thutmosis IV. (vgl. Tafel 151)

153 Königin Mutemweja, die Gemahlin des Königs Thutmosis IV., empfängt von Gott Amun ihren Sohn Amenophis III. Selkis und Neith stützen das Lager des bräutlichen Paares. Aus der Geburtshalle im Tempelhaus des Amun-Mut-Chons-Tempels. – Luxor

154 König Amenophis III. (1402–1364) und Königin Teje beim Jubiläumsfest, Sedfest.
Im Grab (Nr. 192) des Cheruf, des Verwalters des Vermögens der Königin Teje, in Theben

155 König Amenophis III. (1402–1364). Kalksteinrelief aus dem Grab (Nr. 57) des Cha-em-het in Theben.
Berlin, Staatliche Museen, Stiftung Preußischer Kulturbesitz

157 Königin Teje, Gemahlin des Königs Amenophis III. (1402–1364).
Oben: Aus Medinet-Gurob, Faijum. Eibenholz. Höhe 10,7 cm.
Berlin, Staatliche Museen, Stiftung Preußischer Kulturbesitz 21834
Unten: Vom Sinai. Steatit. Höhe etwa 7 cm. – Kairo, Museum 4257

156 König Amenophis III. (1402–1364). Gips. Höhe etwa 20 cm.
Aus der Modellkammer des Bildhauers Thutmosis in Achet-Aton (Tell el Amarna).
Berlin, Staatliche Museen, Stiftung Preußischer Kulturbesitz 21299

158 Amenophis, Sohn des Hapu, Leiter der Bauten des Königs Amenophis III. (1402–1364) in Theben. Granit. Höhe etwa 1,50 m. Kairo, Museum 459

159 Amenophis, Sohn des Hapu, Leiter der Bauten des Königs Amenophis III. (1402–1364) in Theben, hochbetagt. Granit. Höhe 1,42 m. Kairo, Museum 461

160 Die »Memnonskolosse«. Pylon-Statuen vom abgetragenen Totentempel des Königs Amenophis III. (1402–1364) in Theben

161 Die »Memnonskolosse«. Im Hintergrund die thebanische Nekropole am Westgebirge

162 Theben-Ost/Luxor. Amun-Mut-Chons-Tempel. sog. Luxor-Tempel. Von Süden. Zuvorderst das Tempelhaus mit der großen Vorhalle, anschließend der südliche Große Hof, dann der Säulensaal, sämtliche aus der Zeit des Königs Amenophis III. (1402–1364). Dahinter der nördliche Große Hof und der Große Pylon, beide aus der Zeit des Königs Ramses II. (1290–1224)

163 Theben-Ost/Luxor. Amun-Mut-Chons-Tempel, sog. Luxor-Tempel
Südlicher Großer Hof und Säulengang, erbaut von König Amenophis III., von Osten

164 Theben-Ost/Luxor. Amun-Mut-Chons-Tempel, sog. Luxor-Tempel.
Südlicher Großer Hof und Tempelhaus-Vorhalle, erbaut von König Amenophis III., von Norden

165 Theben-Ost/Luxor. Amun-Mut-Chons-Tempel, sog. Luxor-Tempel. Tempelhaus-Vorhalle, erbaut von König Amenophis III., von Westen

166 Im Grab (Nr. 192) des Cheruf, des Verwalters des Vermögens der Königin Teje in Theben:
Vom Sedfest des Königs Amenophis III. (1402–1364). Zug der königlichen Töchter mit Kultgefäßen. Linke Reliefhälfte

167 Im Grab (Nr. 192) des Cheruf, des Verwalters des Vermögens der Königin Teje in Theben:
Vom Sedfest des Königs Amenophis III. (1402–1364). Zug der königlichen Töchter mit Kultgefäßen. Rechte Reliefhälfte

168/169 Im Grab (Nr. 192) des Cheruf, des Verwalters des Vermögens der Königin Teje in Theben.
168 Oben: Tänzerinnen und Musikantinnen beim Sedfest des Königs Amenophis III. (1402–1364).
Unten: Pavian und Kälbchen, Fortsetzung des oberen der beiden gezeigten Reliefstreifen.
169 Zwei der libyschen Tänzerinnen der Tafel 168 oben

170 Im Grab (Nr. 192) des Cheruf, des Verwalters des Vermögens der Königin Teje in Theben:
Fortsetzung der Tänze beim Sedfest des Königs Amenophis III. (1402–1364). Tänzer und Tänzerinnen

XXVIII Im Grab (Nr. 181) der Bildhauer Nebamon und Ipuki in Theben. Spätzeit der Regierung des Königs Amenophis III. und Beginn der Regierung des Königs Amenophis IV. Oben: Totenweihe am Grabeingang; unten: Klage am Totenschrein

XXIX, 171 Im Grab (Nr. 55) des Ramose, des Vezirs während der Spätzeit der Regierung des Königs Amenophis III. und zu Beginn der Regierung des Königs Amenophis IV., in Theben.

XXIX Szenen aus dem Leichenzug.

171 Oben: Der Säulensaal des Grabes mit dem Doppelfries des Leichenzuges an seiner Südwand; unten: der Leichenzug

172 Im Grab (Nr. 55) des Wesirs Ramose in Theben: Von der Eingangswand des Säulensaals. Kultreinigung des Ramose

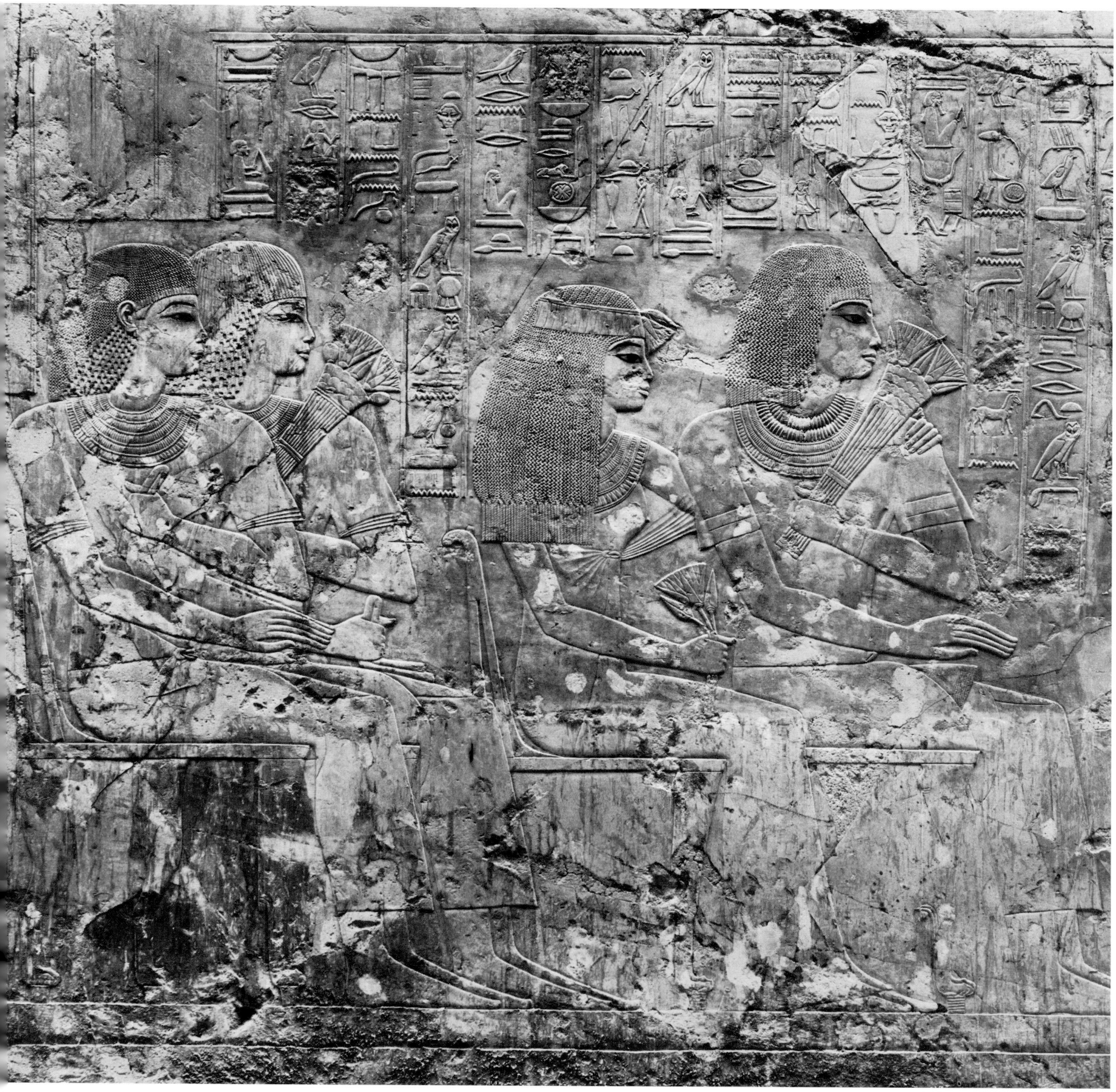

173 Im Grab (Nr. 55) des Wesirs Ramose in Theben: Von der Eingangswand des Säulensaals. Festgesellschaft, linke Gruppen. Keshy, der Oberste der Jäger Amuns und ein Unbekannter, anschließend der Reiteroffizier May und seine Frau Werel

174 Im Grab (Nr. 55) des Wesirs Ramose in Theben: Von der Eingangswand des Säulensaals. Festgesellschaft, drittes Paar. Die Eltern des Wesirs Ramose: Apuya und ihr Gatte Neby, der Oberste über die Rinderherden Amuns

175 Im Grab (Nr. 55) des Wesirs Ramose in Theben: Von der Eingangswand des Säulensaals. Festgesellschaft, viertes Paar. Amenophis, Oberster am Hofe des Königs in Memphis, der Bruder des Wesirs Ramose, und seine Gattin May

176 Im Grab (Nr. 55) des Wesirs Ramose in Theben: Von der Eingangswand des Säulensaals. Aus der Festgesellschaft: May, die Gattin des Amenophis (vgl. Tafel 175)

177 Im Grab (Nr. 55) des Wesirs Ramose in Theben: Von der Eingangswand des Säulensaals. Aus der Festgesellschaft: Amenophis, der Bruder des Ramose (vgl. Tafel 175)

178 Im Grab (Nr. 55) des Wesirs Ramose in Theben: Von der Eingangswand des Säulensaals.
Einer der zwölf Gabenbringer mit Papyros, die bei dem Opfer an die Sonne assistierten

179 Im Grab (Nr. 57) des Cha-em-het, des Vorstehers der königlichen Scheunen unter König Amenophis III. (1402–1364) in Theben. Cha-em-het im Gebet

180/181 König Amenophis IV., nachmals Echnaton (1364–1347). Eine der Pfeilerstatuen des Peristylhofes seines Aton-Tempels nahe dem Tempel des Reichsgottes Amun in Karnak. – Kairo, Museum 6015

182 König Amenophis IV., nachmals Echnaton (1364–1347). Von einer der Pfeilerstatuen des Peristylhofes seines Aton-Tempels nahe dem Tempel des Reichsgottes Amun in Karnak. – Kairo, Museum 6016

183 König Echnaton, Königin Nofretete und eine der Töchter beim Gottesdienst vor Aton.
Relieffragment von einer Balustrade der Rampe des Aton-Tempels in Achet-Aton (Tell el Amarna).
Kalkstein. Höhe 1,04 m. – Kairo, Museum

184 König Echnaton und Königin Nofretete mit ihren Kindern unter der Strahlensonne des Aton. Kalksteinrelief. Höhe etwa 32 cm. Berlin, Staatliche Museen, Stiftung Preußischer Kulturbesitz 14145

185 König Echnaton mit seiner Familie am Erscheinungsfenster des königlichen Palastes.
Im Grab (Nr. 25) des Eje in Achet-Aton (Tell el Amarna)

186 König Echnaton (1364–1347). Von einer Bildnisgruppe. Wohl aus dem Atelier des Bildhauers Thutmosis in Achet-Aton (Tell el Amarna). Speckstein, etwas unterlebensgroß. – Paris, Musée du Louvre

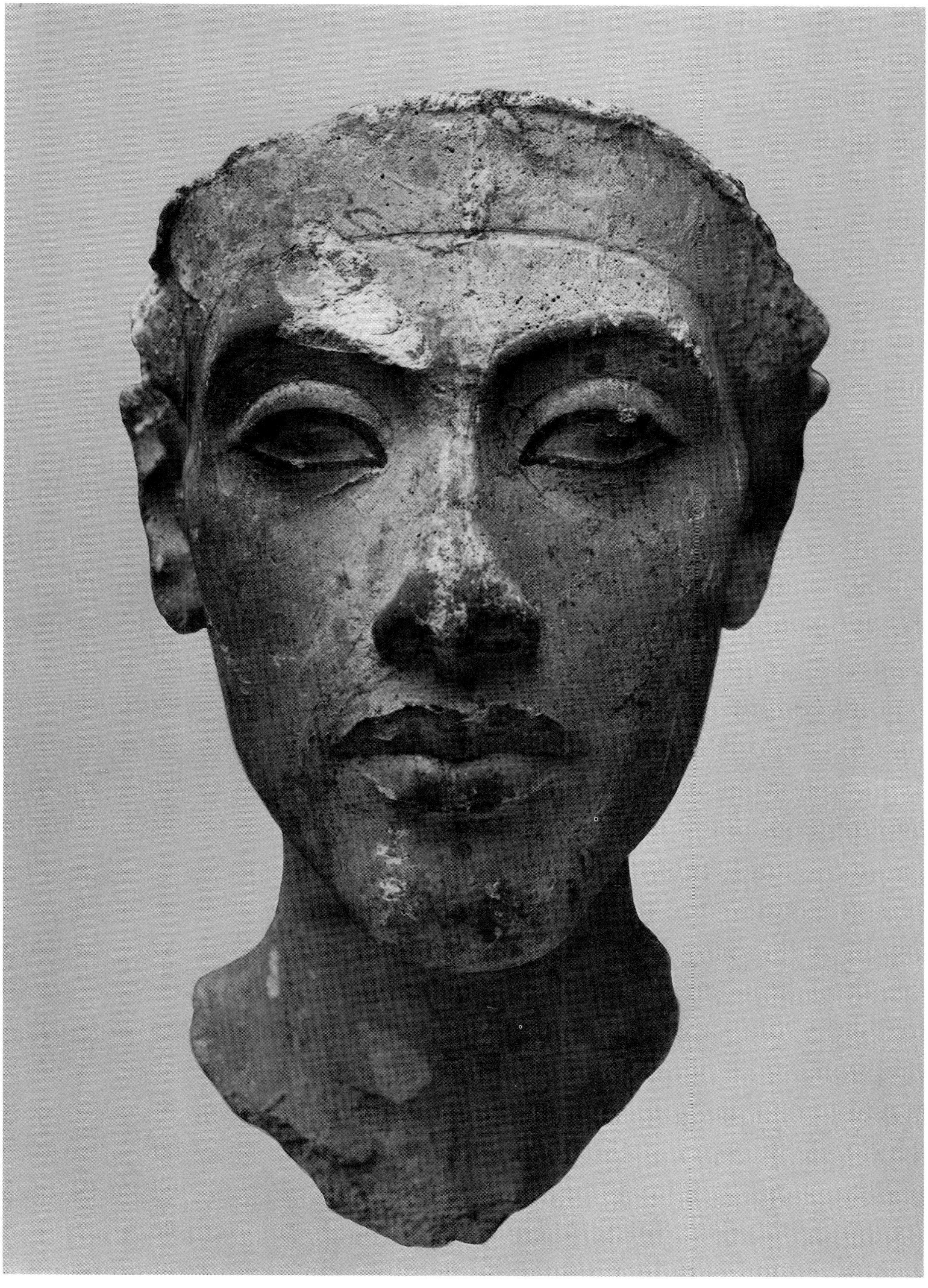

187 König Echnaton (1364–1347). Aus der Modellkammer des Bildhauers Thutmosis in Achet-Aton (Tell el Amarna). Gips, stellenweise bemalt. Höhe etwa 25 cm. – Berlin, Staatliche Museen, Stiftung Preußischer Kulturbesitz 21 351

188 Königin Nofretete, Gemahlin des Königs Echnaton. Aus Achet-Aton (Tell el Amarna). Quarzit. Höhe 33 cm. – Kairo, Museum 6206

XXX Königin Nofretete, Gemahlin des Königs Amenophis IV., nachmals Echnaton.
Aus der Modellkammer des Bildhauers Thutmosis in Achet-Aton (Tell el Amarna). Kalkstein bemalt. Höhe etwa 50 cm.
Berlin, Staatliche Museen, Stiftung Preußischer Kulturbesitz 21 300

189 Bildniskopf. Fragment der Statuette eines jungen Beamten. Aus Achet-Aton (Tell el Amarna). Bemalter Kalkstein. Höhe etwa 14 cm. – Berlin, Staatliche Museen, Stiftung Preußischer Kulturbesitz 14113

190/191 Bildnismasken in Gips aus der Modellkammer des Bildhauers Thutmosis in Achet-Aton (Tell el Amarna).
190 Oben: Maske eines jungen Mannes, vielleicht des nachmaligen Königs Eje (1338–1334). Höhe etwa 27 cm.
Unten: Maske eines Unbekannten. Höhe etwa 23 cm. – Beide Berlin, Staatliche Museen, Stiftung Preußischer Kulturbesitz 21 350 bzw. 21 262
191 Maske eines Unbekannten. Höhe etwa 18 cm. – Berlin, Staatliche Museen, Stiftung Preußischer Kulturbesitz 21 356

192 König Tutanchamun (1347–1338). Granit. – Kairo, Museum 457

XXXI Eine der beiden Statuen des Königs Tutanchamun, die als Wächter am Eingang zur Grabkammer seines Grabes im Tal der Königsgräber bei Theben standen. Höhe 1,75 m. – Kairo, Museum T 96

XXXII Der Gott Anubis auf einem bemalten und vergoldeten Holzschrein. Aus dem Grab des Königs Tutanchamun im Tal der Königsgräber bei Theben. Länge des Schreins 95 cm, Gesamthöhe 1,11 m. – Kairo, Museum T 447

XXXIII Holzschrein, mit ziseliertem Goldblech überzogen, mit Darstellungen aus dem Familienleben des Königs Tutanchamun und seiner Gemahlin Anchesenamun. Aus dem Grab des Königs Tutanchamun im Tal der Königsgräber bei Theben. Höhe 50,5 cm. – Kairo, Museum T 14

XXXIV Holztruhe, mit bemaltem Stuck überzogen. Am Deckel: der König auf der Jagd in der Wüste. An den Längsseiten: der König schlägt die nubischen Feinde. Aus dem Grab des Königs Tutanchamun im Tal der Königsgräber bei Theben. Länge 61 cm. – Kairo, Museum T 324

193 Zedernholzsessel des Königs Tutanchamun. Rückenlehne. In der Lehnenmitte Gott Heh, der Gott der Ewigkeit, über dem Zeichen Gold. Über seinem Haupt die von Uräen flankierte Sonnenscheibe. – Kairo, Museum T 3

194 Der Thronsessel des Königs Tutanchamun (1347–1338). – Kairo, Museum T 1

XXXV Rückenlehne vom Thronsessel des Königs Tutanchamun. Der König und seine Gemahlin Anchesenamun. – Kairo, Museum T 1

XXXVI Bemalte Elfenbeinplatte von der Mitte des Deckels einer kleinen Truhe. Höhe des Bildausschnittes etwa 36 cm. – Kairo, Museum T 1189.
König Tutanchamun und seine Gemahlin Anchesenamun in ihrem Palastgarten.
Darunter Diener und Dienerin, die Liebesfrüchte (Mandragoren) sammelnd

195 Äußerster der vier Sarkophag-Schreine, in Gestalt des Sed-Tempels. An der geöffneten Türe Friese mit »Djet«-Pfeiler und »Isisblut«. Aus dem Grab des Königs Tutanchamun im Tal der Königsgräber. Holz, vergoldet. Länge 5,08 m. – Kairo, Museum T 1319

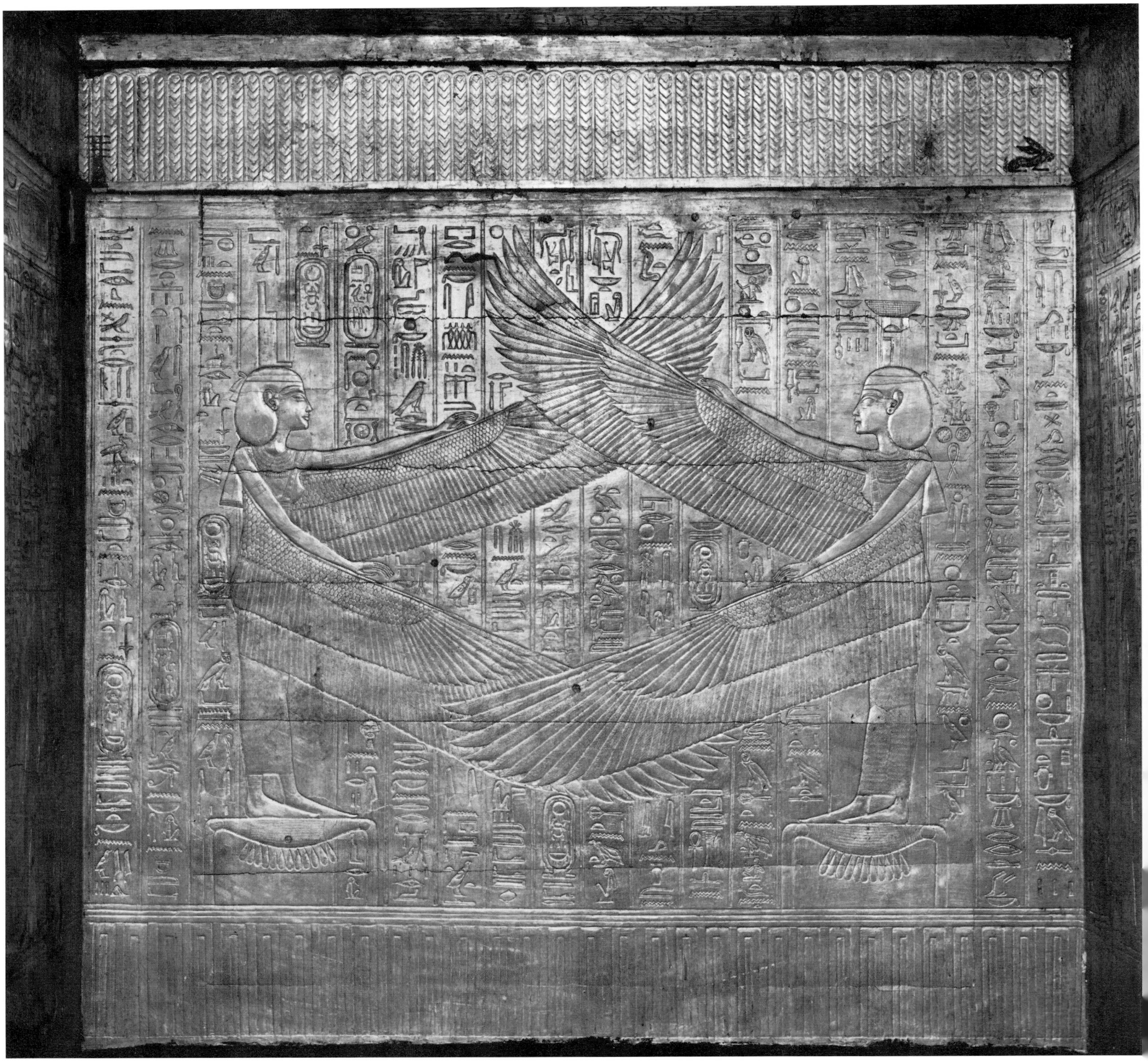

196 Innere Rückwand des zweitäußersten der vier Sarkophag-Schreine mit den geflügelten Göttinnen Isis (links) und Nephthys (rechts). Aus dem Grab des Königs Tutanchamun im Tal der Königsgräber. Holz, vergoldet. Breite 1,92 m. – Kairo, Museum T 1320

197 Äußerer von Uräen bekrönter Kanopenschrein. Von den vergoldeten Statuetten der vier den Kanopenschrein beschützenden Göttinnen Isis, Nephthys, Neith und Selket ist links die der Isis, vorne die der Selket zu sehen.
Aus dem Grab des Königs Tutanchamun im Tal der Königsgräber. Holz, vergoldet. Höhe 2 m. – Kairo, Museum T 985

198 Innerer Kanopenschrein aus Alabaster. An jeder Ecke eine der vier den Kanopenschrein schützenden Göttinnen; vorne sichtbar Nephthys (links) und Isis (rechts). Am Sockel Fries von »Djet«-Pfeilern und »Isisblut«. Aus dem Grab des Königs Tutanchamun im Tal der Königsgräber. Höhe 85,5 cm. – Kairo, Museum T 984

XXXVII Kopf des Königs Tutanchamun. Deckel einer der vier Kanopen aus Alabaster. Höhe 24 cm. – Kairo, Museum T 437

XXXVIII Totenmaske des Königs Tutanchamun. Massives Gold mit Einlegearbeit aus Steinen und Glasfluß. Höhe 54 cm. – Kairo, Museum T 220

199 Fußplatte vom mittleren der drei Särge des Königs Tutanchamun.
Die Göttin Isis mit ausgebreiteten Schwingen auf dem Zeichen Gold kniend. Holz, vergoldet. Höhe 50 cm. – Kairo, Museum T 222

200, XXXIX Innerster der drei Särge des Königs Tutanchamun (1347–1338). Massives Gold. Länge 1,85 m. – Kairo, Museum T 219

XL Skarabäen-besetzte Kette mit einem Anhänger in Form eines Schiffes, mit einem großen Skarabäus zwischen zwei Uräus-Schlangen. Golc, Lapislazuli, Karneol und Türkis. Gesamtlänge 50 cm. – Kairo, Museum T 350

XLI Oben: Brusttafel des Königs Tutanchamun mit dem Abbild des Geiers von Oberägypten.
Gold mit Email und Glasflußeinlagen. Höhe 12,1 cm. – Kairo, Museum T 370
Unten: Anhänger mit Geiergöttin des Südens, Nechbet. Gold mit Emaileinlagen.
Breite des Geiers 11 cm. – Kairo, Museum T 228

XLII Zwei Brusttafeln des Königs Tutanchamun. Oben: Das heilige Auge (Horus- oder Udjat-Auge), rechts der Uräus mit der Krone des Nordens, links das Zeichen der Geiergöttin des Südens, Nechbet. Gold mit Email und Glasflußeinlagen. Höhe 5,7 cm. – Kairo, Museum T 231 – Unten: Plakette mit Inschriften und der Göttin Nut mit ausgebreiteten Schwingen. Gold mit Glasflußeinlagen. – Kairo, Museum T 374

XLIII Brusttafel des Königs Tutanchamun. Geflügelter Skarabäus, zu seinen Seiten die Göttinnen Isis (rechts) und Nephthys (links), darüber die geflügelte Sonnenscheibe. Gold mit Email und eingelegtem farbigem Glasfluß. Höhe 16,2 cm. – Kairo, Museum T 372

XLIV Zwei Brusttafeln des Königs Tutanchamun. Oben: Osiris zwischen dem Uräus mit der Krone des Nordens (rechts) und dem Zeichen der Geiergöttin des Südens Nechbet (links). Gold mit Email und Glasflußeinlagen. – Kairo, Museum T 376 – Unten: Djed, der Ewigkeitspfeiler, das Kultsymbol des Osiris, zwischen den geflügelten Göttinnen Isis (rechts) und Nephthys (links). Gold mit Email und Glasflußeinlagen. Kairo, Museum T 375

201 Gott Chons, Sohn des Amun und der Mut mit den Zügen des Königs Tutanchamun. Vom König in den Chons-Tempel zu Karnak geweiht. Granit. Höhe 2,60 m. – Kairo, Museum 462

202 Haremhab. Aus dem Ptah-Tempel zu Memphis (vgl. Tafel 203)

203 Haremhab (1334–1306). Aus dem Ptah-Tempel zu Memphis. Granit. Höhe 1,17 m. – New York, Metropolitan Museum of Art

204 Thai, Stallmeister. Aus Saqqara. Ebenholz. Höhe etwa 40 cm. Zeit des Haremhab. – Kairo. Museum 6257

205 Thai, Stallmeister (vgl. Tafel 204)

206/207 Aus dem Grab des Haremhab (1334–1306) bei Saqqara. Vorführung von Gefangenen aus dem siegreichen Syrischen Feldzug vor dem Reichsfeldherrn Haremhab. – Leiden, Rijksmuseum van Oudheden

208 Aus dem Grab des Haremhab bei Saqqara, aus: Vorführung von Gefangenen (vgl. Tafel 206 oben)

209 Aus dem Grab des Haremhab bei Saqqara.
Der Reichsfeldherr Haremhab im Glück seines Sieges und der neuen Auszeichnung durch König Tutanchamun (vgl. Tafel 207)

210 Aus dem Grab des Paatenemheb bei Saqqara. Blinder Harfner. Kalkstein. Höhe des Bildausschnittes 34 cm. Zeit des Haremhab. Leiden, Rijksmuseum van Oudheden

XLV Deckenmalerei im Quersaal des Grabes (Nr. 50) des Neferhotep, des Amun-Priesters zur Zeit des Königs Haremhab. Theben

211 Im Grab (Nr. 50) des Neferhotep zu Theben. Blinder Harfner, zum Festmahl singend.
Höhe des wiedergegebenen Reliefteiles etwa 63 cm. Zeit des Haremhab

212 Doppelsitzbild des Hofbeamten Maja und seiner Frau Merit. Kalkstein. Höhe 1,54 m. Zeit des Haremhab.
Leiden, Rijksmuseum van Oudheden

213 Sitzbild des Hofbeamten Maja. Kalkstein. Höhe 1,91 m. Zeit des Haremhab. – Leiden, Rijksmuseum van Oudheden

214 Merit, Gattin des Maja. Von ihrem Sitzbild. Kalkstein. Gesamthöhe 1,61 m. Zeit des Haremhab.
Leiden, Rijksmuseum van Oudheden

215 Göttin Mut, Gemahlin des Reichsgottes Amun. Fragment einer Kolossalgruppe aus Karnak. Kalkstein. Zeit des Haremhab. – Kairo, Museum 456

216 Das Tal der Königsgräber im Thebanischen Westgebirge.
Ganz links im Bild der Eingang zum Grab des Königs Sethos I., ganz rechts der Eingang zum Grab des Königs Ramses VI.

19. DYNASTIE
1306-1186

XLVI König Sethos I. vor dem mumienförmigen Osiris-Chontamenti. Bemaltes Kalksteinflachrelief von einem der sechs Pfeiler im Pfeilersaal X im Grab (Nr. 17) des Königs Sethos I. im Tal der Königsgräber bei Theben

XLVII Aus dem Totenpapyrus der Djed-Maat-is-Anch. Die Tote vor verschiedenen Göttern und Dämonen, gemäß dem Buch Umduat (Von dem, was in der Unterwelt ist). Wohl 19./20. Dynastie. – Kairo, Museum

217 Im Grab (Nr. 17) des Königs Sethos I. (1304–1290) im Tal der Königsgräber. Oben: Aus dem Sarkophagraum hinter dem Pfeilersaal X. Darstellung der Sternbilder, die beiderseits von elf bzw. neun Göttern begleitet werden.
Unten: Aus Raum XII. Die Himmelskuh, gestützt vom Luftgott Schu mit je einer Sonnenbarke vor ihren Vorder- und Hinterbeinen

218 Im Grab (Nr. 17) des Königs Sethos I. (1304–1290) im Tal der Königsgräber. König Sethos I. spendet einer Totengottheit Wein. Relief im Vorsaal IX

219 Im Grab (Nr. 17) des Königs Sethos I. (1304–1290) im Tal der Königsgräber. König Sethos I. vor Maat, der göttlichen Personifikation für Recht, Ordnung und Wahrheit. Reliefvorzeichnung von einem der sechs Pfeiler im Pfeilersaal VI

220 Im Grab (Nr. 17) des Königs Sethos I. (1304–1290) im Tal der Königsgräber. Die Göttin Isis. Relief im Korridor II

221 Im Grab (Nr. 51) des Userhet, Oberpriester des Ka des Königs Thutmosis I., Mutter und Gattin des Toten. Zeit des Königs Sethos I. (1304–1290). – Theben

222 Tempel des Königs Sethos I. (1304–1290) in Abydos. Pfeilerhalle am Zweiten Hof

223 Tempel des Königs Sethos I. (1304–1290) in Abydos. Blick von Norden durch die Zweite Säulenhalle

224 Tempel des Königs Sethos I. (1304–1290) in Abydos. Der jugendliche König Ramses II. und ein Prinz beim Fang eines Opferstieres

225 Tempel des Königs Sethos I. (1304–1290) in Abydos. Halle der Gottheiten Nefer-tem und Ptah-Sokar.
In den beiden Reliefs der Nordwestwand, die der Durchblick freigibt, räuchert und spendet König Sethos I. den Göttern Sokar und Ptah-Sokar

226 Tempel des Königs Sethos I. (1304–1290) in Abydos.
Halle der Gottheiten Nefer-tem und Ptah-Sokar: König Sethos räuchert vor dem Gott Sokar

227 Tempel des Königs Sethos I. (1304–1290) in Abydos.
Heiligtum des Re-Harachte. König Sethos I. vor Atum, dem Allgott von Heliopolis, der die Doppelkrone trägt

228 Tempel des Königs Sethos I. (1304–1290) in Abydos. Osiris-Kapelle.
Göttin Isis und Jun-Mutef-Priester vor dem vergöttlichten Sethos I. als Osiris. Bemaltes Kalksteinrelief

XLVIII Tempel des Königs Sethos I. in Abydos. Osiris-Kapelle.
Göttin Isis, aus dem bemalten Kalksteinflachrelief mit Isis und Jun-Mutef-Priester vor König Sethos I. als Osiris (vgl. Tafel 228)

XLIX Tempel des Königs Sethos I. in Abydos. Isis-Kapelle. König Sethos I. mit Opfergaben, aus dem bemalten Kalksteinflachrelief der Tafel L

L Tempel des Königs Sethos I. in Abydos. Isis-Kapelle. König Sethos I. mit Opfergaben vor der Göttin Isis. Bemaltes Kalksteinflachrelief

LI Tempel des Königs Sethos I. in Abydos. Osiris-Kapelle. König Sethos I. als Osiris und der Gott Thot. Bemaltes Kalksteinflachrelief

229 Tempel des Königs Sethos I. (1304–1290) in Abydos. Osiris-Kapelle. König Sethos I. vor dem Gott Upuaut

230 Karnak. Tempel des Reichsgottes Amun. Blick aus Südosten auf die Hypostyle Halle der Könige Sethos I. und Ramses II. und den noch aufrechten der beiden Obelisken des Königs Thutmosis I.

LII Karnak. Tempel des Reichsgottes Amun vom Heiligen See aus. In der Mitte die Hypostyle Halle, dahinter der I. Pylon, im Bild rechts die Obelisken des Königs Thutmosis I. und der Königin Hatschepsut, links der VII. Pylon. Im Hintergrund das Westgebirge

LIII Karnak. Tempel des Reichsgottes Amun. Die Hypostyle Halle der Könige Sethos I. und Ramses II. Aufblick gegen Süden

231 Karnak. Tempel des Reichsgottes Amun. Die Hypostyle Halle der Könige Sethos I. und Ramses II. Durchblick nach Süden

232 König Ramses II. (1290–1224) aus Karnak. Höhe 1,94 m. – Turin, Museo di Antichità

233 König Ramses II. (vgl. Tafel 232)

234 Bet el-Wali. Fassade des bald nach Beginn der Regierung des Königs Ramses II. erbauten Felsentempels. An den Frontmauern des Tempelhofes Reliefbilder der Feldzüge des jungen Königs: an der Südmauer die der nubischen, an der Nordmauer die der asiatischen Feldzüge. An der Rückwand des Hofes die drei Öffnungen, die zu dem in den Felsen gehauenen Tempelteil führen

235 Bet el-Wali. Tempel des Königs Ramses II. (1290–1224).
Die Göttin Anuket stillt den jugendlichen König Ramses II.

236 Luxor. Amun-Mut-Chons-Tempel. Südwestteil des Großen Hofes des Königs Ramses II. (1290–1224)
Dahinter der Säulengang des Königs Amenophis III.

237 Luxor. Amun-Mut-Chons-Tempel. Kopffragment von einer der Kolossalstatuen des Königs Ramses II. (1290–1224) im Großen Hof

238 Luxor, Amun-Mut-Chons-Tempel. Kolossalstatue des Königs Ramses II. (1290–1224) im Großen Hof.
Zur Seite des Königs die kleine Gestalt seiner Gemahlin, Königin Nefertari

239 Luxor. Amun-Mut-Chons-Tempel. Königin Nefertari zu seiten einer der Kolossalstatuen des Königs Ramses II. im Großen Hof

240 Mitrahina. Kolossalstatue des Königs Ramses II. (1290–1224) aus dem Ptah-Tempel zu Memphis

241 Totentempel des Königs Ramses II. (1290–1224) und die Landschaft von Theben-West und Luxor

242 Die Nekropole von Theben vom Totentempel des Königs Ramses II. (1290–1224) aus. Rechts die Felsengräber des Mittleren Reiches

243 Theben. Totentempel des Königs Ramses II. (1290-1224) von Norden. Im Vordergrund die Ruinen der Vorratsräume

244 Theben. Totentempel des Königs Ramses II. (1290–1224) von Westen mit Blick auf die drei Hauptschiffe und die südwestlichen Nebenschiffe des Säulensaales

245 Theben. Totentempel des Königs Ramses II. (1290–1224). Blick in das mittlere und nordöstliche Hauptschiff

246 Theben. Totentempel des Königs Ramses II. (1290–1224)
Oben: Blick aus Südwesten auf den Zweiten Hof; unten: Nordwestseite des Zweiten Hofes und dahinter die große Säulenhalle

LIV Prinzessin vom Hofe des Königs Ramses II. Aus dem Totentempel Ramses II. (Ramesseum) bei Theben. Kalkstein. Höhe 73 cm. Kairo, Museum 741

LV Im Grab (Nr. 66) der Königin Nefertari, einer der Gemahlinnen des Königs Ramses II., im Tal der Königinnengräber bei Theben. Blick in den Vorraum und auf den Eingang zum Hauptraum. Von links nach rechts: die Göttin Selket, an der Rückwand der Nische Königin Nefertari von Isis geführt; rechts davon: der käferköpfige Chepre; beim Eingang zum Hauptraum die Göttin Maat

LVI Im Grab (Nr. 66) der Königin Nefertari im Tal der Königinnengräber bei Theben.
Die Königin Nefertari geleitet von Isis (vgl. Tafel LV)

LVII Im Grab (Nr. 66) der Königin Nefertari im Tal der Königinnengräber bei Theben. Hauptraum.
Die Königin Nefertari, links vor dem Gotte Thot, rechts vor Osiris

LVIII Im Grab (Nr. 66) der Königin Nefertari im Tal der Königinnengräber bei Theben. Hauptraum. Die Königin Nefertari in Anbetung

247 Abu Simbel. Eines der vier Kolossalsitzbilder des Königs Ramses II. (1290–1224) vor der Tempelfassade (vgl. Tafel 248)

248 Abu Simbel. Front ces von König Ramses II. (1290–1224) errichteten Felsentempels mit den vier Kolossalsitzbildern des Königs

249 Abu Simbel. Die beiden von König Ramses II. errichteten Tempel.
Oben: die beiden Tempel von Norden gesehen; unten: die Front des kleineren Nordtempels

250 Abu Simbel. Der große Tempel. Mittelschiff der Großen Pfeilerhalle mit den Statuen des Königs Ramses II.

251 Wadi es-Sebua. Tempel des Königs Ramses II. (1290–1224). Oben: während der Trockenzeit; unten: während der Überflutung

252 Im Grab (Nr. 8) des Königs Merenptah (1224 bis etwa 1204) im Tal der Königsgräber bei Theben. Der tote König auf dem Deckel seines Sarkophages aus Rosengranit

20. DYNASTIE · 1186-1085

253 Theben (Medinet-Habu). Totentempel des Königs Ramses III. (1184–1153) von Süden

254 Theben (Medinet-Habu). Vom I. Pylon des Totentempels des Königs Ramses III. (1184–1153). Der König auf der Jagd

LIX Im Grab (Nr. 229) des Inherchau. Der Tote vor dem Phönix von Heliopolis. 20. Dynastie. Zeit des Königs Ramses IV.

SPÄTZEIT

21.-26. DYNASTIE · 1085-525

255 Deckel des äußeren Sarkophages des Königs Psusennes I. (1054–1009). Aus Tanis. Rosengranit. 21. Dynastie. – Kairo. Museum 6337
Oben: Deckeloberseite mit dem toten König als Osiris. Hinter seinem Haupte eine Schutzgöttin; unten: Deckelunterseite mit der Himmelsgöttin Nut

257 Oberbau des Grabes des Statthalters Montemhet in Theben. Im Hintergrund das Westgebirge mit dem El Qorn

256 Hor, Sohn des Nes-Amun, dargestellt als Würfelhocker.
Granit. Höhe 1,10 m. 23. Dynastie, Zeit des Königs Pedubastis. – Kairo, Museum 42226

258 Statthalter Montemhet. Granit. Gesamthöhe 1,35 m. 25. Dynastie. – Kairo. Museum 935

259 Amenerdis, Tochter des Äthiopenkönigs Kaschta, Gottesgemahlin. Alabaster. Höhe 1,67 m. 25. Dynastie. – Kairo, Museum 930

260 Der Priester Petamenophis, dargestellt als Würfelhocker. Granit. Höhe 31 cm. Ende 25. Dynastie.
Berlin, Staatliche Museen, Stiftung Preußischer Kulturbesitz

261 Bes, »Graf, Prinz und Begleiter seiner Majestät« des Königs Psammetich I. (663–609). Kalkstein. Höhe 32,2 cm.
26. Dynastie. – Lissabon, Sammlung C. Gulbenkian

PTOLEMÄERZEIT · 305-30

263 Edfu. Horus-Tempel. Blick auf die Südseite des Großen Hofes und den Pylon

262 Edfu. Horus-Tempel. Gesamtansicht von Südwesten

264 Edfu. Horus-Tempel. Blick durch den Großen Hof auf die Tempelvorhalle

265 Edfu. Horus-Tempel. Querblick durch die Vorhalle

266 Edfu. Horus-Tempel. Blick auf Säulensaal und Allerheiligstes mit den beiden Vorsälen. Im Allerheiligsten die Granitkapelle des Königs Nektanebos II. (359-341)

267 Kom-Ombo. Doppelheiligtum der Götter Suchos und Haroëris

268 Links: Dendur, zwei Blütenkapitellsäulen vom Pronaos des Tempels.
Rechts: Philae, Isis-Tempel; Säulen des Geburtshauses mit Sistrumkapitellen über Pflanzenkapitellen (vgl. Tafel 269)

269 Philae, Isis-Tempel. Erster Pylon, Hof und Ostfront des Geburtshauses von Norden gesehen

270 Kalabscha. Tempel des Mandulis. Oben: der Tempel in der Überflutung, wie sie durch vierzig Jahre bis zu seinem Abbruch und Wiederaufbau 1962/63 währte; unten: der 1963 wiedererstellte Tempel an seinem neuen Platz nahe Assuan mit Kiosk von Kertassi im Vordergrund

LX Der Isis-Tempel in Philae

SPEZIELLER TEIL

GÖTTER UND TEMPEL

von Eberhard Otto

Wer sich mit Kunstwerken und Altertümern aller Art aus Ägypten beschäftigt oder wer die Denkmäler im Lande selbst kennenlernt, wird den Eindruck gewinnen, daß ein guter Teil der Hinterlassenschaft der Ägypter unmittelbare Verbindung zur Religion und zum Kult hat: Götterbilder in Relief und Rundplastik, Darstellungen von Kulthandlungen, Weihgeschenke aus Gräbern und Tempel machen einen großen Teil der auf uns gekommenen Denkmäler aus. Denken wir insbesondere an die Bauwerke, so fällt es geradezu schwer, anderes als Tempel und Gräber zu finden. In der Tat ist dieser Eindruck kein Zufall. Gewiß ist er bis zu einem gewissen Grade zu korrigieren: Von Wohnhäusern, Palästen, Städten, die zumeist im immer wieder bebauten Fruchtland gelegen haben, ist wenig erhalten; aber man muß natürlich ihre Existenz dem Gesamtbild hinzufügen. Trotzdem hat jener erste Eindruck insofern seine Richtigkeit, als das Leben, auch das Alltagsleben sehr viel enger mit religiösen Vorstellungen durchdrungen war als zu anderen Zeiten oder in anderen Kulturen. Schon der Staat, insoweit er sich in der Person des göttlichen Königs manifestierte, war eine weitgehend religiöse Institution. Die enge Verbindung zwischen König und Gott drückt sich nicht nur in einer Art »Familienähnlichkeit« zwischen beiden aus, so daß bisweilen kaum zu unterscheiden ist, ob eine Statue einen Gott oder den König darstellt. Sie ist gleichsam ein Symbol. Auf der anderen Seite kann man von einem Ausgerichtetsein des Lebens auf den Tod hin sprechen, wenn man an die gewaltigen materiellen Vorkehrungen für den Tod denkt, wie die Grabanlagen und die Grabausstattung, wobei freilich der Schatten des Todes nicht die Freude am Leben überdeckt, hingegen die Buntheit des Lebens ins Jenseits hineinstrebt, wie das am sinnfälligsten in der Bilderwelt der thebanischen Gräber seinen Ausdruck findet.

Die in der Kunst – im weitesten Sinne des Wortes – überlieferten religiösen Gestaltungen beeindrucken nun nicht nur durch ihren Reichtum, sondern ebenso durch die Monumentalität der Pyramiden und Tempelsäle, durch die Schönheit, wie die des Tempels Sethos I. in Abydos, andererseits aber auch durch Fremdartigkeit. Letztere betrifft natürlich vor allem die Mischgestalten unter den Göttern oder manche Darstellungen in den Königsgräbern, alles Dinge, die schon bei den antiken Autoren aus den Reihen der Griechen und Römer Spott hervorgerufen oder als Ausdruck geheimnisvoller Tiefsinnigkeit gegolten haben.

Diese Fremdheit der Gestalten wird noch dadurch verstärkt, daß uns die ägyptische Götterwelt ja in keiner Weise so vertraut ist, wie es die der Antike zu sein scheint. Das ist nicht nur eine natürliche Folge davon, daß ihre Kenntnis niemals zum allgemeinen abendländischen Bildungsgut gehört hat, sondern davon, daß ihr Wesen sich von der abendländischen Überlieferung und Mythologie her auch nicht begreifen läßt, ebensowenig wie die Kenntnis abendländischer Kultbauten, seien es Kirchen, seien es Tempel, das Verständnis ägyptischer Tempel erschließt.

So erscheint es berechtigt und notwendig, die ägyptischen Götter und ihre Tempel in ihrer gegenseitigen Bezogenheit zu behandeln, wobei es sich empfiehlt, bei den Tempeln auch einen Blick auf die Tempelanlagen zu werfen, die zu den Gräbern der Könige gehören.

DIE GÖTTER

Eine Betrachtung der Formen, in denen Göttliches dem Ägypter offenbar werden kann, lehrt eines deutlich: Die Menschengestalt ist keineswegs die einzige, ja nicht einmal die vorzügliche Form, deren sich das Göttliche bedient. Aus einer vor der Geschichte liegenden Urzeit stammt die Fähigkeit, Göttliches in allen natürlichen Formen zu erleben: Sowohl die Gestirne, Sonne, Mond und Sterne, sowie Erde und Nil, aber auch der Luftraum zwischen Himmel und Erde sind göttlichen Wesens. In den Tieren – vor allem den nicht domestizierten – erlebt der Ägypter göttliche Mächtigkeiten und beläßt ihnen ihre Erscheinungsform. Die Gründe, aus denen heraus er an die Wirkung einer bestimmten Mächtigkeit in diesem oder jenem Tier glaubt, lassen sich durchaus nicht immer erkennen. In keinem Falle darf die Nützlichkeit des Tieres für den Menschen als Glaubensgrund herangezogen werden. Daß etwa das Krokodil als »Herr« an Stromschnellen und Sandbänken verehrt wurde, leuchtet ein; daß die Zeugungskraft des Stieres oder Widders als Offenbarwerden göttlicher Fruchtbarkeitskraft galt, ist auch zu verstehen. In anderen Fällen können wir mit dem Tier verbundene Vorstellungen erschließen: Der Skarabäuskäfer galt als Symbol des ewigen Werdens, der Urzeugung, weil man glaubte, er zeuge sich in der von ihm gerollten Kugel selbst und diese Kugelform wiederum verband ihn mit dem Sonnenball. Flugkraft und Scharfsichtigkeit des Falken verdichten sich zur Vorstellung von einem Himmelsfalken Horus, dessen Augen Sonne und Mond sind und dessen Flügelspitzen die Enden der Welt bedecken. Aber unsere Vorstellungskraft versagt doch auch in vielen Fällen vollends: Warum galt der weibliche Hase als unheimlich und gefährlich? Warum war der Ibis eine Erscheinungsform des Mond- und Weisheitsgottes Thot?

Vielerlei für uns nicht Nachvollziehbares ergibt sich aus einem besonderen Kombinationsvermögen von Vorstellungen und Bildern: So etwa die Verbindung eines Himmelsgottes mit den großen Gestirnen als seinen »Augen«. So wird auch die Gemeinsamkeit des Ibis mit Thot über eine uns nicht mehr einsichtige Gemeinsamkeit gehen. Zu den Tieren treten Pflanzen, bei denen ebenfalls die Wirkung auf den Menschen nur zum Teil als Erklärung einer göttlichen Wesenheit herangezogen werden darf. Mit Bäumen, wie etwa mit der Sykomore, verbinden sich die Vorstellungen von Schutz und Schatten. Aber auch Gegenstände können als Form göttlicher Kräfte verstanden werden, so etwa heilige Male und Pfeiler, wie die Obelisken, besonders natürlich Waffen und königliche Machtzeichen wie Keule, Kronen und der Uräus.

Wenn ich die Formen des Göttlichen zum Ausgangspunkt genommen habe, wobei das Gesagte natürlich nur einige Beispiele geben konnte, so geht bereits aus der Formulierung dieser Auswahl etwas hervor, was für das Verständnis der Gottesformen überhaupt wichtig ist: Sie sind nur insofern Gott als sich etwas Göttliches in ihnen ausdrückt. Hier liegt der Ausgangspunkt für die religionsgeschichtlich so überaus fruchtbare Spannung zwischen dem handgreiflichen Satz: »Dieser Löwe *ist* Gott« und dem unterscheidenden: »Eine (bestimmte) göttliche Kraft hat in einem Löwen Gestalt angenommen«. Abstrakt ausgedrückt: Hier beginnt die Auseinandersetzung zwischen Gottes*bild* und Gottes*wesen*. Sie wird in Ägypten schon so früh faßbar, daß wir wohl annehmen dürfen, sie sei bereits mit dem Erleben irgendeiner Gottesmacht in irgendeiner faßbaren Form notwendig gegeben. Auch die Götterbilder, wie wir sie dann in Tempeln voraussetzen dürfen, sind materielle Bilder, in denen ein Gott einziehen kann, wenn er will. So wird sich die Auffassung der zahlreichen Gottesformen in der Zeit zwischen diesen beiden Polen hin- und herbewegt haben, aber auch die soziale Stellung der Betrachtenden wird zu unterschiedlichen Wertungen geführt haben. Der heilige Apisstier in Memphis, der heilige Bock von Mendes, der heilige Falke in Philae, die zahlreichen heiligen Kühe, Ibisse, Katzen, Affen, deren Zahl sich übrigens in der Spätzeit erheblich vermehrt, werden zu jeder Zeit dem einen als Gott gegolten haben, während sie dem anderen nur Hinweis auf eine in der Welt wirkende göttliche Macht gewesen sind; einem dritten wieder mögen sie lebendige Erscheinungen eines bestimmten Gottes gewesen sein. Und zwischen diesen Auffassungen gibt es zahlreiche weitere Spielarten.

Wenn man die nachweisbaren Gottesformen mit einer gewissen Wahrscheinlichkeit auf Erlebnisse göttlicher Mächte in jenen Gestalten zurückführen darf, so verdankt die Menschengestalt als Gottesgestalt einem anderen Bereich ihre Existenz. Gewiß kann auch der Mensch Träger von Kräften sein, die göttlich sind und die ebenso in Göttern wirken, z. B. der »Zauber« und mehrere »Seelen« weisen über sein irdisch-menschliches Sein hinaus; auch kennt man in Ägypten mehrere Fälle von der Vergöttlichung eines Menschen. Aber hier liegt nicht der Grund dafür, daß der Gott in Menschengestalt – und nicht nur in Ägypten – eine so besondere Stellung einnimmt. Vielmehr ergibt sich, wie der holländische Religionshistoriker G. van der Leeuw gezeigt hat, seine Menschengestalt mit Notwendigkeit dadurch, daß menschliches Denken und Sprechen über Gott ihm menschliche Eigenschaften und menschliches Denken und Handeln zuschreiben muß. Menschliche Aussagen über das Wesen Gottes prägen ihm menschliche Züge auf und menschliches Verhalten gegenüber Gott setzt menschenähnliches Handeln Gottes dem Menschen gegenüber voraus. Ein wesentlich nicht-menschlicher Gott wäre schlechterdings nicht ansprechbar. So nehmen göttliche Mächte gleichsam von innen heraus auch menschliche Gestalt an.

In Ägypten verhält es sich nun so, daß diese Menschenhaftigkeit andere Gottesformen nicht verdrängt, sondern sich ihnen zugesellt. Man täte Unrecht, wollte man hierin nur einen Hang zum Bewahren des Altertümlichen sehen. Offenbar ist es doch so, daß die ausschließliche Vermenschlichung eine Entgöttlichung der nicht-menschlichen Welt, der Natur in allen ihren Erscheinungen, nach sich ziehen würde. Aber die letztliche Einheit von Gott, Welt, Natur und Mensch hat sich das Gottesdenken in Ägypten stets gewahrt.

Von hier aus sind nun der Gestaltenreichtum eines einzigen Gottes und die Mischformen der Götter zu erklären. Beispielsweise kann der Hundegott Anubis, ursprünglich Gott der Friedhöfe und dann sinngemäß Totenbegleiter, neben seiner Form in Tiergestalt auch in Menschengestalt erscheinen oder auch mit Menschenkörper und Hundekopf. Charakteristischerweise stehen diese drei Möglichkeiten gleichberechtigt nebeneinander. Eine Entscheidung zugunsten nur einer Form ist nie gefällt worden. Selbst heilige Tiere wie der Apisstier in Memphis können in Darstellungen als tierköpfige Menschen auftreten. Göttliche Mächte, die sich ursprünglich in Gegenständen verkörperten, nehmen dann Menschengestalt an und tragen den eigentlich heiligen Gegenstand auf dem Kopf oder in den Händen. Das gilt etwa für die Göttin Neith, als deren »Attribut« zwei gekreuzte Pfeile erscheinen, die aber eben ursprünglich das eigentlich Mächtige waren.

Nur wenige Götter haben von vornherein und dann meist ausschließlich Menschengestalt. Das ist vor allem der Toten- und Fruchtbarkeitsgott Osiris. In ihm hat die Vorstellung von der unterirdischen, lebenspendenden Fruchtbarkeit Gestalt gewonnen. Wie bei ihm dient die Menschengestalt vorzüglich jenen Gottheiten als Erscheinungsform, die eine Vorstellung oder Macht verkörpern, der an sich keine ihr eigentümliche Form anhaftet oder denen ein abstrakter Begriff zugrunde liegt. Die Himmelsgöttin Nut und der Erdgott Geb werden vorzüglich in menschlicher Form dargestellt. Auch Isis, die in der Mythe als Gattin des Osiris und Mutter des Horus gilt, erscheint vorwiegend als Frau. Ursprünglich war sie vielleicht nichts anderes als die im Königsthron wohnende Erhabenheit. Andererseits kann sie auch als Sperberweibchen oder Weihe dargestellt werden, in dieser Form zusammen mit ihrer Schwester Nephthys die um den toten Gott bemühten Klageweiber verkörpernd. Ptah, der Gott der alten Hauptstadt Memphis, über dessen ursprüngliche Bedeutung wir eigentlich gar nichts wissen und der dann als Bildnergott und Herr der Handwerker gilt, wird ebenfalls menschlich dargestellt, und zwar im Unterschied zu den meisten anderen Göttern nicht in Schrittstellung, sondern mit geschlossenen Beinen, also scheinbar mumienförmig. Auch der Ur- und Schöpfergott Atum in Heliopolis kann Menschengestalt haben. Wenn er außerdem auch als heiliger Käfer unter dem Namen Chepre, als Schlange oder als Urhügel erscheint, so bedeutet das, daß man ihm auch jene Formen zuschreibt, in denen sich für den Ägypter der Begriff des Urzeitlichen ausdrückt, eben weil er als Schöpfergott vor der Erschaffung der Welt existiert hat.

So wird es deutlich, daß der Gestaltenreichtum der ägyptischen Gottheiten von der Wandlungsfähigkeit ihres Wesens her verstärkt wird. In ihm drücken sich ursprüngliche Machterlebnisse aus, verbunden mit Spekulationen über das Wesen der Mächte.

Nun wirkt auf die Wandelbarkeit der Götter noch ein ganz anderer Tatbestand ein, nämlich der eigentümliche ägyptische Gottesbegriff. Es ist nicht möglich, in wenigen Zeilen diesen schwierigen komplexen Begriff erschöpfend darzustellen. Daher kann hier nur über die Seiten von ihm etwas gesagt werden, die zum Verständnis der Gottesformen wichtig sind. Man muß davon ausgehen, daß ein ägyptischer Gott in keinem Sinne eine geschlossene Persönlichkeit ist, wie überhaupt der ägyptische Personenbegriff nicht von dem unseren her verstanden werden kann. Er wird im Gegenteil dadurch charakterisiert, daß die Grenzen seines Wesens immer fließend und wandelbar sind. Er verkörpert jeweils eine Vielheit von Wesensarten und daher auch von Erscheinungsformen. Beide wiederum sind nicht unlösbar an einen bestimmten Namen gebunden. Wenn man mit einer gewissen Schematisierung sagen kann, ein Gott »bestehe« aus einer bestimmten Macht, einem bestimmten Namen und einer bestimmten Erscheinungsform, so ist zu der Zusammengehörigkeit dieser drei Komponenten zu sagen, daß sie nicht konstant ist, sondern jeweils lösbar und daß – bezüglich mehrerer Götter – die einzelnen Komponenten miteinander neue Verbindungen eingehen können. Das heißt konkret ausgedrückt: Wenn zwei Götter die gleiche oder verwandte Mächtigkeit repräsentieren, können sie miteinander Namen oder Gestalt tauschen; beispielsweise gelten als Götter der Fruchtbarkeit sowohl der Gott Osiris wie der Nil; folglich *ist* Osiris auch der Nil und umgekehrt. Gestaltungsgleiche Götter gehen bezüglich des Namens und der Mächtigkeit ineinander über; so gibt es an vielen Orten des Landes Falkengötter mit unterschiedlichen Namen; aber sie galten dann um der Gleichheit ihrer Gestalt willen zugleich als Formen des Gottes Horus. So repräsentiert die ägyptische Götterwelt eine nahezu unüberschaubare und in keinem einfachen System zu erfassende Vielheit von Gestalten, Beziehungen, Vieldeutigkeiten, die die eindeutige Festlegung und Sonderung eines Gottes gegenüber anderen unmöglich machen.

Hinzu kommt ein anderes, die Gottheiten ordnendes, sie aber zugleich wieder untereinander neu verbindendes Element: Ihre Kultgemeinschaften an bestimmten Orten. Hier wirken zwei unterschiedliche Faktoren: Entweder können verschiedene Götter eine Kultgemeinschaft bilden, weil ihre Zusammengehörigkeit eine bestimmte Vorstellung oder ein bestimmtes System ausdrückt, so etwa in Heliopolis, oder sie können deshalb gemeinsam verehrt und zu einer Gruppe – meist Familie – zusammengestellt werden, weil ihre Verehrungsstätten beieinander liegen, so etwa in Memphis und Theben.

Diese Überlegungen klingen etwas abstrakt, mußten aber in aller Kürze angestellt werden, um einen Einblick in die ägyptische Götterwelt zu ermöglichen. Im folgenden sollen zwei konkrete Erscheinungen betrachtet werden, die vorzüglich die ägyptische Götterwelt so, wie sie sich uns darstellt, gebildet haben: Das göttliche Königtum und die örtlich gebundenen Kultgemeinschaften.

Das Verhältnis des Königs zu den Göttern des Landes ist, wie das in Ägypten kaum anders sein kann, vielfältig. Gewiß rührt die Vielfalt teilweise aus dem Aufsummieren nacheinander erlebter historischer Stufen her. Aber andererseits drückt sich in ihr auch die Doppelrolle des Königs als Mensch und als Träger einer göttlichen Funktion aus. Vielleicht gehört es zu den ältesten Schichten, daß der König als irdische Verkörperung des Falkengottes Horus galt. Er *ist* Horus insofern, als er dessen Weltregiment verwirklicht; aber selbstverständlich ist auch dies keine echte unlösbare Identität, sondern eben nur die Gleichheit einer beiden gemeinsamen Wesensseite. Der Falkengott Horus hat nun aus uns unbekannten Gründen – diese Konstellation verliert sich im Dunkel der Vorzeit – einen Partner, den Wüstengott Seth, der bald menschenförmig erscheint, aber auch die Gestalt eines Tieres mit spitzer Schnauze und aufrechtstehenden Ohren hat, eines Tieres, dessen zoologische Bestimmung unsicher ist. Die beiden Götter stehen in einem feindlichen Verhältnis zueinander: Seth hat Horus ein Auge ausgerissen, Horus dem Seth die Hoden. Aber es besteht zugleich eine unlösbare Gemeinschaft zwischen ihnen; sie bilden ein zusammengehöriges Paar. Dieses Paar versucht der Ägypter mit anderen Paarbegriffen gleichzusetzen, und zwar möchte er die beiden Götter als die Repräsentanten der Landesteile Oberägypten und Unterägypten verstehen. Das geht aber nie befriedigend auf, weil offenbar beide Götter der oberägyptischen Landeshälfte angehören. Eine anscheinend jüngere Zuteilung, die aber vielleicht einen ursprünglichen Tatbestand wiederherstellt, weist Horus Ägypten, Seth das Ausland und die Wüste zu. Ihr Verhältnis zum König ist nun dies, daß dieser, ebenfalls Herrscher über beide Landesteile, als »Horus und Seth« zugleich betrachtet werden kann.

Sodann gibt es eine Reihe von »Königsmächten«, d. h. göttlichen Wesen, die den König umgeben, zu ihm gehören, ohne mit ihm gleichgesetzt zu werden. Wir begegnen ihnen seit der Frühzeit als seinen Begleitern, deren Bilder auf eine sogenannte Standarte gestellt, ihm vorausgetragen werden. Es sind die Bilder eines oder zweier Falken, eines Schakals, Upuaut, »Öffner der Wege« genannt, oft eines Ibis, des Gottes Thot, eines wulstartigen Gegenstandes, den die Ägypter später mit dem Gott Chons zusammenbringen. Die Schwierigkeit, diese Mächte zu erklären, liegt darin, daß wir nicht sicher wissen, ob und wie wir sie mit gleichgestalteten Göttern der historischen Zeit zusammenbringen dürfen. Ist das Falkenpaar das gleiche Götterpaar, das »die beiden Herren« genannt als Zeichen des 5. oberägyptischen Gaues erscheint? Ist der Schakal der Gott Upuaut von Siut? Ist der Ibis der Gott Thot, der Gott des Berechnens und Zählens und der Schreibkunst, der im 15. oberägyptischen und im 15. unterägyptischen Gau verehrt wird, der Mondgott, dessen heilige Tiere der Ibis und der Pavian sind? Die Frage spitzt sich auf die verschieden gelöste Alternative zu: Umgibt sich der König mit einer Auswahl von ursprünglichen Ortsgottheiten oder sind göttliche Wesen, die gleichsam Teilkräfte von ihm verkörpern, sodann an verschiedenen Orten des Landes als Lokalgötter verehrt worden?

Ein ganz anderes Verhältnis zwischen Gott und König drückt sich in der Vorstellung aus, daß er der Sohn eines Gottes sei. Diese Sohnschaft bezieht sich besonders auf den Sonnengott Re und findet eine mythologisierte Ausgestaltung in der Form, daß der Gott die Gestalt des Königsvaters annimmt und in ihr der Königsmutter beiwohnt. Dieses Sohnesverhältnis erweitert sich in dem Maße, als verschiedene Götter um ihrer Herrschereigenschaften willen mit Re gleichgesetzt werden können. Am ausführlichsten wird uns das Vater-Sohn-Verhältnis in der 18. Dynastie bezüglich des Reichsgottes Amun geschildert.

Es war bei der Erwähnung der Königsmächte der Begriff des Lokal- oder Ortsgottes genannt worden. In der Tat hat jeder ägyptische Gott einen oder mehrere Orte, an denen er verehrt wird und als deren Herr er gilt. Die Frage, wieweit tatsächlich ursprüngliche Ortsgötter mit beschränktem Geltungsbereich vorliegen oder wieweit ursprünglich nicht ortsgebundene Götter aus unterschiedlichen Gründen eine feste Verehrungsstätte finden, soll uns hier nicht beschäftigen. Doch erweist sich die Lokalisierung als ein praktisches Ordnungsprinzip und eine Betrachtung der großen Kultstätten macht uns mit einer großen Zahl ägyptischer Gottheiten bekannt. Die vorhergehenden theoretischen Betrachtungen werden dabei das Verständnis der örtlichen Göttergemeinschaften fördern. Ich möchte deshalb im folgenden die Götter der Orte Heliopolis, Memphis, Abydos, Dendara, Theben, Edfu in ihren Besonderheiten und ihrem Zusammenwirken darstellen.

Da ist zunächst *Heliopolis*, die »Sonnenstadt«, deren aus dem ägyptischen übernommener Name On lautete. Zwei religiöse Phänomene sind mit ihrem Namen verknüpft: Die Neunheit von Heliopolis und der Kult des Sonnengottes Re, von denen das erstere das nachweisbar ältere am Orte ist. Bei der Neunheit handelt es sich um ein theologisches System von neun Göttern, die durchaus nicht alle ursprünglich in Heliopolis beheimatet sind. In diesem System werden die göttlichen Mächte vom präexistenten Schöpfergott bis zum lebenden König zusammengefaßt. An seiner Spitze steht Atum, der Urgott, meist menschlich dargestellt. Als präexistentes Wesen kann er aber auch die Gestalt einer Schlange oder eines Käfers, Chepre, haben. In seiner Schöpfungsmächtigkeit ist er mannweiblich und schafft aus sich heraus das erste Götterpaar, Schu und Tefnut, den Luftraum und das Feuchte. Diese beiden Götter werden auch mit einem nahe bei Heliopolis beheimateten Löwenpaar gleichgesetzt. Die nächste Generation repräsentieren Nut, der Himmel, und Geb, die Erde, die durch die »Hochhebung des Schu« getrennt werden. Es ist dabei zu beachten, daß entgegen den mythischen Vorstellungen der meisten Völker, der Himmel in Ägypten stets weiblich, die Erde männlich ist. Als »Kinder der Nut« gelten die vier Hauptgötter des Osiriskreises, Osiris und Isis, Seth und Nephthys. Hiermit wird der Anschluß an die historische Gegenwart erreicht, indem der lebende Herrscher ja jeweils eine Verkörperung des Osirissohnes Horus ist und nach seinem Tode zu Osiris wird. Seine Verbundenheit mit dieser Genealogie wird auch dadurch gekennzeichnet, daß sein Königtum das des Atum ist und er auf dem Throne des Geb sitzt.

Zu dieser Neunheit tritt nun wohl erst im Verlauf des Alten Reiches der Kult des Sonnengottes Re. Man wird vielleicht nicht fragen dürfen, woher er stammt. Sondern man wird sich vorzustellen haben, daß der Glaube an die Sonne – Re ist einfach eine Bezeichnung der Sonne – als Glaubensform unabhängig von allen eigentlichen Lokalgöttern bestand. Zu einer Zeit, als dieser Glaube im religiösen Empfinden und Vorstellen immer stärker hervortrat und sozusagen die zeitgenössisch herrschende Glaubensform geworden war, d. h. wahrscheinlich in der 4./5. Dynastie, zog Heliopolis ihn an sich, um ihm einerseits eine zentrale Kultstätte zu geben und andererseits selbst nicht an Aktualität in kultischer Hinsicht einzubüßen. Freilich wird Re nicht in das System der Neunheit übernommen. In seiner Eigenschaft als Schöpfer trifft er sich mit Atum und verbindet sich ihm in der Namenszusammenfügung Re-Atum. Andererseits steht er als Himmel- und Weltenherrscher auch dem Horus nicht fern. Die Namensbildung Re-Horus oder speziell in Heliopolis Re-Harachte, d. i. Re-Horus vom Lichtland, weist das aus. Natürlich können solche Angleichungen nie widerspruchslos aufgehen, da sie eben jeweils nur *einen* Aspekt der in Beziehung gesetzten Gottheiten betreffen. So etwa nehmen beide Götter andererseits bezüglich des Königs durchaus unterschiedliche Positionen ein: Der König ist Sohn des Re, aber Verkörperung des Horus. Es ist bemerkenswert, daß im Kult Re selbständig bleibt. Noch im 8. Jahrhundert v. Chr. sind die Tempel des Atum und des Re in Heliopolis getrennt.

Für den Sakralbau hatte der Re-Kult weitreichende Bedeutung. Ihm sind die Sonnenheiligtümer der 5. Dynastie gewidmet. Noch in den thebanischen Tempeln des Neuen Reiches finden sich Re-Heiligtümer auf dem Tempeldach oder – bei den sogenannten Totentempeln – in einem offenen Hof der Tempelanlage. Bei aller Unterschiedlichkeit im einzelnen werden Kultbauten des Sonnenglaubens dadurch charakterisiert, daß die Kultstelle unter freiem Himmel liegt und daß sie vielleicht niemals »Kultbilder« in irgendeiner Form besessen haben, weil eben die Sonne selbst der eigentliche Empfänger des Kultes war.

Ein ganz anderes Bild ergeben die Kulte von *Memphis*. Daß die dort verehrten Götter eine solche Geltung erlangten, wie es dann tatsächlich der Fall war, liegt – im Gegensatz zu den heliopolitanischen – weniger an den in ihnen verkörperten Gedanken und Vorstellungen, als vielmehr daran, daß Memphis die Hauptstadt des Alten Reiches geworden war und daß es auch in den späteren Jahrhunderten eine besondere Bedeutung für die Riten des Königtumes (Krönung, Regierungsjubiläum) behalten hat. Die Gottheiten von Memphis können als ein gutes Beispiel dafür gelten, wie unter dem Einfluß der Nachbarlichkeit Göttergemeinschaften sich bilden können. Als Hauptgott gilt hier der menschengestaltige Ptah, von dessen ursprünglicher Geltung wir eigentlich gar nichts wissen. Wenn er in historischer Zeit als Gott der Künstler und Handwerker galt, so beruht das wohl darauf, daß während des Alten Reiches die Künstler und Handwerker der Residenz, d. h. die besten des Landes, naturgemäß unter seiner Herrschaft als der des obersten Ortsgottes standen. Von hier aus konnte Ptah unschwer in die Rolle eines Schöpfergottes kommen, eines rechten Demiourgos, auf die er als Gott der Residenz Anspruch hatte. Neben ihm steht die Löwengöttin Sachmet, deren Name »die Mächtige«

bedeutet. Dargestellt wird sie als Frau oder als Frau mit Löwenkopf. Da nach der Anschauung der Ägypter aus der Wüste auch Krankheit, Pest und Seuche kommen, gilt sie als deren Herrin und zu den Titeln der Ärzte gehört auch der eines »Priesters der Sachmet«. Mit Ptah zusammen bildet sie ein Paar und wird »Geliebte des Ptah« genannt. Als dritte memphitische Gottheit ist Nefertem zu nennen, »der vollständig Schöne«. Er wird menschengestaltig dargestellt, trägt aber den Gegenstand, der er eigentlich ist, als Attribut auf dem Kopf, nämlich eine Lotosblume. Er steht seinerseits in enger Verbindung zu Re: Der Lotosblumengott ist das neugeborene Sonnenkind. Diese drei so unterschiedlichen Götter, Ptah, Sachmet und Nefertem, bilden eine Götterfamilie als Vater, Mutter und Sohn, die Triade von Memphis. Damit begegnet ein Begriff, der für die Systematik der ägyptischen Religion und dann auch für den Sakralbau wichtig ist, die Dreiheit. Gern fügt man eine Dreiheit von Göttern zusammen, sei es wie hier als Vater-Mutter-Sohn, sei es als Gott mit zwei Göttinnen u. a. m. Die Dreiheit kann auf lokaler Basis geschaffen sein wie hier in Memphis, sie kann aber auch aus der Zusammenfügung gedanklich zusammengehöriger Götter bestehen. Zugrunde liegt ihr in jedem Falle die heilige Zahl Drei, nämlich die aus mehreren Gliedern bestehende Ganzheit. Drei Götter repräsentieren die Gesamtheit der göttlichen Mächte und bilden zusammen eine Einheit.

Von den zahlreichen anderen Göttern, die in Memphis verehrt wurden, ist vor allem noch der heilige Apisstier zu nennen, der zum Hauptgott Ptah in der Form in Beziehung gesetzt wird, daß er als dessen »Herold« oder »Mittler« galt. Ferner kennen wir einen Gott Sokar, ursprünglich wohl ein chthonischer Fruchtbarkeitsgott. Er scheint vor allem mit der Feldbestellung, vorzüglich mit der Aussaat zu tun zu haben. Doch übernimmt der Stadtgott Ptah viel von seiner Mächtigkeit und deshalb wird diese Seite seines Wesens durch die Namenszusammensetzung Ptah-Sokar ausgedrückt. Da Sokar aber andererseits eine starke natürliche Verwandtschaft zu Osiris als dem in der Erde ruhenden Korn besaß, erweitert man den alles umfassenden Götternamen auch zu Ptah-Sokar-Osiris. Es ist dies ein schönes Beispiel für die Wandelbarkeit der Götter und ihrer Namen; denn alle drei können ebensogut als Einzelgötter auftauchen wie als eine Einheit.

Schließlich sei unter den memphitischen Göttern noch einer aufgeführt, der als Beispiel für die Bereicherung der Götterwelt durch vergöttlichte Menschen dienen soll: Es ist Imhotep, der Baumeister des Königs Djoser, der durch Jahrtausende in der Erinnerung des Volkes gelebt hat. In der Spätzeit wird er vergöttlicht, erhält einen eigenen Kult und einen eigenen Festkalender und wird als »Sohn des Ptah« in die memphitische Götterwelt aufgenommen.

Abydos gilt vorzugsweise als Kultort des Gottes Osiris. Doch hat tatsächlich hier eine höchst bemerkenswerte Umdeutung alter Kulte stattgefunden. Anfänglich lagen hier die Gräber der Könige der 1. und zum Teil der 2. Dynastie, d. h. der ersten historischen Könige aus dem Anfang des 3. Jahrtausends v. Chr. Ihr Begräbnisplatz stand unter dem Schutz des Totengottes Chontamenti, eines hundeartigen Wesens, dessen Tempel in Abydos ebenfalls in die Frühzeit zurückgeht. Hier in Abydos fand seinerzeit das Bestattungsritual der verstorbenen Herrscher statt und anschließend die Herrschaftsübernahme durch den Thronfolger. Dieser Zyklus der Handlungen stellte sinnfällig und für den Bestand des Reiches wahrhaft existentiell den Kreislauf von Leben und Tod dar. Schon in der 2. Dynastie werden die meisten Könige in der Nähe der Hauptstadt Memphis begraben. Der abydenische Kult aber besteht weiterhin und zieht den Gott Osiris an sich. Er ist es nun, dem die Begräbnisfeierlichkeiten gelten und sein Sohn Horus übernimmt die Herrschaft an seiner Statt. Ganz allmählich formt sich das ursprünglich königliche Ritual zu einem Götterritual um. Nach und nach verbinden sich auch der Gott Osiris und der Totengott Chontamenti zu dem Gott Osiris-Chontamenti. Abydos bleibt weiterhin Gegenstand königlicher Kultfürsorge. Mehrere Könige seit dem Ende des Mittleren Reiches haben sich hier Scheingräber und Kultstätten für ihre Statuen errichten lassen. Zu allen Zeiten haben Privatpersonen sich bemüht, durch das Aufstellen von Stelen mit ihrem Namen, teilweise auch durch ein eigenes Begräbnis an den Feiern für den Gott und an seiner Wiederbelebung Anteil zu haben. Von den königlichen Tempeln ist der des Königs Sethos I. am eindrucksvollsten und aufschlußreichsten.

An ihm läßt sich deutlich machen, wie stark kultische Erfordernisse den Tempel im Einzelfalle gestalten. Schon früh, d. h. während des Alten Reiches, war der Unterwelts- und Fruchtbarkeitsgott Osiris besonders mit Göttern aus dem Kreis der Königsgötter Verbindungen eingegangen; der Schlüsselpunkt zum Verständnis dieser Verbindungen ist die Figur des Königs selbst, insofern er nach seinem Tode zu Osiris wurde und damit notwendig der lebende König als Horus der Sohn des Gottes sein mußte. Damit ist zunächst das Paar Osiris-Horus als Vater und Sohn fixiert. Weiterhin gesellen sich die Göttinnen Isis und Nephthys hinzu, und zwar zunächst als die »Klageweiber«, die um den toten Gott trauern. Isis, andererseits aber auch Thronmutter-Gottheit, wird zugleich zur Witwe des Osiris und damit zur Mutter des Horus. So haben wir auch hier eine Dreiheit aus Vater – Mutter – Sohn. Schwierig war die Übernahme des Seth. Seine feindliche Partnerschaft zu Horus wird auf Osiris übertragen. Die sich naturgemäß aufdrängende Frage, wie der (tote) Unterweltsgott zu Tode gekommen sei, wird damit beantwortet, daß man Seth, sozusagen als den Feind schlechthin, zu seinem Mörder machte. Das ist nun freilich eine unbefriedigende Lösung. Neben anderen Schwierigkeiten entsteht nun die, daß dem ursprünglichen Feind-Brüder-Paar Horus und Seth ein zweites gegenübersteht, Osiris und Seth. Und beide Paare gehören nach der Osirismythologie verschiedenen Generationen an. Es hätte theologisch die Möglichkeit bestanden, den Seth in zwei Generationen aufzuspalten. Man ging hingegen den Weg, die verschiedenen Aspekte des Horus zu trennen. Man unterscheidet einen »älteren Horus«, d. i. der alte Königsgott Horus und Partner des Seth, von einem »Horus, das Kind«, dem Sohn des Osiris und der Isis, der nun eigentlich zum Neffen des Seth wird. Solche Unstimmigkeiten dürfen bei der geringen Personenhaftigkeit der ägyptischen Götter nicht Wunder nehmen!

Wie formt nun aber der Gott und sein Kult den Tempel in Abydos? Zunächst drückt sich in der ungewöhnlichen Anzahl der Kapellen ein ganzes religionspolitisches Programm aus. Wir finden hier – ein einmaliger Fall – sieben langgestreckte Kapellen nebeneinander. Die drei rechts gelegenen Kapellen gelten den Hauptgöttern des Osiriskreises: Horus, Isis und Osiris. Die Osiriskapelle allein gibt Zugang zu einem dahinter gelegenen Raumtrakt, der die Gemächer für die Wiederbelebungs- und Auferstehungszeremonien des toten Gottes und Räume für die Vergöttlichung des verstorbenen Bauherren, Sethos I. als Osiris, enthalten hat. Nach links schließen sich Kapellen für eine zweite Dreiheit an, nämlich für Amun von Theben, Horus-im-Horizont von Heliopolis und Ptah von Memphis, d. h. für eine spekulative Dreiheit, in der sich die Hauptgötter des Landes und damit seine Gesamtheit an göttlichen Mächten vereinen. Ganz links liegt als letzte eine Kapelle für den König, dessen Gedächtnistempel der Bau ja zugleich gewesen ist. Westlich vom Tempel und mit diesem durch keinerlei Durchgang verbunden, liegt das sogenannte Osirisgrab, d. h. eine unterirdische Nachbildung des auf einer Insel gelegenen Grabes des Gottes, das aber in diesem Falle zugleich als Grab des toten Königs, des Osiris-Sethos, galt. Sein wirkliches Grab liegt im Königsgräbertal in Theben-West.

Wieder andere Gottesvorstellungen und deshalb einen anders gegliederten Tempel finden wir bei dem guterhaltenen spätptolemäisch-römischen Tempel von *Dendara*, der der Göttin Hathor geweiht war. Seine Vorläufer reichen mindestens bis in die 6. Dynastie zurück und die Göttin selbst gehört zu den ältesten Gottheiten, die wir in Ägypten kennenlernen. Dem entspricht es, daß ihr Wesen vielfältig und ihre Erscheinungsformen uneinheitlich sind. Ihr Name bedeutet »Haus des Horus« und es könnte sein, daß das eine Bezeichnung des Himmels wäre insofern, als Horus ja Himmelsgott ist. Jedenfalls enthält ihr Wesen auch astrale Züge. Doch ist ihr Verhältnis zu dem Gott nicht das einer Mutter; die Züge einer Muttergottheit trägt in Ägypten vorwiegend Isis; vielmehr ist sie seine Gattin und Geliebte. Und von daher erhält sie überhaupt den Charakter einer Liebesgöttin. Andererseits verbirgt sich hinter ihr auch der Kult einer heiligen Kuh, d. h. einen eigentlichen Kuhkult können wir nicht nachweisen, etwa in der Form, daß in Dendara ein solches Tier verehrt worden sei wie in Memphis der Apisstier. Aber schon auf der Siegestafel des Königs Narmer erscheint in der Bekrönung zweimal der Kopf der Göttin mit Menschengesicht, aber Kuhohren und Kuhhörnern. Rundplastisch erscheint dieses Menschen-Kuhgesicht bei einem der Göttin heiligen Stabfetisch und als Säulenkapitell. Eine Hathor genannte Kuh als Totengöttin treffen wir in Theben wieder; ihr Verhältnis zur Hathor von Dendara erscheint allerdings unsicher.

Ein besonderer Zug der Hathor ist ihre vielfältige Beziehung zum Ausland, und zwar vor allem zu den südlichen und östlichen Ländern. Ihr war z. B. der kleine Tempel von Abu Simbel geweiht. Sie galt als Herrin verschiedener fremder Länder. So war sie »Herrin von Punt«, dem afrikanischen Weihrauchland, das wir etwa an der Somaliküste zu suchen haben. Der Sinai mit seinen Türkisvorkommen stand unter ihrer Herrschaft. Und so lag es nahe, die phönikische »Herrin von Byblos« ebenfalls als »Hathor« zu bezeichnen. Byblos als Hafenplatz für den bekannten Holzhandel vom Libanon war den Ägyptern ja seit der Frühzeit bekannt.

Die Partnerschaft der Göttin zu Horus lebte nicht allein in der Theologie und den religiösen Vorstellungen. Sie hat darüber hinaus einen festen kultischen Ausdruck gefunden. Und zwar gilt diese Verbindung dem Horus von Edfu, »dem bunt gefiederten, dem Herrn des Himmels, der heiligen geflügelten Sonnenscheibe«. Beide Gottheiten besuchen einander alljährlich in großer Prozession. Als ihr Sohn werden zwei Götter genannt: Ihi, ein jugendlicher Gott des Musizierens, der wohl unmittelbar aus dem Kult der Hathor als Göttin der Liebe und Freude stammt; und Harsomtus »Horus, Vereiniger der beiden Länder«, ein jugendlicher Horusgott, dessen Beiname deutlich auf eine Ausprägung in historischer Zeit weist.

So haben wir letztlich auch in Dendara eine Dreiheit, wenn ihre Entstehung auch – anders als in Memphis – stärker auf religiöse Vorstellungen als auf lokale Gegebenheiten zurückzuführen ist. Die sehr häufige Vorstellung von Vater-Mutter-Kind wirkt insofern formend in die Sakralarchitektur ein, als wir bei den großen Tempeln der Spätzeit vor dem Haupttempel im rechten Winkel zur Tempelachse ein sogenanntes »Geburtshaus« finden, die zum Tempel gewordene Geburtsstätte des Götterkindes. In Dendara liegt vor dem älteren Geburtshaus des Königs Nektanebos der 30. Dynastie ein jüngeres, das unter Kaiser Augustus erbaut wurde.

Ganz anders wieder wird das Bild in der Hauptstadt des Neuen Reiches, in *Theben*, das auf dem Ostufer die heutigen Orte Karnak und Luxor umfaßte, auf dem Westufer sich von Medinet Habu und Deir el Medine im Süden bis Dra'abu'l-Naga im Norden erstreckte. Die Fülle des Materials über diese Stadt und die Zahl der dort erhaltenen Bauten lassen für uns Erscheinungen deutlich werden, deren Vielfalt es schwer macht, sich auf einiges Wesentliche zu beschränken. Herr der Stadt ist Amun, ein wahrhaft geschichtsträchtiger Gott, an dessen Entwicklung ebenso die Geschichte des Reiches wie die priesterliche Spekulation Anteil haben. Freilich, seine Ursprünge verlieren sich im Dunkel. Erst in der 11. Dynastie wird er in Theben genannt. Sein Name kann zugleich »der Verborgene« oder »der sich Verbergende« wie »der Bleibende« bedeuten und er repräsentiert wohl tatsächlich im Glaubensdenken das allbelebende Prinzip hinter und in der Welt der Mächte und der bunten Erscheinungen. Trotzdem vermag er sich nicht den Gestaltungen der Tradition zu entziehen. Als Gott der Hauptstadt wird er zugleich Gott des Reiches. Damit wird er zwangsläufig dem Re angeglichen im Doppelnamen Amun-Re mit den Beinamen »König der Götter« und »Herr des Thrones der beiden Länder«. Als solcher wird er menschengestaltig mit hoher Federkrone dargestellt. Aber daneben schreibt man ihm auch tierische Erscheinungsformen zu, deren Begründung und Herkunft uns freilich im einzelnen nicht immer bekannt sind. Es sind das vor allem die Formen als Widder, als Gans und als Schlange. Grundsätzlich werden das Konzessionen an den Volksglauben sein, wodurch freilich nicht gerade diese gewählten Formen begründet werden.

Auch in Karnak schafft man eine Triade, deren Zusammensetzung ähnlich künstlich ist wie die der memphitischen. Amuns Gemahlin ist die Geiergöttin Mut, von der ebenfalls nicht feststeht, ob sie eigentlich in Theben zuhause ist. Meist wird sie menschengestaltig dargestellt mit einem Geierbalg auf dem Kopf. Andererseits kann sie auch löwenköpfig erscheinen, also wie die Sachmet von Memphis, vielleicht einfach deshalb, weil sie neben Amun als dem Herrn der neuen Hauptstadt die gleiche Stellung einnimmt wie jene neben Ptah, dem Herrn der alten Residenz (Bonnet). Als drittes Glied, also als beider »Sohn«, gilt der Gott Chons, der – ebenfalls menschenförmig, aber mit geschlossenen Beinen stehend wie Ptah – als Mondgott und deshalb auch von dieser Seite seines Wesens her als verwandt mit Thot galt. Diese thebanische Triade besucht alljährlich den Luxortempel und die Totentempel der Könige in Theben-West.

Außerdem haben noch zahlreiche Götter in Theben Kult genossen. Um nur die wichtigsten zu nennen: der falkenköpfige Month aus Hermonthis (südlich von Luxor), Ptah von Memphis, Osiris in zahlreichen kleineren Tempeln, Ipet, eine als aufrecht stehendes Nilpferd dargestellte Muttergottheit, Maat, die Personifikation der Wahrheit und Richtigkeit und andere.

Auch auf der Westseite hat es eine Anzahl eigener Götter gegeben. Unter den weniger bekannten sei eine männliche Urschlange namens »der seine Lebenszeit vollendet hat« genannt, eine weibliche Schlange »die das Schweigen liebt« und die die Weststadt und die Nekropole überragende »westliche Bergspitze«. Wichtiger ist der Kult einer aus dem Berge tretenden Kuh, deren Heimat offenbar Deir-el-Bahari war. Ich halte es für wahrscheinlich, daß wir es bei ihr mit einem alten Hirtenkult zu tun haben. Dadurch, daß die thebanische Nekropole gleichsam um sie herum wuchs, wurde sie zur Herrin der Nekropole und des Totenreiches und um ihrer Kuhgestalt willen nannte man sie Hathor, als welche sie nun auch menschengestaltig erscheinen konnte. Als Nekropolengöttin trägt sie Beinamen wie »Oberhaupt der westlichen Wüste«, »Herrscherin des Landes der Gerechtfertigten« und ähnliche.

Eine der ältesten Kultstätten des Horus lag in *Edfu*, in dem Gau, der den Namen »(Thron)erhebung des Horus« führte. Der Gott erscheint sowohl als Falke wie als falkenköpfiger Mann wie auch in reiner Menschengestalt. Sein Verhältnis zu Re wird unterschiedlich ausgedrückt. Als Himmelsgott kann er ihm gleichgesetzt werden und diese Gleichsetzung drückt sich aus im Bilde der geflügelten Sonnenscheibe. Andererseits ist ja auch der König Horus und zugleich Sohn des Re, so daß nun auch Horus als dessen Sohn bezeichnet werden kann. Der alte Streit zwischen Horus und Seth hat hier in Edfu seine kulttopographisch ausgeprägteste Form erhalten in der sogenannten Kultlegende von Edfu. Diese ist wohl erst in der Ramessidenzeit geschaffen worden, verwertet dabei aber sicher alte Züge, während anderes ihr erst später hinzugefügt worden ist. Ihre uns erhaltene Niederschrift stammt aus der Ptolemäerzeit. In ihr wird der Kriegs- und Siegeszug geschildert, den Horus auf Befehl des Re gegen die »Aufrührer« unter Führung von Seth führt. Diese Feinde erscheinen als Tiere verschiedener Art, besonders als Krokodile und Nilpferde, die Horus von Ort zu Ort verfolgt und schlägt, bis er triumphierend ganz Ägypten erobert hat und dann als siegreicher König wieder auf seinen Thronsitz zurückkehrt. Daß er als Gatte der Hathor von Dendara galt und diese ihn in Edfu besuchte, wie er die Göttin in Dendara aufsuchte, wurde schon gesagt.

Außerdem werden in dem großen Tempel von Edfu noch zahlreiche Gottheiten verehrt, so Min, Osiris, Sokar u.a.m. Außerhalb des Tempels befand sich auch ein »Göttergrab«, in dem Göttervorfahren des Re und der Hathor beigesetzt waren, die beim alljährlichen Besuch der beiden Gottheiten durch Opfer belebt wurden.

Naturgemäß konnte hier nur eine beschränkte Zahl der ägyptischen Götter und ihrer Kultstätten genannt werden. Doch zeigt auch dieser Ausschnitt, wie verschiedenartig die Kräfte sind, die zu dem Bild der historischen ägyptischen Götterwelt beigetragen haben. Die durch theologische Spekulationen und kultische Gegebenheiten bestimmte Angleichungstendenz der Götter untereinander und Assoziierung miteinander erschweren es, im Einzelfalle das Wesen eines Gottes zu bestimmen. Auf der anderen Seite aber drücken gerade diese gewollten Undeutlichkeiten den inneren Zusammenhang alles Göttlichen aus und ermöglichen es dem Gläubigen, eine Vielheit von Standpunkten gegenüber der Handgreiflichkeit der bunten Göttererscheinungen einzunehmen.

DIE TEMPEL

Wenn auch zu den Grundlagen der ägyptischen Religion das Erlebnis von Mächten in der Natur gehört, so hat sie sich in geschichtlicher Zeit von einer Naturverehrung in einfachen Formen weit entfernt. Der Kult findet, von einigen Ausnahmen abgesehen, in Tempeln statt; der Gott hat ein Haus, in dem er wohnt. Freilich haben wir aus der gesamten älteren Zeit, d. h. dem Alten und Mittleren Reich, nur spärliche archäologische Überreste von Göttertempeln. In ältester Zeit waren sie offenbar aus vergänglichem Material errichtet. Der erste monumentale Steinbau, der auch Tempel einschließt, nämlich Anlagen um die Stufenpyramide von Saqqara, zeigt eindrucksvoll, wie hier Bauformen aus Holz, Mattenwerk usw. in Stein übertragen worden sind. Typisch ägyptische Bauornamente wie Hohlkehle und Rundstab stammen eben von jener Übertragung. Ein anderer Grund dafür, daß wir von den Tempeln des Alten und Mittleren Reiches so wenig haben, liegt darin, daß diese Bauten im Neuen Reich vielfach abgerissen und durch größere ersetzt worden sind.

Für das Alte Reich wird die Sakralarchitektur für uns vor allem durch die königlichen Totentempel vertreten. Doch darf von ihnen kein Schluß auf die Gestaltung der gleichzeitigen Göttertempel gezogen werden, denn sie sind nachweisbar als Räume für einen bestimmten Kultvollzug geschaffen worden, haben also eine spezielle Funktion. Natürlicherweise wird der Kult der Götter sich andere Räume geschaffen haben und der Gedanke liegt nahe, daß auch Göttertempel je nach der Art ihres Kultes unter sich durchaus verschieden gewesen sein können. Festzuhalten ist hier der Gedanke, daß *ein* Weg zum Verständnis des ägyptischen Tempels die Kenntnis des Kultes voraussetzt, dessen Gehäuse und Bühne er darstellt.

Am Anfang der monumentalen Sakralarchitektur steht die gewaltige Anlage des Königs Djoser bei Saqqara, die Stufenpyramide mit den sie umgebenden Tempeln. Tatsächlich geht ihr natürlich eine lange Entwicklung der Grabanlagen und Tempelbauten voraus, deren Ergebnis hier zusammengefaßt und in Stein übersetzt vorliegt. Die Anlage ist einzigartig, sollte aber vielleicht eine Nachahmung in der unvollendeten Anlage des Königs Sechemchet südlich des Djoserbaues haben, die offenbar von dem gleichen Baumeister Imhotep entworfen worden war. Am nördlichen Teil ihrer Umfassungsmauer hat sich ein Graffito mit Name und Titeln dieses Mannes gefunden. Der Djoserbezirk ist durch eine in Vor- und Rücksprünge gegliederte Mauer in einer Ausdehnung von etwa 600 zu 300 m umgeben. Sie umschließt als Zentrum die Stufenpyramide, die allein dem vom Niltal Kommenden über der Mauer sichtbar war, und das sogenannte Südgrab an dem südlichen Mauerteil. Der Totentempel stößt an die Nordseite der Pyramide. Die Ostseite der Anlage enthält nahe der Südostecke den einzigen Zugang, der in einen Gang mit Dreiviertelsäulen mündet. Diese Säulen ahmen Träger aus zusammengebundenem Papyrus nach und stehen noch nicht frei, sondern sind durch Zungenmauern mit den Wänden verbunden. Nördlich schließt sich der sogenannte Sedfesthof an, d. h. ein Hof, der umgeben ist mit der steinernen Nachbildung von Kapellenfassaden, wie er anläßlich des Regierungsjubiläums (Sedfest) in der Residenz errichtet wurde. Diese Fassaden ahmen Kapellen aus Rohr, Holz und Matten nach, in denen offenbar die am Feste teilnehmenden Götter des Landes wohnten. Nördlich liegen der sogenannte Südpalast und Nordpalast, Baulichkeiten, deren reale Funktion nicht sicher ist, die aber auf keinen Fall zur Grabarchitektur gehören, sondern ebenfalls Nachahmungen aus der Palaststadt darstellen. Bei der Übersetzung dieser Bauten in Stein wurden nicht nur die Gesamtform und Ornamentik nachgeahmt, sondern auch Einzelheiten wie die Konstruktion von Holztüren sind in Stein nachgebildet, ja man läßt sogar einen halb offen stehenden Türflügel »versteinern«.

Diese Monumentalisierung der Residenz am Grabe des Königs ist jedenfalls im Laufe der 3. Dynastie in dieser Form aufgegeben worden. Zugleich erfahren die Bauformen eine echte Anpassung an das Material, ja gerade in der 4. Dynastie herrschen kubische Formen vor. Die Thematik, d. h. Funktion der Bauten, ist streng auf den Totenkult zugeschnitten. Das bedeutet, daß von den Bauteilen der Djoseranlage im Grunde nur zwei Elemente weiterleben: Die Pyramide selbst und der Totentempel im Norden der Pyramide. Die erste geometrische Pyramide dürfte die Pyramide von Meidum sein, jedenfalls war sie als solche geplant; die älteste erhaltene ist die nördliche, sogenannte »Rote Pyramide« von Dahschur. Von der 4. Dynastie an bis zum Ende der 6. Dynastie zeigen die Anlagen zum Gedächtnis- und Totenkult der Könige eine äußerlich einheitliche Gliederung, wobei freilich im einzelnen noch genug Änderungen stattfanden, die teils auf Veränderungen im Kultvollzug schließen lassen, teils in der Stilentwicklung ihre Begründung haben.

Der im Norden gelegene Totentempel verliert im Laufe der Zeit an Bedeutung. Er fungiert vor allem bei der Bestattung selbst; denn der Eingang in die Pyramiden liegt stets auf deren Nordseite und von hier aus ist natürlich die eigentliche Bestattung erfolgt. In älterer Zeit schließt er einen offenen Hof mit einer oder zwei freistehenden Stelen ein; später ist er geschlossen und enthält eine Scheintür. Die Bauten im Osten verlängern sich nach vorn, strecken sich dem Niltal entgegen, haben aber im Grunde keine Verbindung zur Pyramide: Sie enden vor der die Pyramide umgebenden Mauer. Sie gliedern sich in drei Bauteile: Den Taltempel, den Aufweg und den eigentlichen Totentempel, besser Verehrungstempel genannt. Der Taltempel empfängt die vom Fruchtland in einer Barke kommende Mumie. Seine Räumlichkeiten dienen nach Ricke (1950) Riten, die eine kultisch-mythische Wiederholung der handwerklichen Vorgänge der Balsamierung und Mundöffnung darstellen. Der Aufweg verbindet Tal- und Verehrungstempel. In der älteren Zeit war er nicht dekoriert; doch sind im Aufweg der Unaspyramide Reliefs mit historischen Szenen erhalten. Der Verehrungstempel ist als eine Gruppierung heiliger Stätten aufzufassen. Zu seinen konstitutiven Elementen gehören die fünf Kapellen, in denen wahrscheinlich fünf Kultstatuen als Empfänger des Kultes gestanden haben. Der letzte unmittelbar an die Pyramidenumfassungsmauer grenzende Raum (S) enthält ein anderes Kultobjekt, die sogenannte Scheintür. Das ist die steinerne, oft sehr reiche Nachbildung einer Tür, wie wir sie auch in der Grabarchitektur Privater finden. Sie stellt gleichsam ein Medium zwischen der Welt der Lebenden und einem Jenseits dar, durch das dem Toten dargebrachte Opfer und Gebete eingehen können. Wir werden ihr in Göttertempeln des Neuen Reiches wiederbegegnen.

Neben den königlichen Grabtempeln des Alten Reiches haben wir allerdings einen Tempeltyp, den man als Göttertempel ansprechen kann, nämlich die Sonnenheiligtümer der 5. Dynastie. Diese Anlagen sind nur von den Königen Userkaf bis Menkauhor dieser Dynastie errichtet worden, archäologisch bekannt sind die des Userkaf und Ne-user-Re. Mehrere Momente haben sie mit den Grabtempeln der Könige gemeinsam: Jeder dieser Könige hat einen eigenen Sonnentempel errichtet; wie die Grabtempel liegen sie auf dem Westufer im Wüstengebiet und wie jene setzen sie sich aus dem Taltempel, dem Aufweg und dem eigentlichen Tempel zusammen. Grundsätzlich hängt die Errichtung dieser Tempel natürlich mit der Wendung zum Re-Glauben in dieser Zeit zusammen, von der die nun regelmäßige Königsbezeichnung als »Sohn des Re« ein anderes Zeugnis ist. Merkwürdig bleibt allerdings ihre Bindung an je einen König, d. h. daß jeder König ein eigenes Bauwerk errichtet hat. Der Kult in ihnen setzte sich allerdings auch nach dem Tode des Erbauers fort, ja auch noch unter den letzten Königen der Dynastie, die selbst keine Sonnentempel errichtet haben. Im Grunde wird sich hier jenes Verpflichtetsein jeden Königs gegenüber dem göttlichen Vater ausdrücken, das wir auch im Neuen Reich bei der Ersetzung der Bauten von Vorgängern oder deren Usurpierung beobachten. Die Sonnenheiligtümer unterscheiden sich von anderen Tempeln vor allem dadurch, daß ihr Kultobjekt in einem offenen Hof liegt, so daß der Sonnengott jederzeit Zutritt hatte. Dieses Kultobjekt scheint in den beiden ältesten Heiligtümern zunächst eine gemauerte Erhöhung gewesen zu sein, später wurde auf ihr ein Obelisk errichtet. Beide Elemente haben ihre Vorbilder wohl in Heliopolis und beide sind nur in einem ungenauen Sinne als Kultobjekte anzusprechen: Tatsächlich sind sie nur Träger des Gottes, der sich in Gestalt der Sonnenstrahlen auf ihnen niederläßt.

Was wir sonst an Zeugnissen über Tempelanlagen aus dem Alten und Mittleren Reiche haben, genügt nicht, uns ein einigermaßen vollständiges Bild des einst Vorhandenen zu geben. Aber es genügt doch, um zwei Dinge sicher zu machen: Erstens dürfte die Anzahl der unterschiedlichen Tempelanlagen größer gewesen sein als später. Das hängt offenbar mit der größeren Unterschiedlichkeit der Kultausübung zusammen. Die Entwicklung geht in Richtung auf stärkere Vereinheitlichung, bis dann in der Ptolemäerzeit die großen Tempel nach einem einheitlichen Plan gebaut werden. Und zweitens läßt sich das Vorhandensein aller wesentlichen Bauelemente der Tempel des Neuen Reiches nachweisen. Die verschiedenen Arten von Pflanzensäulen, Hathorsäulen, Polygonalpfeilern, Pylonen, Flaggenmasten, Obelisken sind vorhanden. Für das Allerheiligste liegen bereits die Formen vor, die auf sehr verschiedene Auffassungen vom Wesen der Götter schließen lassen: Die Scheintür, die Zugang zu einer anderen Welt gibt; der Statuenschrein, der das Götterbild aufnimmt; das Barkenheiligtum, in der die heilige Barke eines Gottes ihre Stätte hat, um nur das Wichtigste zu nennen. Die Zueinanderordnung dieser Elemente wird im Einzelfalle durch kultische Erfordernisse bestimmt. Ferner wirkt selbstverständlich immer ein künstlerischer Wille mit, der das Zweckhafte zum Ausdruck eines bestimmten Raum- und Größenempfindens macht. Und schließlich darf nicht vergessen werden, daß die Beherrschung der technischen Mittel Voraussetzung für beides ist.

Hier ist eines in der Sakralarchitektur auffallend zurücktretenden Elementes zu gedenken, des Gewölbes. Tatsache ist, daß Gewölbekonstruktionen, und zwar sowohl Scheingewölbe wie Keilschnittgewölbe, seit dem Alten Reich bekannt waren. In der Nachahmung altertümlicher Rohr- und Holzbauten in den Djoseranlagen sind ja auch schon Rundbogen und flach gewölbte Dächer für bestimmte Gebäudetypen verwendet worden. Ebenso verhält es sich mit Rundbauten. Unter den Kultbauten findet sich nur eine altertümliche sehr spitze Kapelle für den Gott Min, zweifellos ebenfalls ein Bauwerk, das ursprünglich nicht aus Stein war. Derartige archaische Bautypen werden auch in historischer Zeit noch in bestimmten Kultzusammenhängen errichtet, meist wohl fallweise aus vergänglichem Material als Holz- und Zeltbauten. Trotzdem wird die Verwendung von Rundbögen und Gewölben in der Sakralarchitektur seit der 4. Dynastie stark eingeschränkt. Dieser Verzicht auf eine technisch mögliche Bauform kann nur dadurch erklärt werden, daß der Ägypter mit der gewölbten oder waagerechten Bedachung eines Raumes Vorstellungen verband, die eben die Verwendung der ersteren im Tempelbau weitgehend ausschloß. Wohl hängt die Breite überdachter Räume von der möglichen Länge steinerner Deckplatten ab; die Verwendung von Gewölben oder Kuppeln hätte im Einzelfalle eine größere Raumweite ermöglicht. Im Palastbau, z. B. beim Palast Ramses III. in Medinet Habu, haben sich Gewölbe nachweisen lassen, ebenso bei Magazinbauten. Ferner begegnen Gewölbe in Gräbern, in einzelnen Räumen thebanischer Tempel, z. B. in Deir el Bahari. Auch in Tempeln römischer Zeit in der Oase el Charge sind einzelne Tempelräume gewölbt. Aber aufs ganze gesehen vermeidet der Ägypter diese Möglichkeit im Tempelbau. Man wird diese Ablehnung sicher nicht nur mit ästhetischen Gründen oder mit einem Hinweis auf das ägyptische Raumgefühl erklären können. Gewiß wäre hier auch auf die betonte Frontalität der Rundplastik und die strenge Flächenhaftigkeit des Reliefs zu verweisen. Das Gefühl für gerade Linien und in gewissem Sinne kubische Formen gehört zweifellos zu den bestimmenden Faktoren ägyptischen Raumempfindens. Offenbar verbindet der Ägypter darüber hinaus mit dem Gewölbe bestimmte Vorstellungen, die der Bedeutung des Tempels nicht entsprachen. Wahrscheinlich wird man daran erinnern dürfen, daß der Ägypter sich auch den Himmel als flache Decke über der Erde vorstellt; und in der Tat werden Tempeldächer als »Himmel« bezeichnet und auch entsprechend dekoriert. Auf der anderen Seite scheint das Gewölbe an Vorstellungen von Höhlen und damit an Unterirdisches zu erinnern.

Die Vergegenwärtigung dieses Tatbestandes als eines Beispieles für die Vorstellungen, die bei der Formgebung der Sakralarchitektur mitwirken, ist wichtig. Sie zeigt deutlich das Zusammenwirken von vorgegebenen Vorstellungen und ihre Umsetzung in technische Möglichkeiten, bzw. die Beherrschung des technisch Möglichen durch bestimmte Gedanken. Überhaupt ist der ägyptische Tempel nicht zu verstehen ohne die Kenntnis der Gedanken über die Formen und Bedürfnisse der Götter und der dadurch bedingten Kultverrichtungen. Eine Hilfe für das Verständnis der Tempelbauten ist – jedenfalls für die Tempel des Neuen Reiches – ihre Ausschmückung und das Vorhandensein von Bauinschriften und Baubeschreibungen, sei es im Tempel selbst, sei es auf Stelen. Letztere lassen uns oft die Bestimmung und Bezeichnung der jeweils errichteten Tempelteile erkennen. Zu den wichtigsten Inschriften dieser Art gehört die sogenannte Bauurkunde von Edfu, ein langer in zwei Ausfertigungen erhaltener Text, der die Baugeschichte des Tempels mit allen Daten, die Beschreibung und Ausmaße eines jeden Raumes und seine Bestimmung enthält. Die Ausschmückung der Tempelmauern und -wände selbst hilft ebenfalls zum Verständnis seiner Funktion. Gewiß bilden sich hier Traditionen über die Anbringung bestimmter Bildthemen an bestimmten Tempelteilen; so findet sich z. B. die Darstellung des die Feinde niederschlagenden Königs vor allem an den Außenseiten der Pylone; die Darstellung der Seevölkerschlacht und der Wildstierjagd bedeckt die Außenseite des Tempels Ramses III. in Medinet Habu. Und natürlich sagen diese Themen nichts über die kultische Funktion dieser Teile aus. Aber für die Dekoration der Innenräume gilt doch der Satz, daß die an ihren Wänden angebrachten religiösen Texte und Ritualszenen einen thematischen Bezug auf den Zweck des Raumes haben, in dem sie angebracht sind. Einschränkend muß aber zugleich wieder gesagt werden, daß das Erkennen dieses Zusammenhanges bei der Gleichförmigkeit der Bildvorlagen und einem gewissen Schematismus ihrer Verteilung nicht immer leicht und eindeutig ist.

Mit dieser Vorüberlegung soll im folgenden einiges zum Verständnis der Tempel seit dem Neuen Reich gesagt werden, das letztlich dazu dient, die im Anfang von der theologischen Seite her beschriebene Götterwelt von der kultischen her weiterhin zu verdeutlichen.

Der Tempel ist nach seiner ägyptischen Bezeichnung »das Haus Gottes«; der Gott wohnt also darin und so gilt unsere erste

Frage dem *Allerheiligsten:* Wo befindet es sich und was sagt es über die Art des Wohnens Gottes aus? Sein ägyptischer Name bedeutet »der große Sitz«. Es ist derselbe Name, der den Königsthron bezeichnet und weist auf die Vorstellung hin, daß der Gott in seinem Tempel throne wie ein König. So einfach ist nun freilich die vielschichtige Wirklichkeit nicht. Von der reinen Sachbezeichnung wird der Name übertragen auf den Raum, in dem dieser Thron gestanden hat. Normalerweise befindet sich das Allerheiligste im rückwärtigen Teil des Tempels; es ist das Ziel, auf das hin Durchgänge und Hallen und Höfe weisen. Allerdings kann bei vielgliedrigen Tempelbauten wie in Karnak oder Abydos, die eigentlich eine Zusammenfassung mehrerer Heiligtümer sind, die Lage weniger übersichtlich sein. Auszunehmen sind auch diejenigen Tempel, die als Durchgangsstationen bei Prozessionen dienen, sogenannte Stationsheiligtümer, und deshalb nach vorn und hinten offen sind. Sie bestehen im allgemeinen aus einer einzigen Cella mit Pfeilern umgeben und werden ebenfalls als »großer Sitz« bezeichnet. Zu diesem Typus gehört die Kapelle Sesostris I. in Karnak, die er anläßlich seines Regierungsjubiläums errichtet hat.

Das Allerheiligste im Tempelinnern kann nun recht verschieden gestaltet sein; es weist durch seine Form und seine Dekoration darauf hin, daß sich unterschiedliche Gottesvorstellungen in ihm ihre Wohnung geschaffen haben. Von ausschlaggebender Bedeutung ist es dabei, daß zwei Kultgegenstände in ihm geborgen werden sollen: das Kultbild und die heilige Barke. Das erstere kann in einer Kultbildkammer hinter oder neben dem Barkenraum aufbewahrt werden; doch kann auch ein und derselbe Raum zur Aufnahme beider dienen. Das Götterbild war in einem verschließbaren hölzernen Schrein aufgestellt. Nach dem täglichen Ritual wird morgens der Schrein geöffnet, der Gott geschminkt, geschmückt, bekleidet, gespeist usw., als handele es sich um eine königliche Person. Selbstverständlich war das Allerheiligste nur dem Priester zugänglich, wie ja überhaupt der hintere Teil des Tempels durch die Enge seiner Räume eine Benutzung durch eine größere Anzahl von Menschen unmöglich macht. Der Öffentlichkeit zeigte sich der Gott bei Festen. Dann wurde sein Bild herausgetragen und im Prozessionszug begab es sich in die vorderen Höfe und – je nach den örtlichen Ritualen – besuchte es andere Tempel. Monumentale, mit Sphingen gesäumte Prozessionsstraßen kennen wir z. B. in Theben, wo sie den Amuntempel von Karnak mit dem Tempel der Mut und beide mit dem Luxortempel verbinden. Das Götterbild wurde dabei auf eine heilige Barke gestellt und legte größere Entfernungen auf dem Nil zurück; zu Lande wurde die Barke auf Tragstangen getragen. So haben wir uns den Besuch der Hathor von Dendara und des Horus von Edfu als Schiffsprozession vorzustellen. Und wenn bei der Königskrönung oder dem königlichen Regierungsjubiläum Götter aus dem ganzen Lande anwesend waren, so zogen sie ebenfalls zu Schiff zum Festort. Die Prozessionsbarke, selbst heiliger Gegenstand, war ebenfalls im Allerheiligsten aufgestellt und bedingte dessen für einen Götterschrein nicht notwendige Länge. Um der Barke willen kann das Allerheiligste die Gestalt einer nach vorn und hinten offenen Cella annehmen wie in Kom Ombo. Manche Tempel, wie die sogenannten Totentempel in Theben-West, die aber eigentlich auch Amuntempel sind, beherbergten den Gott nur dann, wenn er beim thebanischen Totenfest die Westseite besuchte und sich mit einer Barke für eine Nacht in ihnen niederließ, z. B. im Totentempel Ramses III. in Medinet Habu im hintersten Raum mit vier Pfeilern. In denjenigen Tempeln, in denen eine Dreiheit verehrt wurde, finden wir folgerichtig drei Allerheiligste nebeneinander wie bei dem Amun-Mut-Chons-Tempel in Luxor, im Hof am westlichen Pylonturm; oder bei dem Tempel Sethos I. in Abydos mit je einem Dreikapellenheiligtum im Norden und Süden des westlichen Tempelteils. Einen Sonderfall stellt der Tempel von Kom Ombo dar, der den Göttern Suchos und Haroëris geweiht war und deshalb das Allerheiligste, aber auch alle Zu- und Durchgänge zu ihm verdoppelt hat. Als Sonderlösung ist die Gestaltung des Tempels Sethos I. in Abydos zu betrachten, in dem sieben Kapellen nebeneinander aufgereiht sind. Anders ist die bauliche Gestaltung des Allerheiligsten in den großen Tempeln der Ptolemäerzeit wie in Edfu und Dendara. Bei ihnen ist es wie ein monumentaler Schrein in den Tempel hineingestellt und durch einen herumführenden Gang von den anderen Tempelteilen gesondert.

Nach dem, was wir über das Kultbild, seine Behandlung und seine Handlungen wissen, dürfen wir es uns in keinem Falle als ein monumentales Götterbild vorstellen, also durchaus nicht wie griechische Kultbilder. Es kann sich nur um kleine, transportable, wahrscheinlich hölzerne Statuetten gehandelt haben, die sicher mit Gold und Halbedelsteinen reich geschmückt waren, aber nicht Werke der großen Kunst gewesen sein können. Deshalb ist wohl keines der erhaltenen Götterbilder, wie z. B. das des Chons und das der Mut, als »Kultbild« im engeren Sinne zu verstehen. Der Tatbestand verdient für eine typologische kunstgeschichtliche Betrachtung der Götterbilder Berücksichtigung. Es bleibt dann nämlich die Frage offen, nach welchen Vorbildern Götterbilder in der Plastik, vor allem auch der Kleinplastik und als Bronzen, hergestellt worden sind. Auch ist es für die Geltung der Kultbilder in den Augen der Ägypter bemerkenswert, daß auf Tempelreliefs, die den König bei Kulthandlungen vor dem Gott zeigen, nicht sein Kultbild dargestellt wird, an das sich diese Handlungen doch eigentlich richten, sondern der Gott selbst in unterschiedlicher Haltung und Schmückung.

Nun ist wohl schon in geschichtlicher Zeit früh das religiöse Verständnis des in seinem Tempel wohnenden Gottes nicht mehr so einfach, daß der Gott identisch sei mit seinem Bilde und also die im Schrein aufgestellte Statue oder Statuette den Gott in all seiner Mächtigkeit und Vielfalt einschlösse. Der oben gegebene Überblick über die Gottesformen schließt eine so einfache Möglichkeit aus, auch wenn es zweifellos im Glauben eines weniger nachdenklichen Bevölkerungsteiles so gewesen sein mag. Vielmehr dürfen wir das Götterbild eben nur als ein Abbild verstehen, in dem der Gott sich niederlassen konnte, um die ihm in dieser seiner Form dargebrachten Opfer und Verehrungen entgegenzunehmen. Nicht nur unsere Schlüsse, sondern auch ägyptische Texte lehren uns diese Auffassung. Aber auch die Architektur selbst legt hiervon ein beweiskräftiges Zeugnis ab. Wir finden nämlich seit dem Neuen Reich auch in Göttertempeln sogenannte Scheintüren, jenes Bauelement, das – aus der Grabarchitektur und den Pyramidentempeln stammend – durch sein bloßes Vorhandensein auf etwas hinter ihm Liegendes, dem Hier und Jetzt Entrücktes hinweist, wenn man in ihm nicht ein bedeutungsloses Dekorationsschema sehen will. Aber dazu liegt keinerlei Anlaß vor. Freilich findet sich eine Scheintür durchaus nicht in allen Göttertempeln des Neuen Reiches und es ist heute noch nicht klar, wie ihr Auftreten oder Nichtauftreten zu verstehen ist. Daß wir sie in den sogenannten Totentempeln in Theben-West treffen, und zwar in den Räumen, die dem Kult der verstorbenen Könige selbst geweiht waren, erklärt sich aus ihrer ursprünglichen Funktion. Aber wir finden sie auch in sechs der sieben Kapellen des Abydostempels Sethos I.; sie fehlt in der des Osiris, wo an ihrer Stelle sich ein wirklicher Durchgang zu den dahinter gelegenen Räumen des Osiriskultes befindet. In Karnak schließt sie den mittleren Raum des kleinen Tempels Amenophis II. zwischen Pylon IX und X ab. Ebenso schmückt eine Scheintür die Rückwand des Dreikapellenheiligtums für die Barken des Amun, der Mut und des Chons im Hofe I des Luxortempels.

Das Allerheiligste, soweit es bisher besprochen wurde, diente dem Kult des oder der eigentlichen Herren des Tempels. Nun schließen sich diesem Kult aber noch vielfach andere Gottheiten an, ohne daß wir in jedem Falle den Grund hierfür wüßten. In den thebanischen Totentempeln wird der mittlere Trakt der Anlagen durch drei Kapellen für die Barken der Götter Amun, Mut und Chons eingenommen. Links befinden sich die Räume, die dem Kult der verstorbenen Könige geweiht sind und ebenfalls eine Prozessionsbarke des verstorbenen Herrschers aufnehmen. Rechts hingegen dient ein offener Hof mit Altar dem Kult des Sonnengottes. In den hintersten Räumen der Tempel der 19. Dynastie, der Tempel von Sethos I. und von Ramses III., scheint ein Kult des Gottes Osiris und des Fruchtbarkeitsgottes Min angegliedert worden zu sein. In Karnak, dem größten Tempelkomplex des Landes, finden wir eine Aufsummierung der verschiedensten Kultstätten. Der große Tempel ist Amun »dem Herrn der Throne der beiden Länder, dem König der Götter«, geweiht. Im nachmaligen ersten Hof, im offenen Gelände vor dem Tempel, ließ Ramses III. im Süden einen Tempel errichten, in dem die Barken der drei thebanischen Götter ruhen konnten; im Norden ließ Sethos II., in sehr viel kleinerem Maßstabe, ein Dreikapellenheiligtum zu gleichem Zweck bauen. Mut und Chons haben außerdem ihre eigenen Tempel südlich des großen Tempels. Östlich des Amuntempels hat Thutmosis III. seinen sogenannten Festtempel errichtet mit einer fünfschiffigen Querhalle; die inneren Säulenreihen werden durch sogenannte Zeltstangensäulen – steinerne Nachahmung von hölzernen Zeltstangen – gebildet, da offenbar ursprünglich der Festraum des königlichen Jubiläums ein Zeltbau gewesen ist. Der Zentraltempel wird von zahlreichen kleineren Tempeln umgeben, die thebanischen, aber auch anderen Göttern zur Wohnung dienten: neben dem Chonstempel der der Nilpferdgöttin Ipet; im Norden ein Tempel des memphitischen Gottes Ptah; im Norden und Nordosten zahlreiche Osiriskultstätten, in der Nordostecke des Bezirkes lag vielleicht auch ein Osirisgrab (Barguet 1962). Nördlich der Umwallungsmauer des Amuntempels ist ein Tempel des Falkengottes Month gelegen, ebenfalls mit mehreren Nebentempeln, darunter besonders der der Göttin Maat.

Über die Göttergemeinschaft im Tempel Sethos I. in Abydos wurde bereits gesprochen.

Besonders reich an Nebenkulten, die nun in den Tempelkomplex eingeordnet sind, waren die großen Tempel der Ptolemäerzeit. Im Horustempel von Edfu war der mittlere, hinter dem Allerheiligsten gelegene Raum einer Sonderform des Gottes geweiht, der links anschließende Doppelraum dem memphitischen Sokar, der rechte dem Mond und einer Osirisreliquie; andere dieser Kapellen dem Re, Min u.a.m. Die Kulträume der Nebengötter umgaben das Sanktuar und öffneten sich auf den es umziehenden Gang. In Dendara befindet sich eine dem Osiriskult geweihte Raumeinheit auf dem Dach des großen Tempels.

Ferner gehört zu den Tempeln der Zeit ein sogenanntes »Geburtshaus« (Mammisi), das vor dem Haupttempel gelegen, auf dessen Prozessionsweg ausgerichtet ist. Diese Geburtshäuser bestehen aus einem Allerheiligsten mit einer oder mehreren Vorhallen, das durch einen Säulenumgang umgeben ist. Diese Säulen haben reich ausgebildete Pflanzenkapitelle. Wahrscheinlich liegt diesem Bautyp eine aus Matten und Papyrosstützen errichtete Laube oder ein Pavillon zugrunde, ein außerhalb des Hauses errichteter Bau für die Niederkunft und Reinigung der ägyptischen Frau. Die offenbar regelmäßige Zugehörigkeit dieser Geburtshäuser zum eigentlichen Tempel hängt mit dem Konformismus der spätägyptischen Religion zusammen. Zugrunde liegt die alte Vorstellung von den Göttertriaden, die sich aus Vater, Mutter und Kind zusammensetzen. Nun gehört eine solche Dreiheit zu jedem größeren Tempel und die immer stärkere Angleichung der Götter untereinander läßt es unbedeutend erscheinen, ob die Göttermutter Neith, Hathor, Isis o.a. heißt und das Götterkind Re, Horus, Ihi, Harsomtus: Sie alle sind in diesem Kultzusammenhang insofern einander gleich, als hier der mütterliche Aspekt der Göttinnen und der kindhafte der Götter eine feste Verehrungsform gefunden hat.

Wie gesagt, war der Gott in seiner Wohnung, dem Allerheiligsten, nicht zugänglich. Wenn er allen erreichbar sein sollte, so mußte er das Sanktuar verlassen und in die Öffentlichkeit treten. Daher rührt der weg-artige Charakter der Tempel. Sie verlängern sich nach vorn in mehreren Sälen und Höfen und Prozessionsstraßen. Besonders im Neuen Reich verbindet sich mit diesem Hervortreten des Gottes bei festlichen Anlässen eine wesentliche Funktion: Er antwortet auf Orakelfragen. Diese Tätigkeit Gottes beschränkt sich nicht auf Angelegenheiten und Entscheidungen des täglichen Lebens, also auf ein Bereitsein auch für den gemeinen Mann, so sehr gerade in der zweiten Hälfte des Neuen Reiches von dieser Möglichkeit Gebrauch gemacht worden ist. Vielmehr werden bei dieser Gelegenheit auch staatspolitische Entscheidungen gefällt; mehrere Könige der 18. Dynastie erklärten, sie seien bei der Prozession des Amun von ihm zum König gewählt worden. Es ist bemerkenswert, daß dieser wichtige Akt somit in der Öffentlichkeit stattfand.

Die »Wohnung« des Gottes schließt notwendig noch eine Anzahl von Räumlichkeiten ein, die zu seiner kultischen Bedienung benötigt werden. Da bedarf es für den amtierenden Priester – und das ist theoretisch der König, in dessen Stellvertretung die Priester des Neuen Reiches handeln – einer Sakristei oder Reinigungskapelle. Die Darstellungen dieser Räume zeigen u. a. den König, wie er von den Göttern Horus und Thot gereinigt und in den Tempel eingeführt wird. Im Tempel Sethos I. in Abydos ist es der kleine Raum 14 neben dem Schlachthof. In Karnak liegt ein solcher Raum im Zentralbau, südlich des Sanktuars, ein anderer, zum Festtempel Thutmosis III. gehörig, etwa in der Mitte der Ostseite des Säulensaales. Im Totentempel Ramses III. in Medinet Habu diente als Sakristei der erste rechts gelegene Raum des Tempelabschnittes C, ein zweiter war offenbar in der Nordwestecke des zweiten Hofes eingerichtet. Den gleichen Raum mit grundsätzlich der gleichen Bildthematik finden wir in Edfu in der Vorhalle (1) links in ein Interkolumnium eingebaut.

Für die Bedienung des Gottes ist der »Opfertischsaal« besonders wichtig, der Raum, in dem die vorher zubereiteten Opfer aufgestellt und geweiht wurden, bevor sie dem Gott dargereicht wurden. Als Opfertischsaal haben wir in den Tempeln des Neuen Reiches die zentrale vor dem Allerheiligsten gelegene Halle zu betrachten, in den Ptolemäertempeln die vorletzte Halle vor ihm. In ihr waren außerdem Statuen von Göttern und Königen aufgestellt, die an dem Gottesopfer sozusagen als Gäste teilnahmen.

Ferner umfaßten die Tempel Räume für die Vorbereitung der Opfer, Schlachthof, Salbenkammer, Magazine für die Aufbewahrung der Stoffe und Gewänder, eine Bibliothek und das Schatzhaus. Die Bibliothek, »Bücherhaus« genannt, ist im Edfu-Tempel in der Vorhalle rechts hinter den Säulenstellungen untergebracht und enthält neben anderen Darstellungen einen Bücherkatalog offenbar der Schriftrollen, die hier aufbewahrt wurden. Das Schatzhaus war im allgemeinen möglichst versteckt und gesichert eingebaut. Im Tempel Ramses III. in Medinet Habu dienten die links im Saal C gelegenen vier Kammern als solches. Die schmale Eingangstür war dadurch gesichert, daß sie mit den Außenwänden bündig abschloß und die Wandreliefs sich auf ihr fortsetzen, so daß bei geschlossener Tür der Eindruck einer nicht unterbrochenen Wandfläche entstehen mußte. In Edfu finden wir die Schatzkammer als langgestreckten schmalen Raum rechts vom Säulensaal. In Edfu und Dendara dienten wohl dem gleichen Zwecke die sogenannten Krypten, schmale Gänge, die sich unter den Fußböden – in Edfu zugänglich durch den Fußboden der beiden hintersten Eckräume – oder in der Mauerdicke hinzogen. In Dendara besteht ein mehrstöckiges System solcher verborgenen Gänge. Die Zugänge sind durch eine herausnehmbare Wand- oder Fußbodenplatte geschlossen. Man denkt hierbei natürlich an die bei Herodot überlieferte Geschichte vom Schatzhaus des Rhampsinit.

So stellt sich die »Götterwohnung« als ein Komplex sehr unterschiedlicher Räume dar. In ihm finden Vorstellungen über das Wesen Gottes ebenso ihren Ausdruck, wie er alle praktischen Forderungen des Kultvollzuges erfüllen mußte. Selbst seine Schmuckformen und Ornamente haben zum guten Teil symbolische Funktionen, insofern sie auf die ursprüngliche Beschaffenheit eines Tempelteiles hinweisen. Erst wenn man sich die traditionelle Gebundenheit und funktionelle Bestimmtheit des Tempels und seiner Räume klar gemacht hat, kann die Frage nach seiner künstlerischen Vollkommenheit gestellt werden. Erst dann kann die jeweilige Lösung der gestellten Aufgaben recht bewertet werden. So vielfältig wie sich überlieferte Form und religiöses Erleben in der ägyptischen Götterwelt ausdrückt, so vielfältig lebt das sich wandelnde künstlerische Empfinden in der Gestaltung ihrer irdischen Behausungen, von dem kühnen Versuch Djosers, Festzelte und Kapellen in Stein zu verewigen, über die Bändigung der Form in den Pyramidentempeln zu der Monumentalität der Ramessidenzeit und der Geschlossenheit ptolemäischer Tempelbauten.

BESCHREIBENDER TEIL

Die historischen, schon von Reisenden antiker Zeit als Weltwunder angestaunten Denkstätten Ägyptens gliedern sich in einige Hauptgruppen, welche eindrucksvoll die großen Blütezeiten der altägyptischen Kultur veranschaulichen. Auf dem gewöhnlichen Reiseweg von Alexandria oder Port Said nach Kairo und weiter durch Mittel- und Oberägypten treten dem Besucher des Niltales die alten Denkmäler in einer Reihenfolge vor Augen, welche dem geschichtlichen Entwicklungsgang von der Reichsgründung bis zum Zeitalter der einander ablösenden Fremdherrschaften im großen und ganzen entspricht.

Der ausgedehnte Wüstenfriedhof der alten Nordresidenz Memphis, rund 30 km südwestlich von Kairo beim heutigen Dorfe Saqqara, und das imposante Pyramidenfeld bei dem heutigen Ort Gise, etwa 8 km von Kairo, machen den Besucher mit den Bauten und Bildwerken der Frühzeit (ca. 3000–2778) und des Alten Reiches (ca. 2778–2263) bekannt. In Mittelägypten öffnen sich ihm die bildergeschmückten Felsengräber der Gaufürsten des Mittleren Reiches (ca. 2040–1780), dessen Freibauten der Nachwelt leider so gut wie gänzlich verloren sind. In der Umgebung von Luxor und in Nubien geht ihm angesichts der ungeheuren Tempelruinen und Königsbilder und auch beim Besuch der tief in das Herz des Westgebirges getriebenen thebanischen Königsgräber ein Begriff von der Größe und Leistungskraft des Neuen Reiches, der Weltmachtzeit Altägyptens (ca. 1552–1085), auf. An der Stätte der alten Gauhauptstadt Dendara bei Kena sowie auf dem Wege von Luxor nach Assuan mit seiner Tempelinsel Philae schließlich trifft er auch auf großartige, überraschend wohlerhaltene Heiligtümer der ausgehenden Spätzeit, erbaut unter makedonisch-griechischen Herrschern und unter römischen Cäsaren. So wird er wie von einem Ariadnefaden an den Monumenten einer kolossalen geschichtlichen Entfaltung entlanggeleitet – Monumenten, die allen nachfolgenden Geschlechtern der Menschen ehr- und denkwürdig erschienen sind und die ihren Eindruck auch auf den von technischen Großtaten aller Art verwöhnten Angehörigen des zwanzigsten Jahrhunderts nicht verfehlen. Bei jeder Nilbiegung fast tauchen ragende steinerne Zeugen einer mehrtausendjährigen stolzen Vergangenheit auf, Zeugen, die zu vertiefter geschichtlicher Betrachtung auffordern und die in ihrer zeitüberwindenden Majestät sich auch demjenigen unauslöschlich einprägen, der sich bis dahin kaum mit dem Erbgut des Altertums beschäftigt hat.

Das langgedehnte Tal Ägypten ist nach dem bekannten Worte des Herodot, der es um 448 v. Chr. bereist hat, ein Geschenk des Nils. Der gewaltige Strom – mit einer Länge von 6500 km halb Afrika durchziehend – hat es in die kieselübersäte Wüstentafel Nordafrikas gegraben und Jahr für Jahr zur selben Zeit überschwellend mit bleigrauem, fettem Fruchtschlamm angefüllt, dem Mutterboden üppiger Ernten, so weit ihn die Bewässerungsvorrichtungen des Landvolkes tränken.

Leben und Tod grenzen in dieser einzigartigen Landschaft hart aneinander. In seiner Breitenausdehnung fast allenthalben überschaubar, ist das Fruchtland mit seinen volkreichen Städten und vielen oft stattlichen Dörfern, seinen Palmenhainen und Äckern voll reicher und leuchtender Saaten beiderseits von den bleichen Hängen der Hohen Wüste eingefaßt. Sie begleiten – auf dem langen Reiseweg durch das Land bald näher, bald ferner rückend – beständig die Ufer des gelassen dahinflutenden altheiligen Lebensspenders, dessen Lauf wie kein anderer vom Schimmer der Sage umwoben ist. Sein Anblick weckt Gedanken und Empfindungen eigener Art. Diese Wasser aus dem tropischen Innern des schwarzen Erdteils sind über Flußpferdrücken und Krokodilpanzer hinweggeglitten, Löwen haben aus ihnen getrunken, nackte sehnige schwarze Jäger haben droben im Sudan ihre Schilfbündelboote durch die gemächliche Strömung derselben Fluten gelenkt. Dem für Geschichte Empfänglichen treten denkwürdige Konturen vor das geistige Auge: zu den Gottkönigen des Pharaonenzeitalters gesellen sich die faszinierenden Gestalten eines Alexander, eines Cäsar, eines Marc Anton und der unsterblichen Kleopatra, die Gestalten des nüchtern wägenden Siegers Octavian, des Hadrian und endlich auch der Umriß Napoleons. Sie alle haben dem Boden des alten Wunderlandes unauslöschlich die Spuren ihres Wirkens eingeprägt.

Erst mit dem Erlebnis Ägyptens rundet sich der geistige Ertrag einer Mittelmeerreise, die für den Nachdenklichen immer eine Lehrzeit europäischer Selbstbesinnung sein wird, und nicht von ungefähr übt die Welt am Nil auf den eindrucksdurstigen Abendländer eine ganz besondere Anziehungskraft aus.

FRÜHZEIT UND ALTES REICH

Während die Siedlungsreste und Friedhöfe der ältesten Niltalkulturen, die vom Deltarande bis nach Nubien in Gruppen über das von der Nilschwelle nicht erreichte Wüstenvorgelände verteilt sind, von der Wissenschaft bereits größtenteils systematisch untersucht wurden, vom Nichtägyptologen aber kaum bemerkt werden, stößt der Reisende entlang dem westlichen Wüstensockel zwischen Kairo und der Oase Faijum immer wieder auf augenfällige Baudenkmäler uralter Zeit Hier dehnen sich die sandverwehten Gräberfelder der »Waage der Länder« Memphis aus. Die aus sonnentrockenen Schlammziegeln erbaut gewesenen Häuser dieser großen, nach Aussage der Überlieferung um 3000 v. Chr. von dem Reichseiniger König Menes gegründeten Stadt, deren Wunderfülle noch der am Ende des 12. nachchristlichen Jahrhunderts lebende arabische Schriftsteller Abdellatif als sinnverwirrend und unbeschreiblich preist, sind längst wieder zu Erde geworden. Heute liegen Palmenhaine und die Dörfer Saqqara, Mitrahina und Abusir an der alten Stätte, von deren einstiger Blüte nur vereinzelt zutage getretene Trümmermassen und Riesenbildwerke künden. Ihr weiter Friedhofsbezirk hat Bestattungen aus allen Zeiten ägyptischer Geschichte in sich aufgenommen; sowohl goldlüsternen Grabplünderern, die zeitweilig organisiert in ganzen Gesellschaften auftraten, als auch forschenden Gelehrten hat er immer wieder reiche Ausbeute geliefert. Mit Ausnahme der großen unterirdischen Massengruft für die geheiligten Apis-Stiere entstammen seine eindrucksvollsten Monumente der Frühzeit und dem Alten Reiche.

Hier konnte die Spatenforschung im Verlaufe der letzten Jahrzehnte eine Anzahl stattlicher frühgeschichtlicher Grabbauten aufdecken, deren reiche Beigaben vereinzelt Königsnamen der ersten Dynastie aufweisen und an Gräber dieser Herrscher denken lassen. Unter der Regierung des überragenden, die dritte Dynastie einleitenden Königs Djoser, den die Denkmäler mit dem Namen seiner Erscheinungsform als Falkengott Horus »Neter-chet« nennen, hat ein unternehmendes Geschlecht an dieser denkwürdigen Stätte bei Saqqara um 2760 v. Chr. die ersten künstlerisch durchdachten monumentalen Steinbauten geschaffen, von denen wir wissen: das inmitten des Wüstenschweigens imponierend aufragende Stufengrabmal des Herrschers mit den umgebenden, von einer reichgegliederten Mauer umschlossenen Regierungsgebäuden, Kultbauten und Speicheranlagen – eine »ewige Residenz« aus der Morgenfrühe der Pyramidenzeit. Es zeichnen sich in der Nachbarschaft unter der Hülle des Wüstensandes noch weitere große Anlagen von nachfolgenden Königen ab. Zu ihnen gehört auch der jüngst untersuchte Stumpf der Pyramide des Sechemchet mit vielen Kammern und dem geheimnisvollen Alabastersarg, der sich bei seiner Öffnung als leer erwies.

Der Begründer der baugewaltigen vierten Dynastie, König Snofru, hat zwei rund 100 m hohe, im Grundriß quadratische Pyramiden weiter südlich bei Dahschur errichten lassen. Der neuerdings erforschte Tortempel der einen von ihnen hat aufschlußreiche Fundstücke an Statuen und Reliefs geliefert. Wer die heute dreistufig aufragende Pyramide bei Medum errichten ließ, ist noch ungeklärt.

Snofrus Nachkommen haben sich weiter nach Norden gewandt und die bekannteste aller Pyramidengruppen geschaffen: die majestätische Bautendreiheit bei Gise, in deren Zusammenhang auch das schon im Altertum mit Hausteinlagen vervollständigte Felsbild der großen Sphinx gehört. Von den zugehörigen Tempeln ist der des Cheops leider bis auf geringe Reste verschwunden. Von der Anlage des Chephren haben sich ansehnliche Teile des eigentlichen Totentempels und der in der Strenge der Baugesinnung höchst eindrucksvolle Taltempel erhalten. Die gleichfalls aus mächtigen Quadern aufgebauten Kulträume vor der Pyramide des Mykerinos sind wie der zugehörige Talbau nicht vollendet worden.

Im Bereiche der großen Königspyramiden erheben sich manchenorts kleinere, die zur Bestattung der Königinnen errichtet worden sind, zum Teil aber auch anderer Bestimmung gedient zu haben scheinen. Es schließen sich die oft stattlichen Grabbauten der Prinzen und Prinzessinnen, der Großen des Hofes und der begünstigten Beamten an. Sie sind bei Gise nach vorbedachtem Plan zu ganzen Gräbervierteln mit geradlinig zwischen den geböschten Oberbauten verlaufenden Straßenzügen ausgestaltet worden.

Die Pharaonen der fünften und sechsten Dynastie sind mit ihren wesentlich bescheideneren Grabbauten in die Umgebung der Stufenmastaba König Djosers zurückgegangen. Am stattlichsten ragen heute bei dem Dorfe Abusir die Pyramiden der Könige Sahu-Re, Neferirka-Re und Ne-user-Re auf. Von den Heiligtümern, welche diese Herrscher am benachbarten Wüstenrande ihrem Vater, dem Sonnengotte, errichtet haben, lohnt das von deutschen Gelehrten ausgegrabene des Ne-user-Re bei Abu Gurab mit seinem großen Alabasteraltar und dem jetzt verfallenen hohen Sockel, auf dem sich einstmals ein aufgemauerter gedrungener Obelisk erhoben hat, als Beispiel eines Göttertempels jener großgesinnten Zeit wohl einen Besuch. Im Inneren der zu einem niederen Trümmerhügel zusammengesunkenen Pyramide des Unas, südwestlich des Djoser-Grabmals bei Saqqara, sieht der Betrachter sich den ältesten religiösen Texten Ägyptens gegenüber, die wir kennen.

Aus den Statuenkammern solcher Grabbauten stammen jene weltberühmten steinernen oder hölzernen Abbilder der Beigesetzten, welche uns in den Altertümermuseen durch Kunstreiz und Lebendigkeit der Wirkung überraschen. Mit diesen Gestalten voll Naturfrische und wunderbar schlichter Hoheit tritt jener Menschenbilder-Typus erstmalig in gültiger Ausprägung an das Licht, den die griechische Großplastik fast zwei Jahrtausende später, bei der Darstellung des in heroischer Nacktheit stehenden Jünglings, zum Muster genommen hat.

Eine Volksleistung sondergleichen ist jenes magische Totenversorgungswerk in Reliefbildern, das die Wände der Grabkammern zum wahrhaft unerschöpflichen Atlas des Lebens und Treibens in einem alten Reiche macht. Mit Recht ist diese unermeßlich reiche Bilderchronik, die für den Gebrauch im Jenseits aufspeichert, was dem Diesseits Reiz und Bedeutung verlieh, eine der größten Objektivierungen der Menschennatur genannt worden. Dies schöpferische Bekenntnis zur Welt der Erscheinungen und zum Erdenlose, wie es nun einmal ist, wird jedem unvergeßlich bleiben, der es in den »ewigen Wohnungen« der Friedhöfe von Gise und Saqqara unmittelbar auf sich wirken lassen konnte.

Was zur Blütezeit des Alten Reiches in der Provinz geleistet worden ist, steht an Rang hinter all dem erheblich zurück, was im Strahlungsbereich der Residenz Memphis Form gewann. Die Reliefausstattung einzelner in den Fels gehauener Fürstengräber bei Elephantine gegenüber Assuan kann es in Komposition und Handwerk mit der Leistung der memphitischen Werkstätten aufnehmen, aber das sind Ausnahmen. Zwischen Abu Roasch westlich von Kairo und Medum im Süden entfaltete und vollendete sich eigentlich die schöpferisch grundlegende Frühphase der altägyptischen Kultur.

Die altägyptische Zeitrechnung ist auf die Regierungsjahre der Könige (Pharaonen) gegründet. Nach einer Geschichte Ägyptens, die der Ägypter Manetho aus Sebennytos im Nildelta unter dem makedonischen Beherrscher Ägyptens Ptolemaios II. (285–246 v. Chr.) verfaßt hat, teilen wir die Pharaonenzeit in Dynastien, d. h. Herrscherhäuser, ein. Von der Reichsgründung bis zu dem letzten vor Alexander d. Gr. herrschenden einheimischen König zählt man 30 Dynastien.

THINITENZEIT · 3000-2778

Durch das in Palermo aufbewahrte Bruchstück eines Annalensteines aus dem Alten Reiche und andere Fundstücke sind einzelne Namen von Herrschern bekannt, die in die späteren Königslisten der Ägypter nicht aufgenommen worden sind:

Seka; Chaju; Tesch u. a.; Skorpion; Narmer.

Nach ägyptischer Überlieferung beginnt die geschichtliche Zeit mit König Menes, der wahrscheinlich identisch ist mit einem König Horus Aha. Dieser Name allein ist auf zeitgenössischen Denkmälern überliefert. Als konstitutives Ereignis der Reichsgründung durch Menes bezeichnet der Ägypter »die Vereinigung der beiden Länder«, nämlich Oberägypten und Unterägypten. Diese Vereinigung wird in verschiedenen symbolischen Darstellungen festgehalten, als würde sie von jedem König wiederholt, z. B. auf dem Thronsitz einer Statue Sesostris I. durch die Götter Horus und Seth oder zwei Personifikationen der Landesteile, die die Wappenpflanzen der Länder um das Schriftzeichen »Vereinigen« schlingen. Tatsächlich läßt sich aber nachweisen, daß schon vor Horus Aha mehrere Könige über ganz Ägypten geherrscht haben. Wahrscheinlich ist die Formel »Vereinigung der beiden Länder« aus späterer Sicht geschaffen, um den Abschluß eines längeren historischen Prozesses zu bezeichnen.

1. UND 2. DYNASTIE

1. DYNASTIE. Könige: *Horus Aha (Menes?); Djer (Chent); Wadji (Djet); Den (Udimu); Adjib; Semerchet; Ka-a.*
2. DYNASTIE. Könige: *Hetep-sechemui; Neb-Re (Neb-nefer); Nineter; Uneg* (Einordnung unsicher); *Senedj; Peribsen; Chasechem; Chasechemui.* Unterägyptische Nebendynastie in der Zeit der beiden letztgenannten Könige: *Neferka-Re; Neferkasokar; Hudjefa; Djadja* (mit *Chasechemui* identisch?); *Nebka.*

Die geschichtliche Zeit Ägyptens beginnt mit der »Vereinigung der beiden Länder«. Das Jahr 3000 darf ungefähr als das Jahr der Reichseinigung gelten.

Die beiden ersten Dynastien werden unter dem Begriff der Thinitenzeit zusammengefaßt, da ihre Könige der Tradition nach aus Thinis in Oberägypten stammen und die Gräber der Könige der 1. Dynastie und teilweise der 2. Dynastie (Peribsen, Chasechemui) in Abydos nahe Thinis gefunden worden sind. Es sind also Oberägypter, die sich zu Herren Gesamtägyptens gemacht hatten. Wenn auch nach der Vereinigung die Gegensätze der beiden Länder noch andauerten und neue Kämpfe bis zum Ende der Thinitenzeit entflammten, so blieb doch das Oberägyptische Königtum immer sieghaft. Andererseits ist – und dies ist das Wesentliche und Entscheidende dieser Vereinigung – nie angestrebt worden, die unterlegene unterägyptische Schicht zu unterjochen oder gar auszurotten. Gerade dieses Verhalten ist darin symbolisiert, daß der König bald die Ober-, bald die Unterägyptische Krone trägt, und weiter darin, daß der König nicht nur der »siegreiche Horusfalke« Oberägyptens ist, sondern sich auch die »beiden Herren« nennt. Auf Ausgleich und Verschmelzung der zwei Schichten und ihrer kulturellen Eigenart ist aus hoher Staatsweisheit heraus von Anfang an das Ziel gerichtet.

Schon von der frühen Thinitenzeit an findet, bei zunehmender Erstarkung des Königtums, die Herausbildung der eigentlichen ägyptischen Welt in Religion, Staat, Gesellschaft, Geschichtsschreibung und Kunst statt. Die Entdeckung und Entwicklung der Hieroglyphenschrift wie die Einrichtung der Zeitrechnung sind die zwei fundamentalen geistesgeschichtlichen Neuerungen dieser Zeit.

Ungeklärt ist die Frage, ob die Vorstellung des Doppelkönigtums auch eine Doppelbestattung bedingt hat. In neuerer Zeit sind Gräber der 1. Dynastie erheblichen Ausmaßes bei Saqqara gefunden worden, die ihr Ausgräber Walter B. Emery als Königsgräber bezeichnet und z. T. denselben Königen zuschreibt, deren Gräber in Abydos bekannt sind. Manches spricht dafür, daß die archaischen Gräber in Saqqara keine Königsgräber sind, sondern die Grabanlagen hoher Beamter, was mit Sicherheit auf einen Teil dieser Gräber zutrifft.

DIE PALÄSTE UND DIE GRABDENKMÄLER IN ABYDOS UND SAQQARA

Von der Palastarchitektur der Thinitenzeit gibt die Darstellung des Königspalastes des Wadji (Djet) (Taf. 6) einen Begriff. Es waren Bauten aus Nilschlammziegeln, teils bekrönt von einem durchlaufenden Gesims über der durch Pfeiler gegliederten Fassade, teils mit einer Art von Wehrtürmen, die in Vielzahl vor die eigentliche Fassade vorsprangen.

Die in gedrängter Gruppe zusammenliegenden Ziegelgräber der Könige in Abydos sind vergleichsweise klein, teils mit einem Zentralraum, an den, durch Wandpfeiler getrennt, nischenförmige Magazinräume anschließen, teils vielkammerige Bauten mit einem größeren Grabraum und einer Anzahl von Magazinräumen.

Viel größer als die Gräber in Abydos sind die imposanten Grabdenkmäler, die in Saqqara freigelegt worden sind. Zwei dieser Gräber sind durch W. B. Emery bestimmt worden.

Das eine ist aus der Zeit des Königs Wadji (Djet), das andere aus der des Königs Ka-a. In beiden Fällen handelt es sich um Mastaba-Gräber von der charakteristischen tafelförmigen Gestalt, jener Grundform des Grabbaues, die für das ganze Alte Reich typisch ist.

Bei dem erstgenannten Grab (Abb. 1) handelt es sich um eine etwa 51 m lange und 21 m breite Mastaba mit Außenfronten, die durch Vor- und Rücksprünge lebhaft gestaltet sind. In seiner inneren Gestaltung folgt das Grab der bäuerlichen

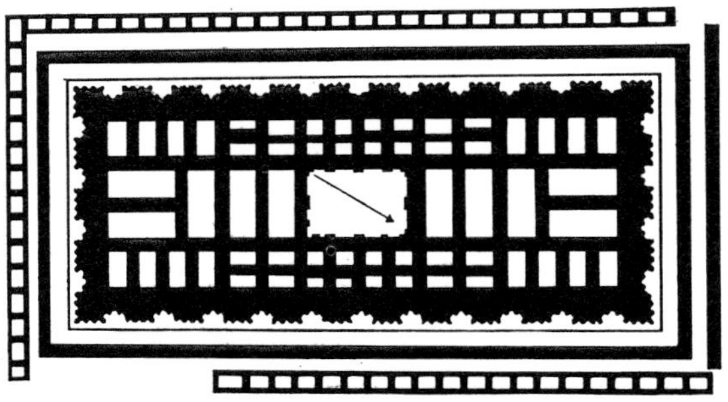

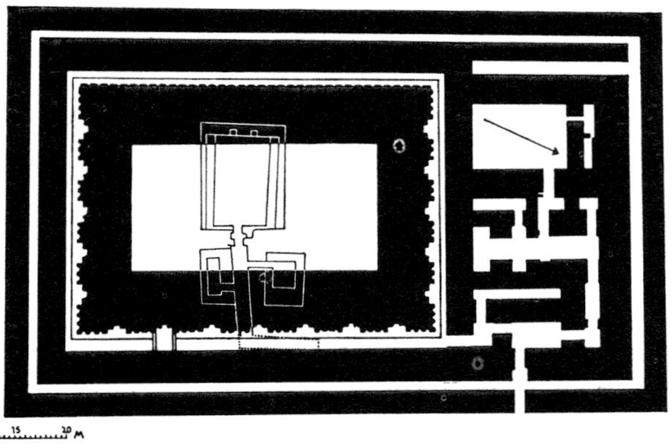

Abb. 1 Grundriß der Grabmastaba Nr. 3504 aus der Zeit des Königs Wadji (Djet) der 1. Dynastie in Saqqara. In der Mitte die Grabkammer, ringsum Magazinräume mit Gütern für den Gebrauch des toten Pharao. An drei Seiten außerhalb der Umfassungsmauer in Reihen die Gräber für die Diener. — Abb. 2 Grundriß der Grabmastaba Nr. 3505 aus der Zeit des Königs Ka-a der 1. Dynastie in Saqqara. Unter dem zentralen Kern die in den Felsen gehauene Grabkammer, seitlich anschließend an die Mastaba der Totentempel.

Tradition des königlichen Wohnhausgrabes: in der Mitte die Grabkammer, um diese herum zahlreiche Magazinräume verschiedener Größe; alles einheitlich überdeckt. Rings um alle vier Seiten der so gestalteten Mastabatafel, die etwa 8 m hoch gewesen sein dürfte, lief eine niedrige Mauer, auf deren Oberkante Stierköpfe aus in der Sonne getrocknetem Ton, aber mit echten Stierhörnern besetzt, Kopf neben Kopf angeordnet waren. Ob es sich dabei um den Hinweis auf die Menge der geopferten Tiere oder um magisch-apotropäische Symbole handelt, ist unklar. Eine Umfassungsmauer umschließt die Gesamtanlage. Außen anschließend folgen noch in einigem Abstand an drei Seiten reihenförmig nebeneinandergeordnete Grabkammern für die Diener, die, vermutlich durch Gift gestorben, ihrem Herrn ins Jenseits folgen mußten.

Der Mastaba aus der Zeit des Königs Wadji (Djet) gegenüber zeigt die aus der Zeit des Königs Ka-a, des letzten Herrschers der 1. Dynastie, eine bereits fortgeschrittenere Gestaltung (Abb. 2), indem, wie später bei der Stufenpyramide Djosers und den Pyramiden der 4. Dynastie, an das Grabmal ein Totentempel angeschlossen ist. Wieder wie bei Wadji (Djet) hat die Mastaba die übliche Tafelform, hier von etwa 35,5 × 24,5 m Fläche und einer Höhe von 8,25 m. Ihre Außenfront ist nur an drei Seiten lebhafter bewegt. Über 5 m dicke Wände schließen einen zentralen Kern ein, der aus Gesteinsschutt gefügt ist. Erst unter diesem liegt die eigentliche, in den Felsen gehauene Grabkammer von 10 m Länge, zugänglich von Osten durch einen zu ihr hinabführenden Korridor, an den beiderseits je ein Magazinraum angeschlossen ist. Wieder scheint die niedrige Mauer rings um die Mastaba mit Stierhäuptern besetzt gewesen zu sein, und wieder folgt ihr eine Umfassungsmauer, hier fast 3 m stark und nach der Nordseite, gegen den Bereich des Totentempels hin geöffnet. Dieser umfaßt einen Kultraum im Südwesten sowie eine Anzahl Räume und Gänge. Mastaba und Totentempel sind abermals von einer einheitlichen, nach Osten geöffneten weiteren Umfassungsmauer umgeben, womit der Gesamtkomplex bei etwa 39 m Breite eine Länge von etwas über 65 m erreicht. Der Erhaltungszustand der Mastabafronten ist heute noch erstaunlich gut. Deutlich ist noch an den Vor- und Rücksprüngen der Fronten die dicke Stuckierung erhalten, bei der sich, in heute noch frischesten Farben, die in Rot, Weiß, Schwarz, Blau, Grün und Gelb aufgetragenen geometrischen Malereien finden, die Mattenbehang imitieren. In der Grabkammer selbst fand sich der in sich zusammengesunkene Sarkophag. Im Totentempel sind Basisplatten und Füße zweier Holzstatuen gefunden worden.

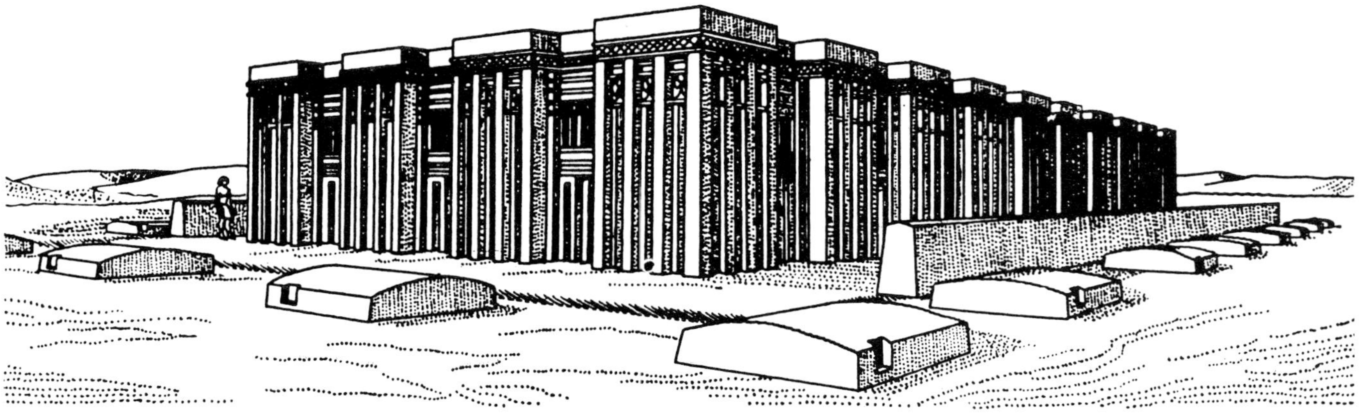

Abb. 3 Grabmastaba Nr. 3503 vermutlich der Königin Merneith. 1. Dynastie. Rekonstruktion.

1
Löwe. Gesprenkelter Granit. Spätvorgeschichtlich oder frühdynastisch. Länge 32 cm. Berlin, Staatliche Museen, Nr. 22440.

Dieser Löwentypus mit drohend geöffnetem Rachen und auf den Rücken geschlagenem Schweife ist auch in kleineren Beispielen aus ähnlichem Gestein nachweisbar. Er hat keine Liegeplatte, zeigt noch keine ausgesprochen ägyptischen Stilmerkmale und wird in der Folgezeit zugunsten einer gemäßigten Bildauffassung aufgegeben.

Wie mittels Bohrerarbeit die Reißzähne und die unteren Schneidezähne sichtbar werden, vermittelt drastisch den Eindruck von Wildheit und Blutgier und gibt dem Tier jenen Zug, der für die Jahrzehnte der Reichseinigung um 3000 v. Chr. charakteristisch ist, in der Folgezeit aber nicht mehr wiederkehrt.

2
Schminktafel mit Steppentieren und Fabelwesen. Schiefer. Ende der Vorzeit. Höhe rd. 43 cm. Oxford, Ashmolean Museum.

Die im folgenden in ihren bedeutendsten Stücken zu zeigenden sog. Schminktafeln gehören zu den wichtigsten Quellen der Reichseinigungszeit. Ihre Größe schließt den praktischen Gebrauch aus. Wir haben sie wohl als Weihgeschenke in den Tempel von Hierakonpolis aufzufassen. Doch ist es noch ungeklärt, warum man diesen Gegenstand als Weihgeschenk wählte und ihn zum Träger historischer Darstellungen machte.

Aus Hierakonpolis (Kom-el-ahmar). Am Rande zwei gegengleiche schlanke Raubtiere mit frei ausgearbeiteten Köpfen. Beide Tafelseiten sind aus instinktiver Scheu vor Leerheiten auf der Fläche ganz mit Tiergestalten gefüllt. Von den in der Natur vorkommenden Tieren sind Löwe, Leopard (?), Hyäne, Büffel, Giraffe, Steinbock, verschiedene Antilopenarten und Jagdhunde mit Halsbändern sowie ein Stelzvogel vertreten. Als phantastische Tierwesen fallen kurzmäulige Raubtiere mit überlangen Hälsen, ein vierfüßiger Greif mit Raubvogelkopf und kammartig entfalteten Flügeln auf dem Rücken sowie ein aufgerichtetes schakalartiges Geschöpf mit Doppelgurt und Gliedtasche auf, das anscheinend auf einer langen Flöte bläst (Zauberer?). Inmitten der einen Tafelseite die Pfanne zum Anreiben von Schminke aus Malachit und anderen Stoffen.

3 oben
Schminktafel mit Giraffen und Palme. Schiefer. Ende der Vorzeit. Höhe 32 cm. Paris, Louvre.

Auf beiden Seiten von vier gleichartigen Raubtieren eingefaßt. Dazu auf der Reibpfannenseite ein langhalsiges Fabeltier, ein Löwe und ein Ibis, auf der Gegenseite zwei Giraffen und ein Palmbaum. Die Augen der Tiere waren einst ausgefüllt.

3 unten
Siegestafel. Bruchstück. Schiefer. Beginn der Thiniten-Zeit. Höhe etwa 28 cm. Kairo, Museum.

Siegesdenkmal eines Herrschers, wohl des Königs »Skorpion«. Auf der einen Tafelseite unter einer Querleiste, über der Füße erhalten sind, die Namen von sieben bezwungenen Orten. Sie sind durch die Bildzeichen Eule, Ach-Vogel, Ringer, Käfer, Ka, Kasten und Schilf schriftsymbolisch ausgedrückt und von Mauerringen mit Vorsprüngen umgeben, die von tiergestaltigen Königsmächten – Falken, Löwe, Seth-Tier, Skorpion u.a. – zerhackt werden. Auf der Gegenseite Stiere, Esel und Widder in Streifenanordnung (Beutetiere?), darunter Pflanzen und ein Schriftzeichen.

4/5
Siegestafel des Königs Narmer. Schiefer. Beginn der Thiniten-Zeit. Höhe 64 cm. Kairo, Museum, Nr. 3055.

Aus Hierakonpolis (Kom-el-ahmar). Als Siegesdenkmal steht diese große Prunk-Schminktafel im Zusammenhang mit dem vorangehend abgebildeten Bruchstück einer solchen.

4 Vorderseite. Oben beiderseits Köpfe der Himmelsgöttin Hathor mit Rindsohren und Hörnern, in der Mitte dazwischen der Name des Königs. Darunter drei Bildstreifen. Oben: Der König mit der unterägyptischen Krone auf dem Wege zur Besichtigung gefesselt hingerichteter Gegner, denen die Köpfe zwischen die Füße gelegt sind. Hinter dem Herrscher ein Leibdiener mit Salbgefäß und Sandalen seines Herrn, vor ihm ein Beamter mit Schreibzeug sowie vier Standartenträger, deren auf Stangen erhobene Bildsymbole die göttliche Mächtigkeit des Königs veranschaulichen. Der König mit durch einen Träger auf der linken Schulter gehaltenem Leibrock mit zweigeteiltem Zierschurz; am Gürtel hinten der zum Ornat gehörige künstliche Stierschwanz; in der erhobenen Rechten der Zeremonial-Wedel, in der Linken die Birnenkeule, auf deren Griff unten der Horusfalke hockt. Vor dem Herrscher sein Name, geschrieben mit den Bildern von Wels und Meißel. Darunter: Zwei von bärtigen Männern an Stricken gehaltene Fabeltiere, deren lange Hälse um die Reibgrube gewunden sind. Solche Tiere kommen nicht nur auf verwandten Tafeln (vgl. Taf. 2 und 3 oben), sondern auch auf altbabylonischen Rollsiegeln vor; später begegnet diese Phantasiegestalt im Namen der oberägyptischen Stadt Kusai. Hier möchte man an Versinnbildlichung einer politischen Union denken, und es ist nicht unwahrscheinlich, daß auf diese Weise die Vereinigung Ober- und Unterägyptens zum Reiche ausgedrückt werden soll, trägt doch Narmer auf den Seiten der Tafel als offenbarer Herr beider Länder deren verschieden gestaltete Kronen. Unten: Der König stößt als Wildstier die Mauer einer befestigten Siedlung ein und trampelt zugleich auf den Arm eines Besiegten.

5 Rückseite. Der König mit der oberägyptischen Krone beim Niederschlagen des am Schopfe gepackten Feindes, ein Triumphschema, das durch alle Epochen der ägyptischen Geschichte weiterlebt. Hinter dem König wieder der Sandalenträger mit dem Gefäß. Über dem ins Knie gezwungenen Besiegten, dessen Heimat als Harpunengau (?) bezeichnet ist, eine sinnbildliche Zusammenstellung: der König als Falkengott hält an einem Lippenzügel den Kopf eines Gefangenen, der aus dem Zeichen »Land« herauswächst. Die beigefügten sechs Pflanzen (Papyros?) bedeuten vielleicht 6000 Gefangene,

möglicherweise aber auch das Land Unterägypten. Unten: Zwei nackte Gefallene mit beigefügten Landschafts- oder Stammesnamen.

6

Grabstein des Königs Wadji (Djet) »Schlange«. Kalkstein. 1. Dynastie. Breite 65 cm, Gesamthöhe ursprünglich 2,50 m. Paris, Louvre.

Aus Abydos. Zu einem Grabe gehörten zwei solcher Denksteine. Das Denkmal überrascht durch künstlerische Reife bei teilweise noch altertümlicher Formbehandlung. Mit feinem Sinn für Gestaltung und Verteilung ist der Horusname des Königs angebracht: eine Schlange mit erhobenem Kopf im Rahmen der Palastansicht, deren durch Rillenschmuck gegliederte Fassade drei Türme und zwei hohe Tore aufweist; darauf der Königsgott in Falkengestalt.

I

Scheibe aus schwarzem Steatit mit Einlagen aus farbigem Alabaster. Aus dem Grab des Hemaka in Saqqara. 1. Dynastie. Durchmesser 8,7 cm. Kairo, Museum, Nr. J. 70104.

Im Grab des Hemaka, des Kanzlers des Königs Usaphais, des Nachfolgers des Königs Wadji (Djet), fanden sich zahlreiche durchbohrte Scheiben, deren Verwendung nicht ganz sicher ist. Möglicherweise handelt es sich um Platten, auf die die Webspindeln aufgesteckt wurden. Zu den kunstvollsten gehört die hier abgebildete Scheibe. In das durch einen schnurartigen Wulst begrenzte Rund sind zwei Tiergruppen komponiert: zwei Hunde auf der Jagd nach Gazellen. Während der eine ein Tier noch verfolgt, hat der andere eines bereits niedergeworfen und beißt ihm die Kehle durch. Die Thematik ist von Paletten her bekannt (vgl. Taf. 2 und 3). Das kleine Meisterwerk verdient Bewunderung nicht nur wegen seiner Ausführung in den Einzelheiten, sondern auch wegen der Harmonie, mit der das figürliche Thema dem gegebenen Rahmen eingepaßt ist.

7

Sitzstatue des Hetepdief. Granit. Ende der 2. Dynastie. Höhe 39 cm. Kairo, Museum, Nr. 3072.

Der Dargestellte hockt auf beiden Knien und hat die Hände flach auf die Oberschenkel gelegt. Er trägt die kurze Löckchenperücke und einen kurzen Schurz. Gegenüber späteren Darstellungen von Knienden und Hockenden haftet diesem frühen Beispiel eine gewisse Schwere und Ungelöstheit an, was auch durch den verhältnismäßig tief sitzenden Kopf unterstrichen wird. Trotzdem zeigen die Durcharbeitung des Gesichtes, die Wachheit der Züge das Können des Künstlers. – Auf der rechten Schulter des Dargestellten sind die Horus-Namen der drei ersten Könige der 2. Dynastie: Hetep-sechemui, Neb-Re und Nineter, eingraviert; vielleicht war Hetepdief Priester in ihrem Totenkult. Die Statue könnte somit auch erst gegen Ende der 2. oder sogar erst gegen Anfang der 3. Dynastie entstanden sein. Sie stammt aus Mitrahina, dem alten Memphis.

ALTES REICH

3. DYNASTIE · 2778-2723

Könige: *Djoser; Djoser-Atoti (= Sechemchet, Djeserti-anch?); Sanacht; Chaba; Neferka; Hu(ni).*

Das politische Zentrum rückt in die Gegend von Memphis (nahe dem heutigen Dorfe Saqqara). Grundlegende Leistungen auf vielen Gebieten. Entfaltung der Steinbaukunst: Errichtung der Stufenpyramide des Königs Djoser mit den zugehörigen Residenzbauten, ferner der ähnlichen, unvollendet gebliebenen monumentalen Grabanlage des Königs Sechemchet und anderer.

DER GRABBEZIRK DES KÖNIGS DJOSER BEI SAQQARA

Der Gesamtbereich der Gebäude um die Stufenpyramide des Königs Djoser (Abb. 4/5) umfaßt den Totentempel des Königs an der Nordfront der Stufenpyramide und das Südgrab und besteht im übrigen aus einem Tempel, Palästen und Kapellen, die dem König zur Feier des Sed-Festes dienten. Eine große Halle verbindet den einzigen Eingang am Südende der Ostmauer mit dem Großen Hof zwischen Pyramide und Südgrab. Das Gesamtwerk – die Leistung des später zur Gottheit erhobenen Imhotep – ist die erste große Bauschöpfung in Stein. Die Bauformen beziehen sich noch auf die beim Bauen mit Nilschlammziegeln übliche Verwendung von Schilfrohrbündeln als Stützen der Mauern oder von Holzstämmen, die mit der Krummaxt bearbeitet waren, und von Decken aus dichtgereihten Holzrundstäben. Die in drei Räumen unter der Pyramide wie auch in drei Räumen im Südgrab verwendeten Fayence-Verkleidungen der Wände sind nichts anderes als die höchst originelle Nachahmung von Matten pflanzlichen Materials in Stein und Fayence.

Die Stufenpyramide selbst ist erst nachträglich aus einem ursprünglich tafelförmigen Grabbau, einer Mastaba, entwikkelt worden. Diese Mastaba befand sich über dem 28 m tiefen Schacht (Abb. 6–8), der zur Grabkammer des Königs führte und an den zahlreiche Gänge, ursprünglich angefüllt mit Hausgerät und steinernen Gefäßen, und drei Räume mit der oben erwähnten Fayencebekleidung der Wände und Reliefs des Königs, ähnlich denen im Südgrab (Taf. 15), anschlossen (Abb. 7).

Die ursprüngliche Größe der tafelförmigen Mastaba, über

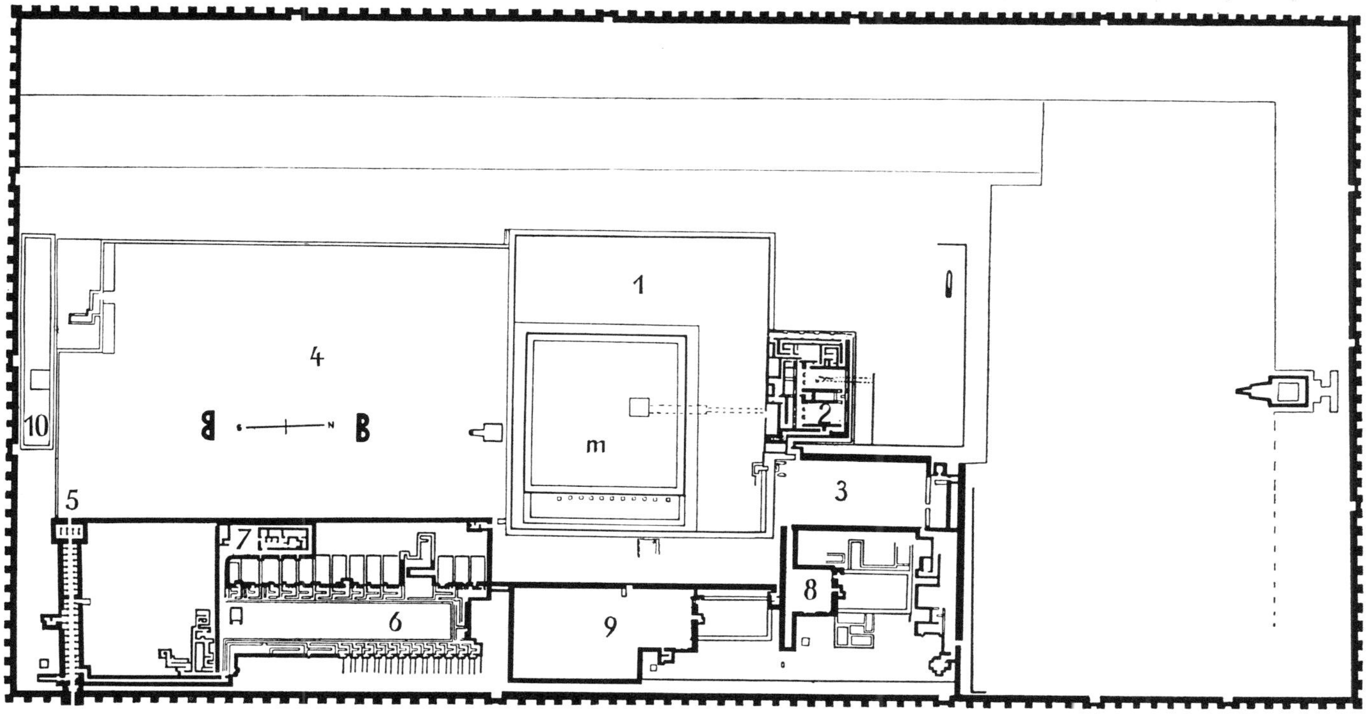

Abb. 4 Gesamtplan des Grabbezirkes des Königs Djoser bei Saqqara.
1: Die Stufenpyramide (Taf. 8 und 13), hervorgegangen aus der ursprünglich im Querschnitt quadratischen Mastaba (m); nördlich anschließend der Totentempel des Königs Djoser (2). 3: Der Hof mit dem Serdab in der SW-Ecke, worin das Königsbild gefunden (Taf. 16 und 17). 4: Der Große Hof mit dem Altar (nahe dem Südrande der Pyramide) und den beiden im Querschnitt B-ähnlichen Steinen, die vermutlich Zielmarken waren, die dem König bei seinem Laufe während der Hebsed-Zeremonie dienten (Taf. 15). 5: Eingangshalle (Taf. 11). An ihrem Westende der Portikus (Taf. 10); vor ihrem Ostende das einzige Tor der Umfassungsmauer (Taf. 9). 6: Der Hebsed-Hof mit den Scheinkapellen Oberägyptens an seiner Westseite und denen Unterägyptens an seiner Ostseite; sie waren dazu bestimmt, die Götter Ober- und Unterägyptens aufzunehmen, wenn diese dem Sed-Feste beiwohnten. 7: Der kleine Tempel (Taf. 13). 8: Der Hof vor dem Nord-Palast. An seiner Ostflanke die Fassade mit den Papyros-Halbsäulen. 9: Der Hof des Süd-Palastes. 10: Das Südgrab (Taf. 14). In seinem Inneren, 28 m tief, Räume mit Fayencebekleidung der Wände; in einem derselben die Reliefs des Königs beim Kultlauf (Taf. 15). – Die Westseite des Grabbezirkes nehmen drei Scheinterrassen ein, deren mittlere Galerien barg, die Tausende von Gefäßen enthielten und voll von menschlichen Knochen waren. In der Mitte der Nordflanke des Grabbezirkes ein weiterer großer Altar.

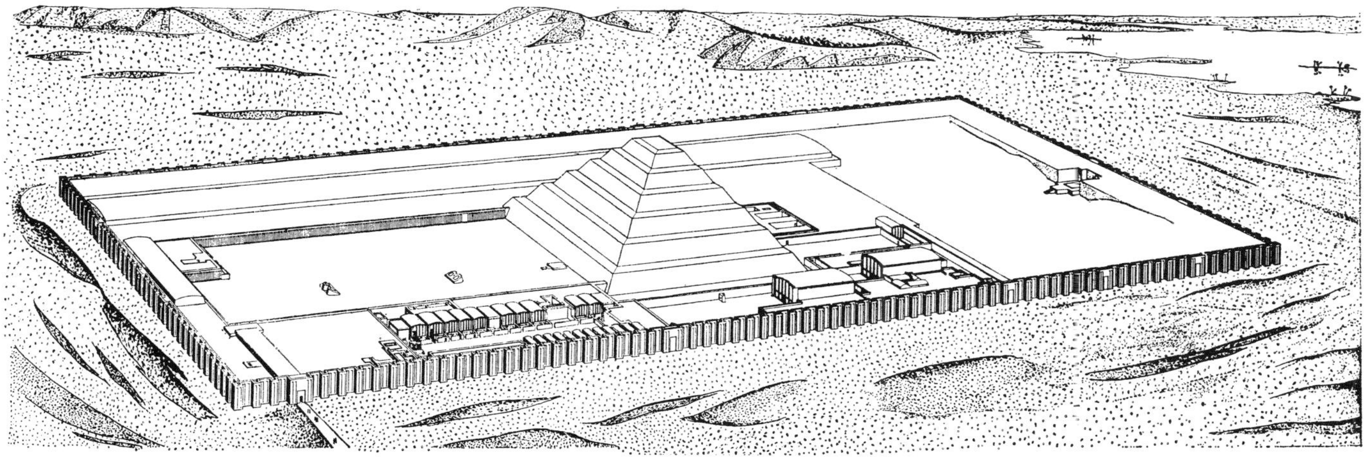

Abb. 5 Der Grabbezirk des Königs Djoser mit seiner Stufenpyramide aus der Vogelschau.

der sich nachträglich die Stufenpyramide erhob, betrug 63 m im Quadrat, bei 8 m Höhe. Gebaut aus Steintrümmern, hatte sie eine Verkleidung aus Hausteinquadern, die nachträglich noch in 3 m Dicke ringsum verstärkt wurde.

Längs der Ostseite waren 32 m tiefe, je in eine 30 m lange Quergalerie führende Schächte angebracht (Abb. 6 und 7). Sie enthielten die Gräber und Grabbeigaben für die Königinnen und für die frühverstorbenen Kinder der königlichen Familie. Da für alle diese allmählich die ursprüngliche Ausdehnung der Mastaba nicht ausreichte, wurde sie nach Osten hin erweitert,

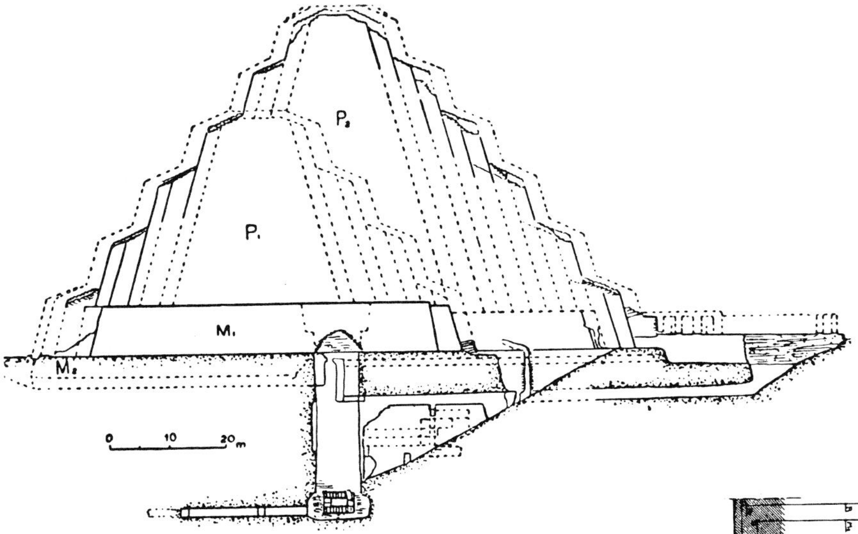

Abb. 6 Längsschnitt durch die Stufenpyramide in Richtung Süd-Nord. M: Die originale, im Grundriß zunächst quadratische Mastaba. P_1: Die ursprüngliche Stufenpyramide mit vier Stufen. P_2: Die endgültige sechsstufige Pyramide. Unter der originalen Mastaba der 28 m tiefe Schacht mit der Granit-Sargkammer.

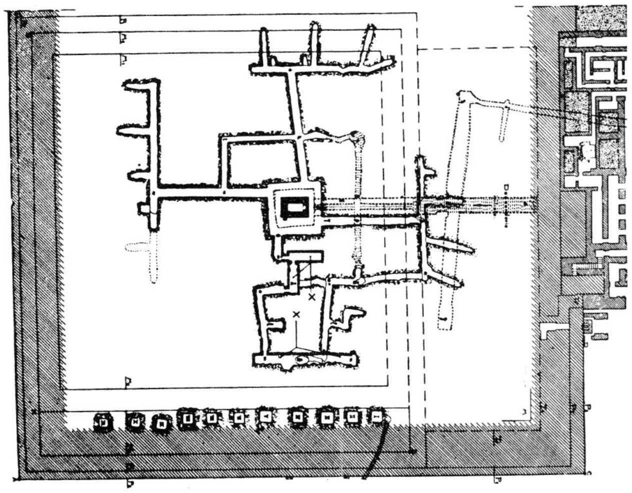

Abb. 7 Querschnitt durch die Stufenpyramide in Höhe ihrer Basis mit Eintragung des 28 m tiefen Königsschachtes und der von ihm ausgehenden Gänge und der drei mit Fayence bekleideten Räume (x). Am Ostrand der Pyramide die Schächte zu den Gräbern der Königinnen und königlichen Kinder. Im Norden an die Pyramide anschließend der Grabtempel. In Richtung Ost-West erfaßt der wiedergegebene Querschnitt nur etwa drei Viertel der Flächenausdehnung der gesamten endgültigen Pyramidenbasis.

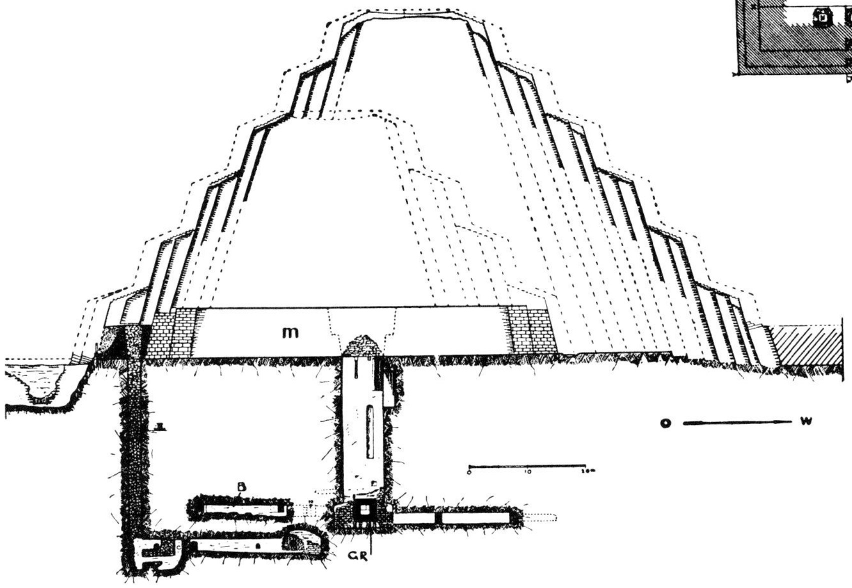

Abb. 8 Längsschnitt durch die Stufenpyramide in Richtung Ost-West. Unter der originalen Mastaba (m) der 28 m tiefe Schacht mit der Granit-Sargkammer (GR). Seitlich links eine der drei Kammern mit Fayence-Wandbelag (B). Am Ostrande der Mastaba einer der 32 m tiefen Schächte zu den Gräbern der Königinnen bzw. königlichen Kinder.

wodurch die Mastaba von der ursprünglich quadratischen Form in die des Rechtecks mit längerer Ost-West-Achse übergeführt wurde (Abb. 4 und 8).

Die Tatsache, daß die Mastaba-Tafel bei ihrer geringen Höhe niedriger als die Umfassungsmauer des Grabbereiches und daher von außen unsichtbar war, mag den Baumeister Imhotep bewogen haben, ein stufenförmig aufsteigendes Grabmal, das weithin sichtbar sein sollte, zu errichten, »eine gigantische, himmelwärts ragende Stufenflucht, die den Aufflug der Seele des toten Königs zur Sonne, zu seinem Vater Re, erleichtern sollte« (Lauer).

Die zuerst in vier Stufen aufsteigende Pyramide wurde schließlich unter Verlängerung sowohl der Nord-Süd-Achse als insbesondere der Ost-West-Achse ihrer basalen Fläche in jene ostwest oblonge, sechsstufige, 60 m hohe Pyramide übergeführt, die heute noch als Zeugnis eines großen Königs und eines genialen Baumeisters der Frühzeit des Alten Reiches und der ägyptischen Kultur vor uns aufragt.

8–17

8 Blick von der Unas-Pyramide aus nach Nordosten.

Im Vordergrund der Südteil der Umfassungsmauer, davor ein Schlammziegelbau; jenseits anschließend an die Mauer das Südgrab. Dahinter der Große Hof, an dessen Nordrand sich die Stufenpyramide erhebt. Östlich des Großen Hofes noch sichtbar die Reste des Tempels und der Hebsed-Hof. – In der Ferne, als dunkler Streifen, das Fruchtland; dahinter die bleichen Abhänge des östlichen Wüstensockels bei Tura.

9 Südende der Ostseite der Umfassungsmauer mit dem einzigen Tor.

Unter Verwendung alter Quader neu errichtet. Die Mauer umzog den gesamten Grabbereich mit einer NS-Länge von 545 m (= 1000 ägyptische Ellen), einer OW-Länge von 277 m und einer ursprünglichen Höhe von 20 m. Sie ist nach Art archaischer Mastabas mit Rücksprüngen versehen. An ihren vier Seiten vierzehn Bastionen. Ihr einziges Tor, am Südende des Ostteils, führt zunächst in die Eingangshalle (Taf. 11) und von da durch den Portikus (Taf. 10) zum Großen Hof. Die Vertiefungen, die in acht Reihen am Mauerobarteil angebracht sind, entsprechen den Enden der Holzbalken, die als Verstärkung in Schlammziegelmauern eingesetzt waren; hier, in der Steinmauer, sind sie ein wirkungsvoll belebendes Element. Wie bei allen Bauten im Grabbereich ist das Material Tura-Kalkstein vom Gebirge am gegenüberliegenden Ostufer des Nils. Es liegt nahe, in dieser Mauer die verkleinerte Nachbildung der »Weißen Mauer« zu erblicken, mit der Menes, der Gründer, die Hauptstadt Memphis umgab.

10/11 Portikus und Säulenhalle vom Eingang im Osten her gesehen.

Die 54 m lange Säulenhalle bilden zwei Reihen von je 20 Dreiviertelsäulen in Schilfrohrbündelform und 5,92 m Höhe, die jeweils die Enden kurzer Quermauern abschließen. Die beiden umfassenden Längsmauern haben zwischen den Querwänden in ihrem oberen Teil fensterartige Öffnungen. Die Decke der Halle imitierte in Stein eine Holzdecke aus dicht- und quergereihten halbrunden Holzrundstäben. (Die moderne Überdachung ist hier im Bilde abgedeckt.) – Den Portikus bilden acht Säulen, die paarweise an beiden Seiten kurzer verbindender Wände angebracht sind. Hier ist noch die auch für die Dreiviertelsäule der Halle zutreffende Formung des oberen Endes ganz zu sehen: Die auf zylindrischem Sockel ruhenden Säulen zeigen am Oberende ihre »Schilfrohrstäbe« wie von einer Schutzdecke zusammengehalten. Am Eingang vor dem Portikus eine Mauer mit offenstehender, gleichfalls aus Stein gearbeiteter Türe.

12 Fassade am Ostrand des Hofes vor dem Nordpalast.

Halbsäulen in Form des Papyros, der Wappenpflanze des Nordens, in naturnahem Stil.

13 Der Tempel.

Rechteckiger Grundriß, Rundstäbe an den Eckpartien. Im Inneren von drei Mauern (als deren Abschlüsse) kannelierte Dreiviertelsäulen, die – wie auch bei der Säulenhalle – vermutlich nur mit einer Abakusplatte abgeschlossen haben. An der Ostseite der Tempelmauer wieder eine halboffene Tür aus Stein, hier nach innen geschlagen.

14 Mauerecke am Südgrab mit Schlangenfries.

Diese aus alten Resten wieder aufgebaute Mauer gehörte zum Südgrab-Oberbau; dieser ist schon unter der 19. Dynastie abgebrochen worden. Die Mauerflächen sind durch Scheintürnischen gegliedert. Die Rundstäbe erinnern an die Holzstäbe, von denen sich die Schilfmatten beim Verschließen der Öffnung abrollen ließen. Die Reihe der aufgerichteten Schildvipern-Vorderteile, die die Mauer krönen, bildet den Urtypus einer bis in späteste Zeit beliebten symbolischen Zierform, sie deutet wohl auf Unterägypten. Es bestehen gute Gründe zur Annahme, daß im Südgrab die inneren Organe des Königs beigesetzt gewesen sind. Die Anlage umfaßt einen 28 m tiefen Schacht, der, wie in der Pyramide, in eine granitverkleidete Kammer führt. Das Ende des Schachtes führt im Osten zu einer Reihe von Räumen, die, wie die drei Räume unter der Pyramide, an den Wänden mit türkisfarbenen Fayence-Plättchen bekleidet sind und deren zwei je drei Stelen enthalten, die Türeingänge imitieren und die im Relief den König darstellen (Taf. 15).

15 König Djoser im Kultlauf. Eines der sechs Wandreliefs im Südgrab.

Der König mit der oberägyptischen Krone ist bei einem rituellen Lauf dargestellt, den das in gewissen Zeitabständen als Jubiläumsfest wiederholte Krönungsritual vorschreibt. Er hebt den Zeremonialwedel und einen nicht sicher bestimmbaren kurzen Gegenstand. Vor dem König eine lange Tragstange mit dem Bild einer Gottheit in Schakalgestalt, vor der sich eine Viper aufrichtet. Über dem Herrscher schwebt der Gottesfalke mit einem Lebenszeichen. Rechts heilbringende Bildzeichen. Vor dem Kopf des Königs sein Horusname: Neter-chet. Rings um das Relief verläuft eine Fayence-Umrahmung.

Ausgezeichnet ist die Darstellung des Laufens gelungen, angedeutet durch die weit gespreizten Beine, deren Füße den Boden nur mit den Zehen zu berühren scheinen. Hervorragend gut erscheint trotz der Flachheit des Reliefs die Herausmodellierung der anatomisch wichtigen Partien, wie des Schlüsselbeins, der Knie und der Muskulatur, besonders der Beine, nicht zuletzt auch des ganzen wundervoll gestrafften Körpers und der Form des sehr lebendigen Gesichtes.

16/17 König Djoser. Kalkstein, Spuren von Bemalung. Kairo, Museum, Nr. 6008.

Das lebensgroße Sitzbild wurde gefunden in dem der Stufenpyramide nördlich vorgebauten Serdab (Abb. 4, 6), einer Kalksteinkammer, deren geböschte Stirnwand zwei Löcher zum Durchblicken aufweist. Es ist das älteste lebensgroße Königsbild, das wir kennen. Die Augen, die eingelegt waren, sind ausgebrochen. Die spitzzipfelig auslaufende Königshaube, die Strähnenperücke und der lange Bartstutz sind ungewöhnlich und Kennzeichen der Altertümlichkeit dieser im Gesichtsschnitt packend individuell wirkenden Statue. Auf der Fußplatte Titel und Name des Königs, den die gleichzeitigen Denkmäler stets Neter-chet nennen; der Name Djoser ist erst später aufgekommen. Farbreste: Mantel weiß, Haut braun, Haare schwarz.

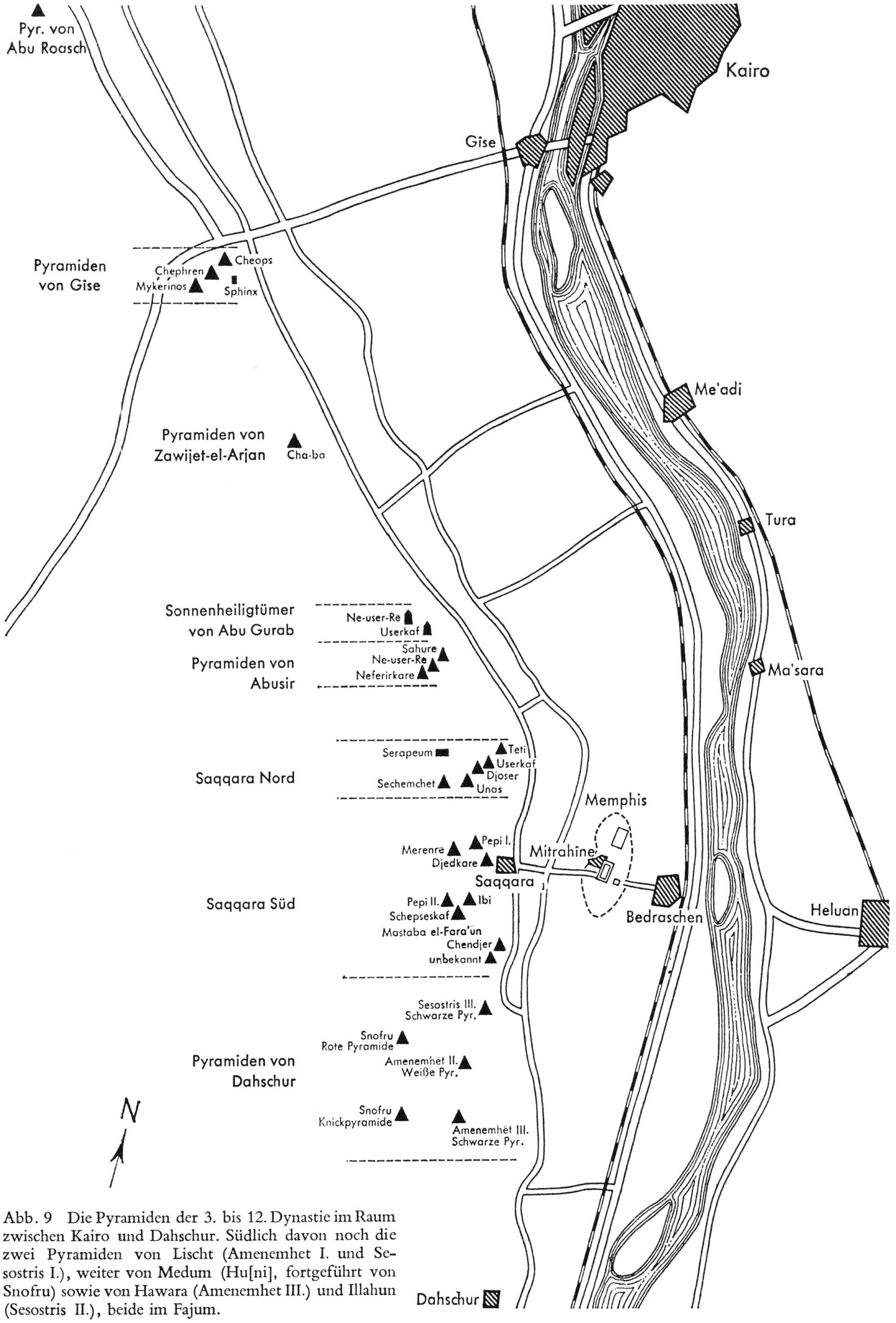

Abb. 9 Die Pyramiden der 3. bis 12. Dynastie im Raum zwischen Kairo und Dahschur. Südlich davon noch die zwei Pyramiden von Lischt (Amenemhet I. und Sesostris I.), weiter von Medum (Hu[ni], fortgeführt von Snofru) sowie von Hawara (Amenemhet III.) und Illahun (Sesostris II.), beide im Fajum.

Außer der imposanten Grabanlage des Königs Djoser mit ihrer grandiosen Stufenpyramide finden sich aus der Zeit der 3. Dynastie noch folgende Grabanlagen, zum Teil mit Pyramiden: Zunächst die 1951/52 von M. Z. Goneim entdeckte unvollendete Pyramide des Königs Sechemchet, des vermutlichen Nachfolgers des Königs Djoser, nahe der Südwestecke der Umfassungsmauer von Djosers Grabanlage. Auch diese nie vollendete Pyramide sollte von einer besonders sorgfältig gearbeiteten Umfassungsmauer umgeben werden. Auf dieser Mauer befanden sich Titel und Name des gleichen Imhotep mit Farbe geschrieben, der als Baumeister der Djoser-Anlagen gilt. Nur eine rohe Ziegelmastaba ist bei Bet Khallaf, etwa 460 km südlich von Memphis, von König Sanacht erhalten. Möglicherweise war die sogenannte Schichtenpyramide in Zawijet-el-Arjan (zwischen Saqqara und Gise) für das Grab des Königs Chaba bestimmt. Neferka hat am gleichen Ort die Fundamente eines nie vollendeten Grabbaues errichten lassen.

Hu(ni), auch unter dem Namen Ahu geführt, begann – etwa 60 km südlich von Memphis (bzw. Saqqara) – die große Pyramide in Medum, die wahrscheinlich erst Snofru, der erste König der 4. Dynastie, vollendet hat. Diese stolze Pyramide sollte in vollendetem Zustand rund 90 m Höhe bei etwa 135 m im Quadrat und einem Neigungswinkel von 51°52' erreichen. Schon vor Jahrhunderten der Aufenverkleidung beraubt, ragt dieses Monument des letzten Königs der 3. Dynastie, mit seinen Steilwänden des heute allein erhaltenen Innenkerns nur wenige Grade von der Senkrechten abweichend, heute fast wie ein Riesenturm himmelwärts. Wie sehr auch jetzt nur noch Ruine, gehört die Pyramide von Medum zu den gewaltigsten Eindrücken der Bautenwelt des Alten Reiches.

DIE GRABMASTABA DER 3. DYNASTIE

Die Grabmastaba des Hesire, der als »Bekannter des Königs« und »Großer des Südens« zu den hohen Beamten der Zeit Djosers gehörte, mag hier als Beispiel in ihrer Gesamtheit und in ihrem Reliefschmuck herausgestellt sein.

18/19
Holzrelieftafeln aus der Grabmastaba des Hesire in Saqqara. Höhe 1,14 m. Kairo, Museum, Nr. 88.

Es haben sich gemäß den elf Nischen am Innengang der Mastaba (Abb. 10) elf Holzrelieftafeln (in verschiedenem Erhaltungszustand) gefunden; die sechs besterhaltenen Reliefs befinden sich im Museum zu Kairo. Hesire ist mit Würdenstäben und Schreibzeug auf der einen Tafel hier stehend, auf der anderen am Speisetisch sitzend dargestellt. Er trägt auf dem Sitzbild eine Löckchenperücke, auf dem anderen die Strähnenfrisur. Bildnisse und Schriftzeichen sind von wunderbarer Frische und Feinheit der Ausführung. Die Gesichtsformen und Einzelheiten des Körperbaues sind so realistisch behandelt wie später noch ausnahmsweise bei ägyptischen Reliefdarstellungen.

19 Teil der Taf. 18 links wiedergegebenen Relieftafel. Hesire hält in der Linken den langen Stab und das keulenförmige Würdenzepter. Auf der Schulter hängt das Schreibzeug, bestehend aus Näpfchenbrett, Binsenfutteral und Wasserbehälter. Der Stuhl hat schlanke Huftierbeine und einen als Papyrosstange gebildeten Sitz. Über dem aus Ständer und Platte zusammengesetzten Tisch mit seinen sog. Broten – eigentlich auf ihm gedacht – verschiedene Nahrungsmittel. Der Sinn derartiger Bilddarstellungen von Nahrungsmitteln vor dem Toten in seinem Grabe beruht auf der Vorstellung der alten Ägypter, daß, solange der Tote Speise und Trank zur Verfügung hat, und sei es auch nur im Bild, sein »Ka«, d. i. seine unvergängliche Wesenskraft, weiter zu bestehen vermag.

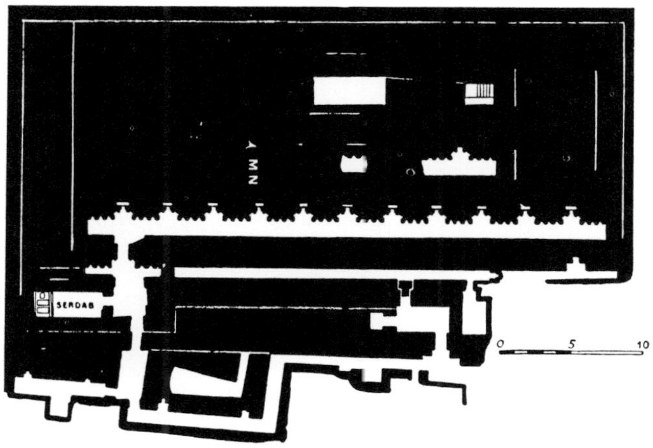

Abb. 10 Grundriß der Grab-Mastaba des Hesire bei Saqqara. E: Eingang beim Mastaba-Südende. Indes die glatte Ostwand des inneren Ganges bemalt war, hatte die Westwand elf Nischen, deren jede ein großes Holzrelief mit dem etwa halb lebensgroßen Bilde des Verstorbenen enthielt (Taf. 18). An der Nordostecke der Mastaba die sog. »Äußere Nische«. Mitten im Block der Mastaba außer der Grabkammer noch eine »Versteckte Nische«.

4. DYNASTIE · 2723-2563

Könige: *Snofru; Cheops (Chnum-chufu); Djedef-Re; Chephren (Chaf-Re); Mykerinos (Menkau-Re), Schepseskaf.* Eine Sonderüberlieferung nennt nach *Chephren* noch zwei Brüder von ihm, *Hor-Dedef* und *Baf-Re;* nach dem ptolemäischen Geschichtsschreiber Manetho folgte auf *Schepseskaf* noch ein König *Tamphthys.*

Zielbewußte Zusammenfassung und Lenkung aller Volkskräfte durch die gottkönigliche Staatsgewalt. Bau der großen Pyramiden mit ihren Tempelanlagen. Beschränkung des Typenschatzes und Abkehr vom Ziervoll-Nachbildnerischen zugunsten schlicht-gewaltiger Formgebung. Der Beschränkung auf einfache monumentale Formen fällt auch die Ausstattung der Privatgräber zum Opfer. Deshalb sind unsere Kenntnisse der Geschichte dieser Zeit gering. Das Schwanken in der Überlieferung der Königsfolge nach der Regierung der Cheops läßt vermuten, es habe eine Neben- oder Gegendynastie bestanden. Auch daß Schepseskaf sein Grab nach Saqqara-Süd verlegt und als Grabform keine Pyramide, sondern eine Mastaba wählt, läßt auf innere Spannungen schließen.

Die Pyramiden der Könige der 4. Dynastie erstrecken sich am Ostrand der Westlichen Wüste über den vergleichsweise weiten Raum von über 140 km Nord-Süd-Ausdehnung. Von den Pyramiden des Snofru erheben sich zwei bei Dahschur (Taf. 20), mehr als 40 km südlich von Gise, und die dritte, wohl unter ihm zum Bauabschluß gebrachte Pyramide bei Medum, fast 125 km südlich von Gise. Andererseits liegen die Reste der Pyramide des Djedef-Re, des Nachfolgers von Cheops, beim heutigen Abu-Roasch, 17 km nordwestlich von Gise. Nächst der Reichshauptstadt Memphis, südlich vom heutigen Saqqara, liegt nur die Mastaba des letzten Königs der 4. Dynastie, Schepseskaf.

DENKMÄLER DER FRÜHEN 4. DYNASTIE

20

Das Pyramidenfeld von Dahschur.

Blick von der Pyramide des Unas in Saqqara nach Süden. Im Mittelgrund links Pyramiden der Gruppe von Saqqara-Süd. In Hintergrundmitte die sog. Knickpyramide (Höhe 97,4 m), rechts die sog. rote Pyramide (Höhe 104,4 m), das älteste Königsgrabmal in reiner Pyramidenform. Beide Bauwerke sind dem Begründer der 4. Dynastie, König Snofru, errichtet worden.

21/22/II

Prinz Rahotep und seine Frau Nofret. Kalkstein, bemalt. Höhe rd. 1,20 m. Kairo, Museum, Nr. 223.

Aus dem Grabe des Prinzen – der wahrscheinlich ein Sohn des Königs Snofru war – in Medum. Als Hoherpriester von Heliopolis, Heerführer usw. bekleidete Rahotep eine Anzahl der höchsten Ämter. Seine Frau Nofret gehörte als Favoritin des Königs zum Hofstaate. An Lebendigkeit der Wirkung und Frische der Bemalung hat das Paar unter den altägyptischen Bildnissen nicht seinesgleichen. Die Augen sind aus trübem und klarem Quarz kunstvoll eingelegt und von einer Fassung umschlossen, welche die schwarzgeschminkten Lidränder wiedergibt. Die linken Seitenflächen der hochlehnigen würfeligen Sitze sind in alter Zeit mit derben Schlägen abgearbeitet. Der Prinz ist mit dem einfachen Schurz bekleidet und trägt an einer engen Halskette aus Röhrenperlen ein Amulett. Nofret – der beliebte Frauenname bedeutet gleichermaßen »die Gute« und »die Schöne« – ist in ein anliegendes Mantelgewand gehüllt. Der Haarreif hat Blumenmuster. Man beachte die übliche Unterscheidung der Hautfarbe von Mann und Frau, die ja auch bei den bemalten Reliefdarstellungen stets wiederkehrt.

Wenn auch in der Gestalt des Rahotep noch ein Hauch des früheren Archaischen zu spüren ist, so verkörpert er doch schon klar und realistisch seine Zeit und das derbe Bauerngeschlecht, aus dem die Könige der 4. Dynastie hervorgingen. Seine breite Schulter, seine gewölbte Brust und seine muskulösen Arme zeugen für seine bäuerliche Abstammung, das wache und intelligente Gesicht aber für die Fähigkeit eben dieses Geschlechtes, einen Staat von der politischen Kraft der 4. Dynastie aufzubauen. Im Gegensatz zur Gestalt des Rahotep steht die der Nofret, bei der zum ersten Mal in der ägyptischen Kunst die Schönheit des weiblichen Körpers erfühlt und wiedergegeben ist. Wie das Gewand den Körper durchscheinen läßt und in dem Ausschnitt leise die schöne Brust fast freigibt, ist ebenso wundervoll gestaltet wie der lebensnahe Kopf mit seinem fast rätselvollen Ausdruck, aus dem vernehmlich »das dem Kosmischen verbundene, animalisch-sinnliche Wesen der Frau« (W. Wolf) spricht.

III

Weidende Gänse. Aus der Grabmastaba des Nefermaat, eines Sohnes des Königs Snofru und seiner Gemahlin Atet in Medum. Malerei auf Verputz. Frühe 4. Dynastie. Höhe des Streifens 28 cm, Gesamtlänge 1,725 m. Kairo, Museum, Nr. 136 E.

Unter den seit der Frühzeit bekannten, ungemein lebendigen Tierdarstellungen nehmen diese Gänse eine besondere künstlerische Stellung ein. Die strenge, etwas trockene Symmetrie des Streifens wird aufgehoben durch die in der ägyptischen Malerei nie mehr übertroffene Feinheit der Farbgebung und die vielen Farben der verschiedenen Arten der dargestellten Gänse. Diese Mannigfaltigkeit der Tiere und die Wiedergabe des Pflanzenwuchses, der das Landschaftliche andeutet, lassen trotz der Komposition in Streifen ein Genrebild entstehen.

23

König Cheops. Elfenbein-Sitzstatue. Aus Abydos. 4. Dynastie. Höhe 5 cm. Kairo, Museum, Nr. 4244.

Das Figürchen ist die einzige vollständig erhaltene Plastik des Erbauers der großen Pyramide. Es wurde 1902 von Flinders Petrie im Bezirk des Tempels des Chontamenti, dem sich seit etwa der 6. Dynastie der Gott Osiris zugesellte und mit ihm in eins verschmolz, gefunden. Der König trägt die »Rote Krone«, d. i. die Krone Unterägyptens; sie ist in ihrem oberen Teil abgebrochen. In der rechten Hand hält der König die Geißel; die linke Hand liegt ausgestreckt auf dem Oberschenkel. Er ist mit einem kurzen Schurz bekleidet. Am würfelförmigen Sitz ist vorne der Name eingeschnitten. Trotz seiner Kleinheit drückt das Bild die Energie und Tatkraft aus, die man dem Herrscher Cheops zuschreiben muß.

24

Fürst Anchhaf. Kalkstein mit Stucküberzug, bemalt. Höhe 58 cm. Boston, Museum of Fine Arts.

Aus dem Grabe des Fürsten bei Gise. Als dritter Gatte der Prinzessin Hetepheres war Anchhaf Schwiegersohn des Königs Cheops. Er war Wesir und Leiter der Bauten des Königs. – Die Büste hatte offenbar eine andere kultische Bestimmung als die zerstört gefundenen Statuen des Fürsten. Die Formen sind aus einer über den Kalksteinkern gelegten Stuckschicht herausmodelliert. Die Arme sind in Höhe der Achselhöhle, der Rumpf ist unterhalb der Brust abgeschnitten; das Bildwerk ist hell rötlichbraun bemalt. Die Ohren sind aus unerklärten Gründen abgearbeitet wie bei den sog. »Ersatzköpfen« bzw. »Sonderköpfen« jener Zeit, denen dieses Fundstück offenbar eng verwandt ist. Der ungewöhnlich realistische Gesichtsschnitt mit seinem Eingehen auf individuelle Formeinzelheiten gibt der Büste eine Sonderstellung unter den Bildnisdenkmälern der Zeit.

DAS PYRAMIDENFELD VON GISE

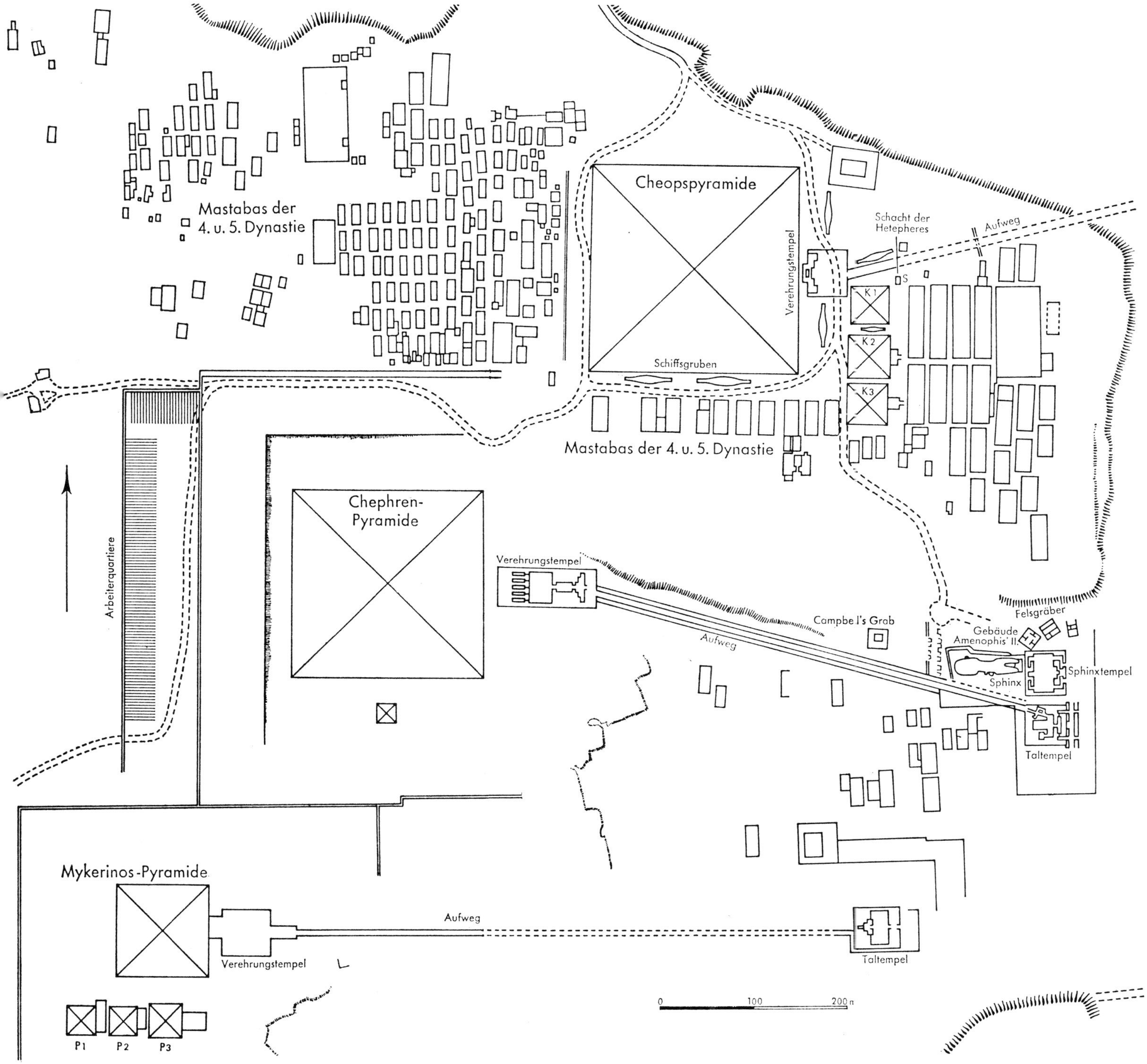

Abb. 11 Das Pyramidenfeld von Gise mit den drei Pyramiden des Cheops, des Chephren und des Mykerinos. An der Südseite der Cheops-Pyramide die beiden 1954 entdeckten Sonnenschiffe. Vor den Ostflanken der Pyramiden jeweils der Totentempel, zu dem der Aufweg vom Taltempel führt; erhalten von den Pyramiden des Chephren und Mykerinos, von der Pyramide des Cheops weitestgehend zerstört. Nordwestlich des Chephren-Taltempels die Sphinx.

Dieser große Gräberbereich umfaßt außer den drei berühmtesten Pyramiden die weitgedehnten Gräberfelder der Hochgestellten der 4. und auch noch der darauffolgenden 5. Dynastie. Jede Pyramidenanlage besteht aus vier hintereinanderliegenden Baugliedern, die sich, miteinander verbunden, vom Fruchtlandrande nach Westen zum Abhang des Wüstenplateaus hinaufziehen: dem Tor- oder Taltempel, dem überdeckten, durch Lichtschlitze erhellten Aufweg, dem Totentempel vor der Pyramide, in dem der Kultus für den bestatteten Herrscher ausgeübt wurde, und endlich der Pyramide selbst als dem monumentalen Abschluß.

Im Norden des Feldes liegt die älteste und zugleich größte Pyramide, die des *Cheops*, des Sohnes des Snofru und der Hetepheres. Bei einer basalen Seitenlänge von rund 230 m = 440 ägyptische Ellen (Nordseite: 230,253 m, Südseite: 230,454 m), einem Neigungswinkel ihrer Flächen von 51°52', erreichte sie einst eine Höhe von 146,6 m (heutige Höhe 137,2 m). An sie im Westen anschließend der Königsfriedhof mit den von Nord nach Süd und von Ost nach West führenden Mastaba-Straßen, die in der 4. Dynastie nach einheitlichem Plan für die Mitglieder des königlichen Hauses und die hohen Staatswürdenträger angelegt wurden und nach Süden durch eine Mauer abgegrenzt waren. Vor der Pyramide lag – wie heute noch sichtbar bei den beiden jüngeren Pyramiden von Gise – der Totentempel, zu dem vom Taltempel am Nilarm der Aufweg führte. Unmittelbar vor der Ostseite der Pyramide zwei Vertiefungen für die Sonnenschiffe. Die zwei erst im Jahre 1954 entdeckten Schiffe liegen an ihrer Südseite. Im Osten vor der Cheops-Pyramide noch drei weitere kleine Pyramiden für nächste Angehörige, wohl Töchter des Pharao. Anschließend ein weiteres Mastaba-Feld.

Die im Plan mittlere Pyramide des *Chephren*, des Sohnes des Cheops, mit einer ursprünglichen Seitenlänge von 215,25 m (heute 210,5 m) erreichte mit einem Neigungswinkel von 52°20' eine Höhe von 143,5 m (heute 136,4 m). An ihrer Spitze ist noch ein guter Teil des Mantels erhalten, der ursprünglich die Pyramiden im ganzen bekleidete. Totentempel, Aufweg und – vor allem – Taltempel sind von dieser Pyramide am besten erhalten.

Die südlichste und kleinste der drei Pyramiden ist die des *Mykerinos*. Ihre Seitenflächen maßen einst 84,4 m (heute 79,64 Meter), ihr Neigungswinkel ist 51°. Ihre Höhe war einst 66,4 m (jetzt 62 m). Totentempel, Aufweg und Taltempel sind auch hier in deutlichen Resten erhalten. Vor ihrer Südseite gleichfalls drei kleine Pyramiden.

Zwischen den Aufwegen der beiden letztgenannten Pyramiden dehnt sich ein weiteres großes Mastabafeld, meist von Vornehmen der 5. Dynastie.

Seitlich vom Beginn des Aufwegs vom Taltempel des Chephren liegt im Norden die Sphinx. Vor ihr der Sphinxtempel (nicht zu verwechseln mit dem in der Literatur irrtümlich auch öfter als Sphinxtempel bezeichneten Chephren-Taltempel).

Der Bauplan der Pyramiden, im einzelnen bei jeder Pyramide verschieden, sei prinzipiell aufgezeigt an Hand der Cheops-Pyramide, die an Größe im gesamten wie auch in der Gestaltung der Innenräume die anderen übertroffen hat.

Ihr Kern besteht aus unregelmäßig gelagerten, grob bearbeiteten Steinblöcken. Er war nach außen mit einem Mantel von wohl ausgerichteten und bearbeiteten Kalksteinen in einer Tiefe von 5,25 m umkleidet. Der Plan der inneren Gestaltung wechselte dreimal.

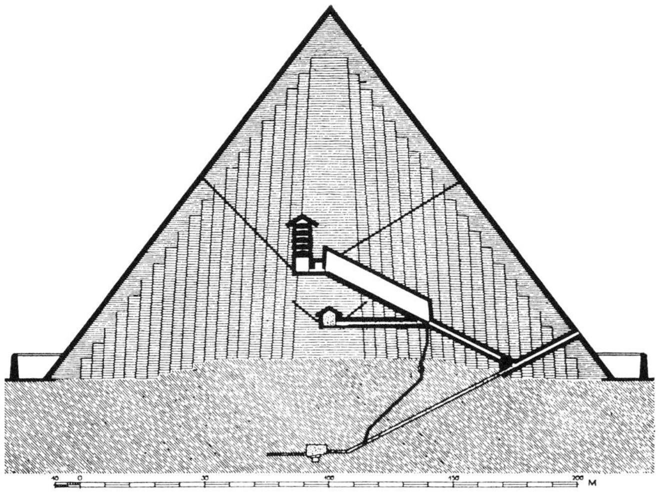

Abb. 12 Längsschnitt Süd-Nord durch die Pyramide des Cheops.

Der wie bei allen Pyramiden nach Norden gelegene Eingang, hier in 15 m Höhe, zieht erst 19 m abwärts, um dann aufwärts zu führen. An der Knickstelle war der Aufstieg – zum Schutz gegen Grabräuber – durch mehrere gewaltige Granitblöcke versperrt. Der Weg führt in die Große Halle, die in einem Winkel von 26,5° aufsteigt, 8,5 m hoch, 47 m lang und maximal 2,14 m breit ist. Mit poliertem Mokattam-Kalk ausgekleidet, ist sie ein Meisterwerk der Steinmetzkunst. Von ihr führt ein kurzer Gang zu einem durch vier Fallsteine aus Granit verschlossenen Vorraum. Es folgt 42,28 m hoch über der Grundfläche der Pyramide die königliche Grabkammer mit einer NS-Länge von 5,2 m und einer OW-Breite von 10,43 m. Auskleidung mit Assuan-Granit. Am Westende der Granitsarkophag des Königs. Von der Grabkammer führen nach außen zwei verschieden steil aufsteigende Luftgänge von 15 × 20 cm Querschnitt und 53 bzw. 71 m Länge, wohl religiös bedingt. Über der Grabkammer ein System von vier horizontalen Steindecken über Hohlräumen und einem Gabeldach gegeneinander geneigter Blöcke zur Abschirmung des Druckes des Pyramidenscheitels gegen die königliche Grabkammer.

25

DIE PYRAMIDEN VON GISE, VON DER STRASSE NACH SAQQARA AUS.

Nirgendwo anders läßt sich so eindrucksvoll die dominierende Höhe der Cheopspyramide, die rechts im Bild mit ihren heute noch 137,2 m aufragt, sehen, als von diesem Blickpunkt an der Straße nach Saqqara, die östlich des Pyramidenfeldes von Gise vorbeiführt. Die drei Beipyramiden der Cheops-Pyramide sind deutlich zu sehen. Ihre südlichste ist durch die perspektivische Verschiebung etwa vor der Mitte der Chephren-Pyramide zu erkennen.

26
DIE PYRAMIDENGRUPPE VON GISE VON SÜDEN.

In der Aufnahme sind deutlich die jeweils im Osten vor den beiden jüngeren Pyramiden liegenden Totentempel zu sehen: der des Mykerinos (im Bild vor der Pyramide des Chephren zu liegen scheinend) und der des Chephren (im Bild vor der Pyramide des Cheops). Im Hintergrund rechts als dunkles Band das Fruchtland gegen Kairo hin.

27–29
DIE SPHINX VON GISE.

Das Felsbild, ein kolossaler liegender Löwe mit einem haubenumkleideten Königskopf, ist aus dem Kern eines Kalksteinbruches gearbeitet, aus dem König Cheops die Blöcke zum Bau seiner Pyramide und der Graboberbauten seiner Großen holen ließ. Das gewaltige Werk wird gewöhnlich der Zeit des Königs Chephren zugeschrieben, doch sprechen Einzelheiten, wie der Gesichtstypus und die zurückfliehenden Seitenflächen des Kopftuches, für ältere Entstehung. In der Weltmachtzeit galt diese Sphinx als Bild des Sonnengottes Re-Harachte von Heliopolis. – Die Pranken und Außenteile des Rumpfes sind aus Hausteinen aufgemauert. 1925/26 ist anläßlich einer erneuten vollständigen Freilegung des Riesendenkmals der Kopf durch beiderseits unter der Haube angebrachte Stützen aus Zement gesichert worden. An der Wange vor dem Ohr rotbraune Farbreste. Die Schäden am Haupt wurden durch den Bildersturm um 1380 n. Chr. und später nochmals durch die Mamluken verursacht.

Trotz der gewaltigen Größe des Denkmals (Höhe: rd. 20 m, Länge: 73,50 m) ist es dem umgebenden Landschaftsraum harmonisch eingepaßt. Das Ausmaß seiner Größe wird anschaulich aus Taf. 28 beim Blick auf den Chephren-Taltempel im Hintergrund links zu Füßen der Sphinx.

27 Im Hintergrund der Sphinx die Pyramide des Cheops.

28 Unmittelbar vor der Sphinx die Reste eines wohl schon unter König Chephren vorhandenen Tempels; schräg zum Vordergrund ein Denkmal aus dem Neuen Reich. Hinter der Sphinx der vom Chephren-Taltempel zum Pyramidentempel ziehende »Aufweg«. Über dem Scheitel der Sphinx ist ein arabischer Friedhof sichtbar. Ganz links im Hintergrund die Pyramiden von Abusir.

29 Südteil des Pyramidenfeldes von Gise von Osten her gesehen. Vor der Sphinx die Ruine des wohl ihr geweihten Tempels, links anschließend der Chephren-Taltempel. Von ihm aus führt der alte Aufweg zum Totentempel vor der Chephren-Pyramide (im Bild rechts) empor. Im Hintergrund der Bildmitte die Pyramide des Mykerinos.

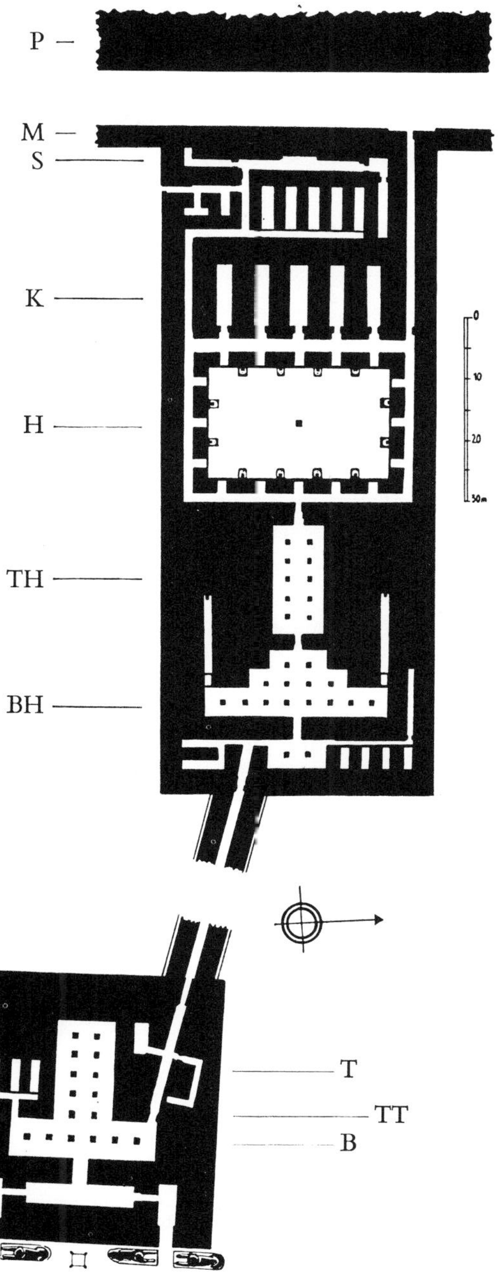

Abb. 13 Totentempel und Taltempel des Königs Chephren. TT: Der Taltempel. Von ihm führt der 494,6 m lange nordwestwärts ziehende Aufweg zum Totentempel vor der Mitte der Ostseite der Pyramide (P). Seine Westflanke ist der äußeren Umfassungsmauer (M) der Pyramide angeschlossen. BH: Breite Halle mit im Querschnitt stufenweiser Verschmälerung von Ost nach West. An ihre Flanken beiderseits angeschlossen je ein als Serdab gedeuteter Raum. TH: Tiefe Halle. H: Der Große Hof. An ihn anschließend fünf Kapellen (K). S: Das Allerheiligste mit Scheintüre.

KÖNIG CHEPHREN · TALTEMPEL UND TOTENTEMPEL VOR SEINER PYRAMIDE

Der vielfach als »Torbau« bezeichnete *Taltempel* lag an einem Nilarm. Das großartig schlichte Bauwerk ist ein Massiv von fast quadratischem Grundriß. Schönheit der Proportionen und noch heute erstaunlicher Glanz edlen Materials, die Charakterzüge der Bauten der 4. Dynastie, zeichnen es in hohem Maße aus. Vor den zwei Eingängen an seiner Ostfassade lag vermutlich je ein Sphingenpaar. Die Eingänge führen beide zu einem Querkorridor, aus dessen Mitte die »Breite Halle« (B) erreicht wird. An sie schließt die dreischiffige »Tiefe Halle« (T) an. Monolithe Granitpfeiler von je 4,10 m Höhe. Durch noch vorhandene Schrägluken empfingen die Räume

Licht. An den Wänden der Halle standen einst 23 Königsbilder, deren viereckige Standspuren sich als Pflasterlücken (Taf. 32) noch abzeichnen. Aus der Südwestecke der »Breiten Halle« führt ein Gang zu einer Gruppe von zweimal drei Magazinkammern. In der Nordwestecke öffnet sich der Zugangskorridor zum Aufweg.

Der im Osten der Pyramide vorgelagerte *Totentempel* bildete gleichfalls ein Steinmassiv aus mächtigen Quadern jedoch örtlichen Kalksteins mit Granitverkleidung, aus dem heraus die nötigen Räume wie mittels Aushöhlung gearbeitet scheinen. Im großen Hof (H), den weitere Bildnisstatuen des Königs geschmückt haben, vollzogen sich die Opfer. Er ist das Kernstück des sogenannten »öffentlichen« Tempelteils. Seine Pfeiler bestanden aus Assuan-Granit, davor befanden sich die insgesamt zwölf Sitzbilder des Königs. Im Westen anschließend fünf Kapellen (K), worin der Pharao unter je einem seiner fünf Namen verehrt wurde. Jede Kapelle enthielt je eine Statue des Königs und wohl auch je eine Barke. Diese Barken mögen den fünf rings um den Totentempel ausgegrabenen Barken entsprochen haben. Dahinter der nur den amtierenden Priestern zugängliche »intime« Tempelteil mit der Kultnische des Allerheiligsten (S). Vor dem Großen Hof, dem Eingang zu gelegen, wieder das System der »Tiefen Halle« (TH) und der vorgelagerten »Breiten Halle« (BH) wie im Taltempel, nur die letztere ausgedehnter.

30/31, IV
König Chephren. Sitzbild. Diorit. Höhe 1,68 m. Kairo, Museum, Nr. 138.

Das Sitzbild ist zusammen mit acht anderen mehr oder weniger vollständigen Statuen des Königs im »Brunnenschachte« des Taltempels gefunden worden. Allein bei ihm ist dem Herrscherhaupt der falkengestaltige Königsgott Horus zugesellt, der auf der Rückenlehne des Thrones stehend dem König seine Wesenskraft mitteilt. Der großartige Bildgedanke hat in der ägyptischen Königsplastik nicht oft und nie wieder so gültig Form gewonnen. Der Thron ist löwenbeinig; je zwei Vorderbeine sind mit einem bemähnten Kopf zu einem Löwenvorderteil verbunden. An den Thronseiten das Symbol der Vereinigung der beiden Länder, bestehend aus dem Zeichen Sema, »vereinigen«, um das die Wappenpflanzen Unter- und Oberägyptens, Papyros und sog. »Lilie«, geschlungen sind. Auf der Fußplatte vorne rechts und links der Name. Die zur Faust geballte Rechte des Königs hält ein gefaltetes Tuch mit herabhängenden Enden von ungleicher Länge. Zwischen den Fersen eine runde Vertiefung von unerklärter Bestimmung. Über der Stirnmitte, der Haube flach angelegt, das aufgerichtete Vorderteil der die Königsmacht bezeichnenden, die Feinde des »Großen Gottes« mit Vernichtung bedrohenden göttlichen Schildviper.

In diesem Bild hat »die Idee die volle Herrschaft über die Natur gewonnen. Alles Einmalige, Zufällige, Gleitende ist ausgeschieden und an seine Stelle das allgemein Gültige, Dauernde, Seiende getreten«. Es ist »die überzeitliche Wirklichkeit einer höheren Seinswelt«. »Darin liegt das Geheimnis, daß sich in diesem Bild frischestes Leben mit dem Ewigkeitsgehalt zu einer untrennbaren Einheit verbindet, daß es bei aller Vitalität das Göttliche überzeugend dartut. So hat sich der Ägypter der 4. Dynastie den göttlichen König vorgestellt, den fleischgewordenen Weltgott, das Unterpfand der Weltordnung, den Halt des Glaubens« (W. Wolf).

32/33
Chephren-Taltempel.

32 Schrägblick aus der »Breiten Halle« mit ihrer einzigen Pfeilerreihe in den dreischiffigen Pfeilersaal der »Tiefen Halle«.

33 Das Mittelschiff der »Tiefen Halle« von der »Breiten Halle« aus.

DIE GRÄBER DER 4. DYNASTIE

Die tafelförmige Gestalt der Mastaba, auf die sich ihr Name (Mastaba = Bank) bezieht, geht aus der Rekonstruktion in Abb. 14 hervor. Eine schlichte Monumentalität ist das Kennzeichen dieser Grabbauten, die an den Straßen lagen, die im rechten Winkel auf die beiden großen Pyramiden des Cheops und Chephren zuliefen. Aus mächtigen Steinquadern gefügt, entbehrten die Mastabas der 4. Dynastie, dem Willen der großen Herrscher gemäß, der bildgeschmückten Kultkammer, obwohl diese schon seit der 3. Dynastie in Saqqara und Medum die Mastabas der Großen des Reiches auszeichnete (Taf. 18/19, 21/22/II). Lediglich eine kleine Opferstelle, an die Südflanke der Ostseite angebaut, den Opfergeräten Schutz gebend und als Magazin dienend, war nunmehr noch genehmigt. Da mit der Kultkammer auch wieder der Serdab mit der Statue verschwand, blieben nur der Schacht und die mit Kalksteinquadern verkleidete Sargkammer mit dem schlichten Kalksteinsarkophag. Der Schacht wurde nach der Beisetzung zugeschüttet. In dem kleinen Vorraum zwischen Schacht und Sargkammer fanden Bildnisköpfe, die sog. Ersatzköpfe (Taf. 36–38), Aufstellung.

34 Mykerinos-Totentempel, Aufnahme von der Südostecke der Mykerinos-Pyramide aus. Im Hintergrund die Chephren-Pyramide.

35 Mastabagräberfeld des Alten Reiches, dahinter die Chephren-Pyramide und ihr Totentempel.

Südlich des Aufweges zum Totentempel der Chephren-Pyramide reihen sich die zahlreichen Oberbauten der Privatgräber von Beamten, vor allem der 5. Dynastie. In ihren Statuenkammern haben sich viele Bildwerke gefunden, welche die Grabinhaber und ihr Gesinde darstellen. Vor der Ostseite der Pyramide (im Schatten liegend) ist deutlich der Totentempel zu sehen.

36–38
Bildnisköpfe aus dem Königsfriedhof von Gise. Kalkstein. Lebensgröße. Kairo, Museum, Nr. 6003 und 6005.

Diese gesondert gearbeiteten Köpfe gehören zu einer Gruppe, welche im wesentlichen auf statuenlose Gräber von Mitgliedern des Königshauses des Cheops und Chephren in

Abb. 14 Gruppe von Mastaba-Gräbern der 4. Dynastie aus der Vogelschau. Links im Bild zwei Mastabas angeschnitten, den jeweils zur Grabkammer führenden tiefen Schacht zeigend.

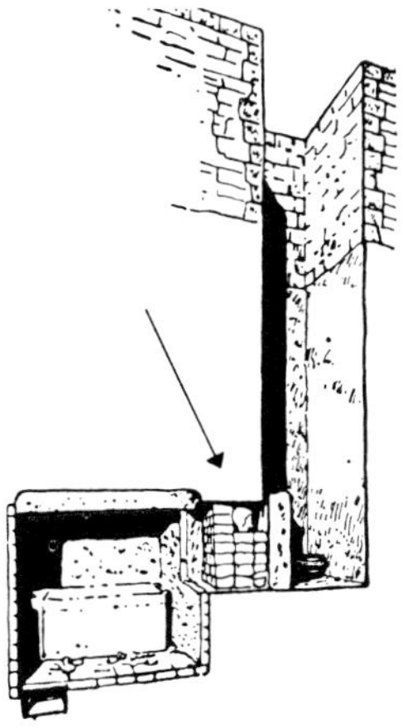

Abb. 15 Längsschnitt durch Schacht und Sarkophagkammer einer Mastaba der 4. Dynastie. Der Vorraum zwischen beiden zeigt die Aufstellung des »Ersatzkopfes«.

Gise beschränkt zu sein scheint, wenn sich vereinzelt ähnliche Stücke auch andernorts gefunden haben. Sie stammen aus den unterirdisch angelegten Sargkammern, in deren Zugang sie – zum Schachte hin gerichtet – aufgestellt waren.

Das Haar ist wie eine flach anliegende Kappe abgesetzt, die Augen sind nicht eingelegt, die großflächig und schlicht behandelten Gesichtsformen wirken bildnishaft. Die Ohren sind oft mehr oder minder abgehackt. Am Hinterkopf und Nacken finden sich senkrechte Einkerbungen, am Hals über der Standfläche verschiedentlich leichte waagrechte Einschnitte. Das alles spricht für einen lokalen, vielleicht auf uralte Vorstellungen zurückgehenden Bestattungsbrauch, der sich möglicherweise in den Pyramidentexten (Spruch 373) andeutet: »Erhebe Dich! Nimm Dir Deinen Kopf, sammle Dir Deine Knochen, raff Deine Glieder zusammen!« Nach H. Junker waren diese Köpfe dazu bestimmt, der schweifenden Seele bei der Rückkehr in das Grab gewissermaßen als physiognomische Wegweiser zum zugehörigen bestatteten Leib zu dienen.

Daß die Büste des Fürsten Anchhaf (Taf. 24), die das Museum von Boston bewahrt, offenbar nicht das Fragment einer Statue des Fürsten ist, sondern wohl einen Vorläufertyp der späteren echten »Ersatzköpfe«, wie sie Taf. 36–38 zeigen, darstellt, sei hier nochmals angedeutet.

PLASTIK DER ZEIT DES KÖNIGS MYKERINOS

39

König Mykerinos zwischen zwei Göttinnen. Grüner Schiefer. Höhe 98 cm. Kairo, Museum, Nr. 180.

Aus dem Taltempel des Königs bei Gise.

In einem Versteck des beim Tode des Königs unfertigen, unter seinem Nachfolger Schepseskaf behelfsmäßig als Ziegelbau vollendeten Taltempels haben sich mehrere solcher Dreiergruppen gefunden. Sie verteilen sich heute auf die Museen in Kairo und Boston.

Zur Rechten des Königs, der die Krone von Oberägypten trägt, die Göttin Hathor, zu seiner Linken die Schutzgöttin des Gaues Diospolis Mikra mit dem Gausymbol über ihrem Scheitel.

Die Zusammengehörigkeit von Göttinnen und König drückt sich nicht nur in ihrem Zueinandergeordnetsein in der Form einer Familiengruppe aus, sondern auch in der Familienähnlichkeit ihrer Gesichtszüge. Es begegnet immer wieder, daß das Bild eines Gottes nach dem Bild des Pharao geformt wurde.

In den Göttinnen dieser Triaden haben wir die ersten plastischen Götterbilder des Alten Reiches vor uns. Aber die Göttinnen sind nur durch ihr Attribut und nicht durch ihre Gestaltung im ganzen als Gottheit charakterisiert. In ihrem Typus gleichen sie vielmehr völlig dem der Gemahlin des Königs Mykerinos, die mit ihm zur Gruppe vereinigt (Taf. 40/41) gleichfalls der königliche Taltempel bewahrt hat.

40/41

König Mykerinos und Königin Chamerernebti. Schiefer, Reste von Bemalung. Höhe 1,42 m. Boston, Museum of Fine Arts.

Aus dem Taltempel des Königs vor seiner Pyramide bei Gise. Das unfertig gebliebene, nur teilweise geglättete Werk ist das früheste bisher bekannte Beispiel eines Typus, der in der Folgezeit bei Statuen von Privatleuten ganz gebräuchlich wird und sich zur Familiengruppe erweitert. Der Unterschied zwischen dem kraftvoll männlichen Königsgesicht mit seinem Ausdruck wacher Aufgeschlossenheit und dem mehr vegetativen Gesichtsausdruck der Frau ist auffällig und kann als Beweis dafür gelten, daß die Kunst dieser Zeit keineswegs von der Idealschablone bestimmt gewesen ist.

Das bestimmende Moment dieser Gruppe ist, daß in der Stellung des Königs und seiner Gemahlin jeglicher Gefühlsausdruck vermieden ist. Beide Gestalten sind ganz selbständige und nur einander nebengeordnete Teile eines Ganzen, ohne daß Mann und Frau psychologisch zu irgend einer Einheit verschmolzen wären. Ohne jeden Ausdruck der Bewegung zueinander und des Momentanen, das in der Umarmung des Königs durch die Gattin so leicht hätte gegeben sein können, ist der Eindruck einer monumentalen und zeitlosen Ruhe erreicht. Jeglicher Ausdruck des Gefühls ist gebannt.

42

König Mykerinos. Oberteil einer Alabaster-Sitzstatue. Lebensgröße. Kairo, Museum, Nr. 157.

Aus dem Totentempel des Königs vor seiner Pyramide bei Gise. Das Material verleiht diesem Sitzbild-Fragment besonderen Reiz. Es ist nicht ausgeschlossen, daß das Alabasterbildnis nicht mehr Mykerinos selbst, sondern seinen Sohn und Nachfolger Schepseskaf darstellt, wie ja eben erst dieser das Grabmonument seines Vaters nach dessen Tod vollendet hat.

V

SARKOPHAG EINES UNBEKANNTEN. Aus Gise. Bemalter Kalkstein. 4. Dynastie. Höhe etwa 1,17 m. Kairo, Museum, Nr. 6170.

Der reich verzierte Sarkophag wiederholt auf der hier gegebenen Schmalseite das Motiv der Tür als Gliederung in unterschiedlichen Formen. Die Mitte wird durch die Andeutung von drei überhoch gestreckten Türen, die jeweils durch ein »Schutz«-Symbol bekrönt sind, betont. Rechts und links schließen zwei wesentlich niedriger gehaltene Türnachbildungen an. Darüber läuft in halber Höhe des Sarkophages ein Fries mit einer Andeutung von je sechs Fenstern. Die Motive kehren abgewandelt wieder bei der schönen palastartigen Fassade des Sarkophages des Priesters Rawer (Taf. 43), weiterhin bei den Fassaden der frühzeitlichen Gräber (Abb. 3) und letzten Endes auch an der Umfassungsmauer des Grabbezirkes des Königs Djoser (Taf. 9) in Saqqara. Verschiedenfarbige Bemalung der einzelnen Architekturglieder erhöht den plastischen Reiz der Sarkophagfronten, die ähnlich denen auf Tafel 43 eine ausgezeichnete Anschauung von den verlorenen Palastfassaden selbst vermitteln.

5. DYNASTIE · 2563–2423

Könige: *Userkaf; Sahu-Re; Neferirka-Re; Schepseska-Re; Ne-user-Re; Menkauhor; Asosi; Unas (Onnos).*

Der Re-Kultus, die Sonnenreligion von Heliopolis, ist Staatsreligion geworden. Stärkeres Hervortreten der hohen Priester und Staatsbeamten. Blüte der Bildhauerkunst.

So wie die ersten Könige der kurzen 3. Dynastie, Djoser und sein Nachfolger Sechemchet, ihre Grabdenkmäler in unmittelbarer Nähe der Reichshauptstadt Memphis, am westlichen Wüstenrand nahe dem heutigen Saqqara, errichtet hatten, und auch die unvollendete Pyramide des Neferka kaum 20 km nördlich, beim heutigen Zawijet-el-Arjan, liegt, und wie des letzten Königs der 4. Dynastie Grabmal wieder in der Nähe von Memphis errichtet wurde, so finden sich nahe der Reichshauptstadt Memphis auch wieder die Pyramiden der Könige der 5. Dynastie und der nächst anschließenden Dynastien. Diese königlichen Grabdenkmäler sind längst nicht so sorgsam für die Ewigkeit gefügt wie die Pyramiden des Djoser und die des Snofru, Cheops, Chephren und Mykerinos. Ihre Reste sind heute nur noch pyramidal getürmte Steinhaufen ohne jenen kristallenen Adel, der die Pyramiden der 4. Dynastie auszeichnet.

Dicht bei der Djoser-Stufenpyramide liegen die Pyramiden der Könige Userkaf und Unas, etwas weiter südlich ragt die des Königs Asosi auf. Kaum 10 km nördlich, beim heutigen Abusir, erhebt sich die Pyramiden-Dreiheit der Könige Sahu-Re, Neferirka-Re und Ne-user-Re (Taf. 45). Wenig nördlich, bei Abu-Gurab, befinden sich die Reste zweier »Sonnenheiligtümer« der Dynastie, nämlich die des Königs Userkaf und des Königs Ne-user-Re, die einzigen uns in eindrucksvolleren Resten erhaltenen dieser in der 5. Dynastie aufkommenden, der Sonne geweihten Heiligtümer mit Obelisken, deren Gestalt uns durch ein Hieroglyphenbild glücklicherweise erhalten ist.

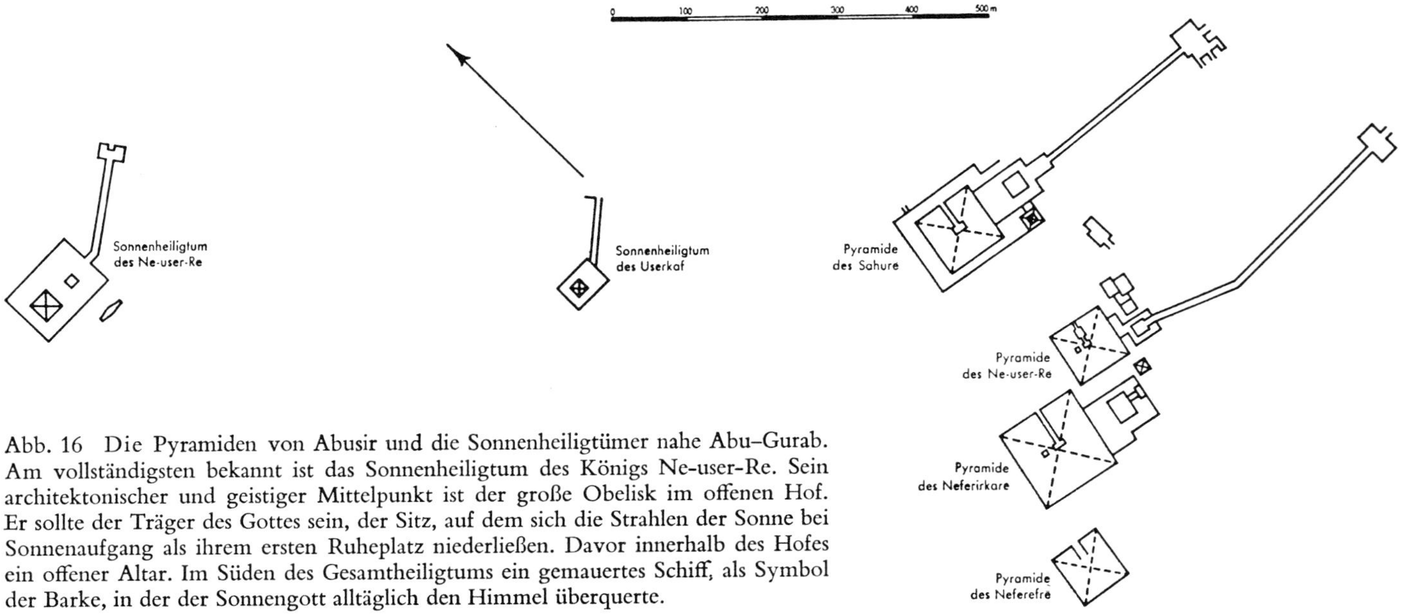

Abb. 16 Die Pyramiden von Abusir und die Sonnenheiligtümer nahe Abu–Gurab. Am vollständigsten bekannt ist das Sonnenheiligtum des Königs Ne-user-Re. Sein architektonischer und geistiger Mittelpunkt ist der große Obelisk im offenen Hof. Er sollte der Träger des Gottes sein, der Sitz, auf dem sich die Strahlen der Sonne bei Sonnenaufgang als ihrem ersten Ruheplatz niederließen. Davor innerhalb des Hofes ein offener Altar. Im Süden des Gesamtheiligtums ein gemauertes Schiff, als Symbol der Barke, in der der Sonnengott alltäglich den Himmel überquerte.

43

Sarkophag des Rawer. Kalkstein. Kairo, Museum, Nr. 519.

Aus dem Grabe des Rawer bei Gise. Der Sarkophag ist mit besonderer Sorgfalt als Palast mit Türen, Fenstern und Nischenschmuck gearbeitet. Er gibt eine gute Vorstellung von der Gliederung und der Ornamentzier eines Palastes aus sonnengetrockneten Nilschlammziegeln.

44

Zwei Säulen- und Kapitell-Typen aus den Totentempeln zweier Pyramiden bei Abusir.

44 links Papyrosbündel-Säule vom Totentempel des Königs Ne-user-Re bei Abusir. Kairo, Museum, Nr. 221.

Die Säule, die in ihrem Durchmesser in etwa der rechts auf dieser Tafel wiedergegebenen Palmenkapitell-Säule vom Totentempel des Königs Sahu-Re gleichkommt, ist eines der frühesten Beispiele jenes Säulentyps, bei welchem die Kapitelle noch aus einer Anzahl nicht geöffneter Blütenstandsdolden des Papyros gebildet sind, wie denn auch die Säule selbst aus einer ebensolchen Anzahl von Papyrosschäften gebildet wird. Es ist eine Säulen- und Kapitellform, die sich – wenn auch abgewandelt und komplexer gestaltet – bis in die Spätzeit erhält.

44 rechts Granitsäule mit Palmenkapitell aus dem Säulenhof im Totentempel des Königs Sahu-Re bei Abusir. Assuan-Granit. Höhe des Kapitells (vom untersten Ring zur oberen Fläche des Abakus) 2 m. Kairo, Museum, Nr. 135.

Die Palmwedel sind wie durch mehrfache Umschnürung zur tragenden Fiederkrone hochgebunden. Am untersten Band eine mehrteilige Schlinge. Auf dem Säulenschaft Name und Titel des Herrschers. – Die Palmensäulen aus Abusir sind die bisher ältesten und zugleich schönsten Vertreter des langlebigen Typus, der noch mehr als zwei Jahrtausende später bei Tempelbauten der Ptolemäerzeit auftritt.

45

Die Pyramiden der 5. Dynastie von Abusir.

Die Aufnahme zeigt die drei besterhaltenen der vier bei Abusir liegenden Pyramiden, im Vordergrund die des Königs Ne-user-Re, dahinter links die des Königs Neferirka-Re, rechts die des Königs Sahu-Re. Diese Pyramiden der 5. Dynastie erreichten keineswegs die Höhe der Pyramiden der Könige der 4. Dynastie; ihre höchste, die des Neferirka-Re, mißt nur 70 m in der Höhe. Auch bei ihnen ist die ursprüngliche Verkleidung abgetragen. Sie und die zugehörigen Tempelanlagen sind 1902–1908 durch Ludwig Borchardt im Auftrag der Deutschen Orientgesellschaft untersucht und veröffentlicht worden.

Etwa 500 m nordwestlich der Pyramide des Königs Sahu-Re liegt das Sonnenheiligtum des Königs Userkaf, der seine Pyramide in Saqqara hatte. Nahe dem unteren Tempel seines Sonnenheiligtums ist der auf Taf. 48/49 abgebildete Königskopf gefunden worden. Weitere etwa 750 m nordwestlich, bei Abu Gurab, ist das Sonnenheiligtum des Königs Ne-user-Re wieder zu Tage gekommen.

PLASTIK

46/47

König Userkaf. Assuan-Granit. Höhe 67 cm. Kairo, Museum, Nr. 6051.

Aus dem Totentempel der Pyramide des Königs bei Saqqara. Der zu dem strenggebauten, wahrhaft monumentalen Kopf gehörige Körper fehlt. Unter den Kolossalbildern altägyptischer Könige ist dieses nach dem heutigen Wissensstand das älteste. Die Augensterne waren durch Farbe angegeben, von der sich Spuren erhalten haben.

48/49

Lebensgrosser Kopf eines Königs (Userkaf?) der 5. Dynastie. Metamorphischer Schiefer, 1957 bei den schweizerisch-deutschen Ausgrabungen am unteren Tempel des Sonnenheiligtums des Königs Userkaf bei Abusir gefunden. Kairo, Museum.

Der Dargestellte trägt die Krone Unterägyptens, die sog. Rote Krone des Nordens, deren oberer Teil abgebrochen ist. Er ist bartlos. Die Augenbrauen und die verlängerte Lidspalte sind sehr viel ornamentaler gebildet als bei dem Kopf des Königs Userkaf (Taf. 46/47). Diesem gegenüber wirkt das Gesicht weicher und jugendlicher. Man hat deshalb auch erwogen, den Kopf nicht einem König, sondern einer Göttin, und zwar der Neith, zuzuschreiben.

50

Alabasterstele mit Reliefbild des Rawer. Höhe 84,5 cm. Kairo, Museum, Nr. 6267.

Aus dem Grabe des Rawer bei Gise. Oben Amtstitel und Name des Dargestellten, der ein hochstehender Mann seiner Zeit war: Es heißt »Sem-Priester, Vorlesepriester, Hüter des Geheimnisses des Gotteswortes (des Tempelarchivs), Gefolgsmann des Gottes Min, Rawer«. Farbreste sind erhalten. Körper und Bekleidung sind lediglich in eingemeißelten Konturen gegeben. Der Werkstoff in seiner weich schimmernden Transparenz ist von edler Wirkung.

51

Rawer. Kalkstein. Höhe 25 cm. Kairo, Museum, Nr. 6265.

Aus dem Grabe des Rawer bei Gise. Bruchstück von einer lebensgroßen Statue. Das durchgeistigte Gesicht steht formal dem Granitbild des Königs Userkaf (Taf. 46, 47) nahe.

52–57

Ranofer, Oberpriester am Tempel des Ptah in Memphis. Kalkstein, mit Spuren der Bemalung. Höhe der Standbilder 1,85 bzw. 1,80 m. Kairo, Museum, Nr. 224 und 225.

Aus der Grabmastaba des Ranofer bei Saqqara. Der Körper zeigt Farbreste, wobei die Fleischteile hell orangebraun sind.

Das Haar ist schwarz, der Schulterkragen ist aufgemalt. Auf der Fußplatte Inschriften.

Die kurze Haartracht der auf Taf. 52, 53 links sowie 54/55 abgebildeten Statue läßt Ranofer etwas älter erscheinen als bei dem anderen Standbild mit dem bis auf die Schultern fallenden Haar (Taf. 53 rechts sowie 56/57). Aber der Eindruck des Altersunterschiedes ist offensichtlich nur durch die Verschiedenheit der Haartracht bedingt und sicher geben die beiden Statuen den Oberpriester auf dem Höhepunkt seines Lebens wieder.

Die Verschiedenartigkeit der Haartracht bei Grabstatuen ein und derselben Person ist keine einmalige Erscheinung, wie denn auch die Gesamtdarstellung bei mehreren in die Grabmastaba mitgegebenen Statuen in der Regel eine verschiedene zu sein pflegte. Das ist offensichtlich auch bei den beiden Ranoferstatuen der Fall, wobei die schlankere Gestalt die idealisiertere ist und diese Idealisierung obendrein noch durch die Perücke betont wird.

Bei dem einen Standbild trägt Ranofer einen am Rand umgeschlagenen gewöhnlichen Schurz, bei dem anderen (mit Perücke) einen kürzeren Festschurz mit plissiertem Zierteil und Schmuckknoten auf dem Gürtel.

In seiner Eigenschaft als Oberpriester am Tempel des Ptah, der als Schöpfergott schon früh zum Schutzgott der Steinhandwerker wurde, war Ranofer auch Oberleiter der Steinhandwerker und er hat als solcher sicher die besten Kräfte für die Schaffung der Statuen für seine eigene Grabmastaba zur Verfügung gehabt. Tatsächlich gehören beide Statuen zu den hervorragendsten plastischen Schöpfungen seiner Zeit. Sie sind der verkörperte Ausdruck der in der 5. Dynastie einsetzenden Feudalzeit, deren adeligen Herren vornehme Haltung und männlicher Ernst Ideal und Prinzip waren. Wenn die idealisierte Ranofer-Statue mit der Perücke nur durch Maß und Hoheit wirkt, so erscheint die andere, nicht zuletzt auch in Haltung und Ausdruck des Kopfes, weitgehend herrisch und sehr selbstbewußt.

58/59

Ka-aper, Priester und hoher Staatsbeamter. Holz. Höhe 1,10 m. Kairo, Museum, Nr. 140.

Aus seiner Grabmastaba bei Saqqara. Der Beiname »Schechel-beled«, d. h. Dorfschulze, haftet dem berühmten Bildwerk an, seit es die einheimischen Grabungsarbeiter bei der Auffindung, ob der Ähnlichkeit mit ihrem eigenen Dorfschulzen, spontan so bezeichneten. Das Bildnis wurde zusammen mit einer zweiten, bis zum Beginn der Oberschenkel erhaltenen Holzstatue, die Ka-aper als schlanken Mann und mit Löckchenperücke darstellt, gefunden. Auch das Bildnis der Frau war bis zu den Hüften in der Mastaba noch erhalten. Die originale Oberfläche der Rundbilder war mit einer dünnen Stuckschicht überzogen, die aber bei allen drei Statuen samt ihrer Bemalung zerstört ist. Die aus Quarz und anderen Stoffen bestehenden Augen sind in eine kupferne Lidfassung gebettet.

Die Bildnisstatuen des Ka-aper und seiner Frau sind die ältesten Beispiele der Verwendung von Holz für ägyptische Privatbildnisse größeren Maßstabs, doch darf nicht übersehen werden, daß der Gipsüberzug, den die Werke in ihrem ursprünglichen Zustand hatten, und ebenso die Bemalung, das verwendete Grundmaterial nicht in Erscheinung treten ließen. An der hier wiedergegebenen Statue sind der rechte Fuß und das linke Bein bis zum Knie ergänzt. Der heute anstelle des Würdenstabes der Statue gegebene Knotenstock ist nicht zugehörig. Die Rechte hielt einst das kurze Würdenszepter.

Wenn der Statue, die der frühen 5. Dynastie angehört, im ganzen vielleicht noch ein Rest von Steifheit anhaftet, so wirkt diese doch nur als Ausdruck der Würde des dargestellten Priesters. Seine leichte Fettleibigkeit wirkt keineswegs abstoßend.

60/61

Schreibender Beamter. Aus seiner Grabmastaba bei Saqqara. Kalkstein, bemalt. Höhe 53 cm. Paris, Louvre.

Die Haut ist rotbraun, das Haar schwarz bemalt. Die Augen sind wie gewöhnlich in eine Kupferfassung gebettet und aus Alabaster, schwarzem Stein und Silber (Pupille) zusammengesetzt.

Es handelt sich um die Person des Richters und Gauleiters Kai. Sicher ist dieses Bildnis das bedeutendste Schreiberbild seiner Zeit. Aus dem Werk spricht offensichtlich eine enge Anlehnung an das lebende Modell und dies ist noch besonders betont durch die ganz naturhaft wiedergegebenen Einzelheiten sowohl des Körpers als des Kopfes. Dennoch ist auch dieses Bildnis trotz allem scheinbaren Naturalismus nur als das Idealbild des Schreibers gemeinhin und nicht als das Porträt des Kai selbst aufzufassen. Der Berufsstand als solcher wird versinnbildlicht, nicht das Individuum, in dessen Grabmastaba das Sitzbild einziehen sollte.

62/VI

Schreiberbild eines Unbekannten. Kalkstein, bemalt. Höhe 51 cm. Kairo, Museum, Nr. 141.

Aus Saqqara. Die Linke hält die Papyrosrolle, die Rechte ist schreibbereit. Körperfarbe orangebraun, Haar schwarz. Die Augen sind in eine jetzt grün verkrustete kupferne Lidfassung eingelegt; Augensterne aus Kristall, das Weiße aus Alabaster, Pupille ein Bronzenagel. Der reserviert prüfende Ausdruck ist von großem psychologischem Reiz, die Arbeit von hervorragendem Kunstwert. Bei Bildwerken dieses Typus handelt es sich nicht um Darstellungen von schreibkundigen Untergebenen, die etwa auf das Diktat ihres Chefs lauschen, sondern um die hohen Beamten selber, die sich im Vollbesitz ihrer hochgeschätzten Kenntnis und Fertigkeit verewigt wissen wollten.

Gegenüber dem Schreiber im Louvre ist das Kairener Bild wesentlich idealistischer und durch Perücke und Halskragen geschmückter. Als Leitmotiv der Gesamtgestaltung muß der pyramidale Aufbau des Sitzbildes angesprochen werden, wobei dieser, gegenüber dem Louvre-Bild, weitgehend die natürliche Haltung des Schreibenden unter seinen Bann zwingt. Die Umbiegung des Gelenkes der rechten Hand, die in Konsequenz des Aufbaugedankens erfolgt, läßt geradezu erstaunen.

VII

Magd am Maisch-Bottich. Aus Saqqara. Bemalter Kalkstein. 5. Dynastie. Höhe 26,7 cm. Kairo, Museum, Nr. 66624.

Rundplastische Darstellungen des Gesindes und der Handwerker (vgl. Taf. 63) ergänzen in gewissem Sinne die »Szenen aus dem Leben« der Flachbilder in den Grabmastabas. Bisweilen lassen sie eine handwerkliche Verrichtung deutlicher erkennen, als dies bei der Wiedergabe in Relief oder Malerei der Fall sein kann. Ihre unkomplizierte Natürlichkeit und Lebensnähe bilden einen frohen Gegensatz zur Feierlichkeit der repräsentativen Plastik der großen Herren.

63
KORNREIBENDE MAGD. Kalkstein, bemalt. Höhe 35,5 cm bzw. 32 cm. Kairo, Museum, Nr. 114 bzw. 87818.

Der Typus ist derb, aber frisch und lebendig aufgefaßt. Man denkt an den überlieferten Spruch eines der Weisen jener Zeit: »Eine gute Rede ist versteckter als der grüne Edelstein – und doch findet man sie bei den Mägden über den Mühlsteinen.«

Derlei Gesindefiguren umgaben in der Statuenkammer (»Serdab«) des Graboberbaues vielfach das Rundbild des Herrn, ihn auch nach dem Tode mit dem gewohnten Lebensbedarf versorgend. Sie sind minder regelstreng gebildet als die in Haltung und Tracht von der gesellschaftlichen Konvention bestimmten Statuen der Herrschaft.

GRÄBER DER 5. UND DER FRÜHEN 6. DYNASTIE

Die Bildnisse der in Taf. 52–62, VI und 64/65 wiedergegebenen Persönlichkeiten, die alle Träger hoher Staatswürden und vielfach zugleich Priester waren, entstammen ihren Grabmastabas bei Gise oder Saqqara. Wenn, wie dargelegt, bald nach Anfang der 4. Dynastie der Statue oder dem Relief des Verstorbenen in seiner Mastaba, da sie der Opferkammer und des Serdab entbehren mußte, kein Raum gegeben war, so ändert sich dies mit dem Beginn der 5. Dynastie. Die Gräber der führenden Persönlichkeiten werden jetzt zu großen, vielräumigen Bauwerken, wenn auch die äußere Form des Grabbaus nach wie vor die der althergebrachten Mastaba bleibt. Aus der Massivität ihres schmuck- und fensterlosen, wie eine riesige Steintafel wirkenden Ganzen scheinen noch immer die für Kult und Verehrung der Toten nötigen Räume wie ausgehöhlt. Das Dominierende ist nicht so sehr der Raum, sondern vielmehr das Gesamtmassiv aus festem Stein. Im Serdab, der sich in der Regel an die Opferkammer anschließt, ist die Statue des Verstorbenen, oder mehrere seiner Bildnisse, aufgestellt. Nur ein schmaler Sehschlitz verbindet den Serdab mit der Welt der Lebenden und läßt das Opfergebet zu ihm gelangen. Es ist zum Verständnis der ägyptischen Plastik, besonders des Alten Reiches, immer zu berücksichtigen, daß sie, soweit sie aus Gräbern stammt, überhaupt nicht gesehen werden sollte, also auch in ihrer Gestaltung nicht auf den Betrachter hin gearbeitet ist. Das gilt auch schon für die Statue des Königs Djoser (Taf. 16/17). In den übrigen Räumen der Mastaba wird in Relief das Leben des Vornehmen in ausgewählten Szenen dargestellt. Es ist zu bemerken, daß diese nur in geringem Maße das indi-

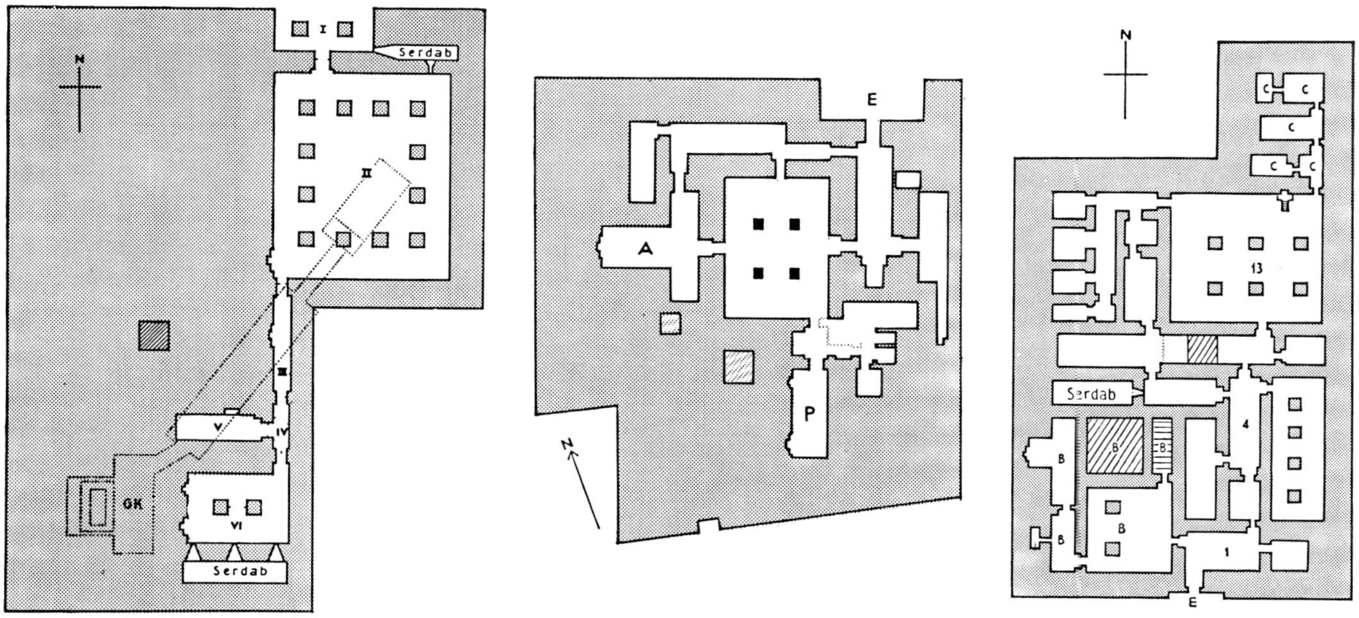

Abb. 17–19 Mastaba-Gräber der 5. und frühen 6. Dynastie. – Abb. 17 Mastaba des Ti (Breite 33,9 m, Tiefe 43,7 m). I: Eingang. II: Pfeilerhalle; von ihr führt ein unterirdischer Gang zur Grabkammer. VI: Opferkammer mit den berühmtesten Reliefs (Taf. 66–69); anschließend der Serdab mit drei Sehschlitzen für die ursprünglich drei Statuen (Taf. 64/65). – Abb. 18 Mastaba des Ptahhotep (Breite 26,7 m). Von der Halle mit den vier Pfeilern nach Süden die Opferkammer für Ptahhotep (P) (Taf. 70–72) und nach Westen die für seinen Sohn Achethotep (A). – Abb. 19 Mastaba des Mereruka (Breite 21,1 m). E: Eingang. Im Raum 1 unter anderem die Reliefs der Taf. 76/77; im Raum 4 das Relief mit Herwatetchet (Taf. 74); in der Pfeilerhalle (13) an den Flächen der Pfeiler Reliefs mit dem Bild des Toten (Taf. 75). Im Norden eine Scheintüre mit dem Rundbilde des Toten. Die mit B bezeichneten Räume gehören zum Grabteil der Gemahlin des Toten, Herwatetchet, die mit C bezeichneten Räume zum Grabteil des Sohnes, Meriteti.

viduelle Leben festhalten wollen und daß eine ganze Reihe von Themen, z. B. Geburt, Hochzeit, auch weitgehend Tod und Bestattung, ferner König und Hof wie auch kultische Handlungen und Götter, unter einem Darstellungstabu stehen.

Die nachfolgenden Reliefszenen aus drei der bedeutendsten Gräber bei Saqqara, teils der 5., teils der frühen 6. Dynastie angehörend, geben ein Beispiel von diesen mannigfaltigen Lebensbildern. Die Grundrisse eben dieser drei Mastabagräber werden – im gleichen Maßstab verkleinert – in Abb. 17–19 gezeigt. Im Grabe des Ti, der die Oberaufsicht über die Pyramiden des Neferirka-Re und des Ne-user-Re und über die Sonnentempel des Sahu-Re und seiner Nachfolger führte, nimmt eine geräumige Pfeilerhalle den Eintretenden auf. Von ihr führt ein unterirdischer Gang zur Grabkammer, indes ein langgezogener Korridor zur Opferkammer zieht, an die südwärts angeschlossen der Serdab liegt, der einst drei Statuen (an seiner Ostseite die der Taf. 64/65) barg. Die Mastaba des Ptahhotep, des ersten der Priester der Pyramiden des Asosi, Ne-user-Re und des Menkauhor, birgt auch die Räume seines Sohnes Achethotep. Die Mastaba des Wesirs Mereruka mit 31 Räumen umfaßt auch die Grabräume seiner Gattin Herwatetchet und des Sohnes beider, Meriteti.

64/65
Ti. Kalkstein mit Spuren der Bemalung. Höhe 2 m. Kairo, Museum, Nr. 229.

Aus seiner Grabmastaba bei Saqqara. Freier, jugendlicher Adel zeichnet dieses etwas überlebensgroße Bild des Grundherrn und Hofbeamten Ti aus. Im Haar Reste von schwarzer Farbe, der Körper war rotbraun bemalt. Auf der Fußplatte Inschriften. Die Nase ist (nicht gerade geschickt) ergänzt. Teile der Löckchenperücke sind nicht im ursprünglichen Zustand.

66–69
In der Grabmastaba des Ti bei Saqqara. Aus dem Opferraum.

Die Wandreliefs sind in Kalkstein ausgeführt und zeigen mehr oder minder die Reste der alten Bemalung.

66 Ti sieht der Nilpferdjagd zu.

An der Nordwand: Ti fährt im Nachen im Papyrosdickicht, das einen Nilarm säumt. Auf den Blütenständen hocken, von den Eltern versorgt oder gegen die Ichneumon-Ratte und Ginsterkatze (Genette) verteidigt, zahlreiche Jungvögel in Nestern. Einzelne Vögel widmen sich dem Brutgeschäft. Vor dem Boote des Ti ein Nachen, dessen Mannschaft mit Harpunenlanzen Jagd auf Flußpferde macht: ein Bulle wendet sich mit geöffnetem Rachen zurück, ein anderer zerbeißt ein Krokodil. Ein Jungtier sucht den Rücken der Mutter zu erklimmen. Das Wasser ist von Fischen verschiedener Art bevölkert. In dem Boote links neben dem stakenden Fergen angelt ein Mann einen Wels.

67 Ti und seine Frau Neferhotpes.

An der Südwand: Ti, auf den langen Würdenstab gestützt, und seine Frau Neferhotpes sehen dem Herbeibringen von Wild und Rindern für das Totenopfer zu. Die Antilopen auf den beiden oberen Bildstreifen sind kurz an Bodenösen gebunden. Die Rinder haben Prachthalsbänder, der Leitstrick ist um ihren Unterkiefer gelegt. Vor Ti (in Höhe seines Unterarms) ein Gutsverwalter mit entrolltem Bestandsverzeichnis.

68/69 Esel-, Widder- und Rinderherden.

Oben: Eselherde, die zum Dreschen über die Getreidegarben auf der Tenne getrieben wird (Ostwand des Opferraumes). Unten: Im oberen Bildstreifen werden Widder über die Saat getrieben, um sie einzutreten; hinten ein bärtiger Mann mit dem Saatbeutel. Im unteren Bildstreifen durchqueren Rinder eine Furt in den Nilmarschen. Einer der nackten Hirten trägt, damit es nicht ertrinke, ein neugeborenes Kälbchen auf seinen Schultern.

70–72
In der Grabmastaba des Ptahhotep bei Saqqara.
70 Ptahhotep am Speisetisch. Kalksteinrelief an der Westwand der Opferkammer, bemalt. Lebensgröße.

Ptahhotep sitzt auf löwenbeinigem Stuhl und streckt die Rechte nach den Speisen auf seinem Tisch aus, während er mit der Linken ein Salbgefäß an die Nase führt, auf dem »Allerfeinstes Festgeruch-Öl« geschrieben steht. Er ist außer mit dem üblichen Schulterkragen und dem Knieschurz mit einem Leopardenfell bekleidet, das zu einem seiner Priesterämter gehört. Unter dem Stuhl ist eine später getilgte kniende Gestalt zu erkennen. Solche Tilgungen von Bildern der Angehörigen sind nach eingetretenen Zerwürfnissen vielfach vorgekommen. Über der Tischplatte mit den gereihten eigentümlichen Gebilden, die Brot oder Kuchen sein mögen, sind geschlachtete Vögel und Lebensmittel in reicher Fülle dargestellt.

71 Vorführen der Herden. Kalksteinrelief von der Ostwand der Opferkammer.

Dem auf dem Bild der Tafel nicht mehr sichtbaren, rechts des Bildausschnittes zu denkenden Grabherrn werden die Herden seiner Güter vorgeführt. Unten Kraniche und Gänse, darüber zwei Reihen mit Rindern; im nicht mehr wiedergegebenen oberen Register finden sich Szenen aus der Viehwirtschaft, wie die Geburt eines Kalbes und andere. Die Aufteilung der Wand in Streifen und die relative Trockenheit des Themas stellte dem Künstler eine besondere Aufgabe. Es ist zu beachten, wie er das Darzustellende zwar einerseits in Gruppen zusammenfaßt, andererseits aber auch diese Gruppen sehr geschickt auf verschiedene Weise miteinander verbindet, mit dem Effekt, daß die einzelnen Reihen doch weder zu ungegliederten Bändern werden, noch sich in unabhängige Einzelgruppen auflösen.

72 oben Wasserrosen

Die Schärfe der Naturbeobachtung zeigt sich, indem bei den Wasserrosen rechts unter dem Tisch vor Ptahhotep (Taf. 70) unterschieden ist zwischen den beiden in Ägypten einheimischen Arten, der Blauen Wasserrose (Nymphaea coerulea) mit schlankeren Kelch- und Blütenblättern und dem Ägyptischen Lotos (Nymphaea Lotus) mit deren breiteren. Letztere Art ist nicht zu verwechseln mit dem *Echten* Lotos Indiens und Ostasiens (Nelumbo nucifera).

72 unten
In der Grabmastaba der Prinzessin Idu bei Saqqara.

Dargestellt ist eine rituelle Schlachtung. Dem niedergeworfenen Tier wird der Vorderschenkel ausgelöst. Der schneidende Diener ruft dem den Schenkel haltenden Mann zu: »Halte fest!«. Rechts trägt ein anderer einen Schenkel und einen Krug fort. Der links im Bild Stehende schleift gerade das Messer.

VIII/IX
Aus der Grabmastaba des Wesirs Mehu in Saqqara.
5. Dynastie.

Die Mastaba des Mehu, der Wesir unter König Unas war, liegt ganz nahe der Pyramide seines Königs. Sie ist ausgezeichnet nicht nur durch die Schönheit ihrer Malereien, sondern vor allem durch die auf weite Strecken hervorragend erhaltenen Farben. Aus den mannigfachen Darstellungen im Grab, die unter anderem Goldschmiede bei der Arbeit zeigen, seien die hier abgebildeten hervorgehoben.

Die Wandmalereien dieses allerdings der Öffentlichkeit verschlossenen Grabes können dank ihrer zum guten Teil glänzenden Erhaltung als *das* Beispiel dienen, um den der ägyptischen Wandmalerei eigenen Stil der Polychromie klar zu machen. Keineswegs handelt es sich bei diesen polychromen Malereien um Kolorismus, keineswegs ist versucht, die Natur in ihrer Farbigkeit einzufangen, wozu das Niltal mit all dem Farbenglanz und Farbenspiel seiner Landschaft und seines Lichtes den Ägypter hätte verlocken können. Nicht die rein optisch wirkenden, in sich verschmelzenden Farben werden mit dem Ziel einer illusionistischen Wirkung wiedergegeben, vielmehr wird die Farbe nur verwendet, um die Gestalten gegen den Hintergrund und voneinander zu isolieren und als solche elementar greifbar zu machen. So ist der Hintergrund sehr oft graublau, nicht etwa um die Himmelsfarbe vorzutäuschen, sondern nur um einen klaren und für das Auge ruhigen Gesamtfond für die Gestalten, die sich vor ihm bewegen, zu bilden. Stereotyp ist das Wasser, wo es in den Gemälden wiedergegeben wird, symbolhaft blau, schwarz oder grün, ohne daß je versucht wäre, das Wasser des Nils, das in tausend Farben und Farbharmonien leuchten kann, irgendwie zu imitieren. Bei den Figuren ist der Körper des Mannes braunrot, der der Frau hellgelb bis gelblich-weiß, obwohl die Hautfarbe von Mann und Frau in Ägypten ebenso prinzipiell gleich ist wie das bei uns und irgend anderswo der Fall ist. Immer nur geht es um die greifbare Herausstellung und auf die Fläche als Ganzes bezogene Darstellung des Menschen und der Dinge. Und eben dieses polychrome Denken, dem jeglicher Kolorismus fern liegt und abwegig erscheint, kennzeichnet den ägyptischen Malstil. Mag er sich in den künstlerisch raffinierter gearbeiteten Malereien der späteren Jahrhunderte mannigfaltigerer Farben bedienen als in den herberen Zeiten des Alten und Mittleren Reiches, das Prinzip bleibt immer das gleiche.

VIII Die Darstellung ganzer Reihen von Opferträgern gehört zu den in den Gräbern der verschiedenen Zeiten wiederkehrenden Bildern. Das gegenständlich an sich trockene Thema erhält seinen Reiz durch die Kunst der Variation der Einzelheiten. So wechseln hier bei den Vogelträgern der unteren Reihe Zahl und Haltung der von den Opfernden getragenen Vögel. Auch die in den geflochtenen Kästen eingesperrten Tiere gleichen nach Art und Komposition einander kaum. Deutlich unterscheiden sich in der oberen Reihe alle Träger voneinander. Das fast beziehungslose Nebeneinander der Figuren, das Fehlen jeglicher Bildtiefe und die Seltenheit von Überschneidungen kennzeichnen, betont durch die Wohlerhaltenheit der Farben, hier beispielhaft den Stil des Alten Reiches gegenüber der Gedrängtheit der Einzelfiguren und ihrer Staffelung bei der Ausführung des gleichen Themas späterer Zeiten.

IX Tanzszene.

Dargestellt ist der von Haremsmädchen ausgeführte sog. »Hathortanz«; in der unteren Reihe des Bildausschnittes nehmen eine »Vorsteherin« und eine »Untervorsteherin« am Tanz teil. Die Tracht der Tänzerinnen besteht aus einem kurzen Schurz, Schmuck und einem schalähnlichen Tuch um den Hals. In die eigentümliche Frisur ist eine Kugel eingeflochten. Die beiden jeweils links stehenden Mädchen geben durch Händeklatschen den Takt an.

6. DYNASTIE · 2423-2263

Könige: *Teti, Phiops (Pepi) I.; Meren-Re I.; Phiops (Pepi) II.; Meren-Re II.; Königin Nitokris (Neit-aqer).*

Zunehmender Machteinfluß territorial ortsansässiger Feudalfamilien bewirkt die Schwächung der Zentralgewalt. Ein erhöhtes Selbstgefühl des Einzelnen, das sich in der Länge und Ausführlichkeit der Biographien und dem Reichtum ihrer Gräber ausdrückt, greift Platz.

Die Bautätigkeit ist überall im Lande rege. Auf Phiops II. ist u. a. ein Vorläufer des großen Hathortempels von Dendara zurückzuführen. Die Pyramiden der Könige sind in den Ausmaßen kleiner als die der Könige der 4. Dynastie; sie liegen in Saqqara. Wie die Könige der 5. Dynastie am Wüstenrand nahe Memphis ihre Pyramiden errichteten, so auch die der 6. Dynastie. Westlich des heutigen Saqqara drängen sich die Pyramiden von Teti, von Phiops I. und Phiops II., von Meren-Re und nahe diesen auch noch die Pyramidenreste von Herrschern der 7. Dynastie, wie des Ibi (vgl. Abb. 9), der 8. Dynastie, wie des Djedka-Re und anderer. Gräber der Vornehmen finden sich jetzt öfters in der Provinz.

Nach der überlangen Regierung von Phiops II., auf den noch Meren-Re II. und die Königin Nitokris folgten, trat mit der sich schließlich beschleunigenden Zersetzung aller altersgeheiligten Bindungen eine Krise ein, welche zu einer totalen Umschichtung führte und die Kultur Ägyptens auf die Stufe des Primitiven zurückwarf.

73
SCHEINTÜRE AUS DER GRABMASTABA DES ATETI BEI SAQQARA. Kalkstein, bemalt. Kairo, Museum, Nr. 239.

Besonders reich gegliederte, mit Rundbildern des Toten ausgestattete Scheintüren sind bezeichnend für die Privatgräber der 6. Dynastie.

Ateti, genannt Anchres, steht gleichsam in der Tür zum Totenreich, die wie die Türen wirklicher Wohngebäude mit dem Türsturz und Rundbalken zum Befestigen der Verschlußmatte ausgestattet ist. Darüber ist er in der Nische auf einer reliefierten Platte vor dem Speisetisch sitzend dargestellt; dazu in Bildzeichen die Wünsche für seine angemessene Versorgung. Beiderseits der Scheintüre ist er in vertieftem Relief mit Strähnenperücke und vorstehendem Schurz abgebildet, während sein Rundbild ihn mit der kugeligen Löckchenperücke und dem Festschurz zeigt.

74–77
IN DER GRABMASTABA DES WESIRS MERERUKA BEI SAQQARA. Kalksteinreliefs mit Resten von Bemalung.

74 Herwatetchet, die Frau des Mereruka.

An der Ostwand von Raum 4. Neben Herwatetchet ist ein Bein und der untere Teil des Schurzes ihres lebensgroß dargestellten Gatten zu sehen. Sie trägt das einfache Trägergewand der Zeit. Auf den Schultern liegt ein breiter Kragen. Den Kopf umschließt ein bebänderter Schmuckreif, das rechte Handgelenk ein Zierat in Gestalt aneinandergereihter Reifen. Sie erfreut sich am Duft einer blauen Wasserrose.

75 Pfeilerbild des Mereruka. Etwa lebensgroß, an einem der sechs Pfeiler der als Pfeilersaal gestalteten Opferkammer.

Als Priester trägt Mereruka ein Leopardenfell zu Schurz und Schulterkragen. Er hält mit der Rechten den langen Würdenstab, in der Linken das Keulenzepter.

76 Fahrt im Papyrosdickicht.

Eingangsraum, Südwand. In einem leichten, von vier Männern gestakten Boot aus gebündelten Schilfstengeln stehend, faßt Mereruka eine Ichneumon-Ratte beim Schwanz, die – von den Vogeleltern ängstlich umflattert – lüstern nach einem Nest mit jungen Königsfischern ausschaut. Ganz links eine weitere Ichneumon-Ratte (die in Wirklichkeit so nicht klettert) mit ihrer Beute, einem Jungvogel. Auf den Blütenständen der Papyrospflanzen stehen oder brüten mannigfache Vögel. Im Wasser Fische und Flußpferde, von denen eins ein Krokodil zerbeißt.

77 Harpunierte Flußpferde.

Eingangsraum, Nordwand. Drei Nilpferde, an deren Köpfen bereits Fangleinen haften, wenden sich mit geöffnetem Rachen gegen die beiderseits auf ihren Nachen herangleitenden Jäger, die ihnen weitere Harpunenspitzen entgegenhalten. Aus dem Rachen der Dickhäuter starren große gekrümmte Hauer hervor, als Werkstoff für Schnitzarbeiten begehrte Trophäen. Links die Wand der regelmäßig gereihten Papyrosstengel. In der Mitte Laichkraut, darauf Frösche und Heuschrecken, eine von ihnen ist getilgt.

RUNDPLASTIK

78
STATUE DES OBERHOFARZTES NIANCHRE. Aus seiner Grabmastaba in Gise. Kalkstein. Frühe 6. Dynastie. Höhe 63,5 cm. Kairo, Museum, Nr. 6138.

Die Sitzstatue ist ein interessantes Beispiel für die Auflösung der strengen Typologie gegen Ende des Alten Reiches. Dadurch, daß das rechte Bein schräg gestellt ist und der rechte Unterarm der Linie des Unterschenkels folgt, ist eine sonst in der Regel vermiedene Asymmetrie erreicht. Durch das aufrecht gestellte linke und das schräg stehende rechte Bein wird der Eindruck erweckt, als wäre der Dargestellte gerade im Begriff, sich in die übliche Stellung eines Hockenden zu bringen. Bewußt scheint der Eindruck einer Bewegung erstrebt, wie dies bei der Darstellung von hockenden und sitzenden Personen der Plastik des Alten Reiches ehedem keineswegs üblich war. Nicht mehr ruhiges Sitzen, vielmehr das transitorische Moment des Sich-Setzens ist wiedergegeben. Die Ausarbeitung der Einzelheiten, besonders der lebendige, gesammelte Gesichtsausdruck des gelehrten Arztes, machen das Stück zu einem Meisterwerk jener Zeit, in der sehr bewußt das Althergebrachte verlassen wurde. Der offensichtliche Umschwung der Auffassung und Form der Darstellung bedeutet die bewußte Aufgabe des statischen zu gunsten des dynamischen Moments.

79
URCHUU. Oberteil einer Statue aus Kalkstein mit Spuren von Bemalung. Höhe des Bruchstückes rund 35 cm. Kairo, Museum.

Die überraschend realistische und lebendige Auffassung, die sich über die bis dahin herrschende Konvention geradezu hinwegzusetzen scheint, läßt die Spannungen und Wandlungen ahnen, denen der Ägypter der 6. Dynastie – und mit ihm zwangsläufig seine Bildniskunst – ausgesetzt war. An Stelle der überzeitlichen Würde im Ausdruck der älteren Bildwerke ist hier etwas wie ein neues, vordergründiges Klassenbewußtsein getreten.

80
KÖNIG PHIOPS I. Kupfer und andere Stoffe. Gesamthöhe des Standbildes 1,77 m. Kairo, Museum, Nr. 230.

Aus Hierakonpolis (Kom-el-ahmar). Die lebensgroße Statue ist wie die kleinere mitgefundene seines Sohnes Meren-Re aus Kupferblech getrieben; einzelne Teile sind gegossen. Die Stücke sind zusammengenietet und waren mit Kupfernägeln auf einem Holzkern befestigt. Bisher hat sich keine weitere so stattliche Metallstatue aus dem Alten Reich gefunden, obwohl kupferne Standbilder schon seit der 2. Dynastie bezeugt sind. Die Krone fehlt, der Ausdruck des Gesichtes ist im Gegensatz zur Plastik der 5. Dynastie wesentlich menschlich-individueller. Die eingelegten Augen verleihen ihm eine faszinierende Lebendigkeit.

X

FALKENKOPF MIT URÄUS UND FEDERKRONE, AUS HIERAKONPOLIS. Höhe des Kopfes 10 cm. Kairo, Museum, Nr. 4010.

Gold; Augen aus Obsidian. Der verlorene Körper war offenbar aus Kupferblech über einer Holzgrundlage gearbeitet.

Das Stück ist eine der bedeutendsten auf uns gekommenen Goldschmiedearbeiten des Alten Reiches. Es ist unter dem Bodenbelag des Tempels von Hierakonpolis gefunden worden. Eine ganz exakte Datierung ist nicht mehr möglich. Der Kopf in Gold mit den Augen aus Obsidian war auf einen mittlerweile zerfallenen Holzkörper, den Kupferplatten bedeckten und der die Form eines liegenden Falken hatte, gesetzt, wobei sich unter seinem Schnabel ein kleines Königsfigürchen aus Kupfer befand. Die hohe Federkrone, die den Falkenkopf schmückt und die das Attribut der Gottheiten ist, ist aus einer Goldplatte herausgearbeitet, das übrige ist gehämmert und ziseliert. In seiner Einfachheit und Größe des Stiles ruft das Werk einen ungewöhnlichen Eindruck hervor.

ERSTE ZWISCHENZEIT

7.-10. DYNASTIE · 2263-2133

Die Krisis, die über Ägypten mit dem Ende der 6. Dynastie hereinbrach, ist schon bei Besprechung der Geschichte dieser Dynastie gestreift worden. Sie bedeutete den Zusammenbruch des religiösen wie des politischen Systems der alten Welt, so wie es seit der Einigung des Reiches um 3000 und vor allem durch die Herrscher der 4. und 5. Dynastie geprägt wurde, ein Zusammenbruch, in den auch die Künste in einer katastrophalen Form mit hereingerissen wurden.

Der Verlust des hohen Stiles in der Kunst weist auf die Tiefe des Bruches. Er läßt sich ebenso in der Plastik wie im Relief verfolgen, ja er erfaßte auch die Schrift, die ja eben auch ein Teil der Künste war.

Der Zusammenbruch der staatlichen Ordnung führte eine bemerkenswerte Stärkung des Selbstgefühls und der selbständigen Leistung des einzelnen mit sich.

In Memphis regierte eine Reihe ephemerer Herrscher über wenige Generationen, die als 7. und 8. DYNASTIE gezählt werden. Die Fürsten von Herakleopolis lösen sie als 9. und 10. DYNASTIE ab. Ihr Herrschaftsbereich umfaßte jedenfalls das Delta, das sie vor asiatischer Unterwanderung schützen. Hingegen war ihre Herrschaft über das südliche Oberägypten höchstens nominell. Dort herrschen und bekämpfen sich praktisch souveräne Gaufürstenfamilien. Einer von ihnen entstammt der Gründer der späteren **11. DYNASTIE, deren Anfänge** mit der herakleopolitanischen Dynastie gleichzeitig sind. Kunstwerke dieser Zeit, der sog. 7. bis 10. Dynastie, sowohl aus Ober- wie Unterägypten sind selten. Dagegen erlebte die Literatur in Unterägypten eine bemerkenswerte Blüte; ihre Formen und Thematik bestimmten auch die des Mittleren Reiches.

MITTLERES REICH

Wohlerhalten an alter Stelle aufragende Bauten aus dem Mittleren Reich wird der Reisende im Niltal vergeblich suchen. Wir wissen, daß es deren genug gegeben hat: vom Delta bis weit ins obere Nubien hinauf sind Residenzstädte, Göttertempel und Festungsbauten nachweisbar, und gleich den großen Königen des Alten Reiches haben die mächtigen Pharaonen der 12. Dynastie sich in Pyramiden bestatten lassen. Aber das Los gerade dieser bei Dahschur, Lischt, Hawara und Illahun noch aus dem Sande ragenden Pyramiden ist bezeichnend für das Schicksal der Monumente jener denkwürdigen, für das Verständnis der geistesgeschichtlichen Entwicklung nicht nur Altägyptens so aufschlußreichen Epoche. Aus Ziegeln in bescheidenen Maßen errichtet und nur äußerlich mit einem fast überall zugrunde gegangenen Mantel aus Stein verkleidet, sind sie verfallen und zu formlosen Hügeln geworden. Die zugehörigen Totentempel sind so zerstört, daß nur noch Geländeabschnitte voller Splitter und Trümmer ihre Lage bezeichnen.

Wie schwer der Verlust wiegt, lassen uns die bewundernden Beschreibungen antiker Besucher und vereinzelte mit herrlichen Flachreliefs und Zierinschriften bedeckte Bauteile ermessen. Was die nachfolgenden, unter dem Namen Hyksos bekannten fremden Unterdrücker nicht verwüstet haben, ist dem Baueifer der Weltmachtzeit und der Verständnislosigkeit später Nachfahren zum Opfer gefallen, welche die Bauwerke als bequeme Steinbrüche ausgebeutet haben. Im Bezirk von Karnak (nahe dem heutigen Luxor), der als Mittelpunkt des nun aufblühenden Amun-Kultes manches Königsdenkmal des Mittleren Reiches aufgewiesen hat, ist es der Forschung in hingebender Arbeit gelungen, aus später verbauten Quadern eine Kalksteinkapelle des Sesostris I. und andere feindekorierte Bauteile zurückzugewinnen. Französische Grabungen in dem benachbarten Tempelbereich von Medamud haben Architekturglieder mit erlesenem Reliefschmuck von einer Bauanlage des Sesostris III. zutage gefördert. In Medinet Madi, am Südwestrand des Faijums, hat der Wüstensand als Kern einer sehr viel jüngeren Tempelanlage ein freilich recht beschädigtes Sanktuar des Amenemhet III. freigegeben, und noch erhebt sich zum Ruhme des ersten Sesostris ein hoher Obelisk – der älteste bisher bekannte vom charakteristischen Typus – an der Stätte der uralten Sonnenstadt Iun, dem späteren Heliopolis, im Nordosten von

Kairo. Aber all das kann doch nur andeutungsweise entschädigen für die Einbuße an Eindrücken, wie sie die großen Heiligtümer jener Zeit in Tanis, Heliopolis, Krokodilopolis, Koptos, Theben und andernorts geboten haben müssen und wie sie der ausgedehnte Totentempel des dritten Amenemhet – das berühmte »Labyrinth« der klassischen Reiseschriftsteller – vor seiner Pyramide bei Hawara einstmals vermittelt hat. Auch der Grabtempel des Königsgeschlechtes der Mentuhotep im Felskessel von Deir-el-Bahari bei Theben ist heute nur noch in seiner Grundanlage einigermaßen deutlich.

Wesentlich anschaulicher ist die Vorstellung, welche die Felsgräber von Gaufürsten aus dem Mittleren Reiche von dem Raumempfinden jener Zeit geben. Im unteren Oberägypten, vor allem bei Beni Hasan, El-Bersche, Meir, Asiut und an der Südgrenze des Landes gegenüber Assuan, bestechen die dem gewachsenen Felsgestein abgewonnenen Fassaden und Räume vielfach durch die Schönheit der Gliederung und der Maßverhältnisse. Beni Hasan glänzte ehedem mit berühmten, heute leider sehr verblaßten Wandmalereien seiner Gräber. Als die jüngsten dieser Anlagen, einer bei wiederaufstrebender Königsmacht noch patriarchalisch regierten Lebensgemeinschaft, müssen die architektonisch großartig entworfenen, bedauerlicherweise sehr zerstörten Fürstengräber von Kau-el-kebir bei El-Badari gelten.

Die Bildwerke jener Epoche sind heute über die großen Museen der Welt zerstreut. Sie gehören zu deren kostbarstem Besitz: Königsbilder von reiner, strenger Arbeit, Herrscherköpfe voll einsamer Tapferkeit und illusionsloser Erkenntnis, Skulpturen, mit einem Verständnis für die anatomischen Grundlagen des physiognomischen Ausdrucks gemeißelt wie kaum je zuvor und so gut wie niemals nachher in der ägyptischen Kunst. Vom Riesenbilde bis zur kleinen Statuette ist jedes Format vertreten, und fast jede Bildlösung – ob nun mehr ins Typische oder mehr ins Individuelle spielend – wahrt ihren Rang noch unter so ungünstigen Bedingungen, wie sie die Aufstellung in einer modernen großstädtischen Sammlung bietet. Auch die Privatbildnisse aus den Gräbern überragen nicht selten an schlichter Großartigkeit der Auffassung wie der plastischen Behandlung das meiste von alledem, was die nachfolgende, ungeheuer tätige Weltmachtepoche auf diesem Gebiete geleistet hat. Keine Blütezeit altorientalischer Skulptur hat es so wie die Reifezeit der mächtigen zwölften Dynastie Altägyptens verstanden, in ihren Menschenbildern menschliche Anteilnahme zu erwecken – eine Anteilnahme, zu der auch die Gegenwart sich innerlich hingezwungen fühlt, als sei damals bereits ein Teil ihrer eigenen Problematik erfahren, durchlebt und bewältigt worden.

11. DYNASTIE · 2133-1992

Ein um Theben beheimatetes Fürstengeschlecht nimmt sich der Reorganisation der politischen Verhältnisse an. In Auseinandersetzung mit dem Gaufürstentum von Herakleopolis bewirkt es einen neuen Zusammenschluß der Landesteile, ohne zunächst die Vorrechte der Feudalgeschlechter zu beseitigen.

Die ersten Herrscher sind Fürst *Antef*, *Antef Sehertaui*, *Antef Wah-anch* und *Antef Nebtepnefer*. Von ihrem Gaufürstentum ausgehend begannen sie das Werk der »Reichseinigung«. Vollendet hat dieses Werk dann *Mentuhotep Nebhepet-Re* (2060–2010), der seine Vornamen zweimal wechselte, so daß lange angenommen wurde, es handle sich um drei Träger des Namens Mentuhotep. Seine drei verschiedenen Vornamen mögen indes ihre Begründung darin haben, daß die Regierungszeit dieses Reichseinigers verschiedene Phasen von der ererbten Gauherrschaft bis zur Herrschaft über das endlich wieder geeinte Ägypten in sich schloß. Der endgültige Sieg dieses ersten Mentuhotep über Herakleopolis fällt in das Jahr 2040, so daß tatsächlich erst dieses Jahr den eigentlichen Beginn des Mittleren Reiches bedeutet. Mit den Nachfolgern *Mentuhotep Sanchka-Re* und *Mentuhotep Nebtaui-Re* endet die 11. Dynastie.

DER TOTENTEMPEL DES MENTUHOTEP NEBHEPET-RE

Mit dem Bau des Totentempels des Mentuhotep Nebhepet-Re im Felskessel von Deir-el-Bahari bei Theben beginnt eine neue Blüte der Architektur und der Bildenden Künste. Dieser Totentempel, der dicht an die hinter ihm aufsteigende Felswand gebaut ist, stellt eine Verbindung von Felsgrab und Pyramidengrab dar. In diesen Ausmaßen und in dieser Fügung aus Stein ist es das einzige königliche Grabdenkmal dieser Art.

Der Tempelbau selbst ist rings um einen im Grundriß quadratischen Steinsockel angelegt. Seine Krönung bildete eine vergleichsweise kleine Pyramide von etwas über 20 m Grundlinie. Die Gesamtanlage war pyramidal aufsteigend gebildet. Der wohl nur aus Fels bestehenden Unterstufe des Tempels

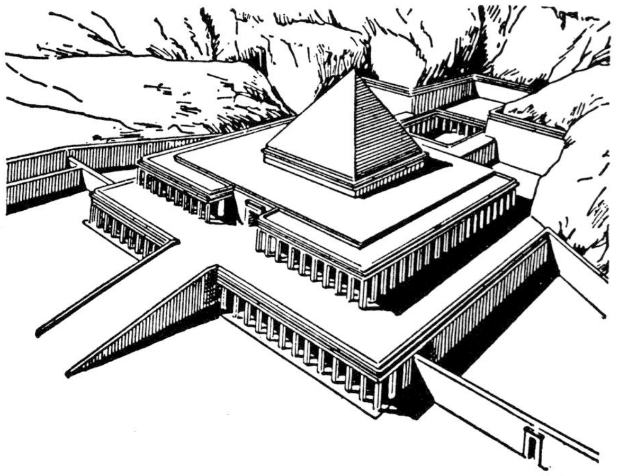

Abb. 20 Rekonstruktion des Totentempels des Mentuhotep Nebhepet-Re im Felsenkessel von Deir-el-Bahari bei Theben. Zum Plan vgl. Abb. 27.

war an der Südostfront eine Pfeilerhalle vorgelagert. Eine schräge Rampe führte zur oberen Stufe, der eigentlichen Tempelstufe. Pfeilerhallen in der Art derer der Unterstufe umsäumten an der südöstlichen Frontseite und an den Nordost- und Südwest-Flanken den eigentlichen Kulttempel. Seine Decke trugen je drei (an der Nordwestseite zwei) Reihen achtkantiger, sog. protodorischer Pfeilersäulen. Sechs kleine Kapellen lagen an der Nordwestseite. Anschließend an diesen Tempelbereich folgte ein kleinerer Säulenhof, von dem ein Schacht zur Grabkammer führte. Schon gänzlich in die Felswand hineingearbeitet war der die Reihe der Räume abschließende Saal mit dem Allerheiligsten. Acht Reihen von elf Pfeilersäulen trugen seine Decke. In die Pyramide selbst eingebaut war noch eine zweite Grabkammer.

SKULPTUR UND RELIEF

XI/81

König Mentuhotep Nebhepet-Re (2060–2010). Sandstein, bemalt. Höhe 1,83 m. Kairo, Museum, Nr. 287.

Gefunden in einer Kammer des zum Totentempel des Königs gehörigen, unter der Bezeichnung Bab-el-hosan bekannten Schachtes im Felsenkessel von Deir-el-Bahari bei Theben. Das völlig unbeschädigte massige Sitzbild war wie eine Mumie ganz in Binden eingehüllt. Der König mit der Krone Unterägyptens thront in Osirishaltung, bekleidet mit dem Jubiläumsgewande, auf einem schmucklosen Würfelsitz mit hoher Fußplatte. Die Haut ist olivschwarz, der Rock weißlich, die Krone düsterrot gefärbt. Aus dem Fundbereich sind noch weitere, derber gearbeitete Sitz- und Standbilder des Herrschers bekannt. Er genoß als zweiter Reichseiniger in den Folgezeiten hohes Ansehen und sein Grabtempel war Ort eines der großen thebanischen Feste, des »Schönen Festes des Wüstentales«.

82

König Mentuhotep Nebhepet-Re schlägt einen Feind. Rechte Hälfte eines Kalksteinreliefs mit Farbspuren. Höhe 27 cm; Breite des gesamten Reliefstückes 52 cm. Kairo, Museum.

Von Gebelen, 28 km südlich von Theben. Der König ist bei der Erschlagung eines Libyerhäuptlings in traditioneller Weise dargestellt. Der am Schopfe niedergezwungene Besiegte hält in der Rechten eine Feder, die seine Volkszugehörigkeit kennzeichnet. An seinem Gürtel ist hinten nach Art eines Königsschwanzes ein langer Fisch befestigt. Es deutet sich an, daß die Unternehmungen des kräftigen Herrschers und seiner großen Nachfolger der 12. Dynastie in stärkerem Maße nach außen gerichtet sind als im Alten Reich.

83

Von Sarkophagen zweier Frauen des Königs Mentuhotep Nebhepet-Re.

Oben: Vom Sarkophag der Königin Kawit. Kalkstein mit Farbresten. Kairo, Museum, Nr. 623.

Königin Kawit führt, auf einem Stuhl sitzend, die Trinkschale zu ihrem Mund und hält in der Linken ihren Spiegel. Während eine Zofe ihre Löckchenfrisur ordnet, schenkt ein Kammerdiener vor ihr ein.

Unten: Sarkophag der Königin Aschait, in ganzer Längenausdehnung. Kalkstein mit Farbspuren. Kairo, Museum, Nr. 6033.
Königin Aschait beobachtet Szenen im Gutsbetrieb.

Beide Sarkophage wurden in Deir-el-Bahari gefunden. In ihnen waren die Frauen Kawit und Aschait des Königs Mentuhotep Nebhepet-Re in Holzsärgen bestattet. Der Reliefschmuck der Wände ist von spröder, herb-ausdrucksvoller Feinheit.

Die Gegenüberstellung des Menschenbildes, wie es sich einmal in der massigen, geballten Figur des Königs (Taf. XI u. 81), zum anderen in den überschlanken Gestalten auf den Sarkophagen (Taf. 83) darstellt, weist auf das Ringen um den neuen Stil. Es ist vielleicht kein Zufall, daß nach der zweiten Zwischenzeit in der 17. und frühen 18. Dynastie ebenfalls eine übermäßige Streckung der menschlichen Figur auftritt und das zeitgenössische Schönheitsideal auch hier wiedergibt.

XII

Opferträgerin. Aus dem Grab des Meket-Re in Theben (Deir-el-Bahari). Bemaltes Holz. 11. Dynastie. Höhe 1,10 m. Kairo, Museum, Nr. 6081.

So wie man seit dem Ende des Alten Reiches rundplastische Wiedergaben von Gesinde und Handwerkern dem vornehmen Toten mit ins Grab gab, werden auch Figuren von Opferträgern dem Toten beigegeben. Die hier gezeigte, farbig sehr gut erhaltene Holzplastik gibt ein Mädchen mit dem langen Trägergewand bekleidet wieder, das in der Rechten eine junge Gans trägt, während sie mit der Linken den auf dem Kopf getragenen Korb hält. Die in ihm befindlichen Gegenstände stellen wohl Tonkrüge mit Nilschlammverschlüssen dar.

DIE FELSENGRÄBER VON BENI HASAN

Südlich von Abu Kurkas, am Ostufer des Nils, liegen nebeneinandergereiht die Felsengräber von Beni Hasan. Insgesamt 39, stammen sie von Fürsten und Vornehmen der alten Stadt Monet-Chufu, meist aus der Zeit der 11. Dynastie. Sowohl wegen ihrer architektonischen Gestaltung im ganzen als auch wegen wichtiger Inschriften und ausgezeichneter, wenn auch heute schlecht erhaltener Malereien, sind manche von ihnen bemerkenswert. Neben einfachen Felsengräbern mit mehreren Kammern, aber ohne Säulen, kennt man eine Anzahl anderer Gräber mit Papyrosbündelsäulen und lotosförmigen Kapitellen. Unter den letzteren gibt es einige, bei denen dem Hauptsaal eine Vorhalle mit Säulen in Antis vorausgeht.

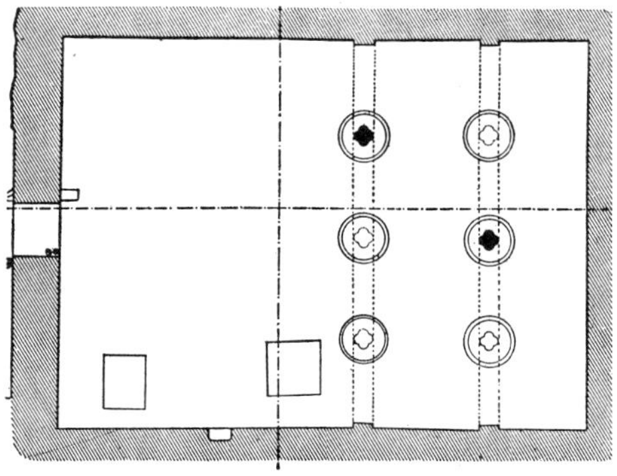

21

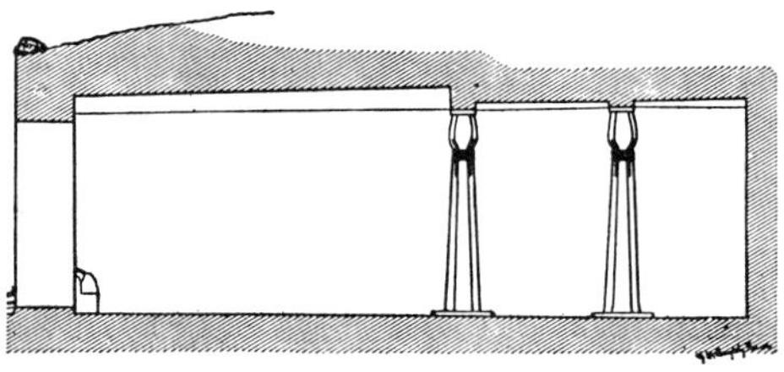

22

Abb. 21–24 Beni Hasan. Grundriß und Längsschnitt (je West/Ost) des Grabes Nr. 17 des Gaufürsten Cheti (21/22) und (je Ost/West) des Grabes Nr. 18 eines Unbekannten (23/24). Sämtliche 1:300.

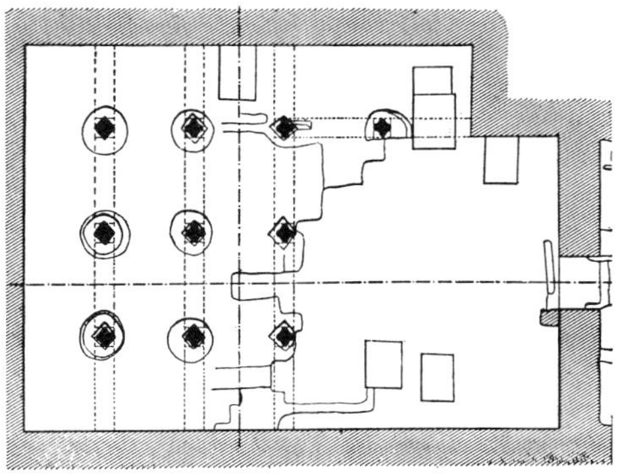

23

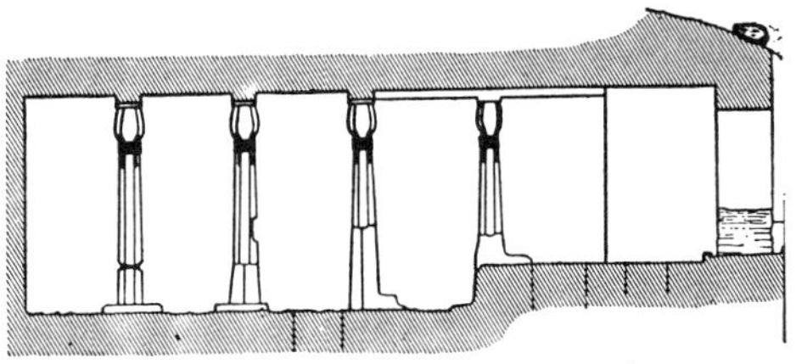

24

84 oben Im Felsengrab (Nr. 15) des Gaufürsten Bakt in Beni-Hasan. 11. Dynastie. Ausschnitt aus der Bemalung der Ostwand. Zwei Säulen, jetzt weggebrochen, trugen die Decke des rechteckigen Saales. In zahlreichen übereinanderliegenden Registern sind Ringkampfszenen dargestellt. Die drei obersten der Register sind im Bildausschnitt zu sehen. Derartige Szenen, die in den Gräbern des Alten Reiches sehr selten sind, gehören zu der beliebten Thematik der Zeit vom Ende des Alten und insbesondere der Zeit des Mittleren Reiches (vgl. auch Taf. 84 unten). Die Ringkampfszenen stellen nicht die Auflösung eines Ringkampfes in seine einzelnen Phasen dar, sondern zeigen vielmehr in sorgfältiger Wiedergabe die einzelnen Stellungen und Griffe der Kämpfer. Zur Verdeutlichung sind die Körper der beiden Ringer jeweils hell bzw. dunkel getönt. Was hier vom Thema bedingt an Überschneidungen und Körperhaltungen wiedergegeben wird, reicht an die Grenze des im ägyptischen Stil überhaupt Darstellbaren. Zu vergleichen sind in dieser Hinsicht höchstens Schlachtenreliefs des Neuen Reiches.

84 unten Im Felsengrab (Nr. 17) des Gaufürsten Cheti in Beni Hasan. 11. Dynastie. Blick vom Eingang auf die Westwand. Die in den Felsen gehauene Halle wurde von zwei Reihen von

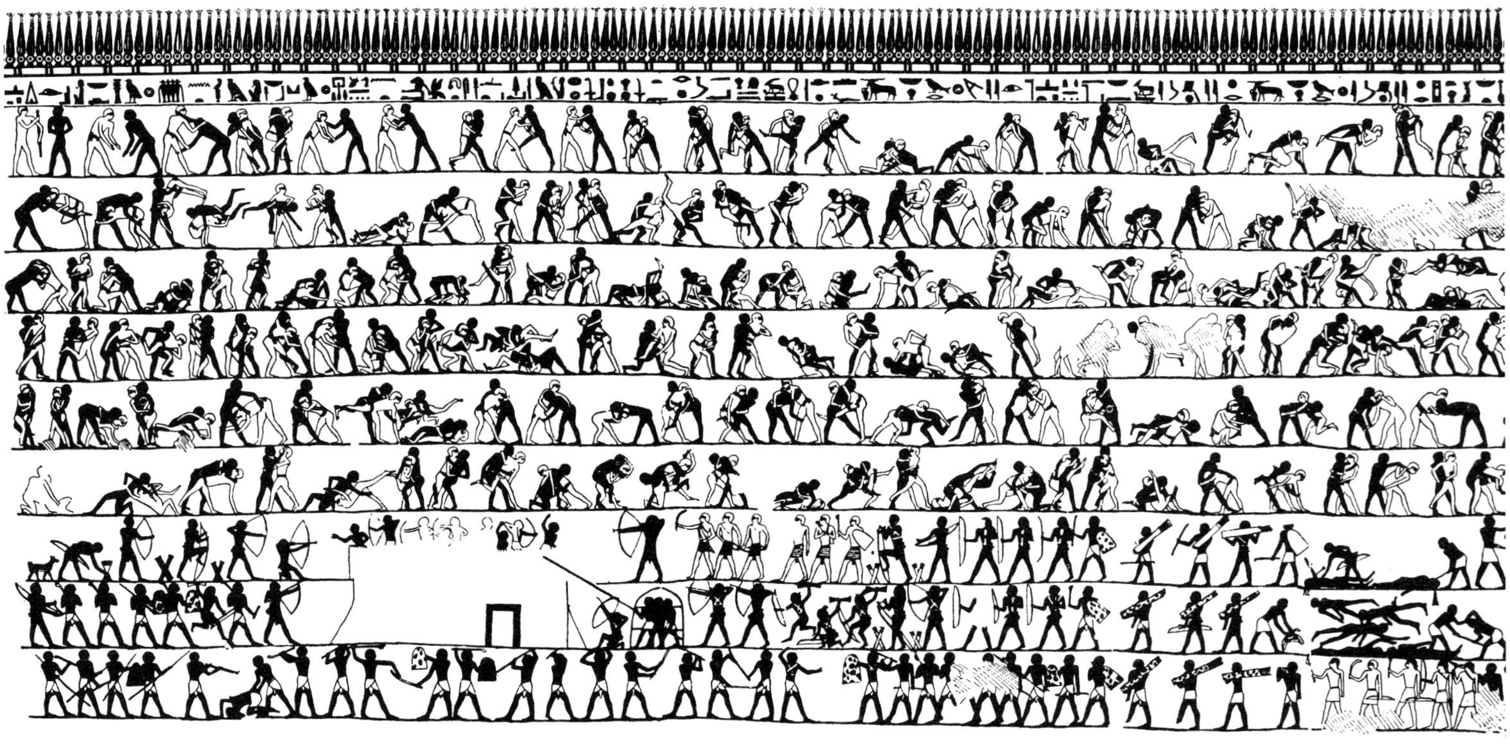

Abb. 25 Beni Hasan. Wandmalerei an der Ostwand des Grabes Nr. 15 des Gaufürsten Bakt (vgl. Taf. 84 oben).

Bündelsäulen getragen, die mit Basen und Gebälk ebenfalls aus dem anstehenden Felsen gehauen waren. Auf der rückwärtigen Wand sind außer der rechts unten erkennbaren Opferliste für den Toten in acht Registern Themen aus dem Leben dargestellt. In den fünf oberen Registern Ringkämpfe, weiterhin Kampftruppen und die Bestürmung einer Festung.

12. DYNASTIE · 1991-1786

Könige: *Amenemhet I. (1991–1962); Sesostris I. (1971–1928); Amenemhet II. (1929–1895; Sesostris II. (1897–1879); Sesostris III. (1878–1843); Amenemhet III. (1842–1797); Amenemhet IV. (1798–1790); Königin Sebekneferu-Re (1789–1786).*

Die Dynastie, deren Begründer nicht königlicher Abkunft war, hatte offenbar bis in die Zeit Sesostris III. um die Sicherheit ihrer Existenz zu ringen. Aus diesem Grunde pflegten die Herrscher jeweils die Kronprätendenten frühzeitig zum Mitregenten zu ernennen. In Mittelägypten herrschten noch feudale Gaufürstengeschlechter; doch verdankten sie ihre Herrschaft praktisch der Belehnung durch den König. Unter Sesostris III. verschwanden sie.

Zeugen der sozialen Umgestaltung der vorhergehenden Epoche sind Städte mit Bürgern, die einerseits den neu entstandenen sozialen Schichten Arbeit und Lebensmöglichkeiten gaben, andererseits als Gauhauptstädte mit beamteten Bürgermeistern die Reste der territorialen Gauherrschaften aushöhlten. In dieser Zeit wurde Nubien bis zum zweiten Katarakt wie eine Kolonie fest unter die ägyptische Herrschaft gebracht. Sesostris III. errichtete dort eine Grenzsperre, die den Grenzverkehr bis ins kleinste kontrollierte. Die Beziehungen nach Asien scheinen bis in die Zeit Sesostris III. friedlich und weitausgreifend gewesen zu sein, und es bestand Handelsverkehr mit festen diplomatischen Formen. Erst unter Sesostris III. hören wir von Feldzügen. Gegen Ende der Dynastie und in den folgenden 100 Jahren sind erstaunlich viele Asiaten als Arbeiter und Handwerker in Ägypten festzustellen. Kann man auch wohl nicht von einer »Unterwanderung« sprechen, so dürfte die Tatsache als solche doch der Herrschaft der Hyksos (s. S. 75) den Weg geebnet haben.

Eine neue Hochblüte der Kultur erstand unter kraftvollen, pflichtbewußten Königen. Groß war die Bautätigkeit schon unter Sesostris I. Die Bildnerei schafft erneut mit vollendeter Meisterschaft. Hervorragend sind die Leistungen des Kunstgewerbes. Königstatuen, deren Köpfe ergreifend verinnerlicht wirken, und ebenso die besten Privatbildnisse spiegeln das ernste Ethos der Zeit wider.

Die Residenz wurde nunmehr in die Landschaft der mittelägyptischen Oase Faijum verlegt. Die Pyramiden der Könige liegen zwischen Memphis und dem Faijum-Zugang auf dem Rande des westlichen Wüstenplateaus, so bei Dahschur die Pyramiden von Amenemhet II. und Sesostris III., bei Lischt die Pyramiden von Amenemhet I. und Sesostris I., bei Illahun und Hawara im Faijum die Pyramiden von Sesostris II. bzw. von Amenemhet III. Von Sesostris I. ist in Heliopolis ein Obelisk erhalten, der älteste uns bekannte von der fortab üblichen schlanken Form.

DENKMÄLER DER ZEIT DES KÖNIGS SESOSTRIS I. UND SEINER NÄCHSTEN NACHFOLGER

85

KOPF EINER UNBEKANNTEN. Holz und andere Stoffe. Höhe 8,5 cm. Kairo, Museum, Nr. 4232.

In Lischt, nahe der Pyramide des Königs Sesostris I., gefunden. Die Augen waren eingelegt. Das auf dem Scheitel jetzt unvollständige Haar ist aus anderem Holz als der Kopf gearbeitet und mit einer schwarzen Paste bedeckt, in die zu Ornamenten geordnete Goldplättchen eingedrückt sind. Das Gesicht spricht in Arbeit und Ausdruck von feinem künstlerischem Empfinden und ist hierin den schönen, verinnerlichten Frauenbildern der Weltmachtepoche wohl vergleichbar.

86/87

KÖNIG SESOSTRIS I. Drei der zehn in Lischt gefundenen Sitzstatuen des Königs. Kalkstein mit Resten von Bemalung. Höhe 1,90 m. Kairo, Museum, Nr. 301.
Gefunden mit sieben weiteren, ganz ähnlichen Sitzbildern des Königs Sesostris I. in einem Versteck der Grabkapelle der Pyramide dieses Königs bei Lischt. Die hier abgebildeten Statuen ragen durch Feinheit der Ausführung hervor, insbesondere der Kopf der Statue von Taf. 87. Die zur Faust geballte Rechte hält ein zusammengerolltes Tuch. Der Bart ist fein geriefelt. Die zur Nasenwurzel hin gehobenen Brauen verleihen dem Gesicht einen eigentümlich gespannten Ausdruck.

88/89

RELIEFS AM THRON ZWEIER DER ZEHN STATUEN VON SESOSTRIS I. AUS LISCHT.

88 Der falkenköpfige Horus und Seth mit dem ihm eigentümlichen langohrigen Tierkopf schlingen als Landesgötter Papyros und »Lilie«, die Wappenpflanzen beider Ägypten, um das Schriftzeichen »vereinigen«, auf dem der Eigenname des Königs zwischen Segenszeichen angebracht ist.

89 Die Landesgötter (oft als Nilgötter bezeichnet) mit üppigen Leibern und hängender Brust, auf den Köpfen die Wappenpflanzen des Nordreiches (Papyros) und des Südreiches (»Lilie«), schlingen – das Götterpaar Horus und Seth vertretend – die ihnen entsprechenden Pflanzen um das Zeichen »vereinigen«. Oben auf diesem der Eigenname des Königs.

90–92

HEILIGTUM DES KÖNIGS SESOSTRIS I. IN KARNAK. Kalkstein.

Unter Wiederfreilegung der alten, in Karnak später in den Pylon des Königs Amenophis III. verbauten, mit Reliefschmuck bedeckten Kalksteinquader konnte dank sorgfältigster Wiederherstellungsarbeiten dieses Sanktuar zurückgewonnen werden. Es ist dem mit dem ithyphallischen Fruchtbarkeitsgotte

Min verschmolzenen Gott Amun geweiht und gehörte zu dem diesem errichteten Heiligtum in Karnak. Mit flachen Stufen versehene Rampen führen beiderseits in das Innere, wo auf dem Untersatz ein Bild des Königs aufgestellt werden konnte; wahrscheinlich wurde der Bau anläßlich seines Regierungsjubiläums errichtet. Zu seinen interessantesten Inschriften gehört eine Liste der ägyptischen Gaue mit Angabe ihres Areals, ihrer Städte und Götter, die den Sockel auf der Nord- und Südseite schmückt. Der Verlust fast aller Kultbauten der 12. Dynastie läßt diesen in hingebender Forscherarbeit von Henri Chevrier wiedererrungenen Besitz um so kostbarer erscheinen.

92 Sesostris I. Cheper-Ka-Re wird von Atum, dem Urgotte des Weltalls, der sich zurückwendend den König mit »Leben« beschenkt, vor den ithyphallischen Hauptgott Alt-Thebens – den »Stier seiner Mutter« Amun-Kamutef – geführt. Oben schweben als Landesschutzgottheiten Geier und Falke mit Lebenszeichen in den Klauen. Die Inschriften in hochreliefierten, fein ausgeführten Hieroglyphen enthalten neben der Angabe des Vorganges in der Hauptsache Titel und Namen des Königs sowie Wünsche für sein Heil.

93–97

Pfeiler vom Jubiläumsfest-Bau des Königs Sesostris I. zu Karnak. Gesamthöhe 3,35 m. Kairo, Museum.

Der beschädigte Pfeiler, von dem hier zwei Seiten abgebildet sind, entstammt einem aus Anlaß eines Jubiläumsfestes errichteten Tempel, den Sesostris I. in den geheiligten Bezirk von Karnak geweiht hat. Seine Blocktrümmer sind später von Thutmosis I. zur Auffüllung des Bodens eines seiner Höfe in Karnak verwendet worden. Die figürlichen Darstellungen und die Schrift-Bildzeichen entsprechen in Höhe der Reliefierung und Schönheit der Ausführung denen am Pfeilertempel desselben Königs (Taf. 90–92).

94/95 Hieroglyphenreliefs der Oberteile.

Auf dem Rechteck unter dem Falken und dem erhobenen Schlangenvorderteil der Horus-Name des Königs: »Anchmesut« (»Leben der Geburten«), dahinter von oben nach unten anschließend Titel wie: »Nesut bjtj« (»König von Ober- und Unterägypten«), »Nefer Nuter« (»Guter Gott«), »Neb taui« (»Herr beider Länder«) und der wie stets in ein Langrund eingefaßte Thronname »Cheper-Ka-Re«, etwa besagend: »Schaffen (Cheper = werden, entstehen) ist die Wesenskraft (Ka) des Sonnengottes (Re)«. Oben schweben Falke bzw. Geier als die Schutzgottheiten der beiden Länder. Die weitere Inschrift wünscht dem gefeierten Herrscher, daß er mit Leben (Anch), Dauer (Djed), Glück (Uas) und Gesundheit (Seneb) beschenkt bleiben möge, gleichwie der Sonnengott in alle Ewigkeit.

96 Sesostris I. und der Gott Atum.

97 Sesostris I. und der Gott Ptah.

Die Züge des Königs und des Gottes stimmen überein. Der eigentlich in Memphis beheimatete, aber als Schöpfer der Dinge und Gott der Künste im ganzen Reich neben den Lokalgottheiten hochverehrte Ptah, hat die für ihn wie auch für die Götter Osiris, Min und Chons bezeichnende geschlossene Körperform. Der König faßt sein Haupt und teilt mit ihm die Lebensluft. Dieses stumme, stolze Beieinandersein von Gott und König hat in der Sprache der ägyptischen Kunst etwas besonders Würdiges.

98/99

Fürstin Senui. Grauer Granit. Höhe 1,68 m, Boston, Museum of Fine Arts.

Aus Kerma in Nubien, wo unter Sesostris I. der Gatte der Senui, der Gaufürst von Siut, Hapdjefai, Gouverneur war. Die in ein schlichtes langes Gewand gehüllte Herrin aus altangesehenem Hause hält in der Rechten eine Blume. Die besondere Qualität der Bildhauerarbeit spricht dafür, daß das Werk in der Hofwerkstätte der Residenz geschaffen und als besonderer Gnadenbeweis des Königs an den Leiter des wichtigen südlichen Außenpostens gelangt ist.

100/101, XIII

Felsengräber von Gaufürsten der 12. Dynastie in Assuan.

100 Felsengrab des Fürsten Sirenpowet I., des Sohnes der Sat-Tjeni, bei Assuan.

Der Fürst gebot unter Sesostris I. über Elephantine. Das Bild zeigt den Hof mit Blick auf die Grabfassade. An den sechs Pfeilern, welche das Dach einer Halle trugen, Inschriften und Bilder des Grabherrn. Links von der Tür an der Rückwand der Verstorbene in großer Figur, dem sein Diener mit Sandalen und seine zwei Hunde folgen; anschließend: dem Fürsten werden Rinder zugeführt; er speert aus seinem Nachen heraus Fische. Rechts von der Tür: der Tote in Gegendarstellung, hinter ihm drei Söhne; oben Frauen mit Blumen in einer kleinen Säulenhalle.

101/XIII

Im Felsengrabe des Fürsten Sirenpowet ii., des Sohnes der Satet-Hotep, bei Assuan.

101 Der Grabbesitzer war Zeitgenosse von König Amenemhet II. Im Vordergrund der bildlose Pfeilersaal, in dem rechts die granitene Opfertafel steht. Weiterhin ein Korridor mit beiderseits je drei Nischen, darin je eine aus dem Felsen gemeißelte Statue des Verstorbenen in Gestalt der Osirismumie. Am Korridorende ein kleiner Raum mit vier Pfeilern und einer Nische, an deren Rückwand und Seitenwänden je ein Familienbild des Verstorbenen (Mitte mit Sohn [Taf. XIII], rechts mit seiner Mutter, Satet-hotep, links mit Sohn und Gattin).

XIII Mittelbild der Nische: Sirenpowet sitzt auf einem löwenbeinigen Stuhl und streckt die Linke nach den ihm gespendeten Gaben aus. Ihm gegenüber sein Sohn mit Blumen. In der Inschrift ringumschlossen der Name des Königs.

102

Nofret, Gemahlin des Königs Sesostris ii. (1897–1879). Aus Tanis. Dunkler Granit. 12. Dynastie. Höhe 1,65 m. Kairo, Museum, Nr. 382.

Die Königin sitzt auf dem würfelförmigen Thron mit niedriger Rückenlehne. Auf der Brust trägt sie ein nur ganz schwach eingeritztes Schmuckstück. Das eng anliegende, von Trägern gehaltene lange Gewand läßt den Oberkörper nahezu nackt erscheinen, umhüllt aber die Beine derart, daß sich die untere Körperpartie dem blockhaften Aufbau einfügt und die Körperformen nur eben durchscheinen. Die schwere Lockenperücke mit dem Kopf der Uräusschlange bildet einen fast zu schweren Rahmen für das feine Gesicht. Die Augen waren eingelegt. Die Inschriften am Sitz und auf der Fußplatte nennen Titel und Namen der Königin.

103

STATUE DES GOUVERNEURS CHEMA. Granitsitzbild. 12. Dynastie. Höhe 1,15 m. Assuan, Museum der Insel Elephantine.
Das Bild zeigt den Fürsten in repräsentativer Haltung auf dem einfachen altertümlichen Hocker sitzend. Er trägt eine halblange Perücke und den langen Schurz. Das Werk steht in seiner künstlerischen Vollendung den Königsstatuen der Zeit nicht nach. An der Seitenfläche des Sitzes ist ein Totengebet an Anubis aufgeschrieben sowie der Vermerk, daß das Bild eine Stiftung seines Sohnes Sarenput ist.

DENKMÄLER DER ZEIT DES KÖNIGS SESOSTRIS III.

104–106

KÖNIG SESOSTRIS III. BEIM SED-FEST. Kalkstein mit Farbspuren. Kairo, Museum.

Aus Medamud bei Karnak. Türbalken von einem anläßlich einer Jubiläumsfeier (ägyptisch: Heb-sed) im Tempelbezirk des Gottes Monthu errichteten Bau. Dem im Jubiläumsmantel – nach rechts mit der oberägyptischen, nach links mit der unterägyptischen Krone – auf dem Hochsitz in einer leichtgebauten Kapelle thronenden König (vgl. Taf. 106) reichen die mit Menschenarmen ausgestatteten Sinnbilder der uralten Hauptorte Unter- und Oberägyptens – links Behdet (Damanhur), rechts Nubt (Ombos) – das Bildzeichen für unzählige Regierungsjahre. Von dem gebeugten Arm der Sinnbilder hängen Zifferbilder herab, deren Zahlwert mit der Höhe zunimmt und überschwenglich die Wunschzahl der Regierungsjahre zum Ausdruck bringt. Links unten schreitet der Gott Amun von Theben, rechts unten der falkenköpfige Gott Monthu von Hermonthis herbei, dem neuinthronisierten Herrscher »alles Leben und Glück« zu bringen. Oben breitet unter dem gestirnten Himmel die göttliche schlangenumwundene Sonnenscheibe ihre Schwingen aus. In den Königsringen der Eigenname des Königs: Senwosret (= der Mann der Göttin Wosret – »der Starken«) und sein Thronname: Cha-Kau-Re (»Aufgehen der Wesenskräfte des Sonnengottes«).

107–110

BILDNISSE VON KÖNIG SESOSTRIS III. (1878–1843)

In den Köpfen des Königs Sesostris III., deren über dreißig, wenn auch oft nur mehr oder minder verstümmelt, so doch stets in künstlerisch hochbedeutenden Stücken, auf uns gekommen sind, dokumentiert sich der grundlegende Stilwandel, der sich in den rund 120 Jahren zwischen der Zeit der ersten Könige der 12. Dynastie, von deren zweitem, Sesostris I., die Tafel 87 ein ausgezeichnetes Porträt zeigt, und der Zeit des Königs Sesostris III. vollzogen hat. Wir spüren, wie der Ablauf der Geistesgeschichte dieser mehr als hundert Jahre die Menschen, ihr Denken und ihr künstlerisches Sehen gewandelt hat. Anstelle des noch stereometrisch-kubischen Aufbaues der Köpfe der Plastiken der frühen Könige der 12. Dynastie tritt jetzt bei Sesostris III. ein in allen seinen Teilen bewegtes Gesicht, das zeigt, wie nahe die Künstler jetzt an die Natur herangekommen sind und die Erfassung des Geistigen beim Porträt suchen; nicht zuletzt wirken Licht und Schatten, um das innerste Wesen des Dargestellten aufleuchten zu lassen. Die Porträtreihe keines anderen Königs der ägyptischen Geschichte spiegelt so wie die des Königs Sesostris III. den Menschen, die Schwere seiner Herrscherwürde und selbst seine innersten Regungen wider.

107 König Sesostris III. Schwarzer Granit. Aus Deir-el-Bahari. Theben. Tempel des Mentuhotep Nebhepet-Re. Höhe des Erhaltenen: rund 1,50 m. – Kairo Museum, Nr. 6149.

Der König mit Alterszügen unter den Augen und Falten über der Nasenwurzel legt die Hände flach auf den wie plissiert erscheinenden Herrscherschurz. Auf der Brust trägt der König ein in flacher Reliefierung wiedergegebenes, an einer Kette mit Röhrenperlen hängendes Amulett, wie es oft bei Königsbildern der 12. Dynastie auftritt, aber auch noch in die 13. Dynastie hineinreicht. Die Statue ist das bisher älteste Beispiel dieses plastisch wirkungsvollen, gewöhnlich als Gebetshaltung aufgefaßten Bildmotivs. »Es ist das eine Gebetshaltung, in der sich der König, wenngleich nicht ohne Selbstbewußtsein, demutsvoll der Gottheit unterstellt, sich und den Staat ihrem Schutz anvertrauend. Die Gottheit steht also über dem Königtum und dem durch diesen repräsentierten Staat und kann ihnen ihr Wohlwollen entziehen. Gott, König und Staat sind demnach nicht mehr eins, und das Königtum ist zwar nicht in der Theorie, aber in der Praxis eine weltliche Einrichtung geworden, die ihres religiösen Haltes verlustig gegangen ist und deshalb des heroischen Einsatzes aller Kräfte ihrer Vertreter bedarf, um diesen Verlust durch politische Machtentfaltung wettzumachen. Nicht nur um dies zu beurkunden und der Nation vor Augen zu halten, sondern um den Staat sichtbar und greifbar in Erscheinung treten zu lassen und im Volke zu verankern, dient die Denkmalplastik. Sie hat daher ihren Bedeutungsgehalt aus dem Bereich des Religiösen in den des Politischen verlegt« (W. Wolf).

Das Stück ist zusammen mit fünf weiteren Statuen des Königs Sesostris III. (davon zwei ohne Kopf) in Deir-el-Bahari gefunden worden. Ebenda hat König Sesostris III. Stiftungen für den Kult des Reichseinigers Mentuhotep Nebhepet-Re errichtet und auch seine eigenen Standbilder aufstellen lassen.

108 König Sesostris III. Brauner Schiefer. Höhe 9 cm. Berlin, Staatliche Museen.

Der Oberkörper der Uräusschlange an der Stirn reicht bis auf die Fläche des Stirnbandes herab. Das ist auch bei einem Berliner Köpfchen aus Assuan-Granit (Inv.-Nr. 9526), das Sesostris III. mit der oberägyptischen Krone darstellt, und ebenso bei einem im Kunsthistorischen Museum Wien befindlichen Kopf der Fall. Dieses Sondermerkmal schließt die drei künstlerisch hervorragenden Skulpturen zu einer Gruppe zusammen, die vielleicht ein und derselben Werkstätte entstammt.

109 Kopffragment. Obsidian. Höhe 10,2 cm. Washington, National Gallery of Art (Sammlung C. S. Gulbenkian Esq.).

Herkunft unbekannt. Der mit Recht berühmte Kopf stellt gewiß Sesostris III. und nicht – wie gewöhnlich angenommen – seinen Sohn und Nachfolger Amenemhet III. dar. Sein Ausdrucksgehalt ist nicht auszuschöpfen. Wenn die Königshaube mit ihrem für den Brauch der reifen 12. Dynastie bezeichnenden Dreistrich den Dargestellten nicht als Pharao auswiese, könnte man geradezu an einen Renaissance-Papst denken. Auch in der bildhauerischen Bewältigung des Materials ist das aus hart-sprödem Obsidian gefertigte kleine Bildnis ein Meisterwerk ersten Ranges.

110 Sitzstatue. Dunkelgrauer Granit. Gesamthöhe 1,68 m. Kairo, Museum, Nr. 6049.

Aus Medamud bei Karnak. Auf der Brust ein Amulett, das an einer Kette aus Perlen von unterschiedlicher Form hängt. Arme und Teile der Beine ergänzt.

111
Sphinx des Königs Sesostris III. Diorit. Höhe 42,5 cm, Länge 73,5 cm. New York, Metropolitan Museum of Art.

An der Brust der Name des Königs. Auf dem typisch gebildeten Löwenleib überrascht das Herrschergesicht durch den betonten Porträtcharakter.

112/113
Der Verwaltungsbeamte Chertihotep. Brauner kristalliner Sandstein. Aus der Nachbarschaft von Assiut. Höhe 75cm. Berlin, Staatliche Museen.

Das völlig unbeschädigte Sitzbild gehört zu den bildhauerisch vollendetsten Privatbildnissen der ägyptischen Kunst und ist sicher das bedeutendste Mantelsitzbild des Mittleren Reiches. Am Sitz und Sockel keine Inschriften. Der Verewigte ist in einen dem Zeitgeschmack gemäßen langen Mantel gehüllt. Wie seine Rechte den Mantel faßt, ist es, als ob der Dargestellte sich in sich selbst zurückziehen wollte. Bis in die Füße bestimmt ein zügiger, sicherer Rhythmus den Aufbau: hier gipfelt die Bildkunst einer ganzen Kultur. Eine sehr plastische Lebendigkeit spricht aus dem Kopf und ist betont durch die Klarheit des Blickes der Augen unter den schweren Lidern, durch die Nase und den Mund, dessen Lippen sich nach den Winkeln senken. »Ein ethisch humaner Zug hat seinen Einzug in das Gesicht gehalten, ein Zug, den wir ja auch in der Königsplastik (bei Sesostris III.) angetroffen haben und der die eigentlich entscheidende Wandlung gegenüber dem Bildnis des Alten Reiches bedeutet« (W. Wolf).

Das Bildwerk, das auch in die frühe 12. Dynastie gestellt wurde, muß jedoch für die späte 12. Dynastie in Anspruch genommen werden und wird wohl dem Ausgang der Regierung des Königs Sesostris III. angehören.

XIV
Drei Pektorale der 12. Dynastie.
Entstammend den nahe der Pyramide des Königs Sesostris III. in Dahschur liegenden Gräbern der Prinzessinnen Sit-Hathor und Mereret, gehören sie zu den schönsten und wertvollsten Goldschmiedearbeiten ihrer Zeit.

XIV oben Pektorale mit der Kartusche und dem Namen des Königs Sesostris II. (Cha-Cheper-Re). Aus dem Grab der Prinzessin Sit-Hathor. Höhe 5,2 cm. Kairo, Museum.

Die goldene Grundplatte zeigt in aufgelötete Zellen eingelassene kleine Stücke bunter Halbedelsteine. Zu beiden Seiten des Namens des Königs Sesostris II. stehen zwei Königsfalken über dem Schriftzeichen Gold. Über der Königskartusche steht dreimal das Gotteszeichen auf der sog. Opfermatte. Diese die Mittelachse des Stückes bildende Zeichenreihe kann man lesen als »Mögen die Götter zufrieden sein mit dem König Cha-Cheper-Re«. Künstlerische Klarheit und Einfachheit zeichnen dieses edle Schmückstück aus.

XIV Mitte und unten Zwei Pektorale aus dem Grab der Prinzessin Mereret. 1894 von de Morgan gefunden. Höhe 6,4 bzw. 7,1 cm. Kairo, Museum, Nr. 3970 bzw. 3971.

XIV Mitte Pektorale mit dem Namen des Königs Sesostris III. In die aufgelöteten Zellen der goldenen Grundplatte sind wieder kleine Stückchen bunter Halbedelsteine eingebettet. Das Pektorale ist – wie auch bei dem vorausgehenden und dem nachfolgenden Stück – an einer aus Halbedelsteinen gebildeten Kette getragen. In seiner Gesamtkonfiguration stellt das Pektorale eine Kapelle dar, deren Decke von einer Hohlkehle gebildet wird. Diese Decke wird an beiden Enden gestützt von je einer Wasserrosenblüte, aus deren Stengel nach der Mitte zu gewandt noch je eine weitere Blüte entspringt. Die Mitte des Bildfeldes nimmt wieder die Kartusche mit dem Namen des Königs, hier des Königs Sesostris III. (Cha-Kau-Re) ein; über ihm schwebt die Geiergöttin Nechbet mit ausgebreiteten Schwingen. Die Namenskartusche wird getragen von den Pranken zweier gefiederter Königsgreifen, deren Köpfe die des Gottes Horus sind und eine hohe Federkrone tragen und die je zwei überwundene Gegner zertreten.

XIV unten Pektorale mit dem Namen des Königs Amenemhet III. Die Goldschmiedearbeit und die Edelsteineinlagen sind die gleichen wie bei den beiden vorausgehenden Stücken. Wieder hat das Pektorale die Gesamtkonfiguration einer Kapelle und wieder schwebt über dem Königsnamen Amenemhet III. (Ni-Maat-Re) die Geiergöttin Nechbet mit ausgebreiteten Schwingen. Hieroglyphische Zusätze bedrängen die Klarheit der Ordnung. Wir finden bei der Göttin den Zusatz »Herrin des Himmels, Herrin der beiden Länder«, beim Königsnamen »Der gute Gott, der Herr der beiden Länder, Ni-Maat-Re, der alle Fremdländer schlägt«. Auch die Siegessymbolik ist wortreicher geworden. Statt der Greifen im Pektorale des Königs Sesostris III. steht jetzt der den Feind niederschlagende Herrscher selbst. In die freien Räume sind die Namen der Feindvölker eingefügt.

114–116
BILDNISSE VON KÖNIG AMENEMHET III. (1842–1797).

114/115 König Amenemhet III. Sitzstatue. Harter gelblicher Kalkstein. Höhe 1,60 m. Kairo, Museum, Nr. 284.

Die gewiß aus dem Totentempel der Pyramide des Königs bei Hawara im Faijum stammende Statue wurde bei Kanalarbeiten nahe der Pyramide – der Stätte des »Labyrinthes« der antiken Reisebeschreiber – gefunden. In seiner abgeklärten, still-ernsten Feierlichkeit gehört das lebensgroße Werk zu den bedeutendsten Pharaonenbildern, die aus dem ägyptischen Altertum erhalten geblieben sind. Auf der Brust hängt an einer Perlenkette ein Amulett. Auffällig, und wohl durch künstlerische Absicht bedingt, ist die Größe der Ohren.

116 Kolossalkopf. Grauer Granit. Aus Bubastis. Höhe 76 cm. Kairo, Museum.

Monumental aber ebenso eindrucksvoll sind die beiden aus grauem, grobkörnigem Granit gearbeiteten Kolossalköpfe aus Bubastis, deren einer in Kairo und deren anderer in London bewahrt wird. Sie dürften zu zwei Kolossalstatuen des Königs Amenemhet III. gehört haben, also zu Statuen, wie sie uns aus Tanis in dem weit überlebensgroßen, mehr als 3,60 m hohen Marmorsitzbild des Königs Mermescha der 13. Dynastie das Museum zu Kairo zeigt.

Die Augen des Kairener Kopfes aus Bubastis waren eingelegt und hatten Wimpern aus Metall. Der bedeutende Kopf wie auch sein Londoner Gegenstück weisen mit ihrer Andeutung von Akademismus bereits auf den Stil der 13. Dynastie voraus.

117–119
ZWEI DER VIER BEKANNTEN MÄHNENSPHINGEN DES KÖNIGS AMENEMHET III. Aus Tanis.

117 Mähnensphinx aus schwarzem Granit. Länge 2,20 m. Kairo, Museum, Nr. 507 A.

Dies ist das einzige unter insgesamt vier zusammen gefundenen Bildwerken dieses Sphinxtypus, dessen Leib unversehrt geblieben ist. Der Oberkopf mit den Ohren und Teilen des Gesichtes ist ergänzt (richtig ergänzte Ohren vgl. Taf. 111). Die aufdringlich große Inschrift auf der hohen Basis stammt aus der Zeit Ramses II. und gibt dessen Königstitel und Namen wieder. An der Schulter verläuft die Tilgungsspur eines Königsnamens aus der Hyksos-Zeit. Die geballte Kraft der Körperformen spricht vom Geiste der Entstehungszeit.

118/119 Mähnensphinx aus grauschwarzem Granit. Höhe der Sphinx rund 1 m, Länge fast 2 m. Kairo, Museum, Nr. 507 B.

Von den vier gefundenen Stücken hat diese Sphinx das am besten erhaltene Gesicht. Bei diesem Sondertypus der Sphinx ist das Königsantlitz nicht wie sonst von der Herrscherhaube, sondern unmittelbar von den feierlich stilisierten Zotten der Löwenmähne umschlossen. ». . . Allerdings wohl nur einem Künstler von diesem Range konnte das Wagnis so glücken und solche Verbindung eines löwenmäßigen Menschengesichts mit dem wirklichen Löwenleib zu ungeheurer, unvergeßlicher Wirkung gelingen lassen« (Heinrich Schäfer). An der Brust der Mähnensphinx hat gegen Ende des Neuen Reiches ein Herrscher seinen Titel und Namen einmeißeln lassen.

120/121
KA-STATUE DES KÖNIGS HOR in ihrem Kapellenschrein. Holz. Kairo, Museum, Nr. 280.

Aus dem Grabe des sonst unbekannten Königs an der südlichen Ziegelpyramide von Dahschur. Der Doppelarm auf dem Scheitel der Königsgestalt erweist die verkörperte unvergängliche Wesenskraft (Ka) des Herrschers. Am jetzt nackten Leib waren ursprünglich offenbar Gürtel und Schurz aus anderem Stoff befestigt. Die Augen sind aus Quarz, Alabaster und anderen Stoffen zusammengesetzt und wie üblich in eine Lidfassung aus Kupfer eingebettet. Die Hände umfaßten einstmals gewiß Zepterstäbe. Die eindrucksvolle Plastik entbehrt heute ihres ehemaligen bemalten Stucküberzuges.

ZWEITE ZWISCHENZEIT

In der 13. DYNASTIE (1785–1633) regierten zahlreiche Könige, von denen einige der bedeutenderen, die auch durch große und eindrucksvolle Statuen bezeugt sind, den Namen *Sebekhotep*, *Mermeschau* (= General) und *Neferhotep* trugen. In beiden Landesteilen sind auch Bauten von ihnen nachgewiesen. Die Thronwechsel folgten einander so rasch, daß in dieser Zeit das eigentlich kontinuierliche Element des Staates nicht die Dynastie, sondern die Verwaltung gewesen ist. Neben der 13. Dynastie hat gleichzeitig im westlichen Delta eine sogenannte 14. DYNASTIE regiert.

Die Bezeichnung »Hyksos-Zeit« für die nun anschließende Epoche stammt daher, daß jetzt der angebliche »Einbruch« der Hyksos stattgefunden haben soll. Der Name bedeutet »Herrscher der Fremdländer« und wird in Ägypten seit der 12. Dynastie gebraucht, um asiatische Häuptlinge zu bezeichnen. Wahrscheinlich hat man sich ihre Herrschaft aber nicht als gewaltsame Eroberung des Landes vorzustellen. Vielmehr luden der Zerfall der Reichseinheit und der Niedergang der politischen Macht dazu ein, daß völkisch gemischte, aus ihren ursprünglichen Sitzen vertriebene Stämme das Delta unterwanderten und Teilreiche errichteten.

Man unterscheidet zwei Hyksos-Dynastien. Die 15. DYNASTIE umfaßt die sogenannten »Großen Hyksos«: *Sewoseren-Re Chian*, *Awoser-Re Apophis*, *Nebchepesch-Re Apophis*, *Aaseh-Re* und *Aakenen-Re Apophis*. Sie residierten in der Stadt Auaris im Nordost-delta. Gleichzeitig läuft die Dynastie der sog. »Kleinen Hyksos«, die als 16. DYNASTIE gezählt wird. Tatsächlich werden zeitweise alle vier Dynastien (die 13.–16.) nebeneinander geherrscht haben, indem unter der Oberhoheit der Hyksos von Auaris Ägypten aus mehreren Vasallenstaaten bestand. Einer von ihnen war Theben, und seine Herrscher sind die Vorläufer der späteren 17. DYNASTIE. Sie begannen nach 1600 den Kampf gegen die Hyksos und deren ägyptische und fremdländische Vasallen. Ihr letzter König *Kamose* dringt bis zur Hyksos-Residenz Auaris vor. Sein Bruder und Nachfolger *Ahmose* verbindet die 17. mit der 18. DYNASTIE.

NEUES REICH

Die Landschaft, die einst das hunderttorige Theben – sein altägyptischer Name ist Weset – eingenommen hat, ist bei aller Verwüstung der alten Monumente noch immer der eigentliche Schauplatz der Leistung jener Geschlechter, welche nach Beseitigung der Fremdherrschaft der Hyksos das ägyptische Staatsgebiet zum Großreich geweitet und eine dritte und sehr reiche Blütezeit nationaler Kultur heraufgeführt haben. Wie der Pyramidenfriedhof bei Gise für uns heute das Alte Reich schlechthin repräsentiert, so verkörpert in unseren Augen die Denkmälerwelt in und um Theben den Inbegriff des Neuen Reiches: die Zeit der unternehmenden Kriegskönige, der Ausbreitung des ägyptischen Machtbereiches bis an den oberen Euphrat, der vielseitigen und umfangreichen Entfaltung aller eingeborenen Schaffenskräfte. Erst das Erlebnis der botmäßig gemachten, bereits in die Phase entwickelter und selbstbewußter Stadtkultur eingetretenen vorderasiatischen fremden Völker und die jetzt sich ergebende Notwendigkeit, große Weltpolitik zu treiben, haben die reichen Anlagen des ägyptischen Volkes gänzlich ausreifen lassen und zur letztmöglichen Entfaltung gebracht. Nirgendwo erfährt der auf den Spuren der Geschichte Wandernde im Niltal all dieses so augenfällig wie in den Säulenhallen, Tempelhöfen und Friedhofsbezirken Thebens, der einstigen Weltstadt voller Pracht und Glanz, deren schließliches Schicksal der Prophet Nahum der verhaßten Assyrerstadt Ninive in einem drohenden Anruf als Endgericht in Aussicht stellt:

. . . meinst du, du seiest besser denn die Stadt No-Amun,
die da lag an den Nilfluten und rings umher Wasser hatte,
deren Bollwerk ein Meer und deren Wasser ihre Mauern waren?
Nubien war ihre Stärke und das zahllose Ägypten,
Punt und Libyen waren ihre Hilfe –
dennoch hat sie müssen vertrieben werden und gefangen wegziehen;
ihre Kinder sind auf allen Gassen zerschmettert worden,
um ihre Edlen warf man das Los,
all ihre Gewaltigen wurden in Ketten und Fesseln gelegt.

An die Eroberung und Plünderung Thebens durch die grausamen Kriegsscharen des Assurbanipal, aber auch an spätere Heimsuchungen sowohl durch römische, zur Niederzwingung von Aufständen entsandte Truppen als auch durch den Fanatismus der Bekenner neuer Glaubensformen wird der die ungeheuren Ruinen Durchstreifende sich allenthalben erinnert sehen. Ja, man hat stellenweise den Eindruck, die zur gewaltsamen Zerstörung aufgewandten Kräfte hätten nicht zurückgestanden hinter jenen gestaltenden, die diese steingeformte, in ihrer Massigkeit und Wirkungswucht stellenweise geradezu erdrückende Riesenwelt einstmals zu Ehren der Götter und Könige aufgerichtet haben.

Von den Anfängen der thebanischen Sakralarchitektur des Neuen Reiches haben wir im Bereich des großen Amun-Tempels beim heutigen Dorfe Karnak, nahe Luxor, dem einstigen Theben, eine jüngst wiedererstellte Alabaster-Kapelle aus der Zeit des Königs Amenophis I. vor Augen. Den eigentlichen Auftakt der Großbauten der 18. Dynastie bildet der Terrassentempel, den Königin Hatschepsut durch ihren genialen Kanzler und Günstling Senenmut in der thebanischen Nekropole vor den Steilabstürzen der Westwand im Felskessel von Deir-el-Bahari um 1490 hatte errichten lassen. Sowohl die großgedachte, den modernen Sinn so unmittelbar ansprechende Anlage als auch die vielfach im berückenden Schmuck der alten Farben prangende Bildausstattung wirken auf den heutigen Betrachter mit einer lösend-heiteren Harmonie, wie sie die Baudenkmäler der Großmachtepoche nur ganz ausnahmsweise ausstrahlen. In ihrer Musikalität waltet etwas Königlich-Frauliches fort, dessen Zauber auch der zerstörende Haß des erbitterten Rivalen der Herrscherin, Thutmosis III., nicht zu beseitigen vermochte.

Dieser zähe Eroberer und überragend befähigte Realpolitiker unter den Pharaonen der Weltmachtzeit hat im älteren Teil des Tempelbereiches von Karnak manches Denkmal seiner Triumphe hinterlassen. Der Querbau seines steinernen Festzeltes beim alten Sanktuar in Karnak kündet von den in Palästina und Syrien kriegerisch wie auch diplomatisch errungenen Erfolgen so beredt wie die Mauern und Pfeiler seiner Annalensäle und die großen Konturen des die Erzfeinde symbolisch niederschlagenden Herrschers an den Wänden seiner beiden Pylone. Großartiger noch als Siegesbauten und Siegergesten kennzeichnen seine in den Stein der Kammerwände eingemeißelten sachlichen Feldzugsberichte die objektiv gerichtete, nüchtern-überlegene Intelligenz des Gewaltigen.

Das üppige Zeitalter des Königs Amenophis III. ist fürstlicher noch als durch die ragenden »Memnonskolosse«, hinter denen sich einstmals sein Totentempel erhoben hat, durch jenen weihevollsten aller thebanischen Tempel zum Ausdruck gebracht, der sich inmitten des heutigen Luxor erhebt. Der Adel seiner hohen Säulen, seines feierlich weiten zweiten Hofes und seiner reliefgeschmückten Kulträume prägt sich der Erinnerung tief ein und läßt den Untergang des Totentempels und des Palastes dieses prachtliebenden Königs Amenophis III. auf dem Westufer Thebens um so bedauerlicher erscheinen.

Wo man auch auf Überreste jener Tage trifft, bezwingen sie durch Würde der Auffassung und Meisterschaft der Ausführung. Sind ihnen auch Schwung und Frische der frühen Thutmosidenzeit nicht mehr eigen, so zeichnen sich doch Sicherheit und Selbstbewußtsein einer besitzstolzen, gesellschaftlich wohlgegründeten Lebensgemeinschaft imponierend auf ihnen ab. Das kommt nirgendwo überzeugender zum Ausdruck als in den Felsgrüften der Großen jener Zeit: in den Gräbern eines Cha-em-het oder Cheruf oder Ramose.

Aus den Tagen des Königs Amenophis IV., des nachmaligen Echnaton, wird der Wanderer durch die Ruinenwelt Thebens kein monumentales Zeugnis mehr finden. Die Reste seines Sonnenheiligtums östlich des Bereiches von Karnak sind im Sande kaum noch kenntlich; die Quader verwandte nach dem Sturze der Aton-Herrschaft König Haremhab großenteils für seine eigenen, nun teilweise eingestürzten beiden Pylone auf dem Weg vom Amun-Tempel zum Tempel der Göttin Mut. Von den Riesenbildern des Ketzerkönigs sind die besterhaltenen aus dem verfallenen Tempelhof in das Museum von Kairo verbracht worden.

Mit Ausnahme des Terrassenheiligtums der Königin Hatschepsut bei Deir-el-Bahari, des Festtempels Thutmosis III. in Karnak und des Amun-Mut-Chons-Tempels im heutigen Luxor entstammen die augenfälligsten Großbauten Thebens fast durchweg den Zeiten der 19. und 20. Dynastie. Der Kenner Altägyptens kann nicht umhin zu bedauern, daß insbesondere Ramses II. in seiner Bausucht keine Gelegenheit versäumt hat, älteren Heiligtümern durch Vorlegung eines Hofes, zumindest aber durch auffällige Anbringung seiner Inschriften und Reliefbilder den Stempel seines Geistes aufzuprägen. Von seinem gottköniglichen Selbstgefühl

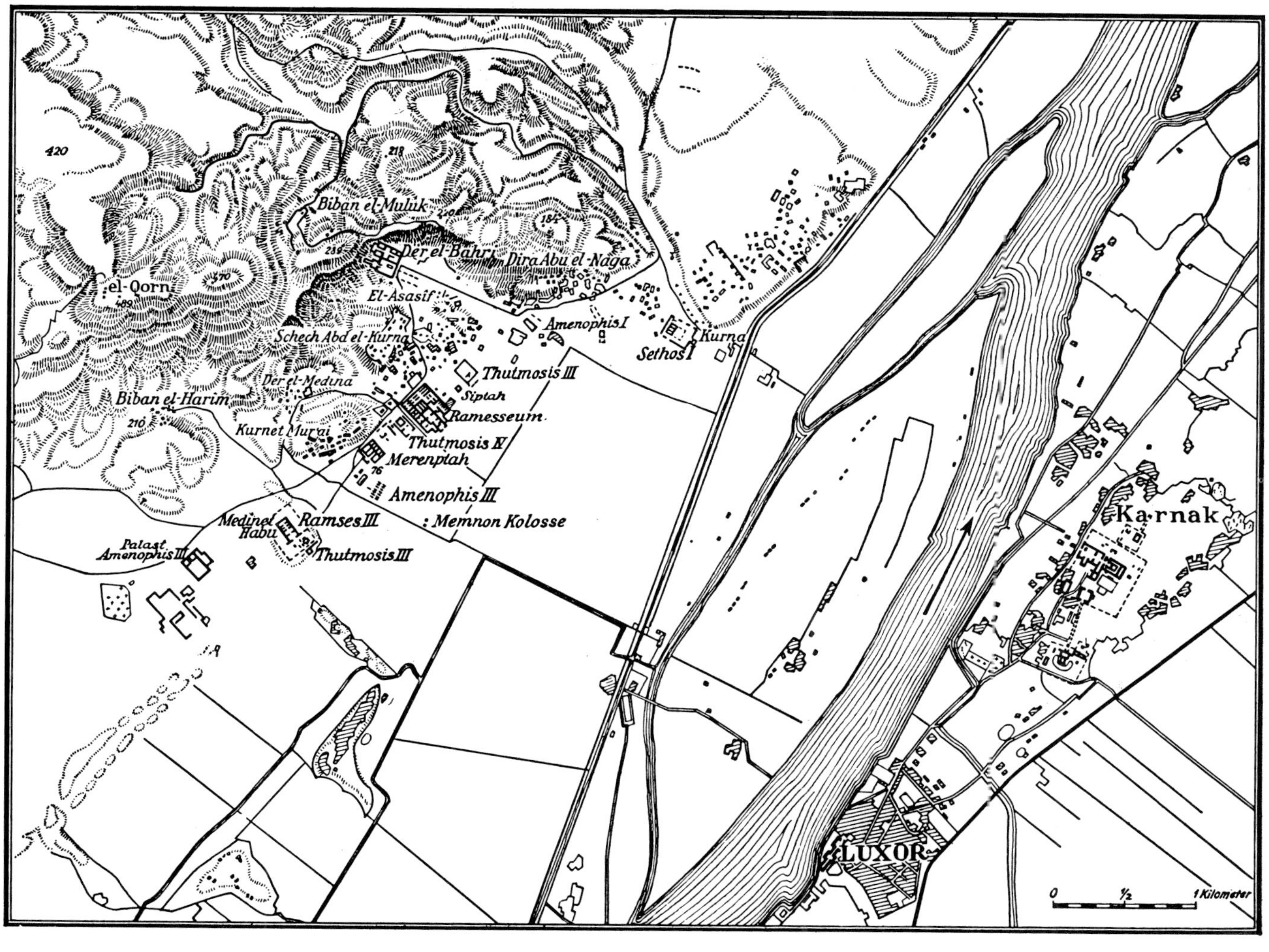

Abb. 26 Plan von Theben. Am Ostufer des Nils die heutigen Orte Luxor und Karnak; am Westufer, anschließend an das Fruchtland, die Nekropole. Der Einfachheit halber sind bei den Totentempeln nur die Namen der Könige beigeschrieben. Weiterhin bedeutet Biban el-Harim: Tal der Königinnengräber; Biban el-Muluk: Tal der Königsgräber. Nahe den heutigen Siedlungsabschnitten Kurnet-Murai, Deir-el-Medina, Schech Abd el-Kurna, El-Asasif und Dira Abu'n-Naga liegen die wichtigsten Nekropolen der Vornehmen von Theben.

wurde Feineres, Stilleres vielfach ungebührlich in den Hintergrund gedrängt, wenn nicht gar erdrückt. Mancher flüchtig die sogenannten Hauptsehenswürdigkeiten des Niltales Durchstreifende wird die trügerische Überzeugung mit nach Hause nehmen, mit den Sonderleistungen der Zeit Ramses II. an Materialaufwand und Arbeitsumfang die bedeutendste monumentale Hinterlassenschaft der Weltmachtepoche vor Augen gehabt zu haben.

Herrscherwille – und sei die Person des Herrschers noch so volkstümlich – überspannt die Volkskräfte nicht ungestraft. Aber so unbefriedigend die Maßverhältnisse der einzelnen Bauglieder, so verstimmend die zu gehaltarmen Dekorationsstücken gewordenen Königskolosse an mancher Stätte auch wirken mögen, man braucht sich den Blick nicht trüben zu lassen für das auf seine Weise doch hinwiederum Großartige, das in dieser Übersteigerung des Wollens und Vollbringens der Zeit des Königs Ramses II. und seiner Nachfolger zutage tritt. Aus der Offensichtlichkeit dieser Schaustellung spricht ein neues eigentümliches Pathos. Es bedeutet bei allen inneren Vorbehalten doch ein unvergeßliches Erlebnis, in den Säulenwald der ungeheuren basilikalen Halle von Karnak einzutreten, im Ramesseum sich den gewaltig aufragenden Pfeilerstatuen des vergöttlichten Pharao gegenüberzusehen, an den Wänden des wohlerhaltenen Tempels von Medinet Habu, mit dessen Gestaltung König Ramses III. seinem bestimmend fortwirkenden Namensvorgänger nacheiferte, die Reflexe einer noch immer großen Geschichte auf sich wirken zu lassen und im Grabe des Königs Sethos I., des Vaters des großen Ramses II., an farbigen Darstellungen aufs reichste erhalten zu finden, was die ungünstig restaurierten Wände seines Grabtempels in Theben (bei Kurna) weitgehend schuldig bleiben. Alt-Thebens Bild wäre unvollständig ohne diese äußerste Verwirklichung des materiell Möglichen unter dem Zepter jener willenszähen Zusammenfasser und Vollender, die Ägypten im Abendschein seiner großen Geschichte geschenkt wurden. Nur nehme man deren unter Sethos I. noch überzeugend noble, unter dem zweiten und dem dritten Ramses mehr auf den äußeren Effekt gestellte und überwiegend macht-demonstrative Denkmälerwelt nicht zum Maßstab für die Bewertung der durch drei Jahrtausende vollzogenen künstlerischen Gesamtleistung des alten Ägyptens!

Wer der Tempelhallen, Säulengänge und Riesenbildwerke müde ist, der gehe still für sich in die Ruhe der vielen Grabräume der einzelnen Friedhofsbezirke am Rand des Westgebirges. Dort, wo der Pinsel des Malers vielfach an die Stelle des Meißels rücken mußte, weil die ungünstige Beschaffenheit des anstehenden Kalkgesteins keine rechte Reliefarbeit zuließ, wird er finden, was die großen Bauanlagen ihm nicht zu bieten vermochten und was die Welt der Alten dem Herzen doch eigentlich erst liebenswert macht: Reiz und Zauber privaten Daseins, Intimität des sich Gebens im Familienkreis, festliche Geselligkeit bei Saitenklang und Gesang, zartgliederige Mädchen mit Antilopenaugen und knospenden Brüsten unter halbdurchsichtigen gefältelten Gewändern im Tanzschritt, Aussaat, Ernte, Dank an die Gottheit – gleich dem Bittgebet zum Ausdruck gebracht in verinnerlichter, oft sehr persönlich anmutender Frömmigkeit – und schließlich auch all das, was als Gegensatz nicht minder zum Leben gehört und was der Ägypter so innerlich wichtig genommen hat: den Trauerzug ins Gelände der »ewigen Wohnungen«, die entfesselte uralte Klage und den feierlich vollzogenen Ritus im Angesicht der noch einmal aufgerichteten geschmückten Mumie an der Grabestür. Und dann mag der Besucher im Talschluß der Königsnekropole den Blick über jene Stätte schweifen lassen, deren Geschichte zeitweilig unerhörter gewesen ist, als dichtende Phantasie es ausspinnen könnte. Er darf die Tore und Gänge jener geheimnisvollen Unterwelt betreten, in der die mächtigsten Herrscher des Neuen Reiches bestattet waren, und darf schließlich in einer der bescheidensten von allen diesen einstmals schätzereichen Felsengrüften das friedvolle, goldschimmernde Abbild des jung verstorbenen Pharao Tutanchamun betrachten, jenen herrlichen Außensarg, der als letzte ihm in seinem Grabe verbliebene Kostbarkeit die sterblichen Reste des früh Dahingegangenen heute noch umschließt.

Von den außerhalb Thebens über das Niltal bis an die Sudangrenze verteilten Baulichkeiten und Gräbergruppen des Neuen Reiches gelten einzelne im Hinblick auf ihre imposante Wirkung oder auf die besondere Schönheit ihres Bildschmuckes seit langem mit Recht als besonders beachtenswert. Insbesondere üben zwei Heiligtümer eine starke Anziehungskraft aus: der von Sethos I. in Abydos an altheiliger Stätte errichtete, von seinem Nachfolger Ramses II. vollendete Totentempel, und der nicht minder berühmte große Felsentempel von Abu Simbel in Nubien, den die Steinmetzen des zweiten Ramses nahe dem Nilufer der das Tal begrenzenden Bergwand abgewonnen haben. Handelt es sich bei den Wand für Wand mit Gestalten belebenden, zum Teil noch die alte Bemalung aufweisenden Reliefzyklen in Abydos auch um eine bereits mit fast akademisch zu nennender Kühle und Sachlichkeit bewältigte sakrale Bilderwelt, man wird letztlich doch jenen berufenen Beurteilern zustimmen müssen, die sie zum Besten zählen, was die ägyptische Flachskulptur überhaupt geschaffen hat. Und sind es andererseits auch derbe Fäuste gewesen, welche in geradezu herkulischer Arbeit die gelassen thronenden Riesen an der Fassade zu Abu Simbel und die fast 10 m hohen Königsgestalten der großen Pfeilerhalle durch Wegnahme ganzer Felspartien freigemeißelt haben: alle Vorbehalte gegenüber einer fragwürdig gewordenen, in einer Art Altershybris den Wettstreit mit der Bergnatur wagenden Kunstgesinnung treten zurück und machen einer nicht nur geschichtlichen Ergriffenheit Platz, wenn man vor die einzelnen Giganten und durch die hohe Pforte tritt, über der noch immer der falkenköpfige Sonnengott waltet. Was in den anderen nubischen, zum Teil gleichfalls aus dem Felsen geschnittenen Tempeln Ramses II., wie denen von Bet el-Wali, Garf Husen, Es-Sebua und Ed-Derr, der Unterstützung durch die Landschaft bedarf und vielfach durch provinzielles Handwerk enttäuscht, ist hier im äußersten Süden zu großartigem Effekt gediehen.

18. DYNASTIE · 1552–1306

18. DYNASTIE, 1. PHASE · 1552–1436

Könige: *Ahmose* (1552–1527); *Amenophis (Amenhotep) I.* (1527–1506); *Thutmosis I.* (1506–1494); *Thutmosis II.* (1594–1590); *Hatschepsut* (1490–1468); *Thutmosis III.* (1490–1436).

Unter den letzten Regenten der thebanischen 17. Dynastie *(Sekenenre Ta' a I.* und *II., Kamose, Ahmose)* beginnt der Befreiungskampf, der mit der Vertreibung und Verfolgung der Hyksos und mit einer neuen Zusammenfassung Ägyptens zum Reich endet. Die Folgen für das Land, seine Politik und Kultur sind enorm. Das Königtum tritt uns in einer neuen, stark persönlich gefärbten Ausprägung entgegen.

Im letzten Verlauf der Vertreibung der Hyksos war es dem König Ahmose (1552–1527), dem Bruder des Kamose, des letzten Herrschers der 17. Dynastie, gelungen, die Hyksosfestung Auaris im untersten Nildelta zu nehmen. Nach seinem Tod überschritt sein Sohn Amenophis I. (1527–1506) die Grenzen Ägyptens bis nach Südpalästina. Er hatte bei seinem Regierungsantritt schon ein geeintes und gefestigtes Land übernommen. Bereits sein Vater hatte die Grenzen Ägyptens gegen Süden und Norden hin erweitert. Wie seine Mutter, Ahmes Nofretere, wurde auch er später vergöttlicht. Er war es übrigens, der als erster König die Trennung von Totenkultstätte und Grab durchführte und den ersten Totentempel im Bereich der thebanischen Nekropole erbaute, wobei sein Grab selbst dahinter versteckt in den Bergen, aber noch nicht im eigentlichen Tal der Königsgräber lag. Sein Sohn Thutmosis I. (1506–1494) erreichte auf seinen Feldzügen im Süden den 3. Katarakt, und im Norden als erster ägyptischer Pharao den Euphrat. Aus seiner Verbindung mit Mutnofret war Thutmosis II. (1494–1490), aus der späteren mit Ahmes war Hatschepsut (1490–1468) hervorgegangen.

Die frühe 18. Dynastie war mittlerweile zu Macht und Größe aufgestiegen. Zwei Persönlichkeiten traten nun auf den Plan: Königin Hatschepsut und König Thutmosis III. In ihren politischen Ideen einander völlig konträr, verfolgten beide in dem Glauben an eine höchste Berufung durch die Gottheit und aus dem Gefühl einer höchsten Verpflichtung ihrem Staat gegenüber mit gleich großer Energie, wenn auch in entgegengesetzter Richtung, ihre Ziele.

Der Machtkampf zwischen Hatschepsut und Thutmosis III. ist nicht nur aus dem der Zeit eigentümlichen Selbstbewußtsein der beiden Herrschergestalten zu verstehen, sondern auch aus persönlichen Unterschieden zwischen ihnen. Hatschepsut war die Schwester und Gemahlin Thutmosis II. gewesen, mit dem sie indes in der kurzen Ehe mit ihm keine männlichen Nachkommen hatte. Thutmosis III. war ein Sohn desselben Königs, jedoch von einer Nebenfrau; er heiratete später wohl die einzige Tochter aus der Ehe des Thutmosis II. mit Hatschepsut. Die Königinwitwe Hatschepsut führte nach dem Ableben des Thutmosis II. die Regierung für den minderjährigen Stiefsohn und Neffen, den nachmaligen Thutmosis III., vertrat aber ein eigenes politisches Konzept. Sie bemühte sich, entgegen der »Expansionspolitik« ihrer Zeit, eine vergleichsweise konservative Politik zu betreiben und orientierte sich am Vorbild der großen Könige des Mittleren Reiches. Um ihre Herrschaftspläne durchzuführen, erklärte sie sich selbst zum Pharao und bediente sich ihrer Ratgeber, vornehmlich des Kanzlers Senenmut, der zuletzt allerdings in Ungnade fiel. Ob Thutmosis III. ihren Tod abwartete oder ihn herbeiführte, ist ungewiß. Jedenfalls tilgte er nach ihrem Tode überall ihr Andenken und zählte ihre Regierungsjahre den seinen hinzu.

Thutmosis III. setzte nun sehr betont die sog. Expansionspolitik fort. Tatsächlich handelte es sich jetzt für ihn darum, auf die weltpolitische Situation zu reagieren: Seit der Hyksoszeit bildeten Ägypten, Palästina, Syrien, Mesopotamien und Kleinasien eine politisch zusammengehörige Welt, aus der man sich nicht mehr zurückziehen konnte. Die Eroberungen nach Süden – bis zum 4. Katarakt – und nach Norden – mehrfach wurde der Euphrat erreicht und überschritten – dienten dazu, dem ägyptischen Reich in dieser Welt eine feste politische Position zu verschaffen. Als ein ebenso kühner wie zäher Feldherr hat dieser König in siebzehn Feldzügen Ägyptens Vormachtstellung für ein Jahrhundert begründet. Im Inneren hatte die neue Situation weitreichende Folgen: Wagentruppe und stehendes Heer förderten eine neue soziale Schicht. Mit ausländischen Söldnern, Handwerkern und Frauen drang fremdes materielles und nicht zuletzt auch geistiges Gut ein, wurde verarbeitet und löste für Ägypten eine neue Blütezeit der Kultur aus.

Von den Bauwerken der frühen 18. Dynastie sind aus der Zeit von Amenophis I. nur Reste vom Totentempel dieses Königs in Theben (bei Dira Abu'n-Naga) und das Alabaster-Heiligtum in Karnak (Taf. 123–125) sowie aus der Zeit von Thutmosis I. nur Reste seiner Bauten in Karnak (Taf. 126, S. 80) zu nennen. Eine erste große Blüte der Baukunst und der Bildenden Kunst beginnt unter Königin Hatschepsut, von deren Bauten in erster Linie der Terrassentempel in Theben (Deir-el-Bahari) (Taf. XV/XVI, 127–131) genannt sei. Unter Thutmosis III. wurde die künstlerische Ausstattung dieses Tempels vollendet (freilich unter Tilgung der Bilder und Statuen der Hatschepsut). Über die Bauten dieses Königs in Karnak (Taf. 136–139) wird bei der Erörterung der Tempelanlage von Karnak zu berichten sein. Baugeschichtlich von besonderem Interesse sind die Peripteros-artigen kleinen Tempel des Thutmosis III. in Karnak und in Medinet Habu (Abb. 29 und 64), da sie bis zu einem gewissen Grad die Form des griechischen Peripteraltempels vorwegnehmen.

122

Alabaster-Sphinx an der Stätte des Ptah-tempels von Memphis. Höhe 4 m, Länge 8 m.

An der Fundstelle im Palmenhain beim Dorf Mitrahina wieder aufgerichtet und 1953 mit einem aufgemauerten Sockel versehen. Das Denkmal hat lange für ein Werk der Zeit von Ramses II. gegolten, stilistische Merkmale legen jedoch nahe, es der frühen 18. Dynastie zuzuschreiben.

123–125

Karnak. Heiligtum für die Barke des Amun, errichtet von Amenophis I. (1527–1506).

Aus der Zahl der Pfeilerhallen und Pfeilersäle, die schon die Könige der frühen 18. Dynastie in Karnak errichtet haben, ist glücklicherweise aus der Zeit des Königs Amenophis I. die kleine, 7 Meter lange, außen wie innen mit Reliefs geschmückte Alabasterkapelle erhalten.

123 Die formenstrenge Kapelle aus Alabaster konnte aus Bruchstücken, die in den III. Pylon verbaut waren, wiederhergestellt werden und erhebt sich nun neben dem gleichfalls wiederhergestellten Heiligtum aus der Zeit des Sesostris I. (Taf. 90–92) nördlich vom ersten Großen Hof des Amun-Tempels.

124/125 Wandrelief vom Inneren des Heiligtums des Amenophis I. Der königliche Stifter steht vor dem Gott Amun, der mit einem Zepter »beständiges Leben« spendet. Rechts noch einmal Amenophis I., der hier die (auf Denkmälern damit zum ersten Male nachweisbare) sogenannte Blaue Krone (Chepe-resch; vielfach auch unzutreffend als »Kriegshelm« bezeichnet) trägt. Am Gesicht des Königs fällt der individuelle Schnitt auf, besonders die unägyptisch geformte, leicht hängende Nase.

126

Karnak. Tempel des Reichsgottes Amun. Pylon (IV) und Obelisk von Thutmosis I. sowie Obelisk der Königin Hatschepsut.

Blick von dem zerstörten, den Großen Säulensaal ostwärts abschließenden III. Pylon des Amenophis III. nach Osten. Rechts der noch aufrecht stehende der zwei Obelisken aus Assuan-Granit, die Thutmosis I. vor dem damaligen Tempeleingang aufgerichtet hat. Er ist 21,75 m hoch; die Basis mißt 1,84 m im Quadrat. In der Mitte die Weihinschrift des Thutmosis I.; die seitlichen Schriftzeilen sind von Ramses IV. und Ramses VI. hinzugefügt und stören durch die Überfüllung der Fläche. Links die Reste des von seinem Nachfolger Thutmosis I. errichteten IV. Pylons. Dahinter der noch aufrecht stehende der beiden von Königin Hatschepsut errichteten Obelisken, von 29,5 m Höhe und einer basalen Stärke von etwa 1,62 m. Er ist an den vier Seiten mit je einer senkrechten Schriftzeile geschmückt, beiderseits der im oberen Teile figürliche Darstellungen treten, welche Hatschepsut, Thutmosis I. und III. vor dem Gott Amun opfernd zeigen. Das Gewicht des Obelisken ist auf 325 Tonnen errechnet worden, während der Obelisk des Thutmosis I. nur rund 143 Tonnen wiegt.

BAUDENKMÄLER DER ZEIT DER KÖNIGIN HATSCHEPSUT (1490–1468)

XV/XVI, 127–131

Terrassentempel in Deir-el-Bahari.

Der Tempel der Königin Hatschepsut war dem obersten Gotte Amun, doch in einzelnen Teilen auch der Hathor, dem Anubis und dem Sonnengott Re-Harachte geweiht. Nicht zuletzt diente er auch dem Totenkult der Königin selbst und ihrer Eltern Thutmosis I. und seiner zweiten Gemahlin Ahmes.

Wenn Thutmosis III. in seinem Haß gegen die langjährige Rivalin auf dem Königsthron die Bildnisse der Hatschepsut im Tempel (wie auch in den Bauten der Königin in Karnak und an anderen Orten) tilgen und zerstören ließ, so hatte dies letzten Endes seine Gründe in der politisch diametral verschiedenen Einstellung beider Herrschergestalten. Bedeuteten auch die 22 Jahre der Regentschaft der Königin Hatschepsut eine Zeit friedlichen Ausbaues im Innern des Reiches und friedlicher Handelsexpeditionen, so wurde doch in eben diesen zwei Jahrzehnten alles das wieder verloren, was Thutmosis I. an außenpolitischen Erfolgen für Ägypten als dem künftigen Weltreich schon errungen hatte.

Zum Tempel, der an der steilen Felswand des Westgebirges angelehnt liegt (Taf. XV) und der zu vermitteln scheint zwischen dem Leben vor ihm in der einstigen Stadt Theben und der geheimnisvollen Welt des Todes, die im Gebirge hinter ihm schlummerte, leitete vom Rande des Fruchtlandes eine Sphingen-Allee bis zum Tor der mit Palmen und Wein bepflanzten Unteren Terrasse (Abb. 27/28). Aus ihr führte eine Rampe zur Mittleren Terrasse empor. Ihrer Frontstützmauer ist beiderseits des Rampenendes eine Pfeilerhalle vorgelagert. Eine unvollendete Pfeilerhalle mit Kapellen in der Felswand schließt ihre Nordostflanke. Sie stößt an das frontale System von Pfeilerhallen, die der Stützmauer der abermals durch eine Rampe erreichbaren kleinen Oberen Terrasse vorgebaut sind (Taf. 130). Von den beiderseits dieser Rampe liegenden, die Mittlere Terrasse im Nordwesten abschließenden Pfeilerhallen ist die linke der Schilderung der Expedition nach dem Myrrhen- und Weihrauchland Punt (an der Südküste des Golfes von Aden) gewidmet, indes die rechte Pfeilerhalle (Taf. 127) in ihren Reliefs die göttliche Zeugung durch Amun und Geburt der Königin Hatschepsut zum Thema hat: Wie Amun von Thot, dem Gott der Weisheit, geführt, sich der Königin Ahmes naht, die das göttliche Kind von ihm empfängt; wie die königliche Mutter Ahmes (Taf. 129) von dem widderköpfigen Chnum und der froschköpfigen Heket, der Helferin der Geburt, zum Geburtssaal geführt wird; die Darbringung des göttlichen Königskindes durch Hathor an Amun als den obersten Gott; ferner weitere Reliefs, die aber in der Ramessidenzeit erneuert wurden.

Beiderseits der genannten eindrucksvollen Pfeilerhallen der Mittleren Terrasse liegen die dem Gott Anubis und der Göttin Hathor geweihten Tempelteile. Nordwestlich an die Geburtshalle anschließend die dem Felsen abgerungene Kapelle des Anubis (Taf. 127) mit einer Vorhalle aus zwölf sechzehnkantigen Säulen; südwestlich an die Punt-Halle anschließend das Heiligtum der Hathor mit zwei queroblongen Sälen, deren Pfeiler bzw. Rundsäulen zum Teil Kapitelle in Form des Hathorkopfes tragen, und daran anschließend die in den Felsen gearbeitete, aus drei Räumen gebildete Kapelle mit Wandreliefs von besonderer Schönheit (Taf. 131).

Die Oberste Terrasse hatte über ihrer kräftigen Stützmauer eine heute fast völlig zerstörte Halle, deren Decke von einer inneren Reihe sechskantiger Säulen und einer äußeren Reihe von Kolossalstatuen der Hatschepsut getragen war. Ein Tor aus Granit führte in den anschließenden Großen Saal mit zwei Säulenreihen rings um seine Mitte. An seiner Nordwestwand wechseln größere und kleinere Nischen, die ersteren einst wieder Standbilder der Königin enthaltend. Tief in den Felsen getrieben liegt das Allerheiligste. An die Südwestecke des Großen Saales anschließend liegt die Totenkapelle der Könige, gleichfalls, wie alle ihre Beiräume, in den Felsen getrieben.

Nichts könnte mehr den Adel dieser Tempelschöpfung versinnbildlichen als der Beitext zu dem Reliefbild, das Amun, von Thot geführt, vor Ahmes in der der Geburt der Königin Hatschepsut geweihten Halle zeigt:

»Es kam dieser herrliche Gott,
Amun selbst, Herr der Throne der beiden Länder,
nachdem er die Gestalt ihres Gatten angenommen hatte.
Sie fanden sie in der Schönheit ihres Palastes ruhn.

Sie erwachte vom Dufte des Gottes
und lachte vor seiner Majestät.
Er trat eilends zu ihr und entbrannte für sie,
er verlor an sie sein Herz.

Sie konnte ihn schauen
in der Gestalt eines Gottes,
nachdem er ihr nahegekommen war.
Sie jauchzte, seine Schönheit zu sehen.

Seine Liebe drang in ihre Glieder.
Der Palast war überflutet
vom Wohlgeruche des Gottes;
alle seine Düfte waren von Punt, dem Weihrauchlande.

Die Majestät dieses Gottes
tat an ihr alles, was er wünschte.
Sie erfreute ihn mit sich
und küßte ihn.«

XV Der Terrassen-Tempel der Königin Hatschepsut von Osten.

Der dem Reichsgott Amun geweihte Tempel, der wieder weitgehend hergestellt ist, enthielt, wie angedeutet, die Heiligtümer für die Göttin Hathor und den Totengott Anubis. Weitere Räume waren für den Totenkult der Herrscherin sowie ihrer Eltern, Thutmosis I. und Ahmes, bestimmt. Die großartige Bauanlage vor den Abstürzen des Felskessels nimmt einen Teil vom Hof des Totentempels des Königs Mentuhotep Nebhepet-Re (im Bild links sichtbar) ein.

XVI Bemaltes Wandrelief in der Säulenhalle vor der Anubiskapelle.

Die Göttin Mut in Geiergestalt, die beischriftlich als Herrin des über ihr gestirnt dargestellten Himmels bezeichnet ist, hält in den Klauen einen Siegelring, das Zeichen für »zahllose Jahre«. Oben in rebusartiger Schriftbildzusammenstellung der Name der Königin Hatschepsut: über dem Ka-Zeichen ein Fries von aufgerichteten Schildvipern, welche auf dem Kopf die von Kuhhörnern eingefaßte rote Sonnenscheibe tragen. Vor dem Hörnerschmuck abwechselnd ein Zeichen »Dauer« und »Leben«. Die nach unten folgende Darstellung der Königin auf diesem Wandteil ist unter Thutmosis III. mit Meißelhieben getilgt worden.

127 Vorhalle der Anubiskapelle und Geburtshalle.

Blick aus der nördlichen (unvollendeten) Säulenhalle auf die Vorhalle der Anubiskapelle mit ihren vier Reihen von je vier sechzehnkantigen (»protodorischen«) Säulen und auf die Geburtshalle mit ihren zwei Reihen von je elf Pfeilern.

128 Thutmosis III. und Gott Amun. Geburtshalle, 2. Pfeilerreihe, 4. Pfeiler von Süden.

Der König trägt die hörnergeschmückte, federverzierte Bündelkrone und über dem Haar das schlangenumwundene Diademband. Er steht mit geöffnet erhobener linker Hand, in der Rechten die Birnenkeule haltend, vor dem Gotte Amun, der ihm die Hand auf die Schulter legt.

Alle zweiundzwanzig Pfeiler der Geburtshalle tragen auf jeder ihrer vier Seiten teils das später durch Thutmosis III. getilgte Bild der Königin Hatschepsut, teils das des Thutmosis III., immer, wie sie vor Amun standen. Dessen Darstellung ist dann zu Zeiten des Echnaton getilgt worden, um erst unter Ramses II. oberflächlich wieder hergestellt zu werden.

129 Geburtshalle, hintere Wand. Königinmutter Ahmes. Kalkstein, bemalt.

Königin Ahmes, Gemahlin des Thutmosis I. und Mutter der Königin Hatschepsut, ist in hochschwangerem Zustand dargestellt. Im Bildzusammenhang wird sie von dem widderköpfigen Menschenbildner Chnum und der froschköpfigen Geburtsgöttin Heket zur Entbindung geführt. Auf dem Scheitel der Königin die Geierhaube, darunter das Haar in langen Strähnen.

130 Oberer Hof mit Resten des Säulensaales.

Der Hof ist unmittelbar vor der Felswand gelegen; seine Mitte wurde von einem großen Säulensaal eingenommen. Koptische Mönche, die in den Frühtagen des Christentums aus dem Tempel ein Kloster machten (Deir-el-Bahari = Nordkloster), haben dabei die Wände, die einst mit Reliefdarstellungen eines Festzuges geschmückt waren, stark beschädigt. In der Hofmitte zwischen den in der Ptolemäerzeit vorgebauten, durch Schranken verbundenen Säulen der Zugang zum

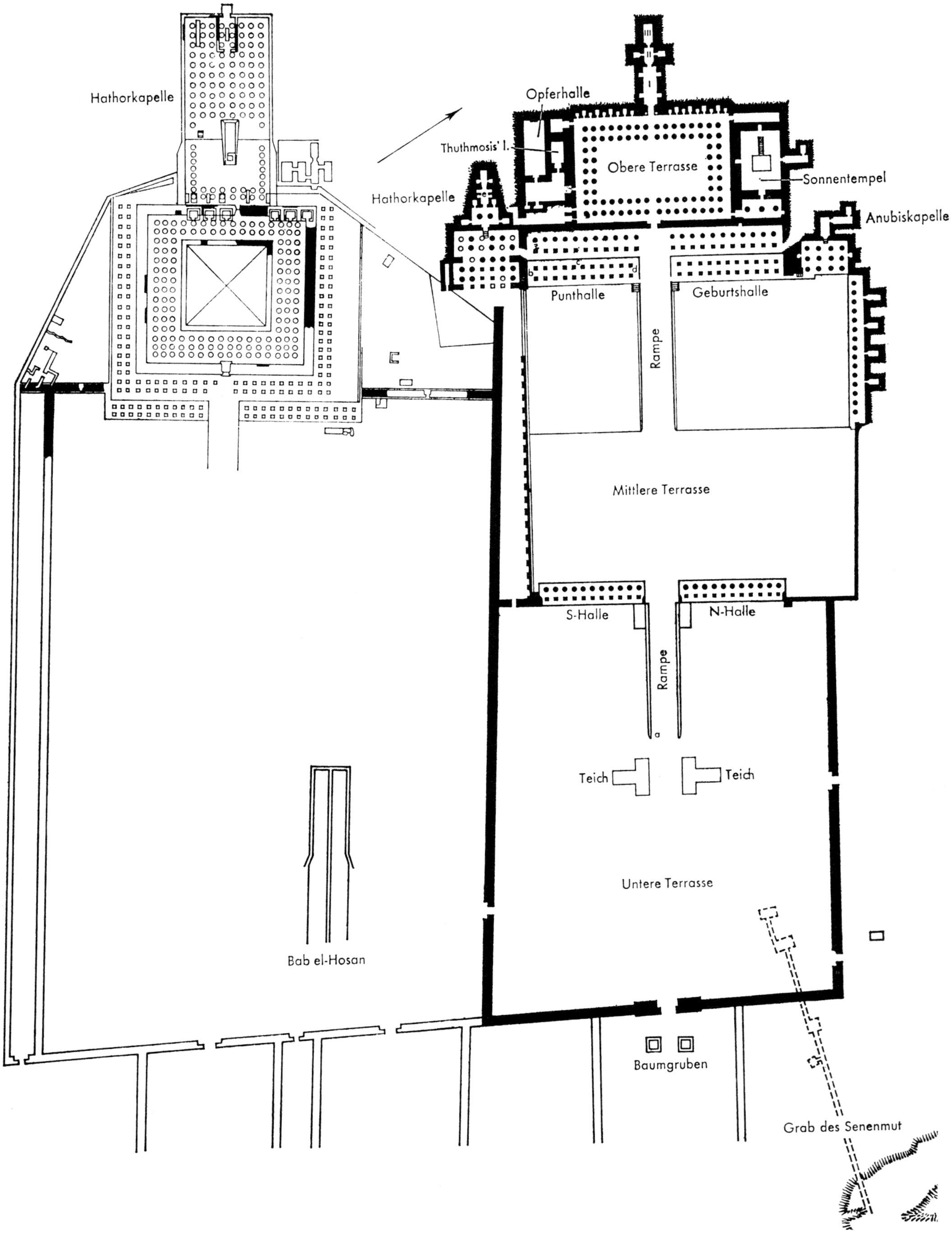

Abb. 27 Die Tempel von Deir-el-Bahari in Theben. Rechts: der Terrassentempel der Königin Hatschepsut, links: der Totentempel des Königs Mentuhotep Nebhepet-Re.

Allerheiligsten. An der Nordwestecke des Hofes rechts die Wand des Altarhofes mit der Tür zur Amunshalle. Die (über die Breite des Bildes laufende) westliche Rückwand des Hofes enthält eine Reihe größerer und kleinerer Nischen mit Darstellungen des Thutmosis III. und der Hatschepsut vor den Gottheiten. In den größeren Nischen standen Statuen der als Osiris aufgefaßten Königin Hatschepsut, von denen einzelne Unterteile erhalten sind.

131 Mittlerer Raum im Heiligtum der Hathor. Königin Hatschepsut trinkt am Euter der Hathor-Kuh.

Die Göttin Hathor wurde in Kuhgestalt als Beschützerin der Totenstadt verehrt, wohl in Weiterbildung eines alten lokalen Kuh-Kultes (vgl. auch Taf. XVII sowie 146/147). An die Königin zwischen Hathor und Amun und in den Nischen noch Hatschepsut und Thutmosis III., wie beide Hathor Milch und Wein opfern.

132

Sarkophag der Königin Hatschepsut, Stirnseite. Tiefroter Quarzit. Kairo, Museum, Nr. 620.

Aus dem Grab der Herrscherin im Tal der Königsgräber (Biban el-Muluk) zu Theben. Der Sarkophag hat dieselbe Form wie der gleichfalls in das Museum von Kairo gelangte Sarkophag des Vaters Thutmosis I. Beide Sarkophage sind hervorragend gearbeitete Werke. Von Schriftzeilen umrahmt kniet Isis auf dem Zeichen nub, »Gold«, und legt die Hand auf das Zeichen ren, den Ewigkeits-Ring.

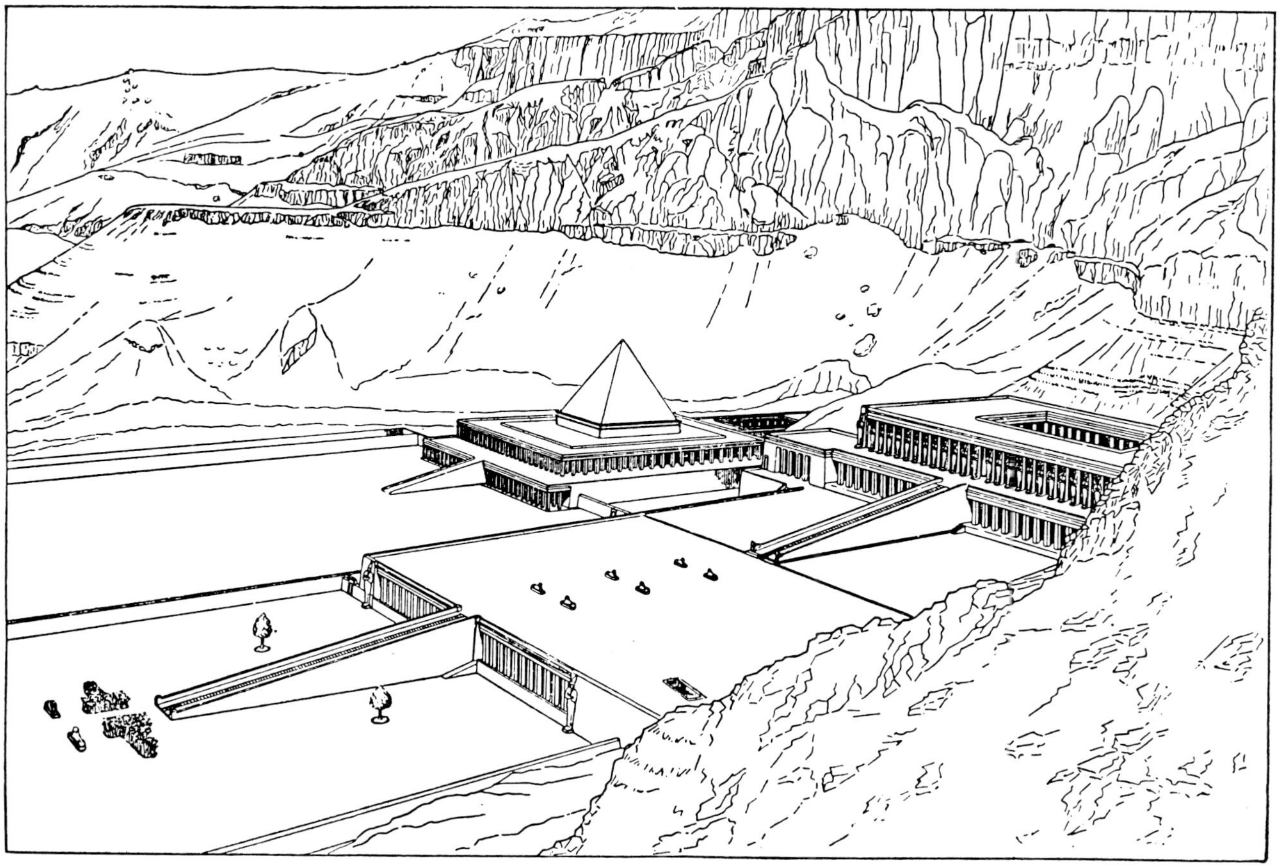

Abb. 28 Tempel der Königin Hatschepsut in Theben (Deir-el-Bahari) von Nordosten. Rekonstruktion. Im Hintergrund der Totentempel des Königs Mentuhotep Nebhepet-Re.

der Löckchenfrisur der Königin ist die Schutzschlange der Pharaonenwürde angebracht. Reste der Bemalung erhalten.

Sowohl der mittlere wie der hintere der drei je um eine Stufe höher liegenden Räume der Hathorkapelle enthalten Reliefs von außergewöhnlicher Schönheit des Stils und der Arbeit. Im mittleren Raum opfert die Königin in großer, durch Thutmosis III. getilgter Gestalt der Hathorkuh, die ihrerseits in einer Barke unter einem Baldachin erscheint, und deren kleiner Sohn Ehi vor ihr mit dem Sistrum in Händen steht. Im hinteren Raum ist an beiden Seiten die am Euter der Hathorkuh trinkende Königin (Taf. 131) dargestellt, weiter an der Rückwand

133

Königin Hatschepsut. Kalkstein. Lebensgroß. New York, Metropolitan Museum of Art.

Aus Theben, Deir-el-Bahari. Das Sitzbild ist aus dem früher im Besitz der Staatlichen Museen zu Berlin befindlichen Körper mit Thronsitz und dem bei den amerikanischen Grabungen in Deir-el-Bahari gefundenen Kopf zusammengefügt, der teilweise beschädigt war, aber ausgezeichnet ergänzt ist. Die feine Andeutung der weiblichen Natur der als Pharao thronenden Herrscherin ist von besonderem Reiz.

134

Spitze des gestürzten Obelisken der Königin Hatschepsut in Karnak. Assuan-Granit.

Das Fragment dieses Gegenstückes zu dem noch aufrechten der zwei in Karnak von der Königin hinter dem Pylon IV ihres Vaters Thutmosis I. errichteten Obelisken (vgl. auch Taf. 126) liegt jetzt nahe der Nordecke des Heiligen Sees. Die Königin – auf dem Haupt die Blaue Krone – kniet im Schutz des Gottes Amun. Oben unter dem sternbedeckten Himmelszeichen Titel und Thronname der Herrscherin (Kemare: »Gerechte Weltordnung ist die Wesenskraft des Sonnengottes«; der Eigenname Hatschepsut läßt sich »Spitze der Edelfrauen« übersetzen) sowie Heilswünsche. Name (»Amun-Re, Herr des Himmels«) und Gestalt des Gottes sind unter Echnaton getilgt und am Anfang der 19. Dynastie wiederhergestellt worden; man erkennt deutlich die abgearbeiteten Flächenteile.

135

Senenmut, Kanzler unter Königin Hatschepsut. Bildniszeichnung aus seinem Grab unter dem Terrassentempel zu Deir-el-Bahari. Breite der Basis der Büste 26,5 cm.

Nahe dem Ende des über 100 m langen, in den Felsen gehauenen engen Ganges, der zu den drei Kammern des Felsengrabes des Senenmut führt, findet sich an einer Stelle, die wundersamerweise von den Kalkkristallausblühungen, die die ganzen Gangwände bedecken, unberührt blieb, das in schwarzer Zeichnung ausgeführte, höchst lebendige und offensichtlich sehr naturalistische Porträt dieses mächtigen Mannes der Hatschepsut-Zeit.

Aus kleinen Verhältnissen aufgestiegen, gehörte er zu den bedeutendsten Gestalten der frühen 18. Dynastie. Als Architekt und technischer Organisator war er führend am Bau des Terrassenheiligtums seiner Königin beteiligt, als der »große Vermögensverwalter der Königin« stand er, eng mit ihr vertraut, in ihren Diensten, sowohl während der Zeit der Regentschaft, die sie nach dem Tod ihres Gemahles Thutmosis II. für ihren für den Königsthron bestimmten Stiefsohn Thutmosis III. führte, als auch nachdem sie sich selbst zum Pharao erklärt hatte.

Indem Senenmut auch Vermögensverwalter und Erzieher der unmündigen einzigen Tochter der Königin, Nofru-Re, geworden war, befestigte sich seine Vertrauensstellung und sein Einfluß auf die Königin noch mehr, was freilich nicht hinderte, daß die Königin während ihrer letzten Regierungsjahre den allzu übermächtig gewordenen Mann stürzte. Sein Amt als Erzieher der Prinzessin ist in einer Anzahl von Statuen festgehalten, in denen er mit Nofru-Re zusammen dargestellt ist,

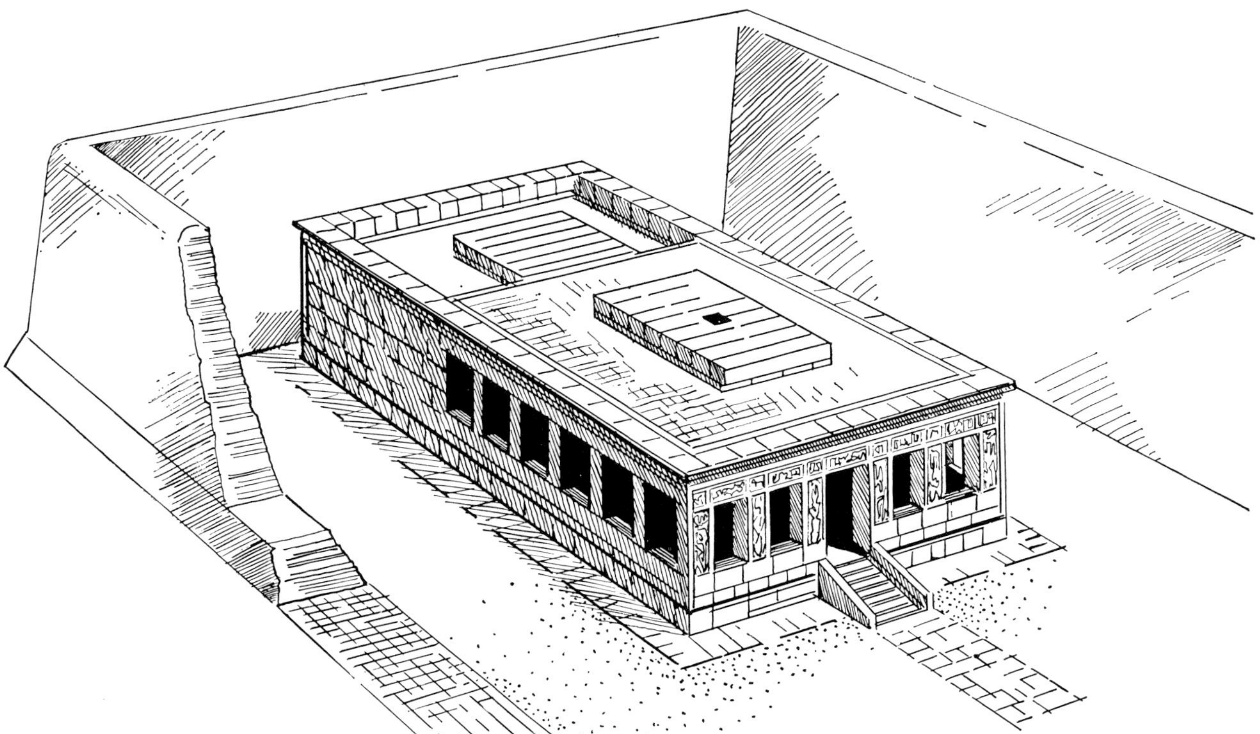

Abb. 29 Sog. Kleiner Tempel von Medinet Habu, Vorstufe der späteren griechischen Peripteraltempel.
Nördlich vor dem Platz, den später der Große Tempel des Königs Ramses III. einnehmen sollte, ist als Jubiläumstempel der Königin Hatschepsut der kleine Peripteraltempel aufgeführt worden, den anschließend König Thutmosis III. umgebaut hat und der in den Zeiten des Ramses III. und der Ptolemäer beträchtlich erweitert wurde. In seiner originalen Fassung bestand sein vorderer Teil aus einem quadratischen Raum für die Heilige Barke, den ein Umgang von Vierkantpfeilern, die unter sich durch niedrige Schranken verbunden waren, umstand. Der rückwärtige Teil umschloß einen breiten Saal mit von vier Säulen getragener Decke und sechs anschließenden Kammern.

unter anderem auch in dem berühmten Würfelhocker, der heute in Berlin steht. Offenbar sollte mit diesen Statuen, die als Geschenke der Königin in mehreren Tempeln Aufstellung fanden, des Kanzlers enges Verhältnis zum Königshaus zum Ausdruck kommen, wie denn, wenn auch an verborgener Stelle, sein Bild auch unter den Tempelreliefs von Deir-el-Bahari zu finden war.

Senenmut ist nach seinem Tode nicht in dem Grab, dem das hier wiedergegebene Bild entstammt, zur Ruhe gebettet worden. Sein Name wurde dort getilgt und höchstwahrscheinlich ist er in dem großartig konzipierten, aber heute stark zerstörten Grab Nr. 71 im Abschnitt Schech Abd el-Kurna beigesetzt worden.

DENKMÄLER DER ZEIT DES KÖNIGS THUTMOSIS III. (1490–1436)

136/137

Festtempel des Königs Thutmosis III.

In einer Breite von 44 m (bei 16 m Tiefe) erhebt sich der Festtempel als Querbau aus Sandstein im Ostteil des Tempelkomplexes von Karnak gegenüber der heute nur noch von wenigen Bauresten und Trümmern bedeckten Stätte, an der sich die Kultbauten des Mittleren Reiches befanden. Zwei Reihen von je 12 Säulen mit Kapitellen, die wie umgestülpte Glocken wirken, und die hier die in der Großarchitektur allein noch nachweisbare Zeltstangenform zeigen, tragen das Mittelschiff, das vom Erbauer offensichtlich wie ein großes Festzelt gedacht war. Die beiden angrenzenden Schiffe werden nach außen von niedrigen Pfeilern, die mit den Säulen korrespondieren, begrenzt. Sie tragen über einem unteren Architrav zusammen mit den nicht mehr vorhandenen Außenmauern die fünfkantigen Deckensteine und sind über diese hinaus nach oben durch Aufsatzpfeiler verlängert. Dadurch ist erreicht, daß die beiden Seitenschiffe gleich hoch wie das Mittelschiff sind. Ihr Licht erhielten sie durch die fensterartigen Bildungen zwischen den Aufsatzpfeilern. Ein jeweils niedrigeres Schiff dürfte vor diesen beiden Seitenschiffen entwickelt gewesen sein und die Bedeckung durch die oben genannten fünfkantigen Deckensteine und die Außenbegrenzung durch eine heute nicht mehr erhaltene Mauer gehabt haben. Die Lage des Festtempels im Gesamtbereich des Reichstempels von Karnak zeigt die Abb. 58.

138

Karnak. Hof und erster Annalensaal des Königs Thutmosis III. im Tempel des Reichsgottes Amun.

Blick aus dem Südwestteil des älteren, gleichfalls von Thutmosis III. errichteten Hofes auf den in ihn hineingebauten Ersten Annalensaal. Im Vordergrund Reste von zwei der sechzehnkantigen Papyrosbündelsäulen, welche einst die Decke der Halle an der West- und Südseite des Hofes getragen haben. Inmitten des Annalensaales erheben sich zwei Pfeiler aus Assuan-Granit, auf denen einst die Decke ruhte. Beide Pfeiler sind mit den Wappenpflanzen Unterägyptens und Oberägyptens geschmückt: der nördliche Pfeiler mit Papyros, dem Symbol für Unterägypten, der südliche Pfeiler mit der sog. Lilie, in Wirklichkeit der hier stark stilisierten blauen Wasserrose, dem Symbol Oberägyptens.

Südöstlich anschließend an den Ersten Annalensaal liegt der größere Zweite Annalensaal mit der in seiner Mitte errichteten Kapelle für die heilige Barke des Amun. Insbesondere an der Nordwand des Zweiten Annalensaales sind die langen Inschriften gut erhalten.

In diesen berühmten »Annalen« des Königs Thutmosis III., die »einen Markstein in der Geschichte der ägyptischen Geschichtsschreibung« (E. Otto) bilden, sind die siebzehn Feldzüge des Königs aufgeführt, besonders ausführlich der erste mit der Eroberung von Megiddo. Wenn auch einige dieser Feldzüge mehr Strafexpeditionen als eigentliche Kriegszüge waren, so galten doch die meisten einem großen Ziel, und dieses war der Euphrat, die Niederringung des gegnerischen Mitanni-Reiches und die Brechung des Widerstandes des Fürsten von Kadesch am Orontes, der hartnäckig mittels syrischer Kleinstaaten Koalitionen gegen Ägypten immer wieder von neuem schuf. Erst im sechsten Feldzug wurde Kadesch erobert, erst im siebenten Feldzug fiel die Entscheidung gegen Mitanni.

Im Hinblick auf die Klarheit der an den beiden Pfeilern des Ersten Annalensaales skulptierten Wappenpflanzen Ägyptens mag mit einem Wort auf die Oberägypten symbolisierende sog. »Lilie« eingegangen werden: Pflanzengeographisch ist klar, daß es sich um eine Lilie im eigentlichen botanischen Sinn, d. h. um eine Angehörige der Gattung Lilium, nicht handeln kann. Ägyptens Flora kennt die Gattung Lilium nicht. Es liegt vielmehr, nicht zuletzt auch auf Grund der Gestaltung des glatten, knotenfreien Stengels, nahe, in der sog. »Lilie« die eben sich öffnende Blüte der einen der beiden in Ägypten heimischen Wasserrosen, und zwar der blauen Nymphaea coerulea zu sehen, von deren vier im Kreuz stehenden Kelchblättern zwei schräg-seitlich gesehen im Bild verwendet sind, indes die Knospe der noch nicht entfalteten Blütenblätter die Mitte zwischen ihnen einnimmt. Die Bezeichnung »Lilie« dürfte ihren Grund darin haben, daß offenbar zunächst angelsächsische Ägyptologen dieses Blütensymbol mit Namen angeführt haben und die englische Bezeichnung für Wasserrose (Nymphaea) »Water-Lily« ist. Wenn von den Kelchblättern die zwei halbschräg wiedergegebenen mehr oder minder stark nach außen gekurvt gezeichnet werden, so sei darauf hingewiesen, daß »die Ägypter seit der Zeit des Königs Djoser die schön geschwungene Glockenlinie in die Papyrosdolde hineinzusehen verstanden« (Heinrich Schäfer) und daß sie auch die Blüte der Wasserrose bei deren Nachbildung in Fayencebechern mehr und mehr in die des Papyros übergehen ließen. Im einen wie im anderen Fall liegt also die Tendenz zur glockigen Gestaltung vor, ohne Rücksichtnahme auf die Naturform, die stark umstilisiert wird. Man wende nicht ein, daß die Wasserrosen der Pflanzenwelt Ober- *und* Unterägyptens eigen sind, denn umgekehrt gilt das gleiche für den Papyros, da dieser vom Nordrand des afrikanischen Kontinents bis in das tropische Afrika reicht, also keineswegs seinerseits nur in Unterägypten beheimatet ist.

139

Karnak. König Thutmosis III. schlägt die Asiaten. Kalksteinrelief an der Südwand des westlichen Turmes des VII. Pylons.

Der König mit der unterägyptischen Krone bündelt mit der Linken die gnadeflehend die Hände hebenden Bezwungenen an den Schöpfen zu einer wahren Menschentraube von strenger formaler Gliederung zusammen und hebt mit der Rechten die Birnenkeule zum Schlage. Oben rechts schreitet der Gott Amun herbei. Unten in langen Reihen die Namen eroberter feindlicher Ansiedlungen, von diesen Namen ist jeder einzelne von einem Langrund umschlossen; aus dem oberen Teil eines jeden dieser Langrunde wächst der Oberkörper eines asiatischen Gefangenen heraus, dem die Arme hinter dem Rücken gefesselt sind.

140/141

König Thutmosis III. Harter graugrüner Schiefer. Höhe 2 m. Kairo, Museum, Nr. 400.

Aus Karnak. Unter den vielen mehr oder minder erhalten gebliebenen Statuen des großen Königs ragt dieses Standbild durch Erlesenheit der Bildhauerarbeit und Porträthaftigkeit der Wirkung hervor; es ist ein wahres Triumphaldenkmal. Offenbar bezeichnend für den Körperbau des Herrschers ist der kurze Hals zwischen den gedrungenen Schultern; die Nase mit ihrem edel-kühnen Schwung ist sehr individuell, das Ohr auffällig naturalistisch behandelt. Thutmosis III. trägt hier die hohe Kegelkrone des Südlandes. Er schreitet über neun in die Oberfläche der Basis eingravierte Bogen, die Sinnbilder der dem Reiche unterworfenen Nationen.

In Haltung und Tracht schließt das Werk noch an das Königsbild des Alten Reichs, so wie es Mykerinos prägte und das Mittlere Reich weiter entwickelte, an. Dennoch atmet aus ihm der neue höfische Geist der frühen 18. Dynastie, der hier in des Wortes eigentlichstem Sinn eine Neubildung schuf: wie der jugendliche schlanke Körper voller Elastizität ist, wie über dem Antlitz ein »feines, nur eben spürbares Lächeln schwebt«, wie geistvoll das Profil, wie ausdrucksvoll Mund und Ohren gegeben sind, ist das Neue. In erster Linie tritt uns der Mensch Thutmosis III. mit diesem Standbild entgegen, nicht mehr der Gottkönig, für den ihn das Staatsdogma erklärt, nicht auch der Heros, obwohl er es ob der Stoßkraft seines sieghaften Feldherrntums tatsächlich war.

142

König Thutmosis III. beim Opfer. Marmorartiger weißer Stein. Höhe etwa 35 cm. Kairo, Museum, Nr. 428.

Das kleine, nur etwa 35 cm hohe Bildwerk ist von weicher, sorgfältiger Arbeit. Es stellt in altüberlieferter Weise den König kniend dar, im Begriff, einer Gottheit Wein in zwei kugeligen Krügen zu opfern. Der seltene Stein ist sicher als kostbarer Werkstoff betrachtet worden. Der Nasenrücken scheint durch Überarbeitung etwas geglättet worden zu sein.

»Der lebendige Umriß ist von einem Wohlklang, die Gestalt von einem Adel, die Behandlung des Steins von einer Sorgfalt und technischen Vollendung, wie sie nur einer ganz ausgereiften Kunst und einem lebens- und kunsterfahrenen Menschen gelingen kann« (W. Wolf).

XVII

Rückwand der Hathorkapelle des Königs Thutmosis III. aus Deir-el-Bahari. Kairo, Museum.

Die Hathorkapelle des Königs befand sich in der Bergwand von Deir-el-Bahari, nördlich des Tempels des Königs Mentuhotep Nebhepet-Re. Aus ihr stammt die Statue der Hathorkuh mit dem an ihrem Euter trinkenden und abermals vor ihr stehenden König Amenophis II., die heute ebenfalls im Museum von Kairo aufgestellt ist (Taf. 146/147). Wahrscheinlich gehörte die Hathorkapelle zu dem Tempel des Königs Thutmosis III., der zwischen dem Tempel des Königs Mentuhotep Nebhepet-Re und dem der Königin Hatschepsut lag und gegenwärtig von einer polnischen Expedition freigelegt wird.

Das Bild an der Kapellenrückwand zeigt den König in Ritualtracht, wie er vor dem sitzenden Amun-Re, »dem Herrn der Throne der beiden Länder, dem Herrn des Himmels«, Weihrauch und Wasser darbringt. Über dem König stehen seine Namen und der Segenswunsch: »Beschenkt mit Leben und aller Gesundheit, dessen Herz froh ist wie (das des) Re ewiglich«. Die Inschriftenzeile hinter dem Gott besagt: »Ich gebe dir alles Leben und Heil, alle Dauer, alle Freude wie (die des) Re ewiglich«. Vor und hinter dem Kopf des Königs und vor dem des Gottes haben spätere Besucher der Kapelle ihre Namen in Buchschrift aufgeschrieben. Das Halbrund über der Darstellung ist durch die geflügelte Sonnenscheibe: »Der große Gott von Behedet (= Horus von Edfu); er gibt Leben« sowie mit Titel und Namen des Königs gefüllt.

143

Sog. Poetische Stele des Königs Thutmosis III. Schwarzer Granit. Höhe 1,62 cm. Kairo, Museum, Nr. 420.

Die Stele wurde im Tempel zu Karnak, Pylon VI, aufgefunden und war ursprünglich ebenda im Festtempel des Königs aufgestellt. Das Bild im oberen halbrunden Feld der Stele zeigt in symmetrischer Gliederung zweimal den König, wie er vor dem stehenden »Amun-Re, dem König der Götter, dem Herrn des Himmels« Weihrauch darbringt (links) und eine Libation spendet (rechts). Hinter dem König steht jeweils die vergöttlichte Personifikation der Stadt Theben, also eine Art Stadtgöttin; beide tragen das Schriftzeichen »Theben« auf ihrem Haupt und halten das Lebenszeichen sowie, gemäß der Bezeichnung »Die Siegreiche«, Pfeile und Bogen, dazu die im Bild linke auch noch das Sichelschwert. Über den Göttinnen steht als ihr Eigenname, in einen Mauerring wie in eine Kartusche eingeschlossen, die Landesbezeichnung »Das seinem Herrn gegenüber befindliche (Land)«. Damit ist vor allem der auf dem Westufer gelegene Teil der Stadt bezeichnet, und dieser ist es, der um seiner Bedeutung willen vergöttlicht wurde. Der unter der im Halbkreis gegebenen figürlichen Darstellung beginnende Text enthält eine Rede des Gottes Amun an den König Thutmosis III., in der er in bilderreicher Sprache dessen Macht und Taten preist.

Die zweite Hälfte dieser Rede zeigt auch in ihrer schriftlichen Formung auf der Stele den Rhythmus der parallel gebauten Sätze der Rede des Gottes. Jede Zeile hat die festen Bestandteile:
»Ich komme zu Dir« – »Ich lasse Dich niedertreten . . .« –
»Ich lasse sie (die Menschen) Dich sehen als . . .«
Die die Zeilen einleitenden gleichen Worte sind auch im Text als solchem deutlich als die gliedernden Elemente zu erkennen.

Gesprochen von Amun-Re, dem Herrn der Throne der beiden Länder:
Du kommst zu mir und jubelst, wenn Du meine Schönheit siehst, mein Sohn, mein Helfer[1], *Men-Cheper-Re, der ewig lebt!*
Ich gehe auf[2] *um Deinetwillen und mein Herz ist froh bei Deiner schönen Ankunft in meinem Tempel!*
Meine Arme vereinigen sich mit Deinen Gliedern als Lebensschutz. Wie süß ist Deine Anmut an meiner Brust[3]*!*
Ich lasse Dich dauern in meiner Wohnung und tue Wunder für Dich[4].
Ich gebe Dir Siegesstärke gegenüber allen Ländern.
Ich gebe Deinen Ruhm und die Furcht vor Dir in alle Länder und den Schrecken vor Dir bis zu den Stützen des Himmels.
Ich mache Dein Ansehen groß in allen Leibern.
Ich gebe Deinen Ruf über die Neunbogenvölker[5] *hin, indem die Großen aller Fremdländer zusammengefaßt in Deiner Faust sind.*
Ich strecke meine eigenen Arme aus und fessele sie Dir.
Ich binde die Iuntiu[6] *zu Zehntausenden und Tausenden zusammen, die Nördlichen zu Hunderttausenden sind gefangen.*
Ich lasse Deine Widersacher unter Deine Sandalen fallen.
Du trittst auf die Feinde, die Böswilligen, wie ich Dir das Land in seiner Länge und Breite überwiesen habe.
Die Westlichen und Östlichen sind unter Deiner Aufsicht.
Du beschreitest alle Fremdländer, indem Dein Herz froh ist.
Es gibt keinen, der sich Deiner Majestät nahen kann, da ich Dein Führer bin.
Du gelangst bis zu ihnen, nachdem Du das umgekehrte Wasser von Naharina[7] *überquert hast, in Sieg und in Stärke, die ich Dir anbefohlen habe.*
Sie hören Dein Geschrei, (auch) wenn sie in ihre Schlupflöcher (?) eingetreten sind.
Ich lasse ihre Nasen ermangeln der Lebensluft. Ich gebe den Schrecken vor Deiner Majestät in ihre Herzen.
Meine Achet-Schlange[8], *die an Deinem Haupt ist, verbrennt sie. Sie erbeutet die Finsterlinge*[9].
Sie verbrennt die Inselbewohner[10] *mit ihrem Gluthauch.*
Sie schneidet die Köpfe der Asiaten ab, so daß keiner übrig bleibt und (auch) der Nachwuchs ihrer Macht verfallen ist.
Ich lasse Deine Siege durch alle Länder dringen, während meine Erhell-Schlange[11] *Deine Hörige ist.*
Es kann keine Empörung gegen Dich geben im Umkreis des Himmels;
(sondern) sie kommen mit Tributen auf ihrem Rücken, in Verneigung vor Deiner Majestät, wie ich es befohlen habe.
Ich lasse die böswilligen Angreifer in Deine Nähe kommen, wobei (aber) ihre Herzen verbrennen und ihre Glieder zittern.

Ich komme zu Dir,
und lasse Dich niedertreten die Großen von Djahi[12] *und breite sie aus unter Deinen Füßen in ihren Fremdländern.*
Ich lasse sie Deine Majestät erblicken als Herrn der Strahlen; und Du erglänzest vor ihnen als mein Abbild.
Ich komme zu Dir,
und lasse Dich niedertreten die Bewohner Asiens und Du schlägst die Häupter der Beduinen von Retenu.
Ich lasse sie Deine Majestät sehen angetan mit Deinem Ornat, wie Du ergreifst die Waffen auf dem Streitwagen.
Ich komme zu Dir,
und lasse Dich niedertreten das Ostland, und du trittst auf die, die in den Gebieten des Gotteslandes[13] *sind.*
Ich lasse sie Deine Majestät sehen wie das Sesched-Gestirn[14], *das seinen Feuerbrand schießt und (auch) seinen Tau gibt.*
Ich komme zu Dir,
und lasse Dich niedertreten das Westland, das Land Kefa und Isi stehen unter Deiner Übermacht.
Ich lasse sie Deine Majestät sehen als standhaften Jungstier mit spitzen Hörnern, den man nicht angehen kann.
Ich komme zu Dir,
Ich lasse Dich niedertreten die Inselbewohner; die Länder von Meten zittern aus Furcht vor Dir.
Ich lasse sie sehen Deine Majestät als Krokodil, Herrn der Furcht im Meer, das man nicht angreifen kann.
Ich komme zu Dir,
und lasse Dich niedertreten die Inselbewohner, die Mittelmeerinseln sind unter Deinem Siegesruf.
Ich lasse sie sehen Deine Majestät als Helfer, der erschienen ist auf dem Rücken seines Wildstieres.
Ich komme zu Dir,
und lasse Dich niedertreten das Libyerland. Die (Oasen?) sind in Deiner Wirkungsgewalt.
Ich lasse sie sehen Deine Majestät als Löwen, und Du machst sie zu Leichenhaufen durch ihre Täler hin.
Ich komme zu Dir,
und lasse Dich niedertreten die Enden der Länder. Der Umkreis des Meeres liegt umschlossen in Deiner Faust.
Ich lasse sie sehen Deine Majestät als den Geflügelten[15], *der greift nach dem, was er erblickt, nach Belieben.*
Ich komme zu Dir,
und lasse Dich niedertreten die im Lande des Anfangs. Du fesselst die Sandbewohner als Gefangene.
Ich lasse sie sehen Deine Majestät wie den oberägyptischen Schakal (= Upuaut), den Herrn des eilenden Laufes, der die beiden Länder durchzieht.
Ich komme zu Dir,
und lasse Dich niedertreten die Troglodyten. Das Land . . . ist in Deinem Griff.
Ich lasse sie sehen Deine Majestät wie Dein Bruderpaar[16]. *Ich habe ihre Arme für Dich zusammengenommen in Sieg.*
Dein Schwesternpaar[17], *ich habe sie Dir zum Schutze hinter Dich gestellt.*

Die Arme meiner Majestät liegen auf dem Himmel, und ich entferne das Schlechte.
Ich veranlasse Deinen Schutz,
mein Sohn, den ich liebe, Horus, Starker Stier, der in Theben erschienen ist, den ich erzeugte im Gottesleib,
Thutmosis, der ewig lebt, der alles für mich tut, was mein Ka wünscht.
Du hast meine Wohnung errichtet als ewig dauerndes Werk, vergrößert und verbreitert über das hinaus, was früher entstanden war,
eine sehr große Tür (namens:) Men-Cheper-Re, seine Schönheit hat Amun-Re festlich gestimmt.
Größer sind Deine Denkmäler als die irgendeines Königs, der gewesen ist.
Ich habe Dir befohlen, sie auszuführen, so daß ich nun zufrieden damit bin.
Ich lasse Dich (dafür) dauern auf dem Horusthron unendliche Jahre, indem Du die Lebenden leitest in Ewigkeit.

(Der Übersetzung liegt der Text bei Kurt Sethe, Urkunden der 18. Dynastie, zugrunde.)

[1] Gemeint ist Horus als Helfer seines Vaters
[2] als Sonne
[3] Gemeint ist die Umarmung von Gott und König
[4] Das ist auch der Terminus für Orakel, die der Gott dem König gibt
[5] Gemeint ist die Gesamtheit der bewohnten Erde
[6] Dies ist die alte Bezeichnung der Nachbarvölker, auch als »Troglodyten« übersetzt
[7] Das Land zwischen dem Oberlauf des Euphrat und Tigris
[8] »Die Leuchtende« als Name des Uräus
[9] im Gegensatz zur Helligkeit der Schlange
[10] im Mittelmeer; hier und im folgenden gehen die tatsächlichen und die halbmythischen Länderbezeichnungen durcheinander
[11] wieder der Uräus
[12] das ist Syrien
[13] Gemeint ist der Osten, vor allem Südosten
[14] ein Gestirn, das man sich offensichtlich mit dem Wetterwechsel verbunden dachte; zugleich ist an den Pfeile-schießenden König gedacht
[15] Horus
[16] Horus und Seth
[17] Isis und Nephthys; man könnte aber auch an die beiden wehrhaften Göttinnen denken, die in dem Halbrund der Stele über dem Text hinter dem König stehen; die vergöttlichte Personifikation der Stadt Theben führt das Beiwort »Die Siegreiche«.

144/145
König Thutmosis III. Harter graugrüner Schiefer. Höhe 90 cm. Kairo, Museum, Nr. 404.

Aus Karnak. Auch dieses kleinere Bildwerk, das den König in der Bekleidung der Pharaonen des Alten Reiches darstellt, ist ausgezeichnet durch Feinheit des Stils und Meisterschaft des Handwerks. In der rechten Faust ist der aus einem stehengelassenen rundlichen Verschlußstück entwickelte »Füllstab« erhalten, der bei Königsstatuen des Neuen Reiches mannigfache Formen annimmt, ohne daß sich seine gemeinte Natur immer überzeugend enträtseln ließe. Vorn auf der Gürtelschließe der Thronname des Königs, Mencheper-Re (keilinschriftlich als Manachpirija überliefert), in einem Königsring eingeschlossen.

18. DYNASTIE, 2. PHASE · 1436–1364

Könige: *Amenophis II.* (1438/1436–1412); *Thutmosis IV.* (1412–1402); *Amenophis III.* (1402–1364)

Die in der ersten Phase der Dynastie eingeschlagenen Wege der Politik und der damit verbundenen sozialen und kulturellen Entwicklung werden fortgesetzt. In den Königen Amenophis II. und Amenophis III. treten uns höchst individuelle, selbstbewußte Herrscherpersönlichkeiten entgegen. Von Amenophis II. sind mehrere Denkmäler bekannt, die seine kriegerische und sportliche Tätigkeit überliefern. Unter Amenophis III. glaubt man Züge einer beginnenden Auflösung zu spüren. Eine bis zur Überfeinerung gesteigerte Prachtliebe setzt ein, dazu das Bedürfnis und der Wunsch nach einer immer mehr gesteigerten Monumentalität der Bauten. Der König selbst durchbrach in extremem Selbstgefühl die Schranken der königlichen Tradition. Das beweisen manche Darstellungen von ihm in durchaus nicht königlicher Erscheinung, z. B. eine Statuette in syrischer Tracht, aber auch seine Heirat mit Teje, die nicht königlicher Abstammung war, und die Amenophis III. in Bildnissen und Texten immer wieder herausstellte. Sie muß eine Frau von ungewöhnlicher Bedeutung gewesen sein.

Kraft der Vormachtstellung Ägyptens, die vornehmlich Thutmosis III. durch seine siebzehn siegreichen Feldzüge erkämpfte und die auch noch durch seinen Sohn Amenophis II. und seinen Enkel Thutmosis IV. weiter ausgebaut und verstärkt wurde, war Ägypten jetzt der mächtigste Staat der alten Welt und verfügte über einen immensen Reichtum. Seine Oberherrschaft dehnte sich von Nubien bis zum Euphrat, anerkannt von den Herrschern und Völkern der verschiedensten Rasse und Sprache. Endlich war nun zwischen Ägypten einerseits und den großen vorderasiatischen Reichen von Mitanni, Babylonien und ebenso dem der Hethiter Frieden und Eintracht hergestellt. Ihre Herrscher, die sich alle Großkönig titulierten, standen in ständigen diplomatischen Beziehungen zu Ägypten, ein ausgedehnter Handel und große Gütertransaktionen wurden getätigt: kyprisches Kupfer, hethitisches Silber, babylonische Lasursteine wurden getauscht gegen das nubische Gold Ägyptens, das damals noch als einziges Gold besitzendes Land der antiken Welt eine Sonderstellung einnahm. Die Freundschaft der Reiche wurde besiegelt durch Ehen der Pharaonen mit asiatischen Frauen; so war Mutemweja, die Gattin des Thutmosis IV., eine Tochter des Königs Sutterna von Mitanni; Amenophis III. hatte neben seiner Hauptgemahlin Teje die Schwester und später auch die Tochter des Königs von Babylon, Kadaschman-Enlil I. (1390–1372),zu hochgestellten Nebenfrauen und heiratete im zehnten Regierungsjahr Gilukhepa, die Schwester des Mitanni-Königs Tuschratta, die mit 317 Mitanni-Mädchen in den königlichen Harem einzog, um etwa zwanzig Jahre später die Hand der Tochter dieses Königs, der jungen Tadukhepa, zu erbitten. Ihr Eintreffen in Ägypten fiel indes in die Zeit kurz vor dem Ableben des Amenophis III. Statt seiner hat sie dann offenbar König Amenophis IV., der nachmalige Echnaton, zur Ehe genommen. Es ist die Frau, die aller Wahrscheinlichkeit nach in Ägypten den Namen Nofretete trug.

Die Bautätigkeit der zweiten Phase der 18. Dynastie kulminiert in den Werken, die Amenophis III. errichten ließ. In Theben-West, wo nahe dem heutigen Medinet Habu noch Ruinen eines Palastes dieses Königs stehen, war weiter östlich sein großer Totentempel errichtet. Er ist schon zu Zeiten späterer Nachfolger des Königs Amenophis III. fast ganz abgetragen worden. Was neben spärlichen Bruchstücken heute noch erhalten ist, sind die zwei kolossalen Sitzbilder des Königs, die einst den Eingang seines Tempels flankierten und als Memnonskolosse seit dem klassischen Altertum berühmt sind (Taf. 160/161). Am Ostufer des Nils, im heutigen Luxor, zeugt der Amun-Mut-Chons-Tempel von der Klassik der Baukunst der Zeit des Amenophis III. (Taf. 162–165). In Karnak stammte von ihm der heute fast völlig zerstörte III. Pylon, der einst die Bauten der Thutmosiden-Zeit gegen Westen abschloß.

DENKMÄLER DER ZEIT DES KÖNIGS AMENOPHIS II. (1438/1436–1412)

146/147

Hathor als Totengöttin in Kuhgestalt. Sandstein, bemalt. Länge 2,25 m. Kairo, Museum, Nr. 445.

Aus Theben. Die Gruppe wurde in der zugehörigen kleinen, mit einer tonnengewölbten Decke und farbigem Decken- und Wandschmuck ausgestatteten Kapelle beim Tempel von Deir-el-Bahari gefunden (vgl. das S. 86 Gesagte). Da die Kapelle von Thutmosis III. gestiftet ist, könnte die Gruppe ebenfalls von ihm stammen, doch ist die beschädigte Königsfigur vor der Kuh durch eine an dem Papyrosbüschel angebrachte Kartusche als Amenophis II. bezeichnet. Zwischen den Hörnern der kuhgestaltigen Göttin ragen über der Sonnenscheibe mit dem Haupt der Uräusschlange vor ihrer Mitte zwei hohe stilisierte Federn auf. Sie tritt nach ägyptischer Glaubensvorstellung aus einem Papyrosgebüsch heraus, das durch einige Stengel mit abwechselnd geöffneten und geschlossenen Dolden, die sich an Hals und Kopfschmuck schmiegen, angedeutet ist. Auf der Zwischenwand unter dem Tierkörper ist abermals der König Amenophis II. kniend und dabei am Euter der Hathorkuh trinkend dargestellt.

148

Holzsarg der Königin Merit-Amun. Überlebensgroß. Höhe des Gesichtes bis zum Haaransatz 35 cm. Kairo, Museum, Nr. 6150.

Aus dem Grabe der Königin in Theben, Deir-el-Bahari. Merit-Amun gilt als Tochter Thutmosis III., zugleich als Gemahlin seines Sohnes und Nachfolgers Amenophis II., wird aber auch für eine Tochter Amenophis I. gehalten. Der kolossale äußere Sarg aus Zedernholz ist ein Meisterstück des thebanischen Kunsthandwerks. Der Ausdruck des Gesichtes, insbesondere der Mundpartie, ist von wunderbarer Feinheit. Die eingelegten Augen bestehen aus schwarzem und weißem Stein, die Lidränder, Brauen und Schminkstreifen aus dunkelblauem Glasfluß. Die Vertiefungen der ursprünglich vergoldeten Haarmasse sind mit blauer Farbpaste ausgefüllt. In die Körperoberfläche des Sargdeckels ist ein Federmuster eingeschnitzt, dem ein völlig anders stilisiertes am Sargunterteil gegenübersteht. Die Unterarme sind unter der Brust gekreuzt; die zur Faust geballten Hände halten Papyroszepter und Amulette, die »grünen«, »frisch sein« bedeuten.

149

König Amenophis II. beim Opfer. Granit. Kairo, Museum, Nr. 448.

Das Motiv des kniend vor der Gottheit eine Opfertafel haltenden Königs ist eine Neuprägung dieser Zeit. Trotz der durch den Steg zwischen Opfertafel und Oberschenkeln des Königs bei der Frontalansicht befremdenden Gestaltung spricht die Statue dank der vollendeten Wiedergabe des Gesichtes lebendig zum Betrachter. Wie das königliche Antlitz frei zur Gottheit gewandt eine unendliche innere Harmonie ausstrahlt, wirkt das Bildwerk ergreifend und beglückend auf uns. »Würde die Gestalt aufstehen, so würde sie schlank und hoch gebaut sein und in ihrer von zeremonieller Würde freien Heiterkeit das jugendliche Siegesbewußtsein eines welterobernden Geschlechtes demonstrieren« (L. Curtius).

Zu Amenophis II. selbst sei angemerkt, daß er an Energie und Tatendurst dem Vater nicht nachstand, und er konnte sich selbst seiner körperlichen Leistungsfähigkeit, Kraft und Geschicklichkeit rühmen: »Kein anderer war imstande, seinen Bogen zu spannen; er durchschoß mit dem Pfeil vom fahrenden Wagen aus vier kupferne Schießscheiben; er ruderte allein seine Barke, als die Mannschaft ermüdet war; er kannte jede Fähigkeit des (Kriegsgottes) Monthu und keiner kam ihm gleich auf dem Schlachtfeld.« In klassischer Klarheit der Sprache bringt diesen im ägyptischen Königsbild einmaligen Preis körperlicher Kraft und Geschicklichkeit der Denkstein bei der Großen Sphinx von Gise (vgl. S. 90).

150/XVIII

Aus der Sarkophag-kammer im Grab (Nr. 35) des Königs Amenophis II. im Tal der Königsgräber.

150 oben Die Nachtfahrt der Sonne durch die Unterwelt.

Die Darstellung an der Rückwand der Sargkammer zeigt, gemäß dem Buch Amduat »Was in der Unterwelt ist«, die erst, Stunde (links) und die zweite Stunde (rechts) von der Nachte fahrt der Sonne durch die Unterwelt. In dem oberen und unteren Register der ersten Stunde sind die Götter und Dämonen, die diese Stunde und diesen Distrikt beherrschen, dargestellt und benannt. Die Sonnenbarke selbst fehlt in dieser Wiedergabe des Buches. Die links dargestellte Barke ist die des Sonnenkäfers Chepre, die den Sonnengott begleitet, um am Morgen zur Stelle zu sein. Die zweite Stunde bringt ebenfalls im oberen und unteren Register die dort hausenden Wesen. Das mittlere Register zeigt fünf Barken, von denen die des Sonnengottes gerudert wird. Sie folgt den übrigen vier und trägt den Gott in seinem Schrein und sein Gefolge.

150 unten Längsseite des Sarkophags.

Sie trägt als die Frontseite als auffallendstes Motiv zwei ornamental gestaltete Augen, ein Symbol, das schon auf Särgen des Mittleren Reiches begegnet und das zwei Deutungen haben kann: diesen Augen wohnt Heilkraft inne und sie sollen alles Böse abwehren; andererseits ist auch die Deutung möglich, daß mit ihrer Hilfe der Tote gleichsam in die Welt der Lebenden zurückschauen können soll. Dargestellt sind ferner drei Götter, die dem Toten Unversehrtheit im Jenseits zusichern sollen, rechts Hapi, links der schakalköpfige Anubis und Kebech-Senuf; der erste und der letzte der Götter gehören zu jenen Gottheiten, denen speziell der Schutz der Eingeweide anvertraut ist.

XVIII Linke Schmalseite des Sarkophags.

Dargestellt ist die Göttin Isis auf dem Schriftzeichen »Gold« kniend. Die Hände legt sie auf den Schen-Ring, das Symbol der allumfassenden Unendlichkeit. Sie spricht für den toten König ein Gebet an den Erdgott Geb, in dessen Gewalt sich der Tote befindet: »Gesprochen von Isis: Geb, (lege) deine Arme um Osiris König Aa-cheperu-Re, den Seligen! Erhelle sein Antlitz, öffne seine Augen!«

Die Gegenseite zeigt die Göttin Nephthys.

JÜNGLINGSRUHM DES THRONERBEN UND SPÄTEREN KÖNIGS AMENOPHIS II. AM DENKSTEIN AN DER GROSSEN SPHINX VON GISE

Seine Majestät bestieg den Thron als König,
als schöner, selbstbeherrschter Jüngling,
der achtzehn Jahre auf eigenen Füßen
voller Kraft vollendet hatte.
Er kannte die Kunst des Kriegsgottes.
Nicht gab es seinesgleichen auf dem Schlachtfeld.
Er kannte die Reitkunst.
Ihm glich keiner in diesem großen Heer.
Keiner davon konnte seinen Bogen spannen.
Er konnte beim Wettlauf nicht eingeholt werden.
Einer mit starken Armen, der nicht ermüdet,
wenn er das Ruder führt.

Er fuhr am Heck eines Ruderschiffes mit zweihundert Mann.
Man ruderte los. Sie legten eine halbe Meile Fahrt zurück
und waren elend, ihre Glieder schlaff.
Sie konnten keine Luft bekommen.
Seine Majestät griff stark sein Ruder von zwanzig Ellen Länge.
Er ruderte los und landete sein Ruderschiff,
nachdem er drei Meilen rudernd zurückgelegt hatte,
ohne das Rudern zu unterbrechen.
Die Gesichter, die ihm zusahen, leuchteten, als er dies tat.

Er spannte dreihundert starke Bogen,
die Arbeit ihrer Handwerker zu vergleichen,
zu erfahren, wer nichts konnte, und wer sie verstand.
Da tat er das, was ich Euch berichten muß:
Er betrat sein Übungsfeld
und fand, daß ihm vier Scheiben aus asiatischem Kupfer
von einer Spanne Dicke aufgestellt waren.
Zwanzig Ellen lag zwischen einem Pfahl und dem nächsten.
Da erschien seine Majestät im Wagen
wie der Kriegsgott in seiner Kraft.
Er ergriff seinen Bogen und packte vier Pfeile auf einmal.
Er fuhr hinab und schoß auf sie
wie der Kriegsgott in seinem Schmuck.
Seine Pfeile kamen hinter (den Scheiben) heraus,
und er traf den nächsten Pfahl.
Das ist etwas, was nie vorher ausgeführt wurde.
Man hat es nie erzählen hören,
daß ein Pfeil auf eine Kupferscheibe geschossen wurde,
durch sie drang und auf den Boden fiel,
außer vom König starker Macht, den Amon gekräftigt hat,
vom gleich dem Kriegsgott kampfbereiten
König von Ober- und Unterägypten Amenophis II.

Als er ein Knabe war, liebte er seine Pferde.
Er freute sich über sie, bemüht, ihnen zu dienen,
kundig der nötigen Art, erfahren, sie zu schulen,
in die (rechte) Weise eingedrungen.
Im Palast ward es erfahren von seinem Vater,
Horus, dem starken Stier, der in Theben gekrönt ward.
Das Herz seiner Majestät war froh, als er es hörte,
erfreut über das, was man über seinen ältesten Sohn sagte.
Er sprach zu seinem Herzen:
Er wird Herr der ganzen Erde ohne Widersacher,
der nach Kraft sucht, der sich üb Stärke freut.
Er ist ein schöner, liebenswerter Knabe,
der noch nicht verständig ist.
Noch ist er nicht im Alter, des Kriegsgottes Arbeit zu leisten.
Doch läßt er schon das Leibeswohl außer acht
und zieht Kraft vor.
Gott hat es in sein Herz gelegt, (so) zu tun,
ihm Ägypten zu wahren und die Erde zu überweisen.

Seine Majestät sprach zu denen, die bei ihm waren:
Man soll ihm ein sehr schönes Gespann geben
aus dem Stall meiner Majestät, der in Memphis ist.
Sagt zu ihm: Übernimm es und hüte es!
Bewege es und zügle es, wenn es widerspenstig ist.
Und als man dem Königssohn ausgerichtet hatte,
ein Gespann des Königlichen Stalls zu übernehmen,
tat er, wie ihm aufgetragen war.
Reschep und Astarte freuten sich über ihn.
Er tat alles, was sein Herz wünschte.
Er schuf unvergleichliche Pferde,
die nicht ermüdeten, wenn er die Zügel führte,
die bei schnellem Galoppieren nicht in Schweiß gerieten.

In die Darstellung der Denkmäler aus der Zeit der Könige Amenophis II. und Thutmosis IV. mag die Übersicht über Anlage und Gestaltung der thebanischen Felsengräber und deren Wandmalereien eingereiht werden. Unter den hier gegebenen Beispielen gehören die Gräber des Menna (Taf. XIX) und des Rechme-Re (Taf. XXI) noch in die Zeit des Königs Thutmosis III; ihre Malereien zählen zu den hervorragendsten der thebanischen Gräberwelt. Darüber hinaus reicht die Anlage der thebanischen Felsengräber weit über die Zeit der genannten Könige, ja sogar weit über die 20. Dynastie hinaus, auch selbst in dieser späten Zeit noch ausgezeichnete und vor allem thematisch hochinteressante Malereien enthaltend. Daß andererseits Felsengräber mit künstlerisch hochstehenden Malereien in Theben bereits aus dem Mittleren Reich bekannt sind, kann hier nur angedeutet werden.

Die Grundform der thebanischen Felsengräber der 18. bis 20. Dynastie ist im wesentlichen aus den Grundrissen der Abb. 30–34, die die wichtigsten Grabformen wiedergeben, zu entnehmen: Ein Vorhof mit in der Regel quadratischer Grundfläche, für dessen Anlage die Böschung des Gebirgshanges planiert wurde, war die Stelle, in der man die ersten Riten der Grablegung vollzog. Durch eine Tür gelangte man in den ersten queroblongen Raum, den Vorraum oder Quersaal. An seiner linken Schmalwand ist gewöhnlich die Scheintür, an der rechten Schmalwand der Denkstein des Toten dargestellt. Dann folgte eine mehr minder lange und schmale Halle, von der aus man in die Kultkapelle mit der Sitzfigur des Toten und seiner Familie gelangte. Unter dieser Kapelle lag versteckt die Grabkammer, zu der, je nach Anlage, ein senkrechter Schacht oder schräge Korridore oder steile Treppen führten. Die Wände sowohl des Quersaales als auch der langen Halle wurden ausgeschmückt, vielfach mit Malereien, in denen Feldarbeit und Jagd, die dem Toten seine Nahrung sichern, oft auch die Freuden und Genüsse festlicher Stunden in nicht zu überbietender Mannigfaltigkeit, nicht zuletzt auch Weihung, Reinigung und Opfer des Toten dargestellt sind. Daß in einem Teil dieser Gräber – so z. B., um nur einige zu nennen, an den der Zeit des Amenophis III. angehörenden Gräbern des Cheruf (Taf. 154, 166–170), des Cha-em-het (Taf. 155, 179) und des Ramose (Taf. 172–178), weiter z. B. im Grab des Neferhotep der Zeit des Königs Haremhab (Taf. 211) – anstelle der einfachen Malerei auf Stuckbelag Kalksteinreliefs, die ursprünglich gleichfalls bemalt waren, angebracht wurden, beweist die Sorgfalt, mit der die Gräber der Hochstehenden von Theben ausgestattet worden sind. In den Felsenfriedhöfen nahe den heutigen kleinen Siedlungen von Schech Abd el-Kurna, Deir-el-Medina, El-Asasif, Kurnet-Murai und Dira-Abu'n-Naga sind heute noch mehrere hundert Gräber vornehmer Privatleute und hoher Staatsbeamter erhalten.

Keineswegs zeigen alle diese Felsengräber die eingangs geschilderte Gestaltung, wenn diese auch die häufigste und sozusagen typische ist. Beim Grabe des Wesirs Ramose (Abb. 36/37) wird eine sehr viel aufwendigere und umfangreichere Grabanlage zu zeigen sein. Nur eine Abwandlung des Normaltyps ist, um noch ein Beispiel anzuführen, das Grab (Nr. 85) des Amenemhab, eines Offiziers unter Thutmosis III., mit einem kleinen Pfeilersaal an Stelle des queroblongen Vorraums und mit kreuzartiger Gestaltung der anschließenden »Langen« Halle (Abb. 32). Von besonderer Art ist weiterhin das Grab (Nr. 96 B) des Fürsten Sennufer, der unter Amenophis II. Verwalter der Gärten des Amun-Tempels war (Abb. 34). Unter den Kulträumen dieses Grabes liegt, durch eine steile Treppe zu erreichen, die den Hinterbliebenen unzugängliche Sargkammer, ein fast quadratischer Pfeilersaal mit einem querrechteckigen Vorraum. Der reiche Bilderschmuck des im ganzen als Weinlaube ausgemalten Saales ist seiner Funktion gemäß rein funerärer Natur (XXIII/XXIV).

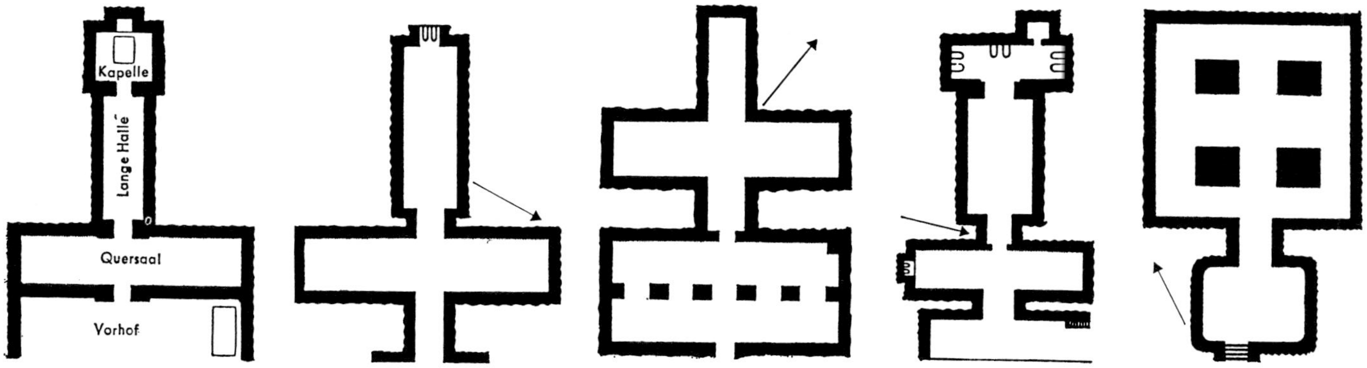

Abb. 30–34 Felsengräber der Nekropole in Theben in der Zeit des Neuen Reiches. – Abb. 30 Schematischer Grundriß. – Abb. 31–34 Grundrisse der Gräber des Menna (Nr. 69), des Amenemhab (Nr. 85), des Cha-em-het (Nr. 57) und des Sennufer (Nr. 96B). Die Anzahl der Statuen des Toten und seiner Familienmitglieder im Kapellenraum der einzelnen der drei erstgenannten Gräber ist durch die Einzeichnung der Statuenbasen angedeutet. Die Pfeile bezeichnen die Nord-/Süd-Richtung.

XIX

THEBEN. IM GRAB (NR. 69) DES MENNA, der unter Thutmosis III. Ackervorsteher und Verwalter der Feldmarken war. Tiefer Raum, rechte Wand.

Beiderseits eines Papyrosgebüsches, zu dem eine Wasserbucht heraufreicht, ist Menna mit Familienangehörigen im Schilfboot dargestellt. Links erlegt er Vögel mit dem Wurfholz, rechts speert er ein paar Fische. Der unten als Streifen mit Zickzackmuster dargestellte Nilarm wimmelt von Wasservögeln, Fischen und Wasserrosen. Im Nachen links beugt sich ein Mädchen nieder, um eine Wasserrose zu pflücken.

XX

THEBEN. IM GRAB (NR. 56) DES USERHET, des Sekretärs des Königs Amenophis II. Tiefer Raum, linke Wand.

Userhet jagt von seinem mit zwei Hengsten bespannten Wagen aus mit Pfeil und Bogen das Wild der Halbwüste: Gazellen, Hyänen, Hasen usw. Die Vegetation des Geländes ist durch Blumenbüschel angedeutet. Die Zügel sind um den Leib des Jägers geschlungen, an seinem Rücken und am Wagenkasten hängen Köcher mit Pfeilen. – Zwischen die senkrechten Zeilentrennungsstriche des Jagdbildes ist keine Schrift eingetragen.

XXI

THEBEN. IM GRAB (NR. 100) DES RECHME-RE, der unter Thutmosis III. und Amenophis II. Wesir war. Tiefer Raum, rechte Wand. Zwei Teile eines Streifens der in mehreren Streifen übereinander bemalten Wand.

Dargestellt sind auf beiden Ausschnittstreifen Festszenen. Paarweise knienden Damen mit Wasserrosen in den Händen und myrrhengesalbten Scheiteln werden zum Festbeginn von ihren Zofen Duftstoffe, Geschmeide und andere Kostbarkeiten gereicht. Musikantinnen leiten die Feier mit Harfenklang, Lautenmusik und Handpaukenschall ein, dazu klatschen Mädchen in die Hände.

XXII

THEBEN. IM GRAB (NR. 52) DES NACHT, der Amunpriester und Beamter unter Amenophis II. war. Querraum, linke Rückwand.

Festgesellschaft in mehreren Bildstreifen.

Oberer Streifen: Blinder Harfenspieler. Hinter ihm sechs Damen in Festkleidung mit Zofe. Sie halten Wasserrosen in den Händen, die zweite Dame von rechts läßt die ihr nächste an einer Mandragora-Frucht (Liebesapfel) riechen.

Mittlerer Streifen: Drei Festteilnehmer, gleichfalls mit Wasserrosen. Vor ihnen Gefäße auf Stabgestellen, ein großer Becher mit Salbe, dazu Blumen und Trauben, wie in einem Stilleben.

Unterer Streifen, rechts: Drei Musikantinnen mit Standharfe, Laute und Doppeloboe.

Die Kegel auf den Scheiteln betrachtet man allgemein als Wiedergabe duftender Salbe, welche dazu bestimmt war, zergehend die Frisur samt Schulterkragen und Obergewand mit Wohlgeruch zu tränken. Nach S. Schott deuten sie jedoch vielleicht nur die Verwendung von Myrrhe an.

XXIII/XXIV

THEBEN. IM GRAB (NR. 96) DES SENNUFER, des Bürgermeisters von Theben und Verwalters der Gärten des Amun-Tempels unter König Amenophis II. Malereien aus dem Großen Pfeilersaal, der die Sargkammer war.

XXIII Der Tote am Speisetisch. Am linken vorderen Pfeiler.

Der Tote, mit Ohrringen, Halskragen und einem Anhänger aus zwei Herzzeichen, in den Händen das Cherep-Zepter und eine Blüte haltend, sitzt hinter einem Opfertisch. Neben ihm kniet auf einer Matte seine Frau Mereti. Der das Paar wie eine Folie umschließende Baum ist eine Form der Westgöttin, in deren Schirm der Tote Schatten und Nahrung findet. Die Beischriften nennen die Namen der Dargestellten und wünschen den Genuß des täglichen Opfers.

XXIV Kultische Reinigung.

Die Decke des Pfeilersaales ist mit Weinranken ausgemalt, was zu dem Namen »Weinlauben-Grab« führte. In dem wiedergegebenen Bild ist eine Szene aus dem Begräbnisritual dargestellt, die, dem Geschmack der Zeit entsprechend, die Toten in ihrer Erscheinungsform als Lebende wiedergibt. Sennufer und seine Frau Mereti stehen gekleidet und geschmückt nebeneinander, wie sie es auch anläßlich irgendeines Festes auf Erden tun könnten, obwohl in Wirklichkeit das Ritual an Statuen und der Mumie vollzogen zu werden pflegte. Dargestellt ist von diesem Ritual der Akt der Reinigung der Toten, den der mit einem Pantherfell bekleidete Sem-Priester vollzieht. Die die Handlung begleitenden Ritualformeln stehen über ihm. Über dem Toten und seiner Frau sind deren Titel und Namen zu lesen. Vor der Gestalt des Sennufer findet sich ein Text, der den Wunsch ausdrückt, der Tote (d. h. seine Statue) möge den Gott Amun begleiten, wenn er beim Talfest von Karnak nach Theben-West zieht, um im Tempel Henket-anch, dem Totentempel des Königs Thutmosis III., zu ruhen.

XXV/XXVI

THEBEN. IM GRAB (NR. 38) DES DJESERKARESENEB, der unter Thutmosis IV. als »Kornzähler« Beamter der königlichen Verwaltung war. Querraum, rechte Rückwand.

XXV Vorbereitung zum Fest.

Eine Zofe mit Haarkranz, Schmuckkette und Ziergurt ordnet die Strähnen der vor ihr auf einem niedrigen löwenbeinigen Lehnstuhl sitzenden Dame. Eine zweite Dienerin bringt ein Halsband aus Blütenblättern und Wasserrosen. Dahinter weinrankenüberhangene Gefäße und eine große Schüssel voll Salbe auf Gestellen.

XXVI Die Töchter des Verstorbenen.

Die vordere Tochter, die schon Ehefrau und »Herrin des Hauses« ist, reicht dem vor ihr sitzenden Vater einen Schmuckkragen, die andere Tochter hält ein Schälchen mit Rauschtrank bereit. Vor den Töchtern ein Stabgestell mit Wasserrosen, hinter ihnen Krüge auf Ständern, überhangen von Weinranken mit Trauben. Unten eine Harfnerin. Anmut, Adel und Frische der gesellschaftlichen Form jener Zeit sind in den lebensvollen Gestalten verkörpert.

XXVII

Gastmahlszenen. Aus einem namentlich nicht bekannten thebanischen Grab. Britisches Museum, Nr. 37984. Zeit des Königs Thutmosis IV. oder Amenophis III.

Die Darstellung des Gastmahles gehört zu den Themen der meisten thebanischen Gräber der 18. Dynastie. Sie schildert das in seinen Formen durchaus weltliche Gedächtnismahl zu Ehren der Verstorbenen beim »Schönen Fest des Wüstentales«. Die Ausschnitte zeigen im oberen Querbild vier Musikantinnen, davon eine mit Doppelflöte, die drei anderen mit den Händen den Takt klatschend. Vor ihnen zwei tanzende nackte Mädchen. Das untere Hochbild zeigt im oberen Register die gelagerten Damen der Festgesellschaft in reichem Festkleid, angetan mit kostbarem Schmuck und Blumen. Im unteren Register wieder Musikantinnen, hier mit Lauten und eine wieder mit Doppelflöte. Das nur in Teilen erhaltene Wandbild gehört ob der Anmut der Dargestellten zu den schönsten Ausführungen dieses Themas. Von der Möglichkeit der Gruppenbildung durch Überschneidung und Staffelung macht der Künstler auffälligen Gebrauch. Die Wiedergabe der Gesichter en face bei zweien der Mädchen ist für die ägyptische Kunst selbst in dieser reifen Zeit äußerst selten. Von dem zum Tanz gesungenen Lied sind ein paar Reste erhalten:

. . .»*Blumen, die Ptah gegeben und Geb hat wachsen lassen,*
. . . *seine Schönheit ist in jedem Leib;*
Ptah hat dies mit seinen Händen geschaffen,
um sein Herz zu erfreuen, wenn die Teiche voll neuen Wassers sind
und die Erde überschwemmt ist mit Liebe zu ihm . . .«

ZEIT DES KÖNIGS THUTMOSIS IV. (1412–1402)

151/152

König Thutmosis IV. und seine Mutter Königin Teo. Granit. Höhe 1,10 m. Kairo, Museum, Nr. 503.

Aus Karnak. Die hier wiedergegebene Darstellung des Königs mit schlangenbesetzter kugeliger Löckchenperücke und einem Lebenszeichen in der Rechten ist ungewöhnlich. Er legt den linken Arm um seine Mutter, über deren bis zur Brust reichende Haarsträhnen die Geierhaube gebreitet ist. Die Gruppe als ganzes mit den beiden weit von einander getrennt erscheinenden Gestalten wirkt befremdend gegenüber den geschlossenen Bildnisgruppen von ehedem und vor allem der Frühstufe. Offensichtlich drängt jetzt alles auf eine individuellere und wirklichkeitsnähere Gestaltung der Form im ganzen und der Person im besonderen.

DENKMÄLER DER ZEIT DES KÖNIGS AMENOPHIS III. (1402–1364)

PLASTIK

153

Königin Mutemweja, zur Gemahlin des Königs Thutmosis IV. erkoren, empfängt ihren ersten Sohn Amenophis III. von dem Gotte Amun.

Das Relief ist die poetische Darstellung der Erzeugung des Gottessohnes Amenophis III. durch den obersten Gott Amun mit der bräutlichen und noch jungfräulichen, zur Gemahlin des Königs Thutmosis IV. erwählten Mutemweja, der Tochter des Artatama, des Königs des Mitanni-Reiches.

Das Bild zeigt das bräutliche Paar, rechts den Gott Amun, links die künftige Königsmutter Mutemweja auf dem Lager, das die Schutzgöttinnen Selket und Neith stützen. Das im Gegensatz zu den anderen des gleichen Zyklus noch besser erhaltene Relief findet sich im Geburtssaal des Amun-Mut-Chons-Tempels in Luxor. Die 19 Reliefs des Gesamtzyklus, die der Erzeugung und der Geburt des Königs Amenophis III. bis zu seiner Anerkennung als Sohn seitens des göttlichen Vaters Amun gewidmet sind, greifen die Vorstellung von der Gottessohnschaft der Könige auf, die sich schon bis ins frühe Alte Reich zurück verfolgen läßt und die in künstlerisch sehr bedeutenden Reliefs bereits in der Geburtshalle des Hatschepsut-Tempels von Deir-el-Bahari zur Darstellung gelangt ist (vgl. S. 81 und das zu Taf. 129 Gesagte).

Im einzelnen zeigen die in drei Reihen an der Westwand des Raumes übereinandergestellten Reliefs nachstehende neunzehn Szenen: *Untere Reihe:* Amun – Hathor umarmt Mutemweja – Amun und der König – Amun im Gespräch mit Thot – Die Vereinigung von Amun mit Mutemweja (Taf. 153) – Amun und der widderköpfige Bildnergott Chnum – Chnum formt auf der Töpferscheibe die zwei Knaben Amenophis III. und seinen Ka in Gegenwart von Hathor. *Mittelreihe:* Thot verkündet Mutemweja, Königsmutter zu werden – Mutemweja, hochschwanger, wird von Hathor und Chnum in die Geburtshalle geführt – Geburt des Königs und seines Ka unter dem Beistand göttlicher Geburtshelfer – Amun, neben Hathor und Mut, hält das Kind Amenophis III. auf seinen Armen. *Obere Reihe:* Zwei göttliche Ammen stillen das Kind und seinen Ka im Beisein seiner Mutter Mutemweja und der Göttin Selket – Neun Gottheiten halten das königliche Kind – Heka hält das Kind und seinen Ka auf den Armen, dahinter der Nilgott – Amun empfängt das Königskind und seinen Ka durch Horus – Chnum und Anubis – Das Kind und sein Ka vor Amun – Das Kind und sein Ka vor Seschat, der Schreibergöttin.

Die zum guten Teil zauberhaften Reliefs, deren Erhaltungszustand bedauerlicherweise wenig gut ist, ohne daß irgendwie versucht würde, wenigstens jetzt noch ihre Bergung an geschütztere Stelle durchzuführen oder sie allenfalls durch gute

Gipsabgüsse des heutigen Zustands der Nachwelt zu erhalten, sind künstlerisch wie ikonographisch von hervorragendem Interesse. Aus ihnen spricht die durch die ganze antike Welt bis zu Alexander dem Großen verbreitete Idee von der Gottessohnschaft des großen Herrschers – eine Vorstellung, die letzten Endes sich bis in die christliche Zeit ausgewirkt und auf die Gestalt Christi übertragen hat.

154

König Amenophis III. und die Königin Teje beim 3. Jubiläumsfest zur Feier der 36jährigen Regierung des Königs im Jahre 1366. Im Grab (Nr. 192) des Cheruf.

Amenophis III. thront anläßlich seiner dritten Jubiläumsfeier (Hebsed) mit Krummstab und Wedel, die Blaue Krone auf dem Haupte, auf dem Hochsitze in einer leichtgebauten Kapelle, deren Dach von Blumensäulchen getragen wird. Hinter ihm sitzt Königin Teje, seine Hauptgemahlin, mit einem biegsamen Königinnenwedel und einem Lebenszeichen in den Händen, auf dem Haupte ein Diadem und die hohe Göttinnen-Federkrone. Ihr Thronsessel ist figürlich aufs reichste ausgestaltet: auf der Seitenlehne tritt der Pharao als Löwe einen Feind nieder, zwischen den Löwenbeinen des Sessels sind als bezwungene Erzfeinde Ägyptens der Asiate und der Neger an das Zeichen »vereinigen« gebunden. Demgegenüber fällt der Sitz des Königs durch seine Einfachheit auf; der als Lehne angebrachte Horus-Falke umfängt den Herrscher mit seinen Schwingen. Am Dach ein Schildvipernfries und gereiht herabhängende Weintrauben. Die Füße des königlichen Paares ruhen auf kastenartigen Fußbänken. Unten reihen sich die in Langrunde einzeln eingefaßten Namen überwundener Ortschaften, aus denen jedesmal der Oberkörper eines Gefangenen mit hinter dem Rücken zusammengebundenen Armen hervorragt. Stellenweise Farbreste.

155

Amenophis III. Kalksteinrelief, fast lebensgroß. Berlin.

Der in den Besitz der Berliner Museen gelangte Kopf gehört zu einem Relief im Grabe (Nr. 57) des Cha-em-het, des Vorstehers der königlichen Scheunen – oder, wie wir heute sagen, des Ernährungsministers – unter König Amenophis III. zu Theben. Dieses Relief stellt ähnlich wie das im Grab (Nr. 192) des Cheruf (Taf. 154) in einer sehr feinen Arbeit den König auf dem Thron unter einem Thronhimmel dar. Auf dem Kopf des Königs die bebänderte Blaue Krone mit der Uräusschlange. Über dem Schulterkragen eine Doppelkette aus Gold.

156

Amenophis III. Gips. Höhe rund 20 cm. Berlin, Nr. 21 299.

Bei dem Kopf handelt es sich um einen mehrteiligen Abguß nach dem Kopf einer Großplastik des Königs Amenophis III., wie diese, wie wir wissen, zu mehreren in Achet-Aton aufgestellt waren. Der Oberschädel ist zur Aufnahme einer Krone gearbeitet. Gemäß seinem allerdings bereits gedämpften Realismus gehört der vorliegende Abguß, wie wohl auch das nicht mehr vorhandene Original, schon den letzten Jahren der Regierungszeit des Königs Echnaton an, von der ja eine Anzahl Werke aus dem Atelier des Bildhauers Thutmosis erhalten sind (vgl. Taf. 186–189 und die Masken der Taf. 190/191).

Der volle, kurzhalsige Typus des Kopfes stimmt gut überein mit den übrigen erhaltenen Abbildern des Königs, der von untersetzter Gestalt und in seinen späteren Jahren fettleibig und schwerfällig gewesen ist.

Zur Person des Königs Amenophis III. im ganzen sei an dieser Stelle angefügt, daß sein Bild als Herrscher kaum dem entspricht, was man sich aufgrund der prächtigen Herrscherbildnisse in den Gräbern des Cha-em-het (Taf. 155) und Cheruf (Taf. 154) und aufgrund des künstlerischen Glanzes seiner achtunddreißigjährigen Regierungszeit erwartet. War seine Zeit doch nach den Jahren der Königin Hatschepsut und des Königs Thutmosis III. ein zweiter Höhepunkt der Kunstentfaltung der 18. Dynastie und hat sie vor allem auf dem Gebiet des Tempel- und Palastbaus enorme – wenn auch heute zum großen Teil völlig verlorene – Werke hervorgebracht.

1415 geboren, ist Amenophis III. bereits 1402 nach dem Tode seines Vaters Thutmosis IV., der nur zehn Jahre regierte, König geworden. In das zweite Jahr seiner Regierung, also 1401/1400, datiert seine Vermählung mit Teje, die nicht königlicher Abstammung war, die aber, trotz der fünf asiatischen Königstöchter, die Amenophis III. außer seinem großen Harem noch als Nebenfrauen hatte (vgl. S. 88 und 95), für sein Leben wie auch für ihn als Herrscher stets Höchstes bedeutet hat.

Amenophis III. hat zwar achtzehnjährig an einem militärischen Straffeldzug gegen Nubien teilgenommen, war aber keineswegs eine soldatische Natur und hat im Gegensatz zu seinem Großvater Amenophis II. und seinem Urgroßvater Thutmosis III. nie an der Spitze seiner Armee an einem asiatischen Feldzug teilgenommen. Schon mit seinem 25. Lebensjahr hat er sich weitestgehend aus dem politischen Leben zurückgezogen, um sich nur noch seinen Bauten und im übrigen den Genüssen des Lebens hinzugeben. Nachdem er im 30., 33. und 36. Jahr seiner Regierung sein Jubiläumsfest, das Sedfest, feiern konnte, ist Amenophis III. im 38. Regierungsjahr im Alter von 51 Jahren, 1364, aus dem Leben geschieden.

Aus seiner Ehe mit Teje gingen zunächst nur Töchter hervor, deren acht in dem wundervollen Relief des Cherufgrabes aus dem Jahre 1366, dem Jahre des dritten Sedfestes des Königs Amenophis III., als in diesem Sedfest zelebrierend dargestellt sind. Erst nach mehr als 15 Jahren seiner Ehe mit Teje, gegen 1385, ist der einzige Sohn, Amenophis IV., der nachmalige Echnaton, zur Welt gekommen. Nach ihm ward als letzte Tochter Bakitaton (»Atons Sklavin«) geboren. Der im Gegensatz zu den mit Amun verbundenen Namen der älteren Prinzessinnen nunmehr auf Aton bezogene Name der jüngsten Tochter beweist, worauf mehrfach hingewiesen ist, daß der Kult des Aton, wenn auch nicht als der des alleinigen Gottes, schon vor Amenophis IV. gepflegt wurde und gegen Ende der Regierung des Königs Amenophis III. offenbar dichtere Formen angenommen hat.

157

Königin Teje.

Oben: Köpfchen aus Eibenholz und anderen Stoffen. Höhe 10,7 cm. Berlin, Nr. 21 834.

Das Köpfchen stammt aus einem Palast von Medinet-Gurab

im Faijum, wo der Witwensitz der alten Königin war. Ober- und Hinterkopf sind durch eine glatte Beutelhaube aus weißlichem Edelmetall bedeckt. Über diese Metallhaube ist eine Hülle aus Stuckmasse und Leinen gelegt, die mit blauen Perlen, als Löckchen einer Perücke gedacht, belegt war, und von denen einige noch vorhanden sind. Stirn und Schläfen umschloß ein breiter Streifen Goldblech. Darüber waren die jetzt fehlenden Vorderteile zweier Königsschlangen eingezapft, deren Leiber vom Scheitel herabkommen. In den Ohren scheibenförmiger Schmuck aus Gold und Lapislazuli. Die Augäpfel sind aus schwarzer und weißer Masse eingelegt; die Brauen und Lidränder bestehen aus schwarzem Holz. Auf dem Gesicht rote Farbreste. Am Scheitel ein Zapfen zum Befestigen eines Federschmuckes. Der Halsausschnitt entsprach dem oberen Rande eines Schulterkragens; das Köpfchen war höchstwahrscheinlich einem Körper aus anderem Holz aufgesetzt. In der Schärfe seiner Charakteristik ist das kleine Werk ein sprechendes Zeugnis für die Bildnisleistung der Jahre, die offenbar der Spätzeit Echnatons, also der Zeit kurz vor 1347, angehörten. Der Vergleich mit gesicherten Profilbildern der Königin macht es unzweifelhaft, daß es sich um die Mutter Echnatons handelt.

Unten: Köpfchen aus Steatit. Höhe etwa 7 cm. Kairo, Museum, Nr. 4257

Das in einem Tempel auf dem Sinai gefundene, aus graugrünem, fast schiefrig wirkendem Steatit gearbeitete Köpfchen trägt über den beiden im Haar befindlichen Köpfen zweier Uräusschlangen in der Mitte des Diadems den Namen der Königin Teje im Namensring. Das Gesicht mit seinen scharf geprägten Backenknochen, den schmalen Augenschlitzen und dem vorgeschobenen Mund trägt unverkennbar porträthafte Züge, die denen des Berliner Eibenholzköpfchens nahekommen. Auch bei diesem Kopf befremdet der durch die herabgezogenen Mundwinkel gegebene abweisende und fast hochmütige Ausdruck des Antlitzes.

Wie schon bei Besprechung der Daten zur Person des Königs Amenophis III. angedeutet, war Teje keineswegs königlichen Blutes. Ihre Mutter Tuja war sicher rein ägyptischer Abkunft. Der Vater Juja, über dessen Vorfahren und Geburtsort Sicheres nicht bekannt ist, versah unter König Thutmosis IV. das Priesteramt eines Propheten des Min, des Zeugungsgottes, der in Oberägypten, vor allem in Koptos, dem heutigen Kuft, und weiter bis ans Rote Meer hin hohe Verehrung genoß. Nach dem Tode des Königs Thutmosis IV. scheint es ihm gelungen zu sein, Ratgeber der Königin-Regentin Mutemweja, der Mutter des Thronerben Amenophis III., zu werden. Nach der Vermählung des jungen, kaum 15 Jahre zählenden Königs im Jahre 1401/1400 mit der wohl kaum mehr als zehnjährigen Teje ist Juja zur Würde des Vorstehers der Pferde und Wagenlenker des Königs, nach unseren heutigen Begriffen eines Kavalleriegenerals, aufgestiegen; sein Titel »Mund und Ohr des Königs« läßt ihn als den vertrautesten Ratgeber des jungen Königs erscheinen. Tuja ihrerseits ward »Königliche Leibdienerin«, »die von Hathor Ausgezeichnete« und »Königliche Mutter der großen königlichen Gemahlin«.

Die Stellung der Königin Teje war eine ungewöhnliche und bis zu ihren Tagen nie dagewesene. Sie war die erste Königin, deren Name auf der königlichen Titulatur stand und ebenso in den amtlichen Schriftstücken. Ihr Name erscheint sogar in den Urkunden, in welchen die Heirat ihres Gatten Amenophis III. mit den ausländischen Prinzessinnen von Babylon und Mitanni (vgl. das S. 88 Gesagte), und weiterhin noch mit einer Tochter des Königs Tarchundaraba von Arzawa, im oberen Kilikien, besiegelt wurde. Welche Rolle diese asiatischen Prinzessinnen im Verhältnis zu Teje, als der ersten Gemahlin des Pharaos, spielten, ist nicht bekannt. Mögen sie auch als hochgestellte Nebenfrauen des Königs fungiert haben, so werden sie doch nach den aus Staatsräson großen Feierlichkeiten des Empfangs und der Eheschließung weiterhin in den offiziellen Verlautbarungen kaum noch erwähnt. Das Schweigen der Haremsgemächer scheint auch sie, wie die vielen hundert anderen Frauen, umfangen zu haben.

158/159

AMENOPHIS, SOHN DES HAPU, DER WEISE.

158 In jüngeren Jahren. Grauer Granit. Höhe etwa 1,50 m. Kairo, Museum, Nr. 459.

Aus Karnak. Der später wie ein Gott verehrte, in der thebanischen Totenstadt mit eigenem Tempelbezirk bedachte Weise war einer der höchsten Verwaltungsbeamten und Leiter der Bauten unter Amenophis III. Er ist hier mit sinnend gesenktem Kopfe als Schreibender dargestellt.

159 Hochbetagt. Grauer Granit. Höhe 1,42 m. Kairo, Museum, Nr. 461.

Dem Bildwerk liegt ein Weisentypus vom Ausgang des Mittleren Reiches zugrunde, der hier aus unbekannter Ursache noch einmal aufgegriffen wird. Die Gesichtszüge des hochangesehenen Ratgebers der Krone wirken mit ihren Alterszeichen auffällig porträthaft.

Wenn, wie oben angedeutet, Amenophis der Weise göttliche Ehren genoß, wenn sein Totentempel in Theben den königlichen Totentempeln durchaus vergleichbar war und wenn seine in den thebanischen Tempeln aufgestellten Statuen als Mittler zwischen Gott und den Menschen dienten, so deswegen, weil die Ägypter in Persönlichkeiten wie dem weisen Amenophis die zu vergöttlichende Verkörperung ihres Menschenideals erblickten. »Die ganze Problematik des ägyptischen Personenkultes wird an dieser Persönlichkeit, die historisch durchaus faßbar ist, klar. In der Ptolemäerzeit wird Amenophis der Weise zusammen mit Imhotep, dem Hohen Priester von Heliopolis und Oberbaumeister des Königs Djoser, und ebenso mit der griechischen Göttin Hygieia in Deir-el-Bahari als Heilgott verehrt, und als sein Vater gilt der memphitische Stier Apis, dessen Name im Ägyptischen dem des Hapu fast gleichlautend gewesen ist. Als historisches Zeugnis verdient dieser Fall von Vergöttlichung erwähnt zu werden, weil er deutlicher als viele Worte zeigt, wie stark auch jetzt noch der Ägypter für sein altes Kulturideal des ›Weisen‹, des Ordners und Beamten, eintritt; in der geschichtlichen Selbsteinschätzung des Ägypters hat es stets vor dem des Priesters oder Kriegers gestanden« (E. Otto).

160/161

THEBEN. DIE MEMNONSKOLOSSE.

Die beiden Kolosse, die noch in einer Höhe von rund 19,5 m erhalten sind und ursprünglich (einschließlich der heute nicht mehr vorhandenen Königskrone) eine Gesamthöhe von 21 m hatten, stellen Amenophis III. dar. Sie schmückten einst mit einer Anzahl weiterer die Torfront des Totentempels dieses Königs. Der Tempel ist bereits von späteren Pharaonen fast gänzlich abgetragen und die Quader anderwärts verbaut worden. Die Kolosse sind aus je einem einzigen Felsstück aus der Gegend von Heliopolis gemeißelt. Amenophis III. sitzt auf würfelförmigem Thron. Die Thronseiten zeigen unter dem Namen und Titel des Königs das Bild der beiden Landesgötter, welche die Wappenpflanzen Unter- und Oberägyptens, Papyros und Wasserrose, um das Zeichen »vereinigen« schlingen. Am nördlichen (im Bild rechten) Koloß steht zur Linken des Königs seine Mutter Mutemweja, zur Rechten die Gattin Teje. Eine dritte Figur zwischen den Beinen ist zerstört.

Dieser nördliche Koloß ist die berühmte »tönende Memnonsäule« der Alten. Nach Sonnenaufgang ertönte von ihr an manchen Tagen ein scharfes Klingen. Zur Zeit der römischen Kaiser war sie das Ziel vieler Reisender, nicht zuletzt selbst des Kaisers Hadrian und seiner Gattin Sabina. Durch eine von Kaiser Septimius Severus vorgenommene Wiederherstellung hat der Koloß die Fähigkeit zu tönen verloren. Der Sage nach sollte das Klingen der Klageton Memnons, des im Trojanischen Krieg durch Achill gefallenen Äthiopen, sein, der bei Sonnenaufgang seine Mutter Eos begrüßte.

162–165

AMUN-MUT-CHONS-TEMPEL IN THEBEN/OST (LUXOR)

Die Konzeption dieses Tempels, der dem Reichsgott Amun sowie seiner Gemahlin Mut und dem Sohn beider, dem Mondgott Chons, geweiht war, geht auf König Amenophis III. zurück. Unter seiner Regierung sind die schönsten Teile des Tempels gebaut worden.

In Hinblick darauf, daß die nordöstlichen Teile des Tempels einer späteren Zeit angehören, sei die nachfolgende Beschreibung des Tempels mit den von Amenophis III. nach seinem ersten Plan gebauten Teilen begonnen, obwohl der letzten Endes offizielle Zugang zum Tempel in seiner Gesamtheit durch den erst von Ramses II. errichteten Pylon erfolgt und der weitere Weg durch den Tempel sodann zunächst durch den gleichfalls von Ramses II. erbauten Großen Hof (I) geht. Erst dann wird mit dem Säulensaal (II) der schon von Amenophis III. errichtete Tempelteil erreicht. Der erste, unter König Amenophis III. entworfene Plan umfaßt den Großen »Zweiten« Hof (III) und das im Südwesten anschließende eigentliche Tempelhaus, das Haus des Amun.

Im Nordostteil des Tempelhauses befand sich zunächst ein Säulensaal (mit Nebenräumen an den Schmalwänden), der indes in der Spätantike zur Kirche umgebildet worden ist. An ihn schlossen zwei kleinere Säle an mit von je vier Säulen getragenen Decken (ihr hinterer ist später in das Sanktuar Alexanders des Großen [A] umgebaut worden). Dann folgte ein queroblonger vierter Säulensaal mit zweimal sechs Säulen und endlich das Allerheiligste mit wieder von vier Säulen getragener Decke. Beiderseits dieser medianen Flucht von Säulensälen waren Kapellenräume angelegt, deren vorderer östlicher als »Geburtssaal« die Vermählung der Königin Mutemweja mit Amun (Taf. 153) und die Geburt des Königs Amenophis III. in den Wandreliefs schildert. Zellenartige Räume an den Nordwest- und Südostflanken des Gesamtkomplexes dienten der Aufbewahrung der Zeremonialgewänder und -geräte.

Vom Zweiten Hof (III) her leitete ein Pronaos von viermal acht Säulen zum ersten Saal des Tempelhauses über. Kolonnaden mit zwei Säulenreihen waren an den drei übrigen Seiten des Zweiten Hofes. Seinen Abschluß nach Nordosten sollte dem ursprünglichen Plan gemäß ein Pylon bilden. Vor dessen Fertigstellung änderte der königliche Bauherr seinen Plan und begann den Bau eines großartigen Säulensaales (II), von dem allerdings nur die sieben Paare der mittleren, fast 16 m hohen Säulen mit Kapitellen in Form offener Papyrosdolden fertiggestellt wurden. Ob dieser geplante Säulensaal durchgängig gleich hohe Säulen erhalten oder mittels Überhöhung der

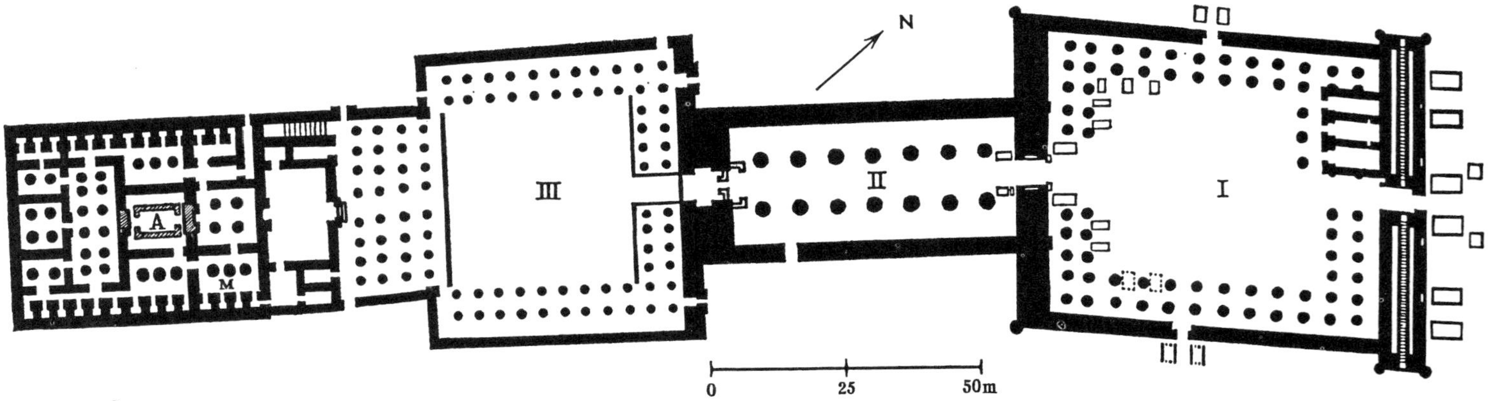

Abb. 35 Amun-Mut-Chons-Tempel, Theben-Ost/Luxor. Grundriß. Links (im Südwesten der Gesamtanlage) das Tempelhaus, darin Sanktuar (A) und Geburtshalle (N). – III: Großer Säulenhof des Amenophis III. – II: Säulensaal des Amenophis III. – I. Großer Hof und, nach Nordosten abschließend, der Große Pylon des Ramses II.

Mittelpartie basilikal gestaltet werden sollte, ähnlich dem späteren Großen Säulensaal in Karnak, steht dahin.

Die Fortsetzung des Tempelbaues fand erst unter König Haremhab und unter König Ramses II. statt. Unter letzterem entstand der Große »Erste« Hof (I) mit dem Pylon, den Riesenbildern und Obelisken davor. Dem Laufe des Nils gemäß mußte die Achse dieses Hofes um 7° gegen Osten abgelenkt werden, welche Achsenrichtung auch bereits der kleine Tempel aus der Zeit des Thutmosis III. nahe der Nordecke des Hofes inne hatte. Säulenkolonnaden von je zwei Säulen Tiefe umgeben alle vier Seiten des Hofes.

Eine Widdersphingen-Allee führte vom Tor des Pylons bis zum Reichsheiligtum in Karnak, wo sie vor dem triumphalen Pylon (X) des Haremhab auslief (vgl. Abb. 57).

162 Die Tempelanlage vom Dach des New Winter Palace-Hotels aus gesehen.

Im Bildhintergrund der Pylon, bestehend aus zwei das hohe Portal flankierenden Quadertürmen, deren schräge Mauern von einem Rundstab eingefaßt und oben mit einer Hohlkehle abgeschlossen sind. Von den beiden Obelisken, die sich ehedem vor dem Portal erhoben, steht nur noch der eine, im Bild sichtbare; der zweite schmückt seit 1836 die Place de la Concorde in Paris. Vor den Pylontürmen waren riesige Königsbilder aufgestellt. – An den Pylon schließt zunächst der von Ramses II. erbaute Erste Hof mit doppelten Säulenreihen an. Auf ihn folgt der große Säulengang mit den sieben Paaren fast 16 m hoher Säulen mit Kapitellen in Form offener Papyrosdolden. Über ihnen noch erhalten die Deckplatte (Abakus) und die Architrave. Die jetzt sehr zerstörten Wände des Säulenganges sind von Tutanchamun, dessen Namensinschriften später allerdings in die des Königs Haremhab verändert wurden, mit Reliefbildern geschmückt worden, welche die Feier des großen Opet-Festes in Theben veranschaulichen.

163 Säulengang und Großer Südlicher Hof (III) von Osten.

Ganz vorne rechts ein Teil der Umfassungsmauer des Ersten Hofes.

164 Blick in den Großen Südlichen Hof (III) aus Norden.

Links im Bild die Kolonnaden der Südost- und ganz rechts der Nordwestseite. Am Ende des Hofes die Vorhalle, der Pronaos des eigentlichen Tempelhauses.

165 Tempelhaus-Vorhalle von Westen.

Bei den Papyros-Bündelsäulen sind, wie üblich, Kapitelle aus einem Bündel von Papyrosdolden in Knospenform gebildet (vgl. Taf. 44 links).

GRÄBER DER ZEIT DES KÖNIGS AMENOPHIS III.

166–170

Theben. Im Grab (Nr. 192) des Cheruf, des Vermögensverwalters der Königin Teje.

Aus dem Grab, dessen Anlage in das Ende der Regierung des Königs Amenophis III. fällt und das in vielen seiner Reliefs Szenen des dritten Sedfestes des Königs anläßlich seines 36. Regierungsjahres zeigt, ist bereits die Hauptstelle mit dem thronenden Königspaar auf Taf. 154 wiedergegeben worden. In der Feinheit der Reliefbehandlung, in der vollendeten Klarheit, in der Schönheit der Linienführung und in der sorgfältigen Beobachtung und Wiedergabe aller Einzelheiten gehört das Grab zu den meisterlichsten Schöpfungen seiner Zeit, wenn es auch an wunderbarem Glanz der Reliefbilder von dem etwa gleichzeitigen Grab (Nr. 55) des Wesirs Ramose (Taf. 171–178) noch übertroffen wird.

166/167 Zug der acht königlichen Prinzessinnen.

Die schlanken, wahrhaft königlichen Mädchengestalten in ihren anliegenden, langfließenden Gewändern sind Töchter des Königs Amenophis III.; sie schicken sich an, durch Wassergüsse aus Spendengefäßen den Festplatz des Sedfestes ihres Vaters, das seinen Höhepunkt in der Aufrichtung des Djedpfeilers findet, zu weihen. Auf den Löckchenfrisuren, von denen seitlich eine breite Strähnenlocke herabfällt, tragen sie eigentümliche, wohl ehedem durch Bemalung verzierte Aufsätze. Zwischen den Paaren der Prinzessinnen sowie vor dem ersten Paar noch weitere abgedeckte Spendekrüge auf Stabgestellen.

Die Darstellung der acht Prinzessinnen, die hier alle in der Blüte ihrer ersten Mädchenjahre dargestellt sind, ist eine rein idealistische. Da die Ehe Amenophis III. und Tejes im Jahr 1401/1400 vollzogen wurde und in der Ehe vor dem Jahr 1385, in das annähernd die Geburt des lange ersehnten Thronfolgers fällt, nur Töchter geboren wurden und nach 1385 als letzte nur noch die mit Namen Bakitaton, ergibt sich, daß sich das Alter der dargestellten Prinzessinnen im Jahre 1366 tatsächlich zwischen 33 und etwa 18 Jahren bewegt hat.

168/169 Tänzerinnen und Musikantinnen beim Sedfest des Königs.

Bei der nicht in allen Einzelheiten geklärten Darstellung schließt an das obere Register mit ausländischen Mädchen, wohl Libyerinnen, die eine bewegungsreiche Pantomime tanzen, das untere Register mit abermals Tänzerinnen und Musikantinnen an. In Fortsetzung des oberen Registers sind hinter einem Schrein noch ein springendes Kälbchen, ein Affe und eine auffliegende Ente dargestellt.

170 Tänzer und Tänzerinnen in verschiedenen Tanzbewegungen.

XXVIII

Theben. Im Grab (Nr. 181) der Bildhauer Nebamon und Ipuki, tätig in den letzten Jahren der Regierung des Königs Amenophis III. und in den ersten Jahren der Regierung seines Sohnes Amenophis IV., noch vor dessen religiöser und künstlerischer Revolution. Querraum, linke Wand.

Oben: Totenweihe am Grabeingang.

Am Grab wird an den aufgerichteten, geschmückten Mumien durch Totenpriester der Ritus der Reinigung durch

Wasserguß sowie die Zeremonie der »Mundöffnung« vollzogen. Vor den Mumien, deren Oberkörper brauchgemäß mit Bildnismasken ausgestattet sind und vor denen hohe Stabsträuße stehen, kauern klagende Frauen, die die bindenverhüllten Füße der Toten streicheln; die größer Dargestellte zerkratzt sich die Brust und streut sich Erde auf den Scheitel.

Unten: Klage am Totenschrein.

Frauen und Gesinde bejammern den erlittenen Verlust, indem sie zugleich die Hände zärtlich an den mit Papyrosstengeln geschmückten, auf einen Holzschlitten gestellten Totenschrein, der von Männern an einem Strick zum Grab gezogen werden soll, legen. Am Schrein ragen Vorder- und Rückteil einer Totenbarke hervor, auf der als kleine Figuren die beiden Göttinnen Isis und Nephthys, die Totenbeschützerinnen, stehen.

171, XXIX, 172–178

Im Grab (Nr. 55) des Wesirs Ramose zu Theben.

Das groß angelegte Grab des Ramose, der in den letzten Regierungsjahren des Königs Amenophis III. und in den ersten Regierungsjahren des Königs Amenophis IV., des nachmaligen Echnaton, Wesir und Vorsteher der Hauptstadt war, und der seinem jungen König dann für wenige Jahre auch noch nach Achet-Aton gefolgt ist, ist in den späten Jahren der Regierung des Königs Amenophis III. entstanden und mit einem Großteil seines Schmuckes, sowohl der Wandmalereien der Südwestwand als auch der herrlichen Reliefs der Eingangswand der Südostseite, des großen Pfeilersaales ausgestattet worden. Es repräsentiert in diesen Teilen den Abschluß der Kunstphase der späten Jahre des Königs Amenophis III. Aus den ersten Jahren nach dem Tode des Amenophis III. stammt dagegen der Reliefschmuck der Nordwestwand des großen Pfeilersaals, auf den hier zuletzt noch einzugehen ist. Infolge der Verlegung des Hofes von Theben nach dem neu gegründeten Achet-Aton ist das Grab unvollendet geblieben.

Dem Grab (Abb. 36/37) ist ein Vorhof vorgelagert. Seine unregelmäßige Gestalt ist durch benachbarte, schon vorhandene Gräber bedingt. Ein schmaler und kurzer Korridor führt von dem Vorhof in den Hauptsaal, dessen Decke von vier Reihen von je acht Papyrosbündelsäulen (heute größtenteils zerstört, aber zum Teil durch Nachbildungen ersetzt) getragen wird. Aus der Südwest-Ecke des Hauptsaales gelangt man durch einen langen unterirdischen Gang in die 17 m tiefer gelegene, durch eine Vorhalle und Nebenräume reich gestaltete Grabkammer, die aber unbenutzt blieb. An den Hauptsaal schließt im gleichen Niveau ein kleinerer tiefer Saal mit acht Papyrosbündelsäulen an und daran noch ein kleinerer Raum mit Nischen. Beide letztgenannten Räume wie auch die Nordostwand des Hauptsaals sind ohne schmückende Darstellungen geblieben.

Die Südwestwand des Grabes bringt in Wandmalerei in zwei übereinanderliegenden Bildfriesen (Taf. 171/XXIX) den Leichenzug des Grabinhabers.

Die Südostwand, die Eingangswand, ist mit den berühmten Reliefs geschmückt, deren bedeutendste die Tafeln 172–178 wiedergeben.

171/XXIX Wandmalerei an der Südwestwand: Der Leichenzug des Ramose. Wie das obere Bild der Taf. 171 zeigt, ist der die ganze Wandbreite einnehmende Leichenzug in zwei übereinander angeordnete Zonen aufgeteilt. Von den beiden unteren Bildern der Taf. 171 gibt das obere dieser Teilbilder die hinteren Hälften der beiden Zonen, in die der Zug zerlegt ist, wieder. Das untere Teilbild sowie Taf. XXIX zeigen nur die vordere Hälfte der unteren Zugzone.

Die nachstehende Beschreibung beginnt mit den Spitzen der Züge und schreitet von rechts nach links fort.

Von den beiden Bildzonen ist die obere mit ihren größeren Figuren minder gut erhalten; zu sehen sind: Gabenträger; Schreitende in Ritualhaltung; Zugrinder vor einem Symbol, das auf einem Schlitten mitgeführt wird; die Totenschreine

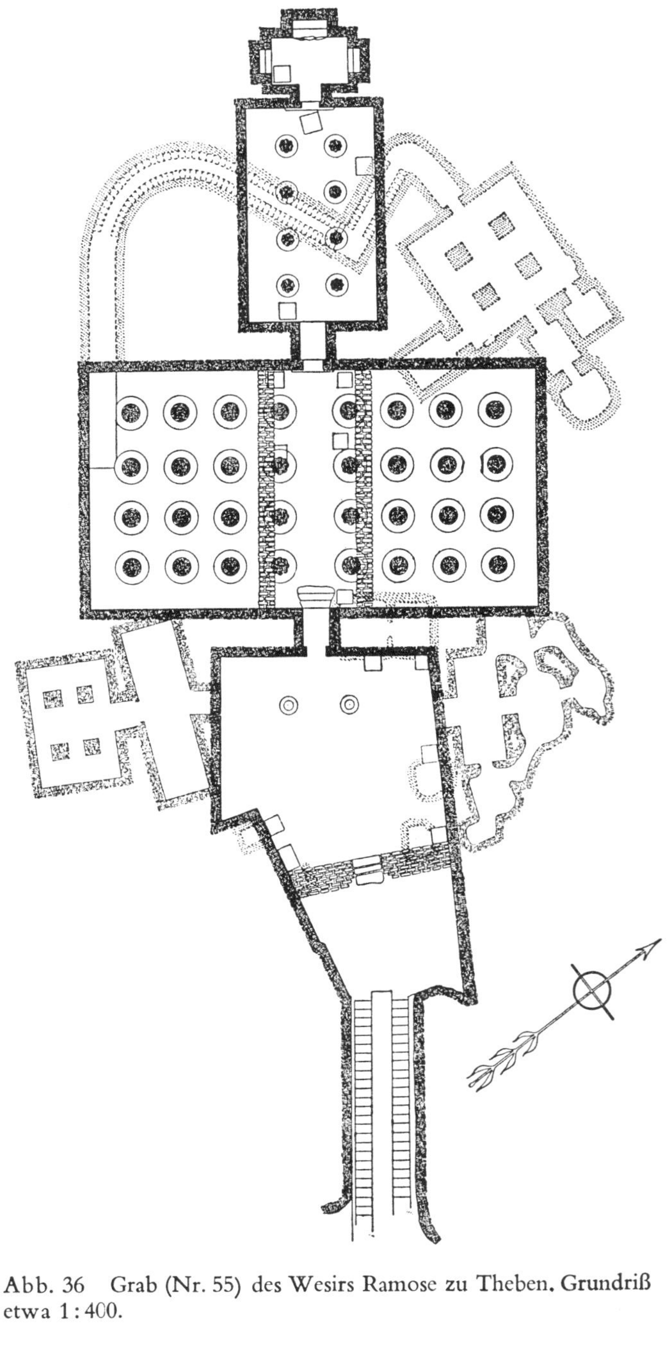

Abb. 36 Grab (Nr. 55) des Wesirs Ramose zu Theben. Grundriß etwa 1:400.

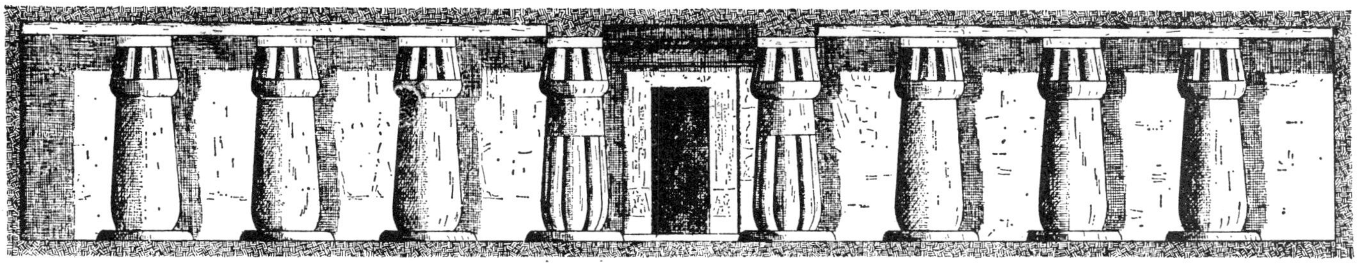

Abb. 37 Grab (Nr. 55) des Wesirs Ramose zu Theben. Schnitt durch den Hauptsaal des Grabes.

mit den Zeichen des Osiris und der Isis, mit herausragenden Teilen von Totenbarken ausgestattet, auf denen Isis und Nephthys als Totengöttinnen stehen, gleichfalls auf Schlitten gezogen; dahinter Priester und Leidtragende. Die untere Bildzone zeigt die Riten bei Aufrichtung der Mumie an der Grabtür; klagende, stehende und hockende Frauen (Taf. XXIX, unten); Beigabenträger mit Papyrosstengeln; eine Gruppe stehender Frauen, die zum Totenschreine hinaufklagen (Taf. XXIX, oben); Männer, die Grabmobiliar, Würdenzeichen und Krüge tragen; schließlich wieder eine Anzahl vornehmer Leidtragender in bis über die Waden fallenden weißen Gewändern.

172–178 Die Reliefs der Eingangswand, d. i. der Südostwand.

Beiderseits des Eingangs der Südostwand ist Ramose opfernd dargestellt. Links opfert er den Göttern in Gegenwart seiner Gemahlin und der Diener seines Hauses, rechts spendet er der Sonne sein Gabenopfer, gefolgt von 12 in drei Reihen angeordneten assistierenden Jünglingen, wobei die drei Jünglinge der mittleren Reihe (Taf. 178) von außergewöhnlicher Feinheit der Arbeit sind.

Während die Nordhälfte der Eingangswand die Verwendung des geweihten Öles und der geweihten Salben sowie die Kultreinigung des Ramose (Taf. 172) zeigt, stellt die Südhälfte, im Anschluß an Ramoses Opfer an die Sonne, in zwei Reihen das »Fest im Hause der Seligkeit, das in der Stadt der Toten erbaut ist«, dar. Es ist ein geheiligtes Festmahl, an dem Ramose und seine Gattin Merit-ptah zusammen mit den nächsten Angehörigen teilnehmen. Dabei wiederholen sich größtenteils die Dargestellten im unteren und dem oberen (weniger gut erhaltenen) Reliefband.

Die Taf. 173–177 zeigen die linke und mittlere Partie des unteren Reliefbandes, die beide am besten erhalten sind.

Zunächst das Relief auf Taf. 173. Links Keshy, der Oberste der Jäger Amuns und hinter ihm ein Unbekannter, dann folgt May, ein Kavallerieoffizier, mit Werel, seiner Frau, neben ihm. May und der Unbekannte halten in den Händen Stabsträuße von Seerosen.

Dann folgen die Eltern des Ramose (Taf. 174), zunächst die Mutter Apuya, »der Liebling der Götter«, dann Neby, der Vater, der Oberste über die Rinderherden Amuns im Nordbereich und der Oberste über die Kornspeicher im Bereich der Delta-Gaue.

Durch einen Aufbau von Speisen und Seerosen getrennt, folgen (Taf. 175–177) Ramoses Bruder Amenophis, der einer der höchsten Beamten und Oberster am Hofe des Königs in Memphis war, mit dem Würdenzepter, einer Doppelreihe von Goldscheiben am Hals, und hinter ihm seine Gattin May, erste Hofdame und »Liebling der Königin«. Beide waren die Eltern von Ramoses Gattin Merit-ptah, so daß also der Bruder von Ramose zugleich auch sein Schwiegervater war.

Den rechten Abschluß des unteren Reliefbandes bildet die weniger gut erhaltene und daher hier nicht abgebildete Darstellung des Ramose, der das Mahl segnet, sowie seiner Gattin, Merit-ptah. Dann folgen nochmals Ramoses Bruder und seine Frau und zwischen beiden wieder ihre Tochter Merit-ptah, die Gattin des Ramose.

Ähnlich ist die Darstellung im oberen Reliefband.

173–177 Reliefs der Festgäste. Mit wunderbarer Feinheit erscheinen bei diesen Gestalten Typus und Persönlichkeit jeweils miteinander ausgewogen. Im nicht mehr zu überbietenden Reichtum der rahmenden und zierenden Formen behaupten sich die mit aller Sorgfalt geschnittenen Gesichter, erfüllt von einer verhangenen Sinnlichkeit, die doch nirgendwo des Geistigen ermangelt. In vollkommener Schönheit offenbart sich mit diesen adligen Paaren die Vollendung einer Kultur. Es ist eine Endentwicklung, die wir mit dieser berückenden Ausdruckswelt vor Augen haben. Echnatons Kunstrevolution ging dann entschlossen einen völlig anderen Weg. Aber kunstempfängliche Naturen werden sich von dieser Endentwicklung der späten Amenophis-III.-Zeit immer wieder als von einer der vollkommensten Erfüllungen des Menschlichen in der Kunst ergreifen lassen.

173 Keshy und ein Unbekannter, May und seine Gattin Werel.
174 Die Eltern des Ramose, Neby und Apuya.
175 Amenophis, der Bruder des Ramose, und seine Frau May.
176 May, die Frau des Bruders des Ramose.
177 Amenophis, der Bruder des Ramose.

178 Einer der Jünglinge, die Ramose bei seinem Opfer an die Sonne assistieren. Der wiedergegebene Jüngling wie auch seine beiden Begleiter (in der Reliefreihe der insgesamt zwölf Jünglinge) zeigen eine außerordentliche Noblesse der Linienführung und Modellierung. Mit dem ganzen Zauber von Jugend verbindet sich die Erscheinung kraftvoller Männlichkeit.

Die Reliefkunst der Südostwand des Ramosegrabes könnte nicht besser charakterisiert werden als durch die Worte von

W. Wolf: »Das überaus zarte Relief ist reich modelliert. Die feinen harmonischen Gesichter, das Gezitter der kunstvollen Perücken, die hauchdünnen, faltenreichen Gewänder gehören einer aufs äußerste verfeinerten und vergeistigten großstädtischen Gesellschaft, den empfindsamen, ein wenig morbiden Trägern einer überreifen Spätzeitkultur. Diese Menschen führen ein Leben in vollkommener Schönheit und Würde, sie feiern ein unaufhörliches Fest. Ihrem Lebensgefühl gibt die schöne, weich gerundete Linie vollendeten Ausdruck; die herbe Strenge der Thutmosidenzeit ist in weite Fernen zurückgesunken. Man meint, diese Zeit müsse das Gefühl gehabt haben, an einem Fin de siècle zu stehen, hinter ihrem Luxus und ihrer Eleganz habe das taedium vitae gelauert, aus dem Ebenmaß dieser schönen Gesichter drohe die Langeweile aufzubrechen. Eine Steigerung dieses Stiles erscheint undenkbar.«

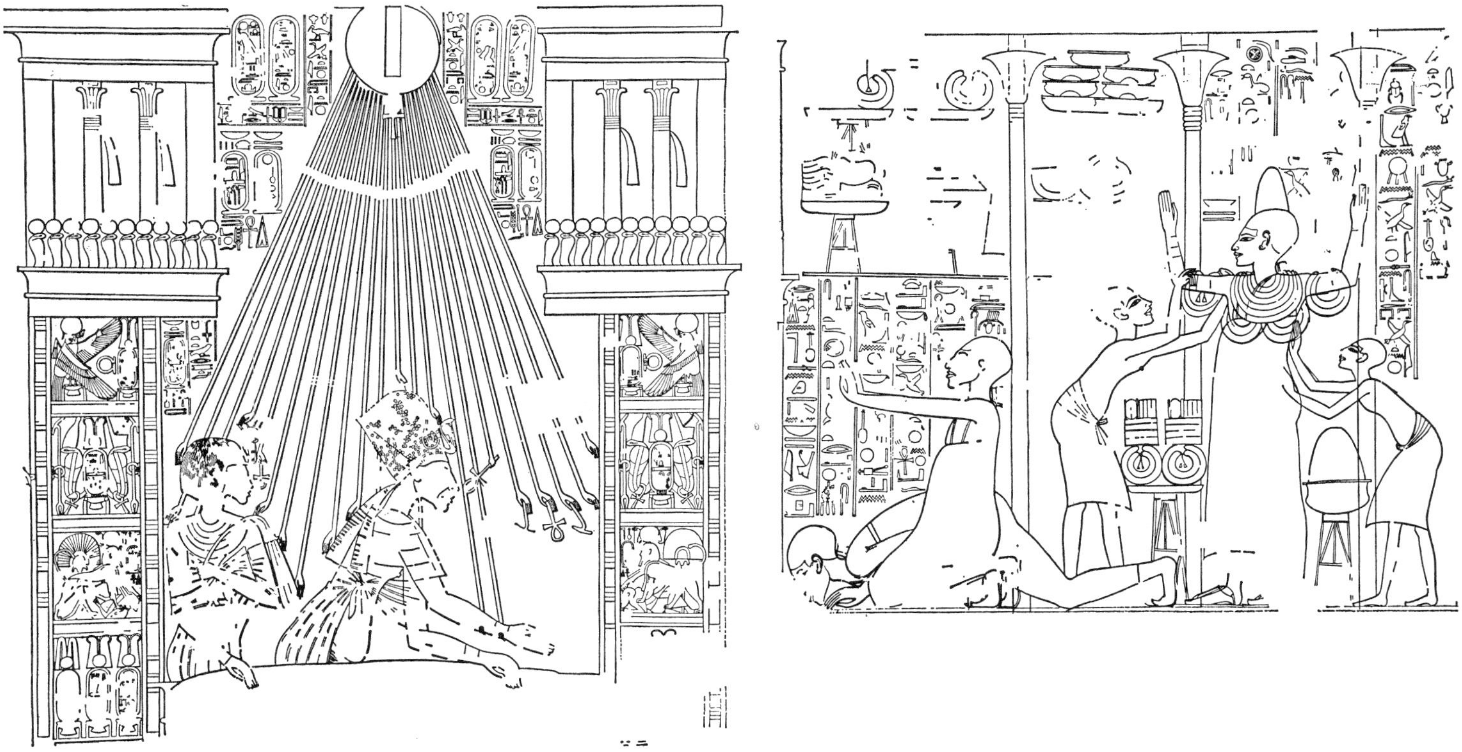

Abb. 38 Aus der Relieffolge rechts der Türe der Nordwestwand des großen Pfeilersaales im Grab (Nr. 55) des Wesirs Ramose in Theben. Linker Teil: König Amenophis IV. und Königin Nofretete am Erscheinungsfenster ihres Palastes, von dem aus sie den Wesir Ramose mit dem »Ehrengold« in Form goldener Ketten und anderer Goldgegenstände auszeichnen. Rechts anschließend (im Bild nicht mehr sichtbar) Hofleute mit einer Abordnung ausländischer Gesandter (teils Nubier, teils Asiaten).

Die Nordwestwand des großen Säulensaales zeigt beiderseits der zum kleinen Tiefen Saal mit seinen acht Papyrosbündelsäulen führenden Türe Reliefs, die bereits den Jahren nach dem Tode des Königs Amenophis III. angehören.

Davon datieren die Reliefs links der Türe offensichtlich noch in die erste Zeit der Regierung des Amenophis IV. und fallen keineswegs später als in sein 3. Regierungsjahr. Dargestellt ist der unter einem Baldachin thronende Amenophis IV., der mit der hinter ihm thronenden Göttin Maat den hinzutretenden Ramose empfängt. Alles ist noch im Stil der Zeit des Amenophis III. gehalten.

Ganz anders dagegen die Relieffolge, die aus dem 4. Jahre der Regierung des Königs stammt und sich zur Rechten der Tür befindet (Abb. 38). Mit Leuten des königlichen Gefolges zur Linken des Bildes und in zwei Zonen (nicht wiedergegeben) sind Amenophis IV. und seine königliche Gemahlin Nofretete am Erscheinungsfenster ihres Palastes dargestellt, im Begriff, Ramose auszuzeichnen. Über dem Königspaar erscheint Aton mit den in Händen endigenden Strahlen. Trotz der schweren Zerstörung, die das Relief infolge der Verfolgung der Echnatons Häresie ablehnenden thebanischen Orthodoxen erfahren hat, ist das hagere, fast alte Gesicht des Königs zu erkennen. Der Stil, der dann für die ersten etwa neun Jahre der Zeit Echnatons in Achet-Aton so charakteristisch werden sollte, ist hier bereits voll ausgeprägt. Das gleiche gilt für die anschließenden Reliefs. War im Relief links der Türe Ramose noch wohlbeleibt und von aufrechter männlicher Haltung, ist er in dem Relief rechts der Türe (Abb. 38, rechts) zum schmächtigen, sich tiefst verneigenden Höfling mit dem für den neuen Stil so charakteristischen ausladenden Hinterkopf geworden. Gleiches gilt für die noch weiter rechts anschließende Szene (in Abb. 38 nicht mehr gezeigt), in der Ramose das verliehene Ehrengold den Dienern übergibt, und nicht minder gilt es endlich für die Reliefs in der Zone unter der genannten mit dem Empfang der ausländischen Gesandten (in Abb. 38 gleichfalls nicht mehr wiedergegeben).

179
THEBEN. IM GRAB (NR. 57) DES CHA-EM-HET, der unter König Amenophis III. als »Vorsteher der Scheunen« ein hoher Verwaltungsbeamter, nach unseren Begriffen Ernährungsminister, war. Bei der Eingangstür.

Cha-em-het spricht mit erhobenen Händen ein Gebet an den Sonnengott Aton. In der höfischen Gepflegtheit, der Zurückhaltung aller lauten Gefühlsäußerungen und der betonten Gemessenheit in den Bildern aller Reliefs gliedert sich das Grab den mittleren Jahren der Regierung des Königs Amenophis III., also den Jahren um 1390/1380, ein. Cha-em-het trägt zum breiten Schulterkragen eine goldene Doppelkette aus linsenförmigen Gliedern, die Ehrengabe des Königs an verdiente Offiziere und Beamte.

18. DYNASTIE, 3. PHASE · 1364–1306

Könige: *Amenophis IV. / Echnaton* (1364–1347); *Tutanchamun* (1347–1338); *Eje* (1338–1334); *Haremhab* (1334–1306)

Amenophis IV. / Echnaton, der Sohn des Königs Amenophis III. und seiner Gemahlin Teje, übersteigert den Individualismus seines Vaters und verhilft einer latent vorhandenen Glaubensrichtung zum Durchbruch, dem Glauben an den Sonnenball Aton als die alleinige göttliche Kraft. Zugleich beansprucht er als alleinberechtigter Verkünder seiner Lehre eine prophetenähnliche Stellung. Religiöse und politische Spannungen mit den konservativen Mächten veranlassen ihn zu einer Verlegung der Residenz nach Achet-Aton (heute Tell el Amarna) in Mittelägypten. Dorthin folgen ihm seine Anhänger. Die alten Mächte, besonders Amun und seine Priesterschaft, werden verfolgt. Die Vernachlässigung der eigentlichen Herrschaftsaufgaben führt zum Zusammenbruch der Außenpolitik und Wirtschaft.

Nach Echnatons Untergang folgen als wieder in Theben residierende und Amun sowie die übrigen Götter wieder anerkennende Könige sein Schwiegersohn Tutanchamun und nach dessen kaum neunjähriger Regierung für vier Jahre Eje, ursprünglich »Gottesvater«, »Wedelträger zur Rechten des Königs« und »Vorsteher des königlichen Marstalls«, ein engster Parteigänger Echnatons.

Der Retter des Reiches ist Haremhab, erst Reichsfeldherr, seit Ejes Tod 1334 König. Unter ihm bahnt sich die Wiederaufnahme der außenpolitischen Beziehungen und der Versuch der Rückgewinnung des ägyptischen Einflusses an. Im Inneren des Reiches vollzieht sich konsequent die Wiederherstellung der alten Götterkulte und der Tempel unter völliger Verfemung des Ketzers Echnaton und seiner Lehre sowie der Auslöschung seiner Residenz Achet-Aton. Unter drastischer Säuberung von allen Auswirkungen der Zeit Echnatons erfolgt der Wiederaufbau der Verwaltung und die Neuordnung des Staatswesens.

Von den Bauten der Zeit Echnatons in seiner Residenz Achet-Aton ist uns nichts erhalten. Von der Anlage des großen Aton-Tempels, ebenso von dem Königspalast, wissen wir nur durch Grabungsergebnisse; Bilder in den Gräbern, die am Rande der Stadt in die Wände des Gebirges getrieben waren, zeigen z. T. Villen und Gärten im Bilde.

Es bedarf noch eines besonderen Wortes zur Geschichte und Person des Königs Amenophis IV., des nachmaligen Echnaton. Bedeuten doch die Jahre seiner Regierung den Wendepunkt in der Geschichte des Weltreichs Ägypten. Zu Beginn der 36 Jahre währenden Herrschaft seines Vaters, Amenophis III., stand das ägyptische Weltreich im Zenith seiner größten Expansion und seiner höchsten politischen wie militärischen Kraftentfaltung. Schon Amenophis III. war kaum noch auf weiteren Ausbau der Stellung Ägyptens im Raum der alten Welt bedacht. Jagdleidenschaft, ein Übermaß von Baulust und die sich immer steigernde Sucht der Befriedigung seiner persönlichen und persönlichsten Wünsche, nicht zuletzt ein geradezu immenser Harem, lenkten den König von seiner obersten politischen Aufgabe als Herrscher weitgehend ab. Durch sein ganzes Wesen vollzog sich ein bedeutender und immer steterer Schritt in Richtung eines sehr persönlichkeitsgebundenen, absoluten Herrschertums. Durch Prachtliebe und eine überspannte Sucht nach Monumentalität – man denke an seinen heute verschwundenen riesigen Totentempel in Theben-West mit den über 20 m hohen Sitzfiguren seiner Person vor den Pylonen, wovon noch die Memnonskolosse zeugen, sowie weiter an den großen Lustsee in seiner Palaststadt ebenfalls in Theben-West – sticht sein Bild ab von dem seiner großen, wahrhaft königlichen Vorgänger auf dem Thron. Mit einer nahezu despotenhaften Willkür und einer bisher nicht gekannten Betonung seines Privatlebens verband sich der Wunsch dieses Herrschers nach persönlicher Vergöttlichung schon zu seinen Lebzeiten, wie dies besonders der Tempel im nubischen Soleb, den er für sein persönliches Bild auf Erden erbaute, und der für seine Gemahlin Teje errichtete Tempel im nubischen Sedeinga offen zum Ausdruck brachten.

In diese Welt war Amenophis IV. gestellt. Dem spätgeborenen, kränklichen Königssohn hatte die Natur nicht die Möglichkeit gegeben, seinen ausgeprägten Ehrgeiz und Geltungsdrang in Kriegstaten, die der Ruhmestitel seiner großen Ahnen Thutmosis III., Amenophis II. und Thutmosis IV. waren, zu verwirklichen. Ausgesprochen egozentrisch und despotisch, aber auch ebenso ausgesprochen unpolitisch, verrannte er sich fanatisch in die Idee, mit seiner Herrschaft eine neue Weltanschauung zu verwirklichen. Sie kulminiert in der Verdrängung aller Götter Ägyptens, selbst des Reichsgottes Amun, durch Aton, den Sonnenball, der allein noch Geltung besitzen sollte.

Aber es ist zu betonen, daß des jungen Königs Sonnenglaube keineswegs die Spaltung hätte heraufbeschwören müssen, die unglückseligerweise entstand. »Das was Aton zu einem Gegner des Amun machte, war nicht Name und Gestalt als ›neuer‹ Gott, sondern das religiöse Temperament seiner Anhänger« (E. Otto). Die religiöse Verehrung der Sonne hatte schon in der 5. Dynastie im Glauben an Re eine endgültige Form erhalten. Sie fand damals ihren äußerlich greifbaren Ausdruck in der Errichtung des Sonnenheiligtums, mit der der König eine »Verpflichtung gegen seinen göttlichen Vater erfüllte«. Durch alle folgenden Zeiten blieb die Verehrung des Sonnengottes Re erhalten, um dann in der 18. Dynastie wieder neu aufzuleben. Thutmosis IV. betrachtete sich als durch den Sonnengott Re, den uralten Sonnen-Schöpfergott, nicht durch Amun, zum Pharao erwählt. Und eben dieser Thutmosis IV. hat ausdrücklich in einer seiner Skarabäus-Inschriften betont, daß er im Namen Atons die asiatischen Länder unterwarf. War dieses schon ein erstes Anzeichen der Spaltung, die dann zu Ende der 18. Dynastie die Existenz Ägyptens zutiefst erschüttern sollte? Dem Aufkommen der Bedeutung Atons begegnen wir auch bei Amenophis III. wieder. Man bedenke, daß zum Beispiel seine jüngste Tochter den Namen Bakitaton (»Atons Sklavin«) führt, indessen die eher geborenen Prinzessinnen noch an Amun gebundene Namen tragen; weiterhin, daß eine Kompanie der königlichen Leibwache nach Aton benannt war, und daß die goldene Barke des Königspaares auf dem Lustsee zu Theben-West den Namen »Glanz des Aton« trug.

Mag sich hinter der Gegenüberstellung Amun-Aton auch die Spannung zwischen Amunpriesterschaft und Königtum ausdrücken, so war doch das primäre Moment sicher das eigentlich religiöse Anliegen der Zeit. In seiner Expansion nach Asien lernte der Ägypter des Weltreichs den Begriff des Sonnenglaubens auf einer breiten Basis kennen. Bekannten sich doch alle Völker und Religionen, mit denen Ägypten jetzt in Verbindung stand, in irgendeiner Weise zur Sonnenverehrung. »Die neue (ägyptische) Welt suchte offenbar einen neuen Gott, unbelastet von theologischen Doktrinen und in einer allen verständlichen Erscheinungsform faßbar. Denn der Ägypter war ja im allgemeinen geneigt, eine neue Form seiner Welt einem neuen Gott zu unterstellen; und wir haben genug Zeugnisse aus der Zeit vor Amenophis IV., die einen neuen Gottesbegriff erkennen lassen, einen Gott, der als Herr allen Lebens, allen Wachsens und Gedeihens nicht nur in den Grenzen Ägyptens, sondern auf der ganzen Erde bei allen Völkern wirkend erlebt wird. Man darf, um den Gegensatz Amun-Aton formelhaft zu verdeutlichen, vielleicht formulieren: Amun war der ägyptische Nationalgott, Aton ein Weltgott.« Es wäre falsch, in der Gestalt des Gottes Aton eine Neuschöpfung des Königs zu sehen.

So ergibt sich, daß die unglückselige Spaltung, die tatsächlich unter Amenophis IV./Echnaton auftrat, nicht vom Religiösen allein her hätte geschehen müssen. Sie wurzelte vielmehr ebenso in der Umformung der Gestalt des Königs in eine irdisch persönliche, die mit Echnaton ihren extremen Punkt erreicht, als weiterhin auch in der Spannung zwischen Königtum und Priesterschaft, die, wirtschaftlich gesehen, durch das Anwachsen des Tempelbesitzes gegeben war, und die, politisch gesehen, in der betonten Einflußnahme der Propheten Amuns auf die Königsfolge und letzten Endes in der Verstrickung zwischen Gott und Königtum wurzelte.

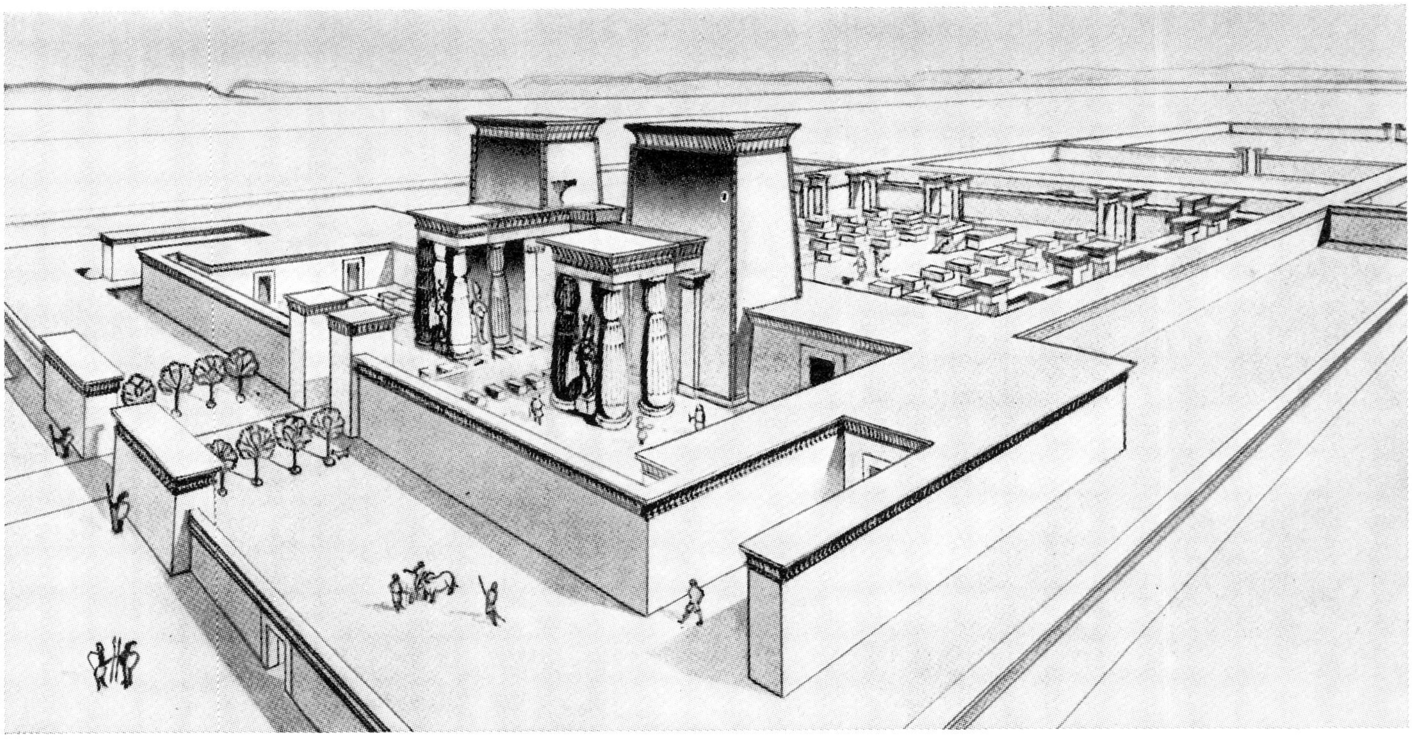

Abb. 39 Der Große Aton-Tempel in Achet-Aton. Sanktuar. Rekonstruktion gemäß der Reliefdarstellung im Grab (Nr. 4) des Merire I. in Achet-Aton.

Abb. 40 Der Große Aton-Tempel in Achet-Aton. Sanktuar. Grundriß (1:800). Das Sanktuar lag in einem Temenos, Perhai (»Festhaus«) genannt, von 800×275 m. In ihm etwa 300 m vom Sanktuar entfernt lag Gem Aton (»Treffpunkt Atons«) mit 6 durch Pylone getrennten Höfen und wieder vielen Opfertischen wie auch im Perhai.

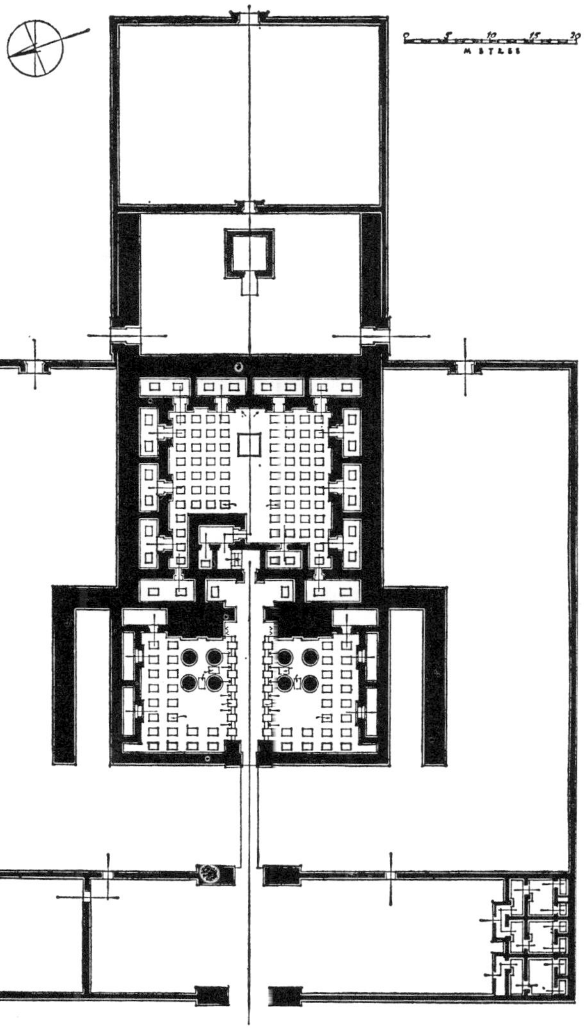

Wie es im 6. Regierungsjahr des Amenophis IV. zum vollen Bruch mit der Vergangenheit kam, ob, wie sehr wahrscheinlich, infolge der Verschärfung der Gegensätze zur Priesterschaft des Amun, ist ungeklärt. Jedenfalls änderte der König seinen bisherigen Namen Amenophis (d. i. »Amun ist zufrieden«) in Echnaton (d. i. »Aton will es«), verließ Theben und zog in die beim heutigen Tell el Amarna in Mittelägypten gegründete neue Residenz Achet-Aton (d. i. »Lichtort des Aton«). In dem von vierzehn Grenzstelen umsäumten Gebiet wurden Paläste, Verwaltungsbauten, Wohnhäuser und Tempel buchstäblich aus dem Boden gestampft.

Naturgemäß unterschied sich der Aton-Tempel von den bisherigen ägyptischen Tempeln. Als offener Tempel war er den Sonnenheiligtümern der 5. Dynastie des alten Reichs vergleichbar. Im wesentlichen bestand sein Sanktuar, das sich möglicherweise an den nicht mehr bekannten Sonnentempel von Heliopolis anschloß, aus einer Folge von vier offenen Höfen. Unter freiem Himmel wurde das Opfer an Aton auf einem sehr großen Altar, der in einem eigenen Hof, dem zweiten von Osten, stand, dargebracht. Gegen 175 Opfertische erfüllten die beiden dahinter liegenden Höfe, in deren westlichstem sich noch ein Portikus von je vier Säulen an seinen beiden Flügeln erhob; von den dazwischengestellten je zwei Statuen des Königs trugen die der Portikus-Nordhälfte die Rote Krone, die der Südhälfte die Weiße Krone. Besonders auffällig ist, daß außerhalb des eigentlichen Tempelhauses noch gegen 800 Opfertische waren, so, als hätten viele in Achet-Aton jeweils ihre eigene Opferstätte gehabt.

Ein Kranz von Gärten und Baumanlagen mit Teichen umgab die Wohnhäuser, alles offensichtlich geschaffen für einen kleinen Kreis bevorzugter und hochgestellter Anhänger des Königs.

Wer diese Hochgestellten waren, ist nicht ganz geklärt; sicher hatten, wie das Beispiel des Wesirs Ramose zeigt, die alten bewährten Leute den König verlassen oder waren von ihm entlassen worden. Daß Abenteurergestalten im Gefolge des Königs waren, besagen gleichzeitige Biographien mit Worten wie: »Ich war ein Nichts, der Sohn von Niemand; der König machte mich zu etwas.« Es geht aber wohl zu weit, aus den rund zwanzig im Atelier des Bildhauers Thutmosis zu Achet-Aton gefundenen Bildnismasken Schlüsse auf Rasse und Abstammung der Hohen um den König zu ziehen. Ihre charakterelle Interpretation durch die Wissenschaft ist eine zu weit divergierende, als daß sie irgendein bindendes Urteil gestatten würde.

Die Folgen, die sich durch die Verlegung der Residenz nach Achet-Aton wirtschaftlich und kulturell für Theben ergaben, waren nahezu unübersehbar, sicher aber immens. Mit der Verfolgung aller anderen Götter und insbesondere des bisherigen Reichsgottes Amun wurden sofort deren Tempeln selbst und auch den bisherigen Trägern der Tempelämter die königlichen Subsidien entzogen, nicht minder auch den Trägern der Staatsämter in der ganzen Verwaltung des großen Staatsapparats. Ein großer Teil der bisher herrschenden Schichten war, sozusagen über Nacht, in Bedeutungslosigkeit, Not und Armut gestürzt. Ein flammender Haß mußte von diesen allen dem König entgegenschlagen. In einem verheerenden Ausmaß griffen im Staat völlige Unordnung und Verwahrlosung der Verwaltung und Wirtschaft um sich.

Katastrophal war schon wenige Jahre nach der Verlegung der Residenz die politische Lage Ägyptens geworden. Von Anlage her völlig unpolitisch, aber auch bar jeglichen Gefühls der Verpflichtung gegenüber seinen außenpolitischen Aufgaben, sah der König in der religiösen Reformation seine einzige und letzte Aufgabe. Außenpolitisch war Ägypten gerade zu Echnatons Regierungszeit an einem Punkt angekommen, an dem nur eine ganz starke und mit ganzer Kraft den Problemen zugewandte Herrschergestalt die Dinge hätte meistern können. Nubien allein war treu geblieben und mit ihm der Reichtum an Gold und den für das Reich notwendigen Menschen- und Materialreserven. Ansonsten aber verlor Ägypten in wenigen Jahren, was es an Besitzungen und Einfluß im Norden gehabt hatte. Schon unter Amenophis III. hatte der Mitanni-König Tuschratta um Hilfe gegen das immer mehr erstarkende Reich der Hethiter gebeten. Im Kampf mit dessen König Suppiluliuma I. war er später gefallen und sein Sohn mußte die hethitische Oberhoheit anerkennen. Mit dieser Niederlage des Mitannireiches aber begann nun Assyrien unter Assuruballit einzugreifen, um sich allerdings zunächst gegen die Hethiter zu wenden. Nichts war jetzt mehr von einer ägyptischen

Vorherrschaft in Richtung auf Nordsyrien und den Euphrat zu spüren. Umsonst wandten sich die von Itakama von Kadesch einerseits und von Aziru von Amurru andererseits bedrängten nordsyrischen Städte an Echnaton; die phönikischen Hafenstädte und endlich auch Byblos fielen an Aziru, der sich dann allerdings selbst der Oberhoheit Suppiluliumas I. unterwerfen mußte, ohne daß Ägypten zunächst gegen Aziru und dann gegen die Hethiter irgendwie eingegriffen hätte. Ähnlich ungünstig verliefen die Dinge in Palästina.

Innerhalb eines halben Menschenalters zerfiel, was Generationen tatkräftiger, planvoll handelnder Herrscher aufgebaut hatten. Weder das staatsmännische Talent des die Jahre der 18. Dynastie abschließenden Feldherrn und zuletzt Königs Haremhab noch die Zeit der Ramessiden, so grandios sie äußerlich erscheint, haben den Todesstoß überwinden können, den Echnaton dem Reich Ägypten gegeben hatte. Wenn – und das kann nicht scharf genug betont werden – Ägypten mit dem Ende der Ramessiden trotz gigantischer Anstrengungen der größten Herrscher dieser zwei Dynastien als Reich zerfiel, waren zwar sehr stark die innerpolitischen, nicht mehr entwirrbaren Konstellationen der Ramessidenzeit daran schuld; Echnaton aber war der eigentliche Urheber des Zusammenbruchs.

Den Denker und Dichter Echnaton bezeugt der im Grab des Eje zu Achet-Aton bewahrte Hymnos an Aton:

Die Inbrunst der prophetischen Seele Echnatons spricht aus dem Hymnos, an ihn klingt – bewußt oder unbewußt – der später entstandene 104. Psalm an, um aber an Wärme und Reinheit des Gefühls und an Schönheit und Einfachheit der Sprache weit hinter ihm zurückzustehen. Wie immer man gegen Echnaton eingestellt sein mag, sicher gehört sein Hymnos an Aton zu den großen Schöpfungen der Weltliteratur.

Schön ist Dein Erscheinen im Lichtort des Himmels,
Du lebender Aton, der von Anbeginn lebte!
Dein leuchtendes Aufgehn im östlichen Lichtort
Erfüllt alle Lande mit Deiner Schönheit;
Du bist gütig und groß, glanzvoll und hoch über allen Landen,
Deine Strahlen umfassen die Länder bis zum Rand Deiner Schöpfung!

– –

Deine Liebe bezwingt sie für Deinen Sohn;
Du bist fern, und doch ist Dein Strahlen auf Erden –
Wir haben Dich vor Augen und begreifen doch nicht Deinen Gang!

Gehst Du unter im westlichen Lichtort,
Liegt die Erde im Dunkel, als sei sie erstorben.

– –

Wenn Du morgens im Horizonte aufsteigst,
Als Aton am Tage erglänzend,
So weicht Dir die Finsternis,
Sobald Du Deine Strahlen spendest.
Die beiden Länder sind festlich gestimmt,
Sie erwachen und stellen sich auf die Füße;
Du lässest sie sich erheben!

– –

Alles Vieh ist befriedigt durch seine Weide,
Die Bäume und Kräuter ergrünen.
Die Vögel entflattern ihren Nestern,
Ihre Flügel erhebend zum Preise Deiner Kraft!
Alles Jungwild springt auf seinen Füßen,
Alles, was da fliegt und sich niederläßt,
Es lebt, denn Du bist über ihm aufgegangen!
Die Schiffe fahren stromab und stromauf,
Jeder Weg ist geöffnet, weil Du leuchtest.
Die Fische im Strome springen vor Deinem Angesicht;
Deine Strahlen dringen bis ins Innere des Meeres!

Der Du der Frauen Leib fruchtbar machst
Und aus Samen Menschen bereitest,
Der Du den Sohn ernährst im Leibe seiner Mutter
Und ihn beruhigst, auf daß er nicht weine,
Du Amme im Mutterleibe!
Der Atem gibt zur Belebung jedes seiner Geschöpfe:
Verläßt es den Leib, um zu atmen am Tage seiner Geburt,
So öffnest Du seinen Mund und spendest, was es benötigt.

Das Vöglein im Ei, es spricht im Stein seiner Schale,
Du gibst ihm Luft darin, es am Leben zu halten;
Du hast ihm im Ei seine Frist gesetzt, es zu zerbrechen,
Es kommt zur Zeit heraus, zu reden, soviel es kann,
Es läuft auf seinen Füßchen, sobald es hervorkam.

Wie unermeßlich sind Deine Werke!
Sie sind den menschlichen Blicken verborgen,
Du einziger Gott, der nicht seinesgleichen hat!
Du hast die Erde geschaffen nach Deinem Herzen,
Du einzig und allein,
Mit Menschen, Herden und allem anderen Getier:
Was auf der Erde weilt, gehend auf Füßen,
Was in der Höhe schwebt, fliegend mit Flügeln,
Die bergigen Länder Syrien und Nubien
Und das Flachland Ägypten.

Du schaffst den Nil in der Unterwelt,
Du führst ihn herauf nach Deinem Belieben,
Um das Volk am Leben zu erhalten,
Wie Du es Dir geschaffen hast,
Du, ihrer aller Herr, der sich abmüht an ihnen,
Du Herr aller Lande, der für sie aufleuchtet,
Du Aton des Tages, Allkräftiger!

Alle fernen Gebirgsländer lässest Du leben:
Du hast einen Nil auch am Himmel geschaffen,
Daß er zu ihnen herabflute
Und Wellen schlage auf den Bergen gleichwie das Meer,
Um ihre Äcker zu tränken nach ihrem Bedürfen;
Wie wohltätig sind Deine Pläne, Du Herr der Ewigkeit!
Der Nil am Himmel, Du gabst ihn den Fremdvölkern,
Allem Wilde der Bergwüsten, das da auf Füßen läuft;
Ägyptens Nil jedoch quillt aus der Unterwelt.
Deine Strahlen tränken mütterlich jegliche Flur,
Wenn Du aufleuchtest, lebt sie und sprießt für Dich!

Du machst die Jahreszeiten, Deine Werke zu vollbringen,
Den Winter, um sie zu kühlen,
Die Sommerhitze, damit sie Dich kosten!
Du machtest den Himmel fern, um an ihm aufzugehn,
Um all das zu schauen, was Du allein schufest,
Erstrahlend in Deiner Gestalt als lebender Aton,
Aufdämmernd, leuchtend, Dich entfernend und wiederkehrend.

Du bildest Millionen Gestalten aus Dir allein,
Städte, Weiler und Fluren, Weg und Fluß.
Jedes Auge sieht Dich sich gegenüber
Als Aton des Tages über der Erde.

(Wenn) Du (aber) davongegangen bist,
Und wenn alle Augen, denen Du Sehkraft gabst, schlummern,
Wenn nicht einer (mehr) sieht, was Du vollbrachtest,
So bist Du (doch noch) in meinem Herzen.
Kein anderer ist, der Dich kennt,
Außer Deinem Sohne.
Ihn ließest Du Dein Wesen begreifen
Und Deine Kraft.

Die Erde ist in Deiner Hand
(Und die Menschen) wie Du sie geschaffen hast;
Bist Du aufgegangen, so leben sie,
Sinkst Du hinab, so sterben sie:
Du selbst bist die Lebenszeit,
Wir leben durch Dich.
Die Augen schauen auf Deine Schönheit.

Seit Du die Erde gegründet hast,
Hast Du sie aufgerichtet für Deinen Sohn,
Der aus Dir selber hervorging,
Den König von Ober- und Unterägypten, der von der Wahrheit lebt,
Den Herrn der Kronen, Echnaton, dessen Leben lang sei,
Und für die große königliche Gemahlin, die von ihm geliebte,
Die Herrin der beiden Länder, Nefer-nefru-aton Nofretete,
Die lebe und jung sei immer und ewiglich.

Man muß aber einwenden, daß die in der Zeit angebahnte Möglichkeit eines persönlichen Verhältnisses zu Gott durch Echnatons despotische Ich-Bezogenheit zunächst wieder zurückgeschlagen wurde. Denn der Weg zu Aton führte ausschließlich durch die Person des Königs, und Aton war nur dieses Königs Gott, dessen Gebote nur er allein begriff und verwirklichte. Noch mehr: Echnatons Lehre leugnet die Totalität des Lebens; sie übersieht, richtiger will übersehen, »daß neben der Welt des Lichts, der Schönheit und des Daseins die der Nacht, der Not und der Gefährdung steht, daß die notwendige Ergänzung des Lebens der Tod ist«. »Auf eine Formel gebracht: Aton – so wie Echnaton ihn sah – entthront nicht nur den Reichsgott Amun, sondern auch Osiris« (E. Otto).

Wir wissen nichts über das Ende Echnatons noch auch seiner Residenz Achet-Aton. Wir wissen nur, daß Nofretete sich schließlich von ihrem Gatten trennte und einen eigenen Palast im Nordabschnitt von Achet-Aton bezog. Sie wie Teje, die alte Mutter des Königs, die von ihrem Witwensitz in Medinet-Gurab (Faijum), den Sohn in Achet-Aton besuchte, mußten sich über das von Echnaton heraufbeschworene Verhängnis klargeworden sein. Semenchkare, der Gemahl der ältesten Tochter Echnatons, Meritaton, scheint in den letzten drei Jahren vor dem Untergang Achet-Atons des Königs Mitregent gewesen zu sein und mit Theben vermittelt zu haben. Seiner Gattin Name wurde in Meritamun geändert. Sein Tod ist ebenso wie der Echnatons in Dunkel gehüllt. Tutanchaton, wahrscheinlich ein Sohn Echnatons und einer Tochter des babylonischen Königs Burraburiasch II., und als Gemahl der dritten Tochter Anchesenpaaton gleichfalls Schwiegersohn des Königs, ist nach Theben zurückgekehrt und hat im Namen der alten Zeit und des Reichsgottes Amun von Karnak formell die »Restauration« eingeleitet. Achet-Aton wurde zerstört, der Name Echnaton ausgelöscht. Tutanchaton änderte der Lage gemäß seinen Namen in Tutanchamun, ebenso den seiner Gemahlin in Anchesenamun.

Die entscheidende Gestalt der Spätzeit der 18. Dynastie ist die des Reichsfeldherrn Haremhab, der mindestens vom Ende der Regierung Echnatons an und jedenfalls in den Jahren der Könige Tutanchamun (1347–1338) und Eje (1338–1334) alle maßgebenden Entschlüsse getroffen hat. In Memphis residierend war er »der Wächter an der Grenze des Reiches«, und seinen Abwehrkämpfen in Südpalästina ist es zu danken, daß dieses wenigstens noch als militärisches Vorfeld Ägyptens erhalten blieb.

Wenn Haremhab sich nach dem Tod des Eje 1334 zum König erklärte, so legitimierte er dies durch Gottesurteil: Horus, der Gott seiner Heimat, habe seine Herrschaft bestimmt und Amun ihn erwählt. In Analogie mit der Berechnung der Herrscherjahre durch Thutmosis III. datierte er sein Königtum vom Todesjahr des Königs Amenophis III., also von 1364, an. Damit schien auch äußerlich die letzte Spur der vergangenen unglückseligen Ära ausgelöscht; tatsächlich bedeutete erst die Zeit des Königtums des Haremhab den absoluten Abschluß der Ära von der Thronbesteigung des Amenophis IV./Echnaton bis zum Tod des Eje.

Es ist Haremhabs alleiniges Verdienst, die unmittelbare Bedrohung Ägyptens abgewehrt und durch siegreiche Kämpfe in Südpalästina wenigstens wieder eine Operationsbasis für künftige Unternehmungen geschaffen zu haben. Die von ihm im Tempel zu Karnak angebrachte Liste der eroberten Städte darf nicht so sehr als Triumphmal, sondern vielmehr als »Ausdruck der bewußten Anerkennung einer verpflichtenden Tradition« angesehen werden. Der Verfall im Inneren des Reiches war durch Haremhab endgültig aufgehalten. In Karnak ist das Edikt mit der Zusammenfassung der tatsächlich von Haremhab erlassenen Verordnungen, um die Mißstände im Land endgültig zu beseitigen, erhalten.

Bei seinem Tod 1306, 28 Jahre nach seinem Aufstieg zum Pharao, hatte Haremhab erreicht, daß sein Reich Ägypten, wiewohl es seinen alten Glanz für immer verloren hatte, doch im Inneren wieder so fest gefügt und im Militärischen wieder soweit gefestigt war, daß es zu Aufstieg und zu neuer Machtstellung berufen schien.

DIE KUNSTDENKMÄLER DER ZEIT DES KÖNIGS AMENOPHIS IV./ECHNATON (1364–1347)

So wenig glücklich die Regierung des Königs Amenophis IV., des nachmaligen Königs Echnaton, für Ägypten als Reich war – nur durch die Tatkraft und das Feldherrngenie des Haremhab, des Reichsfeldherrn unter Tutanchamun und Eje und Königs nach des letzteren Tod, ist die politische Katastrophe abgewandt worden – so bedeutungsvoll war die Zeit Echnatons für die Entwicklung der Künste in Ägypten. Ein völliger Umbruch setzte kurz nach seiner Thronbesteigung im Jahre 1364 ein. Aber es wäre verfehlt, in diesem Umbruch einen nur in der künstlerischen allgemeinen Entwicklung bedingten Stilbruch zu sehen. Vielmehr war der Umbruch bedingt durch Echnatons geistige Einstellung und das Heraufkommen eines völlig neuen Lebensgefühls und vor allem der neuen prophetischen und gleichzeitig selbstherrlichen Einstellung des Königs zur Umwelt und selbst zu den Höchsten seiner Umgebung. Es war ein »Einbruch von außen in Gestalt des von Amenophis IV. vertretenen und propagierten Gedankenkreises«; die neue Kunst ist »das Ergebnis eines revolutionären Gewaltaktes und eines radikalen Bruches mit der Überlieferung« (W. Wolf).

Letzten Endes war die Kunst der Zeit des Königs Amenophis IV. und nachmaligen Echnaton ein Propagandainstrument, das der König »planmäßig einsetzte, um sich und seiner Lehre Geltung zu verschaffen«. Daß der König dabei selbst in die Formung der Kunst seiner Jahre eingriff, ist naheliegend und geht auch hervor aus einer Inschrift seines Bildhauers Beki in Assuan, der sich als einen »von seiner Majestät selbst unterwiesenen Gehilfen« bezeichnet.

Der Einsatz des Umschwunges der Kunst ist in das 4. Jahr der Regierung des Königs Amenophis IV., also in das Jahr 1360, zu datieren. Das geht aus den späten Reliefs an der Nordwestwand (und zwar rechts der Türe) des großen Säulensaales im Grab (Nr. 55) des Wesirs Ramose in Theben hervor, einer Relieffolge, in der der neue Stil bereits voll zum Durchbruch gelangt ist und die eines der markantesten Beispiele dieser Kunst überhaupt darstellt, obwohl sie noch 2 Jahre vor dem Einzug des Königs in die neue Residenz Achet-Aton (beim heutigen Tell el Amarna) entstanden ist. Die Selbstherrlichkeit des Königs, sein Anspruch auf die Gottessohnschaft, seine im Hymnos an Aton klar formulierte Idee, er sei der einzige Prophet des neuen Gottes, und sein Gefühl, daß allein seine Gunst seinen Untertanen das leibliche Wohl zu ihren Lebzeiten wie auch das Licht der Sonne nach ihrem Tod verleihen würde, bestimmten letztlich ebenso des Königs eigenes Wesen wie die kriecherische Unterwürfigkeit aller seiner Untertanen, selbst der höchsten.

Schon im Gebiet des Amuntempels von Karnak, also noch in den letzten Jahren vor dem Einzug in die neue Residenz, dokumentierte Amenophis IV. mit der Errichtung eines Atontempels, von dem vier der etwa 4 m hohen Königsstatuen erhalten sind, sein betontes Verhältnis zu Aton, das an sich nicht ganz ungewöhnlich schien, da ja Ansätze zu besonderer Verehrung Atons sich schon bei Amenophis III. und selbst schon bei Thutmosis IV. fanden. Gemahnend an die althergebrachten Osiris-Pfeiler, in denen der König mit dem Gott Osiris in eins verschmolz, legen die Statuen in Karnak den Gedanken nahe, als habe sich Amenophis IV. in diesen Statuen, deren Brusttafel und Armbänder den Namen Aton tragen, mit dem Gott Aton verschmolzen dargestellt und ihm, einer alten Gepflogenheit folgend, seine Züge verliehen. Ungewöhnlich ist die Art der Darstellung des Königs. Sie mußte den Zeitgenossen, die bis in viele Jahrhunderte zurück ihren König in edler und kräftiger Mannesgestalt dargestellt wußten, »entartet« und wie Verhöhnung einer alten geheiligten Tradition erscheinen. Sicher sind diese Königsbilder indes nicht so gestaltet worden, weil Amenophis IV. so sehr für die absolute Wahrheit eintrat, daß er um der Wahrheit willen schonungslos selbst sein eigenes in der Gestalt unedles Menschenbild zum Abbild freigab, sondern vielmehr sind diese Statuen in ihrer sehr starken Stilisierung der offensichtliche Ausdruck der fanatisch entflammten Prophetie des Königs und der bis nahe zum Wahnsinn sich steigernden geistigen Spannung. Und tatsächlich erscheinen diese Königsgestalten des Atontempels von Karnak wie ein revolutionärer Gewaltakt gegenüber allem bisher in der ägyptischen Kunst dagewesenen.

Dieser Bruch mit der Überlieferung fand seine konsequente Fortsetzung, als nach Gründung der neuen Hauptstadt Achet-Aton die Residenz im sechsten Regierungsjahr des Königs dorthin verlegt wurde.

Was an Großplastiken aus den Jahren unmittelbar nach dem Einzug in die neue Residenz bis unmittelbar vor dem Zusammenbruch und Tod Echnatons geschaffen wurde, ist uns nicht erhalten. Der wilde Fanatismus der Gegner des Apostaten Echnaton hat nach dem Zusammenbruch seines Regimes alle öffentlich aufgestellten Bildwerke zusammen mit den Bauten in Achet-Aton schonungslos und völlig zerstört.

Was aus den knapp 8 Jahren vor den letzten Jahren des Zusammenbruchs übrig blieb und Aufschluß über den Stil in Achet-Aton bietet, sind Reliefs größeren und kleineren Maßstabs, vor allem aus den Privatgräbern der Großen um den König.

Abb. 41 Im Grab (Nr. 25) des Eje in Achet-Aton (Tell el Amarna). Skizze des Gesamtreliefs mit der Darstellung der Beschenkung des Eje durch König Echnaton und die königliche Familie mit dem Ehrengold (vgl. Taf. 185).

Letzten Endes knüpfen sie an die Reliefgruppe rechts der Tür an der Nordwestwand des Großen Pfeilersaales im Grab des Ramose zu Theben an. Weitere Beispiele bilden Werke wie die Anbetung vor Aton (Taf. 183), das Bild der königlichen Familie unter der Strahlensonne des Aton (Taf. 184) und die an die erstgenannte Anbetung des Aton anknüpfenden Darstellungen auf den 14 Grenzstelen rings um Achet-Aton, die den Rand des Stadtgebietes bezeichnen; weiterhin noch Reliefs, ähnlich dem der Taf. 184, in Form von Kalkstein-Klappaltären, wie sie in Kairo und anderswo bewahrt sind. Die markantesten Beispiele sind, wie angedeutet, die insgesamt 25 noch unvollendeten Felsengräber am Westhang des Gebirges östlich von Achet-Aton; unter ihnen vor allem das große Grab des späteren Königs Eje, das uns, trotz der Zerstörungen auch dort, den besten Aufschluß über die Reliefkunst in Achet-Aton gibt (Abb. 41 und Taf. 185).

Immer zeigt sich, im Gegensatz zu den Thebanischen Gräbern, die Zurückstellung der Person des Grabinhabers und die emphatische und programmatische Herausstellung des Königs und seiner Familie unter den Strahlen der Aton-Sonne, immer die Betonung der Idee, daß Echnaton als alleiniger »Sohn des Aton« der Mittler zwischen Gott und dem Menschen sei und daß eben dieser einzige Gott die »Erde aufgerichtet« hat für seinen »Sohn« (Echnaton) und die »Große Königliche Gemahlin« (Nofretete). So ist zu begreifen, warum Nofretete und ihre Kinder bei allen Handlungen um den König sind. Eindrucksvoll zeigt dies das Relief im Grab des Eje zu Achet-Aton, in dem der König mit seiner Familie, am Erscheinungsfenster seines Palastes stehend, zusammen mit seiner Gemahlin und den Töchtern dem hohen Würdenträger Eje Goldketten als Belohnung zuwirft.

Die Unverhülltheit der Körper auf dem herangezogenen Relief wie auf vielen anderen, z. B. bei dem Relief mit dem sich bei der Wagenfahrt zum Tempel küssenden Königspaar im Grab (Nr. 3) des Ahmose oder beim Bankett im Grab (Nr. 1) des Huje, ist Beweis für die Betonung des Natürlichen, Gefühlsmäßigen und Augenblicklichen, und die Zurschaustellung des bisher so sorgfältig gemiedenen Intimen. Wichtig ist, daß in vielen Reliefbildern mehr wie ehedem versucht ist, eine Raumtiefe zu erreichen, also die dritte Dimension und damit die reale Welt darzustellen, sei es durch betonte Überschneidung der Gestalten, durch Seitenstaffelung oder durch wirkliche Tiefeneröffnung, wie in dem Relief mit der Darstellung der Nil-Lände vor Achet-Aton im Grab (Nr. 14) des Mej. Nirgend anders in seiner Kunst ist der Ägypter so nahe an die Wiedergabe der Perspektive herangekommen.

Es ist hervorzuheben, daß Echnaton, der knapp 41 Jahre erreicht hat, in den letzten Lebensjahren, den drohenden politischen Zusammenbruch begreifend, im Zuge politischer Überlegungen die überbetonte alleinige Verehrung Atons und damit den betonten Monotheismus preisgegeben und einen Ausgleich mit der Amunpriesterschaft und damit auch mit der alten Residenz Theben angestrebt hat, wobei er über seinen Schwiegersohn (und vielleicht auch Halbbruder) Semenchkare die Wiederaufnahme der Beziehungen zu Theben betrieb.

Abermals erfolgte ein Stilbruch. Wie er bald nach Antritt seiner Regentschaft »bewußt seine Kunst als ein Mittel religiöser Propaganda entwickelt und eingesetzt hatte, dokumentierte er nun durch sein künstlerisches Einschwenken in die alten Bahnen seine veränderte Geisteshaltung« (W. Wolf). Der Stil wurde wieder gemäßigter, von Verzerrungen und Überschneidungen befreit, und die inneren gesetzlichen ägyptischen Stilkräfte wirkten sich erneut in der Sprache der Kunst aus.

Es entstand ein Stil, der sich wieder dem der Zeit des Königs Amenophis III. näherte und wie dessen Fortführung anmutet. Dies ist der Stil, der gemeinhin als »Amarna-Stil« bezeichnet wird, obwohl er nur der Endphase der 11 Jahre des Bestehens der Residenz Achet-Aton angehört und mit der eigentlichen programmatisch von König Echnaton inspirierten Kunst kaum mehr etwas zu tun hat. Dieser Stil ist es, dem die bedeutendsten Spätwerke der Achet-Aton-Zeit, deren meiste aus dem Atelier des Bildhauers Thutmosis stammen, angehören; so die weltberühmte Berliner Büste der Königin Nofretete (Taf. XXX) und die Quarzitbüsten der Königin in Kairo (Taf. 188) und Berlin, die Gipsabformungen der Köpfe des Königs Amenophis III. (Taf. 156) und Echnatons (Taf. 187), die Quarzitköpfchen der königlichen Prinzessinnen und einiger hoher Beamter (Taf. 189), weiter das ungewöhnlich bedeutende Sitzbild Echnatons im Louvre (Taf. 186) und nicht zuletzt die hochinteressanten Gipsmasken, die in einer Zahl von über 20 Stück auf uns gekommen sind. Daß sie trotz der allgemeinen Verwüstungen Achet-Atons durch die Gegner Echnatons wunderbarerweise erhalten geblieben sind, beruht wohl auf dem Umstand, daß sie als erst im Werden begriffene Werke noch im Bildhaueratelier lagen und so der Wut der Menge entgangen sind.

Sie alle, und das kann nicht genug betont werden, haben mit der programmatischen Kunst Echnatons, so wie er sie in Karnak begann und in den ersten etwa 8 Jahren seiner Zeit in Achet-Aton propagiert hat, kaum mehr etwas zu tun.

In dieser Kunst der letzten Jahre Echnatons in Achet-Aton wurzeln auch die Kunstwerke der Zeit des jungen Königs Tutanchamun und die Werke, die sein Reichsfeldherr Haremhab im Umkreis seines Residenzsitzes Memphis schaffen ließ. Von allen diesen Schöpfungen führt letzten Endes ein gerader Weg zu denen der Zeit des Königs Sethos I.

180–182

König Amenophis IV., nachmals Echnaton. Rotbrauner Sandstein mit Spuren von Blau und Rot von der einstigen Bemalung. Höhe der vollständig erhaltenen Statue etwa 4 m. Wiedergegeben sind die beiden besterhaltenen der vier auf uns gekommenen Standbilder. Kairo, Museum, Nr. 6015, 6016.

Aus dem Pfeilerhof des Aton-Tempels, den der König am Ostrand des Gebietes von Karnak bald nach seinem Regierungsantritt errichten ließ. Erhalten sind die Bruchstücke von etwa 30 Vierkantsäulen, dagegen von den vor ihnen aufgestellten Königsstatuen nur deren vier. Sie tragen den Namen Amenophis. Die einzelnen Statuen haben jeweils verschiedene Kronen. In den Händen der über der Brust gekreuzten Arme halten sie Krummzepter und Zeremonialwedel. Die Umrißführung des langen Bartstutzes betont augenfällig, daß es sich um einen unter dem Kinn angebrachten künstlichen Bart handelt. Die Königshaube (chat) hat bei der Statue der Taf. 182 (Kairo, Museum, Nr. 6016) beiderseits einen vor der Brust endenden Teil, der, gleich dem nach dem Rücken zu hängenden (im Bild nicht sichtbaren) Zopfteil, gewundene Löckchen nachahmt. Vor Mitte der Haube der Statuen ist der Kopf der Uräusschlange. Auf Brust und Armen findet sich auf blockartigen Platten der Name Aton, umschlossen von Königsringen.

Die Statue der Taf. 180/181 (Kairo, Museum, Nr. 6015) ist mit dem Königsschurz bekleidet, dessen Schnitt den vorquellenden Bauch geradezu betont. Am Gürtel sind an der Stelle unterhalb des Nabels der Titel und der Königsname Amenophis eingeschrieben, der auch nach dem endgültigen religiösen Umbruch des Jahres 1358 nicht in Echnaton umgeändert wurde.

183

König Echnaton, Königin Nofretete und eine ihrer Töchter beim Gottesdienst vor Aton. Von der Balustrade der Rampe des Aton-Tempels in Achet-Aton (Tell el Amarna). Weißer Kalkstein. Höhe 1,04 m. Kairo, Museum (ohne Nr.).

Echnaton, auf dem Haupt die bebänderte Krone Oberägyptens, und die Königin, von deren Kopf eine Beutelhaube herabhängt, erheben mit jeder Hand ein Spendegefäß; hinter ihnen eine Prinzessin mit Schläfenflechte, ein kultisches Rasselgerät (Sistrum) schwingend. Über ihnen der Gott Aton in Gestalt der Sonnenscheibe; ihre Strahlen münden in Hände aus, wobei die auf den König und die Königin gerichteten diesen das Zeichen »Leben« entgegenhalten. Vor den Opfernden zwei Opferständer, auf denen Wasserrosensträuße liegen; auch sie wenden sich den Strahlen Atons zu, so wie es in einem Sonnenhymnus heißt: »Sie (die Blumen) wenden sich seinem (des Gottes) Sonnenauge zu.« Die Beischriften nennen die Titel des Königspaares. Die Tracht ist die der Zeit und verzichtet auf die rituelle Tradition. Der König trägt auf Brust und Armen in den königlichen Namensring geschrieben den Namen des Gottes Aton.

184

Die Königsfamilie unter der Strahlensonne. Kalkstein. Höhe rund 32 cm. Berlin, Nr. 14145.

Darstellungen wie diese bildeten das Mittelfeld von Altären, wie man sie in den Häusern der Residenz aufzustellen pflegte. König Echnaton und Königin Nofretete sitzen einander auf kissenbelegten Hockern gegenüber, die sandalenbeschuhten Füße auf Fußkissen. Auf dem Haupt des Königs die blaue, hier von einem Schlangenkranz umschlossene Krone. Die Königin Nofretete trägt die fast nur ihr eigene Kronenhaube. Ein diademartiges Band, um das sich Königsschlangen winden, umspannt sie. In Gesellschaft des Elternpaares drei nackte Prinzessinnen; eine wird vom Vater geliebkost, die kleinste spielt mit dem Ende der vom Diademband ihrer Mutter herabhängenden Schlange. Oben Gott Aton als Sonnenscheibe, deren Strahlen in Hände auslaufen, die den Köpfen des Königspaares das Zeichen »Leben« entgegenhalten. Die Haubenbänder flattern, als befände sich die Familie bei Wind im Freien. Hinter dem König ein Aufbau bekränzter Weinkrüge.

185

König Echnaton mit seiner Familie am Erscheinungsfenster des königlichen Palastes. Im Grab (Nr. 25) des Eje in Achet-Aton (Tell el Amarna). Linke Eingangswand der dem Entwurf nach von 24 Papyrosbündelsäulen gestützten Großen Halle. Kalkstein. Höhe des abgebildeten Reliefstückes etwa 1,60 m, die des Gesamtreliefs (Abb. 41, S. 107) 2,24 m bei 3,78 m Breite.

Vor dem Sturz des Erscheinungsfensters die Sonnenscheibe des Aton. Ihre Strahlen enden wieder in Händen, von denen die vor dem König und der Königin befindlichen diesen wieder das Zeichen »Leben« entgegenhalten. Das Königspaar erscheint wie völlig nackt, wobei die lebensnah weiche Wiedergabe der Brust der Königin zu bewundern ist. Der König, die Königin und drei der Töchter werfen von dem polsterbelegten Fenster dem unter dem Fenster stehenden Eje und seiner Gattin das »Ehrengold« in Form goldener Halsketten, Gefäße und Ringe als Belohnung für seine Verdienste zu. Entzückend beobachtet die kindlich geschäftige Gestik der kleinen Prinzessin hinter der Königin. Der Grabherr, »Gottes Vater, Wedelträger zur Rechten des Königs und Vorsteher des königlichen Marstalls«, steht trotz der hohen Würden, die er bekleidet, ergeben und unterwürfig sich verbeugend vor dem Königspaar – wie anders gegenüber den Darstellungen in den Thebanischen Gräbern der Zeit vor Amenophis IV., und auch wieder später, wo der Grabinhaber selbst als ein Freier und Großer, der er auf Erden war, erscheint. Was sich seitlich der Hauptszene in fünf Streifen abspielt, ist ein beredter Widerhall der Servilität im Hauptbild. In einer gleichen, wie eine S-Kurve verlaufenden Bewegung verbeugen sich alle vor dem Königspaar, wenn auch um so tiefer, je geringer der Rang des einzelnen ist. Im obersten Streifen die Wagenlenker, in den folgenden die Schreiber, die Fächerträger und die anderen wichtigen Hofleute, dahinter Palastgarden und Soldaten; unmittelbar in Höhe des Königspaares stehen der Oberpriester des Aton-Tempels, ein Wesir und die höchsten Wedelträger. Zuunterst in zwei hintereinander zu denkenden Streifen übereinander die Dienerschaft, die wie Buben vor Begeisterung über die Beschenkung ihres Herrn in die Luft springen. Den Abschluß rechts bildet der Pylon des Aton-Tempels.

186

König Echnaton. Von einer Bildnisgruppe. Speckstein. Höhe 64 cm. Wohl aus dem Atelier des Bildhauers Thutmosis in Achet-Aton. Paris, Musée du Louvre.

Es handelt sich um das Fragment einer Gruppe des Königs mit seiner Gemahlin Nofretete, deren Gestalt wohl in Hinblick auf die in den letzten Jahren Echnatons eingetretene Trennung des königlichen Paares entfernt wurde, wie denn auch die Königin nach dem Zerwürfnis in einem eigenen Palast, dem sog. Nordpalast, in Achet-Aton residierte.

Erinnert auch das Antlitz noch in manchem an das der Statuen in Karnak, so ist doch alles gemildert und geadelt. Kein besessener Geist tritt uns hier gegenüber, vielmehr ein Mensch, den das Leben befreit hat von den Abgründen, in die ihn sein religiöser Fanatismus getrieben hatte, ein Antlitz, in das ein großer Künstler der allerletzten Jahre der Achet-Aton-Zeit Adel und Güte eines prophetischen Weisen gelegt hat.

187

König Echnaton. Gips, stellenweise bemalt. Höhe etwa 25 cm. Lidränder und Brauen mit schwarzer Farbe markiert. Dünne schwarze Linien um die Augen und von den Nasenflügeln zu den Mundwinkeln ziehend. Aus der Modellkammer des Bildhauers Thutmosis in Achet-Aton. Berlin, Nr. 21351.

Der ausgezeichnet erhaltene Kopf des Königs zeigt ihn im Sinne eines reinen Porträts, wohl aber geadelt, ruhig, frei von der Besessenheit des Fanatikers, nahezu nur Mensch unter Menschen. Dies im Gegensatz zu dem aus der gleichen Werkstatt stammenden »Seherkopf« der Berliner Sammlung (Nr. 21348), in dem das »Wesen des religiösen Denkers und schwärmerischen Sehers« ganz zu Ausdruck gelangte. Aber gerade darin liegt die künstlerische Leistung des hier wiedergegebenen Kopfes, daß bei allem Nahekommen an die Wirklichkeit des Lebens der Kopf doch in eine bedeutende und unvergängliche Lebensform gehoben ist, eine Form, die gerade in den besten Werken der Zeit vor Amenophis IV. ihre Prägung gefunden hatte, und die hier wieder auflebt.

188

Königin Nofretete. Brauner Quarzit, Farbspuren. Höhe 33 cm. Kairo, Museum, Nr. 6206.

Gefunden 1933 in einem Haus von Achet-Aton im Verlaufe der Grabungen der Egypt-Exploration-Society. Sicher ein Werk aus den letzten Jahren der künstlerischen Betätigung in Achet-Aton. Der Hinterkopf sollte offenbar durch eine Haube aus anderem Stoff umkleidet werden. Man sieht an dem unfertig gebliebenen Werk allenthalben die Spuren des Spitzmeißels. Manches ist noch nicht ausreichend abgetragen. Brauen, Lidränder und Stirnband sind mit schwarzer Farbe bezeichnet.

Zu den bekannten Bildnissen der Königin tritt mit diesem vergleichsweise späten Fund ein weiteres faszinierendes, das an Adel der Erscheinung und des Wesens nicht mehr zu übertreffen ist und zu den größten Leistungen der ägyptischen Kunst gehört.

XXX

Königin Nofretete. Kalkstein, bemalt. Höhe etwa 50 cm. Berlin, Nr. 21300.

Die ihrer Schönheit wegen weltberühmte Büste entstammt der Modellkammer des Bildhauers Thutmosis in Amarna. Es handelt sich um eine Werkstattmusterbüste von auch farbig höchst sorgfältiger Ausführung. Der Zweck, daß sie nur Werkstattmodell war, erklärt wohl den Umstand, daß nur das rechte Auge des Kopfes die vervollständigenden Einlagen aufweist. Das eingelegte Auge besteht aus einer Bergkristallschale über einem flachen Teig schwarzer Wachsfarbe. Rötliche Hautfarbe. Die Krone ist blau, das Stirnband gelb, Kronenbinde und Schulterkragen sind mehrfarbig bemalt. Brauen und Lidränder schwarz, die Lippen kräftig rot. Auf den Oberlidern eine feine Furche. Die Kronenkappe ist fast nur für Nofretete bezeugt.

Der straffe Aufbau findet seine ganze Ausgewogenheit in der Fassung des Profils, bei dem die mächtige, starre, weit nach hinten ausgreifende Krone auf dem edlen Haupt in einem kühnen Gegensatz zu dem schlanken, wundervoll zart geschwungenen Hals, der zu dem edlen Profil des Antlitzes hinführt, steht. In dem in jeder Ansicht gleich faszinierenden Antlitz ist es nicht so sehr die Anmut als vielmehr das Spiel zwischen dem fast kühlen Ebenmaß der Form und der nervösen Spannung des Ausdrucks, die in jedem Augenblick aufzuflammen scheint, die den Beschauer gefangennimmt.

189
Kopf der Statuette eines Beamten. Bemalter Kalkstein. Höhe etwa 14 cm. Berlin, Nr. 14113.

Das feine Köpfchen mit dem jugendlich weichen Gesichtsausdruck ruht auf dem auffällig vorgestreckten Hals, den eine Nackenfüllung verstärkt. Die Augen sind schwarz und weiß, die Lippen rot, die Haut rotbraun bemalt. Früher für ein Prinzessinnenbildnis gehalten, hat das liebenswürdige, edle Werk sich neuerdings als Bruchstück einer Beamtenstatuette herausgestellt. Der runde, weit ausladende Hinterkopf war ein beliebtes Wirkmittel der Bildkunst noch weit in die Spätzeit Ägyptens hinein. Er tritt in der Kunst von Achet-Aton besonders bei den königlichen Prinzessinnen, sowohl bei deren rundplastischen Köpfen als auch im Relief (vgl. Taf. 184 und 185), sehr auffällig in Erscheinung. Dem hier wiedergegebenen Kopf des jungen Beamten fehlen die einzelnen Ausbuchtungen und Einziehungen, welche die eigentümlichen Hinterköpfe der Prinzessinnen auf den besten ihrer Darstellungen so modellgetreu erscheinen lassen.

190/191
Bildnismasken in Gips aus der Modellkammer des Bildhauers Thutmosis in Achet-Aton (Tell el Amarna).

Über die Gipsmasken als solche sei bemerkt, daß der Vorgang ihrer Herstellung im allgemeinen offenbar mit der Fertigung eines Modells aus Ton nach dem Leben begann. Von diesem mußte, da der Ton in der trockenen Luft Ägyptens schon nach kürzester Zeit zerfiel, noch während das Tonmodell feucht war, ein Abguß in Gips angefertigt werden. Dieses Gipsnegativ wurde dann seinerseits in Gips zu einem Gipspositiv abgegossen. Nach der Zerschlagung des Gipsnegativs war die Maske, so wie sie auf uns gekommen ist, im Prinzip fertiggestellt.

190 oben Maske eines Mannes. Gips mit Farbangaben. Höhe etwa 27 cm. Berlin, Nr. 21350.

Die Augen sind zur Aufnahme von Einlagen ausgehoben. Auf Stirn und Oberlidern viele feine gleichlaufende Furchen. Zwischen Nase und Oberlippe und im rechten Auge rote Farbangaben (Korrekturvermerke?). Im ganzen liegt eine sehr individuell wirkende Stilisierung der Naturform vor. Das Profil gleicht dem sicher bestimmter Bildnisse Ejes, ohne daß jedoch irgendwie mit Sicherheit an eine Identifizierung zu denken wäre.

190 unten Maske eines Mannes. Gips mit zugehörigen Bruchstücken ergänzt. Höhe etwa 23 cm. Berlin, Nr. 21262.

In seiner offenbaren Modelltreue ist der Kopf ein sprechendes und erstaunlich lebendiges Männerbildnis.

191 Maske eines Mannes. Gips. Höhe etwa 18 cm. Berlin, Nr. 21356.

Es ist vermutet worden, daß es sich bei diesem Gesicht um die Totenmaske des Königs Amenophis III. handele. Doch ist dies wenig wahrscheinlich. Vielmehr dürfte, wie die Mehrzahl der gefundenen Masken, der Kopf einer dem Königshof von Achet-Aton nahestehenden Persönlichkeit vorliegen.

DIE KUNSTDENKMÄLER DER ZEIT DES KÖNIGS TUTANCHAMUN (1347–1338)

192
König Tutanchamun. Aus Karnak. Grauer Granit. Fast lebensgroß. Kairo, Museum, Nr. 457.

Teilbild der in den unteren Partien beschädigten Statue, die den jungen König im »alten Standmotiv« mit den zum Gebet flach auf den Königsschurz gelegten Händen wiedergibt. Die Ansätze der Kopfnickermuskeln an den beiden Schlüsselbeinen sind in Fortwirkung der Kunsttradition von Achet-Aton plastisch betont.

Man hat in den Gesichtszügen Anzeichen dafür erkennen wollen, daß der junge König lungenleidend war. Zu dieser unbeweisbaren Annahme hat offenbar das Wissen um seinen frühen Tod geführt, dazu wohl auch der Umstand, daß sich das Körpergewebe des mumifizierten Herrschers bei der anatomischen Untersuchung als sehr zart und abgezehrt erwiesen hat.

Das Werk ist in dem weichen Stil, der die plastischen Schöpfungen der letzten Jahre von Achet-Aton auszeichnet, gearbeitet und steht Skulpturen wie der Echnatons im Louvre (Taf. 186) nahe. Wie dort »ist alles Ekstatische, Propagandistische der Zeit des Durchbruchs der Reformation in eine maßvolle, beseelte Schönheit übergeführt. Nur leise, aber dennoch unüberhörbar schwingt in ihnen der Nachhall der Stimme Echnatons« (W. Wolf).

Zu den Lebensdaten Tutanchamuns sei noch angemerkt, daß er, einer verbreiteten Annahme gemäß, den Thron schon als Neunjähriger bestiegen habe. Dem steht aber gegenüber, daß er bereits vor Echnatons Auslöschung als Gemahl der Anchesenpaaton, nachmals Anchesenamun, der dritten der fünf Töchter Echnatons, dessen Schwiegersohn war und zunächst den Namen Tutanchaton führte. Wie auf S. 105 gesagt, war er wohl auch Echnatons Sohn aus dessen Verbindung mit der Tochter des babylonischen Königs Burraburiasch. Nimmt man an, daß Amenophis IV./Echnaton diese Verbindung noch als Prinz im Alter von etwa 15 Jahren eingegangen war, so dürfte Tutanchamun frühestens gegen 1370 geboren sein; er hätte dann im Jahre 1347 mit etwa 23 Jahren den Thron bestiegen und wäre im Alter von etwa 32 Jahren gestorben. Nach Desroches-Noblecourt soll Tutanchamun noch ein sehr später Sohn des Königs Amenophis III. und der Königin Teje sein; der König habe bei Tutanchamuns Geburt im 34./35. Regierungsjahr gestanden. Tutanchamun wäre dann gegen 1369/1368 geboren, hätte etwa 21jährig den Thron bestiegen und wäre im Alter von etwa 30 Jahren gestorben. Beide Berechnungen weichen, was das von Tutanchamun erreichte Alter betrifft, offensichtlich kaum voneinander ab.

Anchesenamun, die kaum vierundzwanzigjährige Witwe Tutanchamuns, die vor ihrer Ehe mit ihm in ihrem 12. Lebensjahr – und damals noch den Namen Anchesenpaaton führend – bereits mit Echnaton vermählt worden war und diesem ihr erstes Kind, eine Tochter, geboren hatte, wandte sich jetzt nach Tutanchamuns Tod – wohl nicht ohne Kenntnis des Eje, neben dem sie seit dem Tode ihres Mannes ihre Pflichten als Herrscherin erfüllte – an den Hethiterkönig Suppiluliuma I. in zwei Briefen, die im Archiv von Hattusa (Bogazköy) in Abschrift liegen. Im ersten Brief, der für den Hethiter ebenso unerwartet wie für eine ägyptische Königin sonder Beispiel war, hieß es: »Mein Gatte ist tot, und ich habe keinen Sohn. Die Leute sagen, daß Du viele Söhne hast (daß Deine Söhne erwachsen sind). Wenn Du mir einen Deiner Söhne schickst, wird er mein Gatte werden, denn ich will keinen meiner Diener (Untertanen) nehmen, um ihn zu meinem Gatten zu machen.« Mit dem Untertanen war kein anderer als Haremhab gemeint. Da der Hethiter Täuschung und Hinterhalt vermutete, folgte der zweite und drängendere Brief, der des Suppiluliuma I. Bedenken zu widerlegen suchte und mit den Worten schloß: »Gib mir einen Deiner Söhne und er wird mein Gemahl sein und König im Lande Ägyptens.« Klar, daß alles nicht nur der Sehnsucht der jungen Witwe nach Wiedervermählung, sondern wohl weitgehend auch dem Haß gegen den General Haremhab entsprang. Als Suppiluliuma I. schließlich den Prinzen Zananza sandte, ist er ein Opfer der Polizei Haremhabs geworden. Wenn daraufhin auch der Kriegszustand zwischen den Hethitern und Ägypten geschaffen war, so wurden zwar die Mörder des Prinzen gefangengenommen und hingerichtet und Palästina erneut überfallen. Als sich aber Haremhab selbst an die Front begab, ist es zwischen den Hethitern und ihm zu keiner Feindberührung gekommen. Haremhab hat Ägypten davor bewahrt, mit dem hethitischen Prinzen als Pharao aus seiner nationalen Bahn gerissen zu werden.

GRAB UND GRABSCHATZ DES KÖNIGS TUTANCHAMUN

So unbedeutend als Herrscher Tutanchamun war und sein mußte bei dem durch seinen Vorgänger und Schwiegervater geschaffenen desolaten Zustand des Reiches und der inneren Korruption, die er in seinen jungen Jahren bei Antritt seines Königtums vorfand, so bedeutend ist für die Nachwelt sein Grabschatz geworden. Er ist der einzige auf uns gekommene, wenigstens nahezu intakte Grabschatz eines ägyptischen Pharaos, dazu aus einer Zeit stammend, in der der Adel höchster Kunst noch nachlebte und weiterlebte. In der Fülle der Kunstschätze, die er enthält, nicht minder in der Fülle der Symbolik, die er uns in nahezu zahllosen Gegenständen vermittelt, ist er *der* klassische ägyptische Königsschatz.

Das Grab des Königs Tutanchamun ist ursprünglich nicht an der Stelle bereitet worden, an der der junge König bei seinem frühen Tod, nach nur neunjähriger Regierung, beigesetzt wurde. Vielmehr war zu seinen Lebzeiten begonnen worden, für ihn ein Grab im äußersten Westen des Königsgräbertals zu bauen. Bei dem plötzlichen Tod des Königs hat Eje, der sein Nachfolger auf dem Königsthron wurde und der sich offenbar schon ehedem im Tal der Königsgräber ein Grab hatte vorbereiten lassen, sein Grab für den toten König zur Verfügung gestellt, eben jenes Grab, das der Welt nun als das Grab Tutanchamuns bekannt ist. Eje selbst hat für sich dann jenes Grab ausbauen lassen, das ursprünglich für Tutanchamun bestimmt gewesen war, und das im Westteil des Tales der Königsgräber liegt (Grab Nr. 23).

Das kleine, aus wenigen Räumen bestehende Grab des Tutanchamun (Abb. 42) betritt man von Osten über einen Treppenweg, von dem aus man einen Gang erreicht, der im rechten Winkel auf eine Vorkammer (V) führt, an die die eigentliche Sargkammer (G) anschließt. Außerdem bestehen noch Seitenkammern, eine (N) westlich der Vorkammer und die sog. Schatzkammer (T) östlich der Sargkammer.

Nur die Sargkammer (G) enthält Wandmalereien. Sie beginnen auf der Ostwand mit dem Begräbnis des Königs. Es folgen die drei Bilder der Nordwand: Rechts vollzieht Eje, Tutanchamuns Nachfolger, an diesem das Ritual der Mundöffnung. In seiner Eigenschaft als König trägt Eje hier die Blaue Krone, in seiner Eigenschaft als amtierender Priester das Pantherfell. Tutanchamun selbst ist als Osiris dargestellt. Das Ritual der »Mundöffnung« hat die Belebung der Mumie zum Ziel. Da dieses Ritual letzten Endes auf handwerkliche Arbeiten zurückgeht, ist es die Dechsel (das Dachsbeil), ein Schreinerwerkzeug, mit der der das Ritual Vollziehende, hier König Eje, sein Amt besorgt. Mit dieser Dechsel berührt er Mund und Augen des Toten, um sie für das ewige Leben zu öffnen. Anschließend die Begrüßung des verklärten Königs durch die Himmelsgöttin Nut und seine Vereinigung mit dem Totengott Osiris-Chontamenti, wobei ihn eine seiner mächtigen Erscheinungsformen, sein Ka, begleitet. An der Westwand zeigen zwölf Paviane und die Sonnenbarke die »Erste Stunde der Nacht« an, damit Tutanchamun, der neue Osiris, auf seiner Reise dem Weg der Sonnenwiedergeburt folgen konnte. Schließlich tritt auf der Südwand der tote König, gefolgt von Anubis und Isis (deren Gestalt zerstört ist) vor Hathor als der Westgöttin, die ihm das Lebenszeichen an die Nase hält.

Die Sargkammer (G) (Abb. 42), die kaum 6,50 m lang und nur 4 m breit ist, enthielt vier ineinandergeschachtelte, mit vergoldetem Stuck überzogene Schreine aus Holz, geschmückt mit Szenen aus der Unterwelt und mit Grabtexten. Der äußere Schrein war so groß (5,10 × 3,30 bei 3,60 m Höhe), daß zwischen ihm und der Grabkammerwand nur ein Raum von 50 cm freiblieb. Im innersten dieser vier Schreine befand sich der Sarkophag aus gelblichem kristallinen Sandstein. Seine Seiten sind mit religiösen Bildern und Texten bedeckt. An seinen Ecken die vier in Relief gearbeiteten Göttinnen Isis, Neith, Selket und Nephthys, mit ihren Flügeln den Toten beschirmend. Dieser Sarkophag enthielt drei menschengestaltige Mumiensärge; einen äußeren aus Holz, mit Stuck überzogen und reich vergoldet, einen mittleren, gleichfalls aus Holz, mit Gold- und Glaseinlagen und einer in Goldblech gearbeiteten Fußplatte (Taf. 199) und einen innersten Schrein aus massivem Gold (Taf. XXXIX/200). In dem goldenen innersten Sarg lag die Königsmumie mit einem Diadem rings um die Stirn, mit

Amuletten und Pektoralen und einer Menge wertvollsten Schmuckes. Der Kopf der Mumie war bedeckt mit einer Maske aus massivem Gold (Taf. XXXVIII).

Während die vier Schreine, der innere und mittlere Sarg, die Goldmaske und der Schmuck in das Museum nach Kairo gebracht worden sind, befinden sich der geöffnete Sarkophag und der äußerste der drei Särge mit der Mumie des Königs noch in der originalen Grabkammer im Tal der Königsgräber.

Der berühmte Schatz des Tutanchamun, der heute gleichfalls im Museum zu Kairo aufgestellt ist, befand sich größtenteils in der oben genannten Vorkammer (V) sowie in der sog. Schatzkammer (T). In dem Nebenraum (N) waren die Zeremonialgeräte und außerdem auch noch Öl- bzw. Weinkrüge untergebracht. Vor dem ursprünglich vermauerten Zugang zur eigentlichen Sargkammer standen wie Wächter die beiden lebensgroßen schreitenden Ka-Statuen des Königs (Taf. XXXI).

Trotz des Grabraubes, der, deutlich feststellbar, statthatte und dem zufolge die in das Grab gestellten Gegenstände in ein wirres Durcheinander geraten waren, läßt sich noch ihre ursprüngliche Verteilung und damit die Bedeutung der beiden Seitenkammern (N und T) sowie des Vorraumes (V) eruieren.

Der an die Sargkammer östlich anschließende Raum T, die Schatzkammer, wie sie der Ausgräber Howard Carter nannte, enthielt als wichtigstes den Schrein mit den Kanopen und an diesem wie an den Wänden 22 hölzerne Naoi mit den Gestalten, die für die Abwicklung der archaischen Riten in den Sümpfen von Buto gebraucht wurden, Riten, die so geheimnisvoll waren und mit ihren Wurzeln so tief in weiteste Vergangenheit zurückreichten, daß sicher schon den zu Zeiten Tutanchamuns Amtierenden die Bedeutung eines Teiles dieser Vorgänge nicht mehr klar war. Von den vielen hier gegebenen Gestalten des Königs ist vielleicht die bekannteste die des Königs, der in seinem Nachen im Papyrosdickicht ein unsichtbares Tier harpuniert, Symbol des Sieges des gerechten Wesens und der Unschuld über den Dämon der Sümpfe. Zahlreiche Statuetten der Uschebti, »der Antwortenden«, in kleinen Schreinen erfüllten den übrigen freien Raum.

In eben dem Raum T, der die »Sümpfe des Nordens« heraufbeschwor, lag nahe seinem Eingang und ihn bewachend auf seinem Schrein (Taf. XXXII) postiert Anubis, »welcher die Furcht vor Osiris gibt, Gott der Pforte des Nordens«.

Sicherlich dem »Süden« entsprach der Vorraum (V) der Sargkammer. In ihm waren alle Gegenstände untergebracht, die zur »vollständigen Behauptung des Königtums« Tutanchamuns dienten. Während die beiden Ka-Statuen des Königs den Durchgang zum Grabraum bewachten, erinnerten drei große Betten an das Einbinden der Mumie. Es sind die herrlichen Prunkbetten aus vergoldetem Holz, die, stark stilisiert, die nilpferdgestaltige Göttin Toëris, die Beschützerin der Geburten, hier der Wiedergeburt des Toten, zum anderen den Geparden als den Wächter des Pharaos, zum dritten die Kuh, hier Symbol für den »Aufstieg in die Göttlichen Horizonte«, darstellten. Von den zwei Sesseln, die das Grab außer dem berühmten Goldenen Thron enthielt, waren hier der sog. Priestersessel mit den Inschriften Aton und Amun und der künstlerisch hochstehende Zedernholzsessel (Taf. 193) mit dem Bild des Gottes Heh, dem Sinnbild der »Myriaden-Jahre«, untergebracht. Weiter – eines der künstlerisch bedeutendsten Werke – die große Truhe (Taf. XXXIV) mit dem jungen Pharao im Streitwagen auf der Jagd und im Kampf mit den asiatischen und afrikanischen Feinden. Ferner die goldenen Streitwagen, auf denen die jugendliche Majestät gleich der strahlenden Sonne selbst zu glänzen schien. Endlich, um nur einen aus der Zahl der kleineren Gegenstände zu nennen, die wohl beim Jubiläumsfest der Könige getragene Tunika-Dalmatika.

Der »Wiedergeburt« als dem letzten Akt der mystischen Verklärung war der Raum der Nebenkammer (N) westlich der Vorkammer gewidmet. Hier stand, um nur das Wichtigste zu nennen, der noch im Spätstil der Achet-Aton-Zeit begonnene Goldene Thronsessel (Taf. 194/XXXV) und der kleine Goldschrein (Taf. XXXIII); beide mit den innigen Bildern des Königs und seiner jugendlichen Gattin, die wie das »Erwachen zum Leben und zu den Freuden dieser Welt« anmuten und bezaubern. Mit ihnen zusammen war die kleine Truhe mit dem Elfenbeindeckel (Taf. XXXVI), dessen Bild wieder das jugendliche Königspaar wie in einer mit Blumen übersäten Weinlaube zeigt. Ein kleines Kästchen und ein Gerät für ein Glücksspiel, das »Senet«-Spiel, sowie eine bekleidete Büste des Königs, Kopfstützen und der Kopf des Sonnenkindes Tutanchamun auf der blauen Wasserrosenblüte seien noch aus diesem Raum N genannt.

AUS DEN EINZELNEN RÄUMEN

VOR DER SARGKAMMER

XXXI König Tutanchamun als Wächter vor dem vermauerten Eingang seiner eigenen Grabkammer. Höhe ohne Fußplatte 1,75 m. Kairo, Museum, Nr. T 96.

Wiedergegeben ist hier die rechte der beiden fast lebensgroßen Ka-Statuen des Königs, die wie sein eigener Wächter ursprünglich zu beiden Seiten vor der vermauerten Türe seiner Grabkammer, einander zugewandt, postiert waren. Holz, mit glänzendem schwarzen Harz überzogen. Augen und Brauen aus Gold.

Das schwarze Aussehen der nackten Körperpartien entspricht den kultischen Erfordernissen. In den Händen Keule und Stab als Abzeichen der königlichen Würde des Trägers. Als Plastik künstlerisch nicht sehr bedeutend, wohl aber eindrucksvoll und wichtig in Hinblick auf die in dieser Zeit in den Gräbern wenig verwendeten Rundbilder.

AM EINGANG ZUR SCHATZKAMMER

XXXII Schrein des Anubis. Holz, schwarzlackiert, in einzelnen Teilen vergoldet. Krallen der Pfoten aus Silber. Augen aus Alabaster und Obsidian. Höhe des Anubis 57 cm, des Schreines (Naos) 54,5 cm. Kairo, Museum, Nr. T 447.

Der auf dem Schrein thronende Anubis versperrte den türlosen Eingang der die vergoldeten Schreine bergenden Schatzkammer (T in Abb. 42). Der Totengott liegt über einem auf einem Ziehschlitten stehenden vergoldeten Schrein.

Die Wachheit des Friedhofhüters, als der das schakalähnliche Tier galt, kommt hier in dem aufmerksamen Kopf und der gespannten Körperhaltung zum Ausdruck.

Der in vergoldetem Holz gearbeitete Schrein in der Form eines Pylons ist mit Inschriften an den Rändern und mit Gruppen von Symbolen, Djed-Pfeiler und Isisblut, dekoriert. Der Djed-Pfeiler, ursprünglich vielleicht eine Korngabe, gilt als Symbol der Unvergänglichkeit. Die »Isisblut« genannte Schleife gehört wohl in die große Gruppe der Knotenamulette, denen vor allem der Sinn des Bindens, Haltens und Festigens zukommt. Erst seit dem Neuen Reich versteht der Ägypter es als Zeichen der Isis; die Verbindung mit dem Blut der Göttin ist undurchsichtig.

AUS VORRAUM (V) UND NEBENKAMMER (N)

XXXIII Mit Goldblech überzogener Schrein aus Holz. Höhe 50,5 cm. Kairo, Museum, Nr. T 14.

Der kleine Kapellenschrein (Naos), dessen Dachform an die des alten Heiligtums des Südens gemahnt, ruht auf einer mit Silberfolien überzogenen schlittenförmigen Basis. Die Griffe der Türflügel sind aus Eibenholz. Die Goldreliefs an den drei Außenwänden und an den beiden Türflügeln der Vorderseite geben den König und seine junge Gemahlin Anchesenamun, Echnatons dritte Tochter, in mannigfachen, sehr anmutigen und künstlerisch wertvollen Szenen, die von bezaubernder Natürlichkeit und Unbefangenheit zeugen, wieder. In den Friesen die königlichen Kartuschen.

XXXIV Holztruhe mit bemaltem Stuck überzogen. Höhe 44 cm, Länge 61 cm. Kairo, Museum, Nr. T 324.

Die insgesamt vier großen auf den Langseiten und dem Deckel der Truhe wiedergegebenen Szenen sind ungemein lebendig und in nahezu miniaturhafter Feinheit der Arbeit gemalt. In allen Langbildern steht Tutanchamun im Vordergrund des Geschehens, obwohl sich der junge und schwächliche König wohl kaum je in Situationen wie die dargestellten begeben haben dürfte. Obendrein war die politische Situation in Ägypten in den Jahren Tutanchamuns gar nicht so gefestigt, daß derartige Kämpfe wie hier überhaupt durchführbar gewesen wären. Die Drastik der Bilder ebenso wie die feine Beobachtung alles Gegenständlichen wirkt trotzdem nicht minder überzeugend.

Der Deckel bringt gegenläufig zwei Jagdszenen; das eine der Bilder zeigt die Verfolgung von Hyänen, Steinböcken, Wildeseln und Straußen, das andere der Bilder die Überwältigung von acht Löwen. Unter ihnen sind ein verwundeter, vor Schmerz und Wut aufbrüllender Löwe und die verwundete, mit aufgerichtetem Oberkörper ihre Angreifer anfauchende sterbende Löwin von überwältigendem Realismus. Wie ein feiner Widerhall erscheinen uns die berühmten Reliefs der Löwenjagd des assyrischen Königs Assurbanipal (668–630) an den Orthostaten seines Nordpalastes zu Ninive, die heute eine Zierde des Britischen Museums London sind.

Von den Langseitenbildern gibt eines eine Schlacht gegen asiatische Völker (Taf. XXXIV unten), das andere den Kampf mit afrikanischen Stammesangehörigen (Taf. XXXIV oben) wieder. Überall beherrscht der König auf seinem von zwei Rössern gezogenen Streitwagen die Mitte des Bildfeldes. Dem dahinjagenden Bogenschützen folgen in drei Streifen übereinander aufgeteilt seine Mannen. Wild, fast unentwirrbar, durch unzählbare Überschneidungen aufs höchste verlebendigt, erscheint das Getümmel der Feinde – und in den Jagdbildern das gehetzte Wild –, gegen das der Pharao angeht. Dazu kommt ein nahezu unerschöpflicher Reichtum an Einzelheiten und eine blendende Charakteristik der Kämpfenden und Verfolgten. Selbst die lebendige Andeutung des Landschaftlichen ist nicht übersehen.

An den beiden Schmalseiten der Truhe ist einander zugewandt zweimal das Bild des Königs in Gestalt einer Sphinx, die ihre Pranken auf die Feinde legt, gegeben.

Der Zusammenhang der vier Langbilder mit Großreliefs von Jagden und Schlachten ist eindeutig. Von Tutanchamun selbst ist ein Jagdrelief, das in Karnak verbaut war, wieder bekanntgeworden. Wie Bilder dieser Art durch Generationen Schule machten, zeigen, um nur einige zu nennen, die Bilder der Kadeschschlacht am Pylon von Ramses II. vor dem Ersten Hof des Amun-Mut-Chons-Tempels in Theben-Ost/Luxor und die Schlacht- und Jagdreliefs im Tempel des Ramses III. zu Medinet Habu (Taf. 254). Desroches-Noblecourt sieht in Kriegs- und Jagdszenen, wie denen der besprochenen Truhe und der meisten anderen, »wieder die vorbeugende und schützende Bedeutung«. Nach ihr symbolisieren auch diese Bilder letzten Endes nur den Sieg des Guten über das Böse, »nämlich die vom Pharao auf Erden begonnene und im Jenseits fortgeführte Vernichtung all dessen, was den harmonischen Lauf des Weltgeschehens behinderte«. Selbst die im Inneren der Truhe unter anderem gefundenen königlichen Sandalen waren nach der französischen Gelehrten beigegeben, um »die gestaltgewordenen Dämonen mit den Füßen zu treten«.

193 Rückenlehne eines Zedernholz-Sessels des Königs Tutanchamun. Kairo, Museum, Nr. T 3.

Gleich dem Thronsessel der Tafeln 194/XXXV hat dieser herrlich geschnitzte Stuhl Löwenbeine; die Goldblechverzierungen in Gestalt der Wappenpflanzen Ägyptens sind bei Grabplünderungen abgerissen worden. Auf der Rückenlehne oben in getriebenem Goldblech der geflügelte Sonnenball zwischen zwei Uräen. In der Lehnenmitte kniet auf dem Zeichen für Gold der Gott Heh, das Symbol der »Myriaden-Jahre«. Er hält in jeder Hand ein Schilfblatt, als Sinnbild der ungezählten Regierungsjahre, wobei jedes dieser beiden Blätter auf einer Kaulquappe, dem Symbol für die Zahl zehntausend, steht. Die Kaulquappen ihrerseits sitzen auf dem »Ring des ewigen Kreislaufs«. Beiderseits des Kopfes des Heh und der von Uräen flankierten Sonne über ihm finden sich Name und Beiname des Königs Tutanchamun. Hinter den Armen des Gottes Heh ist das königliche Banner mit dem Namen, den der König in seiner Eigenschaft als Horus führte. Darüber jeweils Horus mit der Doppelkrone.

Die in den Rahmenteil der Rückenlehne eingeschnittenen Inschriften enthalten Ruhmestitel und Namen des Königs.

194/XXXV Thronsessel des Königs Tutanchamun. Kairo, Museum, Nr. T 1.

Der Holzsessel ist mit Blattgold überzogen und mit vielfarbigen Einlagen von Fayence, Glas und Steinen reich verziert. Die Beine sind als Löwenbeine geschnitzt; an den Vorderbeinen oben sind zwei Löwenköpfe aus getriebenem Gold angebracht. Die Armlehnen werden von geflügelten, schlangengestaltigen Schutzgöttinnen gebildet, die die Doppelkrone der ägyptischen Könige auf dem Kopfe tragen und mit ihren Flügeln die Namen des Königs – ihn damit selbst beschirmend – umfassen. Sein Name ist hier noch Tutanchaton, was beweist, daß die Arbeiten an dem Thronsessel noch in Achet-Aton begonnen wurden. An anderen Stellen des Sessels steht jedoch bereits Tutanchamun. Zwischen den Streben, welche die Lehnen stützen, befinden sich sechs aus Holz geschnitzte, vergoldete und mit Einlagen verzierte Schlangen mit Kronen und Sonnenscheiben. Ihre Köpfe sind aus violetter Fayence, die Kronen aus Gold und Silber, die Sonnenscheiben aus vergoldetem Holz. Der Raum zwischen den Beinen und den sie verbindenden Spreizen war mit feinem Gitterwerk gefüllt, welches das Sinnbild der Vereinigung von Ober- und Unterägypten – die um das Schriftzeichen »vereinigen« geschlungenen Wappenpflanzen der beiden Länder – darstellte. Die aus Gold gearbeiteten Pflanzen sind im Altertum von Grabräubern losgerissen und gestohlen worden; allein die Vereinigungs-Schriftzeichen sind übriggeblieben.

Die Rückenlehne zeigt eine Palasthalle mit Pfeilern aus Stabsträußen. Ihren oberen Abschluß bildet ein Fries aus aneinandergereihten Königsschlangen (Uräen). Von oben sendet die Sonne (Aton) ihre lebenspendenden, in Hände endenden Strahlen herab. Der König sitzt auf einem polsterbelegten löwenbeinigen Thronsessel, auf der mit dem Diadem geschmückten Löckchenperücke die schlangenbesetzte dreifache Bündelkrone. An seinem Nacken und vom Zierschurz herab wehen breite Schleifenbänder. Vor ihm steht die Königin mit hoher Federkrone und langem gefälteltem Gewand (mit farbig eingelegten Schärpenbändern); sie trägt wie der König einen breiten Blütenblatt-Schulterkragen. In der Linken hält sie eine kleine Salbschale mit Fuß und legt die Rechte an den Zierkragen des Gatten, diesen wohl mit Duftstoff betupfend. Wie bei den Darstellungen auf dem Goldschrein der Taf. XXXIII erscheint der König in ungezwungener, rein menschlicher Haltung, umsorgt von der liebenswürdigen Zärtlichkeit der Königin Anchesenamun. Hinter der Königin ein Stabgestell mit Blumenzierat. – Die Rückseite der Lehne zeigt ein Papyrosdickicht mit fliegenden Wasservögeln in zartem Relief.

Der zum Thron zugehörige Zeremonialschemel in Form eines kleinen, flachen Kastens symbolisiert in als Gefangene dargestellten Gestalten die asiatischen und afrikanischen Völker, gegen die Ägypten gekämpft hat: Syrer, Libyer, Nubier und Sudanesen. An den Seitenflächen des Schemels die »Vereinigung der beiden Länder«: einerseits des Südens mittels zweier mit Seerosenstengeln umschlungener Afrikaner, andererseits des Nordens mittels zweier mit Papyros gebundener Asiaten.

XXXVI Bemalte Elfenbeinplatte aus der Mitte des Deckels einer kleinen Truhe. Höhe 71 cm, Breite 51 cm. Höhe des wiedergegebenen Ausschnittes etwa 36 cm. Kairo, Museum, Nr. 1189.

Der Deckel der flachen Truhe ist oben leicht gekrümmt und mit einem Knopf versehen, um den, wie um einen zweiten am Truhenkasten selbst, einst eine Verschlußschnur gewunden war. Das Holz des Truhenkastens ist mit mehrfarbigen Elfenbeinplatten belegt.

Die Platte des Mittelfeldes zeigt den noch sehr jugendlichen König Tutanchamun mit seiner gleichfalls noch fast mädchenhaften Gemahlin Anchesenamun. Es ist anzunehmen, daß die Darstellung noch in den allerersten Regierungsjahren des königlichen Paares entstand.

Die Szene spielt im Palastgarten; der König stützt sich auf einen Stab und hebt seine Linke. Anchesenamun reicht ihm mit ihren beiden Händen zwei Stabsträuße aus Papyros, Wasserrosen und Mandragorafrüchten; letztere sind auch im Hintergrund des jugendlichen Paares wieder zu sehen. Das lange Gewand der Königin und das kurze, schurzartige ihres Gemahles sind aus plissiertem Leinen gearbeitet und mit langen Bändern geschmückt. Über einer eigenartig geflochtenen Frisur trägt die Königin einen gekehlten Aufsatz mit zwei Uräusschlangen und einem Kegel, wohl aus Myrrhe, dazwischen. Die ganze Szene spielt sich, wie Weinlaub und Trauben am Bildrand andeuten, in einer Weinlaube ab.

Der Fries unter dem Hauptbild zeigt zwei kniende Dienerinnen im Begriff, Blumen und Mandragorafrüchte für das Herrscherpaar zu pflücken.

Ein breiter Schmuckrand mit Pflanzenmotiven umgibt das Gesamtbildfeld; nach außen begrenzt ihn gegen den Rand der Kastentruhe ein Rahmen mit vielen farbigen Feldern, die durch je vier schmale helle Streifen gegeneinander abgesetzt sind.

An den Seitenwänden zeigen Elfenbeinbilder die Vernichtung der Tiere untereinander: die gutartigen, wie Hund und Gepard, stehen gegen die bösartigen, wie Steinbock und Wildstier.

Das Gegenstück der Gartenszene der Deckelmitte ist rückseits ein Bild des Königs, wie er inmitten einer blumigen Landschaft vor einem großen Wasserbecken sitzend Wildvögel und Fische jagt.

Zur Mandragora als solcher sei angemerkt, daß es sich um die im ganzen Mittelmeerraum beheimatete Mandragora offizinarum L., ein Nachtschattengewächs, handelt. Der dicken, oft verschlungenen Wurzel hat sich ob ihrer Gestalt auch der Volksglaube bemächtigt und sie Alraune genannt. Die giftigen Wirkstoffe sowohl der Wurzel als auch der Blüten und der großen gelben Beerenfrüchte sind zentralnervenerregend und werden sowohl als Narkotikum wie auch als Aphrodisiakum verwendet.

AUS DER SARGKAMMER

195 Äusserster der vier den Sarkophag umschliessenden Schreine. Holz mit vergoldetem Stuck überzogen. Länge 5,08 m, Breite 3,28 m, Höhe 2,75 m. Kairo, Museum, Nr. T 1319.

Mit seinem vorne abgerundeten Dach erinnert dieser äußerste der vier Schreine (Abb. 44) an den Kiosk der Jubiläumszeremonien, unter dem während seines Regierungsjubiläums, des Sedfestes (sed bedeutet Schwanz oder Ende), jeder König am Ende seiner ersten dreißig Regierungsjahre die Erneuerung seiner Lebenskraft vollziehen mußte. Dabei hatte er sein Hinscheiden zu simulieren, und dieses Schein-Hinscheiden

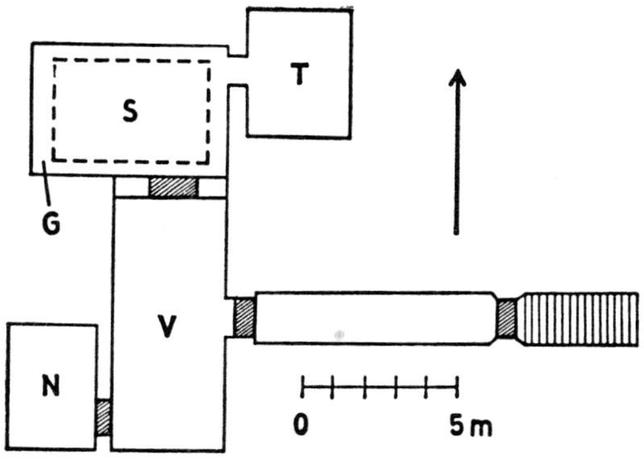

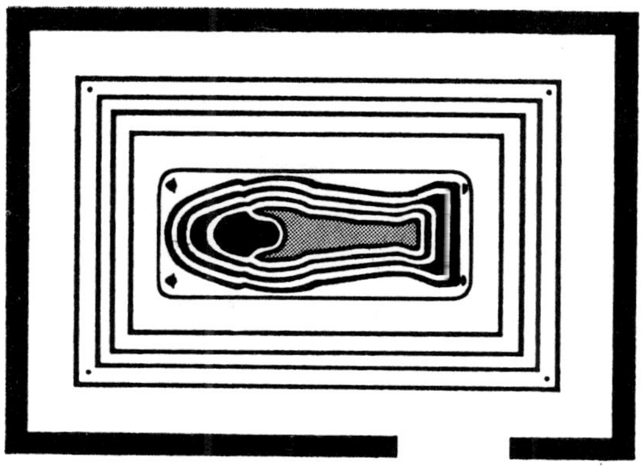

Abb. 42/43 Grab (Nr. 62) des Königs Tutanchamun im Tal der Königsgräber. – Abb. 42 Grundriß 1:200. V: die über Treppe und Korridor erreichbare Vorkammer; S: Sargkammer (vgl. Abb. 43); T: Sog. Schatzkammer; N: Nebenraum der Vorkammer. – Abb. 43 Die Sargkammer (im schematischen Grundriß) mit den vier ineinander geschachtelten Schreinen; im innersten (vierten) der Sarkophag; in diesem die drei Särge; im innersten Sarg (vgl. Taf. XXXIX) die königliche Mumie mit der Goldmaske (Taf. XXXVIII) über dem Haupt.

gemahnte an den Tod der Stammeshäuptlinge der frühesten ägyptischen Geschichte. Seinen Oberkörper in ein Totengewand gehüllt, Geißel und Krummstab des Osiris in Händen, erschien der König bei seinem Sedfest. Dieses selbst vollzog sich am ersten Tag des ersten Monats der zweiten Jahreszeit des Wiederauftauchens der Felder aus den Wassern der Nilüberflutung.

Wie unter diesem goldenen Kiosk der lebende Herrscher mit einem neuen Leben begnadet wurde, erhielt hier in seinem Grabe der aus dem Leben geschiedene König Tutanchamun die Bestätigung des ewigen Lebens von seinem Vater Re, der Sonne. Wie Atum, die untergehende Sonne, trat er in seinen fernen Horizont, dessen Profil das gebogene Dach des Schreins andeutete, ein. Eben deshalb bilden in diesem äußersten Schrein Djed-Pfeiler, als Symbol der Dauer, und Isisblut, als Schutz- und Heilzeichen, den nahezu alleinigen Dekor. Über beide Zeichen vgl. das zu Taf. XXXII Gesagte.

Die Abbildung zeigt die Vorderseite mit dem geöffneten rechten Türflügel. Die senkrechte Schriftzeile an der Kante des Schreines bedeutet: »Gesprochen von Nephthys: Der König, der Herr der beiden Länder, Neb-cheperu-Re, der Sohn des Re, Tutanchamun, Herrscher des südlichen Heliopolis, ist wie einer dieser Götter, der Herren der Unterwelt.« Das Türblatt ist in Streifen geteilt, die aus je zwei Djed-Pfeilern und zwei Isisblutzeichen gebildet sind. Sie umschließen in der Mitte ein Bildfeld mit einer hockenden Osirisgestalt. Die vor ihr geschriebenen senkrechten vier Schriftzeilen deuten auf ein Ritual zur Vernichtung der Osirisgegner: »Gesprochen von dem Schützer-seines-Vaters (Name des Horus): Ich wehre von dir ab, ich töte, ich schneide ab die Füße des Feindes des Osiris; sie sind gefallen und existieren nicht mehr; (auch) jeder Feind des Osiris König Neb-cheperu-Re ist (so) gefallen!«

Im Inneren des Schreines befinden sich die letzten für des Königs Weg zur Unsterblichkeit wichtigen Darstellungen: Von ihnen zeigte die Hinterwand die Göttliche Kuh mit dem von Sternen besetzten Leib; zwischen ihren Vorder- und Hinterbeinen die Sonnenbarken, deren eine Re trägt. Schu, der Gott des Luftraumes, stützt den Leib der Kuh; acht Genien, als Symbole der Himmelspfeiler, umfangen ihre Beine. Es ist eine Darstellung, die hier zum ersten Male erscheint, um sich dann in den Gräbern der Könige Sethos I. (vgl. Taf. 220 unten), Ramses II. und Ramses III. wiederzufinden. Das Ganze spielt auf den Eintritt des Herrschers in die Ewigkeit an.

Weiterhin sind im Schreininneren die Barke Henu und einzelne Kapitel aus dem Totenbuch sowie zwei Genien in Gestalt eines Weibes (Djet) und eines Mannes (Neheh), die die Himmels-

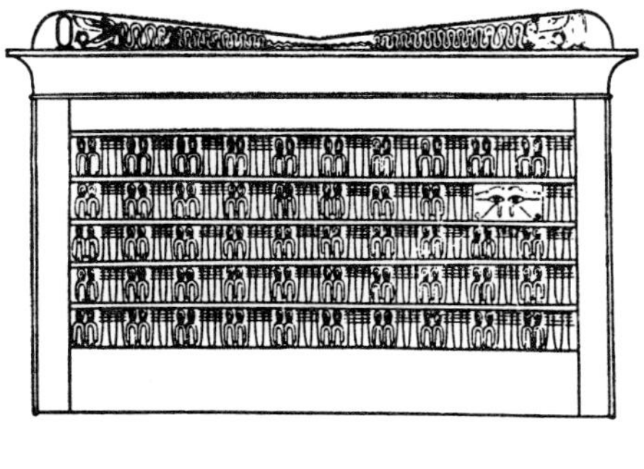

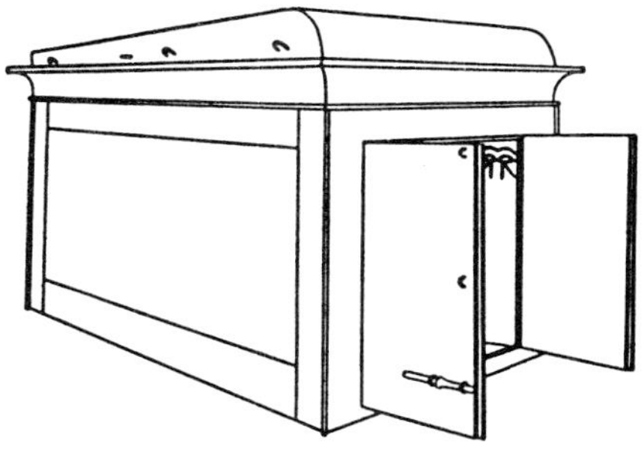

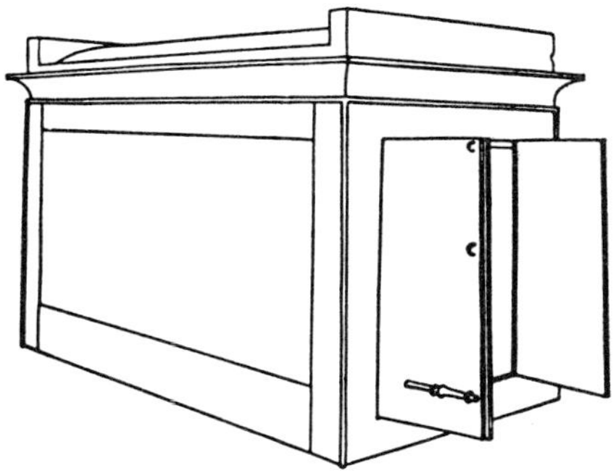

Abb. 44–46 Grab (Nr. 62) des Königs Tutanchamun im Tal der Königsgräber. Schematische Modelle der vier den Sarkophag des Königs umschließenden, mit vergoldetem Stuck überzogenen Holzschreine. – Abb. 44 Äußerster Schrein in der Form des Heiligtums des Sedfestes – Abb. 45 Zweiter und dritter Schrein in der Form des Heiligtums des Südens – Abb. 46 Innerster Schrein in der Form des Heiligtums des Nordens.

pfeiler haltend, dargestellt. Sie deuten an, daß der Pharao nunmehr den Zustand des Überlebens erreicht hat und am Ziel seiner Reise angelangt ist, er kennt nun das Schlüsselwort und kann – wie die Inschrift unter den Genien – sagen: »Ich kenne den Namen dieser beiden Götter, dies ist Djet und dieses ist Neheh.«

196 Rückseite des zweitäussersten Schreins. Holz mit vergoldetem Stuck überzogen. Länge 3,40 m, Breite 1,92 m, Höhe 2,15 m. Kairo, Museum, Nr. T 1320.

Die Darstellung wird oben durch ein Ornament von Palmblättern, unten durch Scheintüren begrenzt. Sie zeigt die beiden Göttinnen Isis (links) und Nephthys (rechts) mit schützend ausgebreiteten Flügeln, das Schriftzeichen ihres Namens auf dem Kopf und auf der Hieroglyphe »Gold« stehend. Die von ihnen gesprochenen Worte füllen in senkrechten Zeilen den freien Raum, wobei die Richtung der Schriftzeichen jeweils der Blickrichtung der beiden Göttinnen entspricht. Die Rede der Nephthys schildert ihre Geburt aus der Himmelsgöttin Nut, deren Herrschaftsmacht sie besitzt, um sie für den Schutz des toten Königs einzusetzen. Isis stellt sich dar als Mutter des Osirissohnes Horus, der der tote König zu seinen Lebzeiten gewesen ist, und der nun als gerechtfertigter Osiris im Jenseits gegen alle Feinde geschützt sein soll.

Dieser zweitäußerste Schrein imitiert, wie der auf ihn folgende zweitinnerste Schrein, die äußere Form des Tempels des Südens, der das »Große Haus« (Per-ur), »die Residenz des Geiers, des Symbols der Weißen Krone Oberägyptens« ist (Abb. 45). Sein Reliefdekor steht noch unter dem Einfluß der späten Kunst von Achet-Aton; an seinen beiden Türflügeln ist jeweils Tutanchamun dargestellt, links von Isis begleitet und sich zu Osiris begebend, rechts vor der Göttin Maat stehend und gegenüber Re-Harachte. So steht der Tote bei den beiden göttlichen Gestalten, die sein künftiges Wesen bilden sollen: Osiris, dem er gleich ist, und Re-Harachte, dem Sonnengott, dessen Gestalt er annehmen soll.

Im Inneren dieses und des auf ihn folgenden zweitinnersten Schreines »vollzieht sich das Mysterium: der Herrscher, der bald wiederersteht, wird, fortgeführt auf seiner wundersamen Bahn, den Horizont der ewigen Welt erreichen« (Desroches-Noblecourt).

Der innerste der vier vergoldeten Schreine erinnerte in seiner Gestaltung an den archaischen Palast der Herrscher des Nordens (Abb. 46). Er bedeutete das »Haus der Flamme«. An seinen Innenwänden enthielt er das 17. Kapitel des Totenbuches mit dem berühmten Monolog, in dem der Schöpfer seine eigene Schöpfung und das Wirken seiner göttlichen Natur erklärt. Außerdem sind alle die Kanopenvasen beschützenden Genien dargestellt.

AUS DER SCHATZKAMMER

197 Äusserer Kanopenschrein. Holz mit vergoldetem Stuck überzogen. Höhe 2,00 m, Breite 1,25 m. Kairo, Museum, Nr. T 985.

Der von friesartig aneinandergereihten Köpfen der Uräusschlange gekrönte, auf einem Schlitten aufruhende Baldachin umschließt den äußeren Kanopenschrein, der den inneren Kanopenkasten aus Alabaster (Taf. 198) in sich barg. Er befand sich bei Eröffnung des Grabes am 25. November 1922 wie auch der Sarkophag und die vier Schreine um diesen herum trotz des Wirrsals, das die Grabräuber einst angestellt hatten, noch auf dem gleichen Platz, an dem er offenbar am Tag des Begräbnisses des Königs aufgestellt worden war.

Wie der Baldachin, an dessen vier Stützpfeilern sich Name und Titel des Königs finden, ist auch der Schrein selbst wieder von einem Uräenfries gekrönt. An seinen vier Seiten ist jeweils der König und eines der vier Genien, denen der Schutz der Kanopen anvertraut ist, dargestellt. In Mitte vor jeder der vier Seiten steht die vergoldete Gestalt einer der vier Schutzgöttinnen der Kanopen, Isis, Nephthys, Neith und Selket, die mit weit ausgebreiteten Armen den Schrein wie schirmend umfangen. Die Schriftzeichen ihrer Namen zu Häupten, sind sie in ein enganliegendes, plissiertes Gewand und ein über ihren Rücken hängendes und vor der Brust verknotetes Umschlagtuch gekleidet. Wie um ihre Wachsamkeit zu zeigen, sind ihre Gesichter seitwärts gewandt. In der freien Entfaltung ihrer anmutigen Gestalten gehören sie zum Schönsten, das uns das Tutanchamun-Grab bewahrt hat. Eine jede von ihnen beschützte eines der in den vier Kanopen des inneren Alabaster-Schreines geborgenen Eingeweide. Die vier Horussöhne: Amset, Hapi, Dua-Mutef und Kebech-Senuf waren die Genien, die die Vergeistigung der Organe, die in den vier Kanopen enthalten waren, bedeuteten. Die Leber war Amset unterstellt und die Göttin Isis beschützte sie; die Lunge, die Hapi unterstellt war, stand unter der Beschirmung der Göttin Nephthys; der Magen, dem Dua-Mutef unterstellt, war dem Schutz der Neith anvertraut; die Gedärme endlich, dem Kebech-Senuf unterstellt, waren von der Göttin Selket bewahrt. Das Herz selber mußte im Körper verbleiben.

198 Innerer Kanopenkasten aus Alabaster. Höhe 85,5 cm, Seitenlänge am Fuß 54 cm. Kairo, Museum, Nr. T 984.

Der von dem äußeren Holzschrein umschlossene innere und eigentliche Kanopenschrein, in Form einer Kapelle und aus feinstem Alabaster gearbeitet, zeigt, nunmehr an seinen vier Kanten, die gleichen vier Schutzgöttinnen Isis, Nephthys, Neith und Selket. Auf sie bezieht sich auch der Text der Hieroglyphenstreifen unter dem mächtigen, ausladenden Deckel des Kapellenschreins. Die auf seinen vier Seiten eingeritzten und tiefschwarz ausgemalten Hieroglyphen geben die Worte wieder, die jeder der vier Schutzgenien Amset, Hapi, Dua-Mutef und Kebech-Senuf, denen die von den Kanopen selbst umschlossenen Eingeweide unterstellt sind, ausspricht. Die vier Kanopen selbst befanden sich einzeln innerhalb des in vier Kompartimente geteilten Alabasterschreins. Den Fuß des Schreins bildet ein breiter Fries mit Djed-Pfeiler und Isis-Blut paarweise im Wechsel. Schrein und Deckel zeigen Metallösen, mittels derer sie durch Schnüre, die das Siegel der Nekropolenpolizei trugen, verbunden waren. Das Ganze trug wieder ein vergoldeter Schlitten.

XXXVII Alabasterdeckel einer der vier Kanopen, die die königlichen Eingeweide enthielten. Deckelhöhe 24 cm. Kairo, Museum, Nr. T 437.

Während in älterer Zeit jeder der Deckel der vier Kanopen

den Kopf desjenigen der vier Schutzgenien, dem das ihm anvertraute Organ der Eingeweide unterstellt war, trug – so für Hapi den Kopf des Pavians, für Dua-Mutef den des Hundes, für Kebech-Senuf den des Falken und für Amset das Menschenhaupt – zeigen alle vier Kanopendeckel des Tutanchamungrabes den Kopf des verstorbenen Königs selbst. Er trägt das Kopftuch der Bestattungshaube, das mit den Köpfen des Geiers und der Uräusschlange geziert ist. Augen und Brauen tiefschwarz, Lippen rot.

Die vier Alabasterkanopen bargen die ihnen anvertrauten königlichen Eingeweide keineswegs selbst. Vielmehr befanden sich diese ihrerseits in je einem kleinen, nur 39 cm hohen goldenen Sarg, ganz von der Art des großen innersten Goldsarges, der die königliche Mumie selbst umschloß (Taf. XXXIX), nur daß sein ganzer Unterkörper vereinfachter als dort gehalten und nur von Ornamenten bedeckt ist.

Zur Entstehung des Wortes Kanope sei gesagt: Es rührt her von dem menschenköpfigen Gefäß, das als Abbild des Gottes Kanopos in der unterägyptischen, nahe dem späteren Alexandreia an einem Nilarm gelegenen Stadt gleichen Namens verehrt wurde. In Gefäßen dieser Form pflegte man schon seit den Zeiten des Mittleren Reiches die Eingeweide der Toten zu bewahren.

DIE TOTENMASKE UND DIE DREI SÄRGE DES KÖNIGS

XXXVIII Totenmaske des Königs Tutanchamun. Massives, gehämmertes Gold mit Einlegearbeit aus Edelsteinen und farbigen Glasflüssen. Höhe 54 cm, Breite an der Schulter 39 cm. Kairo, Museum, Nr. T 220.

Die Maske, die bestimmt war, unmittelbar dem von Binden umwundenen Antlitz der Mumie des Toten aufgelegt zu sein, ist ein technisches Meisterwerk der Goldschmiedekunst und offenbar ein sehr lebensvolles Abbild des jungen Herrschers. Das königliche Haupt trägt das Nemset-Kopftuch mit den beiden Seitenzipfeln, indes der dritte, hintere Zipfel durch ein Band zusammengehalten ist. An der von diesem Tuch gebildeten Königshaube sind die Köpfe der symbolischen Tiere der beiden Schutzgottheiten für Unter- und Oberägypten angebracht, der Kopf der Uräusschlange und der der Geiergöttin Nechbet von Elkab. Augenbrauen und Augenschminke aus Lapislazuli, die Augen selbst aus Obsidian und weißem Kalzit; am Kinn der geflochtene falsche Bart der Götter. Der breite Schulterkragen, aus mehreren Reihen röhrenförmig gearbeiteter Edelsteine und Glasflüsse gebildet, läuft in zwei Falkenköpfe aus.

Wir kennen keine andere Totenmaske aus der Zeit des Neuen Reiches. Aber wir wissen, daß im Alten Reich den Mumien Gipsmasken aufgelegt wurden und daß es noch vor Beginn des Mittleren Reiches zur Gepflogenheit wurde, den Mumien Masken anzulegen, die aus einer Masse gefertigt waren, die mit unserem Papiermaché Ähnlichkeit hat.

199/XXXIX/200 Die drei menschengestaltigen Särge des Königs Tutanchamun.

Es ist schon S. 111 gesagt, daß der eigentliche Sarkophag, der bis heute noch im Grab des Königs im Tal der Königsgräber verblieben ist, drei ihrerseits ineinandergeschachtelte Mumiensärge enthielt, und daß der äußere dieser drei Särge wie auch die königliche Mumie selbst im Grab verblieben sind, indes der mittlere und der innerste Sarg, der ehedem die Mumie umschloß, in das Museum nach Kairo gebracht worden sind.

Alle diese drei Särge, vornehmlich naturgemäß der innerste, waren in Gesamtform und Haltung der Mumie streng angepaßt. Deren Oberarme lagen am Körper an, während die Unterarme, der linke über dem rechten, gegen die Brust hin aufgebogen waren. Die Feinheit der Arbeit steigert sich offensichtlich vom äußeren bis zum innersten der drei Särge.

Eindrucksvoll verschieden ist der Ausdruck des Gesichtes in dem mittleren und innersten der drei Särge gearbeitet. Während das Gesicht des mittleren Sarges erschütternd noch den Ausdruck des Leidens vor Eintritt des Todes wiedergibt, zeigt der innerste Sarg das Gesicht des jungen Toten, wie er nun menschliches Leiden und auch den Tod schon überwunden hat. Beruhigt und abgeklärt blickt das Antlitz des zu Osiris gewordenen jungen Königs (Taf. XXXIX/200). Es ist, als stände er schon über den Dingen dieser Welt.

199 Fußplatte vom mittleren Sarg. Holz vergoldet, Höhe 50 cm, Sarg-Gesamtlänge 2 m. Kairo, Museum, Nr. T 222.

Aus schwerem Holz geschnitzt, ist der Sarg mit Stuck überzogen, vergoldet und reich mit Glasflußeinlagen, die Jaspis, Lapislazuli und Türkise nachahmen, verziert. Auf der goldenen Außenseite der Fußplatte ist in Gravierarbeit die Göttin Isis, kniend auf dem Hieroglyphenzeichen für »Gold«, mit ausgebreitetem Schmuckkragen mit Anhängern und Bandschnüren dargestellt. Schützend breitet sie ihre geflügelten Arme weit aus. Der Hieroglyphentext, der die Göttin umgibt und der sich unten in Querzeilen fortsetzt, verheißt dem toten König Schutz gegenüber allen Feinden.

XXXIX/200 Innerster der drei Särge des Königs Tutanchamun. Gold. Länge 1,85 m. Kairo, Museum, Nr. T 219.

Aus massivem, gehämmertem 22karätigen Gold (das ist 918,5‰ Feingoldgehalt) gearbeitet, mit einfarbigem blauem Glasfluß und Einlegearbeit aus Halbedelsteinen wie Karneol und Lapislazuli geziert, hat dieser innerste Sarg ein Gewicht von 1110,4 Kilogramm. Die Dicke seiner Wandung schwankt zwischen 2,5–3,5 mm.

Die Ruhe und königliche Würde, die das jugendliche Antlitz des zum Osiris gewordenen Pharaos ausstrahlt, wird erhöht durch die breite, ganz ruhige Umrahmung des hier, im Gegensatz zur Maske, nur ganz goldenen Nemset-Kopftuches. Die Symbole sind hier über der Stirn wie bei der Maske: der Kopf der Uräusschlange für Unterägypten und der Kopf der Geiergöttin Nechbet von Elkab für Oberägypten. Weiterhin umfangen beide Symbolgottheiten als vogelartige geflügelte göttliche Wesen Oberkörper und Arme des Tutanchamun-Osiris. Auf den über der Brust leicht gekreuzten Armen hält er als Pharao noch Krummstab und Wedel, die uralten Insignien des Priestertums. Brauen, Augenschminke und der geflochtene falsche Götterbart sind wieder mit lapislazulifarbigem Glasfluß ausgefüllt. Den Hals schmückt eine Doppelkette von linsenförmigen Gliedern aus Naturgold, tiefrot gefärbtem Gold und blauem Glas. In die Körperfläche ist ein feines Federmuster graviert. Über den die Beine umschließenden Teil breiten die Schutzgöttinnen Isis und Nephthys ihre weiten Flügelarme. Auf der Fußplatte wieder, ähnlich, nur noch feiner gearbeitet als beim Mittleren Sarg (Taf. 199), die Göttin Isis mit ausgebreiteten Schwingen.

SCHMUCK DES KÖNIGS TUTANCHAMUN

Zwischen die in vielen Lagen die königliche Mumie umhüllenden Binden gelegt, fand sich eine Gruppe von fünfunddreißig Gegenständen wie herrlichen Brusttafeln (Pektorale), Anhängern, Halsketten und Halskragen, deren einige hier wiedergegeben sind. Insgesamt sind sie von erlesener und sehr einfallsreicher Goldschmiedekunst. Ihre Symbolik bezieht sich auf die gleichen Gottheiten, Rituale und Zeichen, die schon im Dekor der vier Goldschreine, die den Sarkophag umschlossen, begegneten.

Mehr als weitere hundert Gegenstände wie Ringe, Amulette, Dolche und anderes sind in mehr oder minder absoluter Nähe der Mumie gefunden worden.

Als Beweis für die Wertschätzung des Eisens, an dessen Mangel Ägypten letzten Endes den aus dem Norden einbrechenden Feinden erlag, sind drei eiserne Dinge anzuführen, die sich, offenbar als besonders hochgeschätzt, im nächsten Bereich der Mumie fanden. Sie beweisen, daß man schon zu Tutanchamuns Zeit den überlegenen Wert des Eisens begriff – lange, ehe Ägypten, im Beharren auf seinen Bronzewaffen und unfähig zur Bereitung stählerner Waffen, für immer unterliegen sollte. Von den drei Gegenständen aus Eisen ist zunächst der Dolch des Königs (Kairo, Museum, T 226) mit einem Knauf aus Bergkristall am Ende seines goldenen Griffes und einer Scheide aus Gold mit Palmettenschmuck zu nennen. Im Augenblick der Entdeckung glänzte seine Eisenklinge wie Stahl. Dann ist ein Armband (Kairo, Museum, T 286) anzuführen, das ein aus Eisen gearbeitetes Heiliges Auge (vgl. Taf. XLII oben) besaß. Endlich ward, unter dem Nacken des mumifizierten Körpers liegend, ein kleines Amulett in Form einer Kopfstütze gefunden. Es war aus Eisen gearbeitet. Dank dieses Symbols und der von dem wunderbaren Metall vermittelten Wärme »sollte sich das Haupt des Toten wieder aufrichten wie die Sonne am Horizont«.

XL LANGE KETTE MIT ANHÄNGER. Gold mit Einlagen aus Lapislazuli, Karneol, Feldspat und Türkis. Gesamtlänge 50 cm. Kairo, Museum, Nr. T 350.

Die breite Kette besteht aus einzelnen beweglichen Gliedern, die jeweils aus einem Skarabäus mit dem Sonnenball und zwei Uräenköpfen darüber gebildet sind. Der Anhänger setzt sich aus Symbolen der Fahrt der Sonne zusammen. Auf der Sonnenbarke steht ein großer Skarabäus, der den Sonnenball im Schriftzeichen »Horizont«, also die aufgehende Sonne, vor sich herschiebt. Rechts und links, bandartig übereinandergestellt, die Symbole: »Dauer« (Djed-Pfeiler), »Leben« (Henkelkreuz) und »Vollendung«. Am Bug und Heck der Barke zwei Uräusschlangen, wieder mit dem Sonnenball zu Häupten.

XLI oben BRUSTTAFEL (PEKTORALE) IN KAPELLENFORM. Gold mit Einlagen aus bunten Glasflüssen. Höhe 12,1 cm, Breite 17,2 cm. Kairo, Museum, Nr. T 370.

Die Kapellenform für Brusttafeln ist seit dem Mittleren Reich bekannt (vgl. Taf. XIV). Der Raum wird hier durch das sehr bunte Bild der Geiergöttin Nechbet von Elkab eingenommen (zur Symbolik s. das zu Taf. XLI unten Gesagte). Rechts und links vom Kopf der Göttin stehen die Namen des Königs mit den Titeln: »Der gute Herrscher, der Herr der beiden Länder« und »Sohn des Re«. Das Stück ist in einer der innersten Bindenlagen über der Brust der Mumie gelegen. Spuren der Benutzung beweisen, daß dieses herrliche farbenfreudige Stück vom König während seiner Regierungszeit des öfteren getragen war.

XLI unten ANHÄNGER EINER HALSKETTE. Gold mit Einlagen aus Lapislazuli, Karneol und grünem Glas. Höhe des Geiers 6,5 cm, Breite 11 cm. Kairo, Museum, Nr. T 228.

Die Geiergöttin Nechbet von Elkab ist zugleich Göttin des oberägyptischen Königtums und Himmelsgöttin. Sie trägt in den Krallen zwei Schen-Zeichen, Symbol der Unendlichkeit und des allumfassenden Herrschertums.

XLII oben BRUSTSTÜCK EINER KETTE. Gold mit Einlagen aus Glasflüssen und Halbedelsteinen. Höhe 5,7 cm, Breite 9,5 cm. Kairo, Museum, Nr. T 231.

Das Stück, das gleichfalls über den innersten Binden auf dem Körper der Mumie des Königs gefunden wurde, setzt sich aus drei Symbolen zusammen: in der Mitte das »Heilige Auge« (Udjat-Auge) des Himmelsgottes selbst, das links von der Geiergöttin Nechbet von Elkab, rechts von der Schlangengöttin Uto mit der unterägyptischen Krone geschützt wird.

Dieses Augensymbol kann für viele Dinge stehen, deren Ganzheit die Fortdauer der Welt verbürgt. Hier steht es offensichtlich für die Unversehrtheit des ägyptischen Landes, das durch die Göttinnen der beiden Landeskronen, also das Doppelkönigtum, beschirmt wird.

XLII unten BRUSTTAFEL (PEKTORALE). Gold mit Einlagen aus bunten Glasflüssen und Halbedelsteinen. Kairo, Museum, Nr. T 374.

Die Form ist wieder, wie bei dem Stück der Taf. XLI oben, die der Kapelle. Das Pektorale zeigt die Himmelsgöttin Nut mit ausgebreiteten Flügeln. Über ihr steht der Name des Königs Tutanchamun und ihr eigener. Der Spruch unter den Flügeln sichert dem König Schutz ihrer Flügel, die sie über ihm ausbreitet, so wie der Sonnengott Re den Sohn des Wennofer (d. i. der lebende König als Horus) beschützt hat.

XLIII BRUSTTAFEL (PEKTORALE). Gold mit Einlagen aus bunten Glasflüssen und Halbedelsteinen. Höhe 16,2 cm, Länge 24 cm. Kairo, Museum, Nr. T 372.

Isis und Nephthys sichern dem toten König den Schutz des Re und des Osiris zu. Sie wenden sich an den das Mittelfeld einnehmenden geflügelten Skarabäus, der die Namensringe des Königs über seinem Kopf trägt. Darüber schwebt der geflügelte Sonnenball, aus dem heraus sich in mehrfachen Windungen nach rechts und links zwei Uräen gegen die Oberränder des Pektorales ausbreiten.

XLIV oben Brusttafel (Pektorale). Gold mit Einlagen aus bunten Glasflüssen und Halbedelsteinen. Kairo, Museum, Nr. T 376.

Das kapellenförmige Pektorale stellt den Schutz des toten Osiris durch die Göttinnen Isis (links) und Nephthys (rechts) dar. Der Gott heißt hier »Herr der Ewigkeit, Herrscher der Unendlichkeit, der große Gott, der Herr der Nekropole«. Die Göttinnen haben die Gestalt der ober- und unterägyptischen Kronengöttinnen, sind aber durch die neben ihnen angebrachten Hieroglyphenstreifen eindeutig als Gefährtinnen des Osiris bezeichnet. Die Vieldeutigkeit der Symbolik, die sich aus der Bedeutungsvielheit der einzelnen Figuren und Zeichen ergibt und immer eine Mehrheit von Deutungsmöglichkeiten bietet, ist typisch ägyptisch.

XLIV unten Brusttafel (Pektorale). Gold mit Einlagen aus bunten Glasflüssen und Halbedelsteinen. Kairo, Museum, Nr. T 375.

Form des Gegenstandes und Symbolik seiner Figuren sind ganz ähnlich wie auf dem auf der gleichen Tafel oben gezeigten Pektorale. Isis und Nephthys, wieder beflügelt, haben hier Menschengestalt. Der von ihnen geschützte Gegenstand ist der Djed-Pfeiler, der die Unvergänglichkeit des Osiris verkörpert, auch als Rückgrat des Gottes erklärt werden kann und hier für den Gott selbst steht. Die beigeschriebenen Namensringe mit den die ober- und unterägyptischen Kronen tragenden Uräen nennen König Tutanchamun, dessen zum Osiris gewordene unvergängliche Wesensform hier gemeint ist.

201
Gott Chons. Grauer Granit. Höhe 2,60 m. Kairo, Museum, Nr. 462. Aus dem Chons-Tempel von Karnak.

Das wohl noch von Tutanchamun selbst geweihte Standbild – eines der vielen nach den Zerstörungen durch Echnaton den Tempeln neu gestifteten Kultbilder – trägt die Züge des Königs, wie es ja seit alters her Brauch war, die Züge des Herrschers den von ihm aufgestellten Götterbildern anzugleichen.

Das Standbild ist aus Bruchstücken wieder zusammengefügt; an den Armen und Unterschenkeln, an der Spitze des linken Fußes und am Sockel sind Ergänzungen vorgenommen.

Als Sohn des Amun und der Mut trägt der jugendliche Gott den geflochtenen »Seitenzopf«, der schwer hinter seinem rechten Ohr auf die Schulter herabhängt. Der geflochtene falsche Stutzbart der Götter charakterisiert weiterhin den Gott, der ursprünglich – als der »Durchwanderer« – wohl ein nur lokaler Mondgott war. Nach Königsweise hält er Wedel und Krummstab, ferner in der Rechten ein Zepter, das aus den Zeichen für Leben, Dauer und Wohlergehen gebildet ist. Über den breiten Schulterkragen fällt die für diesen Gott bezeichnende Wulstkette auf die Brust.

Der Meißel eines großen Künstlers hat hier nach dem Zusammenbruch der Glaubenslehre Echnatons eines der alten Götterbilder Thebens aus dem Geist der spätesten Phase der Kunst von Achet-Aton neu erstellt.

WERKE DER ZEIT DES HAREMHAB

Was im folgenden als Schöpfungen der Zeit Haremhabs zusammengefaßt ist, sind keineswegs Werke, die allein der Zeit des Königs Haremhab angehören, sondern vielmehr größerenteils noch jenen Jahren, in denen er als Reichsfeldherr, sei es schon in der letzten Zeit Echnatons oder erst unter dessen Nachfolgern Tutanchamun und Eje, in Memphis residierte. Aus dieser Zeit, in der die Spätphase der Kunst von Achet-Aton zu herrlichem Aufleuchten kommt, stammt ein heute in New York befindliches Haremhab-Bildnis, das ihn noch in der Stellung des Schreibers, des Amtes, das seit den Tagen des Alten Reiches stets die höchsten Würdenträger versahen, wiedergibt; aus eben diesen Jahren datieren die wundervollen Reliefs seines Grabes, das er sich in Saqqara, der alten memphitischen Totenstadt, anlegen ließ, und die des stilistisch nah verwandten Grabes des Paatenemheb. Der Frühzeit seines Königtums könnten die Werke angehören, die im Grab des Neferhotep in Theben geschaffen wurden, und sicher die Bildnisse von Maja und seiner Frau Merit. Letzteres anzunehmen liegt nahe im Hinblick auf die Karriere, die dieser Mann nach Tutanchamuns Tod unter König Haremhab gemacht hat. Diesen Werken steht endlich das lebensvoll und weich gearbeitete Bild der Göttin Mut aus Karnak nahe.

202/203
Haremhab. Aus Memphis. Grauer Granit. Höhe 1,17 m. New York, Metropolitan Museum of Art.

Das Werk stand einst im Ptah-Tempel zu Memphis, der Stadt, die während der 18. Dynastie die Residenz des Thronfolgers und der Sitz des Oberkommandierenden des Heeres war. Dargestellt ist der große Haremhab im Schreibersitz, wie er den Papyros, den er auf seinen Knien hält, mit der Linken entrollt, indes die Rechte das Entrollte festhält. Auf dem Schenkel links die Tusche-Muschel. An der linken Schulter ist das in alter Weise übergehängte Schreibgerät, auf dem rechten Unterarm ein Bildchen des Gottes Amun in Tiefrelief eingemeißelt.

Weitab von den straff gespannten, wachen Schreibertypen der 5. Dynastie und ihrem klaren, festen Umriß ist das Lineament des »Schreibers« Haremhab um vieles komplizierter und aufgelöster. Wenn es dort gespannte Aufmerksamkeit und Hinhorchen auf den Diktierenden waren, die von der Plastik ausgingen, so zeigt das Bild jetzt schon gleichzeitig den großen Feldherrn des Reiches, schon jetzt den König, der er einmal werden sollte. Dem Geiste der späteren Achet-Aton-Kunst gemäß, atmet das Werk empfindsame und fast nervöse Feinnervigkeit. Diese aber steht hinwieder im Gegensatz zu der betonten Schärfe der Hervorhebung von Körper- und Gewandfalten, die dem Wesen des Dargestellten entspricht und die auch schon auf den Stil der Ramessidenzeit hindeutet.

204/205

Der Stallmeister Thai. Aus Saqqara. Ebenholz. Höhe etwa 40 cm. Kairo, Museum, Nr. 6257.

Im Gegensatz zu dem energiegeladenen Bildnis, das in allen Linien und Zügen den Großen des Reiches und Höchstkommandierenden Haremhab ausstrahlt, steht die, man möchte fast sagen, zarte und liebenswerte Statuette des Thai, eines der Stallmeister Haremhabs. Es ist ein äußerst sorgfältig geschnitztes Bildwerk, das, in Leinen gehüllt, erst 1909 wiedergefunden und erst 1936 enthüllt wurde. Ein Leinenrest haftet noch an der unvollständigen linken Schulterseite. Die wohlproportionierte Statuette veranschaulicht, wie sicher und überlegen die memphitische Kunst die Anregungen von Achet-Atons Spätzeit aufgegriffen und mit Stilelementen der Zeit Amenophis III. zu maßvoll-vornehmer Wirkung verschmolzen hat, wenn sie sich auch von letzterer durch eine gewisse Glätte und Kühle unterscheidet. Raffiniert ist das Verhältnis zwischen Gewand und Körper gearbeitet. Obwohl das Gewand weit über die Schultern fällt, von den Hüften abwärts faltenreich zusammengezogen ist und vorn sich ornamental versteift, dabei eine Schriftzeile tragend, erscheint der Oberkörper wie nackt. Das ephebenhafte Gesicht wird durch die feingelockte Perücke und den vierreihigen Halskragen eingerahmt.

206–209

Aus dem Grab des Haremhab bei Saqqara. Kalksteinrelief mit Farbresten. Höhe der im Bild 206 wiedergegebenen beiden Reliefteile je 78 cm, größte Höhe des in Bild 207 wiedergegebenen Reliefteiles 90 cm. Leiden, Rijksmuseum van Oudheden.

Das mit besonderer künstlerischer Feinheit ausgestattete memphitische Grab des mächtigen Militärbefehlshabers und späteren Herrschers ist im Zusammenhang mit der neuzeitlichen Ausbeutung der Kunstschätze des Grabes leider völlig zugrunde gegangen. Nicht einmal mehr seine genaue Lage ist bekannt. Bruchstücke seiner herrlich reliefierten Wände sind über die Sammlungen von Leiden, Wien, Berlin, Bologna, Brooklyn u. a. verteilt. Möglicherweise stammt auch das Granitbild des Haremhab in New York (Taf. 202/203) aus diesem Grabe.

206/207 Die in den drei Bildern wiedergegebenen Reliefteile sind im ganzen ein einheitliches Reliefbild, dessen drei Abschnitte, so wie sie hier gegeben werden, sich etwas überschneiden.

Rechts (Taf. 207 und Teilbild Taf. 209) ist der aus dem Syrischen Feldzug siegreich heimgekehrte und von seinem König mit Ehrungen überhäufte Höchstkommandierende des Heeres Haremhab dargestellt. Beglückt über die Gunst des Königs hebt er die Arme. Ein Nachklang der devoten Einstellung der Zeit Echnatons ist unverkennbar. Haremhabs Scheitel ist mit Myrrhe gesalbt; seine Schultern sind mit goldenen Ehrenketten überhäuft. An seiner Stirn ist – nachträglich – die Königsschlange angebracht. Drei sich neigende Diener halten ihm weitere Ehrengeschenke entgegen. Um ihn zwei huldigende Heeresangehörige, darüber noch in der Unterhälfte sichtbar, die Beine sich verneigender Hofbeamter mit Wedel als Amtszeichen.

Links (Taf. 206 und Teilbild Taf. 208) schließt in mehreren übereinanderliegenden Streifen, deren nur einer ganz erhalten ist, die Vorführung der Gefangenen an. Jeder Zug ist in zwei Reihen formiert und die Gestalten überschneiden sich. Durch diese Verunklarung der Umrisse der einzelnen Gestalten wird der Eindruck dichter Raumfüllung erweckt. Es ist »eine dramatische Massenbewegung, die psychologisch aufs feinste differenziert ist. In Haltung und Gesichtern der einen spiegelt sich Widerstreben, der anderen Jammer, wieder anderer Ergebung oder Stolz wider. Dazwischen schreiten scheltend und zerrend die Ägypter. Überaus eindrucksvoll ist der Gegensatz zwischen dem an der Spitze des Elendszuges gehenden, in einen Block geschlossenen, sich wankend vorwärtsschleppenden Semiten und dem ihn führenden, bewundernd niedersinkenden Ägypter, der sich ganz dem Anblick der umjubelten Heldengestalt Haremhabs hingibt« (W.Wolf).

Ägyptische Wachsoldaten führen paarweise die asiatischen Gefangenen unterschiedlicher Volkszugehörigkeit, die ihnen zu zwei und zwei folgen, an Stricken herbei. Den Überwundenen sind Handschellen angelegt; die Semiten tragen lange Gewänder, Kopfbinden und Vollbärte. Es wechseln je zwei ägyptische Wachsoldaten und zwei Gefangene. Die jeweilige Volkszugehörigkeit der Fremdlinge ist physiognomisch fein charakterisiert. Ganz links im Zug eine Frau, die zwei Kinder auf Rücken und Schulter trägt. Mit milder Hand führt sie der ägyptische Soldat.

Für die Geschichtsforschung sind die fein beobachteten Rassenporträts noch besonders wichtig, insofern sie offensichtlich auch die jetzt in die Weltgeschichte eintretenden Indogermanen zeigen.

Haremhabs Grab umfaßt mit seinen zahlreichen Reliefs das bedeutendste und großartigste Reliefwerk, das die Spätzeit von Achet-Aton gegeben hat, »was diese geistig so ungeheuer lebendige Zeit künstlerisch errungen hatte, (ist hier) zu höchster Vollendung gesteigert« (W. Wolf). Aber es ist, als habe jetzt die nunmehr nach Echnatons Auslöschung wieder beruhigtere Atmosphäre menschlichen Seins auch noch die wiedergewonnene größere seelische Ausgeglichenheit über die Schöpfungen der Kunst des Haremhab-Grabes gebreitet.

Vom Technischen her gesehen ist noch hervorzuheben, daß bei diesen Reliefs erhabenes und versenktes Relief nebeneinander verwendet werden und sogar ineinander übergehen. Dies im Gegensatz zur Reliefbehandlung der Achet-Aton-Zeit im engeren Sinn, die sich nahezu ausnahmslos nur des versenkten Reliefs bedient hat. Wenn nun am Ende der Dynastie wieder auf das erhabene Relief zurückgegriffen wird, so »darf man sagen, daß jetzt beide Reliefarten zu solcher Reife entwickelt worden sind, daß sie ihrer Aufgabe, die vertiefte Vergeistigung der Zeit widerzuspiegeln, in vollendeter Weise gerecht zu werden vermögen« (W. Wolf).

210

Aus dem Grab des Paatenemheb bei Saqqara. Kalkstein. Höhe des im Bild wiedergegebenen Reliefteils 34 cm. Leiden, Rijksmuseum van Oudheden.

In Achet-Aton ist das Grab eines gleichnamigen Mannes nach den ersten Arbeiten aufgegeben worden. Da dieser den Rang eines Truppenführers bekleidet hat, ist er möglicherweise dem Generalissimus Haremhab in seine Residenz nach Memphis gefolgt und mit dem Inhaber des Grabes in Saqqara identisch. Zeitlich fällt das Grab bei Saqqara in die Regierungsjahre des Tutanchamun; die Reliefbehandlung stimmt augenfällig mit der im Haremhab-Grab überein.

Der fein durchgebildete Kopf des blinden Harfenspielers wirkt sehr individuell, ist aber gerade in dieser Sonderausprägung für Darstellungen blinder Harfner bezeichnend, wenn auch der blinde Harfner im etwas späteren Grab des Neferhotep zu Theben in sehr anderer, man könnte fast sagen großartigerer und dramatischerer Weise aufgefaßt ist.

211/XLV

Im Grab (Nr. 50) des Neferhotep, des Gottesvaters des Amun-Re unter Haremhab, in Theben.

211 Blinder Harfner. Höhe des abgebildeten Reliefausschnittes etwa 63 cm. Das Bild des Harfners, der Lieder über die Vergänglichkeit alles Irdischen singt und die Mahnung daran knüpft, das Leben zu genießen, solange es währt, gehört zu den nicht seltenen Themen in den Bilderreihen der Gräber des Neuen Reiches. Er preist auch das glückliche Los derer, die ihr Leben in rechter Weise führten und dafür Glück und Seligkeit im Jenseits finden werden.

Das Relief zeigt den Sänger und Harfner umgeben von den Zeilen seines Liedes. Der Körper verschwindet völlig unter dem Gewand. Alle Details der Darstellung und alle Kunst des Ausdrucks konzentrieren sich auf den Kopf und die spielenden Hände.

Der Text seines Liedes, das nahezu wie ein Vorläufer des »Carpe diem« des Horaz anmutet, lautet:

»Begehe den Tag fröhlich, Priester!
Tue Salbe und feines Öl zusammen an Deine Nase
und Kränze und Lotosblumen ... an den Leib Deiner Schwester, die Du liebst und die neben Dir sitzt.
Laß Gesang und Musik vor Dir sein.
Wirf alles Böse hinter Dich und erinnere Dich an Freude,
bis daß jener Tag kommt, wo man landet im Lande, das die Stille liebt.
Begehe den Tag fröhlich, Neferhotep, Du trefflicher Priester mit reinen Händen ...«

XLV Deckenmalerei im Quersaal des Grabes.

Die Decke ist eines der köstlichsten Beispiele jener rein ornamentalen Malerei, wie sie für die Decken vornehm ausgestatteter Gräber gebräuchlich war, hier aber mit einer besonderen Eleganz der Zeichnung und mit wunderbarer Harmonie der leuchtenden Farben durchgeführt ist. Doppelspiralen, Wasserrosenblüten sowie unbestimmbare, zum Kreis geschlossene Blütenornamente – vielleicht von oben gesehene Papyrosblütenstände – umschließen in steter Regelmäßigkeit die kleinen Hieroglyphenfelder, die abwechselnd den Titel des Toten »Gottesvater« und seinen Namen »Neferhotep« nennen, indes die Mitte der Decke durch ein Schriftband mit dem Gebet des Toten an Osiris betont wird.

212–214

Maja und Merit. Kalkstein. Höhe 1,54 m. Leiden, Rijksmuseum van Oudheden.

212 Maja und seine Frau Merit, die dem Gott Amun als Sängerin diente, sitzen in festlicher Tracht nebeneinander auf einem (teilweise unfertig gebliebenen) Sitz mit Löwenbeinen. Merit umschlingt mit dem linken Arm den Gatten. Er hält in seiner linken Hand das zusammengelegte Schweißtuch. Am Scheitelband der Frau ist über der Stirn hängend eine Wasserrosenblüte eingeritzt.

Die vornehm aufgefaßte Gruppe gibt einen guten Begriff von dem hohen Stand der Gesellschaftskultur in der Zeit des Haremhab, wohl schon während der Jahre seines Königtums. Die Frisur- und Kleidungsmode kommt unter Amenophis III. allmählich auf und behauptet sich mit gewissen Abweichungen bis ans Ende des Neuen Reiches.

Zur selben Grabausstattung gehören auch die nachfolgend abgebildeten Einzelfiguren. Wahrscheinlich sämtliche vom Friedhof bei Saqqara.

213 Maja. Kalkstein. Höhe 1,91 m. Leiden, Rijksmuseum van Oudheden.

Maja, auf einem Stuhl mit Löwenbeinen sitzend, hält in der zur Faust geballten Linken das Schweißtuch, auf dem Kopf trägt er die in dieser Epoche beliebte zierlich frisierte Männerperücke. Die Charakteristik des bedeutenden Mannes ist treffend wiedergegeben.

Maja war zur Zeit der Bestattung des Königs Tutanchamun »Oberaufseher der Arbeiten am Platze der Ewigkeit«. Seinem König hat er aus persönlicher Anhänglichkeit eine Grabstatue gestiftet. Sie ist in dessen Grab wiedergefunden worden. Als Aufseher der Nekropole tat er alles für die bei allen Pharaonengräbern so gefährdete Sicherheit des Grabes. Unter König Haremhab ist er einer der einflußreichsten Männer im Kreise seines Monarchen und ein sehr mächtiger Minister der Finanzen geworden.

214 Merit. Kalkstein. Höhe der ganzen Sitzstatue 1,61 m. Leiden, Rijksmuseum van Oudheden.

Auf einem (teilweise nur in den Formen angelegten) Stuhl mit Löwenbeinen sitzt in festlicher, betont modischer Tracht mit überlanger Zierperücke Merit; sie hält in ihrer Eigenschaft als Tempelsängerin ein Kultsymbol (Menit) der Göttin Hathor mit zugehöriger Wulstkette in ihrer linken Hand vor ihrer Brust. Die Flechten der Perücke sind am Scheitel unausgeführt geblieben.

215
GÖTTIN MUT. Aus Karnak. Fragment einer Kolossalgruppe. Kalkstein. Überlebensgroß. Kairo, Museum, Nr. 456.

Als Gemahlin des Amun hat die Göttin auf der über ihren Scheitel gebreiteten Geierhaube die hohe Doppelkrone. Das Bildwerk stammt von einer kolossalen Gruppe wohl aus der Zeit des Königs Haremhab. Vielleicht klingt in den Zügen des mütterlich lächelnden Bildnisses das Antlitz der Königin Mutnodjmet, der Gemahlin des Königs Haremhab, wider. Mimische Belebung, wie sie hier durch den breitgedehnten Mund mit seinen leise angehobenen Winkeln und die dementsprechende Modellierung der Wangen ganz offenbar angestrebt und auch erzielt ist, gehört bei Gesichtern ägyptischer Rundbilder zu den seltenen Ausnahmen.

Haarmassen beiderseits der Ohren ergänzt.

DAS TAL DER KÖNIGSGRÄBER BEI THEBEN

Biban el-Muluk, »Tore der Könige«, nennt heute der Ägypter diesen landschaftlich überwältigend großartigen Talschluß im thebanischen Westgebirge. Überragt von der natürlichen Felspyramide des Gipfels El-Qorn (»Das Horn«), liegt er mit seinen starren Abstürzen und Geröllmassen unter den heißen Strahlen der Sonne. In den bis über 210 m weit in das Herz des Gebirges hinein- und bis in fast 100 m Tiefe hinabgetriebenen, zum Teil räumereichen Grabanlagen sind hier nach Amenophis I. die Pharaonen der 18., 19. und 20. Dynastie bestattet worden. Zu seiten der jetzt als Weg bereiteten Talsohle sind im Bild (Taf. 216) mehrere Graböffnungen sichtbar: ganz links der Eingang zum Grab des Königs Sethos I., dem großartigsten des ganzen Königsfriedhofs, ganz rechts das Tor zum Grab des Königs Ramses VI., dem gegenüber das des Tutanchamun liegt. Im Altertum kannte der griechische Geograph Strabo vierzig »der Besichtigung werte« Gräber. Der Engländer Richard Pococke hat 1737 die erste Beschreibung des Tales in neuerer Zeit gegeben. Jetzt sind über sechzig Gräber bekannt, aber nur siebzehn allgemein zugänglich.

Die Reihe der Königsgräber von Biban el-Muluk beginnt zeitlich mit dem Grab des Königs Thutmosis I. und reicht von da herauf bis an das Ende der 20. Dynastie. Sind auch die Beigesetzten in der überwiegenden Mehrzahl Könige, so findet sich doch unter anderen hier auch das Grab der Königin Teje, der Gemahlin des Königs Amenophis III. und Mutter Echnatons. Gelegentlich war es auch hohen Würdenträgern gestattet, sich in diesem Tal ein Grab bereiten zu lassen. Im äußersten Westarm des Talzuges, in »Gabbanet el-Kurud« liegen unter anderen die Gräber des Königs Amenophis III. und des Königs Eje.

Im Gegensatz zum Pyramidengrab, das bis zu Beginn des Neuen Reiches für die Könige üblich war, sind die Königsgräber von Biban el-Muluk als Gänge in den Felsen gehauen. Sie waren nur für die Aufnahme des Sarkophages und der Beigaben bestimmt; dem Kult des toten Königs diente seit König Amenophis I. ein in der Ebene Thebens, an der Grenze von Fruchtland und Wüstengebirge, erbauter Totentempel (vgl. Abb. 26).

Ganz am Westende der Thebanischen Nekropole, dem Tal der Königsgräber nahezu diametral entgegengesetzt, liegt zu Füßen der steil aufragenden Felswände eines grandiosen, man möchte fast sagen erdrückenden Talabschlusses »Biban el-Harim«, das Tal der Königinnengräber. Es birgt keineswegs – worauf sein Name schließen läßt – allein Gräber von Königinnen, sondern auch Gräber von königlichen Prinzen, wie vierer Söhne von Ramses III., von denen die des Prinzen Cha-em-weset (Grab Nr. 44) und des Prinzen Amen-her-chopes-chef (Grab Nr. 55) ob ihrer ungewöhnlich frisch erhaltenen, ausgedehnten Grabmalereien hervorgehoben seien. Weiter finden sich die Gräber unbekannter Prinzessinnen (Grab Nr. 36 und 40), dann der Mutter des Königs Sethos I., Sitre (Grab Nr. 39), und der Mutter des Königs Ramses VI., Eset, ferner das Grab (Nr. 52) der Königin Titi, der Gemahlin eines der späteren Könige mit dem Namen Ramses. Die Krone aller Gräber ist Grab Nr. 66, das der Königin Nefertari (Nofretere-mi-en-mut), der bevorzugten der vier Hauptgemahlinnen des Königs Ramses II. (S. Taf. LV–LVIII) errichtet wurde.

Der Bau der Königsgräber ist im einzelnen mannigfach, doch läßt sich im ganzen eine gewisse Regel feststellen. Vom Grabeingang führen gewöhnlich drei aneinander anschließende Korridore in die Tiefe. An den Korridoren liegen vielfach kleine Nebenkammern oder Nischen für die Aufnahme des Totengerätes. Oft findet sich im Zuge der Korridore des Grabes ein tiefer Schacht, der das weitere Eindringen der Grabräuber verhindern sollte, der aber auch dem Auffang von Sickerwässern diente.

Im einfachsten Falle leitete dann *ein* Vorsaal zum Hauptsaal des Grabes über. In stattlicheren Gräbern jedoch folgen einander mehrere Säle, bis der Hauptsaal, dessen Decke in der Regel von Pfeilern gestützt ist, erreicht wird. In ihm ist, meist in einer leichten Vertiefung des Bodens, der Königssarkophag beigesetzt. Auch diesem Hauptsaal schließen sich vielfach Nebenräume an. Die Abbildungen 47–50 und 51–53 lassen die verschiedenen Ausmaße der Gräber, die alle maßstabgleich gezeichnet sind, erkennen.

Die Form des den Sarkophag enthaltenden Saales ist in sehr vielen Fällen eine im Grundriß quer-oblonge. Sie erinnert bei manchen Gräbern, wie z. B. bei dem von Thutmosis I. (Abb. 47) und Thutmosis III. (Abb. 48) im Querschnitt an die Form der Königskartusche. Auffallend ist bei den älteren Gräbern die Knickung der Achse, von der die Gräber von Thutmosis I. (Abb. 47), Thutmosis III. (Abb. 48) und Amenophis II. (Abb. 49) ein Beispiel geben. Das Grab von König Amenophis III. und das unvollendete Grab des Königs Thutmosis IV. zeigen in der Gesamtanlage sogar eine Doppelknickung, wobei das erstgenannte S-läufig ist, das zweitgenannte im gleichen Drehungssinn abwinkelt. Das mit Abstand längste Grab ist das der Königin Hatschepsut (Grab Nr. 20).

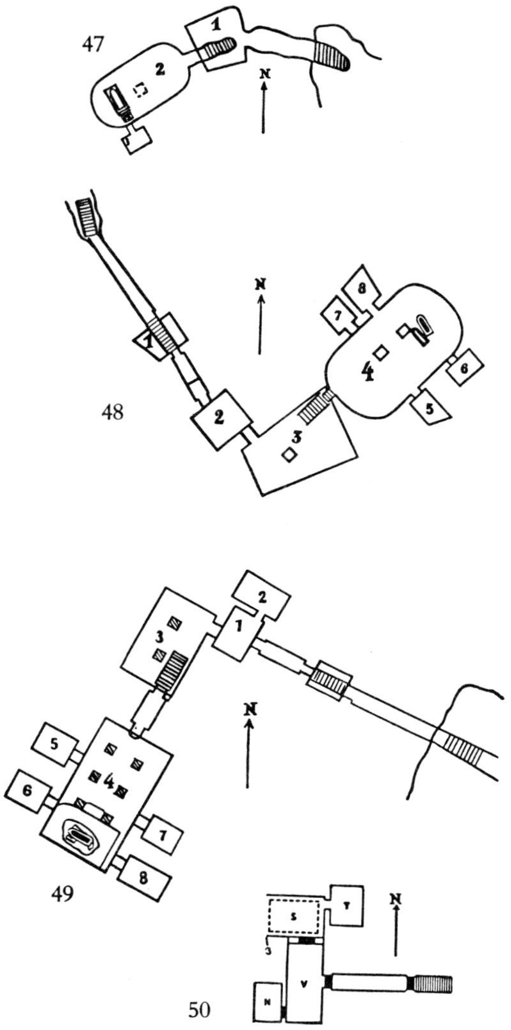

47

48

49

50

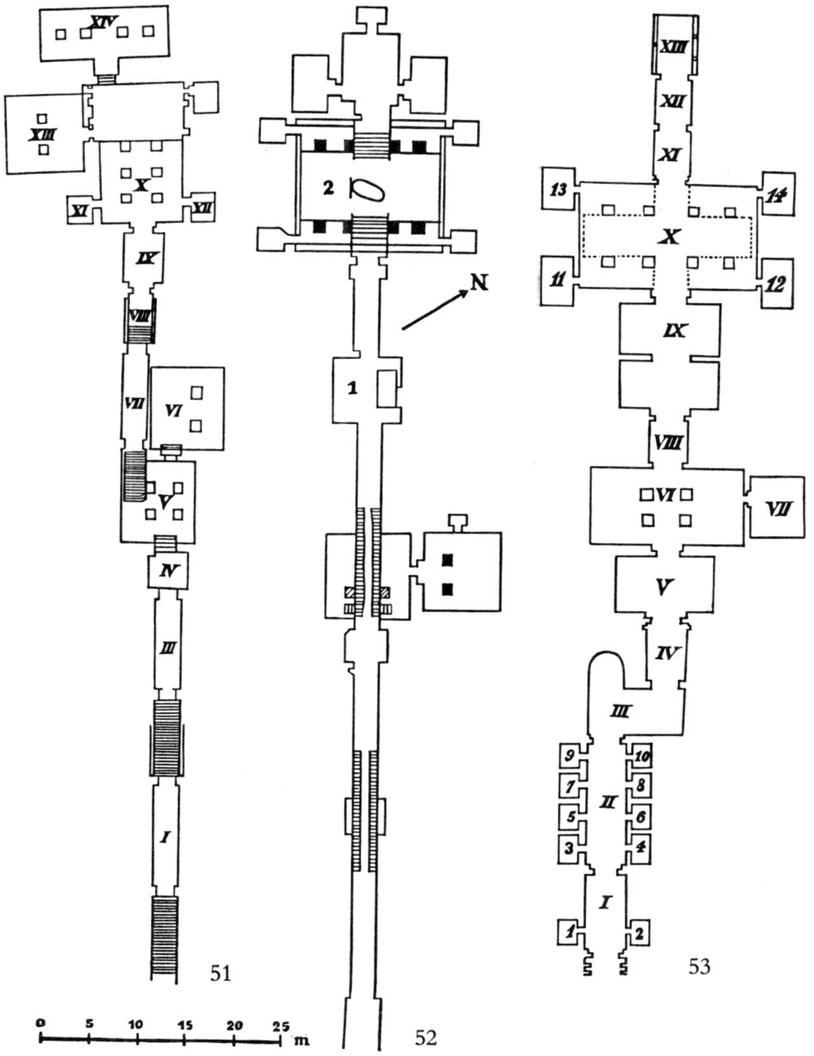

51

52

53

Abb. 47–50 Königsgräber der 18. Dynastie. – Abb. 47 Grab (Nr. 38) des Königs Thutmosis I. 1: Vorraum. 2: Sarkophagkammer. – Abb. 48 Grab (Nr. 34) des Königs Thutmosis III. Das in steiler Felsschlucht gelegene Grab hat einen sehr hoch liegenden Eingang. Einem abschüssigen Korridor und anschließender Treppe folgt ein 5–6 m tiefer Schacht. 3: Vorsaal mit Liste von 741 Gottheiten und Dämonen. 4: Sarkophagkammer mit 2 Pfeilern. 5–8: Nebengemächer. – Abb. 49 Grab (Nr. 35) des Königs Amenophis II. Steile Treppen und tiefführende Korridore. 1: Schacht, in seiner Tiefe eine Kammer (2). 3: Vorsaal. 4: Grabkammer mit tiefer liegender Sargkammer (Taf. 150 oben), in ihr der Sarkophag (Taf. 150 unten/XVIII). 5–8: Nebenkammern. – Abb. 50 Grab (Nr. 62) des Königs Tutanchamun, maßstabgleich mit den übrigen wiedergegebenen Gräbern gezeichnet, um die Kleinheit dieses Königsgrabes zu zeigen. Vgl. im übrigen Abb. 42. – Sämtliche 1 : 800

Abb. 51–53 Königsgräber der 19. und 20. Dynastie. – Abb. 51 Grab (Nr. 17) des Königs Sethos I. Das großartigste der Königsgräber mit bedeutenden Reliefs und Malereien. I–III: Korridore und Treppenkorridor. An den Wänden von II: Isis (Taf. 220) und Nephthys. IV–VI: Vorsäle, in VI sind die Reliefs der zwei Pfeiler erst auf Stuck vorgezeichnet. VII und VIII: Korridore, in VIII Darstellung der Mundöffnung. IX: Vorsaal. Reliefs mit Sethos I. vor verschiedenen Totengottheiten (Taf. 218). X: Sarkophagsaal, an den Wänden Darstellungen des Totenreiches nach dem Buch der Pforten (vgl. S. 124) an den sechs Pfeilern Reliefs des Königs Sethos I. vor Osiris-Chontamenti. Im hinteren, etwas vertieften Teil (vgl. Taf. 217 oben) stand der heute im Soane-Museum zu London befindliche Sarkophag aus Alabaster. XI und XII: Seitenräume (vgl. Taf. 217 unten). XIII: Opferkammer. XIV: Unvollendeter Saal. – Abb. 52 Grab (Nr. 8) des Königs Merenptah. 1: Vorzimmer. 2: Pfeilersaal mit von einem Tonnengewölbe überdeckten Mittelschiff. Hier der Sarkophag (Taf. 252). – Abb. 53 Grab (Nr. 9) des Königs Ramses III. X: Pfeilersaal mit dem Sarkophag des Königs. Der Sarkophag ist heute im Louvre, Paris, sein Deckel in Cambridge. – Sämtliche 1 : 800

Es hat eine Länge von 213 m und führt mit einer Reihe von Korridoren bis in 97 m Tiefe. Sein größter Teil wird von den zweimal durch Treppen getrennten Korridoren bestritten. Diese laufen im ganzen ungefähr in Form eines halben Ovals. An ihr hinteres Ende schließt der Vorsaal. Von ihm wird über eine weitere Treppe der Grabraum zugänglich, dessen Decke von drei Pfeilern gestützt ist und an den drei Nebenräume anschließen.

Mit Beginn der 19. Dynastie pflegte man dazu überzugehen, die Achse des Grabes vom Grabeingang bis zum Sarkophagraum in einer einzigen Geraden durchzuführen, wovon die Pläne der Gräber der Könige Sethos I. (Abb. 51), Merenptah (Abb. 52) und Ramses III. (Abb. 53) Beispiele geben.

Die Gräber geben, verallgemeinert ausgedrückt, ein Abbild des Jenseits, in dem jetzt der Tote weilt, wobei das Thema Unterwelt unter einem spezifischen Dogma behandelt ist: »Es ist die Fahrt der Sonne durch die zwölf Stunden der Nacht, denen zwölf Distrikte der Unterwelt entsprechen. Der Sonnengott tritt im Westen in der Form eines Widders in die Unterwelt ein. Er steht auf seiner Barke in einem Schrein, der von der »Umringeler«-Schlange schützend umschlossen ist. Geister ziehen die Barke von Distrikt zu Distrikt. Bei seiner Durchfahrt bringt der Sonnengott den in den einzelnen Distrikten weilenden Toten für die Dauer einer Stunde Licht und Leben. Er ordnet jeweils die Zuteilung von Opfern und empfängt Huldigungen. Sobald er den Distrikt verläßt, versinken dessen Bewohner wieder in Dunkelheit und Schlaf. Am Morgen erreicht er in der zwölften Stunde den östlichen Horizont, den er – sich in die Gestalt des Sonnenkäfers verwandelnd – siegreich durchfährt, um als neue Tagessonne aufzugehen« E. Otto, Osiris und Amun).

Den Bildern und Texten in den Gräbern liegen Bücher aus der priesterlichen Literatur zugrunde, so folgende:

Das *»Buch von dem, was in der Unterwelt ist«* oder *»Amduat«* gliedert sich in zwölf Teile, so wie man sich auch die Unterwelt, gemäß den zwölf Stunden der Nacht, in zwölf Höhlen aufgeteilt vorstellte. In jeder ist der Fluß gezeigt, auf dem der Sonnengott, widderköpfig und mit Gefolge, auf der Sonnenbarke fährt, Licht und Leben ringsum für eine kurze Weile spendend. Ungeheuer, Dämonen und Geister, die Ufer säumend, begrüßen ihn auf seinem Wege, Feinde von ihm abwehrend.

Gleichfalls durch die zwölf Teile der Unterwelt geht die Fahrt des Sonnengottes in dem *»Buch der Pforten und Höhlen«*. Zwischen den einzelnen Unterweltsteilen erheben sich befestigte Tore. Ihre Wächter sind Riesenschlangen, deren Namen der Tote wissen muß. Zwei feuerspeiende Schlangen und zwei Götter schirmen den Eintritt und begrüßen den Sonnengott.

Dem Buche *»Lobpreisung des Re«* entstammt der Hymnos auf den Sonnengott. Ihn, den Sonnengott, hat bei seinem Eintritt in die Unterwelt der Tote mit 75 Namen anzurufen. Der Hymnos ist den beiden ersten Korridoren des Grabes vorbehalten.

Wie der Sonnengott vor den Geistern und Ungeheuern der Unterwelt spricht, erzählt das Buch *»Höllenfahrt des Sonnengottes«*.

Zu den oben genannten Jenseitsdarstellungen treten gelegentlich auch Bilder von Ritualszenen, die wie die »Mundöffnung« auf die Belebung des Toten Bezug haben; dazu, z. B. im Grab des Königs Sethos I., Bilder eines alten Göttermythos.

Zu den Büchern, die – im gewissen Grade lehrhaft – die Jenseitstopographie schildern, wie die oben erstgenannten zwei Bücher und weiterhin das sog. *»Zweiwege-Buch«*, gehört auch der späte *»Totenpapyrus der Sängerin des Amun Djed-Maat-is-anch«*, dessen Inhalt sich an das erstgenannte anschließt und dessen schöne und wohlerhaltene Bilddarstellung Taf. XLVII wiedergibt.

19. DYNASTIE UND 20. DYNASTIE

19. DYNASTIE (1306–1186)

Könige: *Ramses I.* (1306–1304); *Sethos I.* (1304–1290); *Ramses II.* (1290–1224); *Merenptah* (1224 – etwa 1204), *Sethos II.*, *Siptah*, Königin *Tausret*

20. DYNASTIE (1186–1085)

Könige: *Sethnacht* (1186–1184); *Ramses III.* (1184–1153); *Ramses IV.–Ramses X.*, *Ramses XI.* (spätestens 1112–1085)

Das neue Herrschergeschlecht, das die ganze 19. und 20. Dynastie umschließt, entstammt einer unterägyptischen Offiziersfamilie. Mit Beginn der 19. Dynastie wurde die Residenz des Reiches endgültig nach dem Norden, und zwar an die Stelle der ehemaligen Hyksosfestung Auaris im östlichen Nildelta, südlich des Mensalehsees, verlegt und erhielt den Namen »Ramsesstadt«.

Die Bestrebungen, die ägyptische Herrschaft über Syrien wieder neu zu errichten, führten zur kriegerischen Auseinandersetzung mit dem Reich der Hethiter, das sich über das mittlere und südliche Kleinasien erstreckte und das seinerseits sich in Richtung Syrien mehr und mehr auszudehnen suchte. Die zunächst kriegerische Auseinandersetzung zwischen dem jungen König Ramses II. und dem Hethiterkönig Muwatalli, die in der Schlacht bei Kadesch am Orontes gipfelte, ist 1269 durch einen Staatsvertrag zwischen den beiden Reichen, den Ramses II. und Hattusili III. unterzeichneten, abgeschlossen worden.

In die Zeit der Könige Merenptah bis Ramses III. fällt der Existenzkampf Ägyptens gegen die Libyer im Westen und gegen die sog. Seevölker, die gegen Ägypten von Nordosten und von der See her vordrangen. Wenn auch in diesen Kämpfen das Reich in seiner Gesamtheit gesichert werden konnte, so erschöpften die schweren Kriege dennoch seine wirtschaftlichen Kräfte vollends.

Die Feldzüge hatten zur Aufnahme und Ansiedlung fremdländischer Söldner genötigt. Gerade Unterägypten, wo die neue Residenz lag, war davon besonders betroffen. Dies aber begründete, wie weiter unten ausgeführt werden soll, zwei Erscheinungen, die die Zeit nach Ende der 20. Dynastie, die Spätzeit, charakterisieren: die Säkularisierung des Königtums und die reaktionäre Haltung der ehemaligen Residenz Theben.

Schon unter dem kunstsinnigen König Sethos I. setzte eine großartige Bautätigkeit ein. So in Karnak der Bau der Großen Säulenhalle im Tempelbereich des Reichsgottes Amun (vgl. S. 141), in Abydos der Bau des Totentempels des Königs (Taf. 222–229,

XLVIII–LI) mit den berühmten Reliefzyklen, die heute noch glänzend erhalten sind und an Schönheit mit denen des Grabes in Theben (Taf. 217–220, XLVI) wetteifern. Eine geradezu unerhörte Bautätigkeit, sowohl was Zahl der Denkmäler als auch Riesenmaße betrifft, folgte dann unter Ramses II. Die Vollendung der Großen Säulenhalle in Karnak (Taf. 230/231, LII/LIII) und des Amun-Mut-Chons-Tempels in Luxor (Taf. 236–239), die Bauten in der Ramsesstadt und in Memphis (von da erhalten der Koloß von Mitrahina, Taf. 240), der gemeinhin als Ramesseum bekannte Totentempel in Theben (Taf. 241–246), der Felsentempel von Abu Simbel (Taf. 247–250) sind nur einige der markantesten Schöpfungen dieses Königs, dessen Regierungszeit 66 Jahre währte. Aus der Zeit von Ramses III. sei hier nur sein großartiger und im ganzen eindrucksvoll erhaltener Totentempel in Medinet Habu bei Theben (Taf. 253/254) erwähnt.

In Anschluß an die oben gegebene knappste Übersicht ist noch in einigem auf die spezielle Geschichte der 19. und 20. Dynastie einzugehen, wie auch auf einige andere Tatsachen und Probleme, die für diese Zeit von sehr maßgebendem Belang waren.

Wenn Haremhab, unter Hintansetzung aller Tradition als seinen Nachfolger auf dem Thron der Pharaonen den aus Unterägypten, vermutlich aus Auaris, der alten Hyksosfestung im Nordost-Delta, stammenden Paramessu, den Sohn des Obersten der Bogenschützen und somit eines hohen Offiziers namens Sethos designierte, so deswegen, weil er gewährleistete, tatkräftig und völlig unabhängig von den integrierenden Kreisen der thebanischen Priesterschaft und den Verwandten des alten Königshauses die Leitung des Staates und die Wiederaufnahme der zusammengebrochenen Außenpolitik zu übernehmen. Noch durch Haremhab selbst zum Obersten der Bogentruppe, der Wagenkämpfer und der Infanterie, weiterhin zum Vorsteher aller Fremdländer, zum Wesir und zugleich zum Vorsteher der Propheten aller Götter ernannt, vereinigte Paramessu alle höchsten militärischen, politischen und wirtschaftlichen Staatsämter in seiner Person. So bestieg er ohne Widerspruch nach Haremhabs Tod als Ramses I. den Thron. Unter ihm vollzog sich, im Sinne einer neuen Ära, die schon von Haremhab konzipierte Lösung aus der für den Verfolg der Außenpolitik schwierigen Bindung an Theben und die Verlegung der Reichshauptstadt nach der nördlichen Landeshälfte, nach Auaris, das nun als »Ramsesstadt« in die Geschichte einging, um allerdings nach dem Zerfall des Ramessidenreiches den Namen Tanis zu führen. Nur Unterägypten konnte die Operationsbasis für alle außenpolitischen und strategischen Entscheidungen, die die Residenz des Reiches betrafen, sein. Nur von hier aus konnte, wenn auch auf einem an Kämpfen reichen Wege, die Verbindung mit der Welt des östlichen Mittelmeers und des nordwestlichen Vorderasiens wieder aufgenommen werden.

Keineswegs hatte die Verlegung des politischen Zentrums nach dem Norden irgendwie zum Ziel, Theben als der Stadt des Götterkönigs und Reichsgottes Amun und als der Grabstätte der Pharaonen seine bisherige kulturelle Bedeutung zu nehmen und seine »heilig gewordene Vergangenheit« zu übersehen. Vielmehr: Theben blieb der kulturelle Mittelpunkt des Reiches.

Als Ramses I. nach eineinhalbjähriger Regierung starb, ging die Herrschaft auf dem üblichen Weg der Erbfolge an seinen Sohn Sethos I. über. Das Reich war gefestigt. Aber noch nicht war Phönikien wieder in ägyptischer Hand. Syrien selbst sollte nie wieder unter Ägyptens Oberhoheit kommen, noch weniger der Euphrat-Raum, obwohl ja schon Thutmosis I. und umfassender noch Thutmosis III. bis zum Euphrat ausgeholt hatten.

Den politischen wie kulturellen Höhepunkt der neuen Ära bedeutet die 66 Jahre währende Regierung des Sohnes des Sethos I., Ramses II., wie auch die dessen Sohnes Merenptah. Aber es ist, als habe sich in diesen höchst energischen, tatkräftigen und zäh ihr Ziel verfolgenden drei Monarchen die Kraft der 19. Dynastie und, wenn auch erst vorübergehend, die des Reiches erschöpft. Erst mit Ramses III., dem zweiten Pharao der 20. Dynastie, trat abermals eine Herrschergestalt größten Formats auf den Plan. Mit Rames XI., dem letzten der Dynastie, zerfiel trotz seiner Tatkraft und seines politischen Geschicks das Reich.

Die außenpolitischen Probleme und Gefahren in der Zeit der beiden Dynastien sind mannigfache und schwere; sie haben sich, wie zu zeigen sein wird, im Laufe der über 200 Jahre, die diese zwei Dynastien währten, weitgehend verschoben. Innenpolitisch waren die Probleme trotz allen Glanzes der Jahre von Sethos I., Ramses II. und Ramses III. nicht weniger schwerwiegend und bedrohlich.

Wenden wir uns etwas eingehender den außenpolitischen Problemen zu: Wenn es Sethos I. in drei Feldzügen auch gelungen war, Palästina und Phönikien wieder fest in ägyptische Hand zu bringen, so stand doch Syrien als solches nach wie vor in der Einflußsphäre des Hethiterreiches, und eben dies bedeutete für Ägypten die zunächst wahrhaft drohende Gefahr.

Vor Kadesch am Orontes stießen 1285 die Gegner aneinander: Muwatalli, der König der Hethiter, mit einer Koalition syrischer und kleinasiatischer Fürsten und König Ramses II., von dem die Initiative zu dem Feldzug ausgegangen war, an der Spitze seiner vier nach den Göttern Amun, Re, Ptah und Seth benannten Armeen, und Söldnern aus den Reihen der Amorriter und der Schardana. Die Schlacht, zu deren Beginn es dem Hethiter gelang, Ramses II. von dreien seiner Armeen abzuschneiden, ist kein Beweis für das Feldherrngenie des jungen Königs, wohl aber ein um so größeres Ruhmesblatt für seinen Heldenmut, mit dem es ihm gelang, die Niederlage abzuwenden. Beide Heere schieden unbesiegt aus dem Schlachtfeld. Wenn Ramses II. kurz darauf nochmals zum Orontes vorstieß und Tunip nahm, blieb die Grenze der Hoheitsgebiete der beiden Reiche doch nur der nördlich dem heutigen Beirut mündende Fluß Nahr el Kelb.

1269, in seinem 21. Regierungsjahr, hat Ramses II. mit dem jungen Hethiterkönig Hattusili III. den Ägyptisch-Hethitischen Friedensvertrag geschlossen. Der Originaltext in Keilschrift war in eine Silberplatte graviert; zwei monumentale Abschriften bewahren der Amun-Tempel in Karnak und der Totentempel des Königs in Theben; mehrere Tontafelabschriften sind aus dem Archiv der Hethiterhauptstadt Hattusa (dem heutigen Bogazköy) erhalten. Dieser »ewige« Frieden, der zwischen den beiden

Königen geschlossen wurde, war eine Maßnahme der Vernunft, ist aber ebenso ein Ehrenmal für das klare politische Denken und das hohe staatsmännische Verantwortungsgefühl der beiden Vertragspartner, war doch einerseits die Entfernung des Zentralgebietes des Hethiterreichs von Ägypten für eine wirklich durchstoßende Kriegsführung zu enorm und bedrohten andererseits, seit der Thronbesteigung des Hattusili III., die Assyrer die Flanke seines Reiches im Osten und die in unaufhaltsamer Bewegung aus dem Raum des Schwarzen Meeres her einbrechenden Seevölker sein Reich von Norden. Eben diese Seevölker hatten aber auch westlich des Nildeltas die Bedrohung Ägyptens durch die den Berbern verwandten Libyer ausgelöst, eine Bedrohung, die durch die schon damals im Inneren des Reiches heraufdämmernden sozialen und wirtschaftlichen Schwierigkeiten noch gefährlicher wurde. Alles schien die Gesamtkraft der nächsten Generationen für die Abwehr der unabsehbaren Gefahren zu fordern. »Zeugen und Garanten des Friedensvertrages sind die Götter Ägyptens und des Hethiterreiches, die über die beschworene ewige Freundschaft wachen und den bestrafen sollen, der den Vertrag bricht.« Den Friedensschluß krönte im 34. Regierungsjahr des Königs Ramses II. seine Vermählung mit des Hattusili III. Tochter Naptera. Das Ereignis ist auf mehreren Denkstelen festgehalten; ihr Text spricht überheblich von der ägyptischen Überlegenheit über den Hethiter, beweist aber dennoch, daß die Sendung der Hethitertochter als ein Wunder, das der Schöpfergott Ptah an Ramses II. getan hat, empfunden wurde. Die Stellung, die die junge Hethiterin als des Pharaos Gemahlin einnahm, war sehr viel mehr hervorgehoben als die der »Großen Königlichen Gemahlin« in Ägypten und offenbar gleichberechtigt der des Königs selbst.

Im folgenden der Wortlaut der Gedenkstelen in Karnak, auf Elephantine bei Assuan und in Abu Simbel, der zunächst den Entschluß des Hethiterkönigs zur Vermählung seiner Tochter mit Ramses II. schildert, weiter die Ehrung der Gesandtschaft des Hethiters durch Entsendung eines ägyptischen Geleites für den Zug mit der Braut und die Bitte des Königs Ramses II. an Seth, den Gott der Fremdländer, um gutes Wetter, dann den Zug des vereinigten hethitischen und ägyptischen Geleits durch Syrien, endlich die Ankunft der Prinzessin in Ägypten und das wieder etwas bombastische Schlußwort.

Der Großfürst von Chatti schrieb,
seine Majestät zu begütigen, Jahr um Jahr.
König Ramses II. hörte es sich niemals an.
Und als sie ihr Land in diesem schlimmen Zustand sahen
unter der gewaltigen Macht des Herrn der Länder,
sprach der Großfürst von Chatti zu seinem Heer und seinen Edlen:
Warum dies? Unser Land ist verwüstet.
Unser Herr Seth ist unzufrieden mit uns.
Der Himmel gab uns keinen Regen, ... weil wir gekämpft haben.
So empfehle ich, daß wir uns aller unserer Sachen begeben,
an ihrer ersten Stelle meiner ältesten Tochter.
Laßt uns dem guten Gott ein Ehrengeschenk bringen,
daß er uns Frieden gibt, und wir leben.
Seine älteste Tochter wurde gebracht,
mit ihr herrliche Gaben, viel Gold, Silber und Edelsteine,
Gespanne ohne Zahl, Zehntausende von Rindern, Ziegen, Schafen
und andere Dinge seines Landes ohne Ende.

Man meldete seiner Majestät:
Sieh, was der Großfürst von Chatti tut,
Man bringt seine älteste Tochter mit zahlreichen Gaben,
sie bedecken den Ort, an dem (sie sind, mit ihren Schätzen).
Die Fürstentochter und die Fürsten von Chatti tragen sie.
Sie überschreiten viele Berge und schwierige Pässe
und werden die Grenzen Deiner Majestät erreichen.
Entsende ein Heer und Edle, sie zu empfangen.
Seine Majestät geriet in Freude. Der Herr des Palastes war froh,
als er von diesem außerordentlichen Ereignis vernahm,
dergleichen in Ägypten gänzlich unbekannt war.
Er entsandte ein Heer und Edle, sie sofort zu empfangen.

Seine Majestät pflegte Rat mit seinem Herzen:
Wie geht es denen, die ich ausgesandt habe,
die in meinem Auftrag nach Syrien ziehen
an den Tagen des Regens und Schnees im Winter.
Er weihte ein großes Opfer seinem Vater Seth und bat ihn:
Der Himmel liegt auf Deinen Händen,die Erde unter Deinen Füßen.
Was Du befiehlst, geschieht.
(Höre auf), Regen, Sturm und Schnee zu machen,
bis die Wunder bei mir ankommen, die Du mir überwiesen hast.
Sein Vater Seth erhörte alles, was er sagte.
Der Himmel war friedlich, Sommertage kamen.
Das Heer zog froh davon straffen Leibes und munteren Herzens.

Die Tochter des Großfürsten von Chatti wanderte nach Ägypten.
Heer, Reiterei und Edle seiner Majestät geleiteten sie,
gemischt mit Heer, Reiterei und Edlen von Chatti.
Es waren (Chatti)truppen, Bogenschützen und Reiterei
alle Leute des Landes von Chatti gemischt mit denen von Ägypten.
Sie aßen und tranken miteinander.
Sie waren einmütig wie Geschwister,
ohne daß einer dem anderen grollte.
Friede und Freundschaft war zwischen ihnen,
wie (sonst nur zwischen Ägyptern) selbst.
Die Großfürsten aller Lande, durch die sie zogen,
waren bestürzt, ungläubig und ohnmächtig,
als sie alle Leute von Chatti sahen,
die sich mit dem Heer des Königs vereinigt hatten.
Einer dieser Fürsten sagte es dem andern:
Es ist wahr, was seine Majestät gesagt hat, ...
Wie groß ist das, was wir mit unseren eigenen Augen sehen.
Alle Länder gehören ihm als einmütige Diener zusammen mit Ägypten.
Was Chatti war, gehört ihm wie Ägypten,
selbst der Himmel untersteht seinem Siegel
und tut alles nach dem, was er befohlen hat.

Und (viele Tage danach) erreichte man die Stadt Ramses'
im Triumph großer Wunder siegreicher Macht,
im Jahre 34, im dritten Wintermonat.
Man führte die Tochter des Großfürsten von Chatti,
die nach Ägypten gewandert war, vor seine Majestät

und trug die vielen zahllosen Gaben ihr nach . . .
Da sah seine Majestät, daß ihr Gesicht schön war, wie das einer Göttin.

Und es war ein großes, seltsames Ereignis,
ein herrliches, bisher unbekanntes Wunder,
dergleichen man nicht von Mund zu Mund vernommen hatte,
das an nichts in Schriften der Vorfahren erinnerte.

Die Tochter des Großfürsten von Chatti
war schön vor dem Herzen seiner Majestät.
Er liebte sie mehr als alles andere,
als etwas Schöneres, das ihm sein Vater Ptah geschenkt hat.
Seine Majestät ließ ihr ihren Namen geben als Königin
Mat-neferu-Re (»Welche die Schönheit des Re sieht«),
Tochter des Großfürsten von Chatti, Tochter der Großfürstin von Chatti.

Es war ein unerforschliches, unbekanntes Wunder,
das durch seinen Vater Ptah über Ägypten kam,
der es für ihn als Siegeszeichen verfügte.
Das Land Chatti lag einmütig unter den Füßen seiner Majestät.
Wenn nun aber ein Mann oder eine Frau in ihren Geschäften
nach Syrien reiste und bis nach dem Lande Chatti kam,
war keine Furcht um ihre Herzen,
weil die Macht seiner Majestät so groß war.

Schon oben ist die Flankenbedrohung Ägyptens, die einerseits durch die Libyer von Westen her und andererseits aus dem Norden durch die sogenannten Seevölker drohte, gestreift worden.

Zum erstenmal deutete sich die libysche Gefahr bereits unter Sethos I. an und zwang ihn im zweiten Jahr seiner Regierung zum Feldzug. Eine abermalige Bedrohung zeichnete sich unter Ramses II. ab, aus dessen Zeit sich Befestigungsanlagen über eine Entfernung von 341 km von Alexandreia bis Umm el Racham fanden. Schon dieser große König scheint sich der Gefahr ganz klar geworden zu sein. Im ganzen handelte es sich um eine Völkerwanderung von Stämmen, die wohl den Berbern zuzurechnen sind. Den Anstoß hat die obengenannte Bewegung der Seevölker gegeben, deren einer Teil vom Ausgangsgebiet am Schwarzen Meer teils nach Kleinasien und weiter nach Phönikien, teils aber nach dem Balkan und von da über die Ägäis bis in den Raum von Libyen vorstieß, indes der andere Teil, auf den unten zurückzukommen sein wird, direkt nach Kleinasien marschierte, das Hethiterreich kurz vor 1185 überrannte und auslöschte und ebenda weiter bis Phönikien vordringend Ägypten im Norden bedrohte.

Erst unter Merenptah kam es 1219, im fünften Jahr seiner Regierung, zur ersten schweren Schlacht. Nordwestlich von Memphis vollzog sich unter schwersten Verlusten der Libyer ihre völlige Niederlage. Neue Libyerkoalitionen bildeten sich unter Ramses III. und zwangen den König im fünften Jahr seiner Regierung, 1179, zur großen Abwehrschlacht unfern Memphis, und abermals, und nun endgültig, im elften Regierungsjahr, 1173. Damit war die Kraft der Libyer gebrochen. In dem in Karnak an der Südflanke des Großen Hofes (zwischen Pylon I. und II.) errichteten Tempel des Ramses III., und wieder im Tempel des Ramses III. bei Medinet Habu in Theben-West an den Stirnseiten der Türme des Ersten Pylons, und weiter an der Südwestwand des Zweiten Hofes berichten Wort und Monumentalreliefs über diese Siege, die zusammen mit dem Sieg des Merenptah das ägyptische Reich vor der Gefahr, überrannt und vernichtet zu werden, gerettet haben. Wenn auch dann noch libysche Stämme zuströmten, war doch von 1173 ab die Form ihres Eindringens gewandelt. Es zeugt von dem politischen Verständnis des Königs, daß es gelang, nunmehr den Besiegten in die ägyptische Tradition einzubeziehen und dem ägyptischen Wesen einzuschmelzen. Was Wunder, daß mit Scheschonk I. der Angehörige eines libyschen Häuptlingsgeschlechtes um 950 den Thron der Pharaonen bestieg und die 22. Dynastie (die der sog. Bubastiden) inaugurierte.

Dem gleichen Monarchen, der die Libyer 1173 endgültig geschlagen hatte, gelang noch der entscheidende Sieg über die Seevölker. Wenn auch unter Verlust Phönikiens, aber dennoch unter Wahrung eines Vorfeldes, konnte Ramses III. im achten Jahr seiner Regierung, 1176, mit einem Sieg zu Lande und in einer siegreichen Seeschlacht unmittelbar vor der Nilmündung die aus Philistern und mehreren anderen Stämmen bestehende Koalition der Seevölker niederringen und Ägypten von der schweren Gefahr des völligen Überschwemmtwerdens durch die Seevölkerbewegung retten. Auch von diesem Seesieg zeugen Reliefs in Medinet Habu. Trotz der Siege des Ramses III. war indes die Möglichkeit, die Grenzen des Reiches auch nur schrittweise wieder nach Norden vorzuschieben, endgültig ausgelöscht. Offenbar war die Stoßkraft des Landes durch die, wenn auch siegreichen, Verteidigungsschlachten völlig aufgezehrt. Obendrein besaß der Gegner durch die Verwendung von Waffen aus Eisen eine nicht mehr auszugleichende Überlegenheit der Bewaffnung. Dazu kam, daß die innenpolitischen Verhältnisse schon so schwierig geworden waren, daß auch von hier aus der Bestand des Reiches zutiefst bedroht war. Es ist tragisch, daß Ramses III., der Ägypten auf dem Schlachtfeld mehrmals rettete, in den letzten, friedlichen Jahren seiner Regierung einer Haremsverschwörung um der Thronfolge willen zum Opfer fiel und 1153 ermordet wurde.

Mit einem Wort ist hier noch auf Nubien einzugehen. So turbulent und bedrohend die über zwei Jahrhunderte der Abwehrkriege in der Zeit der Regierungen von Sethos I. und viel mehr noch von Ramses II., Merenptah und Ramses III. im Kampf gegen die Hethiter, die Libyer und die Seevölker verlaufen sind, so friedlich blieben die Verhältnisse im Süden des Reiches, im nubischen Kolonialreich, dessen endgültiger Eroberer, Thutmosis III., bereits bis Napata, nahe beim 4. Katarakt, vorgedrungen war. Seit dem Beginn der 18. Dynastie ist Nubien systematisch und planmäßig zum Kolonialreich ausgebaut worden. Es unterstand einem weitgehend selbständigen, mit hohem militärischen Rang und hohen Hofrangtiteln ausgezeichneten ägyptischen Gouverneur, oder wie man auch sagen könnte, Vizekönig, dem »Königssohn von Kusch«, der sich auf eine eigene Truppe stützte und dem ein eigener Verwaltungsapparat unterstand. Geteilt in zwei Distrikte, das Land Wawat und das Land Kusch, umfaßte das erstere den nördlichen Teil bis zum 2. Katarakt und entsprach damit ungefähr dem Kolonialgebiet schon der Zeit des Mittleren Reiches, indes der südliche Teil erst durch die Pharaonen der frühen 18. Dynastie angeschlossen wurde: durch Thutmosis I. bis zum 3. Katarakt, durch Thutmosis III. wie gesagt bis zum 4. Katarakt. Dank seiner Treue bedeutete Nubien mit seinen Goldminen von Redesie, Barramie und Wadi Alaki im Lande Wawat die eigentliche Goldquelle des Reiches; mit seiner Bevölkerung und seinem übrigen Reichtum bildete es das Menschen- und Materialreservoir und war in den riesigen Abwehrkämpfen der 19. und 20. Dynastie eine der wichtigsten Stützen des Reiches.

In einer kolonialtaktisch sehr geschickten Form hat Ägypten durch Jahrhunderte seine hohe Kultur in das nubische Kolonialreich getragen. Aus der kulturellen Überlagerung durch Ägypten entstand in Nubien jene eigentümliche, ägyptisch-nubische Mischkultur der Äthiopen. Aus ihren Reihen sind dann nach dem Zerfall Ägyptens die Träger der 25. Dynastie hervorgegangen, die, wenn auch nur vorübergehend, noch einmal – zum letzten Male – das gesamte Niltal einschließlich des nubischen Kolonialreiches unter *einem* Pharao vereinigen sollten.

Noch ist ein Blick auf die sozialen und wirtschaftlichen Verhältnisse zu werfen. Innenpolitisch sind die Probleme der zwei Jahrhunderte der Ramessidenzeit mannigfach. Dennoch sind sie hier nur zu streifen.

Das Heer, das bei der Abneigung des Ägypters, Soldat zu sein, schon in den voraufgehenden Jahrhunderten größtenteils aus Söldnern bestand, bot jetzt bei dem immer größeren Truppenbedarf die Gefahr des immer stärkeren Anwachsens des Söldnerwesens, das, da ja die Söldner mit Frauen und Kindern in Ägypten angesiedelt wurden, zu einer, wenn auch langsamen, so doch kontinuierlichen Veränderung der Zusammensetzung des Volkes im ganzen führen mußte. Indem seitens des Ägypters die organisatorische und verwaltungsmäßige Tätigkeit weit höher als das Soldatentum anerkannt war, entwickelte sich in und nach der Zeit der oben geschilderten, siegreich bestandenen Kriege naturgemäß der innenpolitische Konflikt, daß eben die Menschen, die das Reich vor der Vernichtung bewahrt hatten, nicht entsprechend ihrer Leistung gewertet wurden. Der so entstehende Zwiespalt war für das Reichsganze um so tragischer, als die militärisch aktiven Elemente, die obendrein in der Zeit Ramses III. größtenteils libyscher Herkunft waren, nun in einen betonten Gegensatz zu den innenpolitisch und wirtschaftlich führenden Schichten im Staat, vornehmlich zur Priestergruppe im weitesten Sinn, gerieten.

Da ein Großteil der wirtschaftlichen Möglichkeiten des Landes sich im Besitz der Tempel befunden hat und obendrein gerade zur Ramessidenzeit eine auffällige Vermehrung des Tempelbesitzes stattfand, ist hier noch auf das Verhältnis zwischen Königtum, Reich und Priesterschaft einzugehen.

Schon in der Zeit des Mittleren Reiches und mehr noch zu Anfang des Neuen Reiches besteht eine schicksalhafte Bindung der aus Theben gebürtigen Könige an ihren »Vater«, den Gott Amun von Karnak, den Götterkönig. Diese Verbindung zwischen Herrscherhaus und Gott bzw. dessen Priesterschaft mochte noch besonders untermauert sein, insofern als die Vorfahren des noch der 17. Dynastie angehörenden Königs Sekenenre Ta'a II. und seiner Gemahlin Ahhotep den Kreisen der Amunpriesterschaft entsprossen zu sein scheinen. Ahmes-Nofretere, die Gemahlin des letzten Königs der 17. Dynastie, Ahmose, war bereits »Zweite Prophetin des Amun«, und seit der oben genannten Königin Ahhotep, der Mutter der Könige Kamose und Ahmose, führte die jeweils rangälteste Prinzessin Titel und Rang einer »Gottesgemahlin des Amun«, eine Institution, die dann in der Spätzeit, in der 25. Dynastie, der sog. äthiopischen, wieder zu besonderer Bedeutung aufleben sollte.

Da ja eben die rangälteste Prinzessin als Gemahlin ihres Bruders voraussichtlich zugleich die Königin wird, erhält die Vorstellung von der Gottessohnschaft des Königs eine stark irdische Form: Gott Amun, in Gestalt des Königs, erzeugt mit der Königin, seiner Gottesgemahlin, den künftigen Thronerben, der somit wieder göttlichen Ursprungs ist. Auf Vorstellungen dieser Art beziehen sich – um nur einige Beispiele zu nennen – die Reliefs in der Geburtshalle des Hatschepsut-Tempels zu Deir-el-Bahari und der Geburtshalle im Tempelhaus des Amun-Mut-Chons-Tempels in Theben-Ost/Luxor (vgl. S. 80 und S. 96, das zu Taf. 153 Gesagte).

Es ist selbstverständlich, daß in der Zeit der höchsten Blüte des Reiches gemäß der religiösen Bedeutung des Gottes Amun auch die politische Stellung wie das wirtschaftliche Ausmaß des Amuntempels und damit die Mehrung des Tempelbesitzes wie des ihm unterstehenden Verwaltungsapparates mehr und mehr zunahm. »Der ›Reichstempel‹ in Karnak mit seinen Nebentempeln und die sich von Generation zu Generation mehrenden königlichen Gedächtnistempel im westlichen Theben, jeder ausgestattet mit Priestern und Angestellten und jeder Besitzer von Grund und Boden in verschiedenen Teilen des Landes, bilden einen religiösen, politischen und wirtschaftlichen Machtfaktor, wie er in diesem Ausmaß in früheren Zeiten nicht bestanden hatte« (E. Otto).

Der Hohepriester des Amun, der an der Spitze dieses Machtkomplexes stand, repräsentierte kraft seiner Macht eine Persönlichkeit von höchster Stellung und Potenz. Aber es ist besonders zu betonen, daß der Hohepriester kein Priester im kirchlichen Sinne, sondern nur ein höchster Verwaltungsbeamter war. Es scheint sehr fraglich, ob wenigstens noch in der 18. Dynastie in Ägypten überhaupt ein Unterschied zwischen »Priester« und »Laie« gemacht werden kann. Jedenfalls steht aus den Tagen der Königin Hatschepsut fest, daß der Hohepriester Hapuseneb zugleich Wesir war, somit der Mann, der an der Spitze der Verwaltung des Reiches Ägypten stand und in dessen Händen alle Fäden zusammenliefen.

Auch zu Beginn der Spätzeit zeigt sich prinzipiell das gleiche, nämlich daß weder eine praktische noch eine theoretische Trennung von geistlicher und weltlicher Gewalt bestand. Herihor, der erste König von Oberägypten nach dem Zerfall der Einheit des Reiches, war ursprünglich »Wedelträger zur Rechten des Königs« und damit hoher Offizier. Nach dem Tode des letzten Ramessiden Ramses XI. bemächtigte er sich als Vizekönig von Kusch der militärischen Gewalt, dann der politischen Schlüsselstellung als Wesir und der Würde des Hohenpriesters des Amun, um dann seine Karriere mit dem Königtum zu krönen.

Um auf die hier in erster Linie ins Auge zu fassende Zeit der Ramessiden zurückzukommen, so bedeuteten die Tempelbetriebe jetzt mehr denn je den Mittelpunkt des Wirtschaftslebens. Weniger als je waren sie ausschließlich geistige Anstalten, vielmehr Besitzer und Bewirtschafter großer Landesteile sowie Verwalter der Einkünfte daraus wie auch der Einkünfte, die ihnen aus den auswärtigen Provinzen zuflossen.

Indem sich durch die ganze 18. Dynastie und mehr noch in der 19. und 20. Dynastie, der Ramessidenzeit, der Besitz der Tempel an Land dank königlicher Schenkungen, an Gold und Silber dank der Zuweisung aus Tributen und an Menschen dank der Überantwortung Gefangener von Generation zu Generation mehrte, kam schon allein das Tempelgut des Amun-Tempels zu Karnak mit seinem Besitz an Land, Einkünften, Edelmetallen und Menschen einem Staate im kleinen gleich.

Hinzu treten die thebanischen Totentempel der Könige, die sich an Ausmaßen und Dotation von Dynastie zu Dynastie steigerten; dazu die Bauten im ganzen Lande, wie die von Sethos I. in Abydos, von Ramses II. in Theben-Ost und in Nubien und andere.

So ist evident, daß die Tempelbetriebe im Mittelpunkt des Wirtschaftslebens standen, wobei sie aber weniger denn je nur geistliche Institutionen, sondern vielmehr sozusagen rein »weltlichen« Besitz an Land und den Einkünften daraus wie auch aus den Provinzen darstellten.

Wenn auch seit dem Anfang der 19. Dynastie die Reichshauptstadt in Unterägypten lag, so fiel dennoch ein unverhältnismäßig großer Teil der königlichen Schenkungen und Stiftungen an Theben und nicht an Auaris, die »Ramsesstadt«. So kamen nach dem berühmten Papyrus Harris aus der Zeit des Ramses III. von 107615 Menschen 86486 = 80% an Theben, von 2961 qkm Land 2393 qkm = wieder 80% an Theben. Lediglich die Menge des Goldes, die Theben erhielt, war beträchtlich geringer und betrug mit rund 34 kg der insgesamt rund 680 kg (= 3648,1 Deben) nur etwa 5%. Ein gefährlich großer Teil des ganzen Volksvermögens unterstand als Eigentum der Gottheit der unmittelbaren Verwaltung des Tempels.

Es kann nicht genug hervorgehoben werden, welch ein Gemisch von Irdischem und Geistlichem der Tempel vielseitig in sich vereinigte. »Religion und Kult, Grund und Menschenbesitz, Wirtschaft und Handel, Handwerk und Technik waren in der Hand Gottes, dem eigentlichen Besitzer, zusammengefaßt« (E. Otto).

Es ist mangels exakter Daten nicht festzulegen, welch großen Teil des – sozusagen – Volksvermögens der Gott zum Eigentum hatte und der Tempel verwaltete. Aber es bleibt der zwingende Schluß, daß eben dieses immense Vermögen mittelbar doch auch dem König dienen mußte, wenn anders nicht die enorme Mehrung des Tempelbesitzes eine für die Dynastie untragbare Verminderung des »Kronbesitzes« bedeuten sollte. »Beide Sphären, Königtum und Tempel, haben teil an dem, was wir Staat nennen, und sind beide in gleicher Weise letzten Endes religiös bestimmt; hinter dem wirtschaftlichen Verhältnis Königtum–Tempel steht das religiöse Verhältnis König–Gott« (E. Otto).

Wie das sorgfältig balancierte System zerriß, wenn einer der beiden Komponenten sich souverän entwickelt, sei es als absolute Monarchie, sei es als Theokratie, zeigte einerseits Echnatons Ketzerdespotismus und zeigt sich andererseits in der Spätzeit, bei Zerfall des Reiches, in der nun eintretenden Theokratie, wie sie in der 21. Dynastie unter dem Begriff des Gottesstaates des Amun erstand.

ZEIT DES KÖNIGS SETHOS I. (1304–1290)

XLVI, 217–220

IM GRAB (NR. 17) DES KÖNIGS SETHOS I. IM TAL DER KÖNIGSGRÄBER.

Im vorausgehenden ist bereits mehrfach auf dieses Grab hingewiesen, das, sowohl was seine Ausmaße von (bis Saal XIV) 100 m Länge als was die Pracht seiner größtenteils sehr wohlerhaltenen Ausstattung mit Wandreliefs und Wandmalereien betrifft, zu den hervorragendsten Gräbern im Bereich des Tales von Biban el-Muluk gehört. An seinen letzten, nicht mehr mit Bildern geschmückten und unzugänglichen Pfeilersaal XIV schließt noch ein 46 m langer Gang an, der offenbar zu weiteren noch zu eröffnenden aber im Bau nicht mehr in Angriff genommenen Sälen führen sollte.

Schon im Oktober 1817 wurde das Grab von dem italienischen Archäologen Giovanni Battista Belzoni aus Padua entdeckt, der, in London umfassend ausgebildet, seit 1815 in Ägypten als Forscher tätig war, 1817 auch noch den Tempel von Abu Simbel aus den Sandverwehungen freilegte und 1818 die Chephren-Pyramide zu Gise wieder geöffnet hat.

Im Grab des Königs Sethos I. ist in einer höchst eindrucksvollen und bei intensiverem Sichversenken in die zahllosen Bilder auch uns noch zugänglichen Form die Illustration der sich durch das ganze Grab ziehenden Texte der wichtigsten, oben S. 124 genannten Bücher über den Bereich der Toten, insbesondere aus dem *Buch von dem, was in der Unterwelt ist (Amduat)* und aus dem *Buch der Pforten und Höhlen* gegeben. Dazu kommen die künstlerisch vielfach hochstehenden Reliefs und Bilder, die den König vor den verschiedenen Gottheiten zeigen. Ihnen schließen sich endlich Darstellungen nach einer sehr alten Göttersage und symbolische Bilder wie die der Himmelskuh an.

Im einzelnen zeigt das Grab in seinen dreizehn zugänglichen Sälen und Korridoren (vgl. Abb. 51) folgendes:

Korridor I:

An der Decke schwebende Geier, an beiden Wänden Bilder gemäß dem Buch *Lobpreisung des Re* (vgl. S. 124).

Korridor II:

In der Nische der linken Wand die Darstellung des Sonnengottes in 37 verschiedenen Formen gemäß dem eben genannten Buch; dazu Texte aus *Buch von dem, was in der Unterwelt ist* und an beiden Wänden die feingearbeiteten Reliefs mit Isis (Taf. 220) und Nephthys.

Korridor III:

Links und rechts: Fahrt der Sonne in der 4. und in der 5. Nachtstunde, gemäß Kapitel 4 und 5 in *Buch von dem, was in der Unterwelt ist.*

Vorsaal IV:

Sethos I. vor verschiedenen Gottheiten.

Pfeilersaal V:

An der linken und rechten Wand eindrucksvolle Bilder aus dem Totenreich; dort Fahrt der Sonne durch den 4. Teil, hier durch den 5. Teil der Unterwelt, gemäß Kapitel 4 und 5 in *Buch der Pforten und Höhlen*, sowie an der Rückwand Sethos I. mit Horus vor dem thronenden Osiris und neben Hathor und weiteren Gottheiten. An der linken Wand unten noch die interessante Darstellung von Horus mit je vier Vertretern der »Vier Menschenrassen«: Ägypter, Asiaten (mit Spitzbart und in buntem Schurz), Neger und Libyer (tätowiert und mit Federn auf dem Kopf).

Zweipfeilersaal VI:

An den Pfeilern die ebenso technisch interessanten wie ausgezeichneten Vorzeichnungen zu nicht ausgeführten Reliefs des Königs vor verschiedenen Gottheiten (Taf. 219); an den Wänden: Fahrt der Sonne in der 9., 10. und 11. Nachtstunde, gemäß *Buch von dem, was in der Unterwelt ist*, Kapitel 9–11.

Korridore VII und VIII:

Darstellungen der »Mundöffnung« (vgl. das S. 111 Gesagte).

Vorsaal IX:

Stilistisch hervorragende, zum Teil noch farblich wohlerhaltene Reliefs mit dem König vor verschiedenen Gottheiten, wie Osiris, Hathor, Horus-Harsiesis, Isis, Anubis und anderen (vgl. Taf. 218).

Saal X:

Vorderer Pfeilersaal: An den sechs Pfeilern König Sethos I. vor Osiris-Chontamenti (Taf. XLVI) und ähnliche Bilder in feinen farbigen Reliefs. An den Wänden Darstellungen des Totenreiches, gemäß *Buch der Pforten und Höhlen.*

Hinterer, tiefer liegender Sarkophagraum:

Hier ehedem der Alabaster-Sarkophag des Königs, jetzt im Soane-Museum, London; die Mumie des Monarchen mit dem wundervoll erhaltenen feinen Kopf ist heute im Museum zu Kairo (Nr. 6350); hier auch der Deckel des Mumiensarges (Nr. 3881).

An der linken Wand des Sarkophagraumes: Sethos I., dem Harachte opfernd und darüber (in vier Reihen übereinander) die Fahrt der Sonne in der 1. Nachtstunde, gemäß Kapitel 1 in *Buch von dem, was in der Unterwelt ist* sowie am Wandende Mundöffnung an Sethos I.-Osiris durch Anubis.

An der Rückwand und an der rechten Wand die Fahrt der Sonne in der 2. bzw. 3. Nachtstunde, gemäß Kapitel 2 bzw. 3 in *Buch von dem, was in der Unterwelt ist.*

An der gewölbten Decke die Darstellung der Sternbilder, die von elf bzw. neun Göttern beiderseits begleitet werden (Taf. 217 oben).

Seitenraum XI:

Pforte und Sonnenfahrt im 3. Teil der Unterwelt, gemäß *Buch der Pforten und Höhlen*, Kapitel 3.

Seitenraum XII:

Gemäß einer alten Göttersage ist hier die Empörung der Menschen gegenüber dem Sonnengott, ihre Bestrafung und Errettung geschildert. An der Rückwand die vom Luftgott Schu gestützte Himmelskuh (Taf. 217 unten).

Seitenraum XIII (Opferkammer):

An der Eingangs- und rechten Wand, bzw. an der linken bzw. der Rückwand, die Fahrt der Sonne in der 6., 7. und 8. Nachtstunde, gemäß Kapitel 6, 7 und 8 in *Buch von dem, was in der Unterwelt ist.*

Raum XIV:

Unzugänglich; keine Darstellungen; von hier aus der Eingang zu dem oben erwähnten 46 m langen unvollendeten Korridor.

XLVI, 217–220

EINZELNE BILDER AUS DEM GRAB DES SETHOS I.

XLVI Aus Pfeilersaal X. Vom linken der beiden hinteren der sechs Pfeiler. König Sethos I. vor dem mumienförmigen Osiris-Chontamenti. Kalksteinrelief, bemalt.

Auf den sechs an allen ihren vier Seiten mit farbigen Reliefs versehenen Pfeilern des Saales X ist der Empfang des toten Königs durch die Götter, die sein jenseitiges Leben behüten und sichern wollen, dargestellt. Der König erscheint zwar immer in lebender Gestalt, ist aber durch den Namenszusatz »gerechtfertigt« als tot gekennzeichnet.

Das hier abgebildete Relief, dessen Bemalung besonders gut erhalten ist, stellt den König vor Osiris-Chontamenti (vgl. hierzu S. 134) dar. Während auf den anderen Pfeilerbildern des Saales X die begrüßenden Götter den König an der Hand ergreifen, ist das hier wegen der geschlossenen Form des Osiris nicht möglich. Nur die über den Gestalten geschriebenen Texte deuten die Verbundenheit von Gott und König an. Sie lauten: »*Der Osiris König Sethos I., der Gerechtfertigte, vor Osiris-Chontamenti.*« Osiris spricht: »*Ich gebe Dir die Ewigkeit wie Re, indem Du dauernd erscheinst im Himmel alltäglich.*« Hinter dem Gott eine Schutz- und Segensformel: »*Aller Schutz, Leben, Dauer, Heil ist hinter ihm wie (hinter) Re.*«

217 oben Aus der Decke des Sarkophagraumes hinter Pfeilersaal X: Astronomische Darstellung von Sternbildern, die auf der rechten Seite von neun, auf der linken von elf Göttern flankiert werden. Die Reihe auf der rechten Seite wird von Isis angeführt; ihr folgen die vier Horussöhne Amset, Hapi, Dua-Mutef und Kebech-Senuf, die ebenso die Vertreter der vier Himmelsrichtungen sind als die Schutzgenien der vier Kanopen, die die Eingeweide des mumifizierten Toten bergen (vgl. S. 116). Bei dem in Mitte der Sternbilddarstellungen wiedergegebenen Stier handelt es sich um das Sternbild des Großen Bären. Mit der Standfläche des Stiers ist ein Seil verbunden, das der falkenköpfige Dunanui mit beiden Händen straffzieht. Dieses Seil ist als Weltachse zu verstehen. Aller Wahrscheinlichkeit nach handelt es sich bei Dunanui um das Sternbild des Schwanes. Die übrigen Bilder, unter denen die

Nilpferdgöttin Hesamut und der löwengestaltige Neter-enti-imiuni besonders auffallen, sind als Sternkonstellationen noch nicht identifiziert.

217 unten Aus Raum XII: Die Göttliche Himmelskuh mit von Sternen besetztem Leib, zwischen ihren Vorder- und Hinterbeinen die beiden Sonnenbarken, deren vordere den Gott Re trägt. Schu, der Gott des Luftraumes, stützt den Leib der Himmelskuh; acht Genien, als Symbole der Himmelspfeiler, umfangen ihre Beine. Die Darstellung erschien zuerst im Grab des Königs Tutanchamun (vgl. S. 115); auch unter Ramses II. und Ramses III. ist sie wieder zu finden.

218 Aus Vorsaal IX des Pfeilersaales X: Sethos I. spendet einer Gottheit Wein in kugelig geformten Krügen. Kalkstein mit Spuren von Bemalung.

219 Vom vorderen der beiden Pfeiler im Zweipfeilersaal VI: König Sethos I. vor Maat, der Göttin der Wahrhaftigkeit und der Gerechtigkeit und dadurch Tochter des Re. Maat, hier Verkörperung der von König Sethos I. zu gewährleistenden gerechten Weltordnung, hält dem Herrscher das Zeichen »Leben« hin. Die unter das Haarband der Göttin gesteckte große Feder, ihr Attribut, ist gleichzeitig ihr Schriftzeichen. Entwurf und Linienführung sind überlegen sicher und voll Adel.

220 Linke Wand des II. Korridors: Göttin Isis, die Schwester und Gattin des Osiris. Überlebensgroß. Von dem die Göttin kennzeichnenden Schriftbildzeichen in Form eines Thronsitzes ist nur noch die untere Partie sichtbar. Isis gegenüber, an der rechten Wand, ihre Schwester Nephthys. Kalkstein mit Farbspuren.

Wiewohl einer späteren Zeit angehörend, sei unter Bezug auf die in den Königsgräbern zur Darstellung kommende Totenliteratur noch ein einschlägiges Werk gezeigt.

XLVII

Aus dem Totenpapyrus der Sängerin des Amun Djed-Maat-is-anch. Kairo, Museum. Spätzeit.

Die Vorstellungen über die Beschaffenheit des Jenseits haben die Ägypter seit je beschäftigt und wurden mit fortschreitender Zeit immer verwickelter und konkreter. Die Totenliteratur bildet einen erheblichen Teil des ägyptischen Schrifttums; sie besteht nicht nur aus Sprüchen, die dem Toten Hilfe gegen alle Gefahren bieten sollen, sondern auch aus Büchern eher lehrhaften Charakters, die die Jenseitstopographie schildern und die weiter oben bereits des mehreren erwähnt wurden (s. S. 124 und 129f). Der hier wiedergegebene sehr charakteristische, wenn auch späte Totenpapyrus illustriert mehrere Szenen vom Opfer der Toten an jenseitige Mächte.

Im Streifen oben links steht auf einer Balustrade vor einem Opferhaufen der Widdergott, eine häufige Darstellungsform der die Unterwelt durchziehenden Sonne; zwei eine Schlange tragende Dämonen bewegen sich auf ihn zu. Die rechte Szene zeigt die Tote selbst, wie sie über einem Opferhaufen vor sechs unbenannten tierköpfigen Gottheiten eine Libation ausschüttet. Im unteren Streifen, der die Fortsetzung des oberen ist, opfert die Tote zweimal vor zwei verschiedenen Formen des Osiris, hinter welchen jeweils Isis und Nephthys stehen, während der Zwischenraum wieder mit Dämonen gefüllt ist. Der Osiris rechts trägt die weiße, oberägyptische Krone und ist als »Osiris, Herr der Ewigkeit, Herrscher der Lebenden« bezeichnet; der linke, mit Widderhörnern und einer Kompositkrone geschmückt, wird »Osiris-Chontamenti, Herrscher des Lebens« genannt. Er ist der in Abydos von Anfang an verehrte Gott Chontamenti, der seit der 6. Dynastie mit Osiris in eins verschmolzen ist (vgl. auch S. 134).

Schon bei Besprechung der Thebanischen Felsengräber der 18. Dynastie (S. 91) ist darauf hingewiesen worden, daß sich in Theben auch noch eine große Zahl von mit Malereien geschmückten Felsengräbern aus der Zeit der 19. und 20. Dynastie findet. Aus ihren Reihen seien aus den Anfängen der 19. Dynastie zwei Gräber aufgeführt, deren Malereien vor ihrer Beschädigung zu den schönsten der Nekropole zählten.

221

Theben im Grab (Nr. 51) des Userhet, der unter König Sethos I. Oberpriester des Ka (der Wesenskraft) des Königs Thutmosis I. war.

Das Grab zeigt an der Westwand den Toten und seine Schwestern beim Opfer, im oberen Streifen vor Osiris, im unteren vor Thutmosis I. (mit schwarzer Hautfarbe). An der Nordwand die Labung, die der Tote in Gegenwart von Mutter und Gattin durch die Baumgöttin genießt, während zwei Seelenvögel am Rande eines Wasserbeckens Wasser trinken. Im schmalen Streifen darunter der Tote und seine Gemahlin links vor Osiris, rechts vor Anubis.

Über das Ganze ist Anmut, Eleganz und Festlichkeit gebreitet.

Dargestellt sind auf dem wiedergegebenen Ausschnitt Userhets Mutter Tawosret und seine Gattin Hatschepsut. Zusammen mit dem Verstorbenen erquicken sich beide Frauen unter dem im Bildausschnitt kaum mehr sichtbaren, von Vögeln belebten Sykomorenbaum, an der ihnen von der Baumgöttin gespendeten Labung, die sich in die erhobenen Becherschalen ergießt. Die Damen tragen Haarbänder und Schulterkragen aus Blütenblättern, ferner Zierarmbänder, Ohrschmuck und auf den langen Zierperücken Myrrhenkegel.

Gleichfalls der Sethos-I.-Zeit gehört das beschädigte Grab (Nr. 19) des Amenmose, des Hohenpriesters am Tempel des Königs Amenophis I., an. In einer Prozession zum Bild des vergöttlichten Herrschers, damit es Orakelfragen beantwortete, erscheinen am Ende des Zuges die Angehörigen des Grabinhabers. Nochmals beglückt die volle Beherrschung der Linie, die, gegen Ende der 18. Dynastie zu höchster Klarheit geführt, in diesem Grab noch gleichermaßen Meisterschaft, Sicherheit und Adel zeigt.

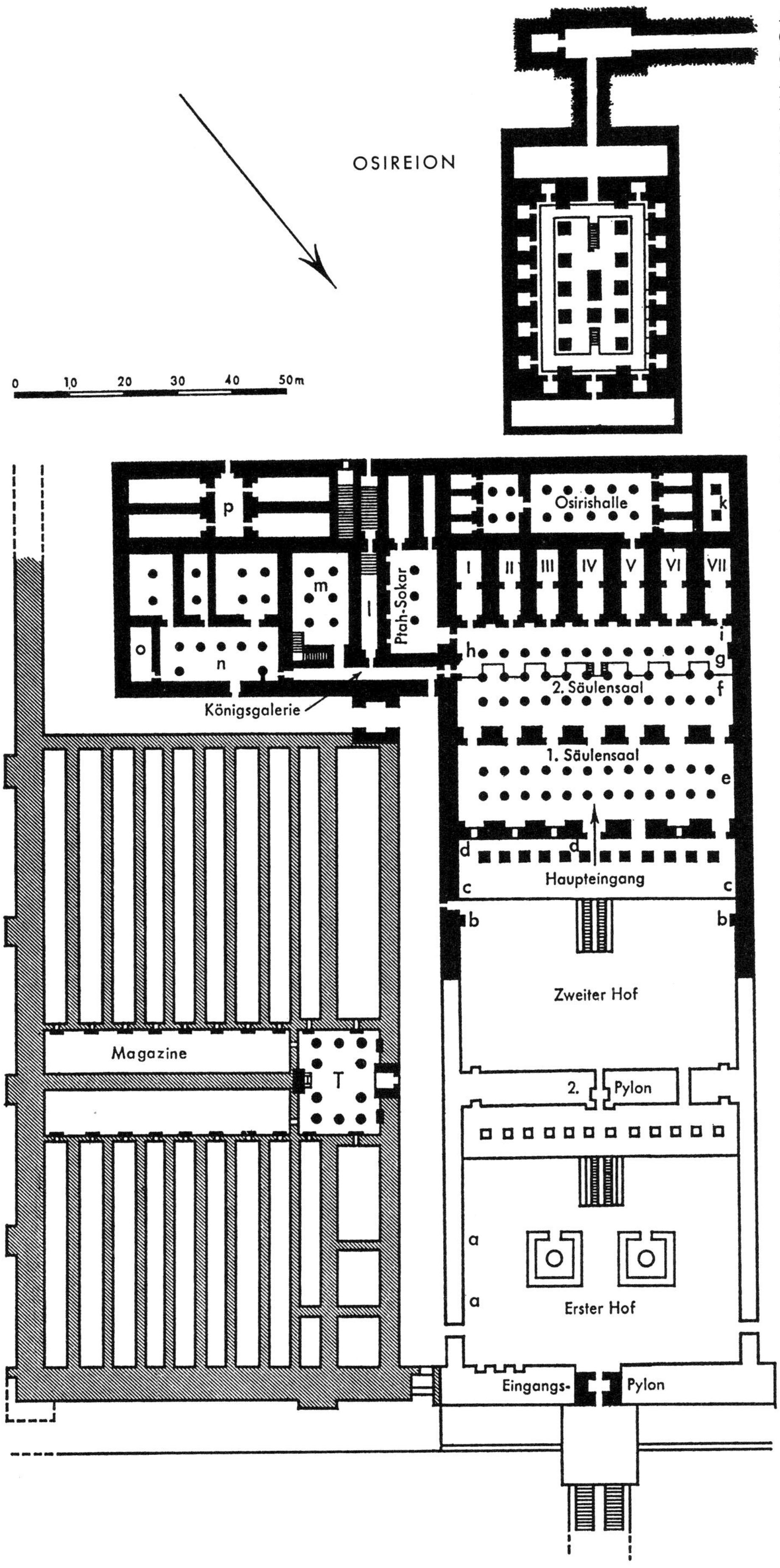

Abb. 54 Tempel des Königs Sethos I. und Osireion in Abydos.
Grundriß (1:1200)
An der Südostwand des Ersten Hofes (bei a) Darstellung der Schlacht bei Kadesch gegen die Hethiter (vgl. S. 125 und 141). Im Zweiten Hof, in der Zweiten Pfeilerhalle und im Ersten Säulensaal auf Ramses II. bezogene Inschriften und Szenen (b–e); die Inschrift über die Vollendung des Tempels durch Ramses II. bei d. Im Zweiten Säulensaal auf Sethos I. bezogene Reliefszenen (f–i) mit künstlerisch besonders bedeutendem Relief (bei i).
Anschließend an den 2. Säulensaal die sieben Kapellen, die für den Kult des als Gott verehrten Königs (I), des Ptah (II), des Re-Harachte (III), des Amun (IV), des Osiris (V), der Isis (VI) und des Horus (VII) bestimmt waren.
Hinter den Kapellen III–V die Große Osiris-Halle mit zehn Säulen und südöstlich von ihr die Kleine Osiris-Halle mit vier Säulen sowie drei Nebenräumen. Im Nordwesten an die Große Osiris-Halle anschließend die drei Kapellen für Horus (vorne), Osiris (Mitte) und Isis (hinten); in den beiden letzteren die in der Farbe am besten erhaltenen Reliefs. Hinter den drei Kapellen ein nie benützter kleiner Raum (k).
Im Südost-Flügelbau des Tempels die den Göttern Ptah-Sokar und Nefertem geweihte Halle mit drei Säulen, dann der zum Treppenhaus führende Gang (mit Ramses II. beim Stierfang und anderen Kultszenen), weiter der Barkensaal (m) mit sechs Säulen. Vor diesen dreien im Nordosten die Königsgalerie. Anschließend endlich gegen Südosten der Schlachthof-Komplex (n) und Brunnenraum (o). Dahinter und höher gelegen der Schatzraum-Komplex (p) mit fünf Räumen.
Südöstlich des eigentlichen Tempels die riesigen Magazine. Hierin (bei T) der Zehnsäulen-Raum, der zur Kontrolle des in die Magazine Eingelegten diente.

Im Südwesten vor dem Tempel das OSIREION. Vom Eingangstor führte ein 110 m langer, überdeckter Schräggang zum Vorraum, von diesem ein kurzer Gang zum Vorderen Quersaal. An ihn anschließend der Zentrale Saal, dessen Gegenstück der leere hintere Quersaal ist. Um ihn ringsum ein Wassergraben, in den siebzehn Kammern münden. In der Mittelachse des Saales deuten zwei Bodeneintiefungen (schwarz) die Stellen an, wo ehedem vermutlich der Schein-Sarkophag und der Schein-Kanopenschrein des Königs Sethos I. standen, wie ja eben der ganze Bau das Scheingrab des Königs ist.
Gemäß einem alten Schöpfungsmythos, dem seinerseits die Vorstellung des alljährlich aus den Wassern der Nilüberschwemmung wieder auftauchenden Landes zugrunde liegt, symbolisieren Saal und umgebender Wassergraben im Osireion den »Urhügel« der Weltschöpfung, der vom »Urozean« (»Nun«) umspült wird.
In seiner Gesamtheit stellt das sog. Osireion das Kenotaphion dar, eben den für den Ka des Toten bestimmten Raum, von dem aus der Tote an den Osirismysterien teilnehmen konnte und seine Seele, wenn die Osiris-Prozession vorbeizog, in deren Tragbarke aufgenommen, mit dem Gott die Auferstehung erlebte.

222–229, XLVIII–LI

Tempel des Königs Sethos I. in Abydos

Der seit den Tagen des griechischen Geographen Strabo als Memnonion bekannte, 1859 wieder freigelegte Tempel ist zum Teil aus festem Kalkstein, zum Teil aus Sandstein gebaut. Seine Wände mit den wertvollen Reliefs sind aus feinem Kalkstein gefügt.

Der Grundriß des Tempels (Abb. 54) stellt eine Sonderlösung dar zufolge des Umstandes, daß er, als wichtigsten Teil seiner Kulte, sieben nebeneinander gereihte Kapellen besitzt. Ihre erste (von Südosten her) diente dem Kult des als Gott verehrten Königs Sethos I., ihre zweite dem Kult des Ptah, des Schöpfergottes von Memphis, ihre dritte dem Kult des Re-Harachte (Taf. 227). Die mittelste, vierte, der sieben Kapellen war dem Kult des obersten Gottes Amun geweiht; die anschließende fünfte dem Kult des Totengottes Osiris, die sechste dem Kult seiner Schwestergemahlin Isis; die siebente (nordwestlichste) dem Kult des Horus, des Sohnes von Osiris und Isis.

Der Grundriß ist weiterhin kompliziert, dadurch daß an den eigentlichen Tempel mit seinen sieben Kapellen noch ein südöstlicher Seitenflügel ansetzt mit Räumen, die weiteren Gottheiten, wie dem Ptah-Sokar und dem Nefertem, geweiht waren oder sonst mit dem Tempeldienst zusammenhingen.

Ein nach Nordosten gewandter Pylon, der gänzlich verfallen ist, führte zu dem gleichfalls zerstörten Ersten Hof. Gegen Südwesten hatte ihn eine Pfeilerhalle abgeschlossen, die, etwas erhöht liegend, mittels einer Rampe zugänglich war. Im Niveau dieser ersten Pfeilerhalle lag der Zweite Hof, von dem aus wieder eine Rampe zu der Plattform heraufführte, auf der die gesamte weitere Tempelanlage gebaut war.

Diese eigentliche Tempelanlage ist eingeleitet durch eine Zweite Pfeilerhalle, die zugleich den Abschluß des Zweiten Hofes bildet (Taf. 222). In der ursprünglichen Fassung öffnete sich diese Zweite Pfeilerhalle mit sieben Portalen gegen den Ersten Säulensaal. Durch diese sieben Öffnungen sollten bei feierlichen Aufzügen die Prozessionen ihren Weg nehmen, die nebeneinander zu den Kapellen des Gott-Königs und der sechs anderen oben genannten Gottheiten zogen. Schon unter Ramses II. wurden die sechs seitlichen Portale vermauert und nur das mittlere blieb geöffnet.

Der Erste Säulensaal, den man von der Zweiten Pfeilerhalle her betritt, besitzt in seiner Tiefenausdehnung nur zwei Reihen von Papyrosbündelsäulen mit Knospenkapitellen. Dagegen ist, wie so oft bei den Säulensälen der ägyptischen Architektur, die Transversalausdehnung eine sehr beträchtliche. Jede der beiden Säulenreihen besitzt zwölf Glieder. Seitlich der äußeren Säulen und zwischen den sechs Säulenpaaren ergaben sich die sieben Durchgänge für die Prozessionen.

Entsprechendes gilt für den Zweiten Säulensaal, nur daß die Tiefe dieses Säulensaales drei Säulenreihen umfaßt (Taf. 223), wobei die Säulen der beiden ersten Reihen gleich denen des Ersten Säulensaales geformt, die der letzten Reihe jedoch als kapitellose Baumstammsäulen gebildet sind, allerdings mit nach oben abschließender Abakusplatte und mit Rundscheibe als Basis. Diese letztere Reihe wie auch die anschließenden Tempelräume sind um eine Stufe erhöht gelegen. In der Wand, die den Ersten Säulensaal vom Zweiten trennt, sind sieben Türen, entsprechend den originalen sieben Toren der Tempeleingangswand, belassen.

An den Zweiten Säulensaal schließen die sieben oben genannten Kapellen an. In ihnen stand je eine Barke der Gottheit, deren Kult sie dienten. Reliefs, zum Teil noch mit gut erhaltener Bemalung, schmücken die Wände aller Kapellen. Sie wetteifern an Adel des Stils mit denen an der Nordwest-Schmalwand des Zweiten Säulensaals und mit den noch zu besprechenden Reliefs der drei kleinen Kapellen seitlich der inneren Osiris-Halle.

Hinter der genannten Reihe der sieben Kapellen erreicht man durch die Türe an der rückwärtigen Wand der Osiriskapelle eine die ganze Breite der Südwestseite des Tempels einnehmende Flucht von Räumen, die noch im besonderen dem Kult des Osiris galten. Die mittlere Halle mit zehn Säulen öffnet sich nach Nordwesten in drei kleine Kapellenräume, deren hintere der Isis, deren mittlere dem Osiris und deren vordere dem Horus geweiht war. Die noch gut in Farbe erhaltenen feinen Reliefs zeigen: In der Osiris-Kapelle: Sethos I.-Osiris vor der Göttin Isis und dem Jun-Mutef-Priester (Taf. 228/XLVIII), Sethos I.-Osiris und Gott Thot (Taf. LI), König Sethos I. vor dem Gott Upuaut (Taf. 229) sowie drei andere Szenen; in der Isis-Kapelle: König Sethos I. mit Opfergaben vor der Göttin Isis (Taf. L u. XLIX) sowie fünf weitere Szenen; endlich sechs weniger gut erhaltene Reliefs in der Horus-Kapelle.

Vom Zweiten Säulensaal gelangt man südöstlich in die große Halle, die dem Ptah-Sokar, dem Totengott von Memphis, und dem Nefertem, dem jugendlichen Sohn des Ptah, geweiht war (Taf. 225/226). Eine weitere Tür aus dem Zweiten Säulensaal führt in die Königsgalerie, die die Liste der ägyptischen Könige von Menes bis Sethos I. enthält. Von hier erreicht man einen schmalen, zu einer Treppe leitenden Korridor mit

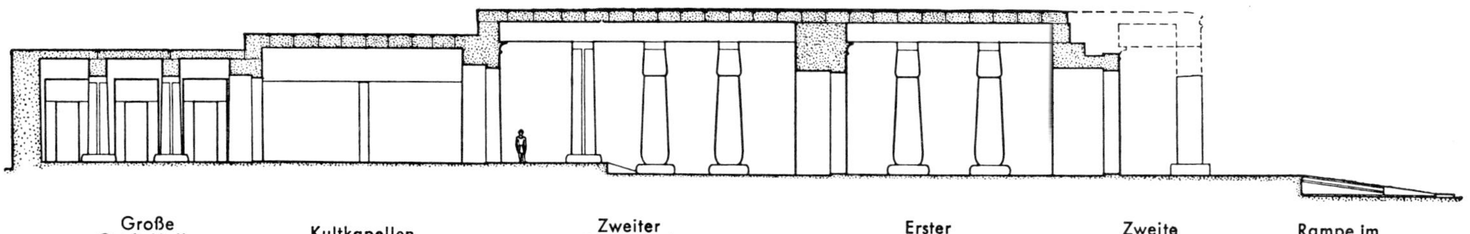

Abb. 55 Medianer Längsschnitt durch den Tempel des Königs Sethos I. in Abydos (etwa 1:475)

der Darstellung des jugendlichen Ramses II. und eines Prinzen beim Stierfang (Taf. 224), sowie eine sechssäulige Halle mit Bänken für die Opfergaben. Von den übrigen Räumen sei nur noch der Schlachthof für die Opfertiere genannt.

Über die Pracht der Ausstattung des Tempels gibt ein Dekret Kunde, aus dem nachstehende Stellen entnommen seien:

»*Du* (Sethos I.) *hast seinen* (des Gottes) *Tempel wie den Himmelshorizont erbaut, indem sein Glanz ins Gesicht strahlt. Die Kultbilder des thinitischen Gaues sind aus Gold und die Götterfiguren ruhen an ihrem Platz, ihre Gestalten sind richtig wie zur Zeit des Re; Edelsteine sind in ihre Barken eingefügt... Ein »Palast«* (der eigentliche Tempel) *ist darin, sehr geschmückt mit echtem Djam-Gold vom besten der Fremdländer. Sieht man ihn, so jubeln die Herzen und alle geben ihm Lobpreis. Denn seine Macht gibt ihm Ansehen wie dem Horizont des Re, wenn er aufgeht. Eine Treppe ist darin aus Silbererde, die glänzt, wenn man sie anblickt. Seine sehr großen Türen sind aus Holz vom Libanon, wobei ihre Füllung mit Djam-Gold vergoldet ist, mit Kupfer auf ihrer Rückseite beschlagen. Die großen Pylone sind aus Kalkstein von Turra, die Durchgänge aus Granit. Ihre Schönheit vereinigt sich mit der Höhe des Himmels und sie (verbrüdern sich) mit Re im Horizont. Ein Teich ist vor ihm wie das Meer, ohne daß man beim Betrachten seinen Umfang erkennt, klar wie die Farbe des Lapislazuli. Seine Mitte ist Papyros und Schilf und Blumen der Wasserrosen im Überfluß täglich; ein Vogelschwarm kommt herab zum Sich-ergehen, – umgeben mit Bäumen, die sich dem Himmel vereinen, indem sie gewachsen sind wie die Zeder auf ihrem Bergland...*«

Zitiert nach E. Otto, Osiris und Amun, München 1966

Im Südwesten hinter dem Tempel liegt das sog. Osireion, das indes nicht das Grab des Osiris, sondern ein reich ausgestattetes Scheingrab des Königs Sethos I. ist. Der König selbst lag ja im Tal der Königsgräber bestattet, aber es kennzeichnet die religiöse Bedeutung von Abydos, daß Sethos I. auch hier ein Grab haben wollte.

Abydos, eine der ältesten Städte Ägyptens, war in den Tagen der 1. und 2. Dynastie die Begräbnisstätte der Könige wie auch der höchsten Würdenträger des Reiches. In dieser nahe Abydos gelegenen Nekropole, wie auch in Abydos selbst, wurde der die Nekropole beschützende hundegestaltige Gott Chontamenti, »der erste Bewohner des Westreichs«, d. i. der Toten, verehrt, der hier auch einen Tempel besaß. Schon in der Frühzeit des Alten Reiches drang der Kult des Osiris in Abydos ein, wiewohl sein Kult ursprünglich ganz im Norden des Reiches, im Nildelta, seinen Ursprung hatte. Im Laufe der 6. Dynastie sollte dann das Bild des Osiris mit dem des alten Gottes Chontamenti von Abydos verschmelzen und Osiris auch Besitz von dem alten Tempel des Chontamenti ergreifen. In die unmittelbare Nähe von Abydos, dorthin, wo sich – etwa $1\frac{1}{2}$ km südwestlich des kleinen, fein gearbeiteten Totentempels, den der junge König Ramses II. seinem Vater und sich, sowie der Götterdreiheit Osiris, Isis und Horus errichtet hat – der Hügel von Umm el-Ga'ab erhebt, wurde auch das Grab des Osiris, des Herrn der Westlichen verlegt. Es ist die Stelle, die, wie oben gesagt, die Begräbnisstätte der 1. und 2. Dynastie gewesen ist. In ihrer Nähe beigesetzt zu werden, war seit der 6. Dynastie der Wunsch und Wille der gläubigen Ägypter aller Landesteile. »Beim Grabe des Osiris die letzte Ruhestätte zu finden oder seine Leiche zur Weihe zeitweilig hinschaffen zu lassen, wenigstens aber sich durch ein Kenotaph oder einen Denkstein der Gnade des Osiris, des Herrn der Unterwelt, zu empfehlen, galt als höchstes Glück« (G. Steindorff).

222/223

Zur Architektur des Tempels. Zweite Pfeilerhalle und Zweiter Säulensaal.

222 Zweite Pfeilerhalle an der Südwestseite des II. Hofes.

Links des Pfeilers im Bild rechts zieht der Gang in der Mitte der aus zwölf vierkantigen Pfeilern gebildeten Halle. Die bildlichen Darstellungen an den Pfeilern zeigen, in versenktem Relief, König Ramses II. vor verschiedenen Gottheiten. Er hat den Bau nach dem Tode seines Vaters Sethos I., allerdings in erheblich derberer Ausschmückung, weitergeführt.

223 Blick durch die Zweite Säulenhalle von nahe der Nordecke aus.

Der Blick zieht an der Nordostwand der Säulenhalle vorbei und streift durch die drei Reihen von Säulen, die zu je zwölf die Decke tragen. Während die leicht konisch zulaufenden Säulen der beiden vorderen Reihen sog. geschlossene Kapitelle und Abakus darüber besitzen, sind die Säulen der hintersten Reihe, die auf einer durchlaufenden stufenartigen Erhebung des Saales stehen, sog. Baumstammsäulen, die auf zylindrischem Schaft unvermittelt den Abakus tragen. Eine davon ist im Bildhintergrund nächst der vordersten Säule zu sehen. Die den Säulen bzw. deren Abakus aufliegenden Architrave ziehen in der (kurzen) Längsrichtung des Saales. Sie tragen ihrerseits dessen Deckplatten.

224

Durchgangsraum hinter der Nefertem- und Ptah-Sokar-Halle, Nordwestwand. König und Prinz beim Stierfang.

Der Stier ist zum Opfer für den wolfsköpfigen Totengott Upuaut von Siut (»Lykopolis«) (vgl. Taf. 229) bestimmt. Der junge Ramses II. hat dem schlanken Bullen die Fangleine über die Hörner geworfen, der Prinz ist bemüht, das widerstrebende Tier durch Drehen des gepackten Schwanzes zu bezwingen. Der König trägt die unterägyptische Krone mit Bändern, über ihm schwebt der göttliche Schutzfalke mit dem Ewigkeitssiegel, von dem »Leben« und »Wohlergehen« für den Herrscher herabstrahlen. Die lebendige Darstellung in versenktem Relief entstammt bereits der Zeit des Königs Ramses II., des Vollenders des Totentempels seines Vaters noch zu dessen Lebzeiten.

225/226

Halle des Nefertem und des Ptah-Sokar. Blick aus Süden auf die Nordwestwand, die an das Heiligtum für den König grenzt.

225 König Sethos I. räuchert und spendet dem Ptah-Sokar, dem Totengott der memphitischen Nekropole, der in einem der Reliefbilder die hohe Kegelkrone mit seitlich angebrachten Federn trägt, die dem Totengott Osiris eigen ist. König Sethos ist mit verschiedenen Kopfbedeckungen dargestellt. Im Relief links (vgl. hierzu Taf. 226) trägt er die gewöhnliche Königshaube, in dem rechts die Blaue Krone.

226 Der König vor dem Gott Sokar. Sethos I. hebt mit der Linken den in einen Falkenkopf auslaufenden Räucherarm mit Weihrauchnapf und einer von einer Hand gehaltenen Pfanne, aus der Düfte aufsteigen. Mit der Rechten gießt er aus einem Spendenkrug Wasser über die auf einen Altarständer gelegten gebündelten Wasserrosen. An der Seite des Thronsitzes des Gottes Sokar ist das Sinnbild der Vereinigung der beiden Länder Ägyptens angebracht; auf dem Sockel darunter wechseln die Zeichen »Leben«, »Wohlergehen« und »Dauern«, die gruppenweise auf das Zeichen für »Alles« gestellt sind, so daß jeweils »Alles Dauern und Wohlergehen« bzw. »Alles Leben und Wohlergehen« zu lesen ist. Der falkenköpfige Sokar reicht dem König mit seiner Linken das Symbol für »Alles«.

227

Reliefs aus der Kapelle des Re-Harachte. Der König vor dem Allgott Atum.

Der König, der hier mit der Beutelhaubenkrone dargestellt ist, hält seine Hände an die Doppelkrone des Allgottes von Heliopolis, der ihm Leben und Wohlergehen reicht.

228, XLVIII–LI, 229

Reliefs aus den Kapellen nordwestlich der inneren Osiris-Halle.

228/XLVIII

Osiris-kapelle: König Sethos I. als Osiris, vor ihm der Weihrauch spendende Jun-Mutef-Priester und die Göttin Isis.

In dem dem Gott Osiris geweihten Teil des Tempels tritt uns meist der König in seiner nach dem Tode erreichten Wesensgleichheit mit dem Gott als Osiris-Sethos I. entgegen. Er hat die Erscheinungsform des Gottes mit dessen Attributen und Krone angenommen und ist nicht mehr der Spender des Kultes, sondern sein Empfänger (vgl. auch Taf. LI). Als solcher empfängt er hier eine Weihrauchspende durch den Jun-Mutef-Priester. Dessen Titel bedeutet wörtlich übersetzt: »Pfeiler seiner Mutter« und bezeichnet ursprünglich wohl einen Gott, dessen Funktion vielleicht das Tragen der mütterlichen Himmelsgöttin war. Doch tritt dieses sein ursprüngliches Wesen zurück hinter dem eines göttlichen Priesters. Als solcher gewinnt er Verwandtschaft mit Horus, als dem für seinen Vater – priesterlich – handelnden Gott, weswegen er oft, wie hier, die Jugendlocke trägt. Andererseits verbindet ihn seine Funktion mit dem im Ritual handelnden Priester Sem, von dem er das Pantherfell übernommen hat. Ihm folgt in der Reliefdarstellung die Göttin Isis, die hier, als göttliche Musikantin, die Kulthandlung mit dem Schütteln des Sistrum und dem Klappern des Menat (einer Metallkette) begleitet.

Durch die den Kult ausübenden göttlichen Gestalten, Jun-Mutef und Isis, ist die Szene in eine göttliche Sphäre erhoben. Die Beischriften der Handelnden bezeichnen ihre Tätigkeit. So steht vor Jun-Mutef: »*Weihräuchern dem König Men-Maat-Re* (d. i. Sethos I.), *der mit Leben beschenkt ist*«; bei Isis: »*Sistrum-Schütteln vor deinem schönen Antlitz, ewig, ewig.*« Über dem Jun-Mutef ist der zur Handlung gehörige Spruch, wie er auch sonst aus Ritualen überliefert ist, geschrieben: »*Es kommt der Weihrauch, es kommt der Gottesduft, es kommt sein Duft zu dir, Herr der beiden Länder, Men-Maat-Re.*«

XLIX/L

Isis-Kapelle: König Sethos I. mit Opfergaben vor der Göttin Isis.

Dargestellt ist ein Speiseopfer vor der Göttin, deren Bild und deren Barke in diesem Raum aufgestellt waren. Sie sitzt auf dem einfachen würfelförmigen Thron und hält Heil-Zepter und Lebenszeichen in ihren Händen. Der König reicht ihr auf einem wie eine Matte gestalteten Tablett die Opferspeisen. Unter den Armen des Königs ist in senkrechter Schriftzeile die Handlung bezeichnet: »*Opfer-Darreichen (des Sethos I.-Osiris) seiner Mutter Isis, damit er mit Leben beschenkt sei.*« Vor der Göttin stehen ihre Dankesworte: »*Ich gebe dir Gewalt über die Südländer und Sieg über das Nordland.*« Die vom König gesprochenen Worte stehen in kurzen senkrechten Zeilen über der Szene und unterscheiden sich von den sonst (z. B. Taf. 226, 229 u. a.) an derartiger Stelle geschriebenen Ritualsprüchen dadurch, daß sie eine Aufforderung des Königs an das Volk enthalten: »*Gesprochen vom König zu seiner Mutter Isis im Tempel des Men-Maat-Re: Kommt, ihr Untertanen, Opfer darzubringen der Isis. Denn alles Leben ist bei dir und alle Stärke ist bei dir!*« Über dem König stehen seine Titel. Die über ihm schwebende Geiergöttin trägt merkwürdigerweise den Namen der Schlangengöttin Uto.

LI

Osiris-Kapelle: Sethos I.-Osiris und der Gott Thot.

Wie auf dem Relief der Taf. 228 ist hier der mit Osiris wesensgleiche König Sethos I. der Empfänger der Kulthandlung, indes ein Gott, hier der ibisköpfige Thot, der kultisch Handelnde ist. Hinter dem als Osiris dargestellten König findet sich eine Gruppe von Symbolen, die man wohl als eine aus verschiedenen Elementen zusammengefügte Darstellung von Sinnbildern der Königsmacht auffassen darf: ein Name des Königs, in eine rechteckige Schildfläche geschrieben, wird von Horus-Re bekrönt und von dem Schriftzeichen Ka (d. i. Lebensmacht) getragen. Dieser Ka ruht auf einer sog. Standarte, die ihrerseits mit zwei menschlichen Armen versehen ist; der rechte Arm trägt eine Straußenfeder, die zugleich das Schriftzeichen für Wahrheit und Gerechtigkeit ist, der linke Arm faßt einen sog. Gottesstab, d. h. einen mit einem Gotteskopf gekrönten Stab, auf dem sich wiederum ein Ka-Zeichen sowie eine Binse befinden. Diese Zeichengruppe soll Königs-Ka, d. h. Lebensmacht des Königs, bedeuten.

Der Gott Thot hält dem Sethos I.-Osiris mit der Rechten das Zeichen »Leben« an die Nase, in der Linken trägt er zwei Stäbe, die in die sog. Wappenpflanzen von Ober- und Unterägypten münden und auf denen zwei Uräusschlangen mit der ober- bzw. unterägyptischen Krone sitzen. Die Schriftzeile vor dem Gott besagt: »*Ich gebe dir Leben an deine Nase und die beiden Uräen für dein schönes Antlitz.*«

Die Szene stellt eine Wiederbelebung und Neuermächtigung des toten Osiris-Sethos dar. Dies bezeugt auch der über dem Gott aufgeschriebene, von ihm gesprochene Text: »*Es spricht Thot, der Herr von Hermopolis: Empfange dir das Leben, du guter Gott, Horus, der in Theben erschienen ist* (einer der Namen des Königs)*! Die südliche und die nördliche Krone mögen bleiben auf deinem Haupte, und die beiden Länder sollen vereinigt sein für deine Bedürfnisse. Was Re mit eigenem Munde gesagt hat, ist: Du aber bist der Sohn auf dem Throne seines Vaters, der König von Ober- und Unterägypten, der nicht seinesgleichen hat.*«

229 Osiriskapelle: König Sethos I. empfängt von dem schakalköpfigen Gott Upuaut die Herrschaftsinsignien.

Der König mit der Doppelkrone geschmückt und in reicher Ritualtracht. In der linken Hand die birnenförmige Keule haltend, die rechte erhoben, steht er vor dem Gott Upuaut, dem »Wegeöffner«, einem alten Königsgott. Der Gott überreicht dem König den Krummstab und die sogenannte Geißel als Herrschaftsinsignien. Der Begleittext lautet:

»*Gesprochen von dem oberägyptischen Upuaut, dem Leiter der beiden Länder, zu Gaste im Tempel des Men-Maat-Re* (d. i. Sethos I.)*: Ich komme zu dir mit Leben und Heil; mögest du dich verjüngen wie Horus als König. Ich überweise dir den Krummstab (und) das herrliche Amt des Wennofer* (= Osiris)*. Dein Name möge unzerstörbar sein wegen dessen, was du getan hast. Solange der Himmel dauert, solange sollst du dauern.*«

Diese Herrschaftsübergabe ist eine Art Neubestätigung im Königtum des Osiris, vollzogen für den toten König.

KARNAK. DER TEMPEL DES REICHSGOTTES AMUN UND DIE TEMPEL VON MUT UND CHONS

230/231, LII/LIII, vgl. auch 126, 134, 136–139

Der Tempel des Reichsgottes Amun in Karnak

Im Gegensatz zu anderen großen Tempelbauten, die mehr oder minder auf Grund eines einheitlichen Planes geschaffen sind, stellt der dem Reichsgott Amun-Re, »dem König der Götter, dem Herrn der Throne der beiden Länder«, also dem Gott des Reiches Ägypten geweihte Tempel in Karnak eine Summe von Bauideen und Bauten dar, deren Anfänge bis in die 11. Dynastie des Mittleren Reiches zurückgehen und bis in die Zeit der Ptolemäer und selbst der römischen Kaiser hinaufführen.

Daß letzten Endes der Tempelbereich von Karnak auch den Kult der Gemahlin des Amun, der Geiergöttin Mut, wie auch den des Chons, des Sohnes von Amun und Mut, umfaßte, und so auch hier wie im Amun-Mut-Chons-Tempel zu Theben-Ost/Luxor die Götterdreiheit ihre Verehrung genoß, sei schon hier angedeutet.

Es steht fest, daß schon unter dem ersten König der 11. Dynastie, Mentuhotep Nebhepet-Re (S. 68) der Grundstein des späteren Amun-Tempels von Karnak gelegt wurde. Wenn auch archäologisch von diesen Anfängen nichts mehr bekannt ist, taucht doch auf einer Stele aus Kurna, die der Zeit des genannten Königs entstammen dürfte, der Name des Tempels auf.

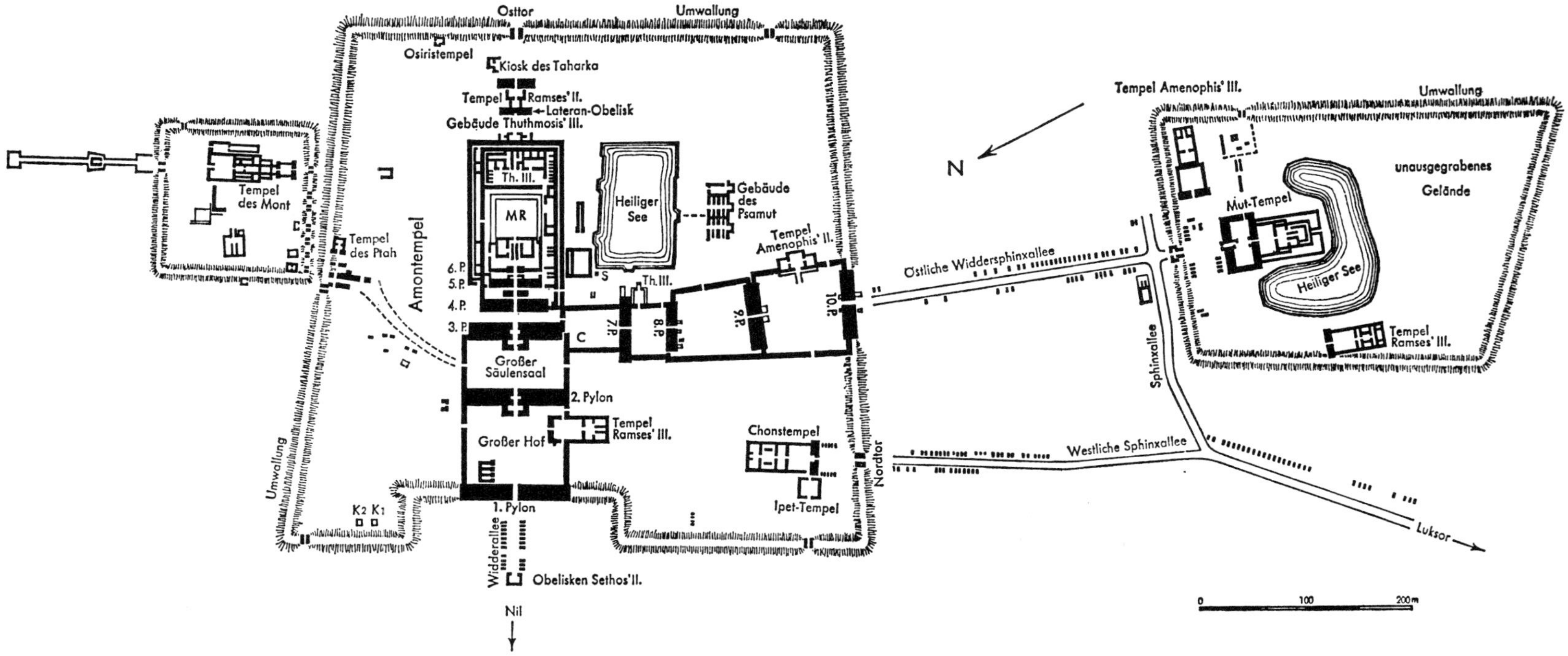

Abb. 56 Der Reichstempel zu Karnak und die ihm angeschlossenen Tempelbereiche

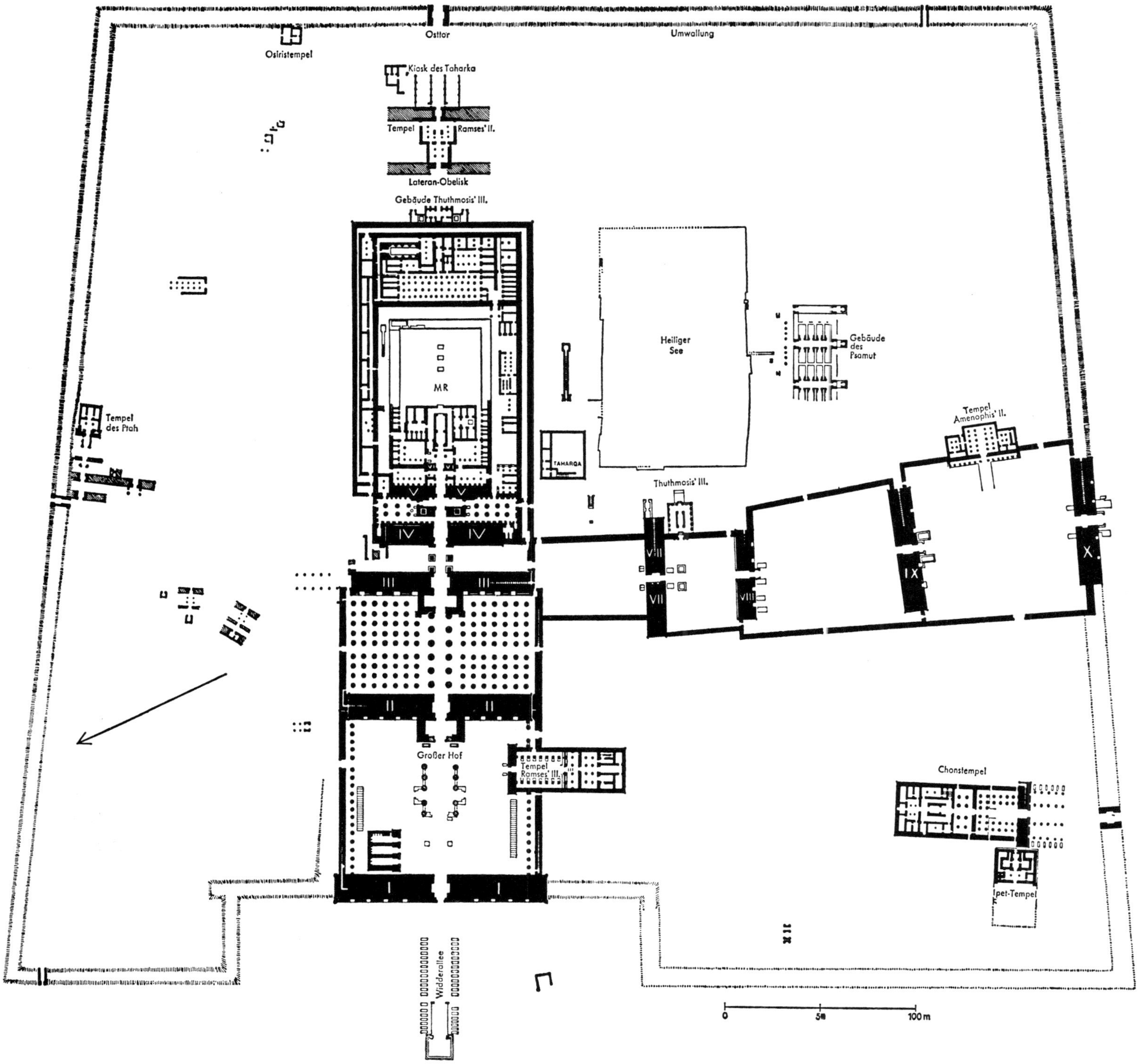

Abb. 57 Der Reichstempel zu Karnak

Von der Schöpfung der 12. Dynastie sind nur geringe Reste auf uns gekommen. Der eigentliche große Tempel des Mittleren Reiches, der eine Fläche von mehr als vierzig Metern im Quadrat innehatte, ist heute nahezu völlig verschwunden. Nur der von ihm ehedem eingenommene Raum ist noch erkennbar. Ein Heiligtum für die Heilige Barke des Amun aus der Zeit von König Sesostris I. (Taf. 90–92), das nicht in direktem Zusammenhang mit dem Tempel selbst stand (S. 72), konnte neu zusammengestellt werden.

An der Erweiterung der ursprünglichen Tempelanlage weiterzubauen war, nach Vertreibung der Hyksos, der Ehrgeiz der Könige von der 17. Dynastie an. Dies um so mehr, als Amun jetzt Reichsgott und sein Tempel Reichsheiligtum geworden waren.

Aus der Zeit des Königs Amenophis I. ist in Karnak nur das kleine Alabaster-Heiligtum (Taf. 123–125) erhalten, das aus Trümmern wieder hergestellt werden konnte. Es war, wie auch das oben erwähnte aus der Zeit von Sesostris I., an einer Stelle errichtet, nahe der später die vom Ostflügel des Pylon VII gegen den Pylon IV ziehende Mauer verlief.

Deutlicher verfolgbar ist die schon beträchtliche Bautätigkeit des Königs Thutmosis I. Er umgab die gesamte Tempelanlage aus der Zeit der 12. Dynastie mit einer einheitlichen Mauer und schloß diese im Westen mit dem sog. Pylon IV ab (wobei die den Pylonen gegebene Zahl lediglich die Reihenfolge der Pylone von Westen her kennzeichnet, nicht aber ihre zeitliche Entstehung). Vor dem Torgang dieses Pylon IV gegen Westen hat Thutmosis I. die beiden Obelisken errichtet, deren südlicher heute noch steht (Taf. 126). Zu ihnen fügte Thutmosis III. noch zwei weitere, nicht mehr vorhandene. Nach Westen schließt sich in knappem Abstand der Pylon III an, den aber erst Amenophis III. schaffen ließ.

Königin Hatschepsut hat in dem Feld zwischen den beiden Pylonen IV und V, welch letzteren auch schon Thutmosis I. erbaut hatte, zu seiten des Durchgangs zwischen den Toren dieser beiden Pylone die zwei Obelisken errichtet, die die größten in Karnak sind. Der nördliche (Taf. 126) steht heute noch, der ehedem südliche liegt in einem großen Bruchstück (Taf. 134) nahe dem Heiligen See. In dem Zwischenfeld zwischen Pylon IV und V hatte bereits Thutmosis I., also schon ehe Hatschepsut ihre Obelisken hatte aufstellen lassen, einen Säulenhof aus Holzsäulen, die ein Holzdach trugen, errichtet. In seiner späteren Fassung geht dieser nunmehr aus Steinsäulen und mit Steindach erbaute Säulenhof mit nachträglich hier aufgestellten Statuen von Thutmosis I. auf Thutmosis III. zurück. Von diesem König ist auch der Pylon VI errichtet worden.

Als innersten nach Süden gewandten Pylon hat Thutmosis III. den Pylon VII errichtet. Es ist der Pylon, der auf der Südwand seines westlichen Turmes das grandiose Relief mit der Darstellung des die Asiaten schlagenden königlichen Helden trägt (Taf. 139). Mit dem Tor dieses Pylon öffnet sich der Weg zu dem am Heiligen See Ischeru gelegenen Tempel der Geiergöttin Mut, der Gemahlin des Götterkönigs und Reichsgottes Amun, der Mutter des Chons. Ihr heute stark zerstörter Tempel geht auf Amenophis III. zurück, wenn auch die Anlage als solche sicher schon bis in die Anfänge der 18. Dynastie hinauf datiert. Offenbar wesentlich weiter zurück, aber weder inschriftlich noch archäologisch faßbar, reicht der Chons-Tempel, der bereits während des Mittleren Reiches einen ersten Vorläufer hatte.

In Richtung Süden und auf dem Weg zum Mut-Tempel folgen dem genannten nördlichsten Pylon VII noch drei weitere Pylone: Pylon VIII, erbaut von Königin Hatschepsut, wohlerhalten und an beiden Fronten mit feinen Reliefs aus der Zeit der Königin, deren Name und Gestalt allerdings vielfach durch Thutmosis II. ersetzt ist, geschmückt. An seiner Südfront ist wieder eine Darstellung mit der Niederschlagung der Feinde, hier durch Amenophis II. Die südlichsten Pylone IX und X sind durch Haremhab errichtet, großenteils aus Steinen niedergerissener Bauten von Amenophis IV., dem nachmaligen Echnaton.

Daß wir uns auf der ganzen Bahn vom Südtor, aus dem sog. Mittelhof zwischen Pylon III und IV bis zum Pylon X, den Weg gesäumt zu denken haben mit Statuen von Königen und Priestern wie auch von Privatleuten, sei nur angedeutet. »Das ursprünglich vom König fallweise verliehene Vorrecht, eine Statue im Tempel aufzustellen, verlieh den solcherart Begünstigten die Möglichkeit, in unvergänglicher Form auf heiligem Boden zu dauern und an den Festen und Opfern des Gottes teilzunehmen« (E. Otto, Osiris und Amun).

Kehren wir wieder zurück zu den Bauten, die in der annähernden West-Ost-Achse des Tempels liegen, so folgt auf den schon oben erwähnten, von Thutmosis III. errichteten Pylon VI der weitere Komplex der von diesem Pharao und seiner Vorgängerin auf dem Thron, der Königin Hatschepsut, errichteten Bauten. Die Mittelachse bildet das Heiligtum für die Barke des Gottes Amun. Allerdings stammt seine heutige Fassung als Granitkapelle erst aus den wenigen Jahren der Regierung des Philippos III. Arrhidaios (323–317), des Halbbruders Alexanders des Großen. »Wir wissen nicht, welches ältere (Sanktuar) durch es ersetzt worden ist. Es mag sein, obwohl dies nicht eben wahrscheinlich ist, daß ein älteres Sanktuar durch die Perser zerstört worden war. Dann wäre seine Ersetzung eben eine praktische Notwendigkeit gewesen. Doch führt die Frage nach der Erneuerung des Sanktuars zu einer älteren Erscheinung. Wir wissen, daß besonders in der 18. Dynastie in kurzen Zeitabständen Sanktuare und Stationsheiligtümer erneuert worden sind. Mit Vorbehalt sei eine Vermutung vorgetragen: Nach der Vorstellung der Ägypter begann mit der Regierung des von Amun erwählten Pharao gleichsam auch ein Neubeginn der Welt. Es wäre durchaus vorstellbar, daß dieser Neubeginn den König auch zur Schaffung eines neuen Hauses für den Gott verpflichtete« (E. Otto, Osiris und Amun).

Unter dem auf der Heiligen Barke im Sanktuar aufgestellten Kultbild des Gottes Amun, das auf ihr in der Festprozession getragen wurde, darf keineswegs ein etwa überlebensgroßes monumentales Steinbildwerk, sondern vielmehr ein vergleichsweise kleines, leicht transportables Abbild der Gottheit verstanden werden. Nie galt – zumindest nicht in der offiziellen Theologie, wenn auch vielleicht beim Volke, in dessen Seele der Glaube an die Lebendigkeit der Bilder tief wurzelte – dieses Bild als der Gott selbst, sondern nur als »ein Abbild von ihm, eine Wohnung, in der er sich niederlassen kann«.

Tutanchamun und Haremhab haben an den Wänden des Säulensaales des Amenophis III. (Abb. 35, II) im Amun-Mut-Chons-Tempel (S. 96f.) in Theben-Ost/Luxor die Darstellung der Festprozession zu diesem Tempel gegeben. Die Prozession nahm alljährlich am 15. Tag des zweiten Monats, dem Neujahrstag, ihren Anfang, indes das ganze Fest, heute das Luxor-Fest genannt, zunächst, wie unter Thutmosis III., elf Tage, in späterer Zeit, wie unter Ramses III., sogar siebenundzwanzig Tage währte. Aus der Zeit von Ramses II. rührt das Relief her, das an der Südwestmauer des dem Luxor-Tempel von diesem König zugefügten Großen Hofes (Abb. 35, I) den festlich geschmückten Pylon des Tempels, das Ziel der von Karnak ausziehenden Prozession, darstellt.

Im Allerheiligsten von Karnak opfert der König zuerst vor der Barke des Gottes, auf der der verschlossene Schrein steht. Dann wird sie von Priestern auf den Schultern hinaus zum Nil getragen, auf dem sie mit den Barken der Mut und des Chons nach Luxor fährt. Chöre von Tempelsängern, Truppen und eine große Volksmenge begleiten sie am Ufer. In Luxor angekommen, werden die Barken in den Tempel hineingetragen und ruhen dort bis zur Rückfahrt« (E. Otto, Osiris und Amun). Aber die Bilder erzählen nur vom Ablauf des Festes, sein tiefster Sinn ist nicht geklärt.

Zur großen Nekropole in Theben-West kam der Gott im zehnten Monat des Jahres, »am Schönen Fest des Wüstentales«. Dies geschah schon seit den Tagen der 12. Dynastie. »Damals zog Amun in seiner Barke von Karnak herüber und besuchte Deir-el-Bahari, das ist das ,Wüstental'. Auf den Höhen über den Tempeln waren priesterliche Wachen aufgestellt, die das Herannahen der Prozession bewachten und meldeten. In der 18. Dynastie wurde Amun von seinen Mitgöttern Mut und Chons begleitet. Er besuchte nicht nur Deir-el-Bahari, sondern auch wenigstens einen Teil der jeweils betriebenen Totentempel«, vornehmlich natürlich den des regierenden Herrschers. »Darüber hinaus aber nahm auch das Volk an diesem Fest teil und feierte zusammen mit seinen Toten in ihren Gräbern ein Fest mit Gesang, Gelage und Schmausen. Das Grab wurde ,zum Hause der Herzensfreude', an der die Verwandten durch Opfer auch die Toten teilnehmen ließen.«

Wenden wir uns nach diesem Exkurs über die in dem Allerheiligsten des Amun-Tempels von Karnak bewachte Heilige Barke und die Prozessionen, deren Mittelpunkt sie bildete, wieder dem Tempel im ganzen zu, so finden wir auf der Nord-, West- und Südseite das Sanktuar umgeben von einem Raumkomplex, der ursprünglich wohl Schöpfung der Königin Hatschepsut war. Was heute aber noch als »Gemächer der Hatschepsut« bezeichnet werden kann, sind nur der äußerste nördliche und südliche Flügel dieses Raumkomplexes. In den Räumen sind die Gestalten der Königin durch Abhämmerung, die Thutmosis III. vornehmen ließ, zerstört. Den Raum westlich vor den erwähnten Gemächern der Hatschepsut einerseits und dem Pylon V des Thutmosis I. andererseits füllen die Bauten des Königs Thutmosis III. aus: von Westen her in Form zweier Säulenhöfe, die der kleine Pylon VI verband. Während den westlichen, d. i. äußeren Hof eine Kolonnade mit Osiris-Statuen an drei Seiten umgab, hatte der östliche, d. i. innere Hof (Taf. 138) eine Kolonnade von wundervoll gearbeiteten Papyrosbündelsäulen. Zwischen die beiden Hälften dieses inneren, d. i. östlichen Hofes ist der sog. Erste Annalensaal des Königs Thutmosis III. gelegt, mit den zwei Granitpfeilern, die in edler Reliefarbeit die Wappenpflanzen Unter- und Oberägyptens (vgl. S. 85) zeigen (Taf. 138). An ihn schließt östlich der sog. Zweite Annalensaal an. Seine beiden Hälften flankieren im Norden und Süden das Sanktuar. Der erwähnte sog. Zweite Annalensaal enthält die berühmten Annalen des Königs Thutmosis III., in denen der Herrscher über seine Taten Bericht gibt, in einer Form, die als ein »Markstein der ägyptischen Ge-

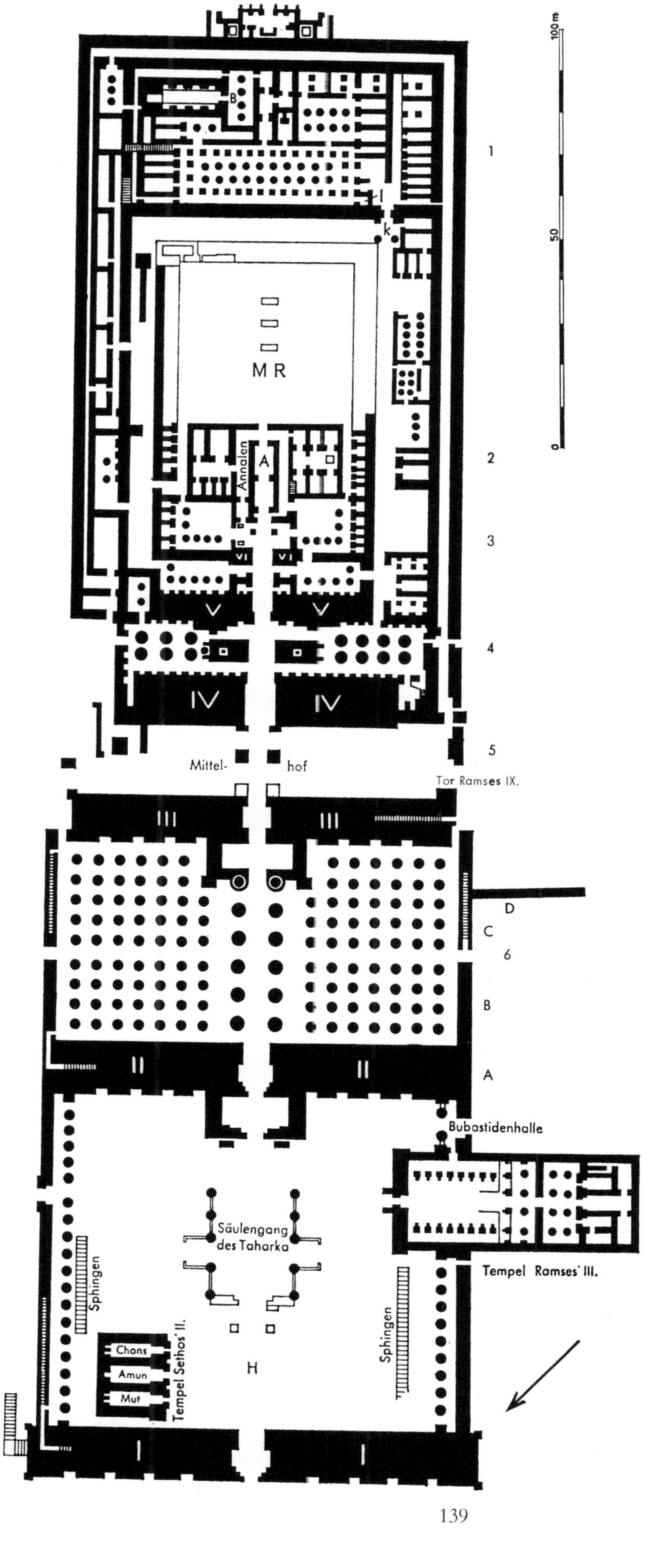

Abb. 58 Der Tempel des Reichsgottes Amun zu Karnak. 1: Festtempel des Königs Thutmosis III. – 2: Sanktuar (A), beiderseits die beiden Flügel des sog. Zweiten Annalensaales von Thutmosis III.; nördlich und südlich angrenzend die Gemächer der Königin Hatschepsut – 3: Sog. Erster Annalensaal von Thutmosis III. – 4: Obelisken der Königin Hatschepsut und Säulenhof von Thutmosis I. und Thutmosis III. – 5: Obelisken der Könige Thutmosis I. (schwarz) und Thutmosis III. – 6: Der Große Säulensaal – (etwa 1:1500)

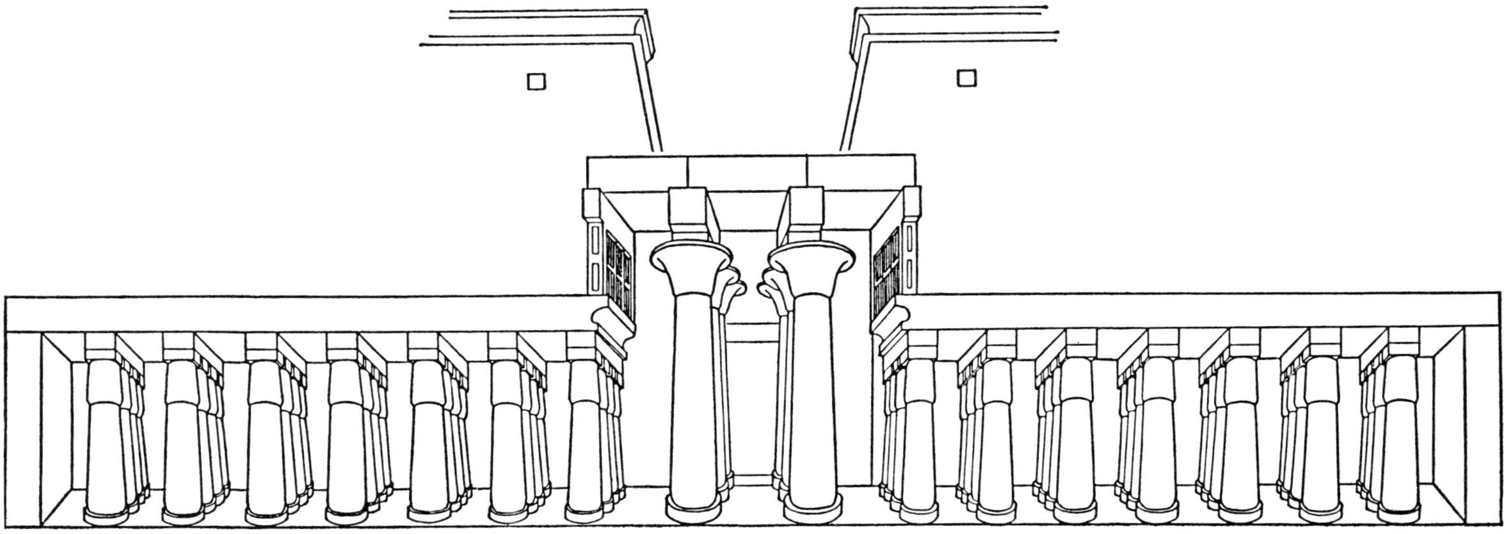

Abb. 59 Der Große Säulensaal des Tempels des Reichsgottes Amun zu Karnak. Querschnitt in Höhe des Nord-Süd-Querganges mit Blick auf den Ausgang im Westen. Im Hintergrund Pylon I

schichtsschreibung« gelten muß. »Die Ungleichartigkeit der die einzelnen Feldzüge und ihre Erfolge enthaltenden Teile untereinander zeigt deutlich, daß wir es mit einem aus verschiedenen Quellen zusammengearbeiteten Werk zu tun haben. Am ausführlichsten ist der erste Feldzug im Jahre 23 (des Königs) schildernd dargestellt, der in der Eroberung von Megiddo gipfelte, während die späteren Teile immer stärker den Charakter bloßer Aufzählungen annehmen. Im ersten Stück allein wird auch auf den geschichtlichen Zusammenhang hingewiesen, in den Thutmosis seine Operationen anfänglich gestellt sah. ... Dieser historische Rückblick, durch den ein aktuelles Ereignis in einen geschichtlichen Zusammenhang gestellt wird, ist für ägyptische Denkart bemerkenswert« (E. Otto, Osiris und Amun). Ebenfalls mit historischen Berichten bedeckt sind die Wände des oben schon erwähnten Ersten Annalensaales mit den Wappenpflanzenpfeilern (Taf. 138).

An den ganzen Komplex der Hatschepsut- und Thutmosis-III.-Räume nebst dem Saktuar folgt anschließend nach Osten das Weite Feld, auf dem die 12. Dynastie den ersten großen Tempel des Reichsgottes errichtet hatte. Von ihm ist nahezu nichts erhalten.

Im Osten des alten Tempels der 12. Dynastie hat Thutmosis III. seinen wie ein Festzelt gebauten fünfschiffigen Festtempel (Taf. 136/137) errichtet und anschließend noch einige Räume und Säle; unter ihnen auch den sog. Botanischen Garten (B), einen Raum, an dessen unteren Wandteilen der König in Relief die Tiere und Pflanzen darstellen ließ, die er in seinem 25. Regierungsjahr aus Syrien nach Ägypten hatte bringen lassen und deren Bilder in der liebevollen Behandlung von Tier und Pflanze ein Gegenstück sind zu der sorgfältigen Naturbeobachtung, die in der Punt-Halle des Hatschepsut-Tempels in Deir-el-Bahari zu bewundern ist.

Eine einheitliche Mauer, die an den Flanken des Pylon IV ansetzt, umschloß den ganzen Komplex des alten Tempels und der Gebäude aus der Zeit von Thutmosis I. bis Thutmosis III. Sie dürfte auf Thutmosis III. zurückgehen, der auch die Anlage des Heiligen Sees (Taf. LII) schuf, über den an hohen Festtagen die Barke des Gottes Amun glitt.

Der Außenseite der erwähnten Mauer parallel verläuft eine östliche Umfassungsmauer, die an die Südseite des Tempels bei Pylon IV und weiter an die Flanken der Ost-Türme der Pylone VII und VIII ansetzt und die, soweit erhalten, Reliefs von Ramses II. zeigt. Außerhalb ihrer Ostseite liegt vor der Strecke zwischen den Pylonen VII und VIII das kleine, dem Totenkult des Königs Thutmosis III. geweihte Heiligtum in Form eines Peripteraltempels (vgl. S. 79).

Vor der östlichen Mauer zwischen Pylon IX und X liegt in sie eingreifend der Tempel des Amenophis II. Der König errichtete ihn zu seinem ersten Sedfest. Sein nahezu quadratischer fünfschiffiger Mittelraum ist ein Pfeilersaal, in dem die je zwei linken und rechten, von je fünf Pfeilern gebildeten Pfeilerfluchten durch einen breiteren Mittelgang getrennt sind. An ihn schließen beiderseits kleinere Pfeilerräume an. Die fein gearbeiteten Reliefs zeigen den König vor verschiedenen Göttern.

Von König Amenophis III. ist, in Fortführung der Reihe der in Richtung West-Ost gebauten Pylone IV–VI, der große Pylon III aufgeführt worden.

Weiterhin wurde von Amenophis III. außerhalb des Tempelbereiches des Reichsgottes der einige hundert Meter südlich gelegene Mut-Tempel errichtet, zweifellos in Erneuerung eines kleinen älteren Heiligtums. Von diesem Tempel führte eine Sphingen-Allee zu jenem Pylon VIII, den Königin Hatschepsut als Torbau auf dem Weg zum Mut-Heiligtum hatte errichten lassen und zu dem Thutmosis III. nach Norden hin den Pylon VII fügte. Unter König Haremhab sind dann, wie oben erwähnt, südlich vor diesen beiden Pylonen der sog. Pylon IX und X errichtet worden, womit eine vierfach sich steigernde triumphale Pylonenserie als Krönung der vom Amun-Tempel zum Mut-Tempel ziehenden Prozessionsstraße entstanden ist.

Die Westseite des oben erwähnten, von Amenophis III. errichteten Pylon III, in dessen Mauern die Trümmer der schon unter Thutmosis III. niedergelegten, heute wiedererstellten Heiligtümer aus der Zeit von Sesostris I. (Taf. 90–92) und von Amenophis I. (Taf. 123–125) verbaut waren, und die Ostseite des mächtigen, von Haremhab als König errichteten Pylons II bilden Ost- und Westbegrenzung des Großen Säulensaales, der Karnaks besonderen Ruhm bedeutet und der seit alters als ein »Wunder der Welt« verherrlicht wurde. Seine Konzeption mag vielleicht noch auf Ramses I. zurückgehen, wiewohl dieser erste Herrscher der Ramessiden kaum zwei Jahre regiert hat. Im wesentlichen aber ist sein Aufbau von Sethos I. und von Ramses II. durchgeführt worden.

Dieser Hypostyle Saal mit seinen insgesamt einhundertsechsunddreißig Säulen erreicht bei einer Breite von 103 m und einer Tiefe von 52 m eine Fläche von 5356 qm und damit mehr als ein Drittel der Fläche der Peterskirche. Die Säulen der beiden mittleren Reihen der 24 m hohen Mittelschiffgruppe tragen Kapitelle mit offenen Papyrosdolden, die um 10 m niedrigeren Säulen der übrigen vierzehn Reihen Papyrosknospenkapitelle. Pfeileraufsätze, mit steinvergitterten Fenstern dazwischen, überhöhen die dem mittelsten Schiff beiderseits nächsten niedrigen Säulen und bewirken so die Bildung von drei Mittelschiffen, die basilikal die je sieben Seitenschiffe im Nord- und Südteil des Saales überragen. Damit stellt dieser Hypostyle Saal den Prototyp einer Basilika dar, wenn auch in einer im christlichen Abendland nie verwirklichten Vielschiffigkeit und weiterhin mit der für ägyptische Räume offensichtlichen Eigentümlichkeit der kürzeren Medianachse gegenüber der längeren Transversalachse.

Die Maße der insgesamt einhundertsechsunddreißig Säulen sind gigantisch; während die einhundertzweiundzwanzig 14 m hohen Säulen der niedrigen Seitenschiffe einen Durchmesser von 2 m haben, besitzen die zwölf Säulen, die das Mittelschiff bilden, bei einer Höhe von 24 m einen Durchmesser von 3,30 m, ein Ausmaß, das der Dicke der Vendôme-Säule in Paris und der Traians-Säule in Rom gleichkommt.

Die Reliefs an der Innen- und Außenwand der Nordseite des Säulensaales gehen größtenteils auf Sethos I. zurück. In den Reliefs an der Innenwand ist der König bei religiösen Handlungen zu sehen. An der Außenwand, östlich der nördlichen Seitentüre, zeigen die in zwei Reihen übereinander angeordneten Reliefs Sethos I. auf seinen Feldzügen in Syrien und in Palästina; an der schmalen Stirnseite sieht man den König im Libanon und seinen Kampf mit den Beduinen.

Dagegen stammen die Reliefs auf dem Westflügel der Nordwandaußenseite, d. i. westlich der nördlichen Seitentüre, bereits von Ramses II. Sie zeigen den Kampf des Königs gegen die Libyer und vor allem gegen die Hethiter und gipfeln in den Bildern der unteren Reihe mit der Darstellung des jugendlichen Königs in der Schlacht bei Kadesch, die in seinem fünften Regierungsjahr, 1285, statt hatte. Wir sehen Ramses II., wie er vom Streitwagen aus unter die Hethiter, die zu Wagen, zu Pferd und zu Fuß fliehen, schießt; wie er weiter den Streitwagen besteigt und an Stricken Gefangene und Kriegsbeute der thebanischen Götterdreiheit, der die Göttin Maat zugesellt ist, weiht. Diese Bilder finden ihre Fortsetzung in den Reliefs der nördlichen Außenwand beiderseits der südlichen Seitentüre (Abb. 58, B und C).

Immer sind ihre zentralen Stellen Bilder der Schlacht vor Kadesch, die, wenn sie für Ramses II. mit einer Niederlage geendet hätte, sicher den Untergang des Reiches der Ägypter heraufbeschworen hätte. Ihre literarische Darstellung findet die Schlacht bei Kadesch und die wahrhaft übermenschliche Tapferkeit des jungen Königs in dem berühmten langen »Kadesch-Gedicht«, das, lückenhaft an den Wänden des Säulensaals von Karnak und in den Tempeln des Ramses II. zu Theben-Ost/Luxor und Abydos erhalten, nahezu vollständig in dem schon 1828 von Jean François Champollion entdeckten Papyrus Sallier III des Britischen Museums, London, bewahrt ist.

Das Gedicht ist – wenn auch in einem der Zeit entsprechenden Pathos und vielleicht mit einem mächtigen Gefühl der Bewunderung für die Leistung geschrieben – das Hohe Lied auf die Siegeskraft des heldenhaften jungen Königs.

Mit ergreifender Eindringlichkeit gibt das Gedicht im Höhepunkt seiner Darstellung die seelische Not des seines eigenen Heeres nahezu beraubten und von unzähligen Feinden umringten jungen Königs wieder, der sich in dem Gefühl völliger Vereinsamung und Verlassenheit in einem Notschrei an Amun, seinen göttlichen Vater, wendet:

Was ist das nun, mein Vater Amun?
Hat denn ein Vater schon seines Sohnes vergessen?
Habe ich denn etwas ohne Dich getan?
– –
Ich rufe zu Dir mein Vater Amun.
Ich bin inmitten von Fremden, die ich nicht kenne.
Alle Länder haben sich gegen mich verbunden.
Und ich bin ganz allein
und kein anderer ist mit mir.
Meine Soldaten haben mich verlassen,
keiner meiner Wagenkämpfer hat sich nach mir umgesehen.
Wenn ich nach ihnen schreie, hört keiner von ihnen.
Aber ich rufe und merke, daß Amun besser für mich ist
als Millionen von Fußtruppen und Hunderttausende von Wagenkämpfern,
als zehntausend Mann an Brüdern und Kindern, die einmütig zusammenstehen.
Das Werk vieler Menschen ist nichts; Amun ist besser als sie.
Ich bin hierhergekommen auf den Gedanken Deines Mundes, Amun!
Und ich bin nicht von Deinen Gedanken abgewichen.

Und bezwingend ist der Augenblick in dem »Kadesch-Gedicht« wiedergegeben, da sich der König als der von Amun Erhörte wiederfindet und mit der ganzen Kraft seines jungen Herzens den Kampf gegen die riesige Übermacht aufnimmt.

Ich bete an den Enden der Länder,
doch meine Stimme kommt nach Hermonthis (hier wohl Theben);
Amun hört auf mich und kommt, wenn ich zu ihm rufe.
Er reicht mir seine Hand hin, ich jauchze: hinter mir ruft er:
»vorwärts! vorwärts! ich bin mit dir, ich dein Vater.
Meine Hand ist mit dir und ich bin besser als hunderttausend Mann,
ich, der Herr des Sieges, der die Kraft liebt«.
Ich habe mein Herz wiedergefunden,
mein Herz schwillt vor Freude, was ich tun will, geschieht.
Ich bin wie Month, ich schieße nach rechts und kämpfe nach links.
Ich bin vor ihnen wie Baal zu seiner Zeit.
Ich merke, daß die zweitausendfünfhundert Gespanne, in deren Mitte ich war,
zu Stücken gehauen vor meinen Rossen liegen.
Keiner von ihnen hat seine Hand gefunden, um zu kämpfen.
Ihre Herzen sind matt vor Furcht in ihrem Leibe und alle ihre Arme
sind schwach geworden.

Über das Ende der langen feindseligen Spannung gegen die Hethiter und den 1269 im 21. Regierungsjahr von Ramses II. mit dem jungen Hethiterkönig Hattusili III. geschlossenen Friedensvertrag berichtet, als Abschrift des originalen Dokumentes (s. S. 125), eine monumentale Inschrift an der Mauer, die östlich der Südtüre des Hypostyls in Richtung auf den Pylon VII ansetzt (Abb. 58, D). Beide Herrscher begriffen ihr Unvermögen, den Gegner entscheidend und endgültig zu besiegen; beide begriffen auch, daß ihnen schwere Gefahren von anderer Seite drohten (s. S. 126).

An dem endgültigen Ausbau des Großen Säulensaales wurde noch in der 20. Dynastie gearbeitet. Aus der Zeit der 22. Dynastie stammt die am westlichsten Teil der Südwand, schon auf die Südflanke des Pylon II übergreifende Inschrift des Bubastiden-Königs Scheschonk I. (950–929), die den Sieg dieses in der Bibel als Sisak aufgeführten Pharaos über Rehabeam von Juda, den Sohn des Königs Salomon, rühmt (A). An Stricken führt hier Amun die eroberten Städte in fünf Reihen. Sie sind durch einen Mauerring, der ihren Namen umschließt, symbolisiert, wobei aus jedem der Mauerringe der Oberkörper eines gefesselten, in seinen Zügen deutlich als Semite charakterisierten Gefangenen emporwächst. Darunter eine der Stadtgöttinnen von Theben mit abermals fünf Reihen Gefangener und endlich – rechts im Bild – das Niederschlagen der Semiten.

Beim Großen Hof, der zwischen dem Pylon II und dem zuletzt errichteten Pylon I, einem nie ganz vollendeten Bau der Äthiopenzeit von 43,5 m Höhe, liegt, steht im Süden der Tempel von Ramses III., in der Nordwestecke ein kleiner Tempel von Sethos II. In der Mitte des Großen Hofes erhob sich mit über 21 hohen Säulen der Säulengang des Äthiopen-Königs Taharka (689–663).

Vor dem Pylon I und auf ihn zuführend finden sich heute die Reste jener Widdersphingen-Allee, die sich ursprünglich bis zum Portal des Pylon II hinzog und die als Heilige Straße vom Pylon des Amun-Mut-Chons-Tempels im heutigen Luxor bis zum Tempel des Reichsgottes in Karnak führte. Jede der Widdersphingen, die auf kapellenartigen Sockeln liegen, stützt ihr gehörntes Haupt auf ein zwischen ihren Löwenpranken stehendes Standbild des Königs Ramses II., des Schöpfers der Sphingen-Allee. Diese Heilige Straße führte durch die ganzen große, am Nil-Ostufer gelegene Wohnstadt Thebens, die so ausgedehnt war, daß sie mit ihren vier- bis fünfstöckigen Häusern vom heutigen Luxor bis zur jetzigen kleinen Siedlung von Karnak reichte. Eine östliche Abzweigung dieser Heiligen Straße zog am Eingang des Bezirkes des Mut-Heiligtums vorbei zum Tor des Pylon X und von da, von Süden her, über das von Ramses IX. errichtete Südtor zum Mittelhof des Tempels zwischen Pylon III und IV und dann rechtwinkelig abbiegend.

Ptolemaios III. Euergetes I. (246–221) hat an dem westlichen, oben zunächst besprochenen Hauptarm der Heiligen Straße ein Portal errichtet, das im Südwesten den Eingang zu dem ummauerten Tempelbereich von Karnak bildet. Jenseits davon führt eine von Ramses XI., dem letzten Ramessiden, angelegte kurze Sphingenreihe zum Chons-Tempel, der eine Gründung des Königs Ramses III. ist, in seiner Ausstattung aber bis zu Ramses XI. hinaufreicht, und an den sich kleine Heiligtümer aus der Ptolemäer-Zeit, wie der Ipet-Tempel, anschließen.

Mit einem Wort ist noch auf das Heiligtum der Geiergöttin Mut zurückzukommen. Sowohl von dem schon oben (S. 140) gestreiften Tempelbau des Amenophis III. als von den zusätzlichen Bauten der Ptolemäerzeit ist nur weniges noch erhalten.

Ein Torbau mit Inschrift von Ramses III. und mit Hymnen auf Mut aus der Ptolemäerzeit sowie mit in Fragmenten erhaltenen Kolossalstatuen des Stifters Amenophis III. gibt Zugang zu einem Ersten Hof, durch dessen Mitte, in Längsachse des Tempels, ein von Säulen flankierter Prozessionsweg zieht. Dieser findet seine Fortsetzung in dem südlich anschließenden

Zweiten Hof, in den auch der Säulengang des Ersten Hofes weitergeht, indes vor seine Seiten im Norden, Osten und Westen Pfeilerhallen mit Hathorkapitellen gebaut waren. Der Zweite Hof führt in den Hypostylen Saal mit zwölf Papyrosbündelsäulen, zu je sechs in der Quer- und je zwei in der Längsachse des Raumes. Im Süden anschließend der vergleichsweise große Komplex von Räumen um das zentrale Allerheiligste.

In beiden Höfen war eine Unzahl von Sitzbildern der memphitischen löwenköpfigen Sachmet, der Geliebten des Ptah, die auch der Geiergöttin Mut gleichgesetzt wurde. Amenophis III. soll 574 von ihnen in den Jahren einer schweren

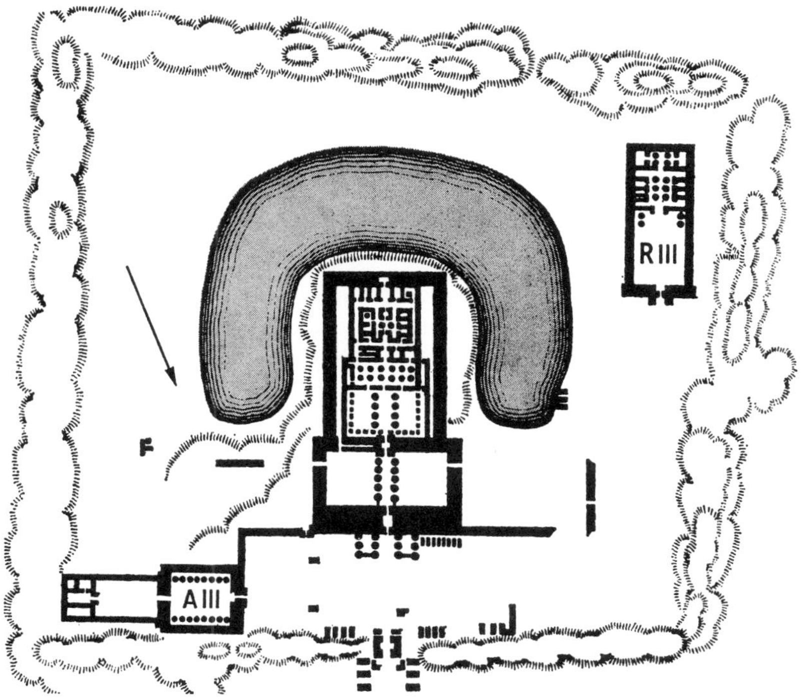

60

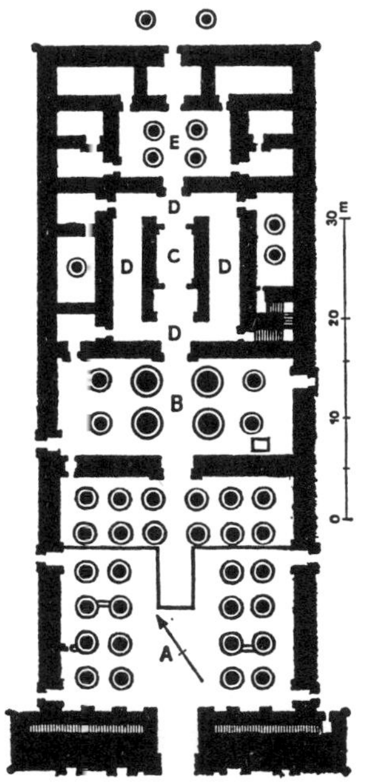

61

Abb. 60 Karnak. Tempelbereich der Göttin Mut. Gesamtplan 1:3000. A III: Tempel des Amenophis III; R III: Tempel des Ramses III. –
Abb. 61 Karnak. Tempel des Gotteskindes Chons. Grundriß 1:1000

Krankheit dem Tempel geweiht haben. Davon ist heute noch eine Anzahl im Ruinengelände des Tempels erhalten, indes viele andere in die verschiedensten Museen der Welt gelangt sind.

Um das Heiligtum der Mut spannt sich im Halbkreis der Heilige See Ischeru. Westlich von ihm die Reste eines kleinen Tempels von Ramses III., nordöstlich vor ihm die eines zweiten kleinen Tempels, den noch Amenophis III. erbaut hatte, der aber im besonderen interessant ist durch Reliefs der späteren Ramessidenzeit, die Geburt, Beschneidung und Kindheit des Götterkindes Chons darstellen, Bilder, die auf ein Thema weisen, das später, in der Ptolemäerzeit, in den sog. Geburtshäusern behandelt wurde.

Seite 136f. ist bereits der Tempel des Chons, des Kindes von Amun und Mut, erwähnt worden. Er ist, wie der ihm nahe kleine Tempel der Ipet, der aus der Ptolemäerzeit stammt, in die Umwallung des Reichstempels einbezogen, gehörte aber ursprünglich sicher zu einem selbständigen Tempelbereich, der bis auf das Mittlere Reich zurückgeht. Die Anlage des jetzigen Tempels, dessen Kern auf Thutmosis III. zurückführt, stammt von Ramses III. Sein Nachfolger Ramses IV. sowie Ramses XI. und Herihor, der thebanische Priesterkönig der 21. Dynastie, haben ihn vollendet und mit Reliefs geschmückt.

Ein großer Pylon, auf den die (S. 142 erwähnte) vom Portal des Ptolemaios III. Euergetes I. (246–221) zum Tempel führende Sphingenallee ausläuft, bildet den Eingang. Auf diesen folgt der Große Hof (A) mit einer ihn an drei Seiten umgebenden, von Papyrossäulen mit geschlossenen Kapitellen gebildeten Kolonnade. Anschließend der basilikale Säulensaal (B), in dem je zwei Säulen der beiden mittleren Reihen, die Papyrosdolden-Kapitelle tragen, um 1,5 m höher sind als die der beiden äußeren Reihen, die Papyrosknospen-Kapitelle zeigen. In der Mitte des folgenden Tiefen Saales (D) liegt das Allerheiligste (C) mit der Barke des Gottes. Dann schließt noch ein kleiner Viersäulensaal (E) mit ringsum insgesamt sieben Kapellenräumen (F–M) an. Im ganzen erinnern die schweren wuchtigen Säulen des Baus an den Tempel für Amun an der Südseite des Ersten Hofes zwischen Pylon I und Pylon II im Reichstempel, den gleichfalls Ramses III. hat errichten lassen.

Die Stätte, die den Tempel trägt, führte den Namen Benenet, eine Name, der mit der ägyptischen Vorstellung vom Urhügel zusammenhängt und andeutet, daß bei der Schöpfung der Welt die Stätte, auf der später der Heilige Bezirk des Chons errichtet ward, als erstes Stück Land aus dem Urozean aufgetaucht ist. Ins Anthropomorphe übertragen, deutet es die Geburt des jugendlichen Gottes an; aber über die eigentliche Bedeutung des Gottes Chons selbst, der auch als Mondgott und als der »Durchwanderer« verstanden wird, ist abgesehen davon, daß er als das Kind von Amun und Mut gilt, wenig bekannt. Wenn auch spätptolemäisch-römisch in seiner Entstehung, bezieht sich auf den Gedanken der Gottgeburt auch der nahegelegene kleine Tempel der Ipet, der auch den Namen »Geburtsstätte« führt. Der Kern dieses schwer entwirrbaren Synkretismus ist: »Eine schwangere Göttin kam hierher und bat Amun, hier niederkommen zu dürfen. Und sie gebar an dieser Stelle das Götterkind. Dieser Kern ist freilich mit mythologischen Spekulationen so umsponnen, daß kaum mehr festzustellen ist, welche mythische Gestaltung ursprünglich ausgedrückt werden sollte. Das Götterkind heißt zugleich Osiris, Horus, Amun u. a. m. Das Entscheidende ist aber das Thema dieser Legende, nicht ihre theologische Ausdeutung« (E. Otto, Osiris und Amun).

Von den Bauten im Norden des Großen Amun-Tempels, die nahezu alle sehr zerstört sind, sei nur der Tempel des Ptah, der knapp an der Nordumwallung des Tempelbezirkes liegt, genannt. Ptah, der menschengestaltige Hauptgott von Memphis, erhielt hier einen kleinen Tempel durch Thutmosis III. gebaut; der Äthiopier Schabaka (716–701) und einige Ptolemäer-Könige haben ihn restauriert und erweitert. Sechs hintereinandergereihte Tore, z. T. erst aus der Zeit der Ptolemäer, führen zu dem Tempel mit seinem kleinen Hof und der Halle, deren Decke zwei Säulen tragen. Das zuhinterst liegende Allerheiligste umfaßt drei Kapellen. Ihre mittlere birgt noch das alte Kultbild des Gottes (von dem der Kopf heute nicht mehr erhalten ist), die rechte Kapelle das der Sachmet, der Geliebten des Ptah.

LII Blick über den Heiligen See nach dem Mittelteil des Amun-Tempels. Links ist noch der von König Thutmosis III. errichtete Pylon VII sichtbar, der der nördlichste an der Prozessionsstraße zwischen dem Amun- und dem Muttempel ist. Im Hintergrund des Tempelbereiches der Pylon I, von dem der Südturm hoch aufragt. Deutlich hebt sich vor ihm in der Bildmitte der von den Königen Sethos I. und Ramses II. erbaute Große Säulensaal ab; vor ihm die nur noch niedrigen Reste des Pylon III, vor dem die vom Muttempel kommende Prozessionsstraße einmündete. Über der Nordwestecke der Ufermauer des Heiligen Sees erkennt man den von Amenophis III. geweihten Denkstein mit dem als riesiger Skarabäus gestalteten Sonnengott Chepre, dem mit Atum und Re verschmolzenen Urgott. Im Bild rechts ragt der noch stehende der je zwei Obelisken des Königs Thutmosis I. und der Königin Hatschepsut (letzterer im Bild ziemlich rechts) auf. Im Hintergrund die jenseits des Nils liegenden Berge von Theben-West.

230 Der Südteil des Großen Säulensaales vom Torgang des Pylon IV, d. i. nahezu von Ostsüdost aus. Sichtbar ist im Bild rechts vom Großen Säulensaal die Reihe der sechs südlichen Mittelschiff-Säulen mit ihren Kapitellen in Form offener Papyrosdolden; anschließend das südliche der drei hohen Schiffe; es ist im Süden durch die erste Reihe der niedrigeren Säulen mit Knospenkapitellen begrenzt; indem über deren Architrav und Hohlkehlengesims eine Obermauer (mit Steingitterfenstern) steht, wird die gleiche Schiffhöhe wie im Mittelschiff selbst erreicht. Weiterhin nach links anschließend die unter König Ramses II. fertiggestellten südlichen Seitenschiffe, die gegeneinander durch je eine Säulenreihe mit Knospenkapitell begrenzt sind und von deren insgesamt sieben im Bilde drei sichtbar sind. Im Vordergrund des Bildes der eine noch erhaltene der zwei Obelisken von Thutmosis I.

231 Im Großen Säulensaal, Durchblick, aufgenommen von dem zwischen der nördlichen und der südlichen Seitentür ziehenden Quermittelgang des Säulensaals.

Ganz außen die Knospenkapitell-Säulen des innersten der sieben nördlichen Seitenschiffe, dann ebensolche Säulen, die die Außenbegrenzung des nördlichen der drei Hauptschiffe bilden. Über dem auf diesen Säulen ruhenden Architrav und Gesims die nördliche Obermauer mit den Fenstern. Es folgt im Bild je ein Paar der das Mittelschiff bildenden Säulen mit Papyrosdoldenkapitell. Dahinter im Bild Architrav, Gesims und Obermauer mit Gitterfenstern der Südbegrenzung des südlichen der drei Hauptschiffe. – Wenn auch die Reliefs an den Säulen der Hauptschiffe und der nördlichen Seitenschiffe im wesentlichen aus der Zeit König Sethos I. stammen, so haben doch auch spätere Ramessiden hier ihre Namensinschriften angebracht.

LIII Aufblick quer durch den Großen Säulensaal. Zuäußerst im Bild links und ziemlich rechts zwei Knospenkapitellsäulen des nördlichen der drei Hauptschiffe mit der von Steingitterfenstern unterbrochenen Obermauer über ihrem Architrav. Anschließend je ein Paar der beiden Reihen der das Mittelschiff bildenden je sechs Säulen mit offenen Papyrosdolden-Kapitellen. Zuhinterst die Südbegrenzung des südlichen der drei Hauptschiffe mit dem besterhaltenen der Steingitterfenster in seiner Obermauer, die sich über dem Architrav der niedrigen Säulen mit Knospenkapitell erhebt. Ganz im Hintergrund der Bildmitte noch Knospenkapitellsäulen der innersten südlichen Seitenschiffe.

EINZELNE DENKMÄLER DER ZEIT DES KÖNIGS RAMSES II. (1290–1224)

232/233

König Ramses II. Aus Karnak. Granit. Höhe 1,94 m. Turin, Museo di Antichità.

Aus Trümmern ohne größere Ergänzungen zusammengesetzt. Die Bruchstücke eines zweiten entsprechenden Bildwerks von der gleichen Fundstelle befinden sich im Museum zu Kairo.

Der König sitzt auf einem Thron mit beträchtlich hoher Basis. Ein fein plissiertes Gewand bedeckt seinen Körper und auch die Oberarme. Seine Rechte hält den Krummstab, die

Linke, zur Faust geballt, liegt auf dem Oberschenkel; an den Füßen Sandalen. Auf seinem Haupt trägt der König die sog. Blaue Krone. Als kleine, nur bis zu den Waden reichende Figürchen stehen beiderseits des Thrones die Gemahlin Nefertari und einer der Söhne des Königspaares. Unter den Sohlen des Königs neun Bogen, seine Herrschaft über die Völker symbolisierend.

»Die Aufgabe, der aus den Wirren der Achet-Aton-Zeit geretteten Königsidee und ihrem erneuerten Inhalt Gestalt zu geben, ist in dem großartigen Sitzbild in vollendeter Weise gelöst worden« (W. Wolf).

Offensichtlich besteht, selbst stilistisch, eine Verwandtschaft mit dem Sitzbild des schreibenden Reichsfeldherrn Haremhab aus dem Ptah-Tempel zu Memphis (Taf. 202/203), aber die schon bei diesem Werk angebahnte Verschärfung der Formen ist noch um vieles weiter vorgetrieben. Die Krone wirkt wie aus Metall gearbeitet, die Plissuren des Gewandes unterstreichen das gratig-scharfe der Linien, selbst das Gesicht ist trotz der Weichheit seiner Oberflächenbehandlung beträchtlich schärfer und klarer umrissen als bei dem Haremhab-Bild. Umgekehrt sind eine Anzahl von Details angetan, die Blockhaftigkeit des Gesamtbildes da und dort zu sprengen: wie der rechte Arm und pointierter noch der den Oberarm umhüllende Ärmel aus dem Gesamtkontur herausprellen, wie der den Krummstab haltende rechte Unterarm markant betont ist und der Krummstab seinerseits die Schulterlinie überschneidet und den Kontur sprengt – alles dies zielt auf eine auffällige, aber sicher sehr gewollte Gegensetzlichkeit zwischen Blockhaftigkeit der Gesamtfigur und sie auflockernden Elementen hin und erreicht eine Spannung in dem Königsbild, die es trotz des jugendlichen, fast sanft anmutenden Antlitzes zum Abbild des zielklaren Herrschers eines großen und gefestigten Reiches macht.

»In jedem Falle ist der Turiner Ramses dasjenige Werk, in dem die besondere, einmalige geistige Situation der Ramessidenzeit ihren vollendetsten Ausdruck gefunden hat. Wir gewahren an ihr einen neuen Zug, der eine Folge der geschichtlichen Erfahrung ist. Das ramessidische Herrscherideal hat nach dem Ausgleiten Amenophis IV. wieder zu undurchdringlicher Majestät und adeliger Haltung zurückgefunden, verbindet aber damit einen Zug menschlicher Wärme, verstehender Güte und liebenswürdiger Haltung, der ohne den Realismus der späten 18. Dynastie nicht denkbar ist. Dieser König ist weder unnahbarer Gott wie in der 4. Dynastie, noch überragender Heros wie in der 12., noch individueller Mensch mit seinen Gebrechen wie in der späten 18. Dynastie. Er hat von alledem etwas in sich aufgenommen und alle diese Züge im Ausdruck einer verinnerlichten Frömmigkeit verschmolzen. Die leichte Neigung des Kopfes, der nach innen gekehrte Gesichtsausdruck und die Andeutung eines milden Lächelns, das die Mundwinkel umspielt, drückt die Ergebung in den göttlichen Willen aus« (W. Wolf).

234/235

Bet el-Wali. Der Felsentempel des Königs Ramses II.

Ramses II. errichtete seinen ersten nubischen Tempel in Bet el-Wali, auf dem linken Nilufer, 57 km von Assuan. In dem Sandstein des Steilufers angelegt, beherrschte der Tempel ein nach Westen sich verlaufendes Wadi. Unter Kaiser Augustus wurde kaum 100 m südlich von Bet el-Wali in dem vom Nil überschwemmten Flachland der Tempel von Kalabscha (Taf. 270) wieder erbaut. Seine mindestens auf das Neue Reich zurückgehenden Reste waren schon von den Ptolemäern wieder ausgebaut worden.

Das ansprechende kleine Heiligtum von Bet el-Wali, mit einem Torbau und einem offenen Hofe, ist berühmt wegen seiner historischen Reliefs, die den Schmuck der Nord- und Südwand des Hofes bilden und Szenen aus den siegreichen Feldzügen des jungen Herrschers in Asien und in Ober- wie Unternubien darstellen, Feldzüge, die er in seinen ersten Regierungsjahren unternahm, in eben den Jahren, in die auch die Gründung dieses Tempels fällt.

Die Christen haben den Tempel in eine Kirche verwandelt, aber die herrlichen Reliefs fielen glücklicherweise nicht alle der Abhämmerung zum Opfer, sondern zeugen noch heute von ihrem einstigen Reiz und Farbenschmuck. Im unterirdisch gelegenen Allerheiligsten und in seinem Vorraum ist Ramses II., von Gottheiten der Stromschnellen umgeben, zu sehen. Eine der anmutigsten göttlichen Gestalten ganz Nubiens ist ohne Zweifel die rassige Anuket, die Gefährtin des Gottes Chnum, graziös und wildlebend wie die Gazellen der Wüsten. Sie ist hier mit dem innerafrikanischen Kopfschmuck in der Rolle der göttlichen Amme dargestellt, die Ramses II. ihre Brust reicht (Taf. 235). Dank der verewigenden Verjüngung, die der Herrscher so erfährt, tritt er in den ewigen Kreislauf ein. Der die Darstellung begleitende Text bezieht sich auf die Göttin; sie nennt sich hier: »Mutter des Königs, Anuket, Herrin von Elephantine, die den Herrn der Zwei Länder, User-Maat-Re (d. i. Ramses II.) mit ihrer Brust nährt«.

234 Das Bild gibt den Blick auf die Fassade des Tempels, wie sie sich innerhalb des Tempelhofes darbietet. Die drei Öffnungen führen in den Vorraum des in den Felsen gehauenen unterirdischen eigentlichen Tempelteils, des Speos.

235 Die Göttin Anuket reicht Ramses II. ihre Brust.

236–239

Amun-Mut-Chons-Tempel, Theben-Ost/Luxor. Der Grosse Hof, erbaut von König Ramses II.

Schon bei Besprechung der unter König Amenophis III. erbauten Teile des Amun-Mut-Chons-Tempel zu Luxor (S. 96f.) wurde darauf hingewiesen, daß der Tempelkomplex mit dem Tempelhaus, dem südwestlichen Großen Säulenhof und dem Säulensaal auf diesen König zurückgehen, indes gegen Nordosten durch Ramses II. ein weiterer Großer Hof zugefügt worden ist. Diesem Hof, dem größten der ganzen Tempelanlage, ist als Abschluß ein mächtiger Pylon mit zwei Obelisken vorgebaut. Von diesem Pylon bis zum Reichsheiligtum zog sich einst eine viele Kilometer lange Widdersphingen-Allee, von der heute noch vor dem genannten Pylon des Amun-Mut-Chons-Tempels in Luxor und ebenso vor dem Reichstempel zu Karnak Reste erhalten sind, die einen Eindruck von dieser imposanten Prozessions-Allee geben. Noch heute ist der Pylon des Amun-Mut-Chons-Tempels, der an den Nordostseiten seiner beiden Türme Szenen der Schlacht von Kadesch (s. S. 125 und 141) in monumentalen Reliefs zeigt, sehr wohl erhalten.

Wie dieser Pylon im vollen Flaggenschmuck des Neujahrsfestes, der Tage der großen Prozession von Karnak nach Theben (s. S. 138) aussah, zeigt schon das Relief am Westflügel der Südwestmauer des von Ramses II. erbauten Großen Hofes. Wir sehen die ursprünglichen zwei Obelisken, deren einer jetzt die Place de la Concorde in Paris schmückt, und dazu die vier hohen Flaggenmasten mit den im Winde flatternden Wimpeln beiderseits des Pylonportales, weiter jeweils zwischen Portal und einem Obelisken je eines der heute noch erhaltenen zwei kolossalen Sitzbilder des Königs, sowie seitlich außerhalb der Obelisken je zwei Standbilder des Königs, von denen das westliche jetzt noch aufrecht steht, indes Trümmer die drei anderen noch andeuten. Endlich zeigt das Relief zur Rechten des Pylons den Leiter der Festprozession, den königlichen Prinzen und Höchstkommandierenden Amen-her-chopes-chef, einen der Söhne des Ramses II. und seiner Gemahlin Nefertari-mi-en-Mut.

Das Innere des Großen Hofes umsäumen mit Ausnahme der Ostecke, wo eine Moschee eingebaut ist, an allen vier Seiten Säulenhallen, deren Kapitelle die Form geschlossener Papyrosdolden haben. In der Nordecke des Hofes liegt die schon von Thutmosis III. errichtete, später von Ramses II. mit Reliefs gezierte, dreischiffige Kapelle (s. S. 97), die sich mit einer zierlichen Säulenhalle von Papyrosbündelsäulen aus rotem Assuangranit gegen den Hof zu öffnet. Ihre drei Kapellenräume dienten während der Zeit, in der die Prozession im Tempel von Luxor Halt machte, der Abstellung der Barken von Amun, Mut und Chons, die ihrerseits zu Schiff auf dem Nil von Karnak nach Luxor gefahren worden waren.

Reliefs mit Opfern und Hymnen an die Götter und mit Bildern der unterworfenen Völker schmückten ringsum die Wände hinter den Säulenhallen des Hofes. In seinem Südwestteil, sowohl an der ganzen Südwestflanke wie an den vor den Ecken anschließenden Nordwest- und Südost-Säulenhallen sind etwa 7 m hohe Standbilder des Königs, mit einer Ausnahme alle aus Assuan-Rosengranit gearbeitet, aufgestellt. Ferner, beiderseits des Portals zum Säulensaal des Amenophis III. nochmals zwei kolossale Sitzbilder des Königs. Welchen Adel selbst diese sicher mehr als Dekoration denn als Kunstwerk um seiner selbst willen konzipierten Skulpturen hatten, beweist der feine Kopf (Taf. 237), der heute im Großen Hof aufgestellt, als ehrwürdiges Fragment die einstige hohe künstlerische Qualität der Skulpturen bezeugt. Möglich, daß dieser Kopf der obengenannten, heute zerstörten Sitzstatue am Ausgang des Großen Hofes angehörte.

Wie trotz des kolossalen Ausmaßes der Königs-Standbilder dieses Hofes ihr Künstler auch noch Anmut zu schaffen verstand, beweisen die zauberhaften Gestalten der Königin Nefertari-mi-en-Mut, die mehrfach neben einem der Beine des Königsbildes, ihm nur bis zur Wade reichend, teils als Statuetten (Taf. 238), teils im Relief (Taf. 239) wiedergegeben sind. Auch diese Beibilder sprechen von der Verbundenheit des Königs zu dieser geliebtesten seiner vier Hauptfrauen, der höchsten Frau des Reiches, deren wundervolle Erscheinung in vielen Bildern, nicht zuletzt auch in denen ihres Grabes im Tal der Königinnen, uns bewahrt ist.

Aus der Literatur ist uns als Lobpreisung dieser schönen Frau ein Gedicht erhalten, das anläßlich eines der »Schönen Feste« im Amun-Mut-Chons-Tempel von Theben-Ost (Luxor) entstanden ist.

Die Fürstin, reich an Lob, Herrin des Liebreizes,
süß an Liebe, Gebieterin der beiden Länder,
schön an Händen mit Sistren,
die ihren Vater Amun beglückt.

Die sehr geliebte mit der Krone,
Sängerin mit schönem Antlitz, herrlich mit den Federn,
Größte des Frauenhauses der Herren des Palastes,
über deren Aussprüche man zufrieden ist.

Alles, was sie sagt, wird ihr gemacht,
alles Schöne nach ihrem Wunsche.
Alle ihre Worte bringen Zufriedenheit auf die Gesichter.
Man lebt davon, ihre Stimme zu hören.

236 Blick durch den Großen Hof des Königs Ramses II. aus Norden. Der 57 m lange und 51 m breite Erste Hof ist wegen der eingebauten Moschee des von den Mohammedanern verehrten Heiligen Abu'l-Haggag in seinem nordöstlichen Teil noch nicht ganz freigelegt. Vor Einbau dieser Moschee war er auf allen vier Seiten gleichmäßig von Säulengängen umgeben. Zwischen den Säulen mit ihren Kapitellen mit geschlossenen Papyrosdolden stehen, wie es das Tafelbild und der Grundriß in Abb. 35, S. 96 zeigen, an der Südwestseite und den anschließenden Enden der Nordwest- und Südostseite des Hofes die kolossalen Standbilder des Königs aus Granit. Von den zwei Sitzbildern am Eingang zum Säulensaal des Amenophis III. ist eines noch erhalten. Möglicherweise gehörte zu dem zerstörten zweiten der schöne Kopf der Taf. 237.

237 Kopffragment von einer der Großskulpturen des Königs Ramses II. im Großen Hof. Möglicherweise gehört der Kopf zu der zerstörten der beiden Kolossalsitzfiguren des Königs, die am Eingang zum Großen Säulengang des Amenophis III. aufgestellt waren. Die im Bild noch in fast ganzer Breite sichtbare Basis, die heute den Kopf trägt, mißt in der Breite 2,04 m.

238 Kolossalstatue des Königs Ramses II. am Südende des Südost-Säulenganges. Das Haupt des Königs trug eine Krone, die aus einem eigenen Block gearbeitet war, aber nicht mehr erhalten ist. Die »Füllstäbe« in den Fäusten enden in Form von Ringsiegeln. Vorn an Gürtel und Schurz die Namen des Königs. Neben dem vorgestellten linken Bein des Königs steht Königin Nefertari-mi-en-Mut mit bis auf die Brust fallender Zierperücke und mit hoher Federkrone, die rechte Hand an die Wade des Gatten legend. Auf dem unteren Teil der Säule links im Bild ist über den stilisierten Wappenpflanzen Ägyptens die untertänige Menschheit durch einen hockenden Kiebitz mit anbetend erhobenen Menschenarmen versinnbildlicht, der den auf das Zeichen »Gold« gestellten, in den Königsring gefaßten und vom Sonnenball überragten Namen des Königs verehrt. Auf der Säule rechts von der Mitte des Bildes ist der mit Min gleichgesetzte Amun-Kamutef und hinter ihm Isis, auf der Säule ganz rechts Amun in Reliefdarstellung zu erkennen.

239 Unterteil einer Kolossalstatue des Königs Ramses II. nahe der Westecke der Südwestsäulenhalle im Großen Hof. Im Gegensatz zu ihrem Rundbild auf dem Sockel hinter dem Bein des Ramses-Kolosses (Taf. 238) ist Nefertari-mi-en-Mut hier in vertieftem Relief dargestellt. Zur Geierhaube auf ihrem Scheitel tritt auch hier die hohe Federkrone mit Hörnern und Sonnenscheibe. Auf der Säule links ist König Ramses II. beim Opfer vor Amun sichtbar.

240
RAMSES II., KOLOSSALSTATUE VON MITRAHINA, der Stätte des untergegangenen Ptah-Tempels von Memphis.

Das aus Kalkstein gefertigte Standbild hatte vor dem Verlust seiner Beine eine Länge von über 13 m.

Das weich und doch bestimmt behandelte Gesicht mit der langen, fein geschwungenen Nase und dem lächelnden Mund hat ausgesprochenen Bildnischarakter. Es strahlt etwas von dem persönlichen Reiz des »Guten Gottes« aus, der Ägyptens Kräfte noch einmal zu gewaltiger Leistung zusammengefaßt und das Niltal vom Deltarand bis weit nach Nubien hinauf mit ungeheuren Baudenkmälern und Bildwerken geschmückt hat.

Über dem Schulterkragen hängt an Schmuckbändern eine Brusttafel in Form einer Kapelle mit oben abschließendem Fries von Uräusschlangen. In ihrer Mitte unter der von zwei Schlangen umwundenen Sonnenscheibe der Thronname des Königs: User-Maat-Re Setep-en-Re, »Stark ist die gerechte Weltordnung des Sonnengottes; der Erwählte des Sonnengottes«. Zum Namen hingewandt stehen im Kapellenraum Ptah und Sachmet, die beiden Gottheiten von Memphis.

241–246
TOTENTEMPEL DES KÖNIGS RAMSES II., GENANNT RAMESSEUM. THEBEN-WEST.

Ehe auf die Besprechung des Totentempels des Königs Ramses II. selbst eingegangen wird, seien einige allgemeine Bemerkungen über die Thebanischen Totentempel der 18. bis 20. Dynastie und ihre religiöse Bedeutung vorausgeschickt.

Wie schon S. 79 angedeutet, setzte mit dem Beginn der 18. Dynastie eine Neuerung der Formen des Totenkultes der Könige ein, die jahrhundertelang das Bild der Thebanischen Nekropole bestimmte. Es handelt sich um die unter Amenophis I. durchgeführte Trennung von Totenkultstätte und Königsgrab. Hat dieser König der frühen 18. Dynastie auch als einziger sein Grab noch nicht im Tal der Königsgräber angelegt, sondern nahe seinem Totentempel in den Bergen hinter dem heutigen Dorf Dira-Abu'n-Naga und ist dieser Totentempel gemessen an späteren Großbauten auch nur ein bescheidener Bau, so ist dennoch durch Amenophis I. die räumliche Trennung von Grab und Totentempel erfolgt und so der Anfang gemacht zu jener großartigen Totentempelreihe, die sich in immer größeren und prächtigeren Baudenkmälern, im Norden beginnend von Generation zu Generation weiter nach Süden ausgreifend, vor den Steilwänden der thebanischen Westberge ausbreitete.

Im ganzen ist über die Totentempel der Könige der 18. bis 20. Dynastie und ihr Verhältnis zu den Tempeln der Götter im allgemeinen bereits in dem einleitenden Kapitel »Götter und Tempel« (S. 40) gesprochen. Hier sei noch hervorgehoben, daß die Totentempel der Könige in Theben-West zwar in erster Linie Amun-Tempel waren, daß sie aber hinsichtlich der in ihnen unterhaltenen Kultformen »ein kompliziertes Gemisch von traditionellen Elementen und theologischen Spekulationen« darstellen. Da sie, wie gesagt, in erster Linie Tempel des Gottes Amun waren, gehörte diesem König der Götter naturgemäß das Zentrum der Tempelanlage. Nicht geklärt ist, in welcher Form man sich die Anwesenheit des Gottes im Tempel vorstellte. Daß Amun bei dem schon S. 139 erwähnten Tempelfest, dem »Schönen Fest des Wüstentales«, schon seit den Zeiten der 12. Dynastie in seiner Barke von Karnak zur Thebanischen Nekropole herübergezogen kam und daß seine göttliche Gemahlin Mut und beider Sohn Chons ihn auf ihren Barken begleiteten und mit ihm den »Kern der Prozession« bildeten, steht fest. Demgemäß mußte von der 18. Dynastie an die räumliche Gestaltung im Inneren der königlichen Totentempel vollzogen werden. Sie ist am besten ablesbar im Totentempel des Königs Sethos I. zu Gurna im Norden der Nekropole von Theben-West (Abb. 62). Das Zentrum dieses Tempels bilden drei längliche Räume, ein jeder für je eine der drei Götterbarken, sowie zwei parallel laufende Nebenräume. Auch in dem im folgenden zu betrachtenden Totentempel des Ramses II., dem Ramesseum, ist die Dreiteilung klar erkennbar, nicht minder in dem bei diesen beiden zu erörternden Totentempel des Ramses III. zu Medinet Habu, nur daß der Raum für die Barke Amuns stärker als Mittelpunkt betont ist gegenüber den rechts und links liegenden Räumen für die Barken von Mut und Chons.

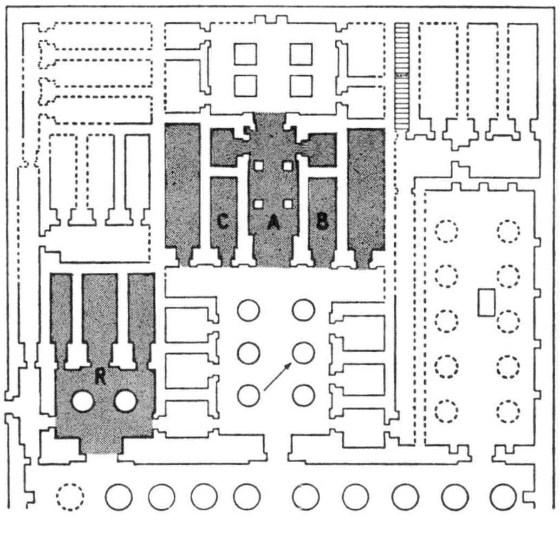

Abb. 62 Totentempel des Königs Sethos I. zu Kurna, Theben-West. Grundriß der Westhälfte des Tempels 1:800. In der Mitte (punktiert) die drei Räume für den Kult der Barken des Amun (A) – erhalten noch der Untersatz für die Barke –, der Mut (B) und des Chons (C) sowie die beiden seitlichen zugehörigen Nebenräume. In der Südecke des westlichen Tempelteils (punktiert) die Räume für den Kult des väterlichen Ahnen Ramses I. mit dem Allerheiligsten (R).

Als das zweite wichtige Element für die Gestaltung des Totentempels muß der Kult des verstorbenen Königs-Vorfahren hervorgehoben werden. Die für ihn verbindlichen Räume sind in der Regel – vom Eingang her gesehen – links vor den

Räumlichkeiten der Götterdreiheit Amun, Mut, Chons lokalisiert. Vgl. hierzu wieder Abb. 62. Übrigens verfügte – ungeklärt, seit wann und ob in allen Fällen – auch der tote König selbst über eine Prozessionsbarke, die, seine Statue tragend, die drei Götterbarken bei der Prozession des Talfestes begleitete.

Ein letztes Kultelement war die Kultstätte für den Sonnengott Re. Der am Himmel sichtbare Gott hatte als seine Verehrungsstätte einen Altar in einem offenen Hof des Totentempels. Sein Kult widersprach nicht der Verehrung des Reichsgottes Amun und der des vergöttlichten Vaters und Königs. Galten doch Re und Amun als *ein* Gott, was ja schon die seit dem Mittleren Reich bestehende Vereinigung ihrer beider Namen in Amun-Re besagt, und kehrte letzten Endes der verstorbene König gleichsam mit seinem Tode zu seinem göttlichen Vater Amun, aus dem er ja entstanden war, wieder zurück und vereinigte sich erneut mit ihm.

Noch ist auch die sog. Scheintüre, das uralte kultische Element, zu erwähnen. Als monumentale Nachbildung einer Türe war sie schon notwendiger Teil der Ausstattung der Gräber des Alten Reiches wie auch der Pyramidentempel. »Sie ist Sinnbild im vollen Sinne des Wortes. Durch sie führt der Weg in eine andere Welt; die vor ihr niedergelegten Opfer und dargebrachten Gebete werden durch ihre Vermittlung gleichsam transformiert. Dieses Bauelement spielt nun entsprechend hier (im königlichen Totentempel) seine Mittlerrolle für den verstorbenen König, dessen Leichnam fern im Königsgräbertal ruhte und dessen verklärte Form im Jenseits weilte« (E. Otto, Osiris und Amun).

Es ist zu bemerken, daß die Könige des späteren Neuen Reiches keinen Anstoß daran nahmen, ihre Paläste in unmittelbarer Nähe ihrer Totentempel zu errichten. Dies gilt schon für Haremhab und ganz im besonderen für Ramses II. und Ramses III., deren noch nachweisbare Paläste überhaupt in engstem Zusammenhang mit dem Ersten Hof ihrer Tempel gebaut waren.

Es führte zu weit, hier die Gesamtheit der thebanischen Totentempel zu behandeln. Aber als Musterbeispiele von Tempeln großen Stils sollen zumindest die Totentempel von Ramses II. und Ramses III. besprochen werden, um so mehr, als beide nach einheitlichem Plan gebaut und vergleichsweise sehr gut erhalten, einen ausgezeichneten Einblick in die Gesamtgestaltung eines großen thebanischen Totentempels der 19. und frühen 20. Dynastie geben.

Die Ruinen des Totentempels des Königs Ramses II. sind heute noch ringsum umgeben von ausgedehnten Ziegelbauten (Taf. 241, 243), die über Gewölben eine Plattform trugen und offenbar als Wohnungen, Stallungen und Magazinräume gedient haben. Die Kartuschenstempel ihrer Ziegel beweisen, daß auch sie schon unter Ramses II. errichtet worden sind.

Die Anlage des Tempels selbst begann im Südosten mit einem mächtigen Pylon von 67 m Breite. Seine Außenseite ist heute völlig zerfallen, seine gegen den anschließenden Ersten Hof gewandte Innenseite zeigt Reliefs, die sich insbesondere auf den 1285, im fünften Regierungsjahr des Königs durchgeführten Feldzug gegen die Hethiter und auf die Schlacht von Kadesch beziehen. Höchst lebendig werden hier Szenen des Hethiterfeldzuges geschildert: das Lagerleben mit der ganzen Soldateska, die schwatzt und sich balgt, mit sich reckenden Eseln und Pferden, die abgeschirrt, froh ihrer Freiheit sind; den Kriegsrat des Königs und die Verprügelung gefangener Spione; und – atemlähmend – die plötzlich im Lager einbrechenden Hethiter.

Vom Ersten Hof (A) sind nur Teile der pylonartigen Nordwestmauer erhalten. Die einst der Südwestmauer vorgelagerte Halle bildete zugleich die Front des anschließenden Königspalastes. An der dem Hof zugewandten Seite der Nordwestmauer zeigen die Reliefs der unteren Reihe Bilder der Schlacht bei Kadesch, die der oberen Reihe das Fest des Erntegottes Min, das bei der Thronbesteigung des Königs gefeiert wurde. In diesem Ersten Hof liegen noch die Trümmer einer einstigen ungewöhnlich großen freigearbeiteten Kolossalstatue des Königs. Ihre Höhe muß 17,5 m, ihr Gewicht etwa tausend Tonnen betragen haben. Die Oberfläche der Brust mißt von Schulter zu Schulter 7,11 m; der Armumfang am Ellbogen 5,33 m; der Durchmesser eines Oberarmes 1,46 m; die Länge des Zeigefingers 1 m; die Breite des Fußes 1,40 m. Trotz ihrer gigantischen Ausmaße war die Statue auf das sorgfältigste gearbeitet und poliert. Der schmerzlichste Verlust ist, daß ihr Gesicht zerstört ist. Das gewaltige, eindrucksvolle Werk hat Percy Bysshe Shelley, der es selbst nicht gesehen, der aber von dem Adel der hier geleisteten Arbeit hörte und einen tiefen Eindruck empfangen hatte, 1817 in einem Sonett »Ozymandias« gefeiert.

I met a traveller from an antique land
Who said: Two vast and trunkless legs of stone
Stand in the desert... Near them, on the sand,
Half sunk, a shattered visage lies, whose frown,
And wrinkled lip, and sneer of cold command,
Tell that its sculptor well those passions read
Which yet survive, stamped on these lifeless things,
The hand that mocked them, and the heart that fed:
And on the pedestal these words appear:
"My name is Ozymandias, king of kings:
Look on my works, ye Mighty, and despair!"
Nothing beside remains. Round the decay
Of that colossal wreck, boundless and bare
The lone and level sands stretch far away.

Der Zweite Hof (B) (Taf. 246 oben), der an die erwähnte Mauer anschließt, hatte an beiden Seiten links und rechts Säulengänge mit Reliefs des opfernden Königs an den Schäften der Säulen. An seiner Vorder- und Rückseite waren Pfeiler mit

Abb. 63 Totentempel des Königs Ramses II. (Ramesseum) zu Theben-West. Grundriß 1:2000. Inmitten der Gesamtanlage der eigentliche Totentempel. A: Erster Hof mit den Resten der Kolossalstatue des Königs (K); B: Zweiter Hof; S: Großer Säulensaal; I und II: die beiden vorderen der drei anschließenden kleinen Säulensäle und das Allerheiligste (A): es war für den Kult und die Barke des Amun bestimmt, die links und rechts anschließenden Räume dienten den Barken von Mut und Chons. Südwestlich vom Tempel der königliche Palast, nordöstlich der Tempel des Königs Sethos I. Rings um den Tempelkomplex die Ziegelbauten für Wohnungen, Speicher und Ställe.

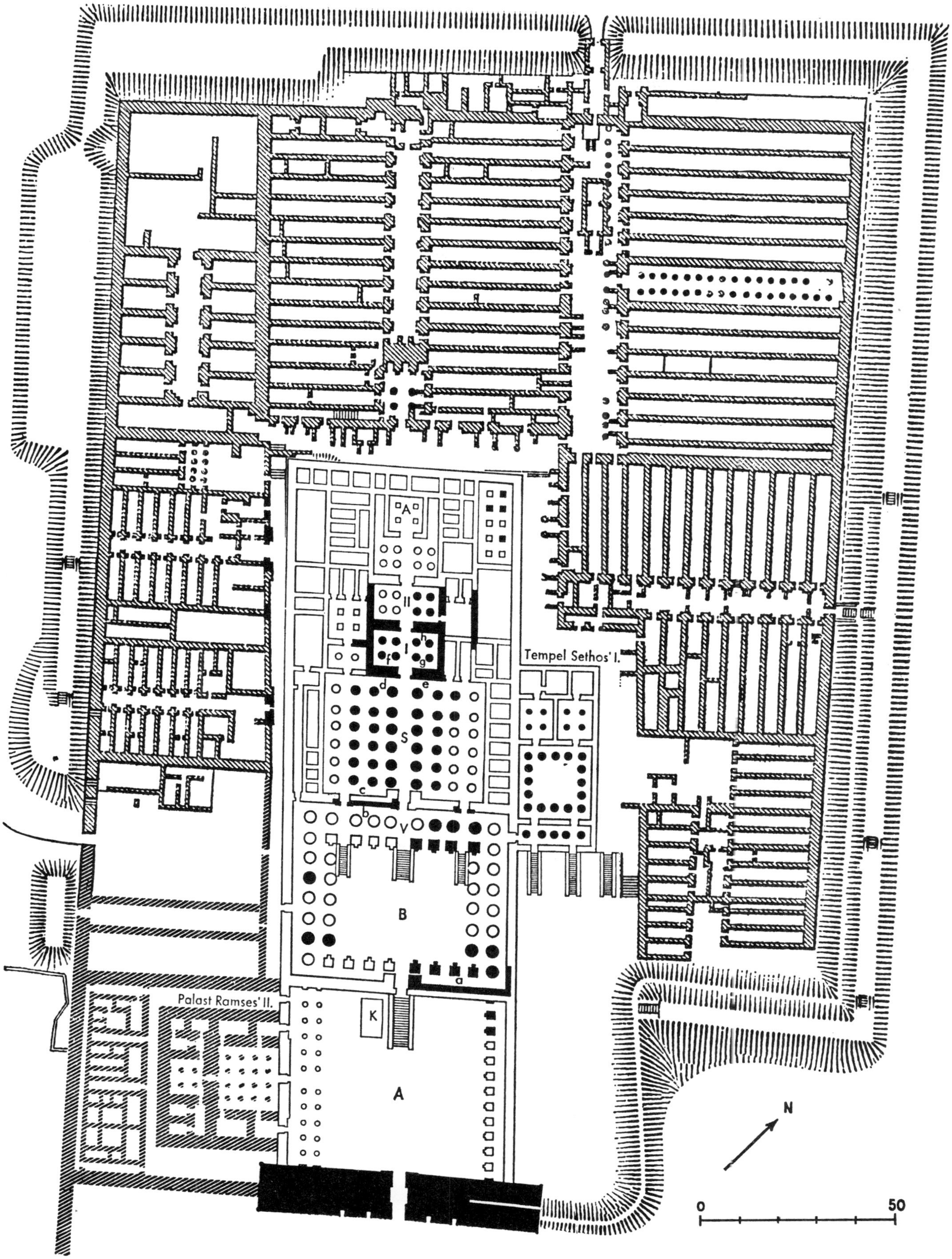
A
II
h
I
f
g
d
e
Tempel Sethos' I.
S
c
b
V
B
a
Palast Ramses' II.
K
A
N
0
50

Statuen des Königs als Osiris, von denen noch je vier erhalten sind und einen imposanten Anblick bieten; ferner an seiner Nordwestseite (Taf. 246 unten) noch zwei kolossale Sitzbilder des Königs aus schwarzem Granit.

Eine am Ende des Hofes im Nordwesten anschließende Reihe von Säulen trug mit den erwähnten Pfeilern die Decke einer Halle, die man als Pronaos oder Vestibül (V) des anschließenden Großen Pfeilersaales ansprechen mag und zu der drei Rampen führten. Dahinter erhebt sich dann die Vorderwand des genannten Großen Pfeilersaales (S), des Hypostyls. Die nun folgenden Tempelsäle und Räume dienten dem Kult des Amun und der Aufstellung seiner Prozessionsbarke sowie derer von Mut und Chons.

Der Große Säulensaal ist wie der von Karnak basilikal gebaut. Die höheren Säulen der zwei mittleren Reihen zeigen Kapitelle in Form offener Papyrosdolden, während die niedrigeren Säulen aller übrigen Reihen Knospenkapitelle besitzen. Dem Architrav der beiderseits innersten Reihen der niedrigeren Säulen ist eine Pfeilerwand (mit Fensteröffnungen) aufgelagert. So wird, in Analogie der Verhältnisse im Großen Hypostylen Saal von Karnak, ermöglicht, daß die zwei an das Mittelschiff links und rechts anschließenden Schiffe gleiche Höhe wie dieses erreichen (Taf. 245) und somit insgesamt drei höhere Schiffe gebildet werden. An sie schließen hier beim Ramesseum beiderseits nur noch drei niedrigere Seitenschiffe an (Taf. 244). Mit acht Säulen in jeder Transversalreihe und sechs Säulen in der Tiefenrichtung hat das Hypostyl wie in Karnak wieder in der Querachse eine größere Ausdehnung als in der Längsachse.

Auf die Mittelpartie des Großen Hypostyls folgen drei kleinere Säle von je vier Säulen Breite und nur zwei Säulen Tiefe. Der erstere dieser drei Räume besitzt eine Decke mit astronomischen Darstellungen. Ein vierter Raum mit nur vier Säulen, das Allerheiligste (A), schloß die Flucht der Räume in der Medianachse ab. Diese letzteren beiden Räume sind ebenso wie die an sie seitlich links und rechts anschließenden Kompartimente weitgehend zerstört.

An der Vorderwand des Großen Hypostyls (bei c) ist der König auf seinem Streitwagen, vor dem die Feinde zu Roß, zu Wagen und zu Fuß fliehen, wiedergegeben; weiter die Erstürmung der hethitischen Festung Dapur, bei der auch die namentlich bezeichneten Söhne des Monarchen am Kampf teilnehmen; an der Nordwestwand endlich (bei d und e) die königlichen Söhne und der Herrscher selbst im Beisein mehrerer Götter.

Von dem ersten, auf das Große Hypostyl folgenden kleinen achtsäuligen Saal (I) sind die Reliefs seiner Südostwand (bei f und g) hervorzuheben: sie stellen die Prozession der Barken der Götterdreiheit Amun, Mut und Chons dar, indes die Nordwestwand den König zeigt, wie er unter dem Heiligen Baum von Heliopolis sitzt und die Gottheiten Seschat und Thot seinen Namen in die Blätter des Baumes schreiben.

An die Südwestmauer des Tempels schloß – wie dies auch für den Palast des Ramses III. in Medinet Habu zu zeigen sein wird – der königliche Palast an. Er öffnete sich mit drei Türen zum Ersten Hof (A). Nur aus Ziegeln erbaut, ist er heute weitgehend verfallen.

In neuerer Zeit konnte noch geklärt werden, daß seitlich der Nordostmauer des Tempels in Höhe des Großen Säulensaales (S), ein schon von König Sethos I. gebauter Tempel lag, dessen Kult Ramses II. offenbar weiter unterhielt und wohl dem Totenkult des Vaters zuführte.

241 Der Gesamtbereich des Totentempels und die Landschaft von Theben und Luxor vom hochgelegenen Grab (Nr. 78) des Haremhab, General unter König Thutmosis IV., aus. Das Bild zeigt die ganze Tempelanlage mit ihrer gesamten Umwallung und den große Teile des Gesamtkomplexes einnehmenden Speicherbauten. Im Mittelgrund des Bildes das Fruchtland mit den am aufblitzenden Nil gelegenen Häusern von Luxor; am Horizont ragen die Bergzüge der östlichen Wüste empor.

242 Die Nekropole von Theben vom Totentempel des Königs Ramses II. aus.

Am Fuße des breiten, in der altheiligen Felsspitze El Qorn gipfelnden Gebirgsrückens der Westberge dehnen sich die sandüberfluteten Gräberhügel mit den Ortschaften Kurnet Murai und Schech Abd el-Kurna aus. Ganz rechts in halber Höhe der Bergwand reihen sich die Öffnungen der Fassadengräber aus dem Mittleren Reich.

243 Blick auf den Tempel und die Ruinen der Vorratsräume von Norden.

Der den monumentalen Eingang bildende Pylon von ehedem 67 m Breite, der ganz links im Bild zu suchen wäre, ist nur noch in seinem unteren Teil erhalten, und auch der Erste Hof (A) ist sehr zerstört. Man sieht im Bild von links bis annähernd Bildmitte den Zweiten Hof (B), dessen ehedem doppelter Säulengang an der Nordost- und Südwestseite bis auf wenige Säulen zerstört ist, indes die Pfeiler mit den Osiris-Statuen an der Südostseite, ebenso wie an der Nordwestseite des Zweiten Hofes zu je vieren erhalten sind (vgl. auch Taf. 246). Getrennt durch eine zerstörte Partie, die dem Pronaos oder Vestibül (V) zum Großen Säulensaal (S) entspricht, folgt der noch stehende größere Teil des basilikal gestalteten Säulensaales (vgl. Taf. 244 u. 245). An ihn anschließend endlich die kleinen Säulensäle (I/II; vgl. auch Taf. 244). Die im Vordergrund sichtbaren Speicherräume waren aus sonnengetrockneten Schlammziegeln erbaut.

244 Gesamtüberblick über den Tempel von Westen. Ganz rechts im Bild die Trümmer der gestürzten Riesenstatue von Ramses II. (s. S. 148) am Nordwestende des Zweiten Hofes (K in A) sowie der Zweite Hof (B) mit seinen Osirispfeilern. Daran nach links über die volle Bildbreite anschließend das eigentliche Tempelgebäude mit den überragenden drei Mittelschiffen des Großen Säulensaales (S) und davor sichtbar die drei südwestlichen Nebenschiffe (von deren innerem die Säulen noch aufrecht stehen); schließlich die kleinen Säulensäle (I/II). Im Vordergrund wieder Reste von Speicherbauten.

245 Der Große Säulensaal, mittleres und nordöstliches Hauptschiff. Auf den Architraven ruhen noch die alten Deckplatten. Im Vordergrund zwei Säulenbasen mit der Inschrift des Königs Ramses III.

246 Der Zweite Hof (B)

246 oben Blick aus Südwesten auf die beiden Pfeilerreihen mit den noch zu je vier erhaltenen Osiris-Statuen. Rechts die am Nordwestende des Ersten Hofes liegenden Trümmer der Kolossalstatue des Königs Ramses II. aus Assuan-Granit (s. S. 148).

246 unten Blick aus Südosten. Im Vordergrund rechts die auf wenig erhöhter Terrasse stehende hintere Pfeilerreihe mit den Osiris-Statuen vor ihr. Sie bildete zusammen mit der nordwestwärts ihr folgenden Säulenreihe den Pronaos oder das Vestibül (V) des Großen Säulensaales (S). Anschließend öffnet sich der Große Säulensaal, in dessen mittleres und nordöstliches Hauptschiff man Einblick hat; dagegen sperrt links davon die originale Südostwand des Säulensaales den Blick auf seine beiden südwestlichen Seitenschiffe. – An der Südostfläche dieser Wand Reliefs in drei Streifen. Unten: Die elf Söhne des Königs. Mitte links: Der König, von Atum und Mont in den Tempel geführt. Mitte rechts: Der König kniet vor den drei thebanischen Hauptgottheiten; hinter ihm Thot. Oben: Der König dem Ptah opfernd (links) und dem Min räuchernd (rechts). – Im Hof sind Kopf und Unterteil eines der zwei kolossalen Sitzbilder des Königs aus schwarzem Granit zu sehen. Große Teile des alten Pflasters sind erhalten.

LIV

Prinzessin vom Hofe Ramses II. Kalkstein. Höhe 73 cm. Aus dem Totentempel des Königs zu Theben-West. Kairo, Museum Nr. 741.

Das wundervolle Frauenbildnis mit den noch ganz mädchenhaften Zügen gehört in der Feinheit der Arbeit und der Weichheit des Ausdrucks zu den besten Werken der Zeit des Ramses II. und bewahrt mit seiner graziösen Haltung noch die Tradition der späten 18. Dynastie. Das Antlitz mit dem sprechenden, wundervoll weichen Mund ist von einer schweren, blau bemalten Löckchenperücke umrahmt: ein goldener Reif mit zwei Uräen hält sie zusammen. Darüber trägt die Prinzessin eine aus Uräus-Schlangen mit Sonnenscheiben geformte Krone. Der breite goldene Halskragen ist aus Nefer-Zeichen gebildet, einem Schriftzeichen, das »Schönheit, Vollendung« bedeutet. Der linke Arm liegt unter der Brust und hält das mit einem Hathorkopf gekrönte Gegengewicht eines Halsschmucks.

LV–LVIII

Das Grab (Nr. 66) der Königin Nefertari-mi-en-Mut, einer der Hauptgemahlinnen des Königs Ramses II., Theben-West, Tal der Königinnengräber.

Das Grab dieser geliebtesten der vier Hauptgemahlinnen des Königs Ramses II. liegt als größte Zierde des Königinnengräbertales unter den schroffen Steilwänden des düsteren Talabschlusses von Biban el-Harim. Es ist 1904 von einer italienischen Forschungsexpedition erschlossen worden. Die Malereien des räumlich nicht großen Grabes sind auf leicht reliefiertem Stuckgrund ausgeführt. Sie sind von ungewöhnlich hohem künstlerischen Rang. Trotz der funerären Thematik sind sie von starkem, wenn auch sehr geadeltem sinnlichen Reiz.

LV Im Ersten Grabraum. Blick gegen Südosten.

An der Stirnseite des Mauervorsprunges zur Linken der kleinen Ostnische des Raumes steht die Göttin Selket mit dem Skorpion auf dem Kopf, während die Göttin Maat mit ihrem Schriftzeichen, der Feder, auf ihrem Haupt, beim Eingang zur Hauptkammer im Bild ganz rechts erscheint. Die Rückwand der Nische zeigt die Königin im langen, gefältelten Mantel, von Isis an der Hand zu dem käferköpfigen Chepre geführt, einer Form des Sonnengottes, in der er im besonderen sein unaufhörliches Wiedererscheinen verkörpert. Über dem Eingang zum Hauptraum die Geiergöttin Nechbet von Elkab mit je einem Schen-Zeichen, dem Symbol der Unendlichkeit und des allumfassenden Herrschertums, in den Krallen ihrer Füße.

LVI Königin Nefertari, von der Göttin Isis zum Sonnengott Chepre geführt.

Auf dem Scheitel der Göttin Isis die Kuhhörner, die die Sonnenscheibe, von der eine Schildviper herabhängt, umfangen. An ihrer Brust trägt Isis eine Wulstkette mit einem zwischen Rücken und Arm sichtbaren Gegengewicht-Amulett (Menit); in der Linken hält sie das Götterzepter. Königin Nefertari, in der Modetracht der Zeit, trägt auf dem Scheitel über der Geierhaube die hohe Federkrone der Gottesgemahlin. Die in Hieroglyphen beigeschriebenen Texte besagen: »*Worte, gesprochen von Isis: Komm, große Königsfrau Nefertari, geliebt von Mut, gerechtfertigt* (d. h. mit wahr befundener Rede), *damit ich dir einen Platz im heiligen* (Jenseits-)*Lande anweise*«, und: »*Die große Königsfrau und Herrin der beiden Länder, Nefertari, geliebt von Mut, gerechtfertigt vor Osiris, dem großen Gott*«.

LVII Hauptraum (Opferkammer), Blick auf Ostwand und Osthälfte der Südwand.

Unter der auch hier wieder wie im Ersten Raum mit goldenen Sternen bemalten Decke heben sich die leuchtenden Farben auf dem weißen Untergrund der Wände kräftig ab. Die im Bild sichtbare Stelle der Ostwand zeigt die Königin, während sie mit einem besonderen Zepter in der Rechten ein reiches Opfer weiht. Es gilt Osiris-Chontamenti-Wennofer, »*dem König der Lebenden, dem großen Gott, dem Herrn der Nekropole, dem Herrn bis zur Ewigkeit, dem Herrscher der Unendlichkeit, der mit Geißel und Krummstab auf dem Thron sitzt*«. Vor ihm stehen auf einer sogenannten Standarte als kleine Figuren die vier Horuskinder Hapi, Dua-Mutef, Kebech-Senuf und Amset.

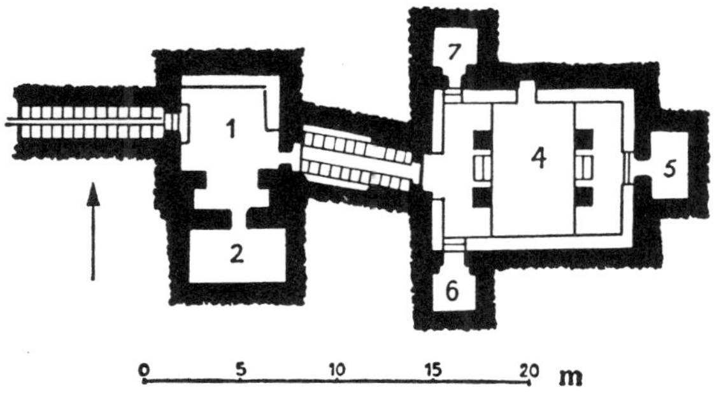

Abb. 64 Grab (Nr. 66) der Königin Nefertari-mi-en-Mut im Tal der Königinnengräber zu Theben-West. Grundriß 1:500.
1: Erster Raum; 2: Südlich anschließender Hauptraum (Opferraum); 4: Pfeilersaal (Sarkophagraum) mit dem Sarkophag der Königin; 5–7: Nebenräume.

Der Gott verspricht der Königin für ihr Opfer Unvergänglichkeit und Glück in seinem Reich.

Auf der im Bild linken Hälfte der Südwand steht die Königin vor Thot, dem Herrn von Hermopolis, dem Gott des Schreibens, der Weisheit und des Richtens. Auf dem Ständer zwischen beiden stehen ein Schreibgerät und ein Tintennapf, auf dessen Rand eine Kröte sitzt. Hinter der Königin sind die Worte, die sie zum Gott spricht sowie der Titel, den sie führt, aufgezeichnet: *»Spruch zum Erbitten des Tintennäpfchens und der Schreibpalette von Thot in der Unterwelt seitens der großen königlichen Gemahlin, der Herrin der beiden Länder, Nefertari, geliebt von Mut, der Seligen«.*

LVIII Von der Nordwestecke des Hauptraumes. Königin Nefertari. Aus der Szene der Anbetung der Königin vor dem Heiligen Stier und den sieben Heiligen Kühen.

247–250
ABU SIMBEL. DIE VON KÖNIG RAMSES II. ERRICHTETEN FELSENTEMPEL.

280 km südlich des ersten Kataraktes gründete Ramses II. die beiden berühmten Felsentempel von Abu Simbel.

Was Ramses II. dazu bestimmt hat, hier im südlichen Nubien, nicht weit ab vom zweiten Nilkatarakt einen großen Tempel für den Dienst des Amun-Re, des Re-Harachte, des Ptah und für seinen eigenen Kult sowie nahebei ein weiteres Heiligtum für die Göttin Hathor und für seine vergöttlichte Gemahlin Nefertari aus dem Felsen hauen zu lassen, wissen wir nicht. In der Nähe hätte es an geeignetem Baugrund nicht gefehlt, um die Heiligtümer in herkömmlicher Weise frei zu erbauen. War es Gefallen an der selbstgestellten kühnen Aufgabe, so ist zu bewundern, wie diese Aufgabe imponierend bewältigt worden ist. Der übliche Raumkomplex ist gewissermaßen in den Berg hineingeschoben.

Der größere, südliche Tempel mit seiner einzigartigen Fassade war dem Reichsgott Amun-Re von Theben und dem Re-Harachte von Heliopolis, somit den beiden Hauptgöttern Ägyptens geweiht; außer ihnen hatten auch der Gott Ptah von Memphis und König Ramses II. selbst hier ihre Kulte. Den Eingang des größeren Tempels rahmen beiderseits des Portals je zwei der insgesamt vier kolossalen Sitzbilder des Königs ein, eines, schon im Altertum zerborsten, liegt mit dem Oberkörper auf dem Boden. Die vier Kolossalbilder zeigen Ramses mit dem Königskopftuch, der Nemset, und darauf dem Pschent, der Doppelkrone des Nordens und des Südens, weiterhin mit der Uräusschlange und dem Kinnbart. Von diesen 20 m hohen Sitzbildern, die durch die Memnons-Kolosse zu Theben-West (S. 96) kaum an Größe übertroffen werden, zeigt jedes, trotz der Ähnlichkeit untereinander, einen verschiedenen Gesichtsausdruck. Das erste von links, das bekannteste von ihnen, strahlt in einem hohen Grad überirdischen Zauber aus; es ist auch eines der besten Porträts des Königs Ramses II. (Taf. 247). Zu Füßen der Riesenskulpturen stehen in Form kleiner, kaum halbkniehoher Statuen die Bilder der Lieblingsgemahlin des Königs, Nefertari, sowie seiner Mutter, der Königin Tui, und mehrerer seiner Söhne und Töchter, die ihm seine ersten beiden Gemahlinnen, Isisnofret und Nefertari, schenkten. Aber nur Nefertari, nicht auch Isisnofret, ist in Abu Simbel dargestellt.

Die Tempelfassade ist nach Osten gewandt. Über dem Eingangsportal des Tempels befindet sich in einer hohen engen Nische das Standbild des falkenköpfigen Sonnengottes Re-Harachte, der seine Hände auf Symbole in Form der Hieroglyphen User und Maat stützt. Beide Zeichen ergeben den Krönungsnamen des Königs Ramses II.: User-Maat-Re. Der königliche Name und somit Ramses II. selbst stehen so bei Sonnenaufgang der Sonne gegenüber, deren Abglanz der König selber ist. Beiderseits der jeweils äußeren Kolosse ist die Schräge der Felswand so ausgenützt, daß sich der Raum für je eine Kapelle ergab; deren Rückwände waren mit einer Stele geschmückt; ihre nördliche war dem Re-Harachte, ihre südliche dem Amun-Re geweiht. An der Nordgrenze der Terrasse, hinter einer pylonartigen Wand verborgen, liegt ein Sonnentempel mit einem Sonnenaltar, einer der so seltenen erhaltenen Sonnenaltäre Ägyptens. Am Südende der Fassade ist ein kleiner Nebentempel in den Felsen getrieben, der hauptsächlich Thot und dem Amun von Napata zugeeignet war; er ist in erster Linie als ein Schrein für die Heilige Barke anzusehen. Am Südhang, rechtwinkelig zum Tempel, ist außerdem auf Befehl Ramses II. dreißig Jahre nach der berühmten Schlacht von Kadesch des Jahres 1285 (s. S. 125 u. 141) eine große Inschrift im Gestein angebracht worden. Sie berichtet, daß Ramses II. nach Unterzeichnung des Friedensvertrages mit den Hethitern 1269 die Tochter ihres Königs Hattusili III. ehelichte, der er bei ihrer Ankunft zur Spätsommerzeit an der ägyptischen Grenze den Namen Mat-Neferu-Re gab. Auch diese sog. Hochzeitsstele (s. S. 126f.), in derem obersten Teil der König der Hethiter, Hattusili III. dargestellt ist im Augenblick, wo er seine Tochter Naptera dem König Ramses II. zuführt, wurde zusammen mit dem kolossalen Tempel vor den sie bedrohenden Fluten der Überschwemmungswasser gerettet.

Bei Sonnenaufgang wird der Tempel beleuchtet: die Kolosse der Fassade werden vom Licht belebt, die kleinen Statuen der Mitglieder der königlichen Familie werden körperhaft und die beiden plastisch wiedergegebenen Teile des Königsnamens werden vom Sonnenball, der Quelle allen Lebens, beseelt und die heiligen Affen, die Genien der Weltengründe, verehren vom Gipfel des Berges das aufsteigende Gestirn. Das klare Licht dringt voller Kraft nach und nach in das Heiligtum ein.

Die Krönung und den oberen Abschluß der Tempelfront bildet ein Fries von Heiligen Affen. Auf sie fällt das erste Morgenlicht und sie scheinen mit ihren betend erhobenen Händen die aufgehende Sonne zu begrüßen. Hat man das Eingangstor durchschritten, betritt man die Tiefe Halle (H), von 17,7 m Länge und 16,43 m Breite, mit ihren acht Pfeilern, vor denen, dem Mittelgang zugewendet, die 10 m hohen Statuen des Königs in der Haltung des Gottes Osiris mit Geißel und Krummstab, stehen. Die Standbilder an der Nordseite sind mit der Doppelkrone, die im Süden mit der oberägyptischen Krone ausgestattet. Bei Tagesanbruch bringt die allgemeine Helligkeit das Antlitz der Statuen zum Leuchten. Das Phänomen dauert über eine Stunde, dann breitet sich nach und nach das Licht im ganzen Saal aus, und auf den Wänden treten die Darstellungen der Großtaten des Königs hervor. An der Decke des Mittelganges werden die fliegenden Geier, über den Seitengängen die Sternendecken sichtbar. Das militärische

Hauptereignis der Regierung des Königs ist jene Schlacht von Kadesch, die er im 5. Jahre seiner Herrschaft, 1285, an den Ufern des Orontes schlug. Auf den Bauten Ramses II. ist dieses Ereignis des öfteren wiedergegeben, so im Ramesseum zu Theben-West, in Karnak (s. S. 141), am Pylon des Amun-Mut-Chons-Tempel in Theben-Ost/Luxor und im Tempel des Ramses II. in Abydos. Aber an der Nordwand der Tiefen Halle des Tempels von Abu Simbel ist, in zwei übereinander befindlichen Reihen, die vielleicht sachlichste Darstellung gegeben. Die untere Reihe zeigt von West nach Ost den Abmarsch der ägyptischen Truppen ins Feld; das mit Schilden verschanzte ägyptische Lager; lebhafte Szenen des Lagerlebens; den Kriegsrat des Königs mit seinen Fürsten und die Prügelung zweier feindlicher Spione; endlich den Wagenkampf zwischen Hethitern und Ägyptern. Die obere Reihe zeigt von West nach Ost: Der König sprengt gegen die Feinde, die seinen Wagen mit den ihrigen umzingelt haben; die Festung Kadesch, umflossen vom Orontes, mit ihren Verteidigern; Vorführung Gefangener vor Ramses II. und Zählung der abgeschlagenen Hände und Glieder der Toten.

Der westlich anschließende Saal (S) von 7,6 m Tiefe und 11,0 m Breite, dessen Decke auf vier quadratischen Pfeilern ruht, führt zu einem Querraum (Q), an den drei Gemächer grenzen. Ihr mittleres ist das Allerheiligste mit dem aus dem Felsen gehauenen Untersatz für die Heilige Barke. An seiner Rückwand die Statuen von Re-Harachte, König Ramses II., Amun-Re und Ptah. Außer der Eingangstür läßt keine andere Öffnung das Tageslicht hier ein.

Zweimal im Jahr, zur Zeit der Äquinoktien (21. März und 23. September) – und nach dem Stand der aufgehenden Sonne an diesen Äquinoktien ist die Tempelachse genau ausgerichtet – werden auch die vier Statuen an der Rückwand des Allerheiligsten beleuchtet. Nach und nach, von Norden nach Süden, tritt bis zu ihnen das verklärende Licht und läßt sie mit allen Einzelheiten aus dem Dunkel hervortreten: zuerst erscheint Re-Harachte, dann das Bildnis des Königs Ramses II. und schließlich die Gestalt des Amun-Re. Nur die Statue des Ptah bleibt fast ganz in die Finsternis des Erdinneren gehüllt, verhaftet der chthonischen Welt, die der Gott verkörpert.

Die zwei kleinen, beiderseits des Allerheiligsten liegenden, vom Querraum (Q) aus zugänglichen Gelasse sind unbedeutend im Vergleich zu den vier korridorartigen Langräumen (3, 4 u. 7, 8), die ihrerseits über zwei Vorräume (5 u. 6) zugänglich sind, wobei der Eingang in diese Vorräume selbst an der Nordost- bzw. Südwestecke der Rückwand des Tiefen Pfeilersaales (H) liegt. Wahrscheinlich waren in diesen Langräumen die Kultgegenstände aufbewahrt. Sie entsprechen offenbar den Krypten der ptolemäischen Tempel. Die Südgruppe (7, 8) dieser beiden etwas asymmetrischen Langraumpaare ist die wichtigere. Nicht nur, daß ihre Wände, wie auch die aller anderen Nebenräume, mit Reliefs geschmückt sind, die den König oder seine Abbilder in Anbetung vor verschiedenen Gottheiten zeigen, sondern insofern als der östliche (8) der beiden Südräume noch eine Anzahl Nischen, über denen die Weihinschrift des Tempelschatzes steht, besitzt. Außer dem Komplex dieser vier korridorartigen Langräume finden sich östlich noch zwei weitere (1, 2), die, anscheinend nachträglich in den Felsen gearbeitet, von der Nordwand des Tiefen Saales

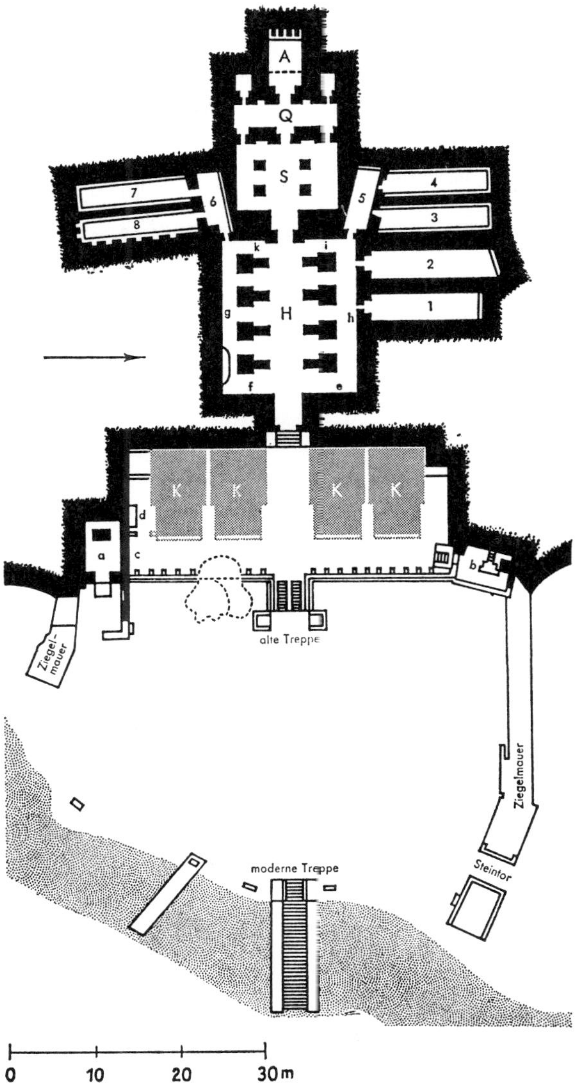

Abb. 65 Abu Simbel. Der Felsentempel des Königs Ramses II. Grundriß 1:880.
Beiderseits der antiken Treppe je ein Wasserbecken, vielleicht für Waschungen vor Eintritt in den Tempel. An der Front der Terrasse Reihen von Gefangenen-Statuen, an der Brüstung die Horusfalken des Re-Harachte und Statuetten des Königs. Darunter Gedächtnisinschriften zu Ehren Ramses II. – K: die vier Kolossalstatuen des Königs beiderseits des Eingangsportals – H: Tiefe Halle mit acht Osiris-Pfeilern. An den Wänden ringsum Reliefs; an der Eingangswand beiderseits der Türe: Ramses II. erschlägt Feinde vor Re-Harachte (Nordflügel) bzw. vor Amun-Re (Südflügel); darunter Prinzessinnen bzw. Prinzen; an der Nordwand in zwei Reihen Szenen vor und während der Schlacht bei Kadesch gegen die Hethiter; an der Südwand in zwei Reihen oben: der König vor verschiedenen Gottheiten; unten: drei Szenen aus den Kriegen mit den Syriern, den Libyern und den Negern; an der Rückwand: Ramses II. bringt gefangene Hethiter (Nordflügel) und Neger (Südflügel) vor die Gottheit – S: Vierpfeilersaal mit Barkenprozessionen – Q: Querraum vor dem Allerheiligsten mit dem aus dem Fels gehauenen Sockel für die Heilige Barke. Im Allerheiligsten (A) die Statuen des Königs und der Götterdreiheit Amun-Re, Re-Harachte und Ptah – 3,4, 7,8 und 1,2: 6 Seitenkammern für Kultgegenstände – außerhalb der Tempelfront: a Kapelle mit Reliefs, b der kapellenartige Hof mit dem Sonnenaltar, c Stelle der Inschrift über die Vermählung des Königs mit der hethitischen Königstochter Naptera, der nachmaligen Mat-Neferu-Re – Beiderseits der Terrasse vor dem Tempel ihre Einfassung mittels Ziegelmauern und Steintor an ihrer Stirnseite.

Abb. 66 Abu Simbel. Die zum Nil abstürzende Felswand, in deren zwei leicht vortretende Rundungen die Fronten der beiden Felsentempel gearbeitet sind. Links der südliche, den Göttern Amun-Re, Re-Harachte und Ptah sowie dem vergöttlichten König Ramses II. geweihte Große Tempel, rechts der nördliche Kleinere Tempel, geweiht der mit der Göttin Hathor verschmolzenen Gemahlin des Königs, Nefertari-mi-en-Mut. In der Mitte der Felswand ein zum Nil ziehendes Band goldgelben Sandes.

unterhalb der Schlachtenreliefs von Kadesch direkt ihren Zugang haben.

Dem Tempel ist in der Gesamtausdehnung seiner Front eine breite, bis zum Nil reichende Terrasse vorgelagert. Um sie vor Versandung zu schützen, umgab sie eine Rohziegelmauer mit Kranzgesimse; in die Stirn der Mauer im Norden wie im Süden war eine Pforte eingelassen.

Der kleinere Tempel von Abu Simbel erhebt sich, wieder in den Felsen gearbeitet, mit einer Fassade von 28 m Länge und 12 m Höhe über dem Nil. Im Gegensatz zum großen Tempel war er nicht mit Vorbauten versehen. Gut 100 m nördlich des großen Tempels gelegen, ist er wie dieser, in ein vorspringendes Felsenrund eingearbeitet. Wie der erste Blick zeigt, sind die beiden Fassaden ganz verschiedenartige Schöpfungen. Ein goldgelbes Sandsteinband trennt die beiden Heiligtümer, deren Längsachsen nicht parallel verlaufen, sondern nilwärts konvergieren. Das Niveau des kleineren Tempels liegt 5 m tiefer als das des größeren. Ohne Vorbauten erhob sich der Tempel unmittelbar und unvermittelt über dem Nil.

Geweiht war dieser kleinere Tempel der königlichen Gemahlin Nefertari, die hier mit der Göttin Hathor in eins verschmolzen war. Es sei angemerkt, daß Ramses II. nur in Nubien seiner Gemahlin einen ihr ausschließlich zugeeigneten Tempel zu errichten wagte.

Der Fassadenschmuck des kleineren Tempels zeigt in wechselndem Rhythmus mit den aus dem Felsen ausgesparten Stützpfeilern je drei überlebensgroße Statuen des Königs und der Königin Nefertari als Hathor. Sie rahmen den Eingang zu seinen beiden Seiten. Die Skulpturen, Inschriften und das obere fehlende Gesims waren sicher ehemals mit bemaltem Stuck verkleidet. Von den sechs ungefähr gleichhohen Standbildern übertrifft das südlichste die anderen mit seiner Höhe von über 10 m. Wieder in der Form von kleinen Beifiguren erscheinen die Kinder des königlichen Paares.

Auch in seinem Inneren unterscheidet sich der kleinere Tempel vom großen. Die sechs Pfeiler, die die Decke seines Großen Saales tragen, zeigen auf der Vorderseite ein großes Sistrum mit dem Kopfe der Hathor, wie denn ja Pfeiler mit Hathor-Kapitellen für alle dieser Gottheit geweihten Heiligtümer Brauch sind. An den drei anderen Seiten der Pfeiler sind das Königspaar oder verschiedene Gottheiten wiedergegeben. Die Reliefs an den Wänden des Saales sind nur in einem Streifen angeordnet. An den beiden Hälften der Eingangswand sieht man den König in Begleitung seiner Gemahlin, wie er vor Amun-Re einen Neger bzw. vor Re-Harachte einen Libyer erschlägt. An den Längswänden zeigen die gleichfalls sehr sorgfältig gearbeiteten Reliefs den König bzw. die Königin vor verschiedenen Göttern, darunter auch vor Anuket (s. S. 145). Die verbliebene Bemalung der Reliefs zeigt, daß nur die Farben Rot, Gelb, Weiß und Schwarz verwendet worden waren. Das ganze Tempelinnere, mit seinen eleganten, schlanken Figuren, strahlt eine Atmosphäre voller Grazie, Charme und Jugendschönheit aus. Es ist, als mischte sich unter die im Bild verewigten Menschen und ihre Götter noch der Klang der Sistren und der Duft der geopferten Blumen und Blüten.

Im Allerheiligsten, das an den Pfeilersaal anschließt, tritt die Gestalt der Hathor-Kuh aus dem Felsen hervor, unmittelbar vor ihr und unter ihrem schützenden Kopf die Figur des Königs, so als schritte er vor ihr her und als tauchte er plötzlich auf aus dem Schoße des Berges, aus dessen Innern heraus der Tempel gebildet ist.

Nördlich und südlich der beiden Heiligtümer, wie auch zwischen ihnen, sind mehrere Inschriften und Stelen zu Ehren des Königs auf Geheiß hoher Hofbeamter in das Gestein gemeißelt.

Anscheinend hatten die beiden Bergkuppen, die Ramses II. zum Sitz seiner beiden religiösen Stiftungen machte, schon in alter Zeit Namen, wobei der südliche den Namen Meha, der nördliche den Namen Ibschek führte. So beispiellos und unnachahmbar die religiösen Werke des Königs Ramses II. in Abu Simbel sind, so weisen doch in die Felsen eingekritzelte Inschriften, die sog. Grafitti, darauf hin, daß der Ort schon zur Zeit des Mittleren Reiches und wahrscheinlich sogar schon zur Zeit des Alten Reiches Verehrung genoß.

247/248 Der Große Felsentempel von Abu Simbel und das linke der vier kolossalen Sitzbilder des Königs Ramses II. Rechts und links der vier Kolosse und auch zwischen ihren Unterschenkeln stehen Statuetten der königlichen Familie, so beiderseits des linken Kolosses die Prinzessinnen Nebttewe (links) und Bentanat (rechts), sowie zwischen den Schenkeln eine mit Namen unbekannte Prinzessin. Beim zweiten Koloß von links steht links die Mutter des Königs, Tui, rechts die Gemahlin Nefertari und zwischen den Schenkeln Prinz Amen-her-chopes-chef. Die Figuren der königlichen Familie wiederholen sich entsprechend zu seiten und zwischen den Beinen der beiden nördlichen Kolosse. Zwischen dem zweiten und dritten Koloß, vor dem Eingang, die Nilgötter mit den Wappenpflanzen Unter- und Oberägyptens und Gefangene. Auf dem Türsturz des Portals, als Relief gearbeitet, die Grundsteinlegung des Tempels, die Ramses II. vor Amun-Re und Mut sowie vor Re-Harachte und der löwenköpfigen Wert-hekau vollzieht. Über dem Portal die Darstellung des Namens des Königs User-Maat-Re in großen Relieffiguren, mit dem falkenköpfigen Re-Harachte als Hauptfigur; beiderseits bringt der König dem Re-Harachte und zugleich seinem vergöttlichten Namen ein Bild der Maat dar. In der Hohlkehle unter dem Fries der Affen, der Name User-Maat-Re, von Königsschlangen umgeben, links davon Amun-Re, rechts Re-Harachte.

249 Oben: Der große (hinten) und der kleinere (vorne) Felsentempel von Norden gesehen. – Unten: Die Fassade des kleineren der beiden Felsentempel.

250 Mittelschiff der Großen Pfeilerhalle des Großen Felsentempels von Abu Simbel.

251
Tempel der Gottheiten Amun-Re und Re-Harachte in Wadi es-Sebua.

Die fromme, 150 km südlich der ersten Stromschnelle ge-

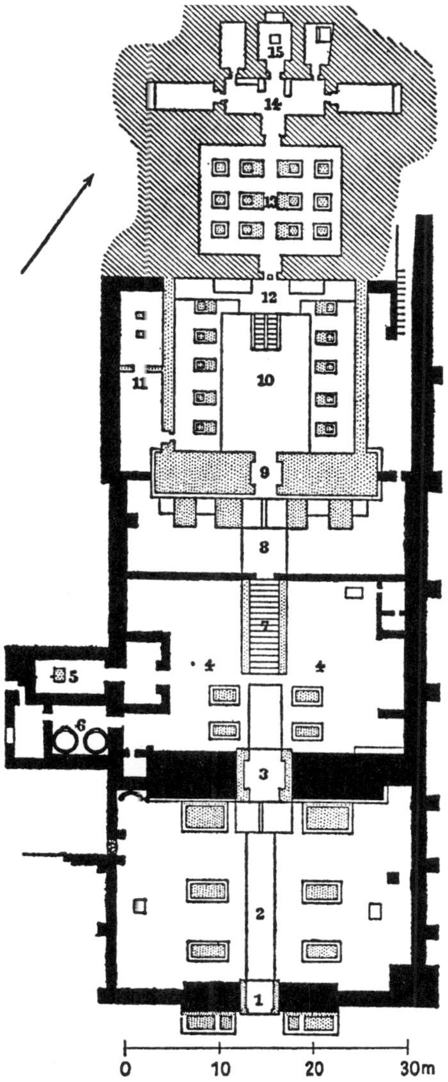

Abb. 67 Tempel der Gottheiten Amun-Re und Re-Harachte in Wadi es-Sebua. Grundriß 1:800.
1: Steinportal mit je einer Statue des Königs Ramses II. und einer Königssphinx zu beiden Seiten – 2: Erster Vorhof; beiderseits seines Mittelganges je drei Löwensphingen mit der Doppelkrone Unter- und Oberägyptens (inde nomen: es Sebua = die Löwen) – 3: Ziegel-Pylon – 4: Zweiter Vorhof mit je zwei falkenköpfigen Sphingen, dem Symbol für Re-Harachte beiderseits des Mittelganges – 5: seitlich anschließender Vorhof mit dem Amun-Re und Re-Harachte geweihten Altar – 6: zugehörige Speicher – 7: Treppe zu 8: Terrasse mit dem eigentlichen Tempelhaus – 9: dessen Stein-Pylon; vor ihm vier Statuen des Königs Ramses II., die linke (noch aufrecht) hält eine Stange mit Widderkopf (Symbol für Amun-Re), die rechte (am Boden liegend) hält eine Stange mit Falkenkopf (Symbol für Re-Harachte); die beiden übrigen zerstört. An den beiden Türmen des Pylons Reliefs: Ramses II. erschlägt Feinde vor Amun-Re bzw. Re-Harachte – 10: Hof, beiderseits mit von je fünf Pfeilern getragenen Hallen; vor den Pfeilern die Kolossalstatuen des Königs. 11: seitlich angrenzender Schlachthof – 12: schmale, über eine Treppe aus Hof 10 erreichbare Terrasse – 13: Große Halle, z. T. schon im Felsen angelegt, mit sechs Königsstatuen-Pfeilern und sechs einfachen Pfeilern – 14: Querraum (im Felsen), mit Reliefs des verschiedenen Göttern wie auch seinem eigenen Bilde opfernden Ramses II., anschließend drei Kapellen; deren mittlere (15) das Allerheiligste mit Reliefs an den Wänden, rechts: Ramses II. opfert Blumen der mit Falkenköpfen verzierten Barke des Re-Harachte, links: des Königs Opfer vor der Barke des Amun-Re; Rückwand: Die Sonnenbarke mit dem widderköpfigen Sonnengott Re-Harachte unter einem Baldachin, links von Ramses II., rechts von drei Affen angebetet; darunter Nische mit den (abgemeißelten) drei im Tempel verehrten Gottheiten: Amun-Re, Ramses II. und Re-Harachte. – Punktiert: Sandstein; schwarz: Ziegel; schraffiert: anstehender Fels.

legene Stiftung des Königs Ramses II. war besonders dem schon seit langem in dieser Gegend verehrten Gott Amun-Re und außerdem dem Sonnengott Re-Harachte geweiht. Sie ist als Halbgrotte (Semispeos) angelegt. Nur der Querraum (14) und das Allerheiligste (15) mit seinen zwei Nebenräumen sind völlig in den Felsen getrieben. Dieses bedeutenden religiösen Komplexes bemächtigten sich später weitgehend die Christen. An dem schönen Tempel sind noch seine verschiedenen Bauphasen, bis zum Pylon, abzulesen. Der Tempel ist der einzige, dessen Sphingenalleen fast unbeschädigt bis auf uns gekommen sind. Sechs Sphingen mit Menschenhäuptern und vier mit Falkenköpfen säumen die zur letzten Terrasse führenden beiden Mittelbahnen im Ersten und im Zweiten Vorhof. Vier monumentale Standbilder des Königs, vor dem Steinpylon des eigentlichen Tempelhauses tragen auf der Nordseite die Falkenstandarte, auf der Südseite die des Amun-Re. Zu Füßen des Pharao befindet sich die Darstellung einer weiteren seiner Gattinnen; es ist seine eigene Tochter Bentanat, die ihm die Königin Nefertari geboren hatte und die er zu einer seiner Großen Königlichen Gemahlinnen machte.

Dieses Ereignis und die Darstellungen des Königs, der vergöttlicht anderen Gottheiten, wie auch als irdischer Herrscher ihnen und sich selbst opfernd auf den Wänden des Vorraumes zum Allerheiligsten erscheint, ermöglichen das Datum der Errichtung des Tempels von Wadi es-Sebua festzulegen. Sicher wurde dieses Semispeos nach dem Großen Tempel von Abu Simbel geschaffen, da man als weiteren Anhaltspunkt dafür feststellen kann, daß in dem Heiligtum von Abu Simbel die Darstellung des Königs nachträglich den Göttergruppen zugefügt worden ist; ein Beweis, daß der ursprüngliche Schmuck des Tempels von Abu Simbel später noch den neueren Auffassungen, die im Tempel von Wadi es-Sebua schon zur Zeit seiner Entstehung maßgebend waren, angepaßt wurde.

251 oben Der Tempel von Wadi es-Sebua im Sommer während des tiefsten Wasserstandes des Nil. Sichtbar der Erste Vorhof mit den zwei mal drei Löwensphingen wie auch der Zweite Vorhof mit den Falkenkopf-Sphingen, sowie der Steinpylon mit den Kolossalstatuen des Königs davor.

251 unten Der Tempel während der Überflutung durch die Wasser des Staudammes. Völlig unter Wasser liegen der Erste und Zweite Vorhof mit den Löwen- bzw. den Falkenkopf-Sphingen. Über Wasser erst der Steinpylon mit den Kolossalstatuen des Königs und der dahinter liegende Hof und die in den Fels gearbeiteten Teile des Tempels.

ZEIT DES KÖNIGS MERENPTAH (1224 bis etwa 1204)

Über die Herrschergestalt des Merenptah ist im Hinblick auf seinen großen Sieg über die Libyer nordwestlich Memphis im Jahre 1219 bereits S. 127 gesprochen worden. Sein absolutes Verdienst ist, daß er mit diesem Sieg Ägypten militärisch und außenpolitisch für einige Zeit – wenn auch unter schwersten und nicht wieder gut zu machenden Opfern – von der drohenden Katastrophe abgeschirmt hat. Die offensichtlich durch innere Auseinandersetzungen und immer neue kriegerische Gefahren angefüllte Zeit konnte so bis zum Tode des Königs Ramses III. durchgestanden werden.

Von Merenptah ist anzunehmen, daß er es war, der die ägyptische Oberhoheit über Palästina wieder aufgerichtet hat und in diesem Zusammenhang steht der Text einer Stele aus der Zeit seines Königtums, auf der zum erstenmal in einem ägyptischen Text der Name Israel, und zwar als Ländername, erscheint.

Wenn allgemein üblich Merenptah als der Pharao des Auszuges (Exodos) der Juden aus Ägypten angesehen wird, so ist dazu zu sagen, daß »eigentliche historische Zeugnisse über den Aufenthalt der Kinder Israel in Ägypten von ägyptischer Seite nicht vorliegen« und daß es »eigentlich eine wissenschaftliche Konvention ist und nicht mehr«, Merenptah mit dem Exodos in Beziehung zu bringen. »In diese Zeit passen die biblischen Nachrichten insofern, als der allgemeine historische Rahmen und einige Einzelangaben (wie die Fronarbeit beim Bau der Ramses-Stadt) den Verhältnissen Ägyptens zu dieser Zeit entsprechen.« »Da wir weder aus der Hyksoszeit noch aus der Ramessidenzeit einen Hinweis auf den Aufenthalt eines kanaanäischen Stammes in Ägypten haben, der Einzelheiten der biblischen Erzählung bestätigte, muß die Frage, wann der Aufenthalt in Ägypten genau anzusetzen ist, von ägyptologischer Seite offenbleiben« (E. Otto).

Was Merenptahs Verhältnis zu den Hethitern betrifft, so war er es wohl, der anläßlich einer Hungersnot das Hethiterreich durch Weizensendungen unterstützt hat.

Über das Ende des Königs Merenptah ist nichts bekannt. Es ist möglich, daß er ermordet oder entthront wurde. Jedenfalls regierte nach ihm ein Usurpator namens Amenmessu.

252
Im Grab (Nr. 8) des Königs Merenptah im Tal der Königsgräber zu Theben. Aus dem Pfeilersaal.

Sarkophagdeckel aus Rosengranit mit der vorzüglich gearbeiteten liegenden Gestalt des Königs als Osiris. Der Sarkophagdeckel ahmt im ganzen die Form des Königsringes (der sog. Königskartusche) nach. Der Tote, im Äußeren dem Gott Osiris gleichend, trägt das Königskopftuch, die Nemset, und hält in seinen Händen Krummstab und sog. Geißel.

Die in den Sarkophag eingeritzten Darstellungen zeigen teils Unterweltsdämonen, teils gehören sie zum Thema von der Unterweltsfahrt der Sonne in der Nacht. Um die Oberseite des Sarkophages ringelt sich eine Schlange, die sich hinter dem Kopf des Königs in den Schwanz beißt, ein von Ägypten aus weit verbreitetes Symbol der Unendlichkeit. Das Grab des Königs Merenptah, dessen Grundriß die Abb. 52, S. 123 erläutert, enthält im Pfeilersaal nur noch den Sarkophagdeckel. Darstellungen finden sich lediglich im Eingangskorridor. Hier außer Texten nach *»Lobpreisung des Re«* und Bildern des Totenreiches nach *»Buch der Pforten«* noch Götterreliefs, so ein Relief mit dem König vor Re-Harachte.

253/254

Der Totentempel des Königs Ramses III. in Medinet Habu, Theben-West.

Der letzte große Tempelbau der Ramessiden, der bedeutendste der 20. Dynastie, ist uns in dem Totentempel des Königs Ramses III. zu Medinet Habu im Süden der Nekropole von Theben-West bewahrt.

Im großen ganzen greift die Konzeption dieses Tempels auf die des Totentempels des Königs Ramses II., das Ramesseum, zurück. Zum mindesten in seinen zwei Pylonen und in seinem ganzen vorderen Teil bis über den Großen hypostylen Säulensaal hinaus, und nicht zuletzt auch als Tempelbau im ganzen (Taf. 253), ist der Tempel von Medinet Habu noch ausgezeichnet erhalten. Seine monumentalen Reliefs und Reliefzyklen repräsentieren auf das eindrucksvollste die noch hohe künstlerische Kraft der Zeit, darüber hinaus aber sind sie ein ungewöhnlich wichtiges historisches und auch ethnologisches Dokument: die großen Siege des Königs Ramses III. über die Libyer und über die Seevölker, nicht zuletzt auch sein entscheidender Seesieg vor der Nilmündung (vgl. das S. 127 Gesagte) finden eine monumentale und künstlerisch sehr bedeutend konzipierte Darstellung in den Reliefs der Tempelwände. Dazu kommt, daß in einer anthropologisch-historisch sehr präzisen Form die Darstellung der Völkerstämme, die in dieser Zeit Ägypten bedrohten, gegeben ist. Nicht zuletzt geben Reliefzyklen kultischer Begebenheiten, wie des Festes des Erntegottes Min, der Prozession der Heiligen Barken der thebanischen Götterdreiheit und anderer ein deutliches Bild über den Verlauf dieser wichtigen religiösen Ereignisse. Endlich gibt ein ausgedehnter Festkalender Einblick in den Ablauf der Feste und die vorgeschriebenen Festopfer.

Wenden wir uns dem Tempel als Bau im ganzen (Abb. 68 bis 73) zu, so gibt im Südosten ein noch aufrecht stehender Erster Pylon mit Monumentalreliefs an allen seinen Seiten Zutritt zum Ersten Hof (A). An seinen Flanken im Nordosten tragen sieben Osiris-Pfeiler die Decke einer Halle, die im Südwesten ihre Entsprechung findet in Form einer gleich großen Halle, deren Decke von acht Säulen mit Kapitellen in Form offener Papyrosdolden getragen wird (Abb. 70). Ein zweiter Pylon, wieder mit Reliefs an den beiden Seiten seiner Türme leitet über in den Zweiten Hof (B). Die Decken der Hallen, die ihn an seinen Seiten säumen, sind im Südosten von Vierkantpfeilern, im Nordosten und im Südwesten von Säulen mit Knospenkapitellen getragen. An der Nordwestseite dieses Zweiten Hofes ist, auf etwas höherem Niveau liegend, ein sehr geschlossen wirkender Pronaos gebildet mit breiten Osiris-Pfeilern an der Front gegen den Zweiten Hof und in zweiter Linie stehenden Knospenkapitellsäulen (Abb. 71). Der Pronaos führt in den Großen hypostylen Säulensaal (C), der, wieder basilikal gestaltet, drei höhere Mittelschiffe und beiderseits davon je drei niedrigere Seitenschiffe besitzt. Wieder wie in Karnak und im Ramesseum erreichen die Außensäulen der beiden seitlichen der drei Mittelschiffe ihre Höhe dadurch, daß über den Architraven ihrer Säulen, die nur die Höhe derer der Seitenschiffe besitzen, noch ein Maueraufbau mit Steingitterfenstern durchgeführt ist (Abb. 72).

Auf das Große Hypostyl folgen erst zwei queroblonge Säle (I, II), deren Decke je acht Säulen tragen (Abb. 73). Was dann in ganzer Breite dieser kleinen Säle an deren hinteren anschließt, ist der Komplex der drei Räume, die den Barken der thebanischen Götterdreiheit Amun, Mut und Chons gewidmet sind. Er unterscheidet sich, wie der im Ramesseum, von dem entsprechenden Komplex im Totentempel des Königs Sethos I. zu Gurna wieder dadurch, daß die drei Barkenräume nicht mehr nahezu gleich breit sind, sondern der für die Barke des Amun geschaffene mittelständige Raum (H) gegenüber den beiden seitlichen für die Barken von Mut und Chons beträchtlich dominiert. Seitlich dieser Räume liegen einige dem Osiris geweihte Kapellen, deren eine an ihrer gewölbten Decke astronomische Darstellungen zeigt.

Von sonstigen Räumen sind noch die links aus sechs, rechts aus fünf Kammern gebildeten Raumgruppen beiderseits des Hypostylen Säulensaales hervorzuheben. Wie ihre aufschlußreichen Reliefs andeuten, dienten sie der Aufbewahrung der Tempelschätze.

Soviel über den Bau des Tempels als solchen. Eine Unzahl von Räumen, die der Unterbringung der Priester und des Tempelpersonals, ferner der Offiziere und der königlichen Leibwache sowie den nötigen Stallungen und endlich der Verwaltung und anderem dienten, umgab den Tempel, vornehmlich an seiner Nordost- und Südwestflanke. Der ganze Komplex war umschlossen von einer vier Meter hohen, zinnengekrönten, starken Mauer, die an den Ersten Pylon anschloß.

Wichtig ist, daß festgestellt werden konnte, daß sich im Zuge der genannten Bauten um den Tempel südwestlich des Ersten Hofes des Tempels auch der Palast des Königs befand. Seine Grundmauern sind erhalten und man vermag noch die wichtigsten Räume, wenigstens seines Hauptgeschosses zu identifizieren. So den Audienzsaal (c im Plan der Abb. 68) mit dem Unterbau des über Stufen zu erreichenden Thrones sowie den von hier aus zugänglichen dreigeteilten Langraum, von dem aus der König das unten nochmals zu streifende »Erscheinungsfenster« erreichte. Weiterhin noch den Schlafraum des Königs (d) nebst Badezimmer (e), Waschräumen und sonstigem Komfort; ferner (f) ein repräsentativer Wohnraum (mit Bad), in dem der König vermutlich verweilte, wenn er den Harem (g) besuchte. Vor diesem Wohnraum lag ein kleiner Haremshof mit zwei Säulen, der sich zum unten zu erwähnenden großen Palasthof öffnete; von diesem kleinen Hof aus konnten der König und die Damen Zuschauer sein, wenn im Palasthof Tänze oder andere Belustigungen stattfanden. Von f aus war auch der in einem eigenen tiefer liegenden Gebäude untergebrachte Harem selbst zugänglich. Dieser Bauteil bestand indes nur aus drei ganz gleichartigen Appartements, deren jedes Vorzimmer, Wohn- und Schlafzimmer, Kleiderkammer und Baderaum umfaßte. Es müssen hier somit lediglich drei – und zwar gleichberechtigte – höhergestellte Frauen zeitweilig gewohnt haben. Nicht aber die außerhalb der Haremsklausur lebende »Große Königliche Gemahlin«, die allen Anzeichen nach nie in Medinet Habu Wohnung genommen hatte.

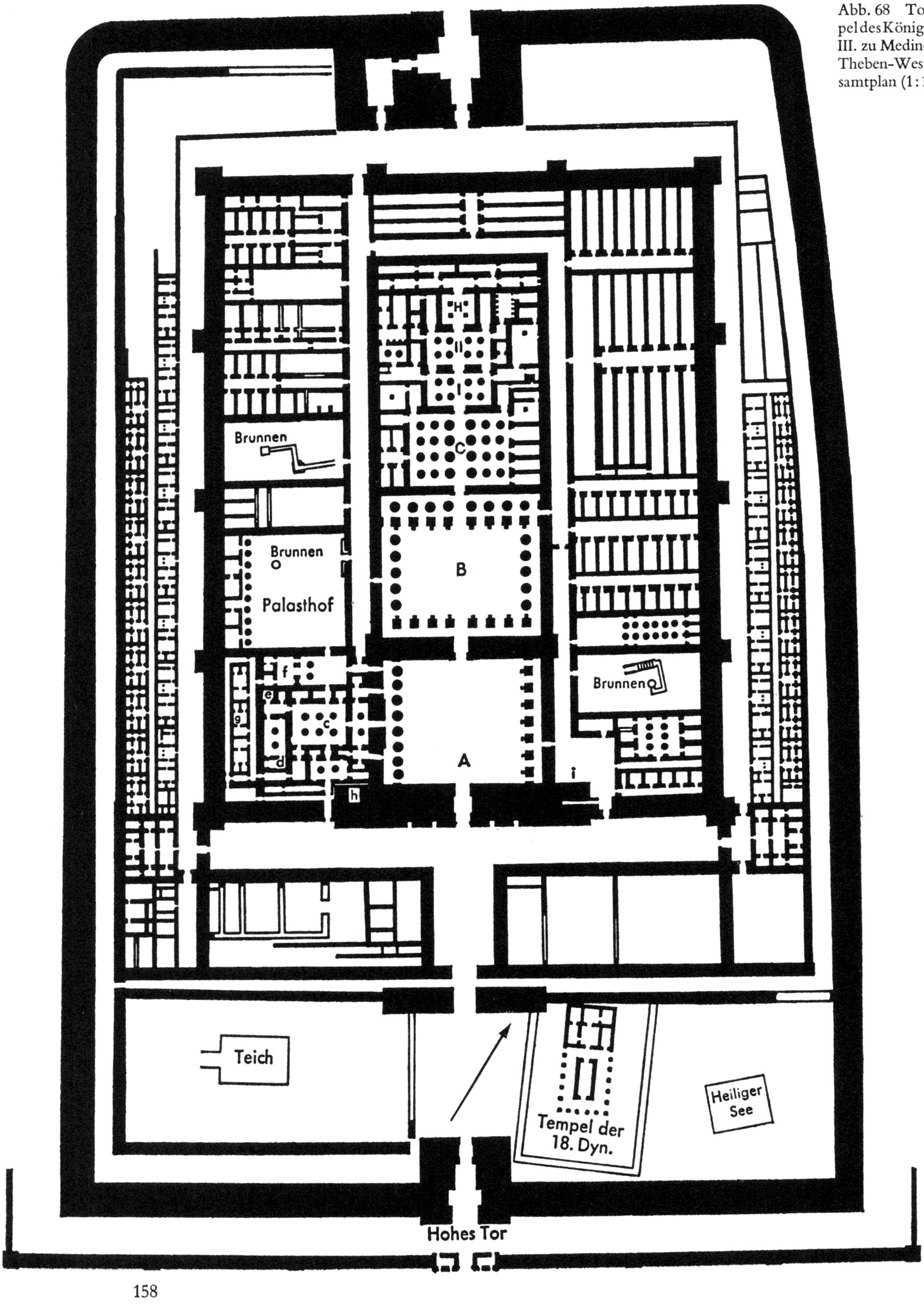

Abb. 68 Totentempel des Königs Ramses III. zu Medinet Habu, Theben-West. Gesamtplan (1:1400).

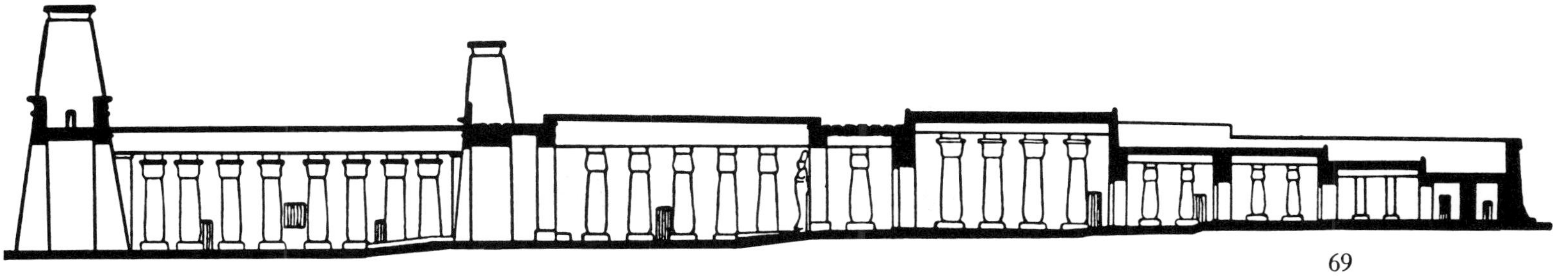

69

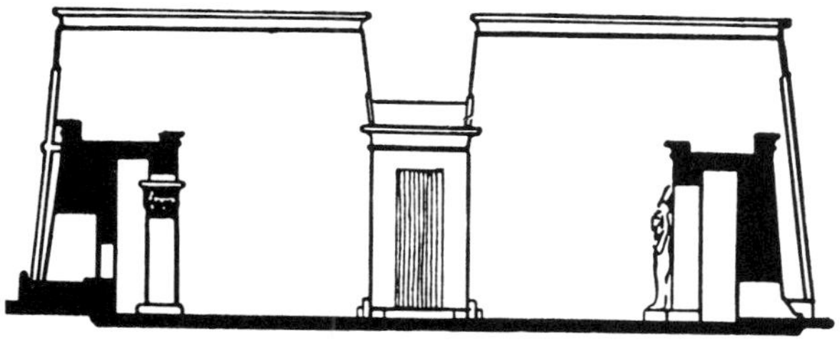

70

72

71

73

Abb. 69–73 Totentempel des Königs Ramses III. zu Medinet Habu, Theben-West. – Abb. 69 Medianer Längsschnitt durch den Tempel von Südost nach Nordwest – Abb. 70–73 Sukzessive Querschnitte durch den Tempel: Abb. 70 In Mitte des Ersten Hofes mit Blick auf Pylon II. – Abb. 71 In Mitte des Zweiten Hofes. – Abb. 72 In Mitte des Hypostylen Säulensaales. – Abb. 73 In Mitte des Zweiten achtsäuligen Kleinen Saales (II).

Ein zweiter Mauerring, der anscheinend gegen Norden nicht ganz geschlossen war, umfaßte den ganzen eben geschilderten Kern; vor den Innenseiten dieses Mauerringes lagen Nutzräume verschiedener Größe und verschiedenen Zwecks. Gegen diesen äußeren Ring öffnete sich der Tempel mittels dem Portal seines Eingangspylons.

Die eigentlich fortifikative Abschirmung des Ganzen (Abb. 68) bildete die mächtige, rings umgreifende, ursprünglich siebzehn Meter hohe Festungsmauer. Ihre Stärke hat die S. 157 erwähnte innerste, zinnenbekrönte, vier Meter hohe Mauer um nahezu das Doppelte übertroffen. Klar, daß auch die Tore, die im Südosten und auch im Nordwesten durch diese hohe starke Mauer führten, nach modernsten Gesichtspunkten des Festungstorbaues errichtet waren, wobei es sein

Abb. 74 Totentempel des Königs Ramses III. zu Medinet Habu, Theben-West. Frontseite des östlichen Hohen Tores der Gesamtanlage; darunter die zum Nil führenden Treppen der Kaianlage. Rekonstruktion.

mag, daß auch syrische Festungstoranlagen, die der König ja von seinen Feldzügen her kannte, mit als Vorbild dienten. Von beiden Toren ist vor allem das Hohe Tor im Südosten (Abb. 74) zu nennen. Zweiundzwanzig Meter hoch fangen seine beiden Flankentürme einen kleinen Hof zangenartig ein. Beide Türme des Hohen Tores schließen sich in ihrem oberen Teil zu einem einheitlichen, zwei Stockwerke umfassenden Baukörper zusammen, in dessen Gemächern, den einzigartig intimen Darstellungen an den Wänden gemäß, der König, sein Harem und die Kinder offenbar gelegentlichen Aufenthalt nahmen. Ethnographisch wichtig sind die Reliefs an den Vorderseiten der beiden Türme. Sie zeigen am linken Turm den König vor Amun-Re besiegte Nubier und Libyer erschlagend und am rechten Turm, wie er vor Re-Harachte Feinde niedermacht, wobei die sieben gefesselten Fürsten die besiegten Völker der Cheta, Amor, Zakar, Schardana (d. i. Sardinier), Schakalascha (d. i. Sikuler), Turscha (d. i. Tyrsener) und Peleset (Philister) repräsentieren.

Konform, aber noch komplexer, war das Nordwesttor gebaut. Beide Tore schirmten zusammen mit der hohen starken Mauer den Totentempel und königlichen Palast sowie alle zusätzlichen Bauanlagen ab.

Noch etwa eineinhalb Kilometer entfernt von seinem Totentempel, von dem heute nur noch die Memnonskolosse zeugen, hatte Amenophis III. seinen Palast, sein »Haus der Freude«, in seiner Königsstadt, deren Stätte wir heute Malkata nennen, gebaut. Schon Haremhab hat indessen seinen Palast innerhalb der Umfassungsmauer seines Totentempels in Theben-West angelegt und ähnlich Ramses II. im Rameseum. Jetzt in dieser spannungsreichen Zeit der 20. Dynastie verwandelte ihr bedeutendster Monarch Totentempel und Königspalast in eine Festungsanlage, die unangreifbar alles zusammenschloß. Das ist ein sprechender Beweis für den Ernst der Situation und die Schwierigkeiten der inneren Verhältnisse während der 20. Dynastie, selbst in den Jahren des siegreichen Ramses III.

Noch ist auf die in vieler Hinsicht, vor allem historisch und kunstgeschichtlich sehr wichtigen, eingangs erwähnten Reliefs zurückzukommen. Vgl. hierzu die Eintragungen im Plan der Abb. 75.

Am Pylon I zeigt die Frontseite des rechten Turmes (a) den König, wie er vor Re-Harachte eine Gruppe von Feinden bei ihren Haaren packt, um sie mit der Keule zu erschlagen, indes ihm der falkenköpfige Gott das Sichelschwert überreicht und an Stricken die eroberten Länder und Städte – dargestellt durch einen Mauerring mit dem Namen der Stadt und dem Oberkörper eines gefesselten Gefangenen – zuführt; darunter eine lange Inschrift betreffend den Sieg des Ramses III. über die Libyer in seinem 11. Regierungsjahr, d. i. 1173 (s. S. 127). Eine ganz ähnliche Darstellung zeigt das Relief des linken Turmes (b).

Der freie Rückseitenteil dieses Turmes (c) bringt eines der großartigsten Reliefs der späteren ägyptischen Kunst überhaupt (Taf. 254). In wildem Getümmel fliehen vor einem sie von seinem Wagen aus jagenden Prinzen Antilopen verschiedener Art und Wildesel im oberen Reliefteil, während darunter der Monarch selbst in einer von Fischen und Wasservögeln belebten Sumpflandschaft wilde Stiere erlegt, zuunterst begleitet von einer Eskorte marschierender und bogenschießender Prinzen, Hofleute und Diener.

Dagegen sieht man an der freien Rückseite (d) des rechten Turmes die Erstürmung einer Festung und Szenen einer Schlacht gegen die Libyer.

Im angrenzenden Teil der Außenseite der Nordostwand folgen vor dem Ersten Hof (zwischen e und f) weitere Kriegsszenen in zwei Reihen übereinander: Oben (in 4 Bildern): Erstürmung einer Festung und Kampfszene; Vorführung der Gefangenen vor dem König, der sie dann vor Amun und Chons bringt. Unten (in 5 Bildern): Kampf um eine libysche Burg; Vorführung gefangener Libyer; Verbringung dieser

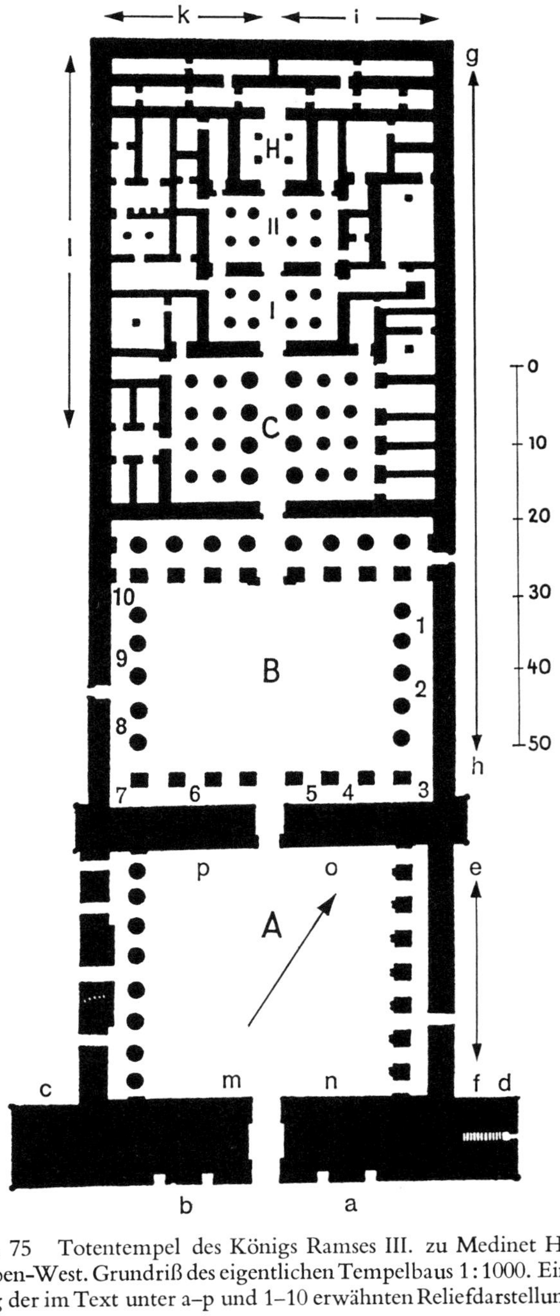

Abb. 75 Totentempel des Königs Ramses III. zu Medinet Habu, Theben-West. Grundriß des eigentlichen Tempelbaus 1:1000. Eintragung der im Text unter a–p und 1–10 erwähnten Reliefdarstellungen.

und Amun; hier auch über die Gräber Nr. 1 des Sennedjem und Nr. 3 des Paschedu, die beide gleichfalls der 20. Dynastie angehören).

Im Bild der Taf. LIX finden wir den Grabinhaber vor dem Vogel Phönix mit der Krone des Osiris. Dieser sagenhafte Vogel war mit den Vorstellungen der Weltentstehung, aber auch der Welterneuerung verbunden und konnte so auch die Gedanken von einem Weiterleben im Jenseits verkörpern. Der Tote steht im Gestus der Anbetung vor dem Wundervogel, zwischen beiden ein Ständer mit Opferbroten. Der beigeschriebene Spruch lautet: »*Spruch zur Verwandlung in den Phönix, zum Eintreten und Herausgehen* (d. h. der freien Beweglichkeit)«. – Es sei gesagt, daß in Hinblick auf die Numerierung des Grabes Unklarheit herrscht, indem es auch unter der Nummer 359 wie auch 299 läuft.

Die genannten Gräber, nicht zuletzt das des Inherchau, wie auch die oben gestreiften des Sennedjem und Paschedu sind ein Beweis, wie sehr zur Zeit ihrer Entstehung in Gegensatz zu der königlich-repräsentativen Sphäre, die vor allem in den großen Tempelbauten ihren pathetischen Ausdruck fand, die rein private Sphäre des einzelnen sehr vom Religiösen beeinflußt war und als solche zu Wort und Bild kam. Dies wundert nicht, wenn man bedenkt, daß gerade zur Ramessidenzeit die »persönliche Frömmigkeit« besonders tief in die Herzen der Menschen eingezogen war. Die Spannungen und die menschlichen Gegensätze dieser Zeit waren viel zu gewichtig, ja bedrückend geworden, als daß nicht das Einzelindividuum seinen Weg von sich aus zu dem Jenseitigen intensiver denn je gesucht hätte. So sind auch, wie das die Grabmalereien gerade von Deir-el-Medina sehr klar zeigen, die Bilder der Freude an des Daseins Buntheit und an allen Dingen dieser Welt, so wie sie die Gräber der 18. Dynastie zum Ausdruck brachten, einem Themenkreis gewichen, der die Trauer um den Toten, seine Bestattung, seine Existenz im Jenseits, die Speisung seiner Seele und das Totengericht in den Mittelpunkt stellte.

SPÄTZEIT

21. DYNASTIE BIS 31. DYNASTIE · 1085-332

Die Zeit von 1085, dem Jahr, in dem mit dem Tode des Königs Ramses XI. das Herrschergeschlecht der Ramessiden erlosch, bis zu Psammetich III., mit dem 526/525 die 26. Dynastie und mit ihr die zweieinhalb Jahrtausende währende Ära der Pharaonen zu Ende ging, kommt mit ihren Baudenkmälern dem heutigen Ägypten-Reisenden kaum zum Bewußtsein. Und das gleiche gilt für die weiteren zwei Jahrhunderte der durch Fremdherrschaft überdeckten 27. bis 31. Dynastie. In Oberägypten fehlen Bauten dieser Zeit nicht völlig, aber sie treten doch sehr zurück gegenüber denen des Neuen Reiches und vor allem der Ramessidenzeit. In Unterägypten sind die repräsentativen Monumente im wesentlichen zugrunde gegangen, sowohl die der um die Wiedererweckung des alten Glanzes bemühten 26. Dynastie als auch die der ihres Volkstums sehr bewußten 30. Dynastie. In diesen Jahren haben sich unzweifelhaft in den im Deltaraum gelegenen Residenzbereichen von Saïs, Mendes und Sebennytos bedeutendere Tempel und andere Baudenkmäler erhoben, aber sie sind, wie auch die gewaltigen Baukomplexe der Residenzen von Tanis und Bubastis, die gleichfalls dem Nildelta angehörten, zugrunde gegangen. Immer wieder neu von eindringenden Kriegsscharen heimgesucht und einer stürmisch verlaufenden Geschichte preisgegeben, sind sie uns noch mehr als durch die Kriege dadurch verloren gegangen, daß das flache Schwemmland des Deltagebietes zufolge seines hohen Grundwasserstandes die auf ihm errichteten Monumente nicht bis auf unsere Tage zu bewahren vermochte.

Die Bildhauerkunst der Spätzeit hat von der 21. Dynastie an, und vor allem in der 25. Dynastie der Äthiopenherrschaft, und selbst noch bis zu den Tagen der letzten einheimischen Könige vor Alexander dem Großen immer wieder künstlerisch Bedeutendes geleistet. Zwischen altertümelnden oder rein konventionellen Werken von kühler Routine und leerem Ausdruck stehen handwerklich unanfechtbare, ja bewundernswerte Schöpfungen von eigenem Gehalt. Altersbildnisse von ergreifender Vielschichtigkeit lassen bei aller Beherrschtheit tief in seelisches Zwischenland blicken. Ganz zuletzt noch unter den beiden Nektanebos der 30. Dynastie entstanden Tierbilder voll Würde und Majestät, die trotz deutlicher Anknüpfung an Schöpfungen des Neuen Reiches ihren neuen Zeitgeist Anteil weckend zum Ausdruck bringen.

Die bildhauerischen Leistungen der über 750 Jahre währenden ägyptischen Spätzeit mit ihrem beständigen Situationswandel und mit ihrer, bei allem Festhalten am Altüberkommenen, reichen Differenziertheit sind oft mit abschätziger Verallgemeinerung betrachtet und bewertet worden. Was dem Niltal-Volk nach mehrfacher, unvergleichlich reicher Blüte noch blieb, hat ausgereicht, selbst den Griechen schöpferischen Anstoß zu geben und mit den packenden Spätwerken der Porträtistenschule von Memphis noch die hellenistisch-römische Bildniskunst zu befruchten.

Bei eingehender Analyse der letzten vier Jahrhunderte der Spätzeit, d. i. von der 25. Dynastie an, zeigt sich deutlich, daß zwei Kunststile und Grundhaltungen in allen kulturellen Lebensäußerungen mit zahlreichen Abwandlungen im einzelnen nebeneinander hergehen: eine bewußt archaisierende Richtung, die das alte Ägypten nachahmt, ja selbst weitgehend kopiert, und eine zeitgenössische, die erstaunliche Leistungen aufweist und sich auch noch mit der griechischen Kunst auseinandersetzt.

DIE EINZELNEN DYNASTIEN UND IHRE HERRSCHER

21. DYNASTIE (1085–950)

Theben: Könige: *Herihor* (zunächst hoher Offizier, dann Wesir und endlich Hoher Priester des Amun); *Pianchi; Pinodjem I.; Mahasarta; Mencheperre; Smendes; Pinodjem II.; Psusennes*

Tanis: Könige: *Smendes* (1085–1054) und seine Gemahlin *Tentamon; Psusennes I.* (1054–1009); *Amenemnisut; Amenemope* (1009 bis 1000); *Siamun* (1000–984); *Psusennes II.* (984–950)

22. DYNASTIE DER BUBASTIDEN, so genannt nach ihrer Residenz in der Deltastadt Bubastis (*950–730*)

Könige: *Scheschonk I.* (950–929); *Osorkon I.* (929–893); *Takelotis I.* (893–870); *Osorkon II.* (870–847); *Scheschonk II.* (847); *Takelotis II.* (847–823); *Scheschonk III.* (823–772); *Pemu* (772–767)

Daneben regieren:

23. DYNASTIE (817?–730)

Könige: *Pedubastis; Scheschonk IV.; Osorkon III.; Takelotis III.; Amunrud; Osorkon IV.*

und

24. DYNASTIE, SOG. ERSTE DYNASTIE VON SAIS (*730–715*)

Könige: *Tefnachte* (730–720); *Bokchoris* (720–715)

25. DYNASTIE DER ÄTHIOPEN (751–656)

Könige: *Kaschta; Pianchi* (751–716); *Schabaka* (716–701); *Schabataka* (701–689); *Taharka* (689–663); *Tanutamun* (663–656)

26. DYNASTIE, SOG. ZWEITE DYNASTIE VON SAIS (663–525)

Könige: *Psammetich I.* (663–609); *Necho* (609–594); *Psammetich II.* (594–588); *Apries* (588–568); *Amasis* (568–526); *Psammetich III.* (526–525)

27. DYNASTIE, ERSTE PERSERZEIT (525–404)

Könige: *Kambyses* (525–522); *Darius I.* (522–486); *Xerxes I.* (486–465/464); *Artaxerxes I.* (465/464–424); *Xerxes II.* (425–424) *Darius II.* (424–404)

28. DYNASTIE (404–398)

König: *Amyrtaios* (404–398)

29. DYNASTIE (398–378)

Könige: *Nepherites I.* (398–392); *Muthis ?* (392–391); *Psamuthis* (391–390); *Hakoris* (390–378); *Nepherites II.* (378)

30. DYNASTIE (378–341)

Könige: *Nektanebos I.* (378–360); *Teos* (361–359); *Nektanebos II.* (359–341)

31. DYNASTIE, ZWEITE PERSERZEIT (341–332)

Könige: *Artaxerxes III. Ochos* (341–338); *Arses* (338–335); *Darius III. Kodoman* (335–332; getötet 330)

Die Spätzeit, deren Epochen und Dynastien im obigen aufgezählt sind, läßt sich, unbeschadet ihres Reichtums an Einzelereignissen und Einzelpersönlichkeiten, durch wenige dominante Züge als eine historische Einheit charakterisieren. Ihre Gestaltung wächst konsequent aus den Ereignissen der späteren Ramessidenzeit hervor. Ein bestimmendes Ereignis ist die Tatsache, daß das Königtum in fremde Hände übergeht.

Wenn gegen Ende der 20. Dynastie, noch vor dem Tod von Ramses XI., trotz dieses letzten Ramessiden Tatkraft und geschickter Politik, das Reich zerfiel, war dies in erster Linie durch die in den letzten Jahrhunderten immer tragischer und unhaltbarer sich gestaltende Lage der abhängigen Bevölkerungsklassen gekommen. Die drohenden inneren Spannungen lösten monatelange Aufstände aus, in deren Gefolge letzten Endes selbst die Tempel von den Rebellen besetzt wurden. 1085, beim Tod Ramses XI., ist die Teilung des Reiches angebrochen.

Beim Übergang von der 20. zur 21. Dynastie tritt zunächst eine Herrschaftsteilung ein: In Unterägypten regiert Smendes, unbekannter Herkunft, als König in Tanis (1085–1054), während in Oberägypten Herihor und seine Nachkommen ein Scheinkönigtum errichten. Die Fiktion ist die, daß Amun der eigentliche König des Landes sei und sowohl Herihor wie Smendes als seine Statthalter regieren. Das ist natürlich ein thebanischer Gedanke. In ihm verwirklicht sich die konservative Haltung der Amunstadt. Man nennt diese politische Schöpfung – nach Eduard Meyer – den »Gottesstaat des Amun«.

Charakteristisch ist, daß sowohl der Träger des Königtums von Theben, Herihor, als sehr bald auch schon der Träger des Königtums von Unterägypten, Psusennes I. (1054–1009), der Sohn des Smendes, »sich vor Gott durch ihr Priestertum legitimierten«, indem sie sich zur Würde des Hohenpriesters des Amun, dort von Karnak, hier von Tanis, der ehemaligen Ramsesstadt, von dem Gott selbst erwählen ließen, wobei mit dieser Würde selbstverständlich auch das Recht der legalen Verfügung über das Tempelvermögen auf sie überging.

Das ideell Wesentliche – und dessen Bedeutung ist eine sehr beträchtliche – ist, daß damit, wie oben gesagt, der Gottesstaat des Amun geschaffen war. Der eigentliche tiefe Sinn und das Neue, das nun gegeben ist, bestehen in der Erkenntnis, daß »die Dynastie als Trägerin der politischen Macht ihre ursprünglich auch kosmisch-religiöse Gewalt nicht mehr auszuüben vermag«, und daß man folgerichtig jetzt von einer »Teilung der Gewalten« sprechen kann: »Der religiöse Aspekt des Königtums fällt an Gott zurück, und der irdische Herrscher begnügt sich mit einer Statthalterschaft im Namen Gottes«. Das bestimmende Moment der Konzeption der Idee des Gottesstaates des Amun, die ja letzten Endes im altorientalischen, theokratischen Königtum wurzelt, ist offensichtlich »die wachsende Autokratie des Tempels, besonders des Amun-Tempels von Karnak, die organisatorische Zusammenfassung eines beträchtlichen Teiles des Staatsvermögens als Tempelgut und endlich die tatsächliche Machtfülle seines obersten Leiters« (E. Otto).

Auf den »Gottesstaat des Amun« beriefen sich dann wieder die Äthiopenkönige der 25. Dynastie. Herausgestellt wird jetzt die »Gottesgemahlin des Amun«. Damit wird zurückgegriffen auf das schon zu Anfang der 18. Dynastie (s. S. 128) geschaffene Amt der rangältesten Prinzessin »Gottesgemahlin des Amun« zu sein, ein Amt, das seitdem ohne politische Bedeutung war, um jetzt wieder aufzuleben, wobei nun aber bei den Äthiopen die Gottesgemahlin, und nicht der Hohepriester, den Gottesstaat beherrscht. In Wiedererweckung einer rein ägyptischen Einrichtung wird jetzt die Tochter des jeweiligen Königs als Gottesgemahlin seitens ihrer Vorgängerin adoptiert. Indem sich dem äthiopischen Prinzip gemäß somit die Erbfolge in weiblicher Linie vollzieht, ist ein legales Mittel geschaffen, die Herrschaft über den Gottesstaat eng an die herrschende Dynastie zu binden.

Im übrigen stemmte sich Theben weiterhin mehr und mehr gegen die historische Entwicklung und wurde Zentrum eines ägyptischen Nationalismus, der immer wieder zu Aufständen führte und der schließlich nach dem Ende der Herrschaft der Ptolemäer Ursache war, daß die Stadt unter dem römischen Präfekten Cornelius Gallus (30–27 v. Chr.) zerstört wurde.

Mit Ausnahme der Herrscher der 21. Dynastie in Tanis – Smendes war, ehe er sich zum König machte, Wesir in Unterägypten und seine Frau Tentamon war Prinzessin aus dem Hause der Ramessiden – waren die offiziellen Dynastien weder blutmäßig noch letztlich in ihrer Haltung ägyptisch. Die zum Teil nebeneinander regierenden Könige der 22.–24. Dynastie entstammten Familien libyscher Söldner, die während der vorangegangenen Zeit in Unterägypten seßhaft geworden waren und sich nun zu Machthabern über Teile des Landes machten.

Die Könige der 25. Dynastie (751–656) sind ihrem Ursprung nach Herrscher eines inzwischen selbständig gewordenen Königreiches in Nubien mit der Hauptstadt Napata nahe dem 4. Katarakt, eben jenes Nubien, das seit Beginn der 18. Dynastie einem eigenen ägyptischen Gouverneur, dem »Königssohn von Kusch«, unterstellt war (s. S. 127f.). Um 725 eroberte, als Reaktion auf die Ausdehnungsgelüste des im Delta regierenden Tefnachte (730–720) der 24. Dynastie, König Pianchi (751–716), der Sohn des ersten uns bekannten Äthiopenkönigs, der den unägyptischen Namen Kaschta führte, das gesamte Niltal in einem Zug bis zur Deltamündung. Er sollte das Gesamtreich einschließlich Nubien als letzter Pharao beherrschen. Dennoch blieb ein beständiger Kampf gegen die unterägyptisch-libyschen Dynasten. 671, in der Zeit des Äthiopenkönigs Taharka (689–663), drangen die Assyrer unter Assarhaddon in Ägypten ein, worauf Necho von Saïs, Stammvater der 26. Dynastie, die Oberherrschaft der Assyrer anerkannte. Indes Tanutamun (663–656), der letzte Äthiopenkönig, vermochte nochmals ganz Ägypten für wenige Jahre zurückzuerobern. Assarhaddons Sohn Assurbanipal drang daraufhin im Gegenstoß bis zum Heiligen Theben vor und ließ die Stadt plündern – ein Ereignis, das in der ganzen damaligen Welt einen unauslöschlichen Eindruck erweckt hat. Schon 655 ging indes Ägypten den Assyrern wieder endgültig verloren.

Mit der 26. Dynastie (663–525) fiel die Vorherrschaft in Ägypten wieder an Unterägypten. Auch die Könige dieser Dynastie dürften libyschen Ursprungs gewesen sein. Seit der 22. Dynastie trugen sie alle zwar die gleichen Titulaturen wie die früheren Pharaonen und ließen sich auch in deren Schmuck und Ornat darstellen. Tatsächlich aber waren sie gegenüber jenen nur noch rein weltliche Herrscher, die das Königtum als bloßes Machtinstrument handhabten. Nur so ist es zu verstehen, daß immer wieder mehrere Könige nebeneinander regierten und sich als solche gegenseitig anerkannten. Die 26. Dynastie kam in enge Berührung mit dem Griechentum. Schon ihr erster Pharao Psammetich I. ermöglichte den Griechen in der 2. Hälfte des 7. Jahrhunderts die Gründung ihrer Kolonie Naukratis, die bald nicht nur blühendstes Emporion wurde, sondern auch geistiger Mittelpunkt des Hellenentums in Afrika und sich dann besonders der Förderung durch König Amasis erfreuen durfte.

Mit der Eroberung Ägyptens durch die Perser unter Kambyses im Jahre 525 verlor das Reich endgültig seine politische Selbständigkeit. Die sechs persischen Großkönige: Kambyses, Darius I., der 480 bei Salamis und 479 bei Plataiai durch die Griechen zu Wasser und zu Land vernichtend geschlagene Xerxes I., ferner Artaxerxes I., Xerxes II. und Darius II., sind für Ägypten unter dem Begriff der 27. Dynastie zusammengefaßt. Die Regierung lag in den Händen persischer Satrapen, deren erster, Aryandes, noch unter Kambyses eingesetzt wurde. In der Zeit des Artaxerxes I. besuchte im Jahre 448 der »Vater der griechischen Geschichtsschreibung«, Herodotos von Halikarnassos, Ägypten und beschrieb seine Geschichte, seine Stätten und Denkmäler.

Die zur 28. bis 30. Dynastie gehörenden Könige beherrschten zwar zeitweise nominell ganz Ägypten, verdankten aber ihre Herrschaft, die praktisch immer nur vorübergehend war, ihren nationalbewußten und auch erfolgreichen Aufständen gegen die persischen Satrapen, wobei vielleicht auch noch die letzten kleinen Spannungen zwischen dem Perserreich und Hellas ausgenutzt wurden, mehr aber wohl die Tatsache ausschlaggebend war, daß das Perserreich in seiner Gesamtheit seit den Tagen des Artaxerxes II. (404–359/358) außenpolitisch wie auch im Inneren einem unaufhaltsamen Niedergang seiner Kräfte entgegenging.

Die 31. Dynastie, die sog. Zweite Perserzeit (341–332), unter Artaxerxes III. Ochos, Arses und Darius III. Kodoman brach zusammen mit dem Einmarsch Alexanders des Großen und seiner sieggewohnten Armeen.

Nach dem überwältigenden Sieg über die Perser bei Issos im November 333 und der Brechung des schweren Widerstandes von Tyros im August 332 und von Gaza zog Alexander der Große, dem der persische Satrap Mazakes Ägypten kampflos übergab, im Spätherbst des Jahres 332 in Memphis ein, begrüßt als der Befreier vom Joche der Perser und von den memphitischen Priestern gekrönt mit der Doppelkrone Unter- und Oberägyptens. Schon zu Anfang des Jahres 331 legte der Monarch den Grundstein zu Alexandreia, jener Stadt, die noch heute seinen stolzen Namen trägt.

EINZELNE DENKMÄLER

Was im folgenden an Plastiken der Spätzeit gezeigt wird, entspricht nur einem kleinen Bruchteil des Geschaffenen und beschränkt sich auf das Wenige, an Hand dessen der Geist dieser Zeit und ihrer einzelnen, an ihre Dynastien gebundenen Epochen, zu erfassen ist. Es ist selbstverständlich, daß vornehmlich einige der besten Werke der künstlerisch nicht unbedeutenden 25. Dynastie, der Äthiopenzeit, herausgegriffen wurden und wenigstens noch ein Werk der folgenden 26. Dynastie, der Saïtenzeit, in der – zum letztenmal – einheimische Herrscher regierten und die führenden Geister sich nochmals ihres Ägyptentums und seines eigentlichen Wesenskernes bewußt waren. Daß sich gerade während der Zeit der 25. Dynastie im Porträt ein starkes Gefühl für Individualismus durchsetzte, ist vielleicht die künstlerisch bedeutendste Leistung der Zeit. Nicht eingegangen wird an dieser Stelle auf Werke, wie den berühmten Berliner »Grünen Kopf« und andere, die nicht mehr aus ägyptischem Geiste sondern vielmehr »im Banne griechisch-hellenistischer Formauffassung« (W. Wolf) geschaffen sind.

255

Deckel vom Sarkophag des Königs Psusennes I. (1054–1009). 21. Dynastie. Aus Tanis. Rosengranit. Kairo, Museum, Nr. 6337.

Der Sarkophag ist wahrscheinlich schon zu Ende der 19. Dynastie und möglicherweise für König Merenptah hergestellt und dann erst von Psusennes I. für seinen eigenen Gebrauch übernommen und abgeändert worden. Er umschloß einen inneren anthropoiden Sarkophag. Die Oberseite des Deckels trägt die nahezu vollplastische Gestalt des toten Königs als Osiris, geschmückt mit Götterbart und Geißel. Hinter seinem Haupt kniet, mit ausgestreckten Armen das Haupt berührend, eine Schutzgöttin. Die Innenseite des Sarkophagdeckels zeigt an Rand und Binnenfläche in leicht versenktem, flachem Relief Götter und Barken der Unterwelt. Die Mittelpartie der Deckelinnenseite ist eingenommen von der beinahe vollplastischen Gestalt der Himmelsgöttin Nut. Ihre mädchenhaft schlanke Gestalt ist durch die über ihrem Haupt lang ausgestreckten Arme noch mehr betont. Ein mit Sternen gezierter Mantel umhüllt sie, läßt aber den ganzen Zauber ihrer Erscheinung begreifen. Die Göttin stellt hier gewissermaßen die Personifikation des Sarkophagdeckels selbst dar. Er breitet sich über den Toten wie der Himmel über die Erde.

Der schöne und gedankenreich gearbeitete Sarkophag, der, wie gesagt, seiner ursprünglichen Entstehung gemäß noch nicht der Spätzeit, sondern noch dem Ende der 19. Dynastie angehört, ist, wie so viele Denkmäler der Spätzeit, ein Beispiel dafür, daß diese Zeit – selbst bereits weitgehend der künstlerischen Initiative entbehrend – bedenkenlos auf frühere Werke zurückgegriffen hat, sei es, indem sie Bestehendes übernahm und »usurpierte«, oder in eigenen Arbeiten Werke der Vergangenheit nachbildete, ja selbst bis zur Verwechselbarkeit kopierte.

256

Hor, Sohn des Nes-amun, Prophet des Amun, dargestellt als Würfelhocker. Zeit des Königs Pedubastis (817 und folgende Jahre) der 23. Dynastie. Aus Karnak. Dunkler Granit. Höhe 1,10 m. Kairo, Museum, Nr. 42226.

Die Wiedergabe von Personen in der Form des sog. Würfelhockers erfreute sich als Bildnisart bereits seit der Zeit des Mittleren Reiches wachsender Beliebtheit. Die auf Nebensächlichkeiten verzichtende abstrahierende Formgebung entspricht dem ägyptischen Empfinden im allgemeinen und seiner Vorliebe für blockhafte Gestaltung im besonderen. Zudem bieten die Würfelflächen Raum für das Anbringen von Inschriften biographischer Art, von religiösen Bildern und von Gebeten. Damit erhöht sich noch die Aussagefähigkeit des Stückes. An der hier zu erörternden Figur sind auf der Vorderfläche des Würfelhockers die Gottheiten Osiris (rechts) und Monthu (links) dargestellt, beide im Opfergebet um Gnade und Gunst für den Dargestellten.

Es darf nicht übersehen werden, daß vieles von dem, was aus der Spätzeit an Skulpturen auf uns gekommen ist, so wie auch die in Rede stehende Figur, dem Bereich des Tempels von Karnak entstammt, und weiter, daß die uns aus der Spätzeit bekannte Beschränkung auf nur wenige Statuentypen, wie gerade eben vielfach auf den des Würfelhockers, damit zusammenhängen mag, daß es sich um Tempelstatuen, bei denen eben nur wenige Statuentypen sozusagen zugelassen waren, handelt. So gut und bestechend im übrigen die Arbeit dieses Stückes erscheint, kann es doch nicht über eine gewisse innere Leere hinwegtäuschen; auch der sphingenhafte Blick des Dargestellten vermag nur für kurze Augenblicke zu fesseln.

257/258

Montemhet, Statthalter der Thebais. 25. Dynastie.

257 Der Pylon aus Nilschlammziegeln vom Oberbau seines Grabes in Theben, nahe Deir-el-Bahari. Im Hintergrund der Heilige Berg El Qorn.

258 Von der Statue des Montemhet aus Karnak. Granit. Gesamthöhe 1,35 m. Kairo, Museum, Nr. 935.

Montemhet, Bürgermeister von Theben und Statthalter der ganzen Thebais, entstammte einer thebanischen Priesterfamilie und bekleidete als Priester nur das Amt eines vierten Propheten des Amun. Er gehört der Zeit an, in der Schepenupet II., die Tochter des Äthiopenkönigs Pianchi (751–716) und Schwester von dessen übernächstem Nachfolger auf dem Thron, Taharka (689–663), als Gottesgemahlin des Amun an der Spitze des Gottesstaates stand. In Montemhets Händen aber lag kraft seiner Stellung als Statthalter der Thebais die Regentschaft in politischer Hinsicht. Seinem staatsmännischen Vermögen, mit dem sich Energie paarte, hatte es der thebanische Gottesstaat zu danken, daß er zunächst und noch weiter unverändert aus der Äthiopenzeit über die Schrecken des Assyrereinbruchs und der Plünderung Thebens durch Assarhaddon hinweg sich selbst noch bis zu den Jahren der 26. Dynastie zu halten vermochte.

Die Statue des Montemhet, von der hier im wesentlichen nur der Kopf wiedergegeben ist, erinnert im ganzen an die der Feudalherren der 5. Dynastie, wie sie uns aus ihren Grabmastabas bekannt sind, ohne daß es sich jedoch bei ihr um eine nur durch den Zeitwillen bedingte Nachahmung handelte. Vieles scheint in ihr aus eigener Künstlerkraft geschaffen. Mehr noch als bei der Statue im ganzen ist die künstlerische Selbständigkeit bei der Formung des Kopfes zu beachten, die eine neue Konzeption des Porträtstils mit der »Eröffnung neuer Entfaltungsmöglichkeiten des Individualismus« bedeutet, so wie dies eben die Ära nach dem Ende des Neuen Reiches bedingte. »Damit stehen wir vor der ganz großen Leistung, die die Spätzeit zur Geschichte der ägyptischen Kunst beizutragen hat« (W. Wolf).

259

Amenerdis, Gottesgemahlin des Amun. 25. Dynastie, Äthiopenzeit. Alabaster. Höhe 1,67 m. Kairo, Museum, Nr. 930.

Die Fürstin war eine Tochter des ersten Äthiopenkönigs Kaschta und erlangte – als erste Äthiopin – die Würde der Gottesgemahlin durch Adoption seitens ihrer Vorgängerin, der Gottesgemahlin Schepenupet I., der Tochter des Osorkon III., des Königs während der Mitte der 23. Dynastie.

Die etwa lebensgroße Statue der Fürstin zeichnet sich durch besondere Schönheit und Feinheit der Arbeit aus. Über einer langen Lockenperücke mit drei Uräen trägt die Gottesgemahlin eine aus Uräusschlangen gebildete Krone, auf der wohl ein aus der Sonnenscheibe, den Hörnern der Hathorkuh und der Doppelfeder des Amun gebildeter Kopfschmuck ergänzend zu denken ist. Bekleidet mit einem eng anliegenden Gewand, dessen unterer Saum verziert ist, hält die Fürstin in der unter ihre Brüste gelegten Linken den gebogenen Wedel und in der Hand ihres frei nach unten hängenden rechten Armes einen Perlkragen mit Gegengewicht. Um Hand- und Fußgelenke sind breite Schmuckbänder gelegt.

Wenn auch die etwas weichen, schweren Formen der Statue schon die äthiopische Herkunft der Fürstin andeuten, so ist dennoch die große schlanke Erscheinung, in der leise noch der Zauber der Frauengestalten der 18. Dynastie nachklingt, von einem hohen Adel erfüllt, sehr im Gegensatz zu den uns bekannten späteren Plastiken von Äthiopinnen, etwa der Tekoschet des Nationalmuseums zu Athen, und noch mehr der auf uns gekommenen kleineren Frauengestalten aus Holz und Elfenbein, in denen – sehr im Gegensatz zur Anmut der Amenerdis und der noch mädchenhaften Zartheit ihrer Brüste – eine immer mehr betonte weibliche Üppigkeit von Brust und Hüften, wohl im Sinne des nubischen Schönheitsideals, verwirklicht ist. Bewußt ist dagegen bei Amenerdis selbst wohl noch der nubische Typ der Gesichtsbildung vermieden.

260

Der Priester Petamenophis. Ende der 25. Dynastie. Granit. Höhe 31 cm. Berlin.

Die Plastik stellt ein spätes Beispiel des sog. »Würfelhocker«-Typus dar. Vorn auf dem Gewand ist der Dargestellte nochmals, jetzt in der Schurztracht der Pyramidenzeit, zu Osiris betend in hohem Relief wiedergegeben. Wie bei den früheren Typen dieser Art, erscheint auch hier der auf dem Boden Sitzende wie in einen Würfelblock in sein Gewand, das Oberkörper und Schenkel straff umspannt, eingeschlossen. Selbst die vor den Knien gekreuzten Arme und Hände sind in den Block als ein in sich festgefügtes Ganzes mit einbezogen. Um so auffälliger ist die betont naturalistische Wiedergabe des Kopfes und der Individualismus seiner Züge.

261

Bes, »Graf, Prinz und Begleiter seiner Majestät« des Königs Psammetich I. (663–609) der 26. Dynastie. Aus Unterägypten, ohne daß ein genauer Fundplatz bekannt ist. Kalkstein. Höhe 32,2 cm. Lissabon, Sammlung C. Gulbenkian.

Von den Stellungen, die sich bei den spätzeitlichen Skulpturen Sitzender finden, ist die offensichtlich gelösteste die der kauernden und asymmetrischen Gestalt, wie sie die meisterhafte Statue des Bes verkörpert. In ihrer archaistischen Form und der Wiedergabe des Hockenden mit einem untergeschlagenen und einem hochgestellten Bein gemahnt die Sitzstatue des Bes an die des Arztes Nianchre (Taf. 78) der 6. Dynastie, nur daß diese frühe Plastik um vieles momentaner und impulsiver wirkt als die wie sinnend in sich fast ganz versunkene Erscheinung des Bes.

Aus feinkörnigem, marmorähnlichem Kalkstein geschaffen, zeigt die Sitzstatue des Bes eine Schärfe und Präzision der Werkarbeit, wie sie gewöhnlich nur bei Skulpturen aus wesentlich härterem Stein gepflegt wird.

Bes trägt über seiner fliehenden Stirn eine Haubenperücke. Seine langen Augenbrauen und die Oberlippe sind fein geschwungen, die Augen selbst sind deutlich schräg gestellt. Die nach oben gezogenen Mundwinkel erwecken den Eindruck einer leisen Ironie.

Auffallend füllig ist der kurze Hals unter dem kleinen kantigen Kinn.

Der sorgfältig und sehr naturgetreu modellierte Körper spricht von einer feinen Empfindsamkeit der Künstlerhand für weiche und doch sehr sichere Führung der Linien und zeugt von einem wachen Gefühl für das Organische und Raumhafte.

Wie bei kauernden Figuren üblich, deckt ein Lendenschurz mit Inschrift den Schoß. Die maßgebende Inschrift findet sich dreispaltig auch auf dem Rückenpfeiler hinter der Figur und auch noch auf dem Sockel.

So wie die Statue gearbeitet ist, ist anzunehmen, daß sie einem Atelier des Königs entstammt, wenn es auch in ihrer Zeit ausgezeichnete, nicht vom Hofe des Monarchen abhängige Ateliers mancherorts im Reich gegeben hat.

DIE PTOLEMÄERZEIT

Könige: *Ptolemaios I. Soter (305–283); Ptolemaios II. Philadelphos (285–246); Ptolemaios III. Euergetes I. (246–221); Ptolemaios IV. Philopator (221–204?); Ptolemaios V. Epiphanes (203–180); Ptolemaios VI. Philometor (180–145); Ptolemaios VII. Neos Philopator (145–144); Ptolemaios VIII. Euergetes II. (Physkon) (145–116); Ptolemaios IX. Soter II. (116–107 und 88–80); Ptolemaios X. Alexandros I. (107–88); Ptolemaios XI. Alexandros II. (80); Ptolemaios XII. Neos Dionysos (Auletes) (80–51); Ptolemaios XIII./Kleopatra VII. (51–48); Ptolemaios XIV./Kleopatra VII. (47–44); Kleopatra VII. (44–30).*

Wenn auch mit dem Einmarsch Alexanders des Großen im Spätherbst 332 für Ägypten die Befreiung vom Perserjoch gekommen und damit eine neue Ära angebrochen war, so setzte die Auswirkung dieses umwälzenden Ereignisses doch erst einige Jahrzehnte später ein. Die harten Kämpfe Alexanders des Großen um die Weltherrschaft, deren völlige Erreichung den Monarchen bis zu seinem letzten Atemzug bewegte, ließen zwar schon 332 für das unterdrückte Ägypten eine freiere Zeit anbrechen, aber erst als nach Alexanders des Großen Tod 323 einer der hervorragendsten Männer seines Heeres und seines persönlichen Vertrautenkreises, Ptolemaios, der Sohn des Makedonen Lagos und der Makedonenfürstin Arsinoë, Ägypten als Satrapie übertragen erhielt, brach für dieses Land, das durch Jahrtausende geglänzt hatte, nochmals eine Zeit der Blüte an.

Ptolemaios, der nun auch als Staatsmann hervorragen sollte, hat Ägypten zunächst nur für den kommenden Herrscher, den erst nach dem Tod des Vaters geborenen Sohn Alexanders des Großen, Alexandros IV., als Satrap und Treuhänder verwaltet. Erst 305, nahezu fünf Jahre nach der Ermordung des Kindes Alexandros IV. durch Kassandros, den damals ersten Mann des Alexanderreiches, hat Ptolemaios den Königstitel angenommen. Als Ptolemaios I. Soter eröffnete er die Reihe der siebzehn ptolemäischen Herrscher Ägyptens, die im Jahre 30 v. Chr. mit Kleopatra VII. der Großen, in der noch einmal die staatsmännische Kraft und Größe des ersten Lagiden aufstrahlte, erlöschen sollte.

Unter dem weitschauenden Ptolemaios I. Soter (gest. 283) und auch noch unter seinen beiden nächsten Nachfolgern ist Ägypten wieder zu hoher Blüte und weltpolitischer Anerkennung gelangt. Unter Ptolemaios II. Philadelphos (285–246) und seiner zweiten Gemahlin und Schwester Arsinoë II. ist der Staat Ägypten über seine politische und wirtschaftliche Größe hinaus auch zum Hort der Künste und Wissenschaften geworden. Hatte der Vater Ptolemaios I. Soter das Staatsganze im Hinblick auf militärische und wirtschaftliche Kraft, auf Staatsverwaltung und Staatsrecht mit ungewöhnlicher Herrscherbegabung und Klugheit wieder auf- und ausgebaut und Ägypten zu einem der glücklichsten Reiche der damaligen Welt gemacht, so haben Ptolemaios II. Philadelphos und seine schwesterliche Gemahlin Arsinoë II. die von Alexander dem Großen gegründete neue Hauptstadt des Reiches, Alexandreia, zum geistigen Mittelpunkt der Alten Welt geformt. In dem von Arsinoë II. geschaffenen Musenhof, dem Museion, versammelten sich die großen Geister der damaligen Zeit; die dem Museion angegliederte Alexandrinische Bibliothek war die größte und wissenschaftlich sorgfältigst fundierte Bibliothek der Antike überhaupt.

Noch hat Ptolemaios III. Euergetes I. (246–221) außenpolitisch nach Westen (mit Kyrene) und Osten (in Kleinasien und Thrakien) das Reich vergrößert und innenpolitisch durch bedeutende Reformen weiter ausgebaut. Dann aber begann unaufhaltsam der Abstieg. Die ständigen Familienzwistigkeiten, die vor keinem Mord zurückschrecken ließen, schwächten mehr und mehr die außenpolitische Kraft. Rom's lauerndes Auge begann sich auf Ägypten zu richten.

Es ist zu betonen, daß die Ptolemäer während der ganzen Zeit ihrer Herrschaft – schon von den Jahren, in denen Ptolemaios I. noch als Satrap Ägyptens fungierte, an – in einer ganz bewußten Graeco-Makedonisierungspolitik dem Land und Volk Ägyptens gegenüberstanden und »auf politischem Gebiet eine Scheidewand zwischen Makedonen und Griechen einerseits und Ägypten andererseits zogen« (Bengtson). Erheblich waren dagegen die Zugeständnisse an die Ägypter seitens des Lagidenhauses in den Dingen der Religion. Entsprach die erwähnte politische Reserve der Staatsraison, so ist die Inklination der Ptolemäer zur ägyptischen Religion aus der Zeit zu verstehen. War schon die Anziehungskraft der orientalischen Religionen seit den ersten graeco-orientalischen Begegnungen immer groß, wie sollte sich jetzt in einer Zeit, in der die überkommene Olympische Götterreligion immer mehr leer zu werden drohte, nicht der Zauber der Mystik der orientalischen, und in Ägypten im besonderen der ägyptischen Religion eine unüberwindliche Anziehungskraft besitzen? So setzten sich, gefördert durch das Herrscherhaus der Ptolemäer, die Kulte der alt-ehrwürdigen Landesgötter fort. So geschah die Erneuerung und Erweiterung der altgeheiligten, oft bis in älteste Tage zurückreichenden Kultstätten im Auftrag der Ptolemäerkönige aus einem engeren und inneren Verhältnis zur ägyptischen Religion. Daß dies die Gunst der immer noch einflußreichen Priesterschaft und die Liebe des altgläubigen Ägypters zum neuen Herrscherhaus vertiefte – wie sollte es anders sein?

War auch, wie oben gesagt, Hauptstadt und Residenz des Ptolemäerreiches schon das am Meer liegende Alexandreia geworden und erstrahlte diese Stadt im Glanz und Reichtum des neuen Reiches als sein politischer, kommerzieller und geistiger Mittelpunkt, so beweist doch die Bautätigkeit in Oberägypten, wie sehr noch für diesen Landesteil, der durch über ein Jahrtausend Mittelpunkt des Pharaonenreiches war, gesorgt wurde. Die Zerstörungen im Raum der großen nördlichen Städte und Gaue, wie in Memphis, in Krokodilopolis (Arsinoë), der Hauptstadt des Faijum, sowie im Delta waren zu gewaltig, als daß wir uns auch nur einigermaßen ein Bild der Bauten dieser Zeit machen könnten. Was aber in Oberägypten noch erhalten ist, bedeutet ein Ruhmesblatt in der Baugeschichte dieser letzten vorchristlichen Jahrhunderte. Namen wie Philae, Edfu und Kom Ombo, Esna und Dendara rufen in uns die Tage letzten altägyptischen Glanzes wach. »Wenn auch diese spätere Zeit keinen wirklich neuen Baugedanken mehr hervorbrachte, so muß doch rühmend hervorgehoben werden, mit wieviel Verständnis und Schönheitssinn diese späten Architekten die altüberkommenen Formen weiter gepflegt und gefestigt haben« (Alexander Scharff).

Obwohl auf alte Heiligtümer zurückgreifend, sind die Tempel von Philae, Edfu, Kom Ombo, Esna und Dendara Neuschöpfungen der Ptolemäerkönige. Aber abgesehen von Philae, an dem schon Ptolemaios II. Philadelphos baute, beginnen die Neubauten bei Edfu und Kom Ombo erst unter Ptolemaios III. Eurgetes I., bei Esna erst unter Ptolemaios VI. Philometor (180–145) und bei Dendara sogar erst unter den letzten Ptolemäern, wobei der Tempel von Dendara seine Vollendung erst durch die ersten römischen Kaiser fand.

Wenn die ptolemäischen Tempel und vor allem die von Edfu, Kom Ombo und Dendara sich imposant aus ihrer Umgebung hervorheben und der Tempel zu Edfu geradezu als ein mächtiges Symbol der Bauleistung der Zeit der Ptolemäer erscheint, so darf doch andererseits die Bauleistung der Ptolemäer, was sozusagen ihre Kapazität betrifft, nicht überschätzt werden und sie kann sich, was Leistungskraft im Hinblick auf Bauzeitlängen betrifft, mit der des Neuen Reiches keineswegs messen. Man bedenke, daß der Terrassentempel zu Deir-el-Bahari im wesentlichen in den kaum mehr als zwei Jahrzehnten der Regierung der Königin Hatschepsut (1490–1468) entstanden ist und man denke weiter an die Bauleistung der Zeit des Königs Amenophis III. (1402–1364), in dessen achtunddreißig Regierungsjahren – um nur vom Wichtigsten zu reden – der Amun-Mut-Chons-Tempel in Theben-Ost/Luxor in dreien seiner vier Teile entstand, daß in Theben-West dieses Königs gewaltiger Totentempel mit den Memnonskolossen aufragte und der große Königliche Palast von Malkata entstand, daß Amenophis III. den Tempel der Mut und seinen ganzen Bereich in Karnak baute, endlich den seinem Gedächtnis geweihten Tempel im nubischen Soleb. Um den Vergleich auf die Ramessidenzeit auszudehnen: unter Sethos I. (1304–1290) ist außer dem kleineren Totentempel zu Kurna/Theben-West der große, wenn auch durch Ramses II. vollendete, Totentempel in Abydos gebaut worden sowie ein großer Teil des Großen Säulensaals im Amun-Tempel zu Karnak, alles in kaum fünfzehn Jahren. Die Bautätigkeit des Ramses II. ist geradezu gigantisch, wobei die Mehrzahl der Bauten schon bis gegen das 34. Regierungsjahr des Königs, d. i. die Zeit seiner Vermählung mit Naptera, der Tochter des Hethiterkönigs Hattusili III., von der an mehreren Bauten zu lesen ist, vollendet gewesen sein dürfte. Um nur das wichtigste zu nennen zunächst zwei Frühwerke: sein Totentempel zu Abydos und der Felsentempel von Bet el-Wali in Nubien, sodann die Fertigstellung des Sethos I.-Tempels zu Abydos und des Großen Säulensaales zu Karnak und, mit dem Ersten Hof, des Amun-Mut-Chons-Tempels in Theben-Ost/Luxor; weiter der Bau seines Totentempels, des Ramesseums in Theben-West; und – als Krönung – der Felsentempel von Abu Simbel sowie als spätester der Amun-Re/Re-Harachte-Tempel von Wadi es-Sebua, gleichfalls in Nubien. Endlich Ramses III. (1184–1153): Trotz der schweren Kriegslast, die gerade auf dieses Herrschers Schultern zufolge der entscheidenden Abwehrkämpfe gegen Libyen und die Seevölker lag, genügten die 31 Jahre seiner Monarchie, um seinen Totentempel zu Medinet Habu, Theben-West, monumental und glänzend zu errichten. Dazu darf nicht übersehen werden, daß zu Beginn der 19. Dynastie die nahe dem alten Auaris im Ostdelta gegründete Ramsesstadt zur Hauptstadt des Reiches der Ramessiden geworden war und daß hier enorm gebaut wurde. Wenn für die vielen neuen Bauten auch manches Architekturglied von Denkmälern des Mittleren Reiches bedenkenlos übernommen wurde und Verwendung fand, so beanspruchte und absorbierte während der Ramessidenzeit die Fertigstellung der offiziellen Bauten der neuen Hauptstadt eben doch sicher sehr beträchtliche Kräfte.

DIE BAUDENKMÄLER

262–266

Edfu, der Tempel des Horus.

Über Edfu, das alte Tbot, das eine der ältesten Kultstätten des Horus ist, wurde schon S. 37 gesprochen; ebenda auch über den alten Streit zwischen Horus und Seth. Dem Mythos nach hat Horus, der Sohn des Osiris und seiner Schwestergemahlin Isis, gerade hier in Edfu einen seiner großen Kämpfe mit Seth, dem Bruder und Brudermörder des Osiris, bestanden. Hier sei nur nochmals gesagt, daß Horus, der als Falke, falkenköpfiger Gott und in Menschengestalt erscheint, als Gatte der Hathor von Dendara (S. 175) galt und daß so, wie die Göttin ihn in Edfu aufsuchte, er zu ihr nach Dendara kam. Einer ihrer beiden Söhne ist Harsemtewe (Harsomtus), der Vereiniger der beiden Länder. Diesen drei Göttern, wenn auch vornehmlich dem Horus selbst, war das Heiligtum von Edfu geweiht.

Der Grundriß (Abb. 80) zeigt, welche beträchtliche Fläche, gemessen am Gesamttempel, der Pylon einnimmt. Seine Ausmaße verdeutlicht die Ansicht des Tempels von Westen (Taf. 262). An den Pylon schließt der Hof (H) mit Säulenkolonnaden an der Ost-, Süd- und Westseite an (Taf. 263). Hier wie in den beiden auf den Hof folgenden Hypostylen, der Vorhalle (1) und dem Säulensaal (2), zeigen die Säulen mannigfache, auf Blatt- und Blütenformen zurückgehende Varianten der

Kapitelle. Mit dieser schillernden Buntheit der Kapitellformen ist die Ruhe der älteren Säulenhöfe und Hallen verloren; Bewegtheit und Formenreichtum sind an ihre Stelle getreten. Schranken in kaum halber Höhe zwischen den Säulen der Vorhalle (Taf. 264) gewähren vom Hof her Einblick in sie und verlebendigen im Zusammenspiel mit den Kolonnaden der drei anderen Seiten des Hofes dessen Gesamtbild.

Die Vorhalle (1) mit zwei Reihen von je sechs Säulen in ihrem Binnenraum ist mittels einer unverhältnismäßig starken Mauer vom eigentlichen Säulensaal (2) getrennt. Wie in der Vorhalle ist zwischen den Säulen des linken und rechten Flügels ein breiterer Gang für den Zug der Prozession zum Allerheiligsten ausgespart. Im Allerheiligsten (S) selbst steht die aus dem vorptolemäischen Tempel übernommene Granitkapelle für den Gott Horus, die König Nektanebos II. (359 bis 341) geweiht hatte. Davor ein Untersatz aus schwarzem Granit für die Heilige Barke des Gottes. In das Allerheiligste leiten aus dem Säulensaal zwei Vorsäle über. Rings um das Allerheiligste zieht ein Umlauf; über ihn sind die an ihm im Norden, Osten und Westen liegenden Kapellen zugänglich.

Die Gesamtheit der bisher genannten Räume umzieht ein unverhältnismäßig enger Tempelumgang. Reliefs bedecken alle seine Flächen. Für die Kenntnis der Kulthandlungen wie im Hinblick auf die Darstellung der Ptolemäerkönige selbst sind sie aufschlußreich.

Die erwähnte Enge zwischen dem Tempel und der den Tempel außen im ganzen umgebenden Tempelmauer steht im Gegensatz zur Gepflogenheit bei den Tempeln der Ramessidenzeit, wie dem Ramesseum (Abb. 63) und dem Tempel des Ramses III. zu Medinet Habu (Abb. 68). Während bei diesen ramessidischen Tempeln die sie umziehende Umwallung bzw. Mauer in weitem Abstand und getrennt vom Tempel den königlichen Palast und zahllose Nutzbauten umgreifend verläuft, umschließt sie beim Tempel von Edfu den eigentlichen Tempelkomplex ganz eng, um schon in Höhe des Hofes sozusagen nur die Rückwand seiner Ost- und Westkolonnaden zu bilden und ihren vorderen (hier südlichen) Abschluß im Pylon zu finden.

Der Horus-Tempel von Edfu darf als der besterhaltene Tempel der Antiken Welt gelten. Kaum anderswo ist so die Gesamtheit des Tempelbaues, die völlig erhaltene Bedachung und die Raumwirkung zu begreifen. Wir erleben, wie das Licht des subtropischen Himmels in seinem Hof hell erglänzt und von da her in die Vorhalle flutet, wie es gedämpfter von hier aus in den Säulensaal dringt, um in den Vorsälen zum Allerheiligsten mehr und mehr zu verdämmern und im Allerheiligsten selbst nur noch kaum für Stunden mystisch aufzuleuchten. Was einst im Tempel Raum, Licht und Dämmer für den Kult bedeuteten, kann hier noch empfunden werden.

Von den Reliefdarstellungen seien folgende kultisch und historisch wichtige hervorgehoben.

Zu den frühesten und interessantesten gehört die Reliefdarstellung an der nach Süden gewandten Fläche des Architravs der zum Säulensaal führenden Türe: In dem Sonnenschiff, das zwei falkenköpfige Horusgestalten geleiten, wird die Sonne von Thot und Neith angebetet, indes auf den Seiten in anbetender Stellung Ptolemaios IV. Philopator und die vier Sinne, Gesicht, Gehör, Geschmack und Verstand, zu sehen sind.

Weiterhin im Allerheiligsten in der unteren Reliefreihe der rechten Wand: Ptolemaios IV. Philopator nimmt den Verschluß der Horuskapelle ab und öffnet die Türe der Kapelle. In ehrfurchtsvoller Haltung steht er, mit herabhängenden Armen, vor dem Gott Horus, räuchert vor seinen vergöttlichten Eltern Ptolemaios III. Euergetes I. und Berenike II. und räuchert weiterhin vor der Heiligen Barke der Göttin Hathor.

Im inneren Tempelgang zeigt die Westwand sieben Darstellungen der Kämpfe des Gottes Horus mit seinen Feinden, die in Gestalt von Krokodilen und Nilpferden in Erscheinung treten. Davon seien herausgestellt: Wir sehen, wie Horus und ebenso der König (der Entstehung der Reliefs nach wohl Ptolemaios IX. Soter II. oder Ptolemaios X. Alexandros I.) vom Lande aus nach einem Nilpferd stechen; Horus in der Linken eine Kette, in der Rechten einen Speer haltend; neben ihm seine Mutter Isis. Dann: Horus sticht in den Kopf des Nilpferdes, das er an der Kette hält, indes der König auf dem Lande steht vor zwei Schiffen, deren eines mit Horus und deren anderes mit einem seiner Gehilfen. Weiter: Das angekettete Nilpferd auf dem Rücken liegend. Endlich: Von einem Segelschiff aus sticht Horus nach einem Nilpferd, das er am Hinterfuß, und Isis, vom Bug des Schiffes aus, am Kopf an Stricken halten, indes auch der König vom Ufer aus nach dem Kopf des Tieres sticht.

Die übrigen, hier nicht näher besprochenen Reliefs zeigen die üblichen Bilder, z. B. wie der König vor den Göttern Feinde niederschlägt u. dgl. Erwähnt sei nur noch, daß in dem über einen kleinen Hof aus dem hinteren der beiden Vorsäle erreichbaren »Kiosk« an der Decke die Himmelsgöttin Nut dargestellt ist, wobei – anders als in Dendara (s. S. 175) – unter ihrem Leib die verschiedenen Gestalten der Sonne in Barken fahren.

Nahe dem Tempel liegt das »Geburtshaus«, Mammisi, selbst wieder in Form eines kleinen Tempels gebaut. In ihm wurde die »Zeremonie der Niederkunft der Muttergöttin« gefeiert. Es ist eine Anlage, die zufolge der Verbreitung des Isis-Kults in der ägyptischen Spätzeit und in der Kaiserzeit für jeden größeren Tempel zur Notwendigkeit geworden war.

Architektonisch sind diese Geburtshäuser interessant, weil sie in der Regel – wenn auch mit Abweichungen – auf die Gestalt des Peripteraltempels, wie ihn schon Königin Hatschepsut und König Thutmosis III. konzipiert hatten (Abb. 29, S. 84 und Abb. 68), zurückgreifen. Jedenfalls ist der die Kulträume und ihre Nebenräume umfassende eigentliche Bau von einer peripterosartigen Galerie umgeben, deren Decke von Säulen getragen wird, bei welchen über den eigentlichen Kapitellen – hier in Edfu sind es Pflanzenbündel-Kapitelle – noch eine Sonderbildung aufsitzt, so in Edfu Würfel, deren Flächen die Figuren des Bes, des Schutzgottes der Gebärenden, tragen. Daß an Stelle der Bes-Würfel bei anderen Geburtshäusern auch Hathorköpfe stehen können, sei hier nur angedeutet.

Der Kern des Geburtshauses von Edfu umschließt außer einer Vorkammer einen von zwei Nebenräumen eingeschlossenen Hauptraum. An seinen Wänden befinden sich Reliefs, deren Bilder die Bedeutung des Geburtshauses widerspiegeln; so unter anderem: Hathor von Dendara – über die Beziehung des Horus von Edfu zu Hathor von Dendara ist schon S. 171 gesprochen – säugt den Gott Horus, indes vor ihr die »sieben

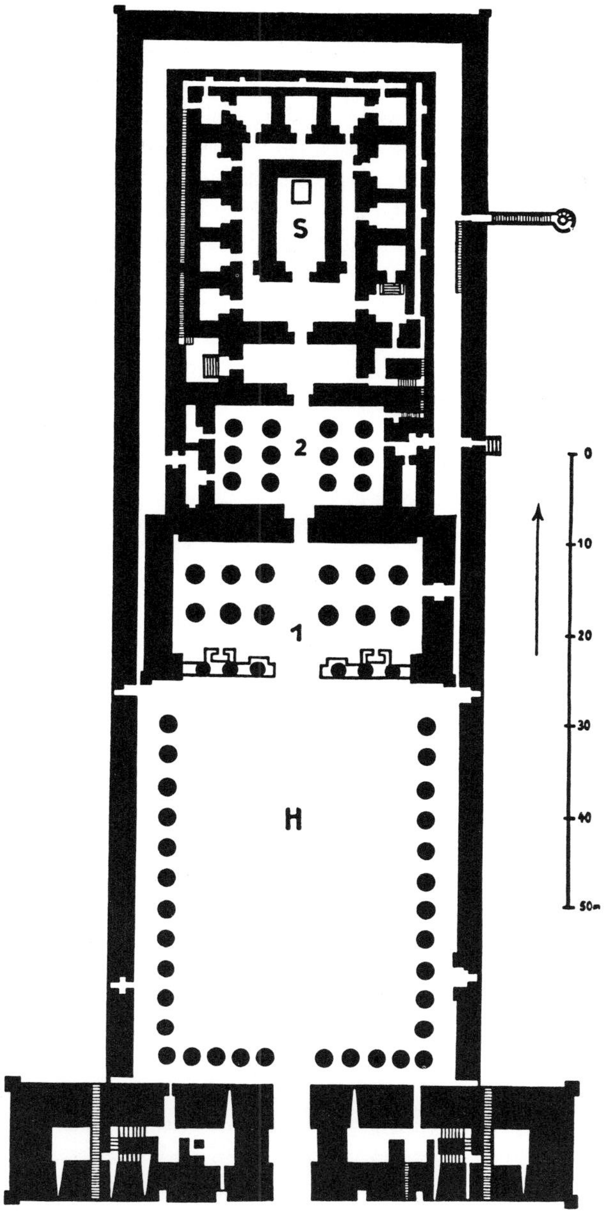

80

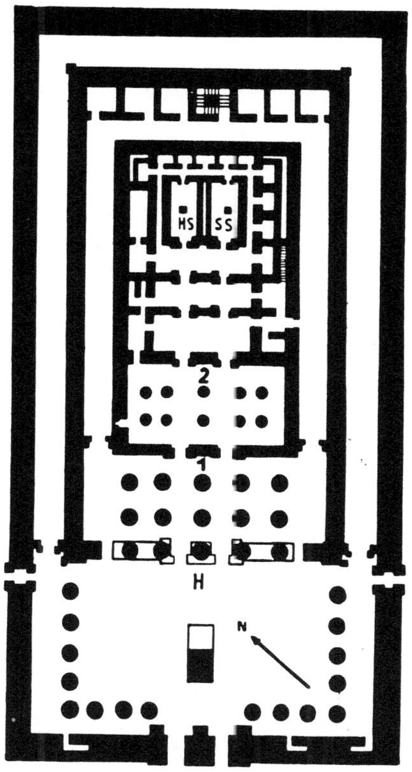

81

Abb. 80 **Edfu.** Horus-Tempel. Im Süden der Große Pylon. H: Hof; 1: Vorhalle; 2: Säulensaal; S: Allerheiligstes.

Abb. 81 Kom Ombo. Suchos und Haroëris-Tempel. Im Südwesten der Pylon, der sich im Grundriß kaum von der starken Umfassungsmauer des Tempels abzeichnet. – H: Der Hof; 1: Die Vorhalle mit den beiden Portalen vom Hof her und den beiden Türen zum Säulensaal (2). SS: Allerheiligstes des Suchos; HS: Allerheiligstes des Haroëris. Grundrisse maßstabgleich, je 1:850.

Hathoren«, den Schicksalsgöttinnen der Griechen vergleichbar, musizieren, und ihr jugendlicher Sohn Ihi mit dem Sistrum in Händen hinter ihr steht. Weiter: die Entbindung der Hathor. Dann folgen Bilder der Geburt des Harsomtus; unter diesen, wie Chnum das Kind auf der Töpferscheibe bildet. Abermals findet sich die Darstellung der den Horus säugenden Hathor und der musizierenden sieben Hathoren an den Säulen des Vorhofes.

Mit einigen Worten seien die einzelnen Baudaten angeführt: Hinteres eigentliches Tempelhaus: Baubeginn 237 unter Ptolemaios III. Euergetes I. (246–221); Rohbau vollendet unter Ptolemaios IV. Philopator (221–204?). Unterbrechung unter Ptolemaios V. Epiphanes (203–180). Wiederaufnahme der Arbeiten und Beginn der Ausschmückung unter Ptolemaios VI. Philometor (180–145) und Vollendung der Reliefs usw. im eigentlichen Tempelhaus unter des vorigen jüngerem Bruder Ptolemaios VIII. Euergetes II. (145–116). Unter diesem auch der Bau des Geburtshauses sowie im Jahre 122 die Fertigstellung der Vorhalle. Hof mit Kolonnaden, Umfassungsmauer und Pylon sind unter Ptolemaios IX. Soter II. (116–107) und wieder 88–80 sowie zwischendurch durch Ptolemaios X., Alexandros I. (107–88) gebaut. Vollendung der Reliefs erst unter Ptolemaios XII. Neos Dionysos, dem Vater der Kleopatra VII., das bedeutet zwölf Jahre nach der Geburt der letzten Herrschergestalt des Lagidenhauses im Jahre 69! Somit Gesamtbauzeit 180 Jahre.

262 Gesamtansicht des Horus-Tempels von Edfu aus Südwesten. Die Aufnahme zeigt den Blick auf den Tempel von den hohen Schutthügeln über der antiken Stadt aus. Der 36 m hohe und 64 m breite Pylon wird in seinen Ausmaßen nur noch durch den 43,5 m hohen, 113 m breiten und 15 m dicken unvollendeten Pylon I in Karnak, der aus der Äthiopenzeit stammt, übertroffen.

263 Der Tempelhof. Rückblick von der Nordostecke mit den Säulenhallen im Süden und Westen und auf die Innenfront des Pylon mit Ptolemaios XIII. Neos Dionysos und Göttern in versenkten Reliefiguren.

264 Blick in den Tempelhof von Süden. Im Norden bildet den Abschluß des Hofes die Front der von einer edel geformten Hohlkehle begrenzten Vorhalle mit ihren sechs Säulen, die mittels halbhoher Schranken untereinander verbunden sind. Auf den Außenflächen der Schranken ist Ptolemaios VIII. Euergetes II. dargestellt, und zwar auf den je zwei äußeren vor dem falkenköpfigen Horus, auf den beiden mittleren vor der Göttin Hathor. Links vor dem Eingang der Vorhalle ein kolossaler Falke mit Doppelkrone. Sein Pendant zur Rechten ist schwer beschädigt. Von den Ost- und Westkolonnaden sind jeweils die je sieben nördlichen der insgesamt je zwölf Säulen mit ihren reichen Blumen- oder Palmenkapitellen zu sehen. Die drei übereinander angeordneten Wandreliefs der Ost- und Westhalle zeigen Ptolemaios IX. Soter II. bzw. Ptolemaios X. Alexandros I. teils im Verkehr mit Göttern, teils als siegreichen Gott Horus. In der Mitte des Hofes stand einst der große Altar, auf dem unter Teilnahme des Volkes von Edfu dem Horus und den anderen im Heiligtum verehrten Göttern geopfert wurde.

265 Querblick von West nach Ost durch die beiden inneren Säulenreihen der Vorhalle. Säulen mit Palmwedelkapitellen und mit doldenförmigen Blumenkapitellen stützen die Steinbalken der Decke. Auf den Wänden und Säulenschäften ist König Ptolemaios VIII. Euergetes II. vor den Gottheiten von Edfu dargestellt.

266 Blick vom Mittelgang des Säulensaales mit seinen reiche Blumenkapitelle tragenden Säulen auf die beiden Vorsäle des Allerheiligsten und in dieses selbst. In ihm die mit pyramidenförmigem Dach gedeckte Granitkapelle, eine in Material und Arbeit edle Weihgabe des Königs Nektanebos II. (359–341) der 30. Dynastie an den vorptolemäischen Tempel und von da in den Ptolemäertempel übernommen. In der Kapelle war das Kultbild des Gottes Horus aufgestellt. Auf altem Granituntersatz steht heute vor der Kapelle die moderne Nachbildung der Barke des Gottes Horus.

267

Kom Ombo, der Tempel des Suchos und des Haroëris.

Die hier verehrten Götter, die bereits in Heiligtümern älterer Zeit an dieser Stelle Verehrung genossen, sind der krokodilköpfige Gott Suchos und der falken köpfige Gott Haroëris. Neben Suchos genossen noch Kulte die Göttin Hathor und der jugendliche Mondgott Chons-Hor sowie neben Haroëris noch Tsent-nofret, »die gute Schwester«, eine besondere Erscheinungsform der Hathor, ferner P-neb-tewe, der »Herr der beiden Länder«.

Der Grundriß des Tempels (Abb. 81) entspricht im wesentlichen dem des Horus-Tempels von Edfu. Seine Ausmessung ist in der Längenausdehnung geringer, nur 83,5 m gegenüber 130,0 m des Horustempels von Edfu. Der Pylon ist aus dem Grundriß kaum mehr ablesbar, der Hof noch nicht einmal halb so tief wie dort. Daß andererseits die Tempelbreite etwas größer war (61,8 m gegenüber 58,3 m), resultiert aus dem Umstand, daß der Tempel von Kom Ombo den getrennten Kulten zweier Gottheiten, dem des Suchos und dem des Haroëris, zu dienen hatte. Schon von der Vorhalle (1) ab ergibt sich auch im Grundriß diese betonte Zweiteilung, sowohl hier als im Säulensaal (2) findet sich an Stelle des breiteren Mittelganges zwischen den Säulenreihen eine mediane Säulenreihe und beiderseits von ihr die gangartige Verbreiterung zwischen ihr und den beiderseits anschließenden der nur noch je zwei Säulenreihen der Longitudinalrichtung.

Die Zweiteilung des Tempels in Parallelteile, die in der Längsachse des architektonisch eine Einheit bildenden Gebäudes aneinanderstoßen, ist mit großer Konsequenz durchgeführt: Schon der Pylon hatte zwei Tore. Ebenso hatten Vorhalle und Säulensaal zwei Eingänge; entsprechend den oben genannten Gängen in Vorhalle und Säulensaal führten auch durch die drei Vorsäle je zwei Türen bis zu den zwei Allerheiligsten. So war die Möglichkeit gegeben, jedem der beiden Hauptgötter und den ihnen beigesellten Gottheiten mit eigenen Festen zu dienen.

Im übrigen finden sich gegenüber Edfu auch noch manche Unterschiede, ohne daß sie in der prinzipiellen Zweiteilung der Funktion des Tempels ihren Grund hätten. So befinden sich vor dem Komplex der Allerheiligsten der beiden Götter drei statt zwei Vorsäle. Während die Art der Anordnung der die Allerheiligsten umlaufenden Kapellen prinzipiell ähnlich der von Edfu ist, fällt die Breite des inneren Umganges, der schon an den Flanken der Vorhalle seinen Ursprung nimmt, auf, und abermals zieht noch ein vergleichsweise breiter äußerer, also zweiter Umgang um das eigentliche Tempelhaus, wobei er seinen Anfang unmittelbar von den Kolonnaden des Hofes aus nimmt. Zufolge der geringen Tiefe des Pylons und der Stärke der Tempel-Umfassungsmauer gingen, wie der Grundriß zeigt, beide fast unmerkbar ineinander über, nur daß anzunehmen ist, daß der in seiner Höhe nicht mehr erhaltene Pylon eine beträchtlich größere Höhe hatte als die Umfassungsmauer.

Ein Geburtshaus lag wieder nahe dem Tempel. Das heute größtenteils zerstörte Geburtshaus, Mammisi, ist unter Ptolemaios VIII. Euergetes II. erbaut bzw. wieder erstellt worden. Bedeutend das erhaltene Relief mit dem König, der zusammen mit zwei Göttern im Nachen durch den von Vögeln reich belebten Papyrossumpf fährt. Zur Linken der ithyphallische Gott Min-Amun-Re.

Die Baudaten sind weniger genau erforscht als beim Horus-Tempel zu Edfu, wenigstens was die Anfänge betrifft. Dennoch ist anzunehmen, daß der Baubeginn wie beim Tempel von Edfu unter Ptolemaios III. Euergetes I. zumindest vor dem Tode von Ptolemaios IV. Philopator 204 (?) erfolgte. Sicher hat auch dieser Bau in den Jahren des Ptolemaios V. Epiphanes, also zwischen 203 und 180, eine Unterbrechung erfahren. Der Reliefschmuck stammt aus den Jahren der Brüder Ptolemaios VI. Philometor (180–145) und Ptolemaios VIII. Euergetes II. (145–116) und reicht in seiner Fertigstellung wieder bis über die Geburtsstunde der letzten Lagidin, Kleopatra VII., hinaus. Die letzten Reliefs sind erst unter dem römischen Kaiser Macrinus und seinem zehnjährigen Sohn Diadumenianus (beide 217–218 n. Chr.) angebracht worden.

267 Blick von Süden auf die Ruine des Tempels.

Der Pylon ist bis auf geringe Reste verschwunden. Von den 16 Säulen der Kolonnaden, welche den gepflasterten Hof auf drei Seiten umgaben, stehen nur noch die Stümpfe aufrecht. Die Vorhalle zeigt an ihren insgesamt zehn Säulen reiche Pflanzenbündel- und Palmwedel-Kapitelle. Die Decke des Säulensaales, die niedriger als die der Vorhalle war, wurde von zehn Papyrossäulen mit offenem Doldenkapitell getragen.

Abb. 82

Dendara, der Tempel der Hathor

Es ist weiter auf den Hathor-Tempel von Dendara einzugehen, wenn auch von ihm keine Aufnahmen hier wiedergegeben sind.

In Erneuerung eines alten Heiligtums, das in seinen Anfängen mindestens in die 6. Dynastie des Alten Reiches zurückgeht und an dem weiter durch die Könige der XII. Dynastie und während des Neuen Reiches, vor allem seitens Thutmosis III., Ramses II. und Ramses III. gebaut wurde, haben im letzten vorchristlichen Jahrhundert die letzten Ptolemäerherrscher und ihnen folgend, die Kaiser Augustus und Tiberius den heute noch glänzend erhaltenen Tempel geschaffen.

Über die Bedeutung des Kultes der Göttin Hathor, die zu den ältesten Gottheiten Ägyptens gehört, und über die Vielfalt ihres Wesens und ihrer Erscheinung ist S. 36 ausführlich gesprochen.

Hier bleibt noch der Bau des Tempels (Abb. 82) als solcher zu betrachten.

Da weder ein Pylon noch ein großer Hof, wie er sich in Edfu und in geringeren Ausmaßen auch in Kom Ombo findet, gebaut ist, steht man nach Durchschreiten des Nordtores der Ziegelumwallung unmittelbar der Front der großen Vorhalle gegenüber. In ihrer vorderen Säulenreihe sind wieder wie in Edfu die Säulen durch Schranken verbunden. Alle viermal sechs Säulen der Vorhalle (V) tragen sorgfältig gearbeitete Sistrum-Kapitelle. Ein Hohlkehlengesims mit der Flügelsonne in seiner Mitte krönt die Front der Vorhalle. Die abgemeißelten Reliefs der Schranken zeigten, wie sich gerade noch erkennen läßt, die Einführung des Herrschers – sein Name ist nicht genannt – in das Heiligtum. An den Innenwänden der Vorhalle sind in vier Reihen übereinander die Kaiser Augustus, Tiberius, Caligula, Claudius und Nero als Pharaonen, der Göttin Hathor Weihgeschenke entbietend, dargestellt. An der Decke der Vorhalle astronomische Bilder, darunter die Himmelsgöttin Nut mit den Tierkreisbildern und Barken mit Personifikationen der Sterne.

Unverhältnismäßig klein ist der Raum des anschließenden Säulensaales (S), den beiderseits je drei Kammern säumen. Interessant sind einige Wandbilder dieses Säulensaales, wie das des »ersten Spatenstichs« bei der Grundsteinlegung des Tempels – wobei der König mit einer Hacke den Erdboden auflockert – und weiter das Bild mit dem König, der der Göttin Hathor auf einem Tablett Bausteine darbietet.

Der Weg zum Allerheiligsten geht durch zwei Vorsäle mit vielen Reliefs. Vom zweiten Vorsaal (II) zugänglich der Kiosk (K) mit dem eindrucksvollen Deckenrelief der Himmelsgöttin Nut. Die aus ihrem Schoß kommende Sonne sendet ihre Strahlen auf den Tempel von Dendara, den ein Hathor-

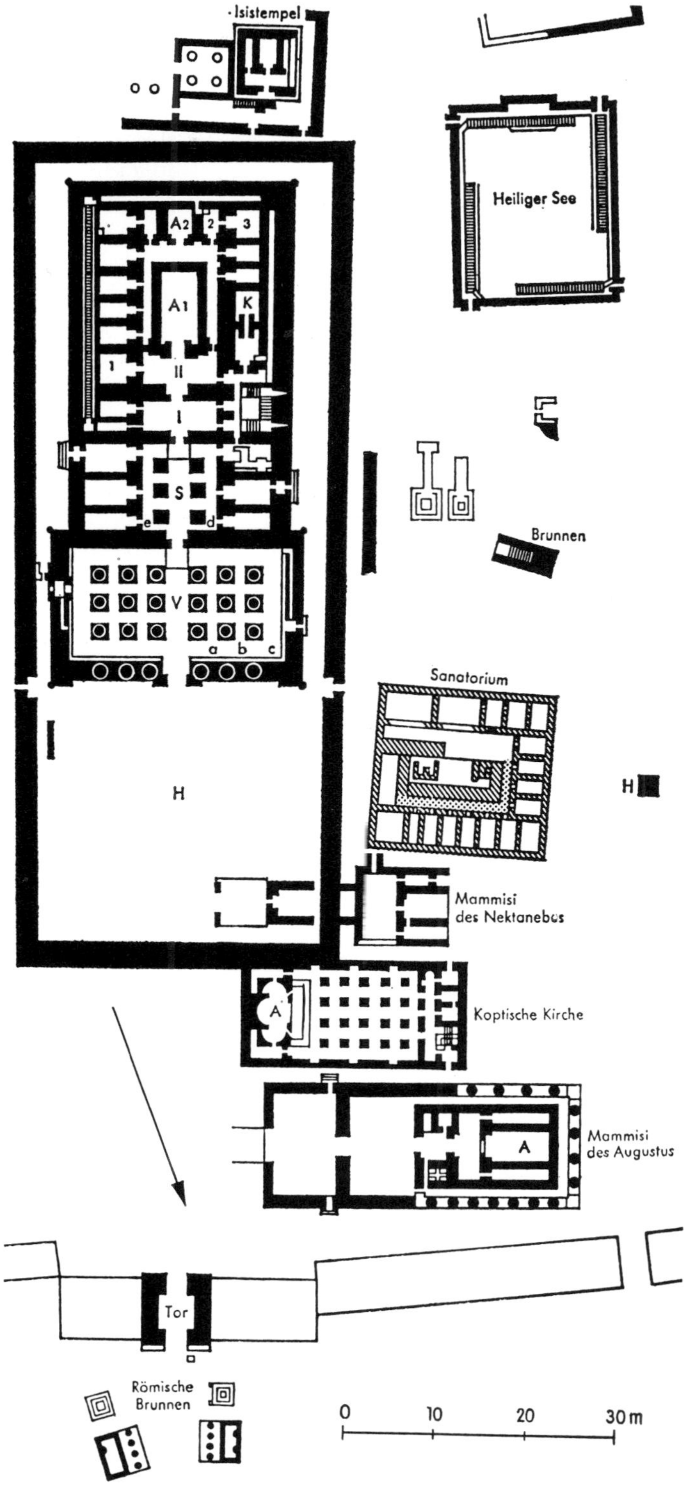

Abb. 82 Dendara. Hathor-Tempel und umliegende Bauten. Grundriß 1:850. H: Hof; V: Vorhalle; S: Säulensaal; I/II: Vorsäle vor dem Allerheiligsten (A1); A 2: Hathor-Kapelle; K: Nut-Kiosk.

kopf, der auf einem Berg zwischen Bäumen erscheint, symbolisiert.

Das Allerheiligste (A_1) selbst, in dem einst die Heiligen Barken mit den Götterbildern standen, war nur dem König oder seinem priesterlichen Stellvertreter, und zwar nur am

Neujahrsfest, zugänglich. Die vielen Reliefs der Wände zeigen u. a. die Zeremonien der Lösung des die Türe verschließenden Siegels und die Öffnung der Tür durch den König, ferner den Augenblick, in dem der König die Göttin erschaut, dann, wie er vor den Barken der Hathor und ihres Sohnes Harsomtus (Harsemtewe) räuchert, endlich wie er der Göttin und ihrem Gemahl, dem Horus von Edfu, ein Bild der Maat, der Göttin der Wahrheit, darbringt, begleitet von Hathors jugendlichem Sohn Ihi, der als Gott des Musizierens in engstem Bezug zum Kult der Hathor in ihrer Eigenschaft als Göttin der Liebe und der Freude stand. Die mittelste (A_2) der rings um das Allerheiligste angeordneten, von ihm durch einen Umlauf getrennten Kapellen barg ein Bild der Hathor, das seinerseits noch in einem kapellenartigen Schrein aufgestellt war.

Nur streifend sei erwähnt, daß auf dem Dach des Tempels in Form eines eigenen Kioskes ein Osiris-Heiligtum gebaut war.

Zu den ergreifendsten Bildern gehören die großen Reliefs an der südöstlichen Außenwand des Tempels. Vor den Göttern von Dendara und dem Kultbild der Hathor sehen wir – ohne daß die Gestalten Porträtähnlichkeit besäßen – Kleopatra VII. mit ihrem Sohn, dem jugendlichen Kaisarion. Es ist das Kind, das Kleopatra VII. in ihrer Liebe zu Julius Cäsar empfangen hatte und das der einzige männliche Nachkomme des großen Cäsar war. Ihn hat der Adoptivsohn Cäsars, Octavianus, der nachmalige Kaiser Augustus, nach seinem Sieg bei Actium kalten Herzens aus Staatsraison töten lassen.

Nahe dem Tempel befinden sich zwei Geburtshäuser, die Mammisi; das eine stammt bereits aus den Jahren der 30. Dynastie und ist von Nektanebos I. (378–360) errichtet; das andere hat Kaiser Augustus bauen lassen. Am Grundriß des letzteren ist wieder die peripterale Form des Baus klar ablesbar. Im Geburtsraum (A) zeigen Reliefs die Geburt des Kindes der Hathor, wohl ihres Sohnes Ihi, dann wie göttliche Ammen das Kind stillen und weiterhin wie es aufgezogen wird.

Gleichfalls der Zeit des Kaisers Augustus gehört der im Süden des Hathor-Tempels liegende Kleine Tempel der Isis an.

Bedeutungsvoll ist der im Westen des Hathor-Tempels gelegene große Brunnen. Seine Wasser verbinden die Kultstätte mit den mythischen Urwassern der Weltenschöpfung.

Abb. 83

Esna, der Tempel des Chnum

Neun Meter unter dem heutigen Niveau der Stadt liegend und kaum sichtbar, ist der Tempel ob seiner architektonischen Gesamtkonzeption von besonderem Interesse. Was bisher in Ägypten nur in dem kleinen, dem Gott Amun in Medinet Habu geweihten Tempel der Königin Hatschepsut und des Königs Thutmosis III. (Abb. 29, S. 84 und Abb. 68, S. 158) und ebenfalls in dem kleinen Tempel des Thutmosis III. zu Karnak (S. 140 und Abb. 57) sowie später in den Geburtshäusern der Tempel von Edfu, Kom Ombo und Dendara an Peripteralanlagen geschaffen war, umfaßte stets nur kleinere Heiligtümer. Erst in Esna ist im Tempel des Chnum der Peripteralbau auf ägyptischem Boden auf einen großen Tempel übertragen worden.

Lediglich die nach Nordosten gerichtete Vorhalle (V) des Tempels mit ihren je zwölf Säulen mit Blumenkapitellen beiderseits eines Mittelganges entspricht im ganzen den Vorhallen der Tempel von Edfu, Kom Ombo und Dendara. Dann aber setzt an die Ecken ihrer Rückwand eine Säulenstellung an, die den ganzen übrigen Tempelkomplex mit seinem Säulensaal (S) und den beiden queren Vorsälen (I und II) sowie das Allerheiligste mit seinem Umlauf umgibt, völlig vergleichbar dem Säulenumgang des griechischen Tempels. Darin liegt die architektonische Sonderstellung des Tempels von Esna den anderen Ptolemäer-Tempeln gegenüber begründet.

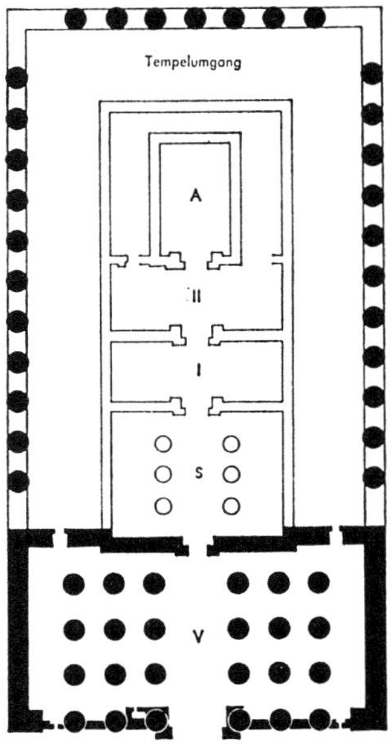

Abb. 83 Esna. Chnum-Tempel. Grundriß 1:850. V: Vorhalle; S: Säulensaal; I/II: Vorsäle vor dem Allerheiligsten (A).

In seinen ältesten Teilen geht der Chnum-Tempel, wie die Reliefs und Inschriften an dem pylonartigen Portal, das von der Vorhalle (V) in den Säulensaal (S) führt, zeigen, auf Ptolemaios VI. Philometor (180–145) zurück. Die Vorhalle ist allerdings bereits kaiserzeitlich.

Wenn der Tempel auch vornehmlich dem widderköpfigen Chnum als dem Hauptgott der schon in alter Zeit bedeutenden Stadt Esna geweiht war, so fanden in ihm auch noch seine Genossinnen, die Löwengöttin Menhejat und die der Isis ähnliche Göttin Nebtuu Verehrung.

268

Der Tempel von Dendur

Der Kleine Tempel ist das einzige nubische Heiligtum, das nicht einer Gottheit oder mehreren Göttern, sondern vielmehr zwei vergöttlichten Sterblichen geweiht war. Es waren die Nubier Pede-Ise und Pede-Hor, die Söhne eines Mannes namens Kuper, der wohl einer der nubischen Stammesfürsten war. Lediglich der Umstand, daß die beiden Genannten den Tod des Ertrinkens erlitten hatten, war der Grund ihrer Vergöttlichung. Dies gemäß einem uralten ägyptischen Brauch, der soweit wie der Osirismythos selbst zurückreicht.

Der Kleine Tempel ist siebzig Kilometer südlich des ersten Kataraktes errichtet worden, wohl an der Stelle, an der einst die beiden nun Vergöttlichten in den Fluten des Nils ertrunken sind.

Um sein Wohlwollen Nubien gegenüber zu beweisen, hat Kaiser Augustus, der ja auch Nubien dem Römischen Reich eingegliedert und Garnisonen dorthin gelegt hatte, den Bau des Tempels angeordnet. Eine feine und sorgfältige Arbeit zeichnet ihn aus.

Eine kai-artige Terrasse verband den auf einer Plattform zu Füßen des Berglandes gelegenen Tempel mit dem Nil. Den Zugang bildete ein Pylon, von dem indes nur das Portal erhalten ist. Dieses ist oben mit der Flügelsonne, an seinen beiden Seiten wie auch im Durchgang mit Darstellungen des Kaisers Augustus, der verschiedenen Gottheiten opfert, geschmückt. Anschließend ein Hof, der auch noch vom Norden und Süden durch zwei seitliche Tore zugänglich war. Ein Pronaos leitet zum eigentlichen Tempel mittels zweier kleiner Säle über. In diesem Pronaos sind die zwei Säulen mit ihren Blumenkapitellen (Taf. 268 links) mit Reliefs bukolischer Gabenbringer, die auf dem Rücken ihrer Opfertiere reiten, geziert. Anten und Wände des Pronaos zeigen Reliefs mit dem Kaiser, wie er vor Göttern und den Schemen der zwei vergöttlichten Ertrunkenen Opfer spendet.

An der Rückwand des oben genannten zweiten Saales des Tempels eine Scheintüre mit Pede-Ise und Pede-Hor, wie sie zu Isis und Osiris beten. An der nördlichen und südlichen Außenwand des Baus finden sich Darstellungen des Kaisers Augustus, wie er dem Pede-Hor ein Stück Stoff darbietet und wie er dem Pede-Ise und seiner Gattin opfert.

Die ägyptische Regierung hat das beschriebene kleine Heiligtum den Vereinigten Staaten von Amerika übereignet, als Zeichen des Dankes für die bedeutenden Mittel, welche diese zur Rettung der Tempel von Abu Simbel zur Verfügung gestellt haben.

268 links Tempel von Dendur.
Blick auf die zwei Säulen des Pronaos und dessen rechte Ante.

268 rechts, 269, LX

Das Heiligtum der Isis auf der Insel Phliae nahe Assuan.

Obwohl es auf der kleinen Insel Philae sicher schon in früher Zeit Heiligtümer gab, erwähnt Herodotos von Halikarnassos, der 448 Ägypten bereiste und bis nach Elephantine kam, in seinen Berichten (vgl. S. 167) die Insel nicht. Mit ihren Bauten aus der Zeit der Ptolemäer und der frühen römischen Kaiser stellt die Insel Philae ein Kleinod Ägyptens dar. Das Heiligtum der Isis und seine bedeutenden Nebengebäude waren Mittelpunkt der Verehrung dieser Gottheit und der mit ihr oft vereinigten Göttin Hathor sowie des Osiris und des Horus. Erst im 6. nachchristlichen Jahrhundert, als unter Kaiser Justinian (527–565 n. Chr.) auch der Isis-Tempel von Philae geschlossen wurde, erlosch unter christlichem Zwang der Kult der Göttin Isis, die bis in diese Zeit noch hohe Verehrung genoß.

Die ältesten bis heute erhaltenen Tempelbauten auf Philae stammen erst aus der Zeit der 30. Dynastie: Nektanebos I. (378–360) hat hier auf Philae, an der Südwestecke der Insel, seiner »Mutter« Isis und der Göttin Hathor von Senmet ein Heiligtum, die sog. Halle des Nektanebos I., erbaut. Indes haben dieses bald die Fluten des Nils wieder weggerissen. Erst unter Ptolemaios II. Philadelphos (285–246) ist das Heiligtum neu erstellt worden. Von seinen vierzehn Säulen mit sehr verschiedenartigen Blumenkapitellen und darüber einem Sistrumkapitell sind heute nur noch sechs erhalten.

Anschließend an dieses Heiligtum öffnet sich der weite, von zwei Säulenhallen gesäumte Vorplatz des Großen Isis-Tempels. Von dem westlichen Säulengang mit seinen ursprünglich zweiunddreißig, 5,10 m hohen Pflanzensäulen mit mannigfachen Kapitellen stehen heute noch alle bis auf eine. Ihre Schäfte zeigen zumeist den Kaiser Tiberius, wie er den Göttern Gaben darbringt. Die Wand des Säulengangs bringt in zwei Reihen Hochreliefs mit den Kaisern Augustus und Tiberius als Pharaonen den Göttern Gaben weihend. Vom östlichen Säulengang sind heute von den ehedem sechzehn nur noch sechs Säulen mit zum Teil unvollendet gebliebenen Kapitellen erhalten. Im Osten davon schließen einige kleinere Heiligtümer an. Von diesen ist der Tempel des Erihemsnufer »des guten Lebensgefährten« (dessen griechischer Name Harensnuphis lautet) stark zerstört, indes der hinter dem Nordteil des östlichen Säulenganges liegende Tempel des Asklepios, den Ptolemaios II. Philadelphos erbauen ließ, sehr gut erhalten ist. Indem man in der Ptolemäerzeit diesem Gott den als Priester und Arzt verehrten und vergöttlichten Imhotep, den Baumeister des Königs Djoser (s. S. 48) gleichsetzte, diente der kleine Tempel auch als Tempel für Imhotep. Zwischen den beiden genannten Tempeln stehen nur noch die geringen Reste eines dem nubischen Gott Mandulis geweihten Tempels, einem Gott, der sein um vieles größeres Heiligtum nahe Kalabscha (s. S. 179ff.) erhalten hat.

Die Nordseite des von den erwähnten Säulenhallen flankierten großen Vorplatzes schließt der Pylon I des Großen Isis-Tempels ab. Dieser Tempel, das Hauptheiligtum der kaum vierhundert Meter langen Insel, ist von Ptolemaios II. Philadelphos begonnen und von Ptolemaios III. Euergetes I. zum guten Teil vollendet worden und steht wohl an der Stelle eines älteren, jedoch nicht mehr nachweisbaren Heiligtums. Er ist der Göttin Isis und ihrem gerade in der Ptolemäerzeit viel verehrten Sohn Harpokrates, der dem Kinde Horus entsprach, geweiht.

Am Pylon I, der bei 45,5 m Breite eine Höhe von 18 m hat, zeigt der Ostturm an seiner Vorderfront im Stil der Könige Ramses II. und Ramses III., aber jetzt nur noch großsprecherisch, die Riesengestalt des Rom-hörigen Ptolemaios XII. Neos Dionysos (80–51), wie er vor Isis, dem Horus von Edfu und vor Hathor Feinde bei den Haaren packt und mit der Keule erschlägt. Eine ähnliche Szene am Westturm. An der zum Tempel gewandten Nordwand des Ostturmes empfängt die Göttin Hathor die Huldigung des Königs; an der des Westturms tragen vier Priester, denen der König vorausgeht, die Barke der Isis. Zuoberst sieht man an beiden Türmen noch thronende Gottheiten, wieder in versenktem Relief. Ihre Sitze waren sehr detailreich gemalt. Die alljährlichen Überschwemmungen der Insel haben ihre Farben nahezu zerstört, so daß die Gottheiten nun wie auf unsichtbaren Wolken als ihrem Thron sitzend zu schweben scheinen (Taf. 269).

Das durch den Westturm des Pylon führende zweite Tor geleitet zu dem wieder als Peripteros gestalteten Geburtshaus, dem Mammisi. Es war den in eins verschmolzenen Gottheiten Hathor und Isis in Erinnerung an die Geburt des Sohnes Horus geweiht. Mit ihm identifizierte sich letzten Endes Ptolemaios XII. Neos Dionysos in seiner übernommenen Pharaonenwürde.

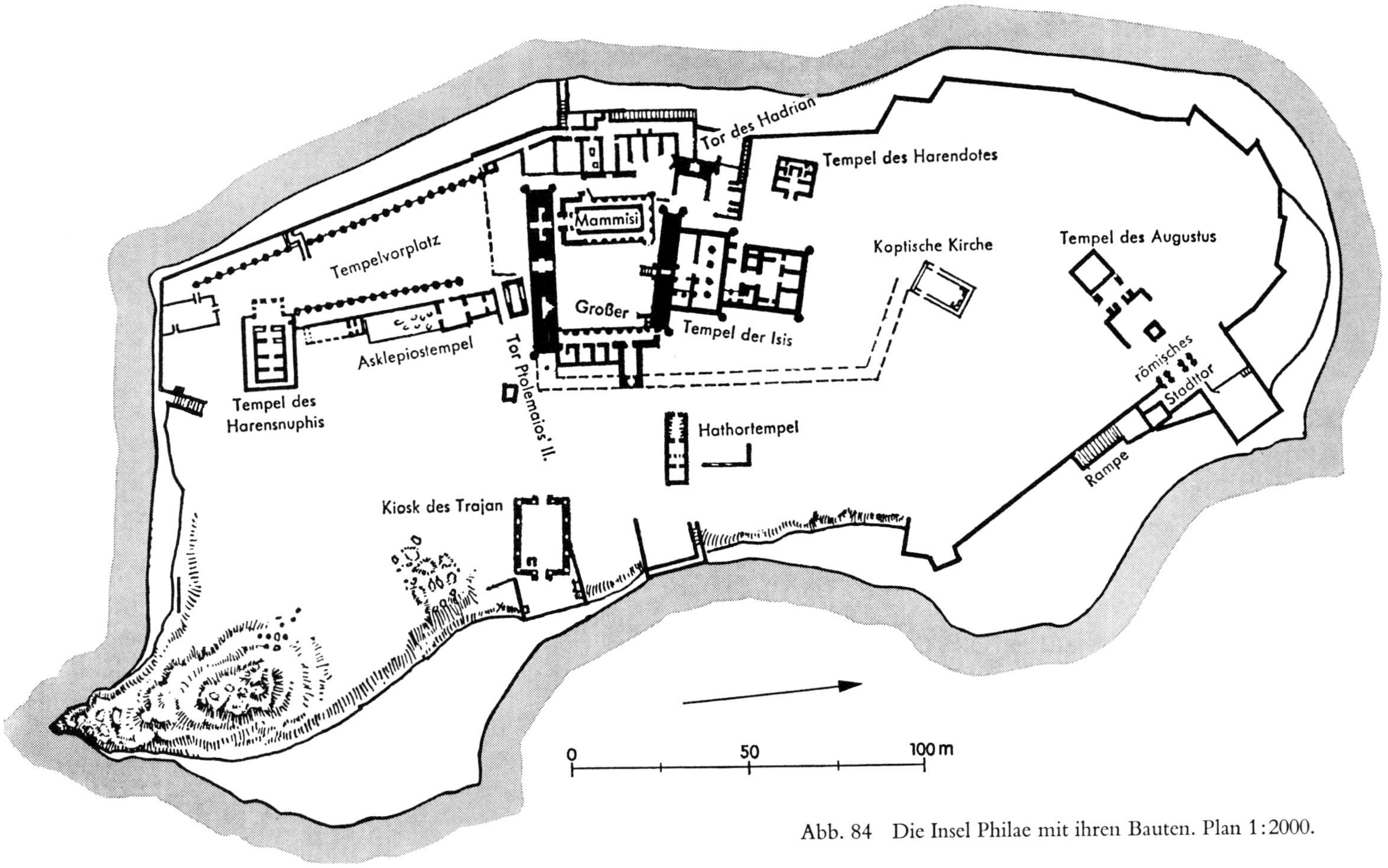

Abb. 84 Die Insel Philae mit ihren Bauten. Plan 1:2000.

Das Geburtshaus leitet ein Vorraum ein; von ihm aus führen zwei Vorsäle zu seinem Allerheiligsten. Die das Ganze umgebenden hallenartigen Umläufe zeigen an ihren Säulen sehr reich gearbeitete Blütenkapitelle und darüber noch auf den vier Seiten eines Würfelblockes das Antlitz der Hathor mit Kuhohren und abermals darüber das wieder würfelige Sistrumkapitell. Das hufeisenartig gebogene Klapperinstrument mit seinen durchgesteckten Metallstäben, das im Hathorkult – und auch im Isiskult – bei den Zeremonien seitens der Priesterinnen zum Erklingen gebracht wurde, rahmt mit seinen Schenkeln an den Würfelkapitellen – ein Tempelchen vortäuschend – deren Kanten (Taf. 268 rechts, 269).

Die Reliefs im Inneren des Geburtshauses stehen naturgemäß in bezug zu Hathor-Isis als Mutter des Horuskindes. Sie

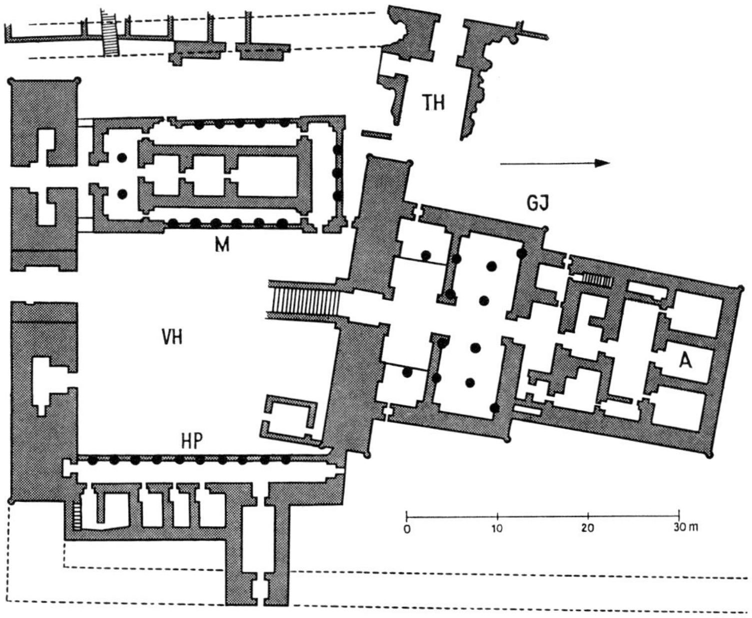

Abb. 85 Philae. Der Große Isis-Tempel. Grundriß 1:850. M: Geburtshaus (Mammisi); VH: Vorhof des Großen Isis-Tempels; HP: die Östliche Säulenhalle mit den Räumen für die Priesterschaft; GI: Großer Isis-Tempel; A: Allerheiligstes im Großen Isis-Tempel; TH: Tor des Kaisers Hadrian.

zeigen im Inneren der zwei Vorsäle die mütterliche Gottheit im Kreise von Göttinnen, die ihr bei der Geburt des Horus teils helfend zur Seite stehen, teils die Schmerzen ihrer Wehen mit dem Zauberklang der Musik zu lindern suchen.

Im Allerheiligsten selbst finden sich Szenen aus den Kindestagen des Horus. So unter anderem, wie Isis das Horus-Kind stillt, das verborgen vor den Nachstellungen des ihm feindlichen Seth in den Sümpfen des Nildeltas aufgezogen wird; oder wie der junge Gott als Falke über dem Dickicht der Deltasümpfe fliegt.

Im Osten des Tempel-Vorhofes entspricht dem Geburtshaus eine Säulenhalle, an deren Rückseite eine Anzahl von Räumen für die Tempelpriesterschaft anschließt.

Den Vorhof mit Pylon I im Süden, Geburtshaus und Halle für die Priester im Westen bzw. Osten schließt im Norden der Pylon II ab, zu dessen Tor eine flache Treppe hochführt. Opferszenen aus der Zeit des Ptolemaios XII. Neos Dionysos schmücken die Pylontürme. Anschließend leiten zwei queroblonge Räume (Hof und Vorhalle genannt) zu dem hinteren Tempelteil mit einer Anzahl von Räumen über. In der Mitte ihrer Endreihe, im Norden des Baus, liegt das Allerheiligste. Es enthält heute noch den von Ptolemaios III. Euergetes I. und seiner Gemahlin Berenike II. gestifteten Sockel für die Barke, die das Kultbild der Göttin Isis trug.

Das vom Dach des Tempels aus zugängliche Osiris-Heiligtum mit zwei Räumen, deren einen erst Kaiser Antoninus Pius (138–161 n. Chr.) errichtete, nimmt in seinen vielen Reliefs Bezug auf den Osiris-Mythos und vor allem auf den Tod des Gottes.

Von den Bauten westlich des Isis-Tempels ist das Hadrianstor ob seines bedeutenden Reliefschmuckes zu erwähnen. Es stammt aus den Jahren des Kaisers Hadrian (117–138 n. Chr.), des Erbauers des Tores, und weiter aus denen des Kaisers Marcus Aurelius (161–180 n. Chr.) und seines Mitkaisers Lucius Verus (161–169 n. Chr.). Alle Reliefs haben Bezug auf den Kult des Osiris. Aus ihrer Vielzahl sei eines aus dem Vorraum im Osten des Tores hervorgehoben; jenes von der Ostwand: Das Grab des Osiris in der keinem Irdischen zugänglichen heiligen Stätte von Abaton auf der nahen Insel Bigga mit einem den Nil durchquerenden Krokodil, das auf seinem Rücken die Leiche des Osiris trägt, Isis steht zur Linken und über allem – von einem Tempelchen umschlossen – leuchtet die Sonne zwischen den Bergen, indes über ihr der halbe Mond und die Sterne erscheinen.

Wenige Schritte östlich vom Isis-Tempel steht der von Ptolemaios VI. Philometor (180–145) und Ptolemaios VIII. Euergetes II. (145–116) erbaute Kleine Tempel, der der Hathor-Aphrodite geweiht war. Die Säulen seiner Vorhalle sind mit entzückenden Reliefs geschmückt: mit Flöten- und Harfenspielern, mit dem Zwerg Bes, dem schützenden Gott des Ehegemaches und der Gebärenden, wie er das Tamburin schlägt, tanzt oder die Harfe erklingen läßt, mit leierspielenden Affen und anderem. Es ist wie der Eingang zu einem Tempel der Musik, in dem alle Instrumente sich zu *einem* Klang vereinen, um die Wiederzusammenführung des Schöpfers mit seiner aus der Ferne heimgekehrten, so verführerischen Tochter, in deren Gestalt sich die alten Vorstellungen vom fernen Sonnenauge und von der Liebesgöttin Hathor durchdrangen und ohne die die Männer Ägyptens nicht leben konnten, festlich zu begehen.

Noch ist der Kiosk zu erwähnen, das reizvollste Bauwerk der Insel. In der Kaiserzeit gebaut und in den Jahren des Kaisers Traian (98–117 n. Chr.) die zum Isis-Tempel ziehenden Prozessionen empfangend, ist er, obwohl unvollendet, durch die Schönheit seiner Proportionen und den Reichtum der Blumenkapitelle seiner sechzehn Säulen eine besonders anmutige Schöpfung im Stil der späten Ptolemäerzeit.

Schon oben war die westlich von Philae liegende, viel größere Insel Bigga gestreift worden, die das Abaton, die heilige Stätte des Osiris-Grabes umschließt. Hier ruht dem Mythos nach das linke Bein des Osiris und den Verschiedenen, dem das ewige Leben verheißen war, umflattert, ihn beweinend, in aller Stille das Vögelchen Isis.

268 rechts Philae. Der Große Isis-Tempel. Drei Säulen des östlichen Säulenumganges des Geburtshauses mit Sistrumkapitellen und Hathorköpfen über den sehr reich gearbeiteten Pflanzenkapitellen.

269 Philae. Der Große Isis-Tempel. Blick über den Tempelvorhof auf die Nordwand des Pylon I und den östlichen Säulenumgang des Geburtshauses (vgl. Taf. 268 rechts). Durch das Pylontor fällt der Blick auf die Westkolonnade des Tempelvorplatzes.

LX Die Insel Philae von Südwesten, von der Insel Bigga aus. Ganz rechts die Mauer der Westkolonnade des Tempelvorplatzes, die an der aufgerissenen Stelle den Blick auf einige der Säulen der Kolonnade freigibt. Dahinter der Kiosk. Etwas links von der Mitte des Bildes der Große Isis-Tempel mit seinen beiden Pylonen und dem Geburtshaus dazwischen. Von diesem ist der westliche Säulenumgang sichtbar. Links von Pylon II ist noch das Hadrianstor zu erkennen und weiter links die Ruine des Tempels des Harendotes, des »Horus der seinen Vater Osiris beschützt«. Im Hintergrund das Ostufer des Nils.

AUSKLANG: EIN TEMPEL DER RÖMISCHEN KAISERZEIT IM STIL DER PTOLEMÄER

270

Der Tempel des nubischen Gottes Mandulis, ehedem in Kalabscha, nahe dem antiken Talmis auf dem Westufer des Nils, etwa 61 km südlich von Assuan.

Der Tempel, der größte und neben dem Großen Felsentempel von Abu Simbel sicher der eindrucksvollste der nubischen Tempel, geht zurück auf König Amenophis II. (1438/36–1412) und ist unter den Ptolemäer-Königen erneuert und vergrößert worden, um seine endgültige Gestaltung in den Jahren der Regierung des Kaisers Augustus (31 v. Chr. bis 14 n. Chr.) erhalten zu haben. Geweiht dem nubischen Gott Mandulis, dessen Name graeco-nubisch sein dürfte und der in manchem dem Horus verwandt erscheint, hat er noch, bis er in frühchristlicher Zeit in eine Kirche umgewandelt wurde, die Verehrung der letzten Anbeter der ägyptischen Götter genossen.

Den Zugang zu dem Tempel vom Nil her bildete an seiner originalen Stelle ein aus Quadern aufgemauerter Damm. Heute ist der Tempel auf eine Granitkuppe über dem westlichen Nilufer, einen Kilometer südwestlich des Hochdammes Sadd el-Ali übertragen und in einer die Landschaft beherrschenden Lage neu errichtet worden.

Die Bundesrepublik Deutschland hat den Tempel, einem Aufruf der Unesco folgend, 1962 am alten Ort abgetragen und ihn Stein für Stein an der neuen Stelle 1963 wieder aufgebaut – wie die Gedenktafel meldet – »um ihn vor Überflutung zu bewahren und ihn künftigen Generationen zu erhalten« und »als Zeichen der Freundschaft zum Volke der Vereinigten Arabischen Republik«.

Der Grundriß des Mandulis-Tempels ist prinzipiell der gleiche, wie der der schon besprochenen Ptolemäer-Tempel, wenn auch der an die Vorhalle anschließende Tempelteil des Säulensaales, wie er in Edfu, Kom Ombo und – wenn auch reduziert – in Esna und Dendara entwickelt ist, entbehrt und im ganzen auf drei Räume beschränkt ist.

Wieder bildet die Front des Tempels, die hier genau nach Osten ausgerichtet ist, der Pylon; sein Tor führt in den an drei Seiten von Säulenhallen umgebenen Hof, wobei an der Nord- und Südseite die je vier Säulen mit mannigfachen Pflanzen- und Blumenkapitellen noch erhalten sind. Eindrucksvoll ist wieder die dem Hof zugewandte Front der Vorhalle mit ihren vier verschiedenen Pflanzen- und Blumenkapitellsäulen und den halbhohen Schranken zwischen diesen sowie den die Hallenfront begrenzenden Anten.

Dabei sei hier nochmals hervorgehoben, daß diese Schranken ein charakteristisches Element der Ptolemäer-Tempel bilden und auch in den zum Teil erst zur Römerzeit gebauten Tempeln im Ptolemäerstil, wie Esna, Dendara und Kalabscha, fortleben. Ursprünglich, wie dies für den Amun-Tempel von El-Hibe der 22. Dynastie nachweisbar ist, auf an Querstangen aufgehängte geflochtene Matten zurückgehend, sind sie, in Stein übertragen, sehr dekorativ wirkende Stellen für die Anbringung von Reliefs geworden.

In der Vorhalle selbst trugen acht Säulen mit sehr reichgearbeiteten Kapitellen die nicht mehr vorhandene Decke. Von den drei anschließenden schmäleren Quersälen ist keiner vom anderen nennenswert verschieden, nur daß in den beiden vorderen Sälen jeweils links ein schmaler Treppenraum abgegrenzt ist.

Anschließend an die südliche und nördliche Kolonnade des Hofes umzieht ein vergleichsweise breiter innerer Umgang den Komplex von Vorsaal und den drei Quersälen.

Vom niedrigen äußeren Umgang gehörte die westliche Umfassungsmauer ursprünglich bereits dem Fels an und ist bei der Übertragung nun durch eine freistehende Mauer ersetzt worden. In der Südwestecke lag das Geburtshaus mit offenem Hofe; ursprünglich in den Fels gehauen, ist es jetzt nur zum Teil im Abguß ersetzt. In der Nordostecke des äußeren Umganges findet sich eine wohl bereits vom Tempel der Ptolemäerzeit stammende, etwas tiefer liegende Kapelle (K).

Von den Reliefs des Tempels zeigen die der Säle (I–III)

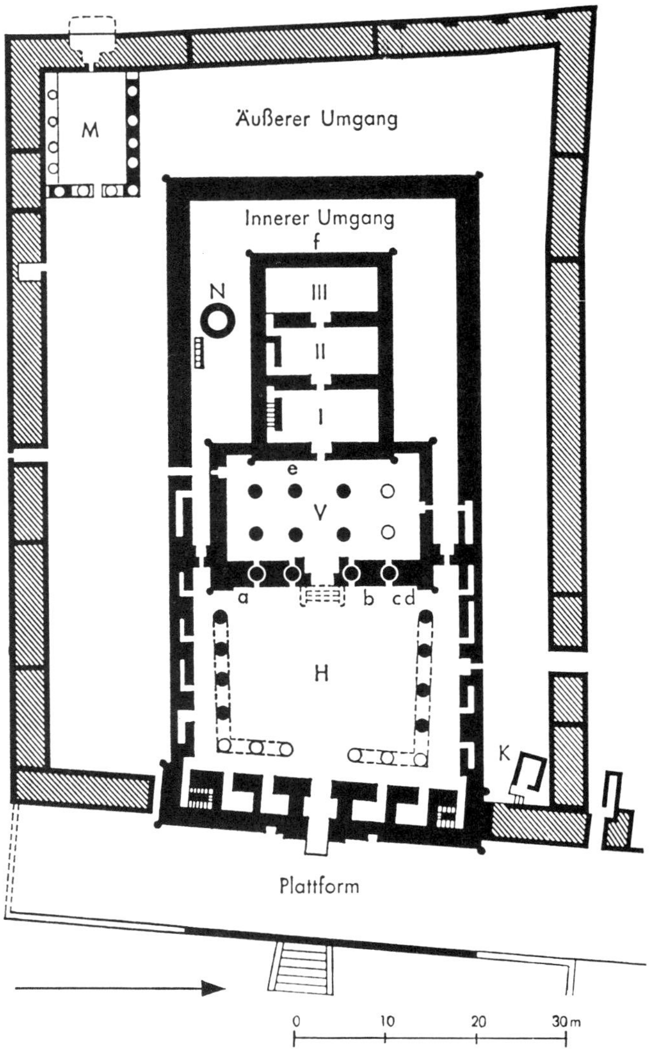

Abb. 86 Kalabscha. Mandulis-Tempel. Grundriß 1:850. H: Hof; V: Vorhalle; I–III: Drei Säle, deren hinterster dem Allerheiligsten entspricht; M: Geburtshaus (Mammisi); K: Kapelle aus der Ptolemäerzeit.

Kaiser Augustus vor den Göttern von Talmis und anderen Gottheiten. An der Rückwand des Saales III, des Allerheiligsten, sind zwei Opferszenen dargestellt, in denen der Herrscher jeweils auf eine Dreiheit von Gottheiten, deren eine stets Mandulis ist, zuschreitet. Indem die beiden Gruppen einander abgewandt sind, entsteht eine Art Zweiteilung im Dekor dieses Raumes. Die Doppeldarstellung der Opferszene läßt auf eine zweifache Erscheinungsform des Gottes Mandulis, einen älteren und einen jüngeren Mandulis, schließen. Dieses wiederum ist aus dem Umstand zu begreifen, daß – wie oben angedeutet – Mandulis dem ägyptischen Horus verwandt gilt und es ja auch von Horus einen älteren und einen jüngeren gibt. Der doppelten Erscheinungsform des Mandulis entspricht, daß auch Isis, als Gefährtin dieses, dem Horus nahestehenden Gottes hier zwei Erscheinungsformen gehabt zu haben scheint. Den Gottheiten waren heilige Vögel zu eigen, und die Pilger der späteren Zeiten weihten ihnen Vögel oder ihre Fetische.

Von den Reliefs der Vorhalle sind die an der Hinterwand südlich der Türe angebrachten die interessantesten. Sie zeigen links einen Ptolemäer-König, der den Gottheiten Isis, Mandulis und Horus ein Feld entbietet, rechts König Amenophis II., den Gründer des alten Heiligtums, wie er den Göttern Min und Mandulis ein Weinopfer darbringt.

Eindrucksvoll sind die großen, etwa dreieinhalb Meter hohen Reliefgestalten im inneren Umgang an der Außenfläche der Mauer des Allerheiligsten (III): links Kaiser Augustus im rituellen Ornat der Pharaonen vor den Göttern Isis, Horus und Mandulis, rechts vor Osiris, Isis und Horus opfernd.

Von besonderer Schönheit ist das in der Mitte der Westmauer des inneren Tempelumgangs angebrachte Relief mit dem Gott Mandulis und dem Pharao, der die in Vorderansicht gegebene Doppelkrone Ägyptens trägt.

Interessant sind Inschriften, die sich auf den oben erwähnten Schranken zwischen den Säulen bzw. an den Anten der Vorhalle finden. So besonders (an der rechten Ante) die aus dem 5. nachchristlichen Jahrhundert stammende, in (schlechtem) griechisch abgefaßte Denkschrift des Königs der Nubier und aller Äthiopen, Silko, der sich seines Sieges über die in der östlichen Wüste nomadisierenden Blemyer rühmt; von Primis bis Talmis (= Kalabscha) habe er sie bekriegt und sei dabei bis Taphis und Talmis (d. i. die Gegend um Kalabscha) vorgedrungen. Der Sieg war übrigens sicher bedeutend, denn schon die Römer sind vor den Blemyern zurückgewichen und Kaiser Diokletion hat um 300 n. Chr. ihretwegen Nubien völlig aufgegeben. Kulturhistorisch interessiert weiter (an der ersten Schranke rechts) das in griechisch geschriebene Dekret des Gaustrategen von Ombo und Elephantine, Aurelius Besarion vom Jahre 248/249 n. Chr., worin die Besitzer von Schweinen angehalten wurden, ihre Tiere von dem Tempel des Dorfes Talmis (= Kalabscha) wegzutreiben.

270 Der Tempel des Mandulis.
Oben: Der Tempel an der originalen Stelle seiner Erbauung unter Kaiser Augustus, vom Westen aus gesehen. Jenseits des Nils das rechte Flußufer des nubischen Landes.

Die Aufnahme wurde im Mai des Jahres 1962 vor der Überführung des Tempels an seinen neuen Ort gemacht. Sie zeigt ihn wieder aufgetaucht aus den Wassern, die ihn seit über vierzig Jahren jeden Winter etwa neun Monate lang völlig überfluteten. Deutlich sind über dem Wasser seine Fundamente zu sehen, ebenso rechts im Bild die im Wasser bereits für die Demontage des Tempelbaus aufgestellten Gerüste.

Vom Tempel selbst erkennt man die vom Wasser nicht bedeckte niedrige West-Mauer der äußeren Umfassung, sodann die ganze innere Umfassung bis ostwärts zum Pylon. Innerhalb des von letzterer gebildeten Umgangs sieht man zunächst den Komplex der drei queroblongen niedrigen Säle, deren hinterster das Allerheiligste bildete und anschließend die erheblich höhere Vorhalle, sämtliche ohne ihre Decken. Ganz östlich, gerade vor den Wassern, der Pylon, über dessen mittelständigem Tor das im wiederaufgebauten Tempel sichtbare Mauerstück fehlt.
Unten: Der an der neuen Stelle einen Kilometer südwestlich des Hochdamms Sadd el-Ali, d. i. 9 km südlich des Assuandammes wieder aufgebaute Tempel von Süden. Deutlich sichtbar der Pylon, die anschließende Mauer der südlichen Säulenhalle des Hofes und an sie angrenzend die Mauer des inneren Umganges, überragt von der hohen Vorhalle, indes die Mauern der drei queroblongen Säle die Höhe der Umgangsmauer kaum übersteigen.

Im Vordergrund der sog. Kiosk von Kertassi, ein Tempelchen, ähnlich dem Kiosk von Philae aber nur von acht Metern im Geviert. Von seinen Säulen, die einst über Querbalken (davon einer erhalten) das Dach trugen, stehen noch eine der zwei mittleren mit Hathorkapitell und die vier äußeren mit reichen Blumenkapitellen. Der Kiosk stand ursprünglich in Kertassi, etwa zwanzig Kilometer nilabwärts.

DIE TEMPEL NUBIENS

von Christiane Desroches-Noblecourt

Ebenso wie im eigenen Lande haben die Pharaonen auch in den Grenzländern, gleichgültig ob erobert oder verbündet, den Göttern des Mutterlandes Heiligtümer erbaut. Dies sollte die Macht der Pharaonen symbolisieren. In den eroberten Gebieten, wo Garnisonen errichtet wurden, war damit aber auch den Truppen und den später auf die erste Besitzergreifung folgenden ägyptischen Ansiedlern die Möglichkeit gegeben, ihre Gebete an die eigenen Götter, die Götter Ägyptens, zu richten.

Im Alten Reich war die Haltung Ägyptens gegenüber den asiatischen Nachbarstaaten eine nur defensive. Vorstöße in Richtung Nordosten zielten offensichtlich nur auf eine nachdrückliche Säuberung der Kupferbergbaugebiete auf der Sinai-Halbinsel gegenüber den Übergriffen der Nomaden. Auch die übrigen Aktionen, die in einem Palästina-Feldzug gipfelten, hatten letzten Endes nur zum Ziel, die für Ägypten bedrohliche Nachbarschaft der Nomaden niederzuhalten, bedeuteten aber keine Aggressionspolitik im Sinne einer methodischen Ausweitung der ägyptischen Herrschaft nach Nordosten.

Auch im Süden Oberägyptens lassen sich Versuche, die Grenze des Reiches über den Ersten Katarakt hinaus zu schieben, nicht erweisen, und den in Edfu und auf Elephantine errichteten Grenzgarnisonen oblag nur die Überwachung des Grenzverkehrs aus Nubien nach dem Reich und umgekehrt die Kontrolle der nach Süden ziehenden Karawanen.

Daß andererseits die Ägypter des Alten Reiches in Verfolg der Ausbeutung mancher hinter dem Ersten Katarakt gelegenen Stellen schon tiefer nach Süden vorgedrungen sind, beweist der Umstand, daß man vor kurzem bei dem nahe dem Zweiten Katarakt gelegenen Ort Wadi Halfa ein Hüttenarbeiter- und Metallgießerdorf, dessen Gründung bis in die Zeit der 4. Dynastie zurückreichen dürfte, aufgefunden hat. Auch daß in der Zeit des Chephren die Dioritbrüche nahe dem heutigen Kasr Ibrim, halbwegs zwischen dem Ersten und Zweiten Katarakt, ausgebeutet wurden, steht fest. Desgleichen wissen wir, daß oberhalb des Ersten Kataraktes die Schiffe gebaut wurden, die im Zuge des Tauschhandels um Weihrauch, Ebenholz und Akazienholz, Elefantenzähne, Felle und Öl, ja sogar Vieh, die Ägypter tief in das südliche Nubien tragen sollten.

Von Bauten dieser frühen Zeit ist in Nubien hinter dem Ersten Katarakt nichts erhalten, wenn schon es fast undenkbar erscheint, daß die so weit gegen Süden in fremdes Land gesandten Ägypter ohne ein Heiligtum für ihre von ihnen stets aufs höchste verehrten Götter gelebt haben sollten.

Möglich, daß auch die im Zuge der oben genannten Abwehr gegen Nordosten entsandten Truppen auf dem fremden Boden ihren Gottheiten kleine Heiligtümer errichteten, aber deren Reste sind uns gleichfalls nicht bewahrt.

In der Zeit des Mittleren Reiches war das politische Verhältnis Ägyptens gegenüber den Gebieten im Nordosten lange Zeit, ähnlich wie im Alten Reich, im wesentlichen friedlicher und nur defensiver Natur. Die »Mauer des Herrschers«, die Amenemhet I., der erste Pharao der 12. Dynastie, errichten ließ, diente offensichtlich nur der Befestigung der Nordostgrenze seines Reiches im Sinne einer Grenzsperre. Erst Sesostris III. führte einen Feldzug mit dem Ziel Sichem, dem heutigen Nablus (ostnordöstlich Jaffa), im Gebirge Zentral-Palästinas. Daß ausgedehnte Handelsgesandtschaften Nord-Syrien aufgesucht haben, steht fest; daß sie sogar bis zum Euphrat vorgedrungen sind, ist sehr wahrscheinlich.

Aber für den Ausbau des ägyptischen Reiches um vieles wichtiger war die Ausdehnung der Macht der Pharaonen des Mittleren Reiches gegen Nubien und die endgültige politische wie militärische Sicherung des gewonnenen Gebietes bis zum Zweiten Katarakt. Das Gold Nubiens gab Ägypten seine Überlegenheit über die Syrischen Staaten und bedeutete die Basis seiner kommerziellen wie auch außenpolitischen sich immer verstärkenden Einflußnahme, die sich dann schon in den Anfängen der 18. Dynastie des Neuen Reiches entscheidend auswirken sollte.

Während die wichtigsten Goldminen Oberägyptens bei dem von Kuft aus zu erreichenden Wadi Hammamat und im Raum zwischen Edfu und dem Roten Meer lagen, war in Nubien die bedeutendste Goldmine die noch bis ins Mittelalter ausgebeutete und neuerdings, zu Anfang unseres Jahrhunderts, wieder in Betrieb genommene Mine von Umm Garajat beim Wadi Alaki. Den Zugang zu ihr und dem Wadi Alaki kontrollierte die etwas über 100 km südlich des Ersten Katarakts gelegene Festung Kubban.

Wie fest das Mittlere Reich seine südlichen Eroberungen in der Hand hielt, beweist, daß beim Zweiten Katarakt die Festungen Buhen und Mirgissa und etwa 60 km südlich des Zweiten Katarakts, beiderseits des Nils, die Festungen Semna und Kumma gebaut werden konnten, die alle Einfälle von Süden her abzuschirmen hatten und die eigentliche stets verteidigte Südgrenze des Besitzes des Mittleren Reiches bildeten.

Eine Stele, die Sesostris III. in jeder der beiden Festungen, von denen heute noch die starken Umfassungsmauern erhalten sind, errichtete, trägt die mahnenden Worte des großen Herrschers:

»Jeder Sohn von mir, der diese Grenze, die ich gemacht habe, aufrechterhalten wird, der ist mein echter Sohn...
Wer sie aufgibt, ohne dafür zu kämpfen, der ist nicht mein Sohn...
Ich habe ein Bild von mir bei der Grenze, die ich gemacht habe, aufstellen lassen,
damit ihr dabei ausharren und dafür kämpfen sollt!«

Alle Bauten, seien es Heiligtümer, deren Errichtung sofort der der militärischen Befestigungsanlagen folgte, seien es die Wohnsitze der Statthalter und ihres Beamtenstabes sowie der Besatzungstruppen, folgten in ihrer Bauweise im wesentlichen dem ägyptischen Stil, wenn manches auch den örtlichen Verhältnissen angepaßt wurde. Aber die dem Ägypter tief verwurzelte Art der Reinhaltung und Bewahrung des Eigenen ließ in seine Baukunst ebensowenig fremde Elemente eindringen, wie er in seine Religion nur selten fremde Gottheiten aufnahm. Einige nubische Gottheiten, die ägyptische Wesensform angenommen hatten, wurden freilich auch in das ägyptische Pantheon einbezogen.

Was an Sakralbauten, wie kleinen Tempeln und Kapellen, während des Mittleren Reiches in Nubien entstand, stand naturgemäß in enger Beziehung zu den Festungsanlagen. So kennt man aus dem Raum der Festung Mirgissa einen kleinen Tempel aus der Zeit des Königs Sesostris III. – eines der wenigen Baudenkmäler, die uns aus der Zeit des Mittleren Reiches erhalten sind.

Mit dem Neuen Reich, das schon unter Thutmosis III. bis Napata, dem heutigen Nuri, kurz vor dem Vierten Katarakt, vorgedrungen ist, setzte in der Errichtung von Tempeln eine sehr umfängliche Bautätigkeit ein. So ist im oben erwähnten Buhen ein Tempel erhalten, den Ahmose, der erste noch in der 17. Dynastie wurzelnde König der 18. Dynastie, gründete und den Amenophis II. durch einen Neubau ersetzte; im gleichen Festungsbereich haben Thutmosis III. und Hatschepsut dem Horus von Buhen einen Tempel errichtet. Die gleichen Herrscher erbauten in Semna, der Festungssperre am westlichen Nilufer, dem nubischen Gott Dedun ein Heiligtum und im gegenüberliegenden Festungsbereich von Kumma weihten sie einen weiteren Tempel. Eingedenk der Leistung des Sesostris III. für die Kolonisation Nubiens, hat Thutmosis III. dieser hervorragendsten Herrschergestalt des Mittleren Reiches in diesen beiden Festungen einen Kult gestiftet.

Von den nubischen Heiligtümern, die zu Zeiten des Königs Thutmosis III. gebaut und gepflegt wurden, sind weiter noch die Grotten von Ellesija mit der Prunkinschrift des Thutmosis III. zu nennen und als bedeutendster Bau der frühen Dynastie überhaupt der den Göttern Amun-Re und Re-Harachte geweihte Tempel von el-Amada. Thutmosis III. und sein Sohn Amenophis II. haben ihn erbaut, Thutmosis IV. noch erweitert.

Endlich hat in Soleb, dem nubischen Theben, Amenophis III. für sein persönliches Bild auf Erden einen Tempel errichtet, in dem Reliefs der Pylonrückseite und des Tors zwischen den beiden Säulenhöfen sich auf das Regierungsjubiläum dieses prunkliebenden Herrschers beziehen. Und im etwas südlicher gelegenen Sedeinga hat er seiner als Schutzgöttin Nubiens verehrten Gemahlin Teje ein eigenes Heiligtum geweiht.

Es bildet sich hier auf dem Kolonialboden eine sehr ausgeprägte Form des Königskults, die unter Ramses II. ihre Fortsetzung findet: Die bildliche Anwesenheit des Gottkönigs, ja auch der vergöttlichten Königin, im Tempelkult, wie sie zu dieser Zeit wenigstens im Mutterland noch nicht üblich ist, gehörte zweifellos zu den ideellen Mitteln der Sicherung der Herrschaft.

Die Errichtung aller dieser nubischen Heiligtümer geschah eben nicht allein aus den religiösen Gefühlen der Herrscher, sondern auch um sehr gewichtiger und konkreter politischer Ziele willen. Nirgend anderswo sind auf einem vergleichsweise so engen Raum am schmalen Saum des Fruchtlandes beiderseits des Nils so viele Tempel und Kapellen gebaut worden.

Ihren Höhepunkt erreichte die Bautätigkeit in Nubien während der Zeit der 19. Dynastie, der großen Periode des ägyptischen Tempelbaus, einer Ära, die während der Regierung des Königs Ramses II. durch eine geradezu gigantische Bauleistung brillierte.

Anscheinend wollte dieser Pharao in Nubien aufgrund sehr genauer Planung ein umfassendes Werk verwirklichen. Hat er doch zwischen dem Ersten und dem Zweiten Katarakt mindestens acht Tempel gegründet: Bet el-Wali, Gerf Husen, Wadi es-Sebua, ed-Derr mit seinen beiden Tempeln, Abu Simbel mit dem großen südlichen und dem kleineren nördlichen Tempel, und Akscha. Im Allerheiligsten dieser Tempel ist die jeweilige Gottheit mit der Person des Königs eng verbunden, der mehr denn je als Gottessohn und als Gott selbst erscheint. Sicher wird man noch eines Tages die Bande entdecken, die diese Kultorte miteinander verknüpften, und das ihnen Gemeinsame erfassen; sind sie doch alle dem Reichsgott Amun-Re und den bedeutendsten übrigen Göttern wie auch der Person des Königs geweiht.

Jedes Heiligtum hat seine Eigenart, aber alle beziehen sich auf den in ihnen mehr oder minder stark verankerten Begriff der Grotte. Bet el-Wali, in den ersten Regierungsjahren des Königs Ramses II. entstanden, und Wadi es-Sebua sind Halbgrotten: nur die Vor- und Nebenräume des Allerheiligsten, wie dieses selbst, liegen im Felsen; der restliche ihnen vorgelagerte Teil des Tempels ist außerhalb des Berges frei errichtet. Jedoch schon der Pfeilersaal des dem Re-Harachte geweihten Tempels von ed-Derr, der ausnahmsweise auf dem rechten Nilufer gelegen ist, wurde ganz in den Felsen hineingetrieben, und beim Felsentempel von Gerf Husen, der dem Ptah geweiht war, liegt der Säulenumgang des Hofes zwar noch im Freien, aber bereits der anschließende Große Pfeilersaal mit seinen eindrucksvollen Gestalten des Königs als Osiris vor den Pfeilern ist völlig in den Felsen hineinverlegt. Die beiden Felsentempel von Abu Simbel schließlich, für Ramses II. und seine Gattin Nefertari, die auch am Kult teilhatte, geschaffen, sind echte »speoi«, vollständige, gänzlich im Berginneren angelegte Grotten, die bedeutendsten Ägyptens.

Die den Tempelbauten des Ramses II. zugrunde liegenden neuen Ideen und die traditionsgebundenen Pläne des Tempelbaues im allgemeinen sind dem Felsentempel so angepaßt und auf ihn übertragen worden, daß nichts Wesentliches und Prinzipielles in der Konstitution des Heiligtums geändert zu werden brauchte. Was die Tempelstiftung des Ramses II. in Abu Simbel betrifft, so durfte auch hier der Zugang sich nicht plötzlich von der üblichen Tempelfront unterscheiden. Manche noch bis ins vorige Jahrhundert in Gerf Husen erhalten gebliebenen Reste gestatten die Annahme, daß den in Rede stehenden religiösen Bauten eine Kaianlage für die Landung der Barken der frommen Besucher und eine Sphingenallee vorgelagert waren. Eine breite Terrasse, dem Vorhof der Tempel entsprechend, dehnte sich vom Tempel zum Nil; denn anders als die im breiten, fruchtbaren Tal Thebens gelegenen Tempel standen die nubischen nahe dem Ufer, wenn auch wesentlich über dem normalen Spiegel des Wassers.

Waren vor diesen Heiligtümern je Obelisken errichtet worden, wie bei den Tempeln Thebens? Nichts gestattet eine derartige Annahme.

Die Fassade eines Tempels besaß normalerweise einen hohen, zweitürmigen Pylon, vor dem Paare von Kolossalstatuen aufgestellt waren. Auch Ramses II. folgte dieser Regel, als er den Tempel von Wadi es-Sebua errichten ließ. Anders lag jedoch der Fall bei der Gestaltung der Fassade des großen Felsentempels von Abu Simbel. Zu der heiligen Grotte, so wie sie die 18. Dynastie schon konzipiert hatte, und wie wir sie in Ellesija bewahrt haben, führte ein enger, aus dem den Nil überragenden Felsen geschlagener Zugang: seine einzige Zierde war ein durch die geflügelte Sonnenscheibe und durch eine Inschrift gekennzeichneter Türsturz. Mit einem Male begegnet jedoch nun eine derartige Entfaltung der Fassade und mit ihr eine so grandiose Ausstattung des Rahmens ihres Portals, daß darüber die Zugangsöffnung als solche nahezu in Vergessenheit geriet. Die Öffnung blieb eng; doch wurde sie von Reliefs umgeben und von einem Gesims abgeschlossen, um sie den klassischen Torbauten des Tales von Theben anzugleichen. Der Kontur der Fassade des großen Tempels von Abu Simbel, die aus der Felswand in Form eines riesigen Trapezes geschaffen wurde, erinnert bedingt an die Form des normalerweise den Eingang schützenden Pylons mit seinen zwei Türmen. Die Kolossalstatuen, die in der Tempelarchitektur eine hervorragende Rolle spielen, sind in Abu Simbel aus dem Felsen als freistehende Plastiken herausgearbeitet worden: an jeder Seite zwei, rahmen diese Sitzbilder mit ihrem archaisierenden Thron die in den Berg gebrochene Öffnung. So zeigte sich schon von außen der Aspekt, den Ramses II. dem großartigsten Felsentempel des Pharaonenreiches geben wollte. Doch trotz aller Monumentalität der 20 m hohen Kolosse zeigen ihre Gesichter Ausgewogenheit und drücken noch menschliches Empfinden aus. Die dem Hof des frei gebauten Tempels entsprechende große Pfeilerhalle ist in den Felsen hineinverlegt und ihre im Querschnitt quadratischen Pfeiler, an die sich die Kolossalbildnisse des Königs in der Haltung des Gottes Osiris anlehnen, sind direkt aus dem Felsen herausgearbeitet. Wie in den anderen ramessidischen Tempeln sind die Wände auch hier durch Reliefs mit den traditionellen Kriegsszenen geschmückt, in denen der König die Landesfeinde niederwirft.

Vom Hof führt der Weg über einen wie in den klassischen Tempeln leicht ansteigenden Boden in den kleineren Pfeilersaal, dessen im Querschnitt quadratische Stützen ebenfalls aus dem Gestein ausgespart sind. Auch hier finden wir den entsprechenden Reliefschmuck der Wände nach alter Überlieferung, der den Herrscher, manchmal von der Königin begleitet, in kultischen Szenen den Göttern eng verbunden zeigt. Über einen anschließenden queren Vorraum, in dem wie üblich die Neunheit der Götter (s. S. 34) und der Zug der im Tempel selbst nicht verehrten Gastgottheiten begegnen, betritt man schließlich das Allerheiligste, das sich jedoch von dem der eigentlichen ägyptischen Tempel unterscheidet. Für einen besonderen Schrein (Naos) ist kein Platz geschaffen; in der Mitte des Raumes aber befindet sich ein im Felsen ausgesparter Podest, höchstwahrscheinlich für die heilige Barke bestimmt. An der Rückwand des Allerheiligsten wurden außer einer breiten Bank auch die Götterstatuen direkt aus dem anstehenden Fels herausgearbeitet. Im großen Tempel von Abu Simbel besteht noch die bedeutendste und am besten erhaltene Gruppe dieser Art, in der Ramses II., umgeben von den drei Hauptgöttern des Reiches: Re-Harachte, Amun-Re und Ptah, zu erkennen ist.

Diese Tempel sind riesige Ruhealtäre für die Götterbarke, die sie im Laufe gewisser, vom ehrwürdigsten Kalender der Welt bestimmten Zeremonien aufnahmen. Die Ausschmückung der Heiligtümer ist streng dem konstitutiven Dualismus Ägyptens unterstellt: der Teilung in Nord und Süd entsprechen – im Verhältnis zum Eintretenden – hier die rechte und die linke Seite. Zur Rechten ist alles dem Gott Re-Harachte von Heliopolis geweiht, indes der Bereich zur Linken dem Gott Amun-Re von Theben oder seinem Stellvertreter, dem in Nubien besonders verehrten Gott Thot, angehört.

Nur selten weisen in Nubien Spuren auf bedeutende, nach der 19. Dynastie errichtete religiöse Bauten hin. Anscheinend wurde das Land von dieser Zeit an bis zum Ende der einheimischen Dynastien von den Herrschern Ägyptens vernachlässigt, weil Nubien damals nicht mehr im Brennpunkt des politischen Geschehens stand und schon so fest mit dem Mutterstaat verbunden war, daß es keine politischen oder militärischen Probleme bot. Auch waren die Ägypter zu dieser Zeit durch die wiederholten Einfälle aus dem Norden gezwungen, ihre Streitkräfte auf das Nildelta zu konzentrieren.

Die Abwehrkämpfe gegen Seevölker und Libyer und innere Auseinandersetzungen seit der 19. und 20. Dynastie erlaubten keine konsequente energische Politik nach Süden. Diese Situation ermöglichte die Entstehung eines äthiopischen Staates um Napata, dem späteren Meroe, mit einer höchst interessanten ägyptisch-afrikanischen Mischkultur. Dieser Staat griff im ausgehenden 8. Jahrhundert v. Chr. nach Norden aus und konnte sogar für kurze Zeit das alte Mutterland unterwerfen. Für die Kulturgeschichte und politische Geschichte Afrikas ist das zählebige Reich der Äthiopen durch seine Mittlerrolle zwischen Nord und Süd von höchster Bedeutung.

Nach Ablauf der Herrschaft der Ptolemäer, die der Eroberung Ägyptens durch Alexander den Großen folgte, erwachte wieder das alte Nubien, zu jener Zeit nämlich, als die Römer ihren südlichen Limes an der Grenze des Dodekaschoinos errichteten. Als vorgeschobener Stützpunkt, jenem noch geheimnisvollen Afrika zugewandt, das den Nil gebar, auf dem regelmäßig Staats- und Handelsschiffe kreuzten und Tribute und Güter dem kaiserlichen Rom zuführten, gewann Nubien wieder seine ehemalige Bedeutung. Die neuen Herren des Landes hielten auf Ordnung im Süden und zogen zugleich Nutzen aus jener natürlichen Verkehrsader, die in Innerafrika entspringt und zu der die an Goldminen reichen Wadi hinführen. Der hauptsächlich mit römischen Truppen besetzte Teil Nubiens erstreckte sich bis ed-Dakka. Die von den römischen Kaisern, die sich als Nachfolger der Pharaonen fühlten, wiedererrichteten Tempel boten von Philae, der Insel der Göttin Isis, an noch den Anblick der Heiligtümer des alten Ägypten. Die unmittelbar am Fluß erbauten Tempel und Kapellen zeigten sich im Schmuck ihrer graziösen, aus Blumen- und Blattmotiven zusammengesetzten, für die Spätzeit so charakteristischen Kapitelle. Verschwunden sind aus dem Reliefdekor die historischen Themen; an den Tempelmauern reihen sich vielmehr die Darstellungen des Herrschers, der den vielen Göttern huldigt. Die Körper der Göttinnen und Frauen im Relief sind mit Betonung des Sinnlichen wiedergegeben; die reinen, zurückhaltenden Formen der Klassik Ägyptens sind verschwunden. Auch waren die späten Reliefs mit helleren, leichteren Farben bemalt als die der früheren Epochen. Die Heiligtümer von Debod, Kertassi, Taffa, Kalabscha, Dendur, ed-Dakka und Maharraka umreißen die Nord-Süd-Ausdehnung des Dodekaschoinos. Jenseits seiner Grenze liegt ein Land, in dem die »Barbaren« noch die Herren waren. Die Südländer waren zu dieser Zeit schon nilabwärts vorgedrungen und die äthiopische Königin Kandas bedrohte sogar Kalabscha, das alte Talmis. Der römische Präfekt Petronius warf sie mit ihren Truppen zurück und verfolgte sie bis Kasr Ibrim, dem Primis der Römer; von den Zinnen dieser berühmten Festung aus beobachtete er ihre Flucht nach Süden.

Wie weit lag damals schon die Zeit zurück, in der Truppen des Pharao Chephren die Expedition schützten, die er in die Steinbrüche südlich des heutigen Kasr Ibrim sandte, um sich die Dioritblöcke für die großen Sitzbilder seines Tal- und Totentempels in Gise zu beschaffen! Aber noch zur Römerzeit beherrschte die alte Feste Primis den Weg, und die Reste einer am Südhang des Felsens gelegenen Terrasse aus dieser Zeit wie auch die Architekturglieder der Nordpforte zeugen davon, daß Rom wahrscheinlich Streitkräfte an dieser der Südgrenze nahen Schlüsselstellung beibehalten hat.

Später, als Roms Herrschaft über Ägypten zusammengebrochen war und die Grenzgebiete durch die wiederholten Einfälle der Nobaden und Blemyer unsicher geworden waren, zog im 7. Jahrhundert das Christentum in Nubien ein. Die letzten Anbeter der alten Götter, des Amun-Re und des Re-Harachte, der Isis, des Mandulis und des Dedun, der in einigen nubischen Tempeln in das Pantheon der ägyptischen Götter aufgenommen war, verteidigten mit dem Mut der Verzweiflung ihr Recht auf den Zugang zu ihren Heiligtümern. Aber vergeblich: Die Tempel sind zum Teil, manchmal völlig in Kirchen umgewandelt worden. Zerschlagen wurden die Statuen der Götter und Pharaonen, die Reliefs der Pharaonenzeit wurden abgemeißelt, die Osirispfeiler zerstört und ihre zahlreichen Bruchstücke, in den Tempelhöfen aufgehäuft, haben sogar zur Erhöhung des Bodens beigetragen. Die Darstellungen des alten Glaubens wurden mit Stuck überzogen und auf die so gewonnenen neuen Wandflächen malte man das Bild des Kreuzes, der Heiligen und der Geburt Christi. Der sockelartige Untersatz der Götterbarken wurde in den christlichen Altar verwandelt. Zweifellos waren bei der Überführung des Tempels in eine christliche Kirche Reinigungs- und Weihezeremonien geboten, aber der alte Ritus der Gründungszeit des Tempels wurde mit aufgenommen. Nur das bei der Weihe der Kirche unter dem Altar niedergelegte Symbol war jetzt ein anderes.

Überall dort, wo in Nubien neue christliche Siedlungen an den Ufern des Nils entstanden, war der Kirche ein besonderer Platz vorbehalten. Ihre Baumeister legten ihr meist einen Plan zugrunde, der in seinen Hauptlinien an eine basilikale Gliederung erinnert. Dies nimmt nicht wunder, denn man kann in Nubien deutlicher als anderswo verfolgen wie die ersten Christen die pharaonischen Heiligtümer weiter benutzt haben.

Die nubisch-ägyptischen Heiligtümer, die zwischen dem Ersten und dem Zweiten Katarakt liegen, stellen ein harmonisches Ganzes dar. Den Anfang bildet die Insel Philae mit dem großen Tempel der Isis und dem kleinen der Hathor, Heiligtümer, in denen die Mütterlichkeit der Isis und die Anmut der Liebesgöttin Hathor Ausdruck und Verehrung fanden. Noch über die Tage der Ptolemäer hinaus bis in die Zeit der Römer genoß Isis in Ägypten und im ganzen Mittelmeerraum höchste Verehrung.

Den Endpunkt der langen Reihe dieser nubischen Tempel bildet das nördlich des Zweiten Katarakts gelegene Abu Simbel mit dem kleineren Felsentempel, der der mit der Liebesgöttin Hathor in eins verschmolzenen Königin Nefertari, der geliebtesten Gemahlin des Pharaos Ramses II., geweiht ist. Aber neben diesem kleineren Felsentempel der Hathor-Nefertari steht das große Felsenheiligtum des Siegers der Schlacht von Kadesch, des Pharaos der Pharaonen, der schließlich nicht nur der Sohn des Gottes Amun-Re, sondern die Sonne selbst sein wollte.

Alle nubischen Tempel sind über das unternubische Land Wawat, das Land zwischen dem Ersten und dem Zweiten Katarakt, verstreut. Zwischen Assuan und Kertassi ragen steile Felsen aus dem Fluß auf, aber südlich der Steinbrüche von Kertassi, in denen man die Blöcke für die Bauten auf Philae gewann, und besonders von der kleinen Bucht von Taffa an, beginnt eine andere, zauberhafte Landschaft. Umrahmt vom goldenen Sand des West-Ufers und den braunschwarzen Felsen im Osten säumen die jadegrünen Streifen des Kulturlandes den im Glanze seiner leuchtenden Farben schillernden Fluß. Fast ohne Unterbrechung reihen sich die weißen Häuser Nubiens, harmonisch eingefügt in die Felsen. Ihre Fassaden schmücken bunte Friese oder wie Spitzendekor gearbeitete Motive. Symmetrisch in die Giebel eingelassene Fayencen glänzen in der Sonne. Und neben den hellen Häusern ragen hohe, schlanke Dattelpalmen, frucht- und schattenspendend und den Reichtum Nubiens bildend, oder die dunklen Laubkronen der altheiligen Sykomoren und die bewegten Wedelkronen der in dieser Gegend häufigen Dumpalmen auf. Im Winter bietet auch hier die Landschaft einen anderen Anblick als im Sommer. Die klaffende, dürstende Erde wird noch während der heißen Jahreszeit plötzlich vom Fluß überschwemmt, der dem Land neues Leben bringt.

Die Pharaonen der alten Zeit vermochten jedoch trotz aller Anstrengungen, die sie darauf verwandten, nicht, die wunderbare Gabe, die einzige Bewässerungsmöglichkeit für ihr Land, so zu speichern, daß sie sie das ganze Jahr über auf den Boden Ägyptens verteilen konnten. So schien es geboten, einen Staudamm zu errichten, was in den Jahren 1898–1902 stromabwärts von Philae bei Assuan geschah. Diese Talsperre, die 1912 und 1934 noch jeweils vergrößert wurde, staut die überschüssigen Wasser des Nils und ermöglicht, daß Ägypten, auch bis in den Bereich der äußeren Kanäle, das ganze Jahr über regelmäßig bewässert werden kann. Ihre sämtlichen Tore sind ab Anfang Juli, wenn der Nil wieder zu steigen beginnt, geöffnet und ermöglichen die ungehemmte Überflutung der Felder. Wenn dagegen im Herbst der Zustrom der Wasser aus dem Süden nachläßt, werden die Tore nach und nach geschlossen, so daß sich nun der Stausee füllt. Bis zur neuen Nilüberschwemmung kann dann aus diesem Vorrat vom Frühjahr ab Wasser abgegeben werden.

Schon der erste, um die Jahrhundertwende erbaute Staudamm bedrohte Nubien. Nach Vollzug der letzten Vergrößerung auf 51 m Höhe im Jahr 1934 erreichte der Stau eine Höhe von 121,4 m ü. M. Von Philae bis Wadi Halfa wurde alles, was von Menschenhand erbaut war, überflutet, nur die Felsentempel, die weiter oben in die Felswände gehauen waren, blieben unangetastet. Die Nubier aber wollten das geliebte Land ihrer Vorfahren nicht verlassen, sondern waren entschlossen, sich von ihrer Heimat, was immer auch geschehen möge, nicht zu trennen. Waren sie auch aus ihren Anbaugebieten, die nicht mehr existierten, vertrieben und mußten sie ihren Lebensunterhalt in den Städten nördlich des Staudammes verdienen, so kehrten sie doch im Sommer in ihr Land und in ihre Häuser zurück, die sie jetzt hoch in den Felswänden neu errichtet hatten und in denen ihre Familien lebten.

Das Schicksal der überfluteten Tempel hat natürlich die Archäologen bewegt, aber die Probleme und Sorgen, die sich ergaben, waren zunächst auf ihren engen Kreis beschränkt. In dem Buch »Der Untergang Philaes« hat Pierre Loti ergreifend die damaligen Ereignisse geschildert.

Da sich die Bevölkerung Ägyptens von der Jahrhundertwende, den Jahren der Erbauung des ersten Staudammes bei Assuan, bis heute von neun auf siebenundzwanzig Millionen, also um das dreifache vergrößert hat, wurde der Bau des neuen Hochdammes Sadd el-ali, 8 km südlich des Assuan-Dammes, beschlossen. Mit diesem neuen Staudamm ergibt sich ein künftiger Wasserhöchststand von 180 m ü. M., was bedeutet, daß auch die bisher verschont gebliebenen Tempel, selbst Abu Simbel, um nur den wichtigsten zu nennen, völlig überflutet, und die übrigen Tempel, wie z. B. Bet el-Wali, Wadi es-Sebua und Kalabscha, die bisher wenigstens kurze Zeit im Jahr noch freistanden, ein für allemal in den Wassern des Nils versinken würden.

Es war schon nach den Überflutungen, die der erste Staudamm zur Folge hatte, die Sorge des Antikendienstes Ägyptens und ebenso der europäischen Wissenschaftler, den Kampf gegen den tragischen Untergang der Baudenkmäler aufzunehmen. Durch die Verstärkung der Mauern, Pylone und Terrassen suchte man ihren Einsturz zu verhindern, wie man andererseits bemüht war, die Reliefs und Inschriften der bedrohten Tempel wenigstens für die wissenschaftlichen Veröffentlichungen sicherzustellen. Durch archäologische Aufmessung wurden die wichtigsten Dörfer und Nekropolen des alten Nubien erfaßt. Nach der Errichtung des ersten Staudammes versanken alle gebauten Tempel Nubiens regelmäßig für neun Monate des Jahres in den schlammigen Fluten. Nur der Tempel von el-Amada blieb verschont, da er in größerer Höhe am westlichen Nilufer errichtet war, fast genau gegenüber dem Anfang der großen Karawanenstraße, die von Korosko nach Abu Hamed im Sudan führte. Von den Felsenheiligtümern war bisher nur das der Grotten von Ellesija nördlich Kasr Ibrim bedroht und von den Fluten zur Hälfte überspült.

Immerhin war Nubien durch den ersten Staudamm noch nicht völlig tot. Und wer der glühenden Sommerhitze zu trotzen wagte, fand das Land immer noch in seiner ganzen Schönheit und geschmückt mit der Vollzahl seiner Heiligtümer, wenn auch einige von ihnen bereits durch die Überflutung die Farben ihrer Reliefs verloren hatten.

Als aber das tragische Geschick Nubiens sich erfüllen sollte und im Jahre 1955 die Errichtung des neuen Staudammes Sadd el-ali beschlossen wurde, mußten die Nubier 1964 alle ihren Wohnsitz verlassen und wurden nördlich von Assuan, größtenteils bei Kom Ombo, angesiedelt.

Auf den endgültigen Verlust der archäologischen Schätze vorbereitet, wurde unter Mithilfe der ausländischen Ägyptologen, die wissenschaftliche Erfassung aller Baudenkmäler, die es noch zwischen dem Ersten und Zweiten Katarakt zu erforschen gab, abgeschlossen.

Seit Ende des Jahres 1955 umfaßte das von der UNESCO für Ägypten gegründete Werk des Centre de Documentation et d'Etude sur l'Histoire de l'Art et la Civilisation de l'Egypte ancienne als Programm das sorgfältigste Studium von 24 Tempeln und Kapellen durch Ägyptologen, Archäologen und Architekten, Topografen und Fotografen. Gießer und Modellierer schufen ein vollständiges, zuverlässiges Archiv; das Institut Géographique National de Paris führte die fotogrammetrische Erfassung durch, wobei zu betonen ist, daß hier zum erstenmal diese Technik zur Dokumentation von archäologischen Denkmälern in ihrer Gänze Anwendung fand und zufolge einer Aufteilung in senkrechte Abschnitte selbst genaue Rekonstruktionen ermöglicht sind.

Aber all dies bedeutete nur einen bescheidenen Anfang in dem Werk internationaler Solidarität zur Errettung der bedrohten Denkmäler. Von der Notwendigkeit dieser Rettungsaktion konnte die UNESCO überzeugt werden, und sie erließ einen Aufruf zum Schutz der Baudenkmäler Nubiens an die Welt. Sechs Jahre später war man soweit, daß alles, was das alte Nubien ausmachte, gerettet wurde.

Das Werk war umfassend. Es galt, im Bereich Nubiens nicht nur die schon bekannten Denkmäler sorgfältigst aufzunehmen und zu bergen, sondern vor allem im Bereich des zukünftigen Überflutungsgebietes die Gegenden ausfindig zu machen, in denen je Menschen lebten; es galt, die letzten Spuren befestigter Dörfer und militärischer Stützpunkte aufzufinden, die Überreste wenig oder nicht bekannter Tempel aufzuspüren, die zahllosen Graffiti an den Felsen zu entdecken und sich auf die Suche nach dem vorgeschichtlichen Nubien, dessen Spuren auf den höher gelegenen Uferterrassen noch unentdeckt geblieben waren, zu begeben. Man durfte nicht zusehen, wie Nubien versank, ohne daß noch ein klärendes Licht auf die Zeit des Reiches Meroe gerichtet wurde, auf die Spuren jenes berühmten, rätselhaften Stammes, dessen Herkunft und Geschichte bisher noch niemand ergründen konnte. Und weiter: Waren die Vornehmen der Nubier wie die Ägypter begraben und waren die christlichen Bischöfe Nubiens endgültig nach den Verfolgungen in der Zeit Saladins verschwunden? Man mußte versuchen, die Frage zu beantworten, ob das orthodoxe Byzanz seine Herrschaft über den nördlichen Wendekreis bis nach Süden ausgedehnt hatte. Waren in Nubien Spuren der urgeschichtlichen Vermischung der Libyer mit den Menschen des südlichen Nilgebietes zu finden?

Was Archäologen und Historiker zutage förderten, ging weit über das Maß des Erhofften hinaus. Wenn sie auch keine Schätze im üblichen Sinne des Wortes zu bergen vermochten, so waren doch die Erkenntnisse in anderer Hinsicht höchst wertvoll. Dank der Arbeit von Forschern in 120 Ausgrabungslagern, die sich von Assuan bis zum Dritten Katarakt erstreckten, gab dieser zum Untergang bestimmte Teil Nubiens seine Geheimnisse preis. Kaum ist je ein Gebiet mit so viel Sorgfalt, Genauigkeit und Beharrlichkeit erforscht worden.

Die Geschichte Nubiens muß neu geschrieben werden, jetzt eine Geschichte, die mit dem Ende der Altsteinzeit beginnt und bis in die christliche Ära hereinreicht, in jene Zeit, in der das kleine Dorf Tamit nördlich von Abu Simbel mehr als sieben Kirchen besaß, in jene Zeit, in der die abgeriegelte Stadt Ikhmindi ein befestigtes Tor erhielt und ihr Gründer in einer Steinplatte – extra muros – die Angst ihrer Bevölkerung vor den plündernden Nobaden und Blemyern eingravierte, weiter in die Zeit, in der Timotheus der Nubier, der Erzbischof von Ibrim, sich unter dem Chor seiner Kathedrale beisetzen ließ und in der die christliche Geistlichkeit in Faras Jahr für Jahr von neuem die Mauern seiner Heiligtümer mit heute noch erhaltenen Gemälden schmücken ließ, jenes Faras, in dem bereits Tutanchamun einen Tempel errichten wollte.

Die Rettung der Tempel aber stellte das wichtigste und schwierigste Problem dar, gleichgültig ob sie aus Stein erbaut oder in den Felsen gehauen waren. Um sie einem bestimmten Rettungsplan zu unterstellen, trafen bedeutende Spezialisten eine Auswahl der hervorragendsten Baudenkmäler. Es galt zunächst, die aus Stein erbauten Tempel, deren meiste unmittelbar am Ufer des Nils errichtet waren, zu retten. Schon vor 40 Jahren mit hartem Zement verstärkt, hatten ihre Mauern den jährlichen Überschwemmungen getrotzt. Die drei Hauptschwierigkeiten, die sich ergaben, lagen in der Aufbringung der Kosten für Demontage und Remontage, sodann in der Kürze der Zeitspanne von nur drei Sommermonaten, während der sie vom Wasser nicht überflutet waren, und endlich in der Herauslösung der einzelnen Steinblöcke, die – wie oben gesagt – fest in einem Zementrahmen verankert waren. Trotzdem erwies sich die Rettung als durchführbar. Fraglich blieb sie vorerst für el-Amada, obwohl dieser kleine Tempel, den Thutmosis III. und Amenophis II. erbaut und Thutmosis IV. erweitert hatten, als einziger innerhalb Nubiens in außergewöhnlich gutem Zustand war, dies einschließlich der von Echnaton getilgten und von Sethos I. erneuerten Darstellungen des Amun. Im Portal dieses Tempels befand sich auch die kostbare Inschrift des Merenptah, die vom Feldzug dieses bedeutenden Königs der 19. Dynastie gegen die Äthiopen berichtet. Die Räume, die das Heiligtum umfaßte, waren noch vollständig mit auf feinen Stuck gemalten Reliefs bedeckt. Dadurch waren alle Fugen der Gesteinsschichten verkleidet und man hätte beim Auseinandernehmen der einzelnen Steinblöcke die wunderbar erhaltenen Reliefs, die die Schönheit des Tempels ausmachten, zerstört. Darüber hinaus ergab sich bei diesem Tempel noch die Schwierigkeit, daß ein Teil von ihm bei der Bergung wie ein Felsentempel als ein einheitlicher Block behandelt werden mußte.

Ein weiteres schwieriges Problem stellte die Rettung der Felsentempel Nubiens und die der Heiligtümer auf der Insel Philae dar.

Philae, das Heiligtum der Isis, mit seinem großen Isis-Tempel, seinen berühmten Säulengängen und all den anderen kleineren bedeutenden Bauten, war seit der Jahrhundertwende den größten Teil des Jahres überflutet. Zwischen dem alten und dem neuen Staudamm wie in einem großen See gelegen, dessen Wasserspiegel fortan durch den Sadd el-ali bestimmt wird, unregelmäßigen aber häufigen Überschwemmungen ausgesetzt, soll es nun gerettet werden. Der ursprüngliche Gedanke, durch drei Dämme die Philä umgebenden Inseln, darunter die große Insel Biga, mit dem Festland zu verbinden und somit Philä selbst stets außerhalb der Fluten zu halten, wurde aufgegeben zugunsten des Planes, die Tempel von Philä abzutragen und auf der benachbarten kleinen Insel Agilkia wieder aufzubauen. Die Arbeiten dafür sind im Gange.

Ähnlich wollte man die beiden Felsentempel von Abu Simbel, die an einer leichten Flußkrümmung gelegen sind, mit Hilfe eines Dammes aus Felsen und Erde am ursprünglichen Platz erhalten. Das Projekt, dessen Vorarbeiten, deren Finanzierung die UNESCO übernehmen wollte, französischen Technikern anvertraut waren und das von der Mehrzahl der Komitees der verschiedenen Länder befürwortet wurde, wurde jedoch zugunsten eines italienischen Planes aufgegeben. Dieser italienische Plan bestand darin, jeden der beiden Tempel als einen einzigen Block herauszulösen und mit Hilfe hydraulischer Winden, die nach Bedarf auf Zementpfeilern errichtet worden wären, auf diejenige Höhe zu heben, auf der sie vor den Fluten des durch den neuen Staudamm entstehenden künftigen Stausees gesichert wären, wobei es sich um eine Hebung von nahezu 70 m gehandelt hätte. Nach einem weiteren Jahr der Vorarbeiten wurde auch dieser Plan zugunsten eines von Frankreich ausgearbeiteten, das italienische Projekt verbessernden Planes aufgegeben. Die Hebung sollte jetzt nicht mehr stufenweise und durch Winden und Zementpfeiler erfolgen, sondern einzig und allein mit Hilfe von je einer riesigen Schleuse, die um jeden der beiden Tempel errichtet werden sollte, wobei die Schleusenmauern bis zum Gipfel der Felsenwände reichen müßten. Die durchgeschleusten Wassermassen des Nils hätten dann wie ein ungeheurer Kolben die beiden Heiligtümer auf den Felsgipfel gehoben. Mit Hilfe der Schleusen wären die Tempel sodann auf der Wasserfläche geschwommen und schließlich auf dem endgültigen Platz »gestrandet«, wobei die Auswahl der Stelle als solcher für später vorgesehen war. Aber wieder wurde das Vorhaben aufgegeben, jetzt allein aus finanziellen Gründen, und nun griff man – sozusagen als letzten Ausweg der Verzweiflung, um Abu Simbel zu retten – zurück auf das Naheliegendste, das Herauslösen der Tempel mittels Zerlegung in viele Einzelblöcke und das Wiederaufbauen auf dem Gipfel der Felsen über dem höchsten Wasserspiegel. Ende des Jahres 1966 waren auch dann die beiden Tempel von Abu Simbel fast vollständig wieder aufgebaut.

Was nun die Rettung der anderen nubischen Tempel betrifft, so wurde selbstverständlich der Wiederaufbau der Tempel nach ihrer Bergung beschlossen, und zwar soll dieser Wiederaufbau gleichzeitig zur Schaffung eines neuen Nubien ermutigen, eines Nubien in drei Zonen oberhalb der Wasserfluten des Staudammes. Am westlichen Ufer des neuen, 500 km langen und stellenweise 30 km breiten Sees sind drei Oasen geplant, die durch künstliche, diesmal vom Nil kommende Wadis bewässert, wieder von nubischen Familien besiedelt werden und einige der Heiligtümer umschließen sollen; diese Heiligtümer sollen möglichst entsprechend ihrem ursprünglichen Rahmen und in genau der gleichen Orientierung, in der sie gegründet waren, wieder aufgebaut werden. Die erste Oase war zwischen dem Bereich des großen Staudammes und Kalabscha, die zweite zwischen Wadi es-Sebua und el-Amada vorgesehen, und die dritte, die südlichste, soll das ganze Hinterland von Abu Simbel umfassen. Als letztes sei der Berggipfel von Kasr Ibrim erwähnt, der den Stausee gegenüber der ehemaligen Hauptstadt Aniba überragt; auf ihm wird – wie zu hoffen ist – die große Kathedrale von Nubien, deren Überreste sich als sehr bedeutsam erwiesen haben, wieder errichtet.

Der Antikendienst Ägyptens hat es übernommen, den Abbau und Weitertransport verschiedener Tempel durchzuführen, so der Kapellen von Taffa und Kertassi, der Tempel von Debod, Dendur, Maharraka und Wadi es-Sebua-Süd; weiter die blockweise Herauslösung der drei Felsentempel: Gerf Husen, ed-Derr und Abahuda. Die Vereinigten Staaten stellten die Mittel zur Verfügung, die Hemispeoi von Bet el-Wali, Wadi es-Sebua-Nord und das Felsengrab des Pennut herauszulösen und sie dann in neuen Grotten wieder aufzubauen. Die Bundesrepublik Deutschland wählte den Tempel von Kalabscha, den größten der römischen Zeit, und transportierte ihn Stein für Stein zu einem zauberhaften Platz südwestlich des großen Staudammes, von dem aus er die Flußkrümmung beherrscht. Wenn die Fluten in einigen Jahren bis zur Höhe des Landeplatzes gestiegen sein werden, kann man, wie einst die Verehrer des Gottes Mandulis, wieder zu Schiff vor dem Pylon anlegen. Südlich, ganz nahe neben dem Tempel, wurde auch der zierliche, mit Hathorkapitellen geschmückte Kiosk von Kertassi wieder aufgebaut.

Für die Archäologie und die Kunstwissenschaft enthüllten die Abbauarbeiten eine Fülle von Einzelheiten im Hinblick auf die Geschichte und den Bau der einzelnen Denkmäler. Die größte Überraschung bedeutete die Entdeckung von Gruben unter den Heiligtümern oder ihren unmittelbaren Anbauten, in denen die aus den Denkmälern beseitigten Statuen und Reliefs abgelegt waren. Erregend war die Auffindung, die man unter dem Dromos des Tempels von ed-Dakka, der in seiner jetzigen Form auf die Zeit der Ptolemäer und Römer zurückgeht, machte. Man konnte an seiner Sohle die Steinblöcke freilegen, die einst für die Mauern und Säulen eines Tempels gedient hatten, der von Thutmosis III. dem Gott Horus von Baki geweiht und am Ende jenes Wadi errichtet war, das zu den Goldminen führte. Selbst die Reliefs hatten noch bis zu einem gewissen Grad ihre Vielfarbigkeit bewahrt. Wo Tempel in Kirchen umgestaltet waren und man jetzt bei der Bergung die von den Christen gemalten Fresken abnahm, um sie zu erhalten, konnten unter ihnen wieder die Reliefs der Pharaonenzeit freigelegt werden, die, viele Jahrhunderte überdeckt, nun den Archäologen manches Wichtige enthüllten.

Der Tempel von el-Amada bot ein letztes und besonders schwieriges Problem. Die Rettung dieses Tempels, der einer der ältesten Heiligtümer Nubiens ist, hat Frankreich durchgeführt, ohne Rücksicht auf die großen finanziellen Opfer, die es bereits für die Bergung Abu Simbels geleistet hat. Die Gesamtheit des Heiligtums mit allen seinen Räumen wurde in sehr komplizierten Arbeitsvorgängen letzten Endes auf einen Betonsockel montiert und auf einem dreispurigen Gleis zu einer Stelle transportiert, die 60 m höher und 4 km westwärts liegt. Um das glücklich gelandete Kernstück wurden auch die Teile wieder aufgebaut, die man einzeln abgetragen hatte.

So ist es wieder möglich, die Bauten der Pharaonen auch in Nubien, wenn auch auf neuen Schauplätzen, zu betrachten, umgeben von dem landschaftlichen Zauber dieses südlichen Landstriches. Die Bergung der Heiligtümer Nubiens aber, des auf uns gekommenen Erbes der Pharaonen, deren nahezu zweitausend Jahre umspannender Kulturleistung das Abendland so viel verdankt, gab diesem die Möglichkeit des Beweises seines Dankes und einer wahrhaft großen Solidarität.

ANHANG

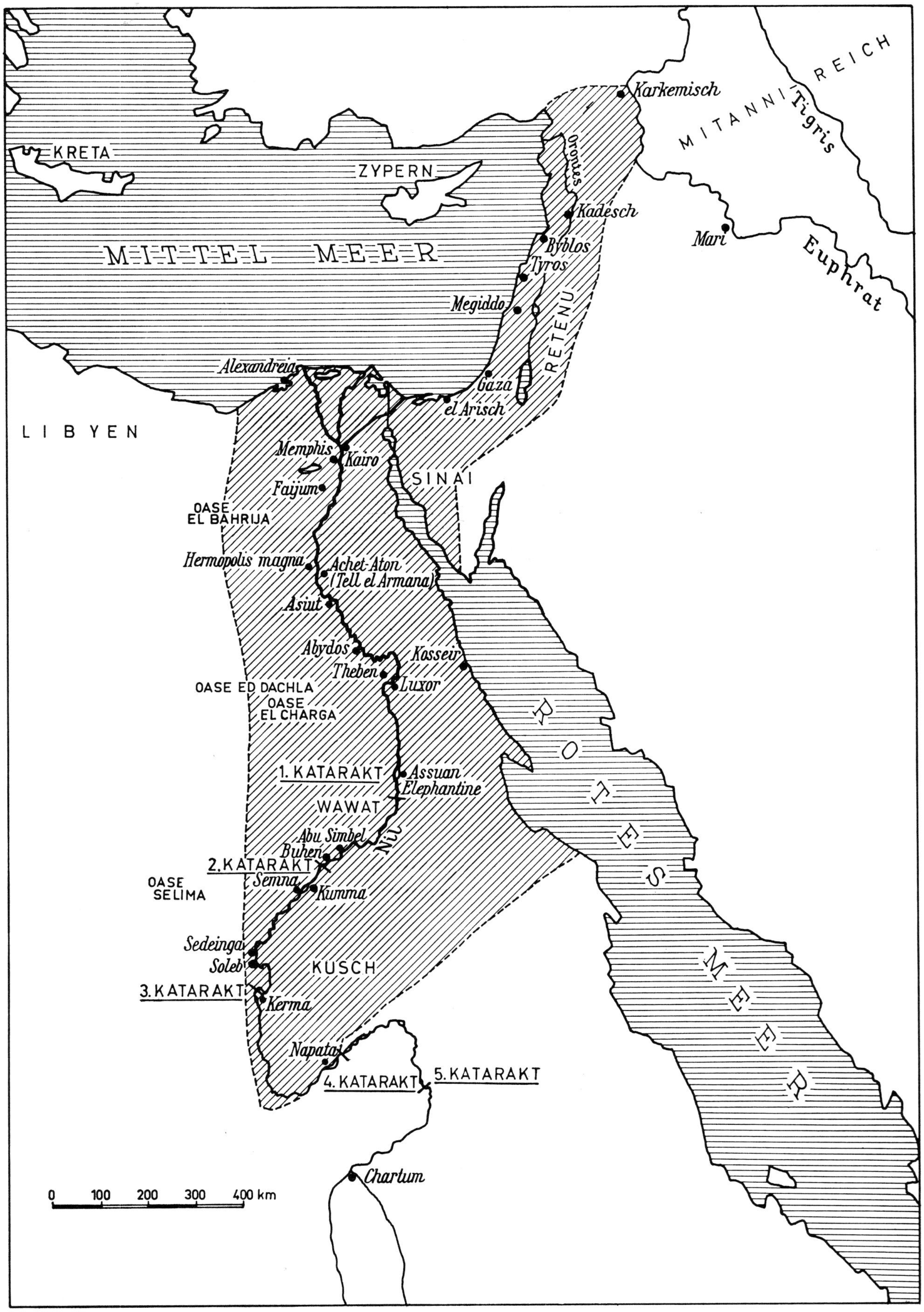

Das Ägyptische Weltreich zur Zeit des Königs Thutmosis III. (1490–1436)

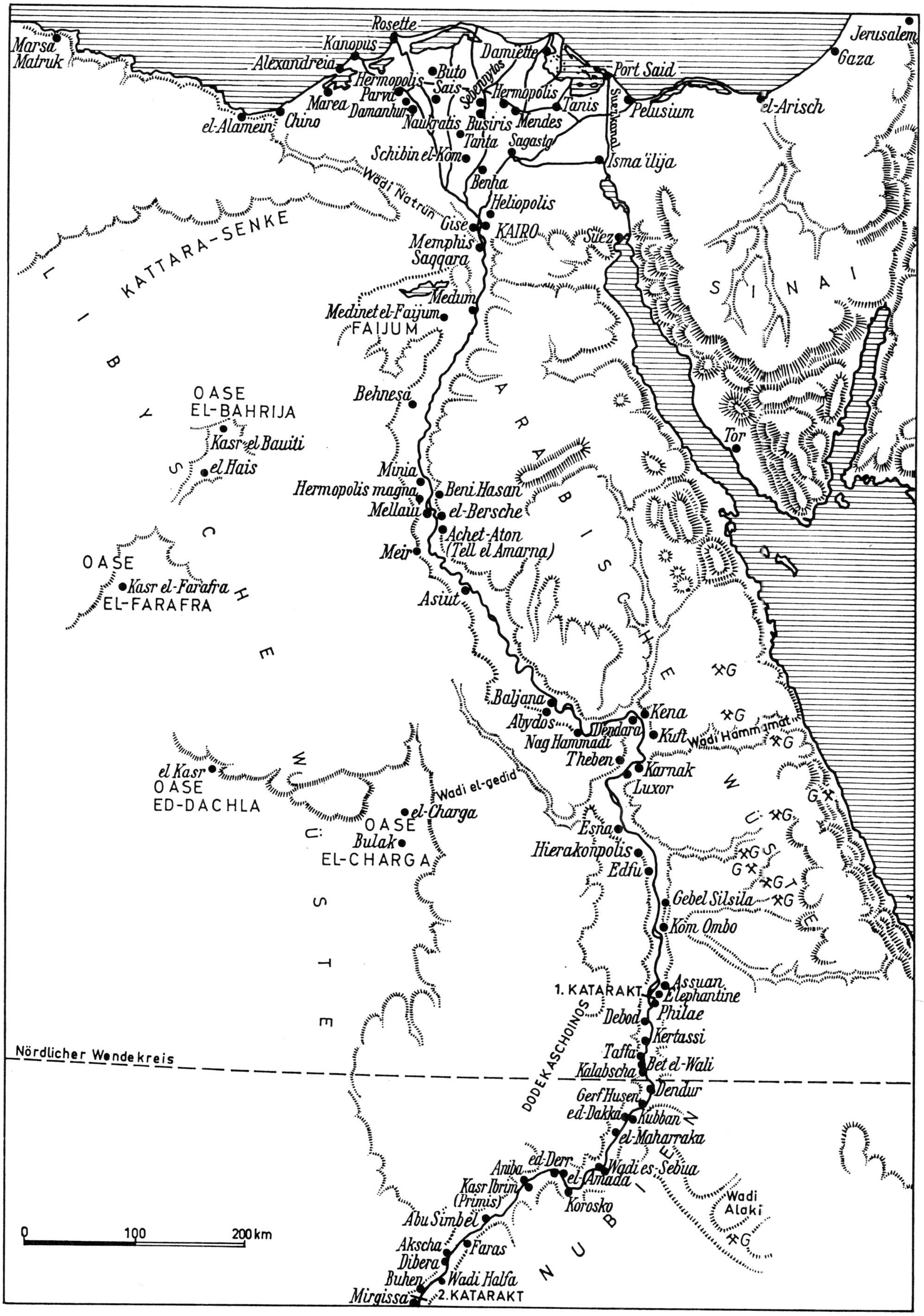

Ägypten, von der Nil-Mündung bis zum 2. Katarakt

VERZEICHNIS DER ABGEBILDETEN DENKMÄLER

nach Orten und Museen geordnet

DENKMÄLER AM URSPRÜNGLICHEN ORT

MUSEEN

Gott Chons, aus dem Chons-Tempel in Karnak (462) 201
Thai, Stallmeister, aus Saqqara (6257) 204, 205
Göttin Mut, Fragment einer Kolossalgruppe aus Karnak (456) 215
Totenpapyrus der Djed-maat-is-anch XLVII
Prinzessin vom Hofe des Ramses II., Kalksteinbüste (741) LIV

Spätzeit

Äußerer Sarkophagdeckel des Psusennes I., aus Tanis (6337) 255
Hor als Würfelhocker, aus Granit (42226) 256
Montemhet, Statthalter, von seinem Granitstandbild (935) 258
Amenerdis, Gottesgemahlin, Alabasterstatue (930) 259

LEIDEN, Rijksmuseum van Oudheden
Reliefs aus dem Grab des Haremhab bei Saqqara 206–209
Blinder Harfner, Relief aus dem Grab des Paatenemheb bei Saqqara 210
Maja und seine Frau Merit, Doppelsitzbild 212
Maja, Sitzbild 213
Merit, Gattin des Maja, von ihrem Sitzbild 214

LISSABON, Fundação C. Gulbenkian
Bes, Kalksteinsitzbild 261

LONDON, British Museum
Festgesellschaft, Wandmalerei aus einem Grab in Theben XXVII

NEW YORK, Metropolitan Museum of Art
Sphinx des Sesostris III., aus Diorit 111
Königin Hatschepsut, Kalksteinsitzbild 133
Haremhab, Granitsitzbild vom Ptah-Tempel in Memphis 202, 203

OXFORD, Ashmolean Museum
Schminktafel mit Steppentieren und Fabelwesen 2

PARIS, Louvre
Schminktafel mit Giraffen und Palme 3 oben
Grabstein des Wadji (Djet) »Schlange« 6
Schreibender Beamter Kai, Sitzbild aus Saqqara 60, 61
Echnaton, von einer Bildnisgruppe aus Steatit 186

TURIN, Museo di Antichità
Ramses II., Granitsitzbild aus Karnak 232, 233

WASHINGTON, National Gallery of Art
Sesostris III., Kopf aus Obsidian 109

QUELLENNACHWEISE

Die Übersetzung der Literaturzitate S. 81, 90, 126/127, 146 ist Siegfried Schott, Altägyptische Liebeslieder, die der S. 104/105 Kurt Lange, Echnaton, die der S. 141/142 Adolph Erman, Die Literatur der Ägypter, entnommen.

Die Textabbildungen sind ausgeführt:

Abb. 1/2 Nach Walter B. Emery, Archaic Egypt, 2. Aufl. 1963 – Abb. 3 Nach J.-Ph. Lauer, Histoire monumentale des Pyramides d'Egypte, Bd. I. 1962 – Abb. 4 Neuzeichnung nach J.-Ph. Lauer 1936 – Abb. 5–8 Nach J.-Ph. Lauer 1936 – Abb. 9 In Anlehnung an E. Brunner-Traut 1966 - Abb. 10 Nach J. E. Quibell 1913 – Abb. 11 In Anlehnung an G. A. Reisner 1942 – Abb. 12 Nach L. Borchardt 1932 – Abb. 13 In Anlehnung an A. Badawy 1954 – Abb. 14 Nach A. Badawy 1954 – Abb. 15 Nach A. Scharff 1939 – Abb. 16 In Anlehnung an E. Brunner-Traut 1966 – Abb. 17–19 Neuzeichnungen nach G. Steindorff/K. Baedeker 1928 – Abb. 20 Aus Koepf 1955 – Abb. 21–25 Aus F. L. Griffith, Beni Hasan II. Archaeological Survey of Egypt. London 1894 – Abb. 26 In Anlehnung an G. Steindorff/K. Baedeker 1928 – Abb. 27 Nach E. Naville 1910, R. Porter und B. Moss II. 1929, H. Ricke 1950 und E. Brunner-Traut 1966 – Abb. 28 Nach G. Steindorff und W. Wolf 1936 – Abb. 29 Nach U. Hölscher 1933 und 1934 – Abb. 30–34 Aus G. Steindorff und W. Wolf 1936 – Abb. 35 Nach Daressy, aus B. Porter und R. Moss II. 1929 – Abb. 36–38 Nach N. de Garis Davies 1941 – Abb. 39/40 Aus J. D. S. Pendleburry, The City of Akhenaten, III. The Central city and the official quarters. Egypt Exploration Society. London 1951 – Abb. 41 Nach N. de Garis Davies, The Rock Tombs of El Amarna VI. 1908 – Abb. 42–46 Nach Chr. Desroches-Noblecourt 1963 – Abb. 47 Nach G. Steindorff und W. Wolf 1936 – Abb. 48 Nach Rouet – Abb. 49 Nach G. Steindorff und W. Wolf 1936 – Abb. 50 Nach Chr. Desroches-Noblecourt 1963 – Abb. 51 Nach Weigall sowie Carter – Abb. 52 Nach B. Porter und R. Moss 1927 – Abb. 53 Nach G. Lefebvre 1949 – Abb. 54/55 Nach Alan H. Gardiner 1933/Henry Frankfort, The Egypt Exploration Society, London 1933/E. Brunner-Traut 1966 – Abb. 56 Nach E. Brunner-Traut 1966 – Abb. 57/58 In Anlehnung an H. Chevrier 1936 – Abb. 59 Original M. Hirmer – Abb. 60 Nach G. Steindorff/K. Baedeker 1928 – Abb. 61 Original, in Anlehnung an G. Steindorff/K. Baedeker 1928 – Abb. 62 Nach B. Porter und R. Moss 1929 – Abb. 63 Original, in Anlehnung an G. Steindorff/K. Baedeker 1928 – Abb. 64 Nach Schiaparelli 1924 – Abb. 65 Nach G. Steindorff/K. Baedeker 1928 – Abb. 66 Nach La Documentation Photographique. L'Egypte au temps de Ramses II. Paris 1966 – Abb. 67 Nach G. Steindorff/K. Baedeker 1928 – Abb. 68–74 Nach U. Hölscher 1933 und 1934 – Abb. 75 Neuzeichnung nach U. Hölscher 1933 und 1934 – Abb. 76 Nach U. Hölscher 1933 und 1934 – Abb. 77 Nach Denon, Voyage en Egypte. 1802 – Abb. 78 Nach E. Brunner-Traut 1966 – Abb. 79 Nach B. Bruyère – Abb. 80/81 Nach G. Steindorff/K. Baedeker 1928 – Abb. 82 Nach G. Steindorff/K. Baedeker 1928 und E. Brunner-Traut 1966 – Abb. 83 Aus E. Brunner-Traut 1966 – Abb. 84 Nach G. Steindorff/K. Baedeker 1928 und E. Brunner-Traut 1966 – Abb. 85/86 Nach G. Steindorff/K. Baedeker 1928.

Die Aufnahmen von Prof. Dr. Max Hirmer wurden durch Bilder nachstehender Archive ergänzt:

Berlin, Staatliche Museen: 1, 108, 112, 113, 155, 156, 157 oben, 184, 187, 189–191 – Boston, Museum of Fine Arts: 24, 40, 41, 98, 99 - Prof. Christiane Desroches-Noblecourt, Paris: 234, 235, 248, 249, 251, 268, 269, 270 oben, LX – Eidenbenz, Basel: 260 – Gérard Franceschi, Aulnay-sous-Bois: 3 oben, 6, 61, 186 – Kurt Lange, Oberstdorf: 85, 192, 221, 227, 258, 266 – Lissabon, Fundação C. Gulbenkian: 261 – Foto Marburg: 232, 233, 247, 250 – New York, Metropolitan Museum of Art: 111, 133, 202, 203 – Oxford, Ashmolean Museum: 2 – André Vigneau, Paris: 117 – Washington, National Gallery of Art: 109

Die Aufnahmen wurden durchgeführt mittels Linhof Technika 13×18, 9×12 und 6×9. Als Objektive fanden Verwendung: Schneider-Angulon 65, 120 mm; Schneider-Super-Angulon 65, 90, 121 mm; Schneider-Symmar 150, 180, 210, 300 mm; Schneider-Tele-Arton 240, 270 mm; Voigtländer-Apolanthar 105 mm; Voigtländer-Telomar 360 mm; Zeiss-Apotessar 450 mm; Zeiss-Biogon 53, 75 mm; Zeiss-Protar 185, 260 mm; Zeiss-Tessar 360 mm. Als Aufnahmematerial dienten Kodak Ektachrome-Film und Adox PL 17 und R 17.

SCHRIFTTUM

I. ALLGEMEINES – GESCHICHTE – KULTURGESCHICHTE

Breasted, James Henry: (deutsch von Hermann Ranke) Geschichte Ägyptens. 3. Auflage, Zürich 1954.

Brunner-Traut, Emma, und Hell, Vera: Ägypten, Studienreiseführer mit Landeskunde. 2. Auflage, Stuttgart 1966.

Casson, Lionel: Ancient Egypt, in: Great Ages of Man. New York 1965.

Curtius, Ludwig: Ägypten, in: Die Antike Kunst, Seite 16–219 in: Handbuch der Kunstwissenschaft. Berlin 1913.

Erman, Adolf, und Ranke, Hermann: Ägypten und ägyptisches Leben im Altertum. Tübingen 1923.

Fischer-Weltgeschichte. Frankfurt am Main 1965/67. Bd. 2, 6–11 Vercoutter, J.: Die Anfänge Ägyptens / Das Archaische Ägypten / Das Alte Reich und die Erste Zwischenzeit / Das Mittlere Reich / Die Zweite Zwischenzeit und die Invasion der Hyksos in Ägypten – Bd. 3, 4 Joyotte, J., und Cerny, J.: Das Neue Reich in Ägypten – Bd. 4, 5/6 De Meulenaere, H./Kienitz, Fr. K.: Die Dritte Zwischenzeit und das Äthiopische Reich / Die Saïtische Renaissance – Bd. 5, 16 Bresciani, E.: Ägypten und das Perserreich – Bd. 6, 4, I Derchain, Ph.: Die Ägyptische Welt nach Alexander dem Großen.

Gardiner, Alan Henderson: Geschichte des alten Ägypten. Stuttgart 1965.

Les Guides Bleus: Egypte. Paris 1971.

Helck, Wolfgang, und Otto, Eberhard: Kleines Wörterbuch der Aegyptologie. Wiesbaden[2] 1970.

Hornung, Erik: Einführung in die Ägyptologie. Darmstadt 1967.

– Grundzüge der ägyptischen Geschichte. Darmstadt 1965.

Junker, Hermann: Die Ägypter, in: Die Völker des antiken Orients (Geschichte der führenden Völker, Band 3). Freiburg 1933.

Kees, Hermann: Ägypten, in: Kulturgeschichte des Alten Orients (Handbuch der Altertumswissenschaft). München 1933.

– Das alte Ägypten. Berlin[2] 1958.

Lange, Kurt: Pyramiden, Sphinxe, Pharaonen. Wunder und Geheimnisse einer großen Kultur. München 1952.

Meyer, Eduard: Geschichte des Altertums, Band I; II, 1; II, 2; III. Stuttgart/Berlin 1913 und 1928.

Nagels Enzyklopädie-Reiseführer. Ägypten. Genf/München/Paris 1971.

Otto, Eberhard: Im Niltal: Ägypten, in: Saeculum Weltgeschichte Bd. I, Abschnitt B, Kap. II. Freiburg i. Br. 1965.

Otto, Eberhard: Ägypten. Der Weg des Pharaonenreiches. 4. Auflage, Stuttgart 1966.

– Osiris und Amun, Kult und Heilige Stätten (in Reihe: Antike Welt). München 1966.

Porter, Berta, und Moss, Rosalind L. B.: Topographical Bibliography of Ancient Egyptian Hieroglyphic Texts. Reliefs and Paintings. Oxford 1927–1951. – I. The Theban Necropolis, I, 1, 1960; I, 2², 1964. – II. The Theban Temples², 1972. – III. Memphis, 1931. – IV. Lower and Middle Egypt (Delta and Cairo to Asyût), 1934. – V. Upper Egypt: Sites (Deir Rîfa to Aswân), 1937. – VI. Upper Egypt, Chief Temples (excluding Thebes), 1939. – VII. Nubia, the Deserts, outside Egypt, 1951.

Posener, Georges: Knaurs Lexikon der ägyptischen Kultur. München/Zürich 1960.

Sameh, Waley-el-dine: Alltag im alten Ägypten. München 1963.

Scharff, Alexander: Ägypten. In: Handbuch der Archäologie (Handbuch der Altertumswissenschaft). München 1939.

Scharff, Alexander, und Moortgat, Anton: Ägypten und Vorderasien im Altertum. München 1950.

Schneider, H.: Kultur und Denken der alten Ägypter. 3. Auflage, Leipzig 1924.

Spiegel, Joachim: Das Werden der altägyptischen Hochkultur. Heidelberg 1953.

Steindorff, Georg: In: K. Baedeker: Ägypten und der Sudan. 8. Auflage, Leipzig 1928.

Vandier, Jacques: Manuel d'Archéologie Égyptienne, I–VI. Paris 1952–1958.

Wilson, John A.: Ägypten, in Propyläen-Weltgeschichte, Band I. Frankfurt, Wien 1961.

Wolf, Walther: Die Welt der Ägypter. Stuttgart 1955.

– Die Kultur Ägyptens. Handbuch der Kulturgeschichte 11–13, 24. Konstanz[2] 1960ff.

– Die Welt der Ägypter. Große Kulturen der Frühzeit. Bd. III. Stuttgart 1962.

– Funde in Ägypten. Geschichte ihrer Entdeckung. Göttingen 1966.

Wreszinski, W.: Atlas zur altägyptischen Kulturgeschichte, I–III. Leipzig 1923–1938.

II. SCHRIFT, SPRACHE UND LITERATUR

Bissing, Friedrich Wilhelm Frh. v.: Altägyptische Lebensweisheit. Zürich 1955.

Brunner, Hellmut: Abriß der mittelägyptischen Grammatik. Graz[2] 1966.

– Grundzüge einer Geschichte der altägyptischen Literatur. Darmstadt 1967.

Brunner-Traut, Emma: Altägyptische Märchen. Düsseldorf/Köln[2] 1965.

Edel, Elmar: Altägyptische Grammatik, I. II. Rom 1955/64.

Erman, Adolf: Die Hieroglyphen. Berlin/Leipzig 1917.

– Die Literatur der Ägypter. Leipzig 1923.

– Ägyptische Grammatik. 4. Auflage, Berlin 1928.

– Neuägyptische Grammatik. Leipzig[2] 1933.

– und Grapow, Hermann: Wörterbuch der ägyptischen Sprache. Bd. I–VII. Leipzig/Berlin 1926–64.

Faulkner, Raymond: A Concise Dictionary of Middle Egyptian. Oxford 1962.

Gardiner, Sir Alan H.: Egyptian Grammar. London 1957.

Handbuch der Orientalistik. Hrsg. v. Bertold Spuler. Bd. I: Ägyptologie, 1. Abschnitt, Ägyptische Schrift und Sprache. 2. Abschnitt, Literatur. Leiden 1952.

Lefebvre, Gustave: Romans et Contes égyptiens de l'Epoque pharaonique. Paris 1949.

Scharff, Alexander: Altägyptische Sonnenlieder. Berlin 1922.

– Archäologische Beiträge zur Frage der Entstehung der Hieroglyphenschrift. Sitzungsberichte der Bayerischen Akademie der Wissenschaften 1942.

Schott, Siegfried: Hieroglyphen. Mainz/Wiesbaden 1951.

– Altägyptische Liebeslieder. Zürich 1950.

III. RELIGION

Bonnet, Hans: Ägyptische Religion (Bildatlas zur Religionsgeschichte, 2.–4. Lieferung). Leipzig/Erlangen 1924.
– Reallexikon der ägyptischen Religionsgeschichte. Berlin 1952.
Erman, Adolf: Die Religion der Ägypter. Berlin 1934.
Junker, Hermann: Pyramidenzeit. Das Wesen der altägyptischen Religion. Einsiedeln/Zürich/Köln 1949.
Kees, Hermann: Der Götterglaube im alten Ägypten. Leipzig 1941.
– Ägypten. Religionsgeschichtliches Lesebuch. Hrsg. v. Alfred Bertholet. Bd. 10. Tübingen[2] 1928.
Morenz, Siegfried: Gott und Mensch im alten Ägypten. Heidelberg 1965.
Otto, Eberhard: Die Lehre von den beiden Ländern in der ägyptischen Religionsgeschichte, in: Analecta orientalia 17. Rom 1938.
– Gehalt und Bedeutung des ägyptischen Heroenglaubens, in: Zeitchrift für ägyptische Sprache und Altertumskunde 78. Leipzig 1943.
– Gott und Mensch nach den ägyptischen Tempelinschriften der griechisch-römischen Zeit. Heidelberg 1964.
Otto, Eberhard: Die Religion der Ägypter, in: Handbuch der Orientalistik I, Bd. VIII, Abschnitt 1. Leiden 1964.
Roeder, Günther: Volksglaube im Pharaonenreich. Stuttgart 1952.
Schott, Siegfried: Bemerkungen zum ägyptischen Pyramidenkult, in: Beiträge zur ägyptischen Bauforschung und Altertumskunde (herausgegeben von Herbert Ricke), Heft 5. Kairo 1950.
Sethe, Kurt: Die altägyptischen Pyramidentexte. 4 Bände. Leipzig 1908ff. und Übersetzung und Kommentar. 6 Bände. Glückstadt 1935/1962.
Spiegel, Joachim: Die Idee vom Totengericht in der ägyptischen Religion. Leipziger Ägyptologische Studien 2, Glückstadt 1935.
– Soziale und weltanschauliche Reformbewegungen im alten Ägypten. Heidelberg 1950.
Vandier, Jacques: La religion égyptienne. Paris 1949.
Wiedemann, Alfred: Die Amulette der alten Ägypter. Leipzig 1910.
– Der Tierkult der alten Ägypter. Leipzig 1912.

IV. GESCHICHTE, KULTUR UND KUNST DER EINZELNEN EPOCHEN

1. Frühzeit und Altes Reich

Aldred, Cyril: Old Kingdom Art. London 1949.
Edwards, J. E. S.: The Pyramids of Egypt (Pelican Books). 1947.
Goneim, Zakaria: Die verschollene Pyramide. Wiesbaden 1955.
Lauer, Jean-Philippe: Sakkarah. Les monuments de Zoser. Kairo 1939.
Quibell, J. E.: The Tomb of Hesy. – Excavations at Saqqara (1911/1912). Kairo 1913.
Reisner, Georg Andrew: History of the Giza Necropolis, vol. I. Cambridge/Oxford/London 1942.

2. Erste Zwischenzeit

Stock, Hanns: Die erste Zwischenzeit Ägyptens, in: Analecta Orientalia 31. Rom 1949.

3. Mittleres Reich

Aldred, Cyril: Middle Kingdom Art. London 1950.
Evers, Hans Gerhard: Staat aus dem Stein. I. II. München 1929.
Lange, Kurt: Sesostris. Ein König in Mythos, Geschichte und Kunst. München 1954.
Winlock, Herbert E.: The rise and fall of the Middle Kingdom in Thebes. New York 1947.

4. Zweite Zwischenzeit

Stock, Hanns: Studien zur Geschichte und Archäologie der 13. bis 17. Dynastie, in: Ägyptologische Forschungen 12. Glückstadt 1942.

5. Neues Reich

Aldred, Cyril: New Kingdom Art in Ancient Egypt. London 1951.
Beckerath, Jürgen v.: Tanis und Theben, in: Ägyptologische Forschungen 16. Glückstadt 1951.
Bille-de-Mot, Eléonore: Die Revolution des Pharao Echnaton. München 1965.
Blackman, A. M.: Das hunderttorige Theben. Leipzig 1926.
Capart, Jean, und Werbrouck, Marcelle: Thèbes, la gloire d'un grand passé. Brüssel 1925.
Carter, Howard, und Mace, A. C.: Tut-ench-Amun. Leipzig 1926. 1927, 1934.
Desroches-Noblecourt, Christiane: Tut-ench-Amun. Leben und Tod eines Pharao. Berlin/Frankfurt/Wien 1963.
– Toutankhamon et son temps. Katalog der Tutanchamun-Ausstellung in Paris, Petit Palais 1967.
Lange, Kurt: König Echnaton und die Amarna-Zeit. Die Geschichte eines Gottkünders. München 1951.
Pendlebury, J. D. S.: Tell el-Amarna. London 1935.
Schäfer, Heinrich: Amarna in Religion und Kunst, in: 7. Sendeschrift der Deutschen Orientgesellschaft 1931.
Steindorff, Georg: Die Blütezeit des Pharaonenreiches. Bielefeld und Leipzig 1926.
Steindorff, Georg, und Wolf, Walther: Die Thebanische Gräberwelt. Glückstadt und Hamburg 1936.
Wegner, Max: Stilentwicklung der thebanischen Beamtengräber, in: Mitteilungen des Deutschen Instituts für ägyptische Altertumskunde in Kairo, Band IV. 1933.

V. KUNSTGESCHICHTE UND ARCHÄOLOGIE

1. Zusammenfassende Werke

Capart, Jean: L'Art Egyptien. 4 Bände (Architecture, La Statuaire, Les Arts Graphiques, Les Arts Mineurs). Brüssel 1922/1947.
Cenival, Jean-Louis de: Ägypten. Das Zeitalter der Pharaonen, in: Weltkulturen und Baukunst. München 1966.
Curtius, Ludwig: Die Antike Kunst, I. Ägypten, in: Handbuch der Kunstwissenschaft. Berlin-Neubabelsberg 1923.
Engelbach, Reginald: Introduction to Egyptian Archaeology, with Special Reference to the Egyptian Museum. Kairo 1946.
Hamann, Richard: Ägyptische Kunst. Berlin 1944.
Komorzynski, Egon: Altägypten. Drei Jahrtausende Kunstschaffen am Nil. Ein Blick auf Altägyptens hohe Kunst. Phaidrosreihe. Wien 1952.
Lange, Kurt: Ägyptische Kunst. Zürich/Berlin 1939.
Lepsius, Richard: Denkmäler aus Ägypten und Äthiopien, 12 Bände. 1849–1897.
Maspero, Gaston: Geschichte der Kunst in Ägypten. 2. Auflage. Stuttgart 1925.
Michalowski, Kazimierz: Ägypten. Kunst und Kultur. Freiburg-Basel-Wien 1969.
Müller, Hans-Wolfgang: Ägyptische Kunst. Frankfurt (Main) 1970.
Schäfer, Heinrich: Die Kunst Ägyptens, in: Propyläen-Kunstgeschichte, Band 2. Berlin 1925.
– Von Ägyptischer Kunst. 4. Auflage. Wiesbaden 1963.
Steindorff, Georg: Die Kunst der Ägypter. Leipzig 1928.

Wolf, Walther: Die Kunst Ägyptens. Gestalt und Geschichte. Stuttgart 1957.

2. Architektur

a) Frühzeit und Altes Reich

Badawy, Alexander: A History of Egyptian Architecture, Vol. I. From the Earliest Times to the End of the Old Kingdom. Cairo 1954.

Borchardt, Ludwig: Das Grabdenkmal des Königs Ne-user-rê. Leipzig 1907.

– Das Grabdenkmal des Königs Sahurê. Leipzig 1910.

– Die Pyramiden. Berlin 1911.

– Die Entstehung der Pyramide. Beiträge zur Ägyptischen Bauforschung und Altertumskunde. Berlin 1928.

– Einiges zur Dritten Bauperiode der Großen Pyramide bei Gise. Berlin 1932.

Brunner, Hellmut: Die Entwicklung der Felsgräber bis zum Mittleren Reich, in: Ägyptologische Forschungen 3. Glückstadt 1936.

Emery, Walter B.: Archaic Egypt (Penguin Books). 2. Auflage, London 1963.

– Great Tombs of the First Dynasty I–III. Kairo 1949 und London 1954 und 1958.

Hölscher, Uvo: Das Grabmal des Königs Chephren. Leipzig 1912.

Lauer, Jean-Philippe: La Pyramide à degrés, L'Architecture. Impr. Institut Français d'Archéologie Orientale. Service des Antiquités de l'Egypte. Kairo 1936.

Petrie, W. M. Flinders: Abydos 1902–1904.

– The Royal tombs of the First Dynasty. London 1900/1901.

Reisner, Georg Andrew: Mykerinos. Cambridge/Mass. 1931.

Ricke, Herbert: Bemerkungen zur Baukunst des Alten Reiches. I. (= Heft 4 der Beiträge zur Ägyptischen Bauforschung und Altertumskunde.) Zürich 1944 (enthält u. a.: Bemerkungen zum Grabmal des Königs Djoser in Saqqara).
II. (= Heft 5 der Beiträge zur Ägyptischen Bauforschung und Altertumskunde.) Kairo 1950 (enthält: Grundformen der Königsgräber; Kultanlagen der Königsgräber; Grabkammern der Königsgräber).

b) Mittleres Reich

Arnold, Dieter: Der Tempel des Königs Mentuhotep von Deir el-Bahari. Bd. I. II. Mainz 1974.

Badawy, Alexander: A History of Egyptian Architecture. Bd. II: The First Intermediate Period, the Middle Kingdom and the Second Intermediate Period. Berkeley 1966.

Griffith, F. L.: Beni Hasan I., II. Archaeological Survey of Egypt. London 1893.

Müller, Hans Wolfgang: Die Felsengräber der Fürsten von Elephantine, in: Ägyptologische Forschungen 9. Glückstadt 1940.

Naville, Edouard: The XIth Dynasty Temple at Deir El-Bahari, Thirtieth Memoir of the Egypt Exploration Fund. London 1910.

c) Neues Reich

Arnold, Dieter: Wandrelief und Raumfunktion an ägyptischen Tempeln des Neuen Reiches. Berlin 1962.

Badawy, Alexander: A History of Egyptian Architecture. Bd. III: The Empire or the New Kingdom. Berkeley 1968.

Chevrier, Henri: Plan d'Ensemble de Karnak. Annales du Service des Antiquités de l'Egypte, tome 36. Kairo 1936.

Davies, Norman de Garis: The Rock Tombs of El Amarna I–VI. Archaeological Survey of Egypt. London 1903–1908.

– The Tomb of the Vizier Ramose (Mond-Excavations at Thebes I). London 1941.

Gardiner, Alan H.: The Temple of King Sethos I. at Abydos, Vol. I–IV. London und Chicago 1933–1958.

Hölscher, Uvo: The Excavations of Medinet Habu, I–V. The University of Chicago Press, 1934–1954.

– Medinet Habu (By the Epigraphic Survey; H. H. Nelson Field Director). The University of Chicago, Oriental Institute Publications, Vol. I–VII. 1930–1964.

– Die Wiedergewinnung von Medinet Habu. Tübingen 1958.

Pendleburry, J. D. S.: The City of Akhenaten I–III. Egypt Exploration Society London 1923, 1933 und 1951.

3. Skulptur

Anthes, Rudolf: Die Büste der Königin Nofretete. Berlin 1954.

Bissing, Fr. W. von: Denkmäler Ägyptischer Skulptur. München 1914.

Borchardt, Ludwig: Statuen und Statuetten von Königen und Privatleuten im Museum von Kairo, Teil 1 (1911) – Teil 5 (1936) in Catalogue Général des Antiquités Egyptiennes du Musée du Caire.

– Denkmäler des Alten Reiches, in: Catalogue Général du Musée du Caire, Band 1. Berlin 1937.

Drioton, Etienne: Le Musée du Caire. Paris 1949.

Fechheimer, Hedwig: Die Plastik der Ägypter. Berlin 1920.

– Kleinplastik der Ägypter. Berlin 1922.

Hermann, Alfred, und Schwan, Wolf: Ägyptische Kleinkunst. Berlin 1940.

Hornemann, Bodil: Types of Ancient Egyptian Statuary Bd. I–VII. Kopenhagen 1951–69.

Katalog: The Egyptian Museum. Kairo 1951.

4. Malerei

Champdor, Albert: Die altägyptische Malerei. Leipzig 1957.

Davies, Nina M., und Gardiner, Alan H.: Ancient Egyptian Paintings. Chicago 1936.

Lhote, André: Les Chefs-d'Œuvres de la Peinture Egyptienne. Paris 1954.

Mekhitarian, Arpag: Ägyptische Malerei. Die Großen Jahrhunderte der Malerei. Genf 1954.

Müller, Hans-Wolfgang: Altägyptische Malerei. Berlin 1959.

VI. NUBIEN

Beckerath, Jürgen v.: Nubien, in: Oldenbourgs Abriß der Weltgeschichte, Abriß der Geschichte antiker Randkulturen. München 1961.

Curto, Silvio: Nubien. München 1966.

Desroches-Noblecourt, Christiane und Gerster, Georg: Die Welt rettet Abu Simbel. Wien-Berlin o. J.

Gerster, Georg: Nubien – Goldland am Nil. Zürich-Stuttgart 1964.

Hochtiefnachrichten, 38. Jahrgang, Juli 1965: Die Versetzung des Tempels von Kalabsha.

Otto, Eberhard: Archäologische Arbeiten in Nubien, in: Antike Welt 5, 1974, 31–40.

Ricke, Herbert u. a.: Ausgrabungen von Khor-dehmit bis Bet el-Wali. Chicago 1967.

Ricke, Herbert u. a.: The Beit el-Wali Temple of Ramesses II. Chicago 1967.

Siegler, Karl Georg: Kalabsha. Berlin 1970.

REGISTER

Das Register beschränkt sich auf den Speziellen Teil S. 29–188. Tafelhinweise in kursiv

INHALTSÜBERSICHT